Franz Hoffmann

Philosophische Schriften

Band 6

Franz Hoffmann

Philosophische Schriften
Band 6

ISBN/EAN: 9783743357969

Hergestellt in Europa, USA, Kanada, Australien, Japan

Cover: Foto ©Thomas Meinert / pixelio.de

Manufactured and distributed by brebook publishing software (www.brebook.com)

Franz Hoffmann

Philosophische Schriften

Philosophische Schriften

von

Dr. Franz Hoffmann,
ordentlichem Professor an der Universität Würzburg, Ritter des Michaelsordens erster
Klasse und auswärtigem Mitglied der Akademie der Wissenschaften in München.

Sechster Band.

Erlangen.
Verlag von Andreas Deichert.
1879.

Seinem theueren Freunde

Immanuel Hermann von Fichte

dem ehrwürdigen Nestor der deutschen Philosophie

in treuester Verehrung

der

Verfasser.

Kritische Beleuchtungen

neuerer Philosophen, Magnetiker, Idealisten und Realisten.

Inhalt.

Seite
1. Baader's Leben, Lehren und Schriften 1
2. Baader's Stellung in der Geschichte der deutschen Philosophie . . 20
3. Baader's Stellung in der Philosophie mit Beziehung auf V. Knauer's Geschichte der Philosophie 55
4. Ueber die Verklärung der Natur und über die letzten Dinge, mit Bezug auf Hambergers Physica sacra 60
5. Die Fortdauer nach dem Tode von Melchior Meyr 103
6. Die Philosophie des Bewusstseins in Bezug auf das Böse und das Uebel von Dr. Franz Bicking 118
7. Anthropologie: Die Lehre von der menschlichen Seele von J. H. Fichte 145
8. Die Phantasie als Grundprinzip des Weltprozesses von J. Frohschammer 167
9. Der Darwinismus und die Naturforschung Newton's und Cuvier's, von A. Wigand 179
10. Persönlichkeits-Pantheismus und Theismus: Carriere, Baader, Ritter und Ulrici 221
11. Hauptmomente der Geschichte des Lebensmagnetismus von Mesmer bis Reichenbach, Passavant und Ennemoser . 300
12. Arthur Schopenhauer und Franz Baader 371
13. Geschichte der neueren Philosophie von Kuno Fischer, Sechster Band (Schelling's Lehre) 387
14. Kant's Theorie der Erfahrung von Dr. Hermann Cohen. J. H. Fichte's Charakteristik der neueren Philosophie. Harms' die deutsche Philosophie seit Kant 403
15. Die Freiheit der Wissenschaft im modernen Staat von Rudolf Virchow 413
16. Der Materialismus der Gegenwart. Der Haeckelismus in der Zoologie. Philosophie und Naturwissenschaft 422
17. Immanuel Kant und Emanuel Swedenborg . . . 426
18. J. G. Fichte's Unsterblichkeitslehre . . . 450
19. Schelling's Unsterblichkeitslehre 457

1.
Baader's Leben, Lehren und Schriften.

Franz Benedikt von Baader, der dritte Sohn des kurfürstlichen Leibarztes Joseph Franz Baader, einer der Koryphäen der neuen deutschen Philosophie, geb. zu München 27. März 1765, † daselbst 23. Mai 1841, betrieb seit 1781 zu Ingolstadt und Wien naturwissenschaftliche und medicinische Studien, assistirte nach zu Ingolstadt erworbener medicinischer Doktorwürde zu München seinem Vater in der medicinischen Praxis, vertauschte aber bald die Laufbahn des Arztes mit jener des Bergmannes. Nach fortgesetzten Studien der Mineralogie und Chemie, deren Frucht seine Schrift: „Vom Wärmestoff" (1786) war, die den künftigen Philosophen ahnen liess, und nach dem Besuch der bairischen Eisenwerke, Gruben und Hütten, bildete er sich auf der Bergakademie zu Freiberg unter der Leitung des berühmten Abraham Werner vollends zum Bergmann aus (1787—92). Dort verkehrte er unter Andern mit Alexander von Humboldt in freundschaftlichen Beziehungen und schrieb einige Aufsätze über technische, chemische und physikalische Themata, die dort lang in Erinnerung geblieben sind, namentlich sein Aufsatz: „Ueber Verbesserung der Kunstsätze" und sein „Versuch einer Theorie der Sprengarbeit." Er begann seine geistige Kraft zu fühlen und äusserte in einem Briefe: „Ich fühle mich von dem Zustande eines Mondes in den eines Sternes höherer Ordnung übergehen. Freude meinem Geiste! Er soll kein Satellit in dieser Welt bleiben." Nach Vollendung seines Studiums des Bergwesens zu Freiberg besuchte er die niederdeutschen Berg- und Hüttenwerke und begab sich 1792 nach England und Schottland, wo er die Gruben und mineralischen Fabriken aller Art besuchte, die politischen Zustände Englands studirte und mit Philosophen wie Steward, und Gelehrten wie Erasmus Darwin, John Thomson verkehrte. Den Antrag, die Direktion einer Blei- und Silbergrube in Devonshire zu übernehmen, lehnte er aus Anhänglichkeit an Baiern ab. Philosophische Studien gingen Hand in Hand mit seinen ausgebreiteten technischen und in Schottland entstanden mehrere philosophische Abhandlungen, welche erst nach seiner Rückkehr nach Deutchland im Druck erschienen. Im J. 1796 ging er über Hamburg, wo er Jacobi, Claudius, Perthes u. A. kennen lernte, nach München zurück und wurde im J. 1798 Münz- und Bergrath, im J. 1801 Oberbergrath, nachdem er sich im Jahre vorher zu Prag mit Franziska von Reisky vermählt hatte. Im J. 1807 zum Oberstbergrath ernannt, unterzog er sich auch der ihm auferlegten Verbindlichkeit, den zu München befindlichen Eleven Vorlesungen über die Bergbaukunde und Probirkunst während der Wintermonate zu halten, deren der Geheimrath Friedrich von Schenk später mit grosser Anerkennung gedachte. Schon seit 1801 frequentirendes Mitglied der kurbairischen Akademie der Wissenschaften in der philosophischen Classe wurde B. im J. 1808 als ordentliches residirendes Mitglied der ersten Classe in die nunmehr königliche Akademie zu München aufgenommen. In dem gleichen Jahre wurde ihm, als einem jener Männer, welche durch Auszeichnung in ihrem Wirkungskreise sich um das Vaterland zu vorzüglichem Danke verdient gemacht haben, der neu errichtete Civilverdienstorden der bairischen Krone verliehen. Seit dem J. 1803 war B. viel beschäftigt mit dem schon mehrfach zur Sprache gekommenen Gedanken, Glaubersalz statt der Pottasche zur Glaserzeugungskunst mit praktischem Erfolge nutzbar zu machen. Er legte zu diesem Zwecke, unter Vergünstigungen der kurbairischen Regierung, eine grosse Tafelglashütte im bairischen Walde an und nachdem er nach jahrelangen Versuchen ein befriedigendes Ergebniss gewonnen zu haben glaubte, bot er seine Erfindung 1809 der k. österreichischen Regierung an, welche hierauf kleinere und grössere Versuche anordnete, deren Ergebniss war, dass dem Erfinder vom Kaiser nach Ueberreichung einer eigenen, seine Verfahrungsmethode trefflich beschreibenden Abhandlung: Anleitung zum Gebrauch der schwefelsauren Soda oder des Glaubersalzes anstatt der Pottasche zur Glaserzeugung (Baader's Werke VI, 227—272) 1811 eine Remuneration von 12,000 fl. W. W. zuerkannt wurde. Hatte B. seit seiner Zurückkunft aus Schottland nach München seinen philosophischen Studien nach dem Masse seiner ihm von den vielfältigen Berufs- und Amtsarbeiten freigelassenen Zeit gelebt und nur von Zeit zu Zeit kleinere Schriften und Zeitschriftenaufsätze erscheinen lassen, die seine Genialität und Tiefe gleichwohl beurkundeten, so trat er im J. 1809 mit einer Sammlung bisheriger philosophischer Arbeiten, zu welchen einige neue hinzukamen, mit der Schrift: „Beiträge zur dynamischen Philosophie im Gegensatze der mechanischen" (Berlin, Realschulbuchhandlung) hervor. Diese Schrift von etwas über zehn Bogen kann als Programm seiner gesammten Philosophie angesehen werden, wie sie sich später allseitig entwickelte, umfasst die Gesammtprincipien seiner Lehre und wird wegen ihrer eine neue Epoche der Philosophie einleitenden Bedeutung die Beachtung der Denker noch in kommenden Jahrhunderten auf sich ziehen. Hatte B. darüber hinaus 1812 in seiner geistvollen Vorrede zu Schubert's Uebersetzung der Saint-Martin'schen Schrift „Vom Geist und Wesen der Dinge", 1813 in den genialen Gedanken aus dem grossen Zusammenhang des Lebens, in der tiefen Rede: „Begründung der Ethik durch die Physik", eine Fülle fruchtbarer Samenkörner der Erkenntniss ausgestreut, so suchte er 1814 die Monarchen von Oesterreich, Russland und Preussen, nachdem er schon immer zu den Gegnern des Rheinbundes, d. h. des Kaisers Napoleon I. und der hinter dem Schein des Bundesverhältnisses schlecht genug versteckten Oberherrschaft Frankreichs über West- und Süddeutschland gezählt hatte, in dem gleichlautenden Schreiben für eine Politik im Geiste des Christenthums zu gewinnen. Die in diesem Schreiben ausgesprochenen Ideen übergab er dann 1815 in der kleinen Schrift: „Ueber das durch die französische Revolution herbeigeführte Bedürfniss einer neuen und innigern Verbindung der Religion und der Politik", der Oeffentlichkeit. Es ist nicht bekannt geworden, ob diese Schrift verschieden ist von einer im Frühjahr 1815 eingereichten zweiten Denkschrift Baader's an die drei Monarchen, von welcher Varnhagen von Ense Nachricht gab und nur gewiss, dass die Eingabe von dem König Friedrich Wilhelm III. dem Staatskanzler Fürsten Hardenberg überwiesen, und dass Kaiser Alexander I. von Russland durch sie in der Stiftung der heiligen Allianz bestärkt wurde. Hätte sich die heil. Allianz nur auch in ihrer Entwicklung nicht vom Geiste der Baader'schen Ideen entfernt! Der Fürst Alexander von Galizin, der damalige Minister der geistlichen Angelegenheiten in Russland, trat in Beziehungen zu B., der schon seit seiner Theilnahme am philhellenischen Verein mit russischen Grossen sich berührt hatte und beauftragte ihn mit wissenschaftlichen Berichterstattungen, welche von da an von Zeit zu Zeit bis zum J. 1822 erfolgten, die aber bis jetzt ihrem Inhalte nach unbekannt geblieben sind, wenn sie anders nicht mit den in jenem Zeitraum veröffentlichten Schriften Baader's, von Aeusserungen in Begleitschreiben abgesehen, identisch gewesen sein sollten. Die veröffentlichten Schriften dieses Zeitraums sind: „Ueber die Eucharistie"; „Ueber den Blitz als Vater des Lichts"; „Ueber den Urternar"; „Ueber die Exstase"; „Ueber den Begriff der Zeit"; „Sätze aus der Begründungslehre des Lebens"; „Ueber Divination und Glaubenskraft". Würden die Vorlagen Baader's an den Fürsten Galizin an das Licht gelangen, so würde sich zeigen, welche grossen und heilsamen Strebungen ihn beseelten und namentlich „wie weit entfernt er davon war, an die Stelle des gestürzten weltlichen Absolutismus Napoleons I. einen östlichen von Russland gesetzt wissen zu wollen. Wenn er Napoleon I. den Fürsten der politischen Finsterniss nannte, so geschah es wegen seines Gegensatzes zum Germanismus, den er weder Russland noch Oesterreich preis gab, sondern ihren Herrschern als Vorbild vorhielt, indem er Deutschlands Politik vor den Machinationen des Ostens wie des Westens gewahrt wissen wollte, wie aus seiner akademischen Rede: „Ueber die Ursachen der Leichtigkeit, mit welcher die Germanen die christliche Religion annahmen" (Werke VI, 329 ff.) und seiner Schrift: „über den morgen- und abendländ. Katholicismus" (Werke X, 93) zur Genüge hervorgeht. Während der J. 1815—20 vertiefte er sich, soweit es die Amtsgeschäfte nur immer zuliessen, immer mehr in das Studium der Kirchenväter, der grossen Scholastiker, der Theosophen und der neuern Philosophen. Unter den letzteren wendete er am meisten Kant und Hegel wiederholt eindringendes Studium zu. Seines Berufes zur Begründung einer tiefer gehenden und eingreifenden Philosophie immer bewusster geworden, je mehr seine Schriftstellerthätigkeit an Ausbreitung seit 1809 gewonnen hatte, mochte es ihm nicht unwillkommen gewesen sein, dass er im J. 1820 bei Gelegenheit einer Reduction der Zahl der Bergwerks- und Münzbeamten mit Belassung von Rang und Gehalt ausser Function gesetzt wurde mit der ausdrücklichen Zusicherung der Reactivirung in einer geeigneten Stellung in der k. Akademie der Wissenschaften, welche aber niemals erfolgt ist. Anstatt nun, wie man hätte erwarten können, sich auf die umfassende systematische Ausbildung seines im Geiste so gut wie fertigen philosophischen Systems zu verlegen, wodurch er, wenn auch langsam, doch am weitesten gewirkt haben würde, fasste er den Gedanken der Gründung einer Akademie für religiöse Wissenschaft, welche dem Jesuitenorden wie dem Encyclopädistenverein gleichmässig entgegenstehen sollte und trug sich mit der Idee einer Ausgleichung und Vereinigung der morgenländischen und abendländischen Kirche, von welcher er auch die Wiedervereinigung der protestantischen Kirchengemeinschaften erwartete. Es schien ihm schon sehr viel gewonnen, wenn eine solche wissenschaftliche Gesellschaft von St. Petersburg aus in das Leben gerufen werden könnte, um sich von da in verschiedenen Ländern, wo möglich die sämmtlichen Culturstaaten Europas zu verbreiten und überall hin gegen die Revolution und die Stagnation zugleich zu wirken. Die Anregung, die er dem Kaiser Alexander 1. gegeben hatte, seine Beziehungen zu dem k. russischen Minister Fürsten

Alexander von Galizin, zu den Staatsräthen Turgenieff, Speransky und andern hochgestellten Russen und Deutschrussen liessen ihn mehr für das ganze oder theilweise Gelingen seiner jedenfalls grossen und kühnen Pläne hoffen, als er erwartet haben würde, wenn er die thatsächlichen Verhältnisse zuvor einer sorgfältigen Prüfung unterstellt hätte. Er entschloss sich zur Reise und kam mit Boris von Uxkull von Teplitz über Berlin, Königsberg, Memel und Riga nach Jeddefer, dem Landsitze der Familie Uxkull in Esthland. Indess wurde von Petersburg her die Absicht seines Dorthinkommens vereitelt. Angewiesen, Russland zu verlassen, beschloss er, vorerst in Memel den Erfolg seiner sogleich eingereichten Vorstellung abzuwarten, erhielt daselbst aber die Entscheidung erst nach sieben Monaten, die zur Bestätigung der Nichterlaubniss nach Petersburg zu gehen noch die Beendigungserklärung seiner bisherigen Correspondenzführung hinzufügte. B. reiste dann gegen Ende Oktober 1823 über Pillau nach Berlin und von da nach längerem Aufenthalte 1824 nach München zurück. Ueber die Ursachen einer so schnöden Behandlung eines auch in Russland so hoch angesehenen Mannes ist bis heute echt russisches Dunkel verbreitet. Die Erklärung des Vorgangs, die B. selbst für richtig hielt, nach welcher er von der einen Seite demagogischer, von der anderen jesuitischer Absichten verdächtigt worden sei, scheint trotzdem, dass in Russland damals Alles möglich war, gar nicht auszureichen, und mehr Vorwand als Ernst gewesen zu sein. Ausserdem dass die von B. ausgesprochene Tendenz dem russischen Gouvernement selbst nicht gefallen zu haben schien, vielleicht in der Besorgniss, dass die Vereinigung der Confessionen im Sinne einer völligen Unterwerfung unter die Dogmen der römisch-katholischen Kirche gemeint sein könne, mag noch eine andere nicht näher zu bezeichnende Intrigue mitgespielt haben. B. würde besser gethan haben, auf diesen schlüpfrigen Boden mit seinen hohen Tendenzen sich nicht zu begeben. Aber er war nicht der Mann, diese herbe Schicksalslection anders denn als eine von Gott auferlegte Prüfung anzusehen, die ihn zu grösseren Leistungen anzuspornen bestimmt war. Ungebeugt von dem schweren Schlage ertrug er die erlittene Unbill und herbe Einbusse mit heiterer Standhaftigkeit und setzte gleich in Berlin seine praktischen Eingreifungsversuche, die in seinem Sinne den klar erkannten Tendenzen der Jesuiten entgegenwirken sollten, durch Einreichung einer Denkschrift an den König von Preussen fort, die er gleich darauf durch ein Schreiben an den verewigten Bischof Eylert gegen Missdeutungen sicher zu stellen suchte. Seine periodische Schrift in sechs Heften: „Fermenta cognitionis" (1822—25), welche seine Wirksamkeit als philosophischer Schriftsteller bedeutend erhöhte, wurde kurz vor seiner russischen Reise zu Teplitz begonnen, zu Jeddefer und Memel fortgesetzt und zu Berlin (wenigstens nahezu) vollendet. Zwischen den Jahren 1825—26 liess er eine Reihe grösserer Recensionen über Werke von Hinroth, Bonald, Lamennais und ein Sendschreiben an J. Görres erscheinen. Bei der Verlegung der Universität von Landshut nach München im J. 1826 wurde B. nur mit einer Honorarprofessur bedacht, der er treu bis nahe zu seinem Lebensende seine Thätigkeit widmete. Im Spätherbst 1826 eröffnete er seine Vorlesungen vor einem nicht blos aus Studirenden bestandenen glänzenden Publikum und las in folgenden Jahren abwechselnd über philosophische Erkenntnisswissenschaft, über J. Böhme's Lehren und Schriften, am öftesten aber über Religionsphilosophie etc. Seine Vorlesungen waren mächtig ergreifend, für Viele von ausserordentlicher Anziehungskraft, für nicht Wenige von erschütternder Wirkung. Ausländer aus Frankreich, England, Italien, Ungarn, Polen, Russland etc., die grösstentheils über die Studienzeit hinaus waren, strömten damals zahlreich nach München, verkehrten mit B. und trugen mächtige Anregung nach Hause. Während seine Schriftstellerthätigkeit eine grössere Ausbreitung gewann, aber nur zu häufig sich in kleine, kleinere und kleinste Arbeiten zersplitterte, unter denen als die relativ umfangreichsten die Vorlesungen über religiöse Philosophie (I. Vom Erkennen überhaupt), die Vorlesungen über speculative Dogmatik und die Revision der Philosopheme der Hegel'schen Schule hervorleuchten, erschien 1831--32 eine Sammlung seiner philosophischen Schriften und Aufsätze (Münster, Theissing), die indess über den zweiten Band nicht hinauskam, aber auch so seinen Ideen einen erweiterten Wirkungskreis verschaffte. Nach dem im Januar 1835 eingetretenen Hinscheiden seiner Frau und der im Jahr darauf erfolgten Trennung von seiner Tochter, welche als Gemahlin des Professors Ernst von Lasaulx nach Würzburg zog, sah er sich auf empfindliche Weise vereinsamt und vermählte sich zum zweiten Male, um sich häusliches Leben und Ordnung zu verschaffen. Seine Wahl fiel auf Marie Robel, die sich seinen häuslichen Angelegenheiten mit vollkommner Hingabe widmete und mit treuer Verehrung seine letzten Lebenstage erheiterte und beglückte. Seine häuslichen Angelegenheiten in besten Händen wissend, arbeitete er mit rastloser Anstrengung. Im J. 1838 waren bereits einige Schriften und Aufsätze erschienen, welche schärfer als je gegen den den Katholicismus entstellenden Papismus gerichtet waren. Diesen folgten 1839 und 1840 eine Schrift über die Emancipation der katholischen Wissenschaft von der römischen Dictatur und neben einigen Aufsätzen des gleichen Geistes die Hauptschrift: „Ueber den morgenländischen und abendländischen Katholicismus". Diese geistvollen Arbeiten, die an die Kraftsprache eines Luther erinnerten, traten in ihrer vollen Bedeutung erst mit den Beschlüssen des vaticanischen Concils im J. 1870 hervor (vergl. Blitzstrahl gegen Rom aus den Werken Baaders, von Hoffmann. 2. Aufl. Würzburg, Stuber 1871), wirken mächtig fort und werden mächtig fortwirken. Mitten zwischen diesen Reformschriften war von ihm 1830: Die Revision der Philosopheme der Hegel'schen Schule erschienen. Im Frühjahr 1841 fand seine Schriftstellerthätigkeit ihren Schluss mit dem Sendschreiben an einen alten Freund (G. H. v. Schubert): „Ueber die Nothwendigkeit einer Revision, der Wissenschaft natürlicher, menschlicher und göttlicher Dinge".

Erfreute sich B. bis zum 76. Jahre der rüstigsten Gesundheit, so stellten sich nicht ohne Einfluss grosser geistiger Anstrengung im Sommer 1840 Symptome einer Hypertrophie des Herzens ein. Der Besuch des Bades zu Tölz brachte Erleichterung seines Leidens. Der Herbst ging erträglich, der Winter (1840—41) ziemlich gut vorüber. Schon im März machte B. bedeutende Spaziergänge, von deren letztem, am 17. Mai, bei stark wehendem kaltem Winde, er erschöpft nach Hause kam. Es stellte sich ein ziemlich starkes, gastrisch-nervöses Fieber ein, welchem er am 23. Mai 1841 erlag.

B. ist in der Geschichte der Philosophie eine unvergleichbare Grösse. Kein namhafter Philosoph hat den Schulstaub und die Zwangsjacke des Systems so fern von sich gehalten, wie er und doch ist keiner gleich ihm aus einem Gusse und in gleichem Masse frei von innern Widersprüchen und gleich sehr übereinstimmend mit sich selbst. Wie er sich durch keine Schulform fesseln lässt, und wie er Systematik nicht anstrebt, sie späteren grösseren Leistungen Anderer zuweisend, so geht er auch nirgend auf Schönheit der Darstellung aus und, wo er gleichwol in einzelnen Particen seiner Schriften so schön schreibt wie irgend einer der ersten Stilisten unter den Philosophen der Neuzeit, da geräth es ihm in naiver Absichtslosigkeit und so gut wie ohne alles Bewusstsein davon. Kann es daher auch nur cum grano salis angenommen werden, so ist doch ein Körnchen Wahrheit darin, wenn Melchior Meyr wie die Pracht liebende Sprache Schelling's jener Schiller's, so die ungeschmückte, natürliche, man möchte sagen naive Sprache Baader's jener Göthe's analog hat finden wollen. Bei allem Unterschied des Dichters und des Philosophen wie der beiderseitigen Weltanschauung reicht die Parallele: Goethe-Baader, Schiller-Schelling über den

Vergleichungspunkt der Darstellungsart noch erheblich hinaus. Baader's philosophische Weltanschauung erwuchs aus der breiten Grundlage des gesicherten Erfahrungswissens, in der Erhebung zu dem Apriorischen des Denkens, in der Ausgleichung und Durchdringung des Inductiven und des Deductiven in aller Wissenschaft. Der Grundgedanke seiner Philosophie ist der der Vermittlung aller Gegensätze, die Gewinnung der nicht äusserlichen, nicht quantitativen, nicht mechanischen, sondern innerlichen, qualitativen, organisch umwandelnden Mitte zwischen den Extremen in allen Sphären des Denkens, Wollens und Handelns. Daher verwirft er den ausschliesslichen Sensualismus wie den ausschliesslichen Ideologismus, den ausschliesslichen Empirismus wie den ausschliesslichen Apriorismus, den Skepticismus wie den blinden Glauben, den einseitigen Realismus wie den einseitigen Idealismus, den Naturalismus wie den Panlogismus, die mat. Atomistik wie die Leibn. Monadologie, den Pantheismus wie den Deismus, die Verabsolutirung des Staates wie der Kirche, den Revolutionismus wie den erstarrten Conservatismus. Der sich im Gewissen bezeugende, durch die Offenbarung für den Glauben, durch den regressiven Lehrgang der Philosophie für die Wissenschaft bestätigte spiritual-reale Theismus ist ihm die alle Extreme versöhnende Grundwahrheit, das Urprincip und die Urquelle aller Vermittelungen. Seine epochemachende Bedeutung beruht darauf, dass er früher, tiefer und reiner als selbst die das gleiche Ziel des Spiritual-Realismus anstrebenden Philosophen der Neuzeit und über die extremen Idealisten und Realisten hinweg den spiritual-realistischen Theismus begründete und in totaler Weltanschauung, wenn auch nicht in systematischer Gestalt, im Grossen und Ganzen mit überlegener Consequenz durchführt. Die Kraft, die ihm so grosse Leistungen ermöglichte, lag in dem tiefen Ernst und der strengen, rücksichtslosen Gewissenhaftigkeit seines Forschens und der daraus entsprungenen Geradheit seines Charakters, zugleich der Quelle der durchgreifenden Consequenz eines grossen Verstandes, die vor keinerlei Gefahr wegen Impopularität, Widerstreben des Zeitgeistes, Hemmung seiner Geltung und Wirksamkeit zurückschreckte. verbunden mit der genialen Befähigung, das Wahre und Tiefe in allen Gestaltungen und Verkleidungen aus den hundert-, wenn nicht tausendfältigen Schriften herauszufinden, zu deren Durchforschung ihn sein seiner geistigen Schöpferkraft gleich grosses Bedürfniss der Anregung von Aussen getrieben hat. Ueberall wusste er so zu sagen, in das innerste Herz der Gedankenwelten einzudringen, die ihm in seinen Forschungswanderungen, mochten es Offenbarungsschriften oder kirchliche Dogmen und Dogmenerklärungen, mochten es theosophische und philosophische Schriften sein, begegneten, und den Kern von der Schale, nicht selten von der Schlacke zu unterscheiden. Da bestach ihn kein Ansehen der Person und auch der Nichtangesehene, wenn er etwas leistete, wurde von ihm an das Licht gezogen. Jene Systeme der Philosophie, welche seit Cartesius auf einander folgend, zeitweise eine gewisse Vorherrschaft erlangten und deshalb epochemachend genannt wurden, befriedigten bei allem beziehungsweisen Verdienst Baader's forschenden Geist nicht. Er erkannte und beklagte, dass sie theils in deistischer, theils in pantheistischer Richtung mehr oder minder dem tiefen Geiste des Christenthums sich entfremdeten und durch diese Entfremdung freier, grösser, reicher, vernünftiger und haltbarer zu werden glaubten, während sie aus der formalistischen in die Scholastik des Rationalismus fielen, und in mehrfacher Beziehung nur dürftiger, vernunftwidriger und haltloser wurden und mehr als sie wussten und wollten, dem Materialismus in die Hände arbeiteten, der sich in der That auf ihren Trümmern mit Selbstbehagen erhoben hat.

In der Theosophie aller Zeiten, besonders aber der christlichen Aera entdeckte B. nun einen Reichthum und eine Tiefe theils gesicherter Wahrheiten, theils in ungeläuterten Hüllen und Schalen eingeschlossener Keime tiefsinnigster Wahrheiten, die ihn mit Staunen, Verehrung und Bewunderung erfüllten. Die eine der Aufgaben, die er sich da setzte, war theils auf diese reichlich sprudelnden Quellen, die vielfach noch weiterer Eröffnung bedurften, hinzuweisen, theils, so weit es anging, sie durch wissenschaftliche Reinigung, Entwickelung und Erläuterung zur Bereicherung und Vertiefung der Philosophie zu verwenden. Daher bespricht er in seinen Schriften zustimmend, beschränkend, verneinend eine zahlreiche Schaar von Theosophen älterer, mittlerer und neuerer Zeit, wodurch er einen Impuls zu Forschungen in diesem Gebiete gab, ähnlich wie die beiden Schlegel im Gebiete der Poesie. Unter jenen Theosophen traten bei B. vor Allen Meister Eckhart, J. Böhme, Oetinger und Saint-Martin in den Vordergrund, über welche noch heute die Untersuchungen nicht geschlossen, zum Theil kaum noch recht begonnen sind. Obgleich ihm durch die Ungunst der Zeit nicht vergönnt war, die Fülle seiner Ideen über Böhme's Lehren in ihrer ganzen Ausbreitung zu entfalten, so hat er doch bei weitem am meisten für die Erläuterung und Einführung der Ideen Böhme's in die Philosophie gethan.

Zu den philosophischen Systemen des Alterthums, des Mittelalters und der neuern Zeit nahm B. eine kritische Stellung ein.

Ueber jene des Alterthums äusserte er nur Weniges, aber um so Treffenderes, besonders über die Systeme des Platon und des Aristoteles. Bezüglich des Mittelalters würdigte er besonders Thomas von Aquin in kritischen Erörterungen. Auch bezüglich der Systeme der neueren Zeit geht er nirgends auf eine totale Beurtheilung ein, aber ihre Kerngedanken bringt er in seiner Weise in zerstreuten Stellen kritisch zur Sprache. Bei Cartesius erkennt er das Verdienst an, das Geistige im Menschen über das Natürliche hervor- und emporgehoben zu haben, bekämpft aber auf das äusserste seinen schroffen Dualismus des Geistes und der Natur, dessen abstrakte Fassung durch verschiedene Mittelstufen auf der einen Seite zum Extrem des Fichte'schen Idealismus, auf der andern Seite durch den völligen Mechanismus seiner Naturphilosophie hindurch zum Materialismus Lamettrie's führen musste. In Spinoza's Lehre rühmte er die Fassung der Einzigkeit der absoluten Substanz, bestritt aber auf das entschiedenste die Leugnung der göttlichen Persönlichkeit und der Schöpfung wie deren Folge, die Leugnung der Ueberweltlichkeit Gottes, der Freiheit des Willens, der Unsterblichkeit, und widerlegte die aus diesen Leugnungen entspringenden negativen Lehren. Ohne zu behaupten, dass Spinoza J. Böhme's Lehre gekannt habe, was bis heute nicht untersucht worden ist, erschien ihm der Spinozismus doch nur als der Steinabdruck des Böhmismus.

In Leibniz traten wohl nicht wenig verwandte Züge hervor, aber B. fand sie entstellt durch Hinneigung zu einem einseitigen Idealismus, durch einen abstrakten Monadologismus, durch „flache" Fassung des Begriffs und des Ursprungs des Bösen, durch Annäherungen einerseits an halbpantheistische, andererseits noch mehr an deistische Vorstellungen.

Kant hatte Anfangs einen fast hinreissenden Eindruck auf B. hervorgebracht. Aber sehr bald und schon früh genügte er ihm nicht mehr. Doch übte Kant lebenslänglich Anziehungskraft auf ihn aus, so dass er ihn in seinen Schriften häufiger als ausser Hegel jeden anderen Philosophen berücksichtigt. Zuvörderst findet B. schon einen Widerspruch in Kant's Bemühen, das Erkennen erst kritisch kennen zu lernen, ehe man mit ihm an das wirkliche Erkennen gehe. Bedingungsweise genommen, erklärte B. die Behauptung für richtig, unbedingt aber ausgesprochen, wie Kant that, für vollkommen falsch. In jenem Sinne würde die Forderung mit Recht zuerst die Untersuchung über Integrität oder Nichtintegrität unseres Erkenntnissvermögens verlangen, in diesem von Kant gemeinten Sinne leugnet sie im Grunde alle Vitalfunctionen unseres

Erkenntnissvermögens, die unser Erkennen anfangen und die nicht wir anfangen. Noch mehr empört sich B. über Kant's Behauptung einer unvermeidlichen Illusion der reinen Vernunft selbst, eines denknothwendigen Irrthums, und er nennt es einen den Menschen (der Menschheit) versetzten Todesstreich, ihnen (ihr) das Erkenntnissstreben des Höheren (des Uebersinnlichen) verboten (für nothwendig erfolglos einzureden versucht) zu haben. Kant habe Verstand und Vernunft so entzweit und gegen einander gehetzt, dass schon auf eine förmliche Ehescheidung angetragen worden sei. Er habe aus der Vernunft zu wenig gemacht, auch nicht erkannt, dass der Verstand und die Sinne für einander und nicht gegen einander seien; sowie seine Leugnung jedes directen Bezuges des Dings an sich und seiner Erscheinung ganz unverständig und falsch sei. Die Vernunft sollte nach Kant es nur zum halben (zum praktischen) Bewusstsein bringen und die theoretische Vernunft (in Rücksicht des Uebersinnlichen) stockblind bleiben. Eine Kritik der reinen Vernunft, welche sich mit blos logischen Beantwortungen der aufgeworfenen Fragen begnügt, konnte nicht ganz vernünftig ausfallen, da sie so den ersten Elementaract der Vernunft nicht anerkennt. B. nennt es zwar einen glücklichen Weg, den Kant in seiner Deduction der praktischen Vernunft zum Gottesbeweise eingeschlagen, wenn er ihn in den Regungen des Gewissens gesucht habe, aber er tritt dem Vernunftfactum dennoch nicht nahe, welches — nach dem Gesetze, dass es keine Action ohne Reaction gibt — im Gewissen das Vernommensein unseres Selbstes in unserer innersten Lebensthätigkeit als Willen gebärend aussagt, indem wir hier auf ein uns in unserer Willensgebärde vernehmendes und sich uns vernehmbar machendes Wesen (Gott) agiren, welches unserm Gemüth als Gemüth, unserem Willen als Willen sich kund thut. Kant macht hier durch das Wort: praktische Vernunft, eine Art Nebel und gibt uns dem frostigen moralischen Idealismus preis, indem er das moralische Princip auf eine blosse Verstandesformel zurückzubringen sucht. Dabei lässt Kant unbeachtet, dass die Aeusserung des Gewissens nur auf die Gesinnung als innerste That des Gemüths an sich selbst geht und damit das moralische Leben sich als nicht zeitliches, ewiges Leben kund gibt, aus dem Ewigen stammend und zum Ewigen emporhebend. Kant ist, da er nur die negative Seite des moralischen Gesetzes beachtete, wonach ihm eine freiwillig gute Willensäusserung nicht einmal eine moralisch gute That sein konnte, weit hinter der Einsicht des Apostels Paulus, des grossen Dialektikers, zurükgeblieben, welche sich in seiner Aeusserung offenbart, dass nicht unter dem Gesetze sei, wer sich von dem Geist (des

Gesetzes) regieren lasse. Indem Kant die Formelbestimmung des moralischen Gesetzes im Werthe überschätzte, verschloss er sich auch den Weg zu einer tiefern Religionsphilosophie, in welcher er die Heilslehren des Christenthums verkannte. Wie seine Behauptung einer nicht zu hebenden Blindheit des Erkenntnissvermögens und einer unvermeidlichen Illusion der reinen Vernunft der Metaphysik tödliche Wunden schlug, so führte er durch seine Behauptung eines radicalen Bösen der menschlichen Natur, welches er für völlig und ewig unheilbar erklärte, das Antichristenthum in die Religionsphilosophie ein und sank tief unter den Heiden Seneka, der in dem schönen Ausspruche: „Sanabilibus aegrotamur malis, nosque in rectum genitos, si sanari velimus, natura adjuvat", eine christliche Idee aussprach oder ahnte. Während selbst von dem atheistischen Plinius der Ausspruch berichtet werden kann: „Deus est mortali juvans mortalem", setzte sich Kant auf den Gedanken fest: „Lex est res surda et inexorabilis. Damit stimmt nur zu gut Kant's Ansicht vom Gebet, worüber B. sich verschiedentlich scharf verweisend äussert. Wohl näherte sich Kant durch seine Zeit- und Raumlehre der Einsicht in die abstrakte Natur der Materie und wies über die materielle Natur auf eine höhere, „jetzt noch unsichtbare Welt" hin, aber er versperrte sich selbst das Weiterschreiten auf diesem Wege durch die Behauptung der Primitivität und Apriorität, folglich stereotype Unveränderlichkeit der Zeit und Raumanschauung und doch zugleich nur Subjectivität derselben und verwirrte hiemit die ganze Untersuchung. Aehnlich machte Kant einen Anlauf zur Ueberwindung der atomistischen, mechanischen Naturwissenschaft und bahnte den Weg zur dynamischen, aber doch nur so, dass er zwar hart an der Grenze des Mechanischen, doch innerhalb derselben stehen blieb. Er stand an dem Scheidepunkt, mit dem Gesicht noch gegen die mechanische Naturansicht hingewendet. Am höchsten erhob sich nach B. Kant in seiner „Kritik der Urtheilskraft", „seinem eigentlich genialischen Werke", in welchem er den Verband der Ethik und der Physik keineswegs ganz übersah, auf die grosse herrliche Idee eines allbegründenden und allbeherrschenden architektonischen Verstandes geführt wurde, welche unbewusst bereits auf die tiefste aller Philosophie, jene des seiner ewigen Natur mächtigen, ewigen, absoluten Geistes hinwies, der Teleologie Rechnung zu tragen suchte und der Menschennatur ihre Würde wieder zurückgab. Wenn er der einseitigen Auffassung seiner Zeit gegenüber, welche nur oder doch weit überwiegend die sanfte weibliche Seite der Religion kannte, die kriegerische, heroische und erhabene Seite derselben in Erinnerung und Geltung brachte, so hätte er nur die

Anatomie der menschlichen Vernunft nicht bis zur Verdunkelung des Herrscherrechtes der allbegründenden absoluten Vernunft überspannen sollen, wodurch er trotz seines im rationalen Glauben Gott, Freiheit und Unsterblichkeit festhaltenden Deismus die pantheistische Wendung der Philosophie in seinen nächsten Nachfolgern mit veranlasste, ähnlich wie früher der Cartesianismus in Spinozismus umschlug (Werk XII, 208).

Wenn J. G. Fichte das Absolute als ein Ich auffasst, so macht er es doch zu einem Abstraktum, dessen Concretion das Reich der Geister sein soll, wonach er nur in den endlichen Geistern sein Selbstbewusstsein hätte. Er war in dem Irrthum befangen, dass man Gott nicht Bewusstsein und Persönlichkeit zugestehen könne, ohne ihn endlich zu machen, dass Persönlichkeit und Unbeschränktheit oder Unendlichkeit unvereinbar seien, während nicht das bestimmt, sondern nur das unbestimmt Unendliche freilich nicht persönlich, aber auch sonst nichts Wirkliches sein kann. Gab es nun nach Fichte nichts ausser dem Wissen (des endlichen Ich), so konnte seine Lehre nur zu einem extremen Idealismus ausschlagen (W. XII, 213) und auch die spätere Spinoza und Schelling sich annähernde Umbildung seines Systems blieb in der gleichen falschen Voraussetzung der Schrankennothwendigkeit alles Bewusstseins gefangen. So hoch sein ethisches Streben nun auch in der heroischen Richtung gehen mochte, so konnte er doch ein haltbares, theoretisches Prinzip der Ethik nicht gewinnen und am wenigsten konnte eine auf den Gedanken absoluter Selbstständigkeit gebaute Ethik religiös befriedigen und zum Beispiel die Tugend der Demuth begründen. Fichte sah ein, dass das primitiv Bewegende, Setzende, Gestaltende das dem Gesetzten absolut Unfassliche ist, aber er nahm das Gesetztwerden für ein bewusstloses Selbstthun und von dieser fixen Idee ging sein System aus. Indem Fichte die Unterscheidung eines constituirenden Thuns (Gottes als Schöpfers) von dem Thun der constituirten Creatur leugnete, dieses mit jenem confundirend, und indem er somit die intelligente Creatur — ihr unbewusst — sich selber setzen, begründen, constituiren und also das menschliche Gesetz aus unserer eignen Natur entsprungen sein liess, führte er den Deismus Kant's — diesen gesteigerten Pelagianismus — zum Atheismus über, der sich nur mit dem beschönigenden Namen des Pantheismus schmückte und dabei Idealismus sein wollte. Nach Fichte muss die (nach ihm durchaus apriorische) Philosophie offen aussprechen: „Wir müssen zu Grunde gehen, oder Gott". Und doch statuirte Fichte die Unwandelbarkeit des Absoluten und die Unsterblichkeit der in seinem Sinne Gotterfüllten! Gegen Fichte muss gesagt werden: Nur Gott setzt und wird nicht gesetzt, der Mensch (jede Intelligenz) wird gesetzt und setzt und nur die nichtintelligente Natur wird gesetzt und setzt nicht. Schon Kant hatte mit Unrecht sich nicht in die Schriftlehre vom dereinstigen Aufhören der Zeit finden können. Er nahm die Unsterblichkeit als endlose Fortdauer in der Zeit und sah nicht, dass ewige Zeit ein Widerspruch ist. Denn das Zeitlichsein ist Sein (Leben) im Zeitlichen; das Unsterblichsein ist Sein im Ewigen. Fichte setzt den Irrthum Kant's nur fort, ja er steigert ihn, wenn er beweisen will, dass die zeitliche Anschauung für jede endliche Intelligenz die einzig mögliche und also ewige sei. Die Zeit entsteht und besteht nur durch aufgehobene Gegenwart und vergeht mit der Beendigung ihrer Aufhebung. Die Gegenwart — das Sein — die Ewigkeit — war nicht und wird nicht sein, sondern ist. Das Vergehen der Gegenwart ist nur relativ für den, welcher sich von ihr trennte; wenn (dereinst) die Trennung aufhört, tritt die (wahre, ewige) Gegenwart wieder ein. So lange das Widerstreben des Getrennten dauert, muss die Gegenwart zu fliessen scheinen, wie der bleibende Mond zu fliehen scheint, indem die Wolken vorüberziehen. Fichte's Ich war bereits von einem Nichtich afficirt, welches er schon als Negation des Ichs nahm, während es sich doch ebensowohl ponirend als negirend gegen das Ich verhalten kann. Er übersah, dass das Nichtich ein über, ein gegenüber oder ein unter dem Ich stehendes sein kann. Daher stammte sein bellum internecicum zwischen dem Ich und Nichtich, jener Krieg zwischen beiden, welchen er für das primitive normale Leben derselben nahm, während es nur secundär, per nefas entstanden und also abnorm ist. Wohl hatte Fichte die Uebernatürlichkeit des Geistes erkannt, aber er verkannte den Unterschied des Verhältnisses, in welchem der gute und böse Geist zur Natur stehen und sein im bellum internecicum mit dem Nichtich zu Felde liegendes Ich erinnert mehr an die Naturscheue und den Naturhass eines unter die Natur gefallenen als an eines von ihr freien und von ihr getragenen Geistes.

Schelling schwebte eine Zeit lang in dem idealistischen Atheismus Fichte's und bildete dann sein pantheistisches Identitätssystem aus, welches eigentlich Indifferenzsystem ist und ging zuletzt zu einem Persönlichkeitspantheismus über, den er für den wahren Theismus erklärte. Die irrige Meinung, B. sei eine Zeit lang Anhänger des Identitätssystems gewesen, ist längst aus dem Grunde widerlegt. Vielmehr hatte er schon vor dem Auftreten des Identitätssystems die Grundlagen seines spiritual-realen Theismus gewonnen, an welchem er lebenslänglich festhielt. Auch die Dynamik seiner Naturphilosophie war älter als die Schelling'sche. welche von ihm freudig begrüsst wurde, da sie seinen Ideen in so weit entgegenkam. Schon seine frühesten Schriften und Aufsätze: „Vom Wärmestoff" (1786), „Ideen über Festigkeit und Flüssigkeit" (1792), „Beiträge zur Elementarphysiologie" (1797), „Ueber das pythagoräische Quadrat in der Natur etc." (1798), athmen theistischen Geist wie die Tagebücher zwischen 1786 und 1793, und kehren sich bald direct, bald indirect gegen den Pantheismus (wie gegen den Deismus). Auch Schelling huldigte in seinem Identitätssystem dem Satze Spinoza's: „Omnis determinatio est negatio", welcher die unlogische Grundlage des modernen Pantheismus ist. Indem man nämlich die Begriffe „unendlich" und „unbestimmt" vereinerleite, dachte man sich den Schöpfer (Gott) als den unbestimmt, hiemit unwirklich, nur in potentia Scienden, das Geschöpf als den bestimmt, wirklich seienden actuosen Modus des Ersten. Hiemit wurde aber Gott als Solcher oder als unendliches Sein nie wirklich seiend, sondern nur als ein unter den wirklichen Geschöpfen umgehendes Spectrum gedacht. Dieser falschen Vorstellung entgegen ist zu behaupten: Omnis determinatio est positio, ergo negatio indeterminationis. Der von der Creatur freilich nicht ergründbare oder definirbare, somit unergründliche Gott ist demnach keineswegs grundlos, sondern der in sich begründete und eben hiemit allbestimmende Urgeist. Nach der monströsen Vorstellung von Gott als Indifferenz, gleichsam als Mutterlauge aller Gebilde, die aus ihm hervorträten und wieder in ihn zerflössen, unterläge Gott nicht nur einer Geschichte, sondern auch einer nie sich vollendenden Geschichte, indem er eigentlich nie und nimmer fertig würde (VIII, 297). Es war auch gegen Schelling gerichtet, wenn B. (III, 285) sagte: „Er (der Mensch) braucht aber auch hiezu (seinen Willen nach Gottes Willen zu bestimmen) nicht etwa seine Individualität, Existenz und Persönlichkeit aufzugeben und, als ob diese, d. h. sein Creaturgewordensein die Sünde wäre, seinem Gott zum Opfer darzubringen, damit dieser grässliche Gott oder Ungott, gleichviel ob in Zorn oder in Liebe, seine Creatur wieder aufspeise; sondern das Opfer, das von ihm gefordert wird, ist nur: die ihn doch selbst stets nur peinigende Entzündung seiner Ichheit, seine Selbstsucht, nicht seine Selbstheit als Dieselbigkeit oder seine Creatürlichkeit, und die Selbstverleugnung, die von ihm gefordert wird — ist nur Zurücknahme eigener Lüge". Anderwärts (I, 179) sagt B.: „Die Identitätslehre Schelling's ist zwar ursprünglich von der spinozistischen Substanz genommen, in welche die denkende (sich bewusstseiende) und die nichtdenkende Natur sich beständig auflösen sollen. Aber eben darum führt diese Identitätslehre nicht zu der Anerkenntniss des Selbstbewusstseins dieser Substanz oder zu jener dass Gott Geist ist". Schon Saint-Martin hat nach B. die Alleinslehre bereits vor ihrem Hervortreten widerlegt (W. XII, 88). Aller Pantheismus apotheosirt Zeit- und Raumwesen, womit genau zusammenhängt, dass er die Endlichkeit der Creatur falsch nimmt und versteht, nämlich so, als wäre sie bestimmt, der Unvollkommenheit und Unseligkeit durch Zugrundegehen in Gott zu entkommen; da sie doch vielmehr in Gottes Willen sich begründen und dadurch ewig beseligt werden soll (W. I, 123). Die Naturphilosophie, das Identitätssystem, weiss daher das Unvollendete oder selbst Widersprechende in der Natur nur Gott selbst zur Last zu schreiben und nimmt in unklarer Weise im Grunde die selbstlose Natur für das Selbstständige, Selbstbewegliche, d. h. für Gott und den Menschen für nothwendig der Natur subjicirt; daher sie auch kein anderes imperium in naturam kennt, als das Baconische durch Industrie. Nimmt man mit Schelling den Ursprung der Creatur zu hoch in Gott, d. h. nimmt man die Creatur als Theil oder Moment Gottes, so muss man über Gebühr wieder herabstimmen, um ihren Abfall von der Idee oder auch nur ihre natürliche Unangemessenheit zu dieser zu erklären und man fällt dem Irrthum der Gnostiker anheim, von welchem jener der neuesten Philosophie, auch Schelling's, doch nur eine Fortsetzung ist, wenn sie die Schöpfung selbst als einen Abfall der göttlichen Idee von sich, folglich als die erste Sünde sich vorstellt (W. I, 206, 207). Die Folge davon ist, dass Gott zu dem bedürftigen Saturnus wird, der seine Kinder auffrisst, um sich selber beim Leben zu erhalten, das eine Prinzip, welches zugleich Vater und Tyrann, belebender Odem und fressendes Feuer, sich selbst in seinen geistigen Erscheinungen sündigen machend und sich selbst in ihnen strafend sein soll. Man könnte diese pantheistische Lehre immanenten Manichäismus nennen, die noch schlimmer als dieser erscheint, weil sie das Böse ewig, permanent setzt, während der eigentliche Manichäismus das als zweites angenommene böse Princip doch schwächer als das gute sein und von diesem zuletzt besiegt werden lässt. Wie Schelling den Verstand über die Vernunft stellt, wonach er den Begriff über die Idee wie das Erkennen über das Wollen stellen musste, während schon der Originalverstand in der Originalvernunft begründet und enthalten ist, so setzt er auch die Weltseele, deren Annahme in ihrer Sphäre berechtigt ist, an die Stelle des überweltlichen absoluten Geistes und lässt die Weltseele als den esoterischen Gott durch seine Explosion die Natur und Creatur erzeugen, hiemit aber, sich erschöpfend, selbst schachmatt werden und in seinem Gezeugten auf und darauf gehen. Aus diesem Identitätssystem konnte auch nur jener falsche Begriff der Materie entspringen, der von dem vergänglichen und die Verderbniss in sich bergenden Wesen der irdischen Welt behauptet, dass sie unmittelbar und ewig aus Gott hervorgegangen sei und gehe, und dass somit diese räumlich-zeitliche Schöpfung durch das Manifestationsbestreben und die Manifestationsmacht Gottes schon hinreichend und völlig erklärbar sei, obschon sie in der That eine Hemmung dieser Manifestation aussagt und diese Hemmung — das Deficit — das eigentlich Zu-erklärende ist. Die Materialisirung der Natur kann nichts Ursprüngliches, sondern nur etwas secundär Entstandenes sein und die vollständige Manifestation des Himmels, der himmlischen Welt, des Gottesreichs erfordert die Aufhebung der Materie und kann nur durch diese Aufhebung — durch das Weltgericht — zur Darstellung des Weltbegriffes gelangen (W. II, 446, 477). Das Identitätssystem ahnte in der Unnatur des (physischen und moralischen) negativen Creaturlebens so wenig Arges, dass es uns dieselbe für constitutionell ausgab. Jene Schelling'sche Annahme der Relation des Einzellebens der Creatur mit dem universellen — creaturisirenden — die nur von der negativen Seite aufgefasst war, stammte von Fichte's bellum internecinum des Ichs und des Nichtichs und wurde dann von Blasche (Ueber das Böse im Einklang mit der Weltordnung) in ihrer ganzen flachen Breite durchgeführt (VII, 171), als Fortsetzung jener naturphilosophischen Ursünde, welche die Schöpfung für Abfall der göttlichen Idee von sich selber nahm (XII, 218), um zuletzt von L. Feuerbach materialistisch verwendet zu werden. So unzufrieden B. mit der Weltanschauung des Identitätssystems war, welche er roh fand, so anerkennend begrüsste er Schelling's Annäherung zum Theismus in dessen Schrift: „Ueber die Freiheit des Willens" (1809) und in dessen „Denkmal Jakobi's" (1811), bedauerte aber, dass er seitdem, wie scheu und zaghaft den letzten Schritt zu thun, verstummte und auch später zu Erlangen wie zu München mit der Veröffentlichung der neuen Gestalt seiner Philosophie zurückhielt. Soweit B. sie aus Nachschreibungen der Münchener Vorlesungen Schellings (1827—1840) kennen lernen konnte, entsprach sie weder seinen Erwartungen noch seinen Anforderungen und er unterliess nicht, in Briefen und Schriften ganz besonders Schelling's neue Dreieinigkeitslehre, Schöpfungslehre, Philosophie der Mythologie und nicht wenige Lehren seiner Philosophie der Offenbarung zu bestreiten. Die Annäherung Schelling's blieb ihm doch nur eine Halbheit und das Ineinanderarbeiten Böhme's und Spinoza's ein verfehltes Unternehmen. Mochte ihm diese Philosophie inhaltlich als ein Fortschritt über das Identitätssystem hinaus erscheinen, so blieb sie ihm doch eine unwissenschaftliche Mischung unausgleichbarer Elemente. Hegel betrachtete B. als den Vollender des idealistischen Pantheismus Fichte's, wie ihm Kant als der bedeutendste Vertreter des Deismus galt. Kant und Hegel galten ihm als die geistvollsten und hervorragendsten Repräsentanten jener zwei Extreme — des Deismus und des Pantheismus — deren Ueberwindung in einer von innen heraus unternommenen Ausgleichung, Vermittelung und umwandelnden Versöhnung durch den spiritual-realen Theismus die philosophische Thätigkeit seines ganzen Lebens war. So grosse Anerkennung B. der hervorragenden Bedeutung Hegel's zollte, so energisch fiel seine Kritik und Polemik gegen ihn in allen Punkten aus, in welchen Hegel den Consequenzen des Pantheismus verfallen blieb. Vor Allem zwar rechnete er es ihm hoch an, dass er die durch Schelling's Verstummen seit 1812 drohende Erstarrung der deutschen Philosophie energisch durchbrach und dem philosophischen Denken mächtige Anregung gab. Er stund nicht an, seinem Gedanken der dialektischen Methode an sich hohe Bedeutung einzuräumen und ihn als den grössten philosophischen Kritiker der Deutschen, namentlich bezüglich seiner Vorgänger von Kant an, anzuerkennen. Aber sein Panlogismus, der in der Entäusserung des ewig Logischen zur endlichen Natur, noch dazu der materiellen, und in der Rückkehr aus ihr zum endlichen Geiste zum Geistespantheismus und damit zur Vergötterung des endlichen Geistes führt, womit sich eine ganze Reihe von unausgleichbaren Widersprüchen verknüpft; wie seine haltlose Dreieinigkeitslehre, seine unmögliche Gottesgeschichtslehre, seine constitutive Revolutions-Menschheitsgeschichte, seine Vergötterung des Staates, seine Aufhebung der Religion in eine unsterblichkeit-verneinende Philosophie etc. konnte in keiner Weise den tiefer denkenden Geist Baader's befriedigen. Auf denkwürdige Weise fasste er die Kritik seiner Vorgänger in die unwiderleglichen Worte zusammen: Nachdem Kant das, was in unserer Erkenntniss das Objective par excellence ist, oder das Apriorische derselben in das Subject, das Aposteriorische oder Empirische des Erkennens ins Object gelegt, hiemit ersterem die objective (constitutive) Wahrheit abgeleugnet hatte, erhob Fichte nicht nur das Subject (Ich) über alles Object (als jenes negirendes Nichtich), sondern statuirte ein bellum internecinum zwischen beiden, welche Fehde die Schelling'sche Identitätslehre zwar beilegen wollte und sollte, aber nicht konnte, weil auch sie zum abstracten Begriff des Ichs als des Geistes und als des absolut Schrankenlosen (gleichsam imaginären Seinkönnens) ausging und seine Determination ihm in der Natur als im Seienden, also in einem ihm äusseren und impenetrabelen Objecte als Nichtgeist entgegensetzte. Wenn nun schon Hegel den richtigen Begriff der Relation des Geistes zur Natur dagegen aufstellte, indem er zeigte, dass der Geist nur durch Eingehen in die Natur und aufhebendes Durchgehen durch die Natur seine Verwirklichung gewinnt, so bemerkte er doch nicht, dass und wie mittels dieser Aufhebung die Natur selber erhoben und vollendet wird, weil die selbstlose Natur nicht ohne den Geist, dieser nicht ohne jene fertig wird; sowie Hegel die Natur (oder vielmehr der Anfang zu ihr) hier nicht für das galt, was sie ist, nämlich für ein constitutives Element der vollendeten Existenz, sondern als ein anderes für sich bestehendes Seiendes oder als Creatur, zu welcher das esoterische Ich (Idee) durch Entäusserung oder Abfall geworden sei, da doch mit dem Worte: Φύσις nicht ein Hervorgebrachtes, sondern die unmittelbar hervorbringende Macht verstanden wird. Und so kehrte denn der Prometheus trotz des Fichte'schen Ichs im Hegel'schen Geiste wieder zurück, weil bei der durch den Geist der Creatur geschehen sollenden Aufhebung oder Subjicirung seines eigenen Naturprincips und seiner ersten unmittelbaren Selbstheit die Hauptbedingung ausser Acht gelassen ward, nämlich die freie Subjicirung dieses Geistes unter Gott und also derselbe Dualismus (Spannung, Unversöhnlichkeit zwischen Geist und Natur, und nicht die Nichtigkeit gegen Gott, sondern die Ichheit als ein diesem Gott selber Impenetrables) zurückkehrte (W. IX, 94).

König Ludwig I. gab Baader's Büste einen Ehrenplatz in der Walhalla und in den Hallen der Bavaria, der Stadtmagistrat sorgte für eine Gedenktafel an dem Sterbehaus, die königliche Akademie der Wissenschaften gesellte sein Portrait jenen ihrer verstorbenen Mitglieder in der akademischen Gallerie. Der Verfasser stellte mit v. Osten, Hamberger, Lutterbeck, v. Schaden, Schlüter die Gesammtausgabe seiner Werke in 16 Bänden her (der 16. enthält nebst Schlusserklärung des Hauptherausgebers, Vorwort und Einleitung Lutterbeck's als Supplementband ein Sach- und Namenregister), Leipzig, Bethmann 1850—60. Der 15. Band ist der Biographie und dem Briefwechsel gewidmet. Die erste Abtheilung des Werkes umfasst in zehn Bänden: Erkenntnisswissenschaft, Metaphysik, Psychologie und Anthropologie, Societäts- und Religionsphilosophie. Die zweite ausser dem Bemerkten: Tagebücher, Erläuterungen zu den Werken St. Martin's, J. Böhme's, Schriften aus dem Nachlass über die Zeit, die Societät und Erläuterungen und Glossen zu Thomas von Aquin und Anderen.

Zur Literatur der Baader'schen Schule, vgl. Hoffmann's Philosophische Schriften, Bd. I (Erlangen, Deichert 1868). Umrisse von Baader's Lehren in den Schriften: 1) Grundzüge der Societätsphilosophie Baader's von Hoffmann. 2. Aufl. Würzburg, Stuber 1865. 2) Die Weltalter: Lichtstrahlen aus Baader's Werken von Hoffmann, Erlangen, Besold 1868. — Darstellungsversuche und Kritik der Baader'schen Philosophie gaben die Werke über Geschichte der Philosophie von Sengler, Deutinger, Fortlage, Biedermann, Erdmann, Ueberweg, beleuchtet in den Schriften Hoffmann's.

2.

Franz von Baader's Stellung in der Geschichte der Philosophie. Sein Verhältniss zu Oken, Schelling, Krause und Hegel mit Bezug auf Erdmann's geschichtsphilosophische Werke.*) Von Franz Hoffmann.

Hegel hat sich neben Schleiermacher mehr als Schelling durch eine Fülle geistreicher Anregungen um die Geschichte der Philosophie hochverdient gemacht. Litt seine Auffassung auch an der der empiristischen entgegengesetzten Einseitigkeit, so bewirkte sie doch eine geistvollere Behandlung der Geschichte der Philosophie. Seine eigene Darstellung derselben ist nach Collegienheften veröffentlicht und leidet vielfach an den gewöhnlichen Mängeln solcher Veröffentlichungen ausser an seinem Standpunkt eigenen. Hätte Hegel die letzte Hand an diese Vorlesungen legen können, so würde ohne allen Zweifel eine Menge von Mängeln aus seiner Darstellung verschwunden sein, wiewohl die seinem Standpunkt eigenen freilich damit allein noch nicht verschwunden wären. Die gedankenreiche und mächtige Anregung, die von ihm ausging, rief in seiner Schule einen Wetteifer der Forschung hervor, der eine zahlreiche Schaar von Bearbeitungen der Geschichte der Philosophie oder auch einzelner Epochen derselben zur Folge hatte. Unter den letzteren glänzen E. Zeller's Geschichte der Philosophie der Griechen und

---

*) Grundriss der Geschichte der Philosophie von E. Erdmann. Zweite Auflage. Berlin, Hertz 1869—70. 2 Bände, und Versuch einer wissenschaftlichen Darstellung der Geschichte der neueren Philosophie. Dritten Bandes vierte Abtheilung (1853).

K. Fischer's Geschichte der neueren Philosophie; unter den ersteren ist der Grundriss der Geschichte der Philosophie von Erdmann ohne alle Frage das bedeutendste Werk.*) Die erste Auflage (in zwei Bänden) erschien 1865 und die zweite war schon 1869 nöthig geworden. Sie blieb kein blosser Wiederabdruck der ersten Auflage, sondern erschien sehr vermehrt, namentlich wurde der zweite Band bereichert durch die Berücksichtigung der Lehren einer ganzen Reihe geistreicher Forscher, die in anderen Darstellungen wenig oder nicht berücksichtigt wurden, unter denen nicht wenige der katholischen Kirche angehören, wie Hermes, Bolzano, Windischmann, Molitor etc. Baader wurde von Erdmann schon in seinem Versuch einer wissenschaftlichen Darstellung der Geschichte der neueren Philosophie (III. 2, 583—632) ziemlich umfassend eingeführt und schon damals Oken und Baader (als Forscher von nie genug zu würdigendem Verdienst) in einen Gegensatz gestellt, dessen Auflösung Erdmann durch Krause bedeutsam vorbereitet, durch Hegel aber erst allendlich gelöst gefunden haben wollte. In der ersten Auflage seiner gesammten Geschichte der Philosophie trug er im Wesentlichen dieselbe Auffassung vor, und in der zweiten Auflage hat sie keine Veränderung erlitten. Erdmann beginnt den VI. Abschnitt der Geschichte der neueren Philosophie (II. 553—4) mit den Worten:

„Obgleich seit der Zeit, wo ich in meinem oft angeführten Werke
„Oken und F. Baader als die beiden Männer bezeichnete, welche
„die beiden Seiten, die der jugendliche und der alternde Schel-
„ling nach einander zur Erscheinung treten liess, getrennt, darum
„aber mit viel grösserer Consequenz in völlig abgeschlossenen
„Weltanschauungen geltend gemacht haben, diese Behauptung,
„namentlich von Freunden und Schülern Baader's bestritten ist,
„so kann ich mich doch nicht eines Besseren belehrt bekennen,
„und verweise daher auf den § 44 meines oft erwähnten Buches,
„weil ich bis jetzt keine ausführlichere Darstellung der Philosophie
„Oken's kenne und weil, obgleich vor Baader meine Hochachtung
„durch die Schriften Hoffmann's, Lutterbeck's u. A. seitdem noch
„gestiegen ist, ich im Wesentlichen dieselbe Ansicht über seine
„Stellung festhalte, wie damals."

---

*) A. Schwegler's gedrängte Geschichte der Philosophie im Umriss, welche die mittelalterliche Philosophie fast ganz überspringt, ist bereits in sieben Auflagen erschienen und kann als eine kenntniss- und geistreiche Arbeit bezeichnet werden. Sie verhält sich nahezu zu Erdmann's Werk, wie seine Geschichte der griechischen Philosophie (2. Aufl. 1869) zu Zeller's grossem Werke.

Diese Stellung Baader's zu Oken und Schelling wurde von mir ganz entschieden bestritten, und sie kann auch heute nicht anders als bestritten werden. In seinem Versuch einer Geschichte der neueren Philosophie (III. 2, 539) hatte Erdmann behauptet: „Zur Lösung der dritten Hauptaufgabe der neuesten Philosophie „ist . . . nöthig, dass ein System aufgestellt werde, das Alles vom „Standpunkt heidnisch-naturalistischer Weltweisheit betrachtet. Dies „gethan zu haben, ist das Verdienst Oken's. Ihm steht als diametraler „Gegensatz gegenüber Baader, dessen theosophisches System die „moderne Verklärung des mittelalterlich-katholischen Standpunktes „zeigt." Die Behauptung, dass (nach Kant und vor Hegel) ein System heidnisch-naturalistischer Weltweisheit habe aufgestellt werden müssen, kann nicht wohl eingeräumt werden, wiewohl begreiflich ist, dass nach der Wiedererweckung Spinoza's Schelling dem Pantheismus und Oken dem Persönlichkeits-Pantheismus anheimfielen. Rein naturalistisch waren beide nicht, wenn man nämlich unter Naturalismus ein System versteht, welches Alles aus einer einigen bewusst-, willen- und geistlosen Urnatur *(natura naturans)* ableitet. Denn Schelling's erste Philosophie, von J. G. Fichte bestimmt, war zwar atheistisch, aber idealistisch und nicht eigentlich naturalistisch, seine zweite, durch eine Vermischung Fichte's und Spinoza's gebildet, war pantheistisch und wieder nicht eigentlich naturalistisch, wiewohl, wie aller Pantheismus, im Hinsinken zum Naturalismus begriffen.*) Wenn auch Oken die Schöpfung als die Verwandlung Gottes in die Welt fasste, so kann man doch nicht sagen, seine Lehre sei gewöhnlicher Pantheismus und identisch mit dem Pantheismus der zweiten Philosophie Schelling's, sondern man muss sie in die Classe der Persönlichkeits-Pantheismen einreihen, innerhalb welcher sie darum die niederste Form darstellt, weil sie die Vergänglichkeit alles Creatürlichen lehrt.**) Zum Beweise dessen sei es verstattet, einige Bestimmungen Oken's aus seinem Lehrbuche der Naturphilosophie hier anzuführen.

„Philosophie ist die Wissenschaft der Principien des Alls oder der Welt. Die Welt besteht aber aus zwei Theilen, aus einem

---

*) In seiner Broschüre: Ueber Schelling, namentlich seine negative Philosophie (1867), unterscheidet Erdmann drei Hauptgestalten der Philosophie Schelling's: 1) Atheismus, 2) Pantheismus, 3) Monotheismus (eigentlich Persönlichkeits-Pantheismus). Schwegler nimmt fünf Perioden an. Wirth theilt die Neu-Schelling'sche Philosophie wieder in drei Formen. Welcher Contrast gegen Baader, der stets im Wesentlichen derselbe war, und nur in Untergeordnetem sich zu Aenderungen veranlasst fand.
**) Genetische Geschichte der Philosophie von Fortlage. S. 190 ff.

erscheinenden, realen, oder materialen, und aus einem nichterscheinenden, idealen, geistigen, in dem das Materiale nicht vorhanden, oder der in Bezug auf das Materiale ein nichtiger ist. Die erscheinende Welt ist die Natur. Es gibt daher zwei Theile der Philosophie: Geistes- und Naturphilosophie ... Natur- und Geistesphilosophie gehen sich ... parallel ... Es wird sich ... zeigen, dass das Geistige (an sich, nicht nach der Erscheinung) früher vorhanden ist, als die Natur, und dass dasjenige Geistige, welches das All umfasst, Gott ist. Die Naturphilosophie muss daher von Gott anfangen ... Die Wissenschaft des Ganzen muss in zwei Lehren zerfallen, in die vom immateriellen Ganzen, Theosophie, und in die vom materiellen Ganzen, Hylogenie ... Es ist klar..., dass das Reale gleich sei dem Idealen, dass das Reale nur das zersplitterte, endlich gewordene Ideale, dass alles Endliche zusammengenommen gleich sei dem Idealen. Reales und Ideales sind eins und dasselbe, nur unter zweierlei Formen. Das letztere ist dasselbe unter einer unbestimmten, ewigen einfachen Form; das Reale ist aber auch dasselbe, jedoch unter der Form der Vielheit, und wie sich zeigen wird, der Mannigfaltigkeit. In beiden ist eine Unendlichkeit; im Realen eine Endlosigkeit einzelner Formen, im Idealen aber nur Eine endlose Form; hier eine Ewigkeit, dort eine Unendlichkeit ... Alles Realwerden ist ... kein Entstehen eines Etwas, was vorher nicht gewesen; es ist nur ein Erscheinen, ein Extensivwerden der Idee. Das Reale entsteht also nicht aus dem Idealen, sondern ist das Ideale selbst, gesetzt mit einer Bestimmung, Beschränkung ... Das Sein des Ewigen ist ... eine Selbsterscheinung... Das Selbsterscheinen des Uractes ist Selbstbewusstsein, das ewige Selbstbewusstsein. Selbstbewusstsein ist Persönlichkeit. Gott ist mithin die ewige Persönlichkeit. Der fortgesetzte Act des Selbstbewusstseins oder das wiederholte Selbstbewusstsein heisst Vorstellen. Gott ist daher im unaufhörlichen Vorstellen begriffen. Vorstellungen sind einzelne Handlungen des Selbstbewusstseins. Einzelne Acte aber sind reale Dinge. Alle realen Dinge sind aber die Welt. Mit den Vorstellungen des Ewigen entsteht daher die Welt. Die Vorstellungen erscheinen aber nur oder kommen zur Realität durch die Aussprache. Die Welt ist daher die Sprache Gottes. „Gott sprach und es ward." Es heisst nicht blos: Gott dachte und es ward. Der Gedanke gehört blos dem Geiste an; insoferne er aber erscheint, ist er Wort, und die Summa aller erscheinenden Gedanken ist Sprache. Diese ist das erschaffene reale Gedankensystem. Der Gedanke ist nur die Idee der Welt, die Sprache aber ist die wirkliche. Wie Denken von Sprechen verschieden ist, so Gott von der

Welt . . . Das Universum ist Gottes Sprache . . . Das Wort ist Welt geworden . . . Gott trägt die Welt in sich, indem er denkt, er setzt dieselbe ausser sich, aber er schafft sie, indem er spricht. Insoferne das Denken nothwendig dem Sprechen vorangeht, kann man sagen, es würde keine Welt sein, wenn Gott nicht dächte. In demselben Sinne kann man sagen, alle Dinge seien nichts als Vorstellungen, Gedanken, Ideen Gottes. So wie Gott denkt und spricht, so ist ein reales Ding. Sprechen und Schaffen ist eins. Alles was wir wahrnehmen, sind Wörter, Gedanken Gottes; wir selbst sind nichts anderes, als solche Wörter, mithin seine Ebenbilder, insoferne wir das ganze Sprachsystem in uns vereinigen. Es gibt daher kein Sein ohne Selbstbewusstsein. Nur was denkt ist (für sich), was nicht denkt, ist nicht (für sich), sondern nur für ein anderes Bewusstsein. Die Welt ist von Gott verschieden, wie unsere Sprache von uns verschieden ist. Gottes Selbstbewusstsein ist unabhängig von der Welt, sowie unser Selbstbewusstsein unabhängig ist von unserer Sprache. Die göttlichen Gesetze sind auch die Gesetze der Welt; diese ist daher nach ewigen und unveränderlichen Gesetzen erschaffen und wird auch nach solchen regiert. Die Naturphilosophie ist die Schöpfungsgeschichte; die Schöpfung ist aber die Sprache Gottes. Dem Sprachsystem liegt aber nothwendig das Gedankensystem zu Grunde. Die Wissenschaft aber von den Gesetzen des Denkens heisst Logik; die Naturphilosophie ist daher eine göttliche Sprachlehre oder eine göttliche Logik. Die Gesetze der Sprache lehren aber die Genesis der Sprache. Die Naturphilosophie ist daher die Wissenschaft von der Genesis der Welt, Kosmogenie.

Wie das vollständige Princip der Mathematik aus drei Ideen besteht, so auch das Urprincip der Natur oder das Ewige. Das Urprincip der Mathematik ist 0; sobald es aber wirklich ist, so ist es $+$ und $-$, oder die Uridee zerfällt im Sein sogleich in zwei Ideen, wovon jede der andern dem Wesen nach gleich, der Form nach aber verschieden ist. Es ist also hier ein und dasselbe Wesen unter drei Formen oder drei sind eins. Was aber von den mathematischen Principien gilt, muss auch von den Naturprincipien gelten. Der Urakt erscheint oder wirkt unter drei Formen, welche dem 0, $+$ und $-$ entsprechen. Diese drei Ideen des Ewigen sind sich alle gleich, sind derselbe Urakt, jeder ganz und ungetheilt, aber jeder anders gesetzt. Der ponirende Urakt ist das ganze Ewige; der ponirte ist gleichfalls das ganze Ewige und der aufhebende, zurückführende, beide erste verbindende, ist auch das ganze Ewige. . . . Da das Ewige ein Bewusstsein, mithin eine Personalität ist, so sind alle drei Ideen Personalitäten. Im Ewigen sind also drei Personalitäten und diese drei sind eins. ... Die erste Idee ist die ursprüngliche, also durchaus unabhängige, aus sich selbst entstandene und auf sich selbst gegründete, mithin von nichts Anderem ausgegangene, kurz die ewige, wie das mathematische $0 = $ *Monas aoristos*. Ihr ist alles möglich, sie kann alle Probleme aufgeben und lösen, weiss daher Alles und schafft Alles. Sie ist die zeugende, schaffende, väterliche Idee. Die beiden andern Ideen sind ausgegangen aus der ersten, obschon ihr gleich, ja sie selbst, aber ausgegangen aus sich selbst erscheinend. Die zweite Idee ist daher *Dyas aoristos* und entspricht dem mathematischen $+$; die dritte Idee ist *Trias aoristos* und entspricht dem mathematischen $-$, wodurch die Urdreiheit $0 + -$ vollendet wird. Die erste Idee ist von Ewigkeit bemüht oder vielmehr erfreut, sich in die zwei andern zu verwandeln. Das Thun oder das Leben Gottes besteht darin, sich ewig selbst zu erscheinen, sich ewig selbst anzuschauen in der Einheit und Zweiheit, ewig sich zu entzweien und doch eins zu bleiben. Die zweite Idee ist zunächst ausgegangen von der ersten und verhält sich daher zu derselben wie Sohn zu Vater, wenn man sie personificirt betrachtet. Die dritte Idee ist ausgegangen von der zweiten und ersten zugleich und bildet daher die geistige Verbindung, die wechselseitige Liebe zwischen beiden. Man kann sie daher Geist schlechthin nennen, wenn man sich dieselbe personificirt denkt. Wenn alles Einzelne durch die Urdreiheit hervorgebracht nur das ausgesprochene Wort der Urdreiheit ist, so müssen auch deren Eigenschaften in demselben erkennbar sein. Das Einzelne ist daher nicht blos Position einer Idee, sondern aller drei. Alle Dinge sind aus der Dreiheit ausgegangen. Das Wesen des Alls besteht in der Dreiheit, welche Einheit ist und in der Einheit, welche Dreiheit ist; denn es ist Ebenbild der Urdreiheit. ... Die Uridee ist die Position schlechthin ohne alle Beziehung, ohne alle Gegenposition. ... Die Uridee ist das Substrat von Allem. ... Auf diesem Urwesen beruht Alles, aus ihm geht alle Action, alle Bewegung und alle Form hervor; oder vielmehr in allen Erscheinungen erscheint nichts Anderes, als das Urwesen auf verschiedenen Stufen der Position. ... Die Uridee ist der absolute Anfang. Diese Uridee ist das Nichtdarstellbare, das Nicerscheinende und doch überall Seiende, aber sich immer Entziehende, wenn man es zu erblicken glaubt, kurz das Geistige, welches sich in Allem kund thut und doch immer dasselbe. Die Uridee wirkt nur, indem sie ponirt; durch das Poniren entsteht aber Succession des Ponirens oder Zahl. Poniren und successives Poniren ist eins. Das Handeln der Uridee besteht in einem ewigen Wiederholen des Wesens, der Urakt ist ein fortdauernd sich wiederholender Akt. Wiederholung des Uraktes ohne ein anderes Substrat ist Zeit. Zeit ist die ewige Wiederholung des Ponirens des Ewigen. Die Zeit ist nicht erschaffen, sondern unmittelbar ausgegangen aus dem Urakt und die Position desselben. Die Zeit ist die unendliche Succession der Zahlen. . . . Die Zeit ist unendlich. . . . Alle Dinge sind in der Zeit erschaffen; denn die Zeit ist die Allheit der Einzelheiten. Die Zeit ist . . . gleichsam eine rollende Kugel, die in sich selbst wiederkehrt. Es gibt kein endloses Ding, noch weniger ein ewiges; denn die Dinge sind nur Zeitpositionen, die Zeit ist aber selbst nur Wiederholung, also auch Aufhebung dieser Positionen. Das Wechseln der Dinge ist eben die Zeit . . . Zeitlosigkeit ist nur im Ewigen. . . Zeit ist Zählen, Zählen ist Denken, Denken ist Zeit. Unser Denken ist unsere Zeit . . . Gottes Denken ist Gottes Zeit. Gottes Zeit ist aber alle Zeit, mithin Zeit der Welt. Die Zeit ist nicht irdischer, sondern himmlischer Abkunft. In sofern kommt allen endlichen Dingen eine göttliche Eigenschaft zu. Göttlich sind sie, insofern sie Zeit, irdisch sind sie, insoferne sie verschiedene Zeitmomente sind. . . . Die Zeit ist Action. . . . Die Zeit besteht aus einzelnen Akten. Alle Akte zusammengenommen, alle endlichen Dinge in der Zeit sind gleich dem Urakt oder dem Ewigen. Es gibt zwei Totalitäten, eine Urtotalität und eine secundäre, eine Aufzählung aller Zahlen, jenes die ewige, dieses die endliche, jenes die Ewigkeit, dieses die Unendlichkeit. Jemehr ein Ding von dem Mannigfaltigen des Alls in sich aufgenommen hat, desto belebter ist es, desto ähnlicher ist es dem Ewigen. Es ist denkbar, dass ein endliches oder lebendiges Leben alle Zahlen oder Akte in sich vereinigt hätte, welches dennoch nicht das Ewige selbst wäre. Es wäre aber offenbar das vollkommenste endliche Wesen und als secundäre Totalität das Ebenbild der primitiven. . . . Dieses Wesen wäre nothwendig das höchste und letzte, wozu es in der Schöpfung kommen könnte; denn mehr kann in einem Dinge nicht dargestellt werden als das All. Mit einem solchen Wesen wäre die Schöpfung geschlossen. Da die Realwerdung des Ewigen ein Selbstbewusstwerden ist, so ist das höchste Geschöpf auch ein selbstbewusstes — aber ein Einzelnes. Ein solches Geschöpf ist der endliche Gott, ist der leiblich gewordene Gott. Gott ist *Monas indeterminata*. Das höchste Geschöpf ist *Monas determinata*. *Totum determinatum*. Ein endliches Selbstbewusstsein nennen wir Mensch. Der Mensch ist eine Idee Gottes, aber diejenige, in der sich Gott ganz, in allen einzelnen Acten zum Objekt wird. Der Mensch ist Gott, vorgestellt von Gott in der Unendlichkeit der Zeit. Gott ist ein Mensch vorstellend Gott in **einem** Selbstbewusstseinsakt, ohne Zeit. Der Mensch

ist der ganze erschienene Gott, Gott ist Mensch geworden, Zero ist
+ — geworden. Der Mensch ist die ganze Arithmetik, aber
zusammengeschoben aus allen Zahlen, daher kann er sie aus sich
hervorbringen. Der Mensch ist ein Complex von Allem, was neben
ihm ist, vom Element, Mineral, Pflanzen und Thier. Die andern
Dinge unter dem Menschen sind auch Ideen Gottes, aber wovon
keine Idee die ganze Darstellung der Arithmetik ist. Sie sind nur
Theile des göttlichen Bewusstseins in die Zeit gesetzt; der Mensch
aber ist der in der Zeit unversehrt gesetzte Gott. Der Mensch ist
das Object im Selbstbewusstsein Gottes; die untermensch-
lichen Geschöpfe aber sind nur die Objecte des Bewusstseins
Gottes. Wenn Gott nur einzelne Eigenschaften von sich vorstellt,
so sind es weltliche Dinge; wenn aber Gott in diesem Gewühle von
Vorstellungen zu seiner eigenen ganzen Vorstellung kommt, so entsteht der Mensch. Die Thiere stellen sich nur theilweise in dem
Theil des Universums vor, der Mensch stellt sich aber ganz in allen
Theilen vor. Thiere sind Brüche vom Menschen. Kein Geschöpf
unter dem Menschen kann Selbstbewusstsein haben. Sie haben zwar
Bewusstsein von ihren einzelnen Handlungen, von ihren Empfindungen,
haben Gedächtniss: aber da diese einzelnen Handlungen nur Theile
der Welt, des grossen Bewusstseins sind und nicht das Ganze, so
können sie selbst sich nie zum Object werden, sich nie vorstellen.
Die Thiere sind sich nie vorstellende Menschen. Sie sind vorstellende, aber nie sich ganz, daher nie zum Bewusstsein kommende
Wesen. Sie sind einzelne Rechenexempel; der Mensch ist die
ganze Mathematik.

Ein Handeln, das nicht von einem andern bestimmt wird, ist
frei. Gott ist frei, weil ausser ihm kein anderes Handeln ist. Der
Mensch als Abbild Gottes ist gleichfalls frei; als Abbild der Welt
aber unfrei. ... Im Entschluss ist er frei, in der Ausführung
unfrei. ... Der Mensch ist ein Doppelwesen, zusammengesetzt aus
Freiheit und Nothwendigkeit.

Das Lebendige lebt nur, insofern es das Ewige selbst ist im
Einzelnen, oder in allem Lebendigen ist er nur das Ewige, das lebt.
Ein einzelnes Leben für sich, unabhängig vom Leben gibt es so
wenig, als eine einzelne Zahl unabhängig von den anderen Zahlen
und vom Zero. Der Mensch ist nur Mensch, insofern er im Endlichen Gott gleich ist; dieses ist er aber nur mit dem Selbstbewusst-
seinsact, mit dem Acte der Erkenntniss seiner selbst, der totalen
Selbsterscheinung. Des Menschen Erkenntniss seiner Gleichheit mit
Gott ohne Erkenntniss seiner Ungleichheit oder Nothwendigkeit gibt
den Wahn der absoluten Gottgleichheit oder Freiheit. Der Wahn,

einem Höheren gleich zu sein, ist Dünkel oder Hoffahrt. Die erste Sünde kam in die Welt durch die Untreue oder Falschheit. Die Falschheit ist das einzige Laster. Die Versöhnung oder die Rückführung zu Gott ist die Erkenntniss der Nothwendigkeit. Diese Nothwendigkeit kommt aber in den Menschen durch seine Gleichheit mit der Natur; die Erkenntniss der Natur ist das einzige Mittel zur wahren Erkenntniss Gottes und der Versöhnung mit ihm. Die Thiere und andere Dinge sind nur theilweise Selbsterscheinungen, sie kommen nur halb zur Besinnung und können daher nicht abfallen, nicht sündigen." *)

Es ist nicht nöthig für meinen Zweck, Oken's System weiter in das Einzelne zu verfolgen. Das Mitgetheilte genügt, um zu erkennen, dass diese Lehre nicht Naturalismus ist, sondern Idealismus oder genauer Spiritualismus und zwar theosophischer Spiritualismus, oder wenn man darauf sieht, dass für Oken Gott und Welt untrennbar sind, Gott der Geist der Welt, die Welt der Leib (die Verwirklichung) Gottes, Ideal- oder Spiritual-Realismus. Gott ist ihm Persönlichkeit, also selbstbewusster Geist. Aus Gott aber stammt ihm Alles, also stammt ihm Alles aus dem Geist, also ist ihm Alles geistig im allgemeinen Sinne des Wortes und es gibt keine Natur, die nicht Erscheinung, Form, Gestalt des Geistes wäre. Mit dem Theismus hat die Lehre gemein, dass ihr Gott Persönlichkeit ist, mit dem christlichen Theismus, dass ihr Gott ein dreipersönliches Wesen ist. Wenn man jede Lehre, welche Gottes Persönlichkeit anerkennt, theistisch nennen darf, so ist Oken's Lehre theistisch. Aber sie hat mit dem Pantheismus gemein, dass ihr das Weltall als die Selbsterscheinung und Selbstverwirklichung Gottes gilt. Die erste Auflage der Oken'schen Naturphilosophie beginnt mit dem

---

*) Lehrbuch der Naturphilosophie von Oken. Zweite umgearbeitete Auflage (1831) S. 1—24 ff. Die erste Auflage des Werkes (1809—11) enthält nicht alle Bestimmungen der zweiten, ruht aber auf wesentlich gleicher Grundlage. Zwar wird in der I. Auflage der Ausdruck: Persönlichkeit und Dreipersönlichkeit Gottes nicht gebraucht. Allein auch dort schon ist das Selbsterscheinen des Absoluten als Selbstbewusstsein bezeichnet. Es wird schon gesagt: „Gott ist nur Gott im Bewusstsein seiner selbst ... Gott war sich von Ewigkeit her seiner bewusst und wird es in Ewigkeit sein: er ist das nothwendige und das einzig nothwendige, daher das ewige Selbstbewusstsein" (B. 5, 1. Aufl. S. 14 bis 15). Die dritte Auflage des Werkes (1843) nimmt nichts in Betreff des ewigen Selbstbewusstseins Gottes zurück. Die Lehre, dass Gott erst in der Zeit, in der Geschichte, im Menschen sich zum Selbstbewusstsein oder doch zum vollkommenen Selbstbewusstsein gebracht habe, ist Oken ganz fremd.

nie zurückgenommenen Satze: „Die Naturphilosophie ist die Wissenschaft von der ewigen Verwandlung Gottes in die Welt." Dieser pantheistische Zug des Oken'schen Theismus treibt ihn zu der Folgerung der Unmöglichkeit der individuellen Unsterblichkeit der selbstbewussten und der Unvergänglichkeit der bewusstlosen Wesen. Nach dieser Voraussetzung gibt es keine Beharrlichkeit in den Einzelnen (ewige Dauer), nur der Wechsel ist beharrlich. Nur die Welt, sagt Oken, ist beharrlich (Gott als Wesen der Totalerscheinung ohnehin), nichts in ihr ist beharrlich (ewig dauernd). Sollten die Individuen nicht sterben, sondern ewig leben, so müsste die Welt sterben; denn das Leben der Welt besteht, wie jedes Leben, in dem Wechsel der Pole. Die Individuen, fährt Oken fort, können daher auf keine Weise lebendig bleiben, nicht, wenn die Welt lebendig bleibt, weil diese nur durch Wechsel der Individuen, die ihre Organe sind, möglich ist, weil die Allheit der Individuen die Welt selbst ist. Das Sterben ist kein Vernichten, sondern nur ein Wechseln. Es geht ein Individuum aus dem andern hervor. Das Sterben ist nur ein Uebergang zu einem andern Leben, nicht zum Tode. Dieser Uebergang von einem Leben zu einem andern geht durch das Absolute. Das Sterben ist ein Zurückrufen in Gott, von dem Alles ausgegangen ist. Wenn neue Individuen entstehen, so können sie daher nicht unmittelbar aus anderen entstehen, sondern sie gehen alle zunächst aus ihrem Urprincip, entfernt aus Gott, hervor. Jede Zeugung ist eine neue Schöpfung. Gott kann nicht alles Individuelle zugleich in sich zurücknehmen. Wie er daher Individuen in sich zurückruft, lässt er andere aus sich ausgehen. Das Verschwinden und Erscheinen der Individuen ist zwar nur eine Metamorphose des einen in das andere, eine Seelenwanderung, deren Weg aber durch Gott geht.*)

Diese Leugnung der individuellen Unsterblichkeit ist keineswegs rein naturalistisch, wie er scheinen könnte, denn ausserdem, dass Oken Alles aus dem ewigen Geist entspringen lässt, ist zu erinnern, dass es keinen Widerspruch gegen die Geistigkeit der selbstbewussten Wesen aussagt, dass sie auflösbar, vergänglich sein könnten;**) um so mehr, als die nicht selbstbewussten und bewusstlosen Wesen auch (nach Oken) als Erscheinungen des Urgeistes

---

*) Lehrbuch der Naturphilosophie von Oken. II. Aufl. S. 148—49 (v. I. Aufl. II. 16 ff.) III. Aufl. S. 153. Eine kleine Veränderung hier ist unwesentlich.

**) Sonst müsste auch Gott sie nicht auflösen oder vernichten können und Gott wäre nicht allmächtig.

geistig und doch auflösbar und vergänglich sind. Kann die Unsterblichkeit der selbstbewussten Wesen erwiesen werden, so folgt sie nicht aus ihrer Geistigkeit, sondern aus ihrer Bestimmung durch Gott zu ewiger Dauer und sollten die nicht selbstbewussten und bewusstlosen Wesen als unvergänglich bewiesen werden wollen, so könnte dies auch nur gelingen, wenn bewiesen würde, dass sie von Gott zur ewigen Dauer bestimmt seien.

Auch die Anschauung Oken's vom Ursprung des Organischen und des Menschen darf ihm nicht als reiner oder eigentlicher Naturalismus gedeutet werden, weil die von ihm dabei behaupteten Vorgänge durchaus aus dem Geiste stammen und lauter Entwicklungsstufen des Geistes von dessen niedersten Formen bis zur höchsten sind. Daher konnte Oken sich für seine Behauptung, dass der Mensch nicht erschaffen, sondern entwickelt sei, auf die Bibel berufen mit den Worten:

„So lehrt es selbst die Bibel. Gott hat den Menschen nicht „aus Nichts gemacht, sondern einen vorhandenen Stoff, einen Erd„klos, Kohlenstoff genommen, geformt, also mit Wasser und ihm „Leben eingehaucht, nämlich Luft, wodurch der Galvanismus, „Lebensprozess, entstand." *)

Man kann es, für sich betrachtet, als naturalistisch ansprechen, wenn Oken das Organische aus dem Unorganischen entsprungen sein lässt, wenn ihm als Grundmaterie der organischen Welt der Kohlenstoff gilt, wenn er die organischen Urstoffe als aus dem Unorganischen gebildete Infusorien ansieht, wenn ihm das schleimige Urbläschen Infusorium ist, wenn er alles Organische aus dem Schleim hervorgegangen darstellt, wenn ihm auch der Mensch ein Kind der warmen und seichten Meeresstellen in der Nähe des Landes ist.**) Allein der göttliche Geist ist in allen diesen Vorgängen nach Oken der Gründer, Beweger, Erzeuger, Entwickler und Gestalter, sie sind alle Geistesoffenbarungs-Entfaltungsstufen. Diese Ansicht kann so wenig und noch weniger rein naturalistisch genannt werden, als die Lehre Hegel's, wenn sie nach der Auffassung der linken Seite seiner Schule so verstanden wird, dass die absolute Idee, der allgemeine Geist, sich zur Natur entäussere und aus der Natur im menschlichen

---

*) L. c. S. 157. Die Deutung des Mosaischen Pneuma als Luft ist freilich unzulänglich und über die Entwicklung des Lebensprozesses zum Geist wird nichts gesagt. Hierin, für sich genommen, könnte man Naturalismus erblicken wollen, wenn für Oken der selbstbewusste Gott nicht das bildende Princip und der Stoff nicht geistigen Ursprungs wäre.

**) L. c. 146—148.

Geist, der sich aus ihr erhebe, zu sich zurückkehre. Würde aber Hegel im Sinne der rechten Seite seiner Schule zu verstehen sein, also so, dass Gott als der persönliche Urgeist sich zur Natur entäussere und aus ihr sich zum menschlichen Geist emporbilde, so würde diese Auffassung nicht wesentlich von der Lehre Oken's verschieden und diese daher auch so nicht Naturalismus sein, wenn Hegel's Lehre Idealismus ist. Der Mensch drückt nach Oken das letzte Ziel der Natur aus und ausdrücklich sagt er: „Das Ziel der Natur ist, im Menschen wieder in sich zurückzukehren"*). Die Natur ist ihm aber nur Erscheinung des Geistes und die Rückkehr des Menschen in die Natur ist ihm daher Rückkehr zu Gott. Wenn Oken die Malerei als die Kunst der Religion, die Heiligenkunst, bezeichnet, so versteht er unter Religion offenbar die christliche, die er schwerlich geringer stellt als Hegel, der sie die absolute nennt. Es konnte daher die Absicht Oken's nicht sein, dem Christenthum ein neues Heidenthum entgegen zu stellen und man kann vielleicht einen Irrthum, aber sicher nichts Heidnisches darin finden, wenn Oken die Kriegskunst die höchste, erhabenste Kunst nennt. Sie ist ihm dies darum, weil er in ihr die Kunst der Freiheit und des Rechtes des (irdisch) seligen Zustandes des Menschen und der Menschheit — das Princip des Friedens erblickt. Hierin liegt an sich so wenig etwas Unchristliches, dass es vielmehr den Beruf des Kriegerstandes als Schirmer der Freiheit und des Rechtes adelt und den Krieg nur als Mittel zum Zwecke des Friedens zulässt. Unchristlich wird es nur dadurch, dass Oken keine über das Irdische hinausgehende, keine jenseitige Seligkeit kennt. Doch muss bemerkt werden, dass in der I. Auflage die Verherrlichung des Heldenthums in's Ueberschwängliche geht, während sie in den folgenden Auflagen gemässigter ist. Offenbar schien Oken 1810—1811 das Heldenthum zur Befreiung Deutschlands nöthig.

Nach dieser urkundlichen Darlegung der Lehre Oken's ist daher die Behauptung Erdmann's unrichtig, dass Oken sich auf den pantheistisch-naturalistischen Standpunkt des ursprünglichen Identitätssystems gestellt und sogleich aus diesem Alles ausgeschlossen habe, was Keime des späteren Monotheismus hätte enthalten können.**) Ob Oken in seinen ersten Schriften vor der ersten Auflage seines

---

*) L. c. S. 499.

**) Versuch einer wissenschaftlichen Darstellung der Geschichte der neueren Philosophie von Erdmann III. 2. S. 544 - 545. Nach Oken (l. c. S. 48) ist (nur) Gott monocentral und selbstbewusst, also monotheistisch (im weiteren Sinne) gedacht.

Lehrbuchs der Naturphilosophie (1809) sich ganz an das Identitäts-System Schelling's anschloss, lasse ich hier unentschieden, jedenfalls aber ist Erdmann's Behauptung unrichtig bezüglich der Oken'schen Lehre schon nach der I. Auflage seiner Naturphilosophie (1809—11). Allerdings sagt Oken, sein System sei durch und durch Physica und habe nichts mit dem Ethischen zu thun. Allein die Ethik aus der Physik verweisen, ist grundverschieden von deren Verwerfen. Oken theilte die Philosophie in zwei Theile: Natur- und Geistesphilosophie. Natur- und Geistesphilosophie gehen nach ihm parallel, sie sind nicht identisch, sondern die erste geht nur der zweiten voran. Die Geistesphilosophie stellte er nicht dar, aber er war weit davon entfernt, sie überflüssig zu finden, ja er räumte ihr offenbar den höheren Rang ein, da er dem Geist den höheren Rang über die Natur einräumt. In der 3. Auflage seiner Naturphilosophie (S. 64) setzt Oken der Behauptung der zweiten: „es gibt drei Tugenden aber nur ein Laster", die Bemerkung bei: „Ein Resultat der Naturphilosophie, wovon die Geistesphilosophie noch nichts ahnet." Dies ist ein augenscheinlicher Beweis, dass Oken die Geistesphilosophie durchaus nicht in die Naturphilosophie aufgehen lassen, sondern die Geistesphilosophie als zweiten Theil der Philosophie und über ihr anerkannt wissen wollte. Ja Oken nennt in der 3. Auflage seiner Naturphilosophie (S. 515) die Wissenschaft des Geistes sogar die eigentlich sogenannte Philosophie. Nach ihm soll die Geistesphilosophie das Ebenbild der Naturphilosophie sein oder werden. Allerdings behauptet er daselbst, die Geistesphilosophie müsse sich aus der Naturphilosophie entwickeln, wie die Blüthe aus dem Stamme, eine Philosophie oder Ethik ohne Naturphilosophie sei ein Unding, ein baarer Widerspruch, so wie eine Blüthe ohne Stamm ein Unding sei; so viel wesentliche Glieder als die Naturphilosophie habe, in so viele müsse auch die Geistesphilosophie zerfallen, so genau, dass sie sich deckten. Dann fährt er (S. 516) fort: „Der Grund, warum man in der Geistesphilosophie noch so ganz ohne Unterlage und ohne Magnetnadel herumfährt, liegt einzig in der Nichtbeachtung der Naturkenntniss. Es ist in der That nicht schwer einzusehen, dass es unmöglich ist, aus Beobachtungen von so schnell vorüberschwindenden Erscheinungen des Geistes ein System der Gesetze dieses Geistes zu abstrahiren! Der Geist ist nichts von der Natur Verschiedenes, nur ihre reinste Ausgeburt und daher ihr Symbol, ihre Sprache. Mit diesem Fundamente wird man nicht den Irrlichtern des Geistes nachlaufen, sondern sie zuerst in der Natur zu bannen und gesetzmässig zusammenzustellen suchen; dann erst wird man die auflodernden Geisteslichter und die göttlichen

Stimmen, die jede Materie durch die Sprache des Menschen ertönen lässt, erkennen. Wer einmal im Stande wäre, diese Gleichheit der Naturerscheinungen mit den Geisteserscheinungen aufzudecken, der hätte die Philosophie des Geistes gelehrt. (So schon in der 1. Auflage des Werkes III. 359). Hieraus geht jedenfalls soviel hervor, dass Oken die Geistesphilosophie, in welcher auch die Ethik nach ihm ihre Stelle hat, von der Naturphilosophie unterschied und jene nicht in diese verschlang; die Ansicht, dass sich die Geistesphilosophie aus der Naturphilosophie entwickeln sollte, sowie die damit zusammenhängende Aufhebung des Dualismus von Natur und Geist, aber nicht zu Gunsten des Naturalismus, sondern zu Gunsten des Idealismus — da ihm Alles Entfaltung des göttlichen Geistes ist — unterscheidet Oken nicht wesentlich von Hegel, und was bei diesem Idealismus ist, kann darum bei jenem nicht Naturalismus sein, oder Hegel müsste so gut und mehr Naturalist sein, als Oken. Auch Baader will keine Ethik ohne Physik und lässt im System die Geistesphilosophie so gut auf die Naturphilosophie folgen, als Oken und Hegel. Er unterscheidet sich von diesen beiden Philosophen nur durch seinen vollkommenst theistischen Ideal-Realismus, der ihm andere Folgerungen nöthig macht und gibt beiden nicht zu, dass sich Gott selbst in der Welt verwirkliche, mag nun Hegel mit Oken einstimmend zu verstehen sein oder nicht, und im letzteren Falle Gott als bloss allgemeinen Geist der Geister gedacht haben.

Einige, wenn auch vielleicht nur wenige, Bruchstücke seiner Geistesphilosophie liegen in der von Oken herausgegebenen Zeitschrift Isis und vielleicht noch in anderen Zeitschriften zerstreut, und diese hätten längst gesondert an das Licht gestellt werden sollen. Nicht leicht ist ein anderer namhafter Forscher literarisch so vernachlässigt worden, als der geniale Oken. Niemand scheint noch an eine Sammlung seiner Schriften, noch weniger seiner Zeitschriftenarbeiten gedacht zu haben. Ihm Denkmale zu setzen, scheint den Leuten viel wichtiger, als ihm das Hauptdenkmal, eine Sammlung seiner Schriften, zu stiften. Mit der Bezeichnung Oken's als (reinen) Naturalisten kann ich nach dem Vorgetragenen nicht einverstanden sein, und seine Philosophie heidnisch zu nennen, könnte fast nur mit Bezug auf seine Läugnung der Unsterblichkeit und das damit Zusammenhängende gerechtfertigt werden, wiewohl die Heiden gerade diese als Heiden nicht läugneten, sondern nur ungenügend auffassten.*) Oken ist daher auch nicht der diametrale

---

*) Vergleiche die vorchristliche Unsterblichkeitslehre von Wolfgang Menzel (2 Bände) 1870; Unsterblichkeitslehre der Alten von Prof. Dr. Arnold.

Gegensatz zu Baader, den Erdmann in ihm finden will, sondern steht ihm sogar näher, als Schelling's zweite Philosophie und Hegel's Panlogismus. Dennoch findet allerdings ein erheblicher Gegensatz zwischen beiden genialen Forschern statt, dieser nimmt aber seinen Ausgang von einem anderen Punkte, als in welchem Erdmann ihn gefunden haben will. Oken und Baader erinnern nichts gegen die Bezeichnung ihrer Systeme als Theosophie. Oken wählt diese Bezeichnung geradezu und ausdrücklich.*)

Baader nennt wohl Böhme's Lehre Theosophie, sein eigenes System hat er aber meines Erinnerns niemals irgendwo Theosophie genannt, wiewohl er sich diese Bezeichnung, wenn sie nur nicht als ein Gegensatz gegen die Philosophie verstanden werden will, würde haben gefallen lassen. Er adoptirte lieber den Ausdruck Krause's: Panen-theismus, ohne ihn ganz genau in demselben Sinne wie Krause zu nehmen. Oken und Baader lehrten Gott als Persönlichkeit, und zwar als dreipersönlichen Geist, wenn auch die besondere Fassung dieses Begriffs bei beiden weit nicht vollkommen identisch war. Hier aber tritt sogleich der grosse Unterschied zwischen beiden hervor, dass Oken die Geistigkeit Gottes im Unterschiede von der Welt abstract spirituell fasst. Er spricht nicht einmal von einem Willen Gottes (ohne ihn zu läugnen), sondern nur von Vorstellungen, Gedanken, Ideen Gottes, von einer ewigen Natur in Gott weiss er nichts. Eine ewige Natur in Gott würde ihm (mit Unrecht) so widersprechend geschienen haben, als J. G. Fichte die Persönlichkeit Gottes, der ihm nur Geist der Materie nach, nicht auch der Form nach, war, widersprechend gefunden haben wollte, und in der That, wenn das Eine widersprechend wäre, wäre es auch das Andere. Allein, dass keines von beiden widersprechend sei, hat Baader nachgewiesen und hiemit eine neue Aera der Philosophie eröffnet. Baader erhob das absolute Ich J. G. Fichte's zu seiner Wahrheit empor, indem er es als das wahrhafte absolute Ich, den seiner ewigen Natur mächtigen absoluten Geist aufzeigte und Fichte's absolutes Ich als einen abstracten Begriff, den Begriff des Allgemeingeistes oder des absoluten Geistes der Materie nach (aber nicht auch der Form nach), erwies. Der seit Fichte angestrebte Ideal- oder Spiritualrealismus ist erst in Baader vollkommen dem Princip nach erreicht, weil erst durch ihn das Ideale und Reale nicht in Gott und Welt auseinandergeworfen, sondern in Gott selbst aus-

---

*) Nur in der dritten Auflage seiner Naturphilosophie lässt Oken die Bezeichnung: Theosophie fallen und vertauscht sie mit der Aufschrift: „Pneumatogenie".

geglichen, vermittelt, versöhnt und vereiniget ist. Erst von dieser Erkenntniss aus kann das Ideale und Reale in der Welt versöhnt werden. Wann wird man die unermessliche Tragweite dieses Grundgedankens Baader's verstehen lernen? Wohl haben sich bereits Spuren dieser tiefsinnigsten Idee in Schelling, C. Ph. Fischer, Fichte, Weisse, U. Wirth, Chalybäus etc. gezeigt, aber von der Mehrheit der deutschen Philosophen ist sie noch nicht hinlänglich beachtet oder weiter verfolgt worden. Eine ewige Natur in Gott nicht kennend, musste Oken dem Halbpantheismus verfallen. Denn wenn Gott in sich selbst nicht naturfrei, sondern naturlos ist, so bedarf sein Denken der Realisation seiner Gedanken in der Welt und durch die Welt, Gott und Welt verhalten sich wie das Ideale und Reale und nur ihre Identität im Unterschied ist der ganze, totale, allbestimmte und wirkliche Gott. Gott ist dann nicht frei zu schaffen, die Welt ist überhaupt nicht eigentlich Schöpfung oder Schaffung, sondern Erzeugung, Generation, Selbstbestimmung, Selbstauswirkung; Gott und Welt sind dann zumal und gleichewig, nur ähnlich unterschieden wie Wesen und Erscheinung, Potenz und Actus. Das Seiende der Welt ist Gott, die Welt ist nicht selbst seiend, sondern nur die seiende Erscheinung Gottes. Gott ist das Allbestimmende, die Welt das Allbestimmte und nur das Allbestimmte als Gottes Selbstbestimmung. Alles Bestimmende im Bestimmten ist Gott selbst, denn das Bestimmte ist Gott selbst in seiner Erscheinung. Die Welt, da sie als Selbsterscheinung Gottes von ihm unabtrennbar und mit ihm identisch ist, ist daher nie geworden, sondern war schon immer und wird nie nicht sein, wie sie ohne Anfang war, so wird sie ohne Ende sein, immer dieselbe in ihrem Wesen und ihrer Gesammterscheinung, aber immer rastlos wechselnd, sich verändernd, entstehend und vergehend, und wieder entstehend und vergehend in endlosem Wechsel in allen ihren Einzelerscheinungen oder individuellen Bestimmungen und Bestimmtheiten. Nur der eine ewige persönliche Geist (Gott) ist wechsel- und wandellos, die Gesammtheit seiner Erscheinungen (der endlichen Wesen) ist beständig wechselnd und sich wandelnd, entstehend und vergehend. Nur der Eine ewige Geist ist unsterblich, alle endlichen Wesen sind sterblich und vergänglich. Das ewige Leben Gottes ist gleichsam ein ewiges Aus- und Einathmen. Im Ausathmen entstehen die endlichen Wesen, im Einathmen vergehen sie. Aber das Aus- und Einathmen findet ewig zugleich statt, und indem die einen Wesen entstehen, vergehen die andern, wie die einen vergehen, indem die andern entstehen. Es ist einer und derselbe ewige dreieinige Geist, der sich selber ewig in immer andern Gestalten umsetzt und in allen immer derselbe bleibt. In seiner idealen Form ist das unveränderliche Wesen zwar in sich unterschieden, aber harmonische und in diesem Sinne reine Einheit, in seinen endlichen Formen aber ist es in beständiger Zerfallenheit.*) Denn das Ewige wird nur real durch Selbstentzweiung, durch Bejahung und Verneinung zugleich. Die endlichen Dinge sind gebrochene Strahlen, Trübungen des ewigen Lichtes, Bruchstücke des Ganzen, daher in Streit und Kampf miteinander. In seiner Gesammterscheinung kann Gott nur in Zerfallenheit seiner Momente sein, und alle einzelne Existenz ist nur eine Trugexistenz. Wie Gott anfanglos in die Welterscheinungen und deren Streit, Zwist und Zwiespalt zerfallen ist, so bleibt er endlos in denselben in stets wechselnden Gestalten zerfallen. Denn wie Gott ewig ist, so sind seine Erscheinungsformen in ihren allgemeinen Gesetzen ewig, und obgleich in allen einzelnen Weltsphären beständig Veränderungen und Umgestaltungen vorgehen, so bleibt das Weltall im Ganzen als Totalerscheinung des absoluten ewigen Geistes ewig dasselbe und die Weltgesetze erleiden keine Wandlung. Die Selbstverwirklichung Gottes ist hienach zugleich sein Selbstzerfallen, Selbstzersplittern, sein Abfall von sich selbst, seine Selbsttrübung, Selbstverfinsterung in Mischung von Licht und Dunkel, von Lust und Schmerz, von Gut und Böse, von Streit, Zwist, Zwiespalt, Kampf und Krieg aller mit allen, geistigen wie natürlichen Wesen. Schopenhauer ist bereits in Spinoza angelegt, und obwohl H. E. v. Hartmann in seiner Philosophie des Unbewussten in genialer Weise Schopenhauer beziehentlich überflügelt, so kommt doch auch er über den Grundirrthum des Pantheismus nicht hinaus.

Wie dem gemeinen, Gottes Persönlichkeit läugnenden Pantheismus, so auch diesem spiritualistischen Halbtheismus und Halbpantheismus oder Persönlichkeitspantheismus stellt sich nun Baader damit entgegen, dass er nachweist, Gott, der göttliche Geist, bedürfe nicht der Welt zu seiner Selbstauswirkung und Selbstvollendung, sondern wirke sich selbst aus, vollende sich in sich selbst in seiner überweltlichen Ewigkeit durch seine angestammte, von ihm unabtrennbare ewige überendliche und immateriell überweltliche Natur. Der wahre und wirkliche Gottesgeist ist ihm nicht der abstract spirituelle, ideell denkende und wollende, sondern der concrete, sein Denken und Wollen sich selbst veranschaulichende, immateriell versinnlichende, in eine Unendlichkeit von anschaulichen Gestaltungen auswirkende und seiner Natur mächtige und gewaltige Geist. Der

---

*) Oken's Naturphilosophie (2. A.). S. 7. 8. 9. 12.

ewige Gottesgeist ist und wird ewig zugleich in der totalen Unendlichkeit seiner Gestaltungen und ist und bleibt in ewiger Selbstverjüngung ewig derselbe lebendige, sich selbst genugsame, dreieinige, dreipersönliche Geist. Nur der in sich selbst vollendete, sich selbst genugsame naturgewaltige Gottesgeist kann aus der Unendlichkeit seiner Kräfte ohne Zertheilung, Verminderung, Veräusserung seines Wesens ein Nachbild seiner Unendlichkeit, eine Welt, ein Weltall, hervorbringen und ihm eine unterschiedene Wesenheit und damit den natürlichen Wesen Selbstthätigkeit, den geistigen Selbstwollen (Freiheit des Willens) verleihen, ein Weltall, das also aus Gottes Kräften stammt, aber doch nicht Theil oder Moment der göttlichen Wesenheit selbst ist. So oft Baader den Ausspruch verschiedener Theosophen, auch J. Böhme's: Gott ist alle Dinge, erläutert, bemüht er sich zu zeigen, dass er nie so gemeint war, oder doch nur so richtig gedeutet wird, dass er sagen will: Alle Dinge stammen aus den Kraftwirkungen Gottes ohne Abgang oder Minderung der Wesenheit und der Kräfte Gottes. Wenn man auch diese Ansicht pantheistisch nennen will, so ist auch der Apostel Paulus pantheistisch, so ist es auch die h. Schrift alten und neuen Testamentes, so ist auch das Christenthum selbst pantheistisch und es muss gesagt werden, dass dieser Pantheismus der allein wahre Theismus ist, und dass nur ein solcher Theismus diesem Pantheismus nicht huldigt, der gedankenlos geworden ist.

Mit Krause's ist Baader's Lehre im Princip nicht identisch, weil nach jener Gott von Natur zugleich ewig in sich die Welt ist, folglich auch nicht geschaffen und gleichsam nur der letzte und äusserste Ring seiner Selbstverwirklichung ist. Die Welt als Nachbild Gottes ist nach B. dreigestaltig: Geisterwelt, Naturwelt, Menschenwelt. Als von Gott anerschaffen war diese Vollkommenheit doch nur eine unmittelbare, nicht fixirte, verlierbare. Sie wurde durch den Missbrauch des freien Willens eines Theils der Geisterwelt und des Menschen verloren, womit der Zwiespalt auch in die Naturwelt eindrang. Die Menschwerdung Gottes aus göttlicher Liebe eröffnete wieder den Weg zur Versöhnung mit Gott und zur Vollendung der Menschheit und durch sie der Geister- und Naturwelt. Das Ziel der Weltentwickelung und Weltgeschichte ist die Vollendung des Weltalls in allen seinen Wesen, deren jedes unvergänglich ist. Die Weltgeschichte hat Anfang, Mitte und Ziel. In der Weltvollendung wird Gott und Welt, wiewohl unterschieden seiend und bleibend, doch von Einer Harmonie umfasst sein in einem ewigen, actuos seligen Leben.

Dieses ist in gedrängten Zügen die spiritual-realistisch-theistische Lehre, welche Baader allem falschen Pantheismus und Halbpantheismus entgegenstellte. Der Gegensatz zwischen Oken und Baader ist gross genug, aber doch nicht so klaffend, wie ihn Erdmann auffasst. Auch ist Baader's theosophisches System nicht mittelalterlich. Zu Jacob Böhme verhält er sich frei und erhebt ihn erst zu philosophischer Klarheit. Er ist ungefähr Böhmist, wie Leibniz Platoniker war, und von Böhme unabhängiger als Schelling von Spinoza gewesen ist. J. Böhme gehört nicht dem Mittelalter an, **sondern den Anfängen der Neuzeit, wie ihn auch Hegel in seiner Geschichte der Philosophie richtig an den Anfang der mit einem eigenthümlichen Inhalt ausgestatteten deutschen Philosophie stellt.** Dies ist um so grösser von Hegel, als er Böhme's Darstellungsart barbarisch nennt und sie den Forderungen wissenschaftlicher Begründung entfernt nicht entsprechend findet. Hegel lässt sich also durch den Mangel der Form nicht beirren, in Böhme den grossen Geist und tiefen Denker zu erkennen. Es fällt ihm gar nicht ein, ihm wegen jenes Mangels den Namen des Philosophen zu versagen, ohne darum gegen jenen gleichgiltig zu sein. Noch heute ist die Bedeutung J. Böhme's bei Weitem nicht genügend erkannt und auf unverantwortliche Weise werden die genialen Nachweisungen Baader's über die Tiefen des grössten aller Theosophen vernachlässiget.

Erdmann behauptet: „Auf kantischer Basis den Naturalismus „und auf derselben Basis die Theosophie geltend gemacht zu haben, „dies ist das Verdienst Schelling's, das er sich durch seine beiden „Systeme erworben hat." Die zweite Philosophie Schelling's wird von Erdmann als Naturalismus auf kantischer Basis bezeichnet und Oken der gleiche Naturalismus zugeschrieben. Die dritte Philosophie Schelling's erscheint Erdmann dann als Theosophie auf kritischer Basis und verwandt mit Baader's Lehre. Die zweite Philosophie Schelling's, das Identitäts-System, als reinen Naturalismus zu bezeichnen, halte ich nicht für zutreffend, und nur so viel räume ich ein, dass der Pantheismus ein Moment enthält, welches ihn auf die schiefe Ebene stellt, auf welcher er im Herabgleiten zum Naturalismus begriffen ist. Noch weniger aber kann ich Oken's Naturphilosophie Naturalismus nennen. Die dritte Philosophie Schelling's bezeichnet unstreitig eine Annäherung an Baader's Lehre, aber auch nur eine Annäherung. Nach gewissen allgemeinen Zügen kann man diese Annäherung sehr bedeutend finden, bei näherer Betrachtung aber zeigen sich erhebliche und tiefeingreifende Unterschiede, die zum Theil noch von Baader selbst scharf hervorgehoben worden sind. Viele, sogar Philosophen, sind nicht einmal davon unterrichtet, dass Baader ein selbstständiges System geschaffen hat, dass ihm Schelling gegenüber die Priorität des Grundgedankens gebührt und dass Schelling nicht ohne Einfluss Baader's ihm in der Richtung auf die Begründung einer theistisch-spiritual-realistischen Weltanschauung nur nachgefolgt ist. Die Frage, ob Schelling Baader dann aber doch übertroffen habe, müsste jedenfalls doch erst einer genauen Untersuchung unterstellt werden, und versteht sich nicht so ohne Weiteres ganz von selbst, wie Voreingenommene kurzer Hand vorausgesetzt haben. Diese Untersuchung soll hier nicht abgeschlossen, sondern vorbereitet werden durch die Hinweisung auf die Anstände, welche Baader gegen die dritte und letzte Gestalt der Philosophie Schelling's erhoben hat. Zunächst zwar gab Baader Schelling seinen Beifall zu erkennen, wenn dieser seit seinen Untersuchungen über das Wesen der menschlichen Freiheit die Trennung der Naturweisheit oder des Naturalismus von dem Theismus oder der Theosophie aufhob und mit der Anerkennung der früher von ihm geläugneten Persönlichkeit Gottes die Idee der ewigen Natur in Gott geltend machte, wobei er jedoch auf die besonderen Bestimmungen dieser Schelling'schen Theosophie nicht näher einging.*) Wäre dies geschehen, so würde er schon damals gegen den Halbpantheismus dieser Theosophie sich ausgesprochen haben, wie er dieses später nachholte, als ihm Schelling's Münchener Vorlesungen aus Nachrichten seiner Zuhörer bekannt geworden waren. Die in diesen Vorlesungen niedergelegte Philosophie Schelling's bezeichnete Baader als eine unklare Mischung Spinozistischer Gedanken mit J. Böhme'schen unklar erfassten Elementen, und weder in den einleitenden Untersuchungen, noch in der Lehre von Gott, der Schöpfung, dem Verhältniss Gottes zur Welt, der Construction der Mythologie als angeblich theogonischen Prozesses, noch in der Philosophie des Christenthums befriedigend. Wiewohl Baader nach seiner Art keine das Ganze umfassende zusammenhängende Kritik gibt, so beleuchtet er gleichwohl in zerstreuten Stellen, wenn nicht alle, doch viele Hauptpunkte der letzten Gestalt der Schelling'schen Philosophie, sowie sie damals in den dreissiger Jahren des Jahrhunderts bekannt sein konnte.**) Punkte der bemerkenswerthesten Annäherungen, oder auch der nicht ganz seltenen Uebereinstimmungen berührt er

---

*) S. Werke Baader's I. 65, XV. 349.
**) Die Hauptstellen der Erklärungen Baader's sind folgende: S. Werke XV. 349, 438, 462. XII. 218. XV. 464, 485, 492. XIII. 147. XII. 88. X. 313. II. 526. XIII. 168. III. 432. IX. 58, 102, 122. XV. 518. XIII. 194. X. 29, 264. XV. 688.

nicht, sei es der Kürze wegen, sei es in Missstimmung über die
sonstigen grellen Abweichungen und Verschiedenheiten. Die Grund-
verschiedenheit bleibt immer die, dass Schelling in einem Halbpantheismus stehen bleibt, während Baader denselben überschreitet
und sich zum spiritual-realen Theismus erhebt, der allein bis auf
die Wurzel allen einseitigen Naturalismus überwindet, und dessen
Folgerungen allein die schwersten Probleme zu lösen vermögen.
Gerade darin ist Baader nicht einseitig, während weder Oken noch
Schelling aus Einseitigkeiten herauskommen. Von einem Hass gegen
die Materie, wie Erdmann will, kann bei Baader gar nicht die Rede
sein. Die Naturfreundlichkeit ist ein Grundzug seiner Lehre, auch
die materielle Natur, die ihm Verlarvung der ursprünglich geschaffenen
(nicht der unwandelbaren göttlichen) ist, ist ihm gut und heilsam
für ihren Zweck und entbehrt in ihren zeitlichen Schattenseiten der
göttlichen Segnungen nicht, fähig, dereinst verwandelt, verklärt und
vollendet zu werden. An die Tiefe der Lehre Baader's ragt die
letzte Gestalt der Philosophie Schelling's nicht heran, und man kann
sagen, dass Schelling Baader fast widerwillig nachringt, und vielleicht
eben darum ihn nicht zu erreichen vermag. Ich spreche von den
Principien und nicht von dem Glanz und Flitter der äusseren Darstellung. Dass Schelling's Constructionen vermöge ihrer gross-
artigen Anlage auf den ersten Blick imponirender erscheinen, als
Baader's zerstreute und zerstückte Darlegungen und Ausführungen,
entscheidet nicht über den Tiefsinn und Wahrheitsgehalt ihrer
beiderseitigen Lehren.

Allerdings also hat Erdmann Recht, einen Gegensatz zwischen
Oken und Baader geltend zu machen. Aber so schroff, wie er ihn
darstellt, ist er, wie gesagt, nicht. Sie bekennen sich beide zur
Theosophie, und damit zur Anerkennung der ewigen Persönlichkeit
Gottes. Sie stimmen sogar in der Behauptung der Dreipersönlichkeit Gottes überein und gehen nur in der näheren Bestimmung
derselben auseinander, sowie darin, dass Oken Gott rein spiritual,
als reinen Geist fasst, der seine ewige Verwirklichung in der Selbstentfaltung zur Welt und in der Welt hat, während Baader Gott
spiritual-real, als Geist und Natur, als den seiner Natur mächtigen
und gewaltigen Geist denkt, der eben darin in sich selbst vollendet
ist, der Welt nicht zu seiner Selbstverwirklichung bedarf, sondern
aus Liebe Schöpfer der aus seinen Kräften stammenden und von
ihm unterschiedenen Welt ist. Auch darin ist Oken mit Baader
verwandt, dass seine gesammte Naturphilosophie aller mechanischen
Auffassung der Naturprozesse sich widersetzt und einen durchgreifenden Dynamismus lehrt, ohne die Berechtigung des Mechani-

schen in den äusseren Beziehungen zu verkennen. Ebenso ist nach Oken wie nach Baader die Materie nur verdichteter Aether. Das Feuer spielt bei Beiden eine fast identische Rolle. Nicht weniger die Rotation der Weltkörper. Oken ist nicht Naturalist, denn er denkt Gott als persönlichen Geist, aber er verfällt in den Halbpantheismus dadurch, dass er, Gott abstract spiritual fassend, die Welt als seine Selbstverwirklichung denken muss. Daraus folgt ihm die Unsterblichkeit nur Gottes und die Sterblichkeit und Vergänglichkeit aller Weltwesen.

Die Behauptung Erdmann's, wo das Wort Geist von Oken gebraucht werde, geschehe dies im weitesten Sinne des Wortes, so dass darunter zur Noth auch Melissengeist u. dergl. subsumirt werden könne,*) ist nicht einzuräumen und würde von Oken sicher mit Entrüstung zurückgewiesen worden sein. Wenn Oken Gott die **absolute Persönlichkeit nennt, die Alles wisse**, welcher er also Allwissenheit zuschreibt, wenn dieser Bestimmung in seinem ganzen Werke nirgends direct oder auch nur indirect widersprochen wird, so ist Niemand berechtigt, dies für leere Worte zu erklären oder einen rein naturalistischen Sinn darin finden zu wollen, wie Erdmann mit Unrecht die Dreieinigkeitslehre Oken's eine physikalische nennt.**) Daher ist auch die Behauptung Erdmann's nicht richtig, dass Oken das (Schelling'sche) Identitätssystem in blosse Naturphilosophie verwandelt habe und dass der ideale Theil der Philosophie nach Oken nicht ein Correlat, sondern nur eine Fortsetzung des realen sei. Vielmehr kann man sagen, dass Oken die gesammte Philosophie als Geistesphilosophie aufgefasst habe, weil ihm das ganze Weltall nur Selbstentfaltung des absoluten Geistes ist, und dass ihm die (Geistes-) Philosophie nur in sofern in zwei untergeordnete Theile zerfalle, als der eine die niederen, der andere die höheren Gestaltungen und Offenbarungen des absoluten Geistes in wissenschaftliche Betrachtung zieht.***) Auch nach Hegel folgt der ideale Theil der Philosophie auf den realen. Ist darum Hegel's Philosophie Naturalismus? Die Logik konnte auch Oken der Naturphilosophie vorausgehen lassen. Hätte Jemand Oken eingewendet:

---

*) Erdmann's Versuch einer Geschichte der neueren Philosophie. III. 2, 581.
**) Wenn Oken (Naturphilosophie. 2. Aufl. S. 60) sagt: „Gott ist eine dreifache Trinität: zuerst die ewige, dann die ätherische und endlich die irdische, wo sie vollkommen zerfallen ist", so wird damit jedenfalls etwas anderes als eine blos physikalische Trinität gelehrt. In unadäquater Weise spiegelt sich darin sogar wie in einem trüben Wasser eine Hauptlehre Baader's. Aehnliche Züge finden sich nicht selten in Oken's Naturphilosophie.
***) Isis von Oken. Jahrgang 1820. I. 6. S. 468.

Wenn nach Dir Alles geistig, Geist und Offenbarung des Geistes ist, dann müssen auch alle Weltwesen unvergänglich sein, so würde er wohl darauf geantwortet haben: ihre Geistigkeit macht die Weltwesen, die alle Welt endliche Wesen nennt, nicht unvergänglich. Ihre Endlichkeit ist nicht vereinbar mit ihrer Unvergänglichkeit. Geistige Wesen sind lebendige Wesen, und ewig lebendig und lebend kann nur der Eine Urgeist sein, der nur im Wechsel, Wandel, im Entstehen und Vergehen der Gesammtheit der endlichen Wesen seiner anfangs-endlosen Offenbarungsgestalten, selber lebt. Oken verfährt von seinem Standpunkte aus ganz consequent, nur hat er das letzte Wort der Philosophie nicht gesprochen, weil er den Urgeist in seiner Ideal-Realität, in seiner überzeitlich-ewigen Selbstvollendung nicht begriffen hat und also auch die sich daraus ergebenden Folgerungen nicht kennt. **Der Gegensatz zwischen Oken und Baader ist im tiefsten Grunde nicht der des Naturalismus und des Spiritualismus, sondern der des abstracten Spiritualismus und des Spiritual-Realismus.** Der abstracte Spiritualismus verfällt in der Ausführung stets einer Art Naturalismus, weil er Gott durch die Welt, den ewigen Geist durch die materielle Natur sich verwirklichen lassen muss. Verschärft wurde der Gegensatz dadurch, dass Baader seine allgemeinen Principien mit den christlichen Dogmen in Beziehung und Verbindung setzte, während Oken sie völlig zur Seite liess und, wo er gelegentlich von ihnen sprach, sie im Sinne seines Halbpantheismus umdeutete.*)

Erst eine Biographie und der Briefwechsel Oken's sammt seinen zerstreuten anthropologischen, politischen etc. Abhandlungen würden über seine Stellung zur Religion näheren Aufschluss geben. Zwar enthält die berühmte Zeitschrift: Isis von Oken hiefür weniger Material, als erwartet werden zu können schien. Doch bietet sie ausser dem dem Naturhistorischen eingeflochtenen Naturphilosophischen einiges Anthropologische, Psychologische und Ethisch-Politische von der Hand Oken's.**) In einer Sammlung seiner

---

*) Oken parallelisirt nicht selten seine Lehren mit der Schriftlehre und sucht seine Lehre in sie hineinzudeuten. Einer christlichen Kirche, wie sie D. Schenkel will, würde Oken sich sicher nicht entzogen haben. Vergl. Luther in Worms und in Wittenberg etc., von Dr. D. Schenkel. 1870.

**) Die Zeitschrift Isis bestand von 1817 bis 1848 (incl.) und zählt also 31 Jahrgänge. In den ersten Jahrgängen finden sich weniger seltene Artikel von der Hand Oken's, als späterhin. Doch fehlen solche hie und da auch dort nicht. In Anzeigen und Schlusszusätzen von ihm ist sein Name öfter gar nicht unterzeichnet.

Schriften sollte dies nicht fehlen, und jedenfalls müsste es in einer umfassenden Darstellung seiner Philosophie benützt und verwerthet werden. Aus seinen Artikeln in der Isis gleich in den ersten Jahrgängen geht hervor, dass Oken factisch die Willensfreiheit und Zurechnungsfähigkeit entschieden anerkannte, dass ihn die Ideen der Sittlichkeit, des Rechtes und des Staates begeisterten, und dass er für diese Ideen in der ihm eigenthümlichen Fassung kosmopolitisch und patriotisch zugleich mit kühner Unerschrockenheit und Thatkraft kämpfte. Religiöse Gesinnung ist ihm dabei nicht deshalb abzusprechen, weil er keiner Form des christlichen Confessionalismus sich unbedingt hingibt. Aber er behandelt die christlichen Confessionen mit Achtung und begünstigt keine auf Kosten der andern, überall das Gute und Edle ehrend, und nur die Ausschreitungen, oder was ihm als solche erschien, bestreitend. In der Aufnahme der Artikel in die Isis zeigt er sich nicht partheiisch und lässt katholische wie protestantische Stimmen sich aussprechen. Mochte er in der Politik zu schroff erscheinen, wohl auch dem Republikanismus zugeneigt sein, so war dies eine Hinneigung oder Ueberzeugung, die ihn keineswegs zum Rebellen gemacht hat. Nicht zum Tadel, sondern zum Ruhme gereicht es ihm, dass er in der Politik patriotischer und freisinniger als Schelling und Hegel war und in sofern Fichte verwandter. Gemässigter wohl als dieser, blieb er hinter ihm an Entschlossenheit, Geradheit und Mannesmuth nicht zurück. Hätte er die Geistes-Philosophie auszubilden versucht, so würde er doch wahrscheinlich an den Punkt gekommen sein, wo sich ihm die Unzulänglichkeit seines Halbpantheismus, wenigstens der die Unsterblichkeit läugnenden Form desselben herausgestellt hätte. Es muss hier unentschieden bleiben, ob eine Annäherung dazu in der Hochachtung erblickt werden darf, welche Oken in mehreren Jahrgängen der Isis*) verschiedenen philosophischen Schriften C. Ph. Fischer's gezollt hat, der freilich die grosse Seite der Oken'schen Naturphilosophie besser zu würdigen und zu verwerthen gewusst hat, als Hegel. Aber schon die zahlreich in die Isis aufgenommenen philosophischen Arbeiten des sehr eigenthümlichen originellen Grafen Georg von Buquoy haben Oken auf einen höheren Standpunkt führen können. Bei allen Sonderbarkeiten dieses durchaus originellen Philosophen ist ihm doch die Lehre von der individuellen Unsterblichkeit einleuchtend geworden, ja in der Eschatologie nähert

---

*) Jahrgang 1834 H. X. Jahrg. 1846 H. III. u. IV. S. 302. Jahrgang 1847 H. VII. 558.

er sich sogar auf merkwürdige Weise der Lehre Baader's, wenn auch in streng deterministischer Form.

Ungeachtet einer gewissen unbestreitbaren Originalität, trotz seiner zahlreichen Schriften, nimmt auch Erdmann, gleich den meisten Geschichtsschreibern der Philosophie, nicht Notiz von dem philosophirenden Grafen v. Buquoy, der wohl mehr bedeuten möchte, als mancher berücksichtigte Philosoph. Es steht zu vermuthen, dass Oken mit Buquoy in Briefwechsel stand, und wenn dieses der Fall war, und wenn dieser Briefwechsel an das Licht gezogen würde, so möchte sich gar Manches über die religiösen Ueberzeugungen Oken's aufklären. Wenn Oken schon in der ersten Auflage seiner Naturphilosophie (III. 60) äusserte: „Bis jetzt habe ich weder Zeit „gehabt, daran (an der Geistesphilosophie) zu arbeiten, oder auch „nur zu prüfen, ob ich einer solchen Arbeit gewachsen wäre", so lässt sich daraus wenigstens nicht die Behauptung Erdmann's ableiten, er habe die Identitätsphilosophie Schelling's in blosse Naturphilosophie verwandelt, was ohnehin als überflüssig sich gezeigt hätte, wenn jene, wie Erdmann sagt, Naturalismus gewesen wäre. Wenn ferner die Behauptung Oken's, der Geist sei nur die Blüthe der Natur, als die Erklärung der gesammten Philosophie für Naturphilosophie genommen werden will, so ist nicht abzusehen, was Hegel hierin Wesentliches vor Oken voraushaben soll. Kann von Hegel gültig gesagt werden, dass er nicht Naturalist sei, weil er den Geist mittelbar aus dem absoluten Geist entsprungen sein lasse, so muss gesagt werden, dass auch Oken diesen mittelbaren Ursprung behauptet habe, und zwar unter allen Umständen unzweideutiger und bestimmter als Hegel aus dem seiner selbst bewussten absoluten Geist. Dem Deutschen steckt die Schulmeisterei noch immer so tief in den Gliedern, dass er bei dem Anblick einer nicht eben flachen, grossartig angelegten totalen Systematik der Philosophie fast regelmässig, wenn nicht vor Entzücken, so doch vor Erstaunen ausser sich geräth, und darüber das Tiefste, das ihm in minder imponirender Gestalt geboten wird, vernachlässigt. So trat im Mittelalter Albertus von Bollstädt vor dem tieferen Meister Eckhart nach der Wirksamkeit in Vordergrund, so später Wolff vor dem genialen Leibniz, so in der neueren Zeit Hegel vor Schelling. Allerdings bedeutet Hegel im Verhältniss zu Schelling mehr, als Wolff im Verhältniss zu Leibniz bedeutete, aber selbst, wenn man die Hegel'sche Philosophie der zweiten Gestalt der Schelling'schen Philosophie, dem Identitäts-System, überlegen finden wollte, so reicht jene doch nicht an die Tiefe und Grösse der Principien der dritten und letzten Gestalt der Philosophie Schelling's heran, wenn auch der Standpunkt selbst noch nicht der höchste ist und seine Ausgestaltung der Vorzüge der Hegel'schen Systematik entbehrt. Dieser Mangel kann aber der geistvollen und tiefsinnigen Systematik der Philosophie durch C. Ph. Fischer nicht vorgeworfen werden. Uebrigens weiss man nichts davon, dass Oken Baader's Schriften eingehend und nachhaltig studirt hätte, wohl aber weiss man, dass Baader trotz seiner Gegnerschaft Oken's Schriften sorgfältig studirte und mit ausdrücklicher, öfter rühmender Hinweisung von nicht gerade wenigen seiner Ideen zur Erläuterung der seinigen Gebrauch machte.*) Nicht Oken zeigte sich gerecht gegen Baader, wohl aber Baader gegen Oken. Jener schwieg über diesen und sein Schweigen war beredte Ablehnung, wenigstens dessen, was über seinen Horizont hinausging. Dieser schwieg nicht über jenen und suchte in ihm Wahrheit und Irrthum zu scheiden und hatte neben dem Tadel nicht geringes Lob für ihn. Er zeigte sich auch darin als der in den Principien überlegene und in der Praxis mildere. Der Ueberlegene ist stets der Gerechtere.

Es ist keine geringe Stellung, welche Erdmann den Gegnern Oken und Baader einräumt, von denen jener nur die Naturphilosophie bearbeitete, indess dieser sich zwar über alle Zweige der Philosophie verbreitete, am meisten aber die Religionsphilosophie betrieb. Auch ist bemerkenswerth, wenn Erdmann sagt: „Sie haben die letzte grosse Gleichung, an deren Auflösung die neueste Philosophie arbeitet, und die auch Schelling's zwei Lehren angesetzt hatten, so geordnet, dass jetzt an die Auflösung gegangen werden kann, ja nur dadurch, dass sie selbst auf die voreilige Auflösung verzichtet haben, sind die gleichnamigen Glieder so sauber auf die entsprechenden Seiten gebracht worden, dass mit Sicherheit zur Rechnung geschritten werden kann."**)

Die Rechnung ist nun nach Erdmann vorbereitend in dem Panentheismus Krause's und abschliessend in dem Panlogismus Hegel's gestellt worden. Allein dagegen ist nun sehr Erhebliches zu erinnern. Diese Ansicht setzt vor Allem die Richtigkeit der Ausdeutung Hegel's voraus, nach welcher er die Persönlichkeit

---

*) Vergl. S. Werke Baader's V. 6. VIII. 218. XIII. 81. IV. 19, 49. XV. 438. X. 73, 104. VII. 163. IV. 417. XV. 142, 159. Ganz umfassend hat auch Baader Oken nicht berücksichtiget. Dies hat aber bis jetzt auch noch kein Anderer gethan, vielleicht am meisten noch K. Ph. Fischer. Oken's Naturphilosophie ist eine staunenswerthe Leistung trotz der aufgezeigten Mängel ihrer Principien und anderer Fehler im Einzelnen.

**) Erdmann's Versuch III. 2, 635—36.

Gottes, die Freiheit des Willens und die individuelle Unsterblichkeit der selbstbewussten Wesen gelehrt hätte. Diese Ausdeutung ist aber nicht durchaus einzuräumen. Ausserdem war die Hegel'sche Philosophie in ihren Grundzügen bereits fertig, als Oken und Baader bemerklicher hervortraten. Die Phänomenologie des Geistes von Hegel erschien bereits 1807, und Niemand wird läugnen, dass sie bereits die Grundlehren Hegel's enthielt, wenn auch die einzelnen Zweige der Philosophie und seine Encyclopädie der philosophischen Wissenschaften erst später von ihm bearbeitet wurden. Die erste Auflage der Naturphilosophie Oken's erschien erst im Jahre 1809—11 und gleichzeitig traten die Beiträge zur dynamischen Philosophie Baader's an das Licht, die erste (Sammel-) Schrift unseres Denkers philosophischen Inhalts, die nicht mehr blos Broschüre war. Während das Werk Oken's wohl wahrscheinlich sogleich von Hegel beachtet und studirt worden ist, also Einfluss auf seine späteren Schriften haben konnte, ist kein Anzeichen vorhanden, dass Baader's Schrift alsbald von Hegel beachtet worden wäre, wiewohl er aufgenommene einzelne Aufsätze derselben schon früher gekannt haben konnte, ohne dass jedoch wahrscheinlich ist, dass dieselben besonderen Einfluss auf ihn geübt hätten.*) Die erste Erwähnung Baader's von Seite Hegel's fällt in das Jahr 1816 in seinem Aufsatz: Ueber den Vortrag der Philosophie auf Universitäten (an Friedrich von Raumer), wo Hegel sich in folgender Weise äussert: „Die Forderung bestimmter Erkenntnisse und die sonst anerkannte Wahrheit, dass das Ganze nur dadurch, dass man die Theile durchgearbeitet, wahrhaft gefasst werde, ist nicht blos umgangen, sondern mit der Behauptung abgewiesen worden, dass die Bestimmtheit und Mannigfaltigkeit von Kenntnissen für die Idee überflüssig, ja ihr zuwider und unter ihr sei. Nach solcher Ansicht ist die Philosophie so compendiös, wie die Medizin oder wenigstens die Therapie zu den Zeiten des Brown'schen Systems war, nach welchem sie in einer halben Stunde absolvirt werden konnte. Einen Philosophen, der zu dieser intensiven Weise gehört, haben Sie vielleicht indess in München persönlich kennen gelernt; Franz Baader lässt von Zeit zu Zeit einen oder zwei Bogen drucken, die das ganze Wesen der ganzen Philosophie oder einer besonderen Wissenschaft derselben enthalten sollen. Wer in dieser Art nur drucken lässt, hat noch den Vortheil

---

*) Schelling's frühe Hinweisung auf Baader konnte Hegel schon längst nicht unbekannt gewesen sein. Ohne Zweifel hatte er das Genie Baader's so gut wie Schelling erkannt. Aber dessen zerstreute Broschüren und Aufsätze waren nicht nach seinem Geschmack und reizten ihn schwerlich zu tieferem Eingehen.

des Glaubens des Publikums, dass er auch über die Ausführung solcher allgemeinen Gedanken Meister sei".*) Diese Aeusserung Hegel's sieht nicht danach aus, dass Baader bis zu jener Zeit einen besonderen Einfluss auf ihn geübt hätte. Auch ist sein Tadel begründet, und nur dann würde er Baader Unrecht gethan haben, wenn er ihn wegen seines Hinauswerfens kleiner Schriften zu denjenigen gezählt hätte, welche die Bestimmtheit und Mannigfaltigkeit von Kenntnissen für die Idee überflüssig gefunden haben. Es wäre sehr gut gewesen, wenn Baader den Tadel seiner Schriftstellerthätigkeit beachtet und dem Uebelstand Abhilfe verschafft hätte. Vielleicht hat der Tadel Hegel's so viel bewirkt, das Baader einige Jahre nachher eine Reihe von zusammenhängenden Heften unter der Aufschrift *Fermenta cognitionis* erscheinen liess, die wahrscheinlich nur aus äusseren Verhältnissen nicht über das sechste Heft hinauskamen. Aber schon diese etwas compactere Schriftstellerthätigkeit hatte ihre Wirkung. Baader wurde von da an bei Weitem mehr beachtet, gelesen und studirt, als vorher, und jetzt erst eigentlich nahm Hegel von ihm eingehendere Kenntniss und sprach bald mit grosser Hochachtung von seinem Genie und Tiefsinn. Was aber Krause betrifft, so hängt die Richtigkeit der Stellung, die ihm Erdmann zwischen dem Gegensatze: Oken-Baader und Hegel gibt, hauptsächlich wieder von der Richtigkeit der Erdmann'schen Auffassung der Hegel'schen Philosophie ab. Ist diese nicht richtig, so wird auch Krause eine andere Stelle in der Geschichte der neueren Philosophie der Deutschen erhalten müssen.

Krause's System vereinigt den Absolutismus Spinoza's, Schelling's und Hegel's mit dem Subjectivismus und Individualismus des Leibniz, Kant und Herbart. Nach ihm soll sich der Monismus und Individualismus oder Monadologismus nicht ausschliessen, die Transscendenz und Immanenz des Absoluten sollen zugleich wahr sein. Gott ist nach Krause Wesen, und Wesen steht als lebendes, erkennendes, empfindendes und wollendes Urprincip sowohl über als in Vernunftwesen, Naturwesen und der Menschheit als dem Vereine beider. Sofern kann im Sinne Krause's Gott als Urpersönlichkeit angesehen werden, welche zugleich **ewig begründet und ist drei geschlossene Totalitäten** von Wesenclassen, die Totalität der Vernunft-, der Natur- und der Menschwesen, welche zusammen die Gesammttotalität der Welt ausmachen. Die Totalität der Weltwesen als individueller erfährt keine Vermehrung und keine Verminderung, sondern nur einen Wechsel ihrer Lebensformen, welcher nicht

---

*) Hegel's Werke XVII. 351, vergl. XVI. 459.

angefangen hat und nicht enden wird, von Ewigkeit zu Ewigkeit dauernd, so dass das Weltall in seinen einzelnen Sphären Stufen der Unvollkommenheit und der relativen Vollkommenheit durchläuft und darin ewig abwechselt, aber im Ganzen des Weltalls ewig die gleiche Vollkommenheit waltet und bleibt. Die Menschheit ist in Theil-Menschheiten auf unzähligen Weltkörpern im Weltall verbreitet. — Diese Lehre ist Persönlichkeits- oder Geistespantheismus, und nur dies kann die Frage sein, ob dieser Persönlichkeits-Pantheismus das letzte Wort, die höchste und die vollkommen befriedigende Gestalt der Philosophie in ihren Grundprincipien ist, oder, was dasselbe ist, ob dieser Persönlichkeits-Pantheismus zugleich der wahre Theismus als Panentheismus genannt werden kann, darf und muss. Die Antwort auf diese Frage könnte nur dann bejahend ausfallen, wenn die Jünger Krause's sollten zeigen können, dass die Behauptung Krause's, Gott sei zugleich Urpersönlichkeit und das Weltall in und unter sich, bezüglich des letzteren nur in jenem uneigentlichen Sinne zu nehmen sei, welchen Baader den gleichen oder ähnlichen Behauptungen älterer Theosophen unterlegt. Wenn man mit Krause jeden philosophischen monistischen Absolutismus Theismus nennen dürfte, so wären alle pantheistischen Systeme nur Formen und Variationen des Theismus.

Welche Stellung das System Krause's zum System Hegel's einnehmen soll, wird, da beide ziemlich gleichzeitig und beide in systematischer Gestalt entstanden sind, vorzüglich davon abhängen, welche die Grundprincipien des Hegel'schen Systems sind. Diese Untersuchung muss zugleich Licht über die Stellung Baader's zu Krause und zu Hegel verbreiten. Hegel selbst führt sein System auf den kürzesten Ausdruck zurück, wenn er sagt: „Das Logische wird zur Natur und die Natur zum Geiste."*) Diese gedrängteste Bestimmung seines Systems erläutert er in folgender Weise: „Die erste Weise, wie der an sich seiende Geist oder die logische Idee sich offenbart, besteht in dem Umschlagen der Idee in die Unmittelbarkeit äusserlichen und vereinzelten Daseins. Dies Umschlagen ist das Werden der Natur. Auch die Natur ist ein Gesetztes, aber ihr Gesetztsein hat die Form der Unmittelbarkeit, des Seins ausser der Idee. Diese Form widerspricht der Innerlichkeit der sich selbst setzenden, aus ihren Voraussetzungen sich selber hervorbringenden Idee. Die Idee oder der in der Natur schlafende, an sich seiende Geist hebt deshalb die Aeusserlichkeit, Vereinzelung und Unmittelbarkeit der Natur auf, schafft sich ein seiner Innerlichkeit und

---

*) Hegel's sämmtl. Werke VII. 2, 468.

Allgemeinheit gemässes Dasein und wird dadurch der in sich reflectirte, für sich seiende, selbstbewusste, erwachte Geist, oder der Geist als solcher".*)

Auf die Unhaltbarkeit dieser vertrockneten Romantik des Metaphysisch-Logischen will ich hier nicht näher eingehen.**) Das Obige genügt, um zu erkennen, dass die Persönlichkeit Gottes in Hegel's System keinen Platz hat, und dass daher die Consequenz des Systems verlangt, die Freiheit des Willens und die Unsterblichkeit der selbstbewussten Wesen zu läugnen. Die Lehre Hegel's von Gott als der absoluten Idee, dem allgemeinen Geist, der sich in den aus der endlichen Natur erhobenen endlichen Geistern verwirklicht, ist nicht wesentlich verschieden von der Lehre J. G. Fichte's, nach welcher Gott der Materie nach lauter Geist ist, nur nicht der Form nach. Der Unterschied ist nur, dass Fichte mit Schärfe und Klarheit erkannte, dass mit diesem Gedanken von Gott dessen Persönlichkeit unvereinbar sei, und sie deshalb offen, rückhaltlos und energisch bestritt, während Hegel zwar der gleichen Ansicht war, wie er denn Fichte's Läugnung der Gottespersönlichkeit ausdrücklich nirgend bestritten hat, aber mit seiner romantischen Logik einen Nebel über die Sache verbreitete. Durch diesen Nebel hindurch wollten anfänglich viele doch den Gedanken der Persönlichkeit Gottes durchschimmern sehen, und mehrere bemühten sich, diese Entdeckung in das angeblich hellste Licht zu setzen. Sie bemerkten aber nicht einmal, dass wenn man ihnen ihre Ausdeutung zugeben könnte, doch aus Hegel's Lehre kein Theismus, sondern nur ein Persönlichkeits-Pantheismus herausgeschlagen würde.***)

---

*) L. c. VII. 2, 30. Vergleiche: Grundzüge der Societätsphilosophie Baader's, 2. Aufl. S. 43, 189.

**) Schelling hat in seiner Kritik der Hegel'schen Philosophie Triftiges über sie gesagt, was auch von H. E. v. Hartmann (Schelling's positive Philosophie etc. S. 12) anerkannt wird.

***) Wenn Erdmann sagt, dass nach Hegel's Phänomenologie des Geistes das Wahre nicht nur als Substanz, sondern als Subject aufzufassen sei, d. h. als solches, welches in Wahrheit wirklich sei, indem es sich durch das Sichanderswerden vermittele, so vermittelt sich also nach Erdmann'scher Auffassung Hegel's Gott durch die Welt und bedarf also der Welt zu seiner Selbstverwirklichung. Diese Ansicht geht aber über den Persönlichkeits-Pantheismus nicht hinaus. — Vergl. Erdmann's Versuch III. 2, 711. Dasselbe sagt Erdmann's Aeusserung (771), die (endliche) Natur sei nicht Geschöpf der Idee oder des Absoluten, sondern sie sei dieses selbst in bestimmter (äusserlicher) Existenzweise (vergl. 783) und die Stelle (824), Hegels Religionsphilosophie betrachte Gott als Geist in allen Geistern, und das Selbstbewusstsein des absoluten Geistes sei Wissen des göttlichen Geistes von sich durch Vermittelung des endlichen

Im einen Falle, welchen ich für den richtigen halte, würde Hegel nicht einmal Oken's Gottes-Lehre erreicht haben, im andern aber wenigstens nicht über sie hinausgekommen sein. Die zweite Ausdeutung, welche Rosenkranz geltend macht, erhebt sich principiell nicht wesentlich über Oken's principiellen Standpunkt, wenn auch in der weiteren Ausführung. Die dritte Ausdeutung, welche die Erdmann's ist, nach welcher Hegel in anderer Begründungsweise Kant's Trilogie der Persönlichkeit Gottes, der Willensfreiheit und der Unsterblichkeit gelehrt haben soll, würde Hegel allerdings Baader bedeutend näher bringen, wiewohl auch so nur ein abstracter Spiritualismus, nicht der wahre Spiritual-Realismus erreicht wäre. Aber diese Auslegung ist nicht durchführbar und scheitert an der Hegel'schen Bestimmung Gottes als der allgemeinen Geistigkeit, welche unabwendbar die Vergänglichkeit der einzelnen geistigen Wesen, wie der natürlichen ohnehin zur Folge hat. Drei mögliche Verschiedenheiten der Auslegung des Hegel'schen Systems sind eine Ungeheuerlichkeit, welche nicht für ächte Wissenschaftlichkeit seiner imponirenden Systematik spricht und ebendarum deren Werth bedeutend herabsetzt. Muss man mir die Richtigkeit meiner Auffassung des Hegel'schen Systems einräumen, so muss man auch zugestehen, dass Hegel nicht blos hinter Baader, sondern auch hinter Neuschelling und Krause in der Erkenntniss der letzten Principien zurückgeblieben ist.*) Hienach wird sich denn auch die Stellung Hegel's in der Geschichte der neueren Philosophie anders gestalten müssen, als Erdmann will. Mit Hegel schliesst die durch J. G. Fichte eingeleitete pantheistische Richtung der deutschen Philosophie ab und beginnt mit Baader eine neue Epoche, die des tieferen spiritualrealistischen Theismus als des wahren Panentheismus, der das Dreigestirn Kant's: die Persönlichkeit Gottes, die Freiheit des

---

Geistes, Gott erscheine also, indem er dem Bewusstsein erscheine, darin zugleich sich selbst.

*) Ich berufe mich für meine Auffassung der Hegel'schen Philosophie auf meine Abhandlung: Hegel, Rosenkranz und Baader, in Dr. Bergmann's philosophischen Monatsheften III. Bd. 1.—3. Heft. Jahrgang 1869. Ich läugne nicht, dass Hegel Gott als allgemeinen Geist in allen Geistern anerkennt, dass er factisch die Willensfreiheit, den Gegensatz des Guten und des Bösen behauptet und sogar in der Religions-Philosophie die Unsterblichkeit der Seelen bestimmte Lehre der christlichen Religion sein lässt. (Hegel's Werke XIII. 313.) Allein der allgemeine Geist ist nicht Persönlichkeit, wenigstens nicht überweltliche, der Welt nicht bedürfende Persönlichkeit, die Freiheit des Willens ist weder aus dem totalen, noch dem Halbpantheismus consequent abzuleiten, und die Unsterblichkeit der Seele ist mit der Metaphysik Hegel's nicht zu vereinbaren.

Willens und die Unsterblichkeit zurückruft und philosophisch tiefer begründet. Diese Philosophie erkennt und beweist die ewige Vollkommenheit Gottes, woraus der Unterschied der Welt von Gott hervorgeht. Aus der Vollkommenheit Gottes folgt nach ihr diejenige unmittelbare Vollkommenheit der Urschöpfung, die ihr als von Gott unterschiedene Welt zukommen kann und die bestimmt ist, zur vermittelten bleibenden Vollkommenheit als zu ihrem Ziele fortzuschreiten, aber durch Schuld der freien geistigen Wesen und ihrer Wirkungen unvollkommen werden kann, ohne jedoch durch alle Störungen, Hemmungen und Katastrophen verhindert zu werden, durch göttliche Leitung und Waltung nach Aeonen der Entwickelung und des Kampfes das Ziel der Allvollendung in der Totalität der drei Weltwesenclassen, der Geisterwelt, der Naturwelt und der Menschenwelt zu erreichen, wo ohne Wesensvermischung Gott Alles in Allem sein wird.

Lägen nicht in Hegel's Werken Momente, die zu einer Deutung Anlass geben könnten, wonach Hegel als Persönlichkeitspantheist erschien und in soferne als Theist, als die Behauptung der Persönlichkeit Gottes mit dem Theismus in Einklang steht, so würde die Erdmann'sche Auffassung der Hegel'schen Philosophie unmöglich gewesen sein. Ein solcher, wie es scheinen könnte, bedeutender Anlass lag vor Allem in Hegel's Bestimmung des Absoluten als nicht blos Substanz, sondern auch Subject. Es lag nahe, das Subject als Persönlichkeit zu nehmen, um so mehr, als Hegel selbst wenigstens einmal von der „reinen" Persönlichkeit (des Absoluten) spricht. Allein dann konnte Gott nicht im Unterschiede der endlichen Geister der blos allgemeine Geist sein, als welchen ihn Hegel so oft bestimmt. War Gott für Hegel der absolute Geist im Sinne der absoluten Persönlichkeit, so bedurfte seine Allgemeinheit bezüglich der endlichen Geister keiner besonderen Hervorhebung, wohl aber bedurfte die Behauptung seiner Persönlichkeit, die Individualität und doch keine endliche sein musste, um so mehr einer sorgfältigen Begründung, als seine Vorgänger Fichte und Schelling sie verneint hatten, und als sie überhaupt das Problem aller Probleme ist. War es die Absicht Hegel's, über Fichte und Schelling hinaus die Persönlichkeit Gottes zu lehren, so war es ihm gar nicht erlaubt, über die energische Polemik Fichte's gegen die Persönlichkeit Gottes stillschweigend zur Tagesordnung überzugehen, sondern er hatte die Pflicht der Prüfung und Widerlegung dieser Polemik, ohne deren Erfüllung er wissen musste, dass für die Wissenschaft so gut wie nichts gethan sei.*) War aber, wie es im Grunde der

---
*) Diese Einsicht zeigten später Weisse, J. H. Fichte, C. Ph. Fischer,

Fall ist, sein absolutes Subject nur ein anderer Name für das absolute Ich Fichte's, so war es eben so unerlaubt, der Welt vorzuspiegeln, als wäre hiemit eine neue, Alles überbietende Lösung des Hauptproblems aller Philosophie geboten, indess es nichts als eine, wie Fortlage zeigt,*) im Princip schwächere und zweideutige Variation des Fichte'schen Grundgedankens war, die sich nur mit assimilirten Elementen aus allen Hauptgestalten der Geschichte der Philosophie bereicherte und damit wohl vorübergehend imponiren, aber nicht dauernd befriedigen konnte. Dieses absolute Subject Hegel's gleicht dem blinden Willen (Triebe) Schopenhauer's, der sich erst (wunderbarer Weise) den Intellect erfindet, nur dass nach Hegel diese Erfindung eine, man sieht nicht recht, ob endliche oder unendliche — dann doch wieder so gut wie keine — Geschichte hat, nach Schopenhauer eigentlich keine. Es wird von Hegel sogar als das Ueberendliche, ewige S e l b l o s e bezeichnet, welches als das n u r e r s t A l l g e m e i n e noch weit davon entfernt ist, der sich als Geist wissende Geist zu sein."**) Dessen Hervorbringungen (natürlicher und geistiger Wesen) sind nach ihm der Weg desselben für sich selbst zu werden, zum Geist.***) In ihnen (als blossen Existenzen oder Erscheinungen) ist die (absolute) Idee noch nicht durchgedrungen zu sich selbst, um als absoluter Geist zu sein; das erreicht sie erst in der langen Ausdehnung der Zeit und durch die ungeheure Arbeit der Weltgeschichte, weil sie, der Weltgeist, durch keine geringere das Bewusstsein über sich erreichen konnte.†) Vergebens sieht man sich in Hegel's Werken nach einer Antwort auf die Frage um, von welchem Minimum des Bewusstseins, wenn von irgend einem, denn die absolute Idee ausgegangen sein soll und von welcher Zeit an, um durch stetes Wachsen in der Zeit das volle Bewusstsein über sich selbst zu erreichen und absoluter Geist zu sein, und wann sie dieses Ziel erreicht hat oder erreichen wird? Hat aber das Wachsen des Bewusstseins der absoluten Idee keinen Anfang gehabt, so könnte es auch kein Ende haben, und wie ein so (unfassbar) vorgestelltes Bewusstsein absoluter Geist und vollends Persönlichkeit sein soll, ist in keiner Weise zu begreifen. Ist die

---

Lotze etc., indem sie Fichte's Gründe gegen die Persönlichkeit Gottes einer mehr oder minder genauen Prüfung unterzogen. (Vergl. Philosoph. Schriften von Hoffmann II. 53 ff.)

*) Genetische Geschichte der Philosophie seit Kant. Von C. Fortlage. S. 97 ff., 256 ff.
**) Hegel's Werke II. 509.
***) L. c. XI. 18.
†) L. c. II. 24.

Natur, und zwar diese materielle Natur, die Entäusserung der noch bewusstlosen oder höchstens träumenden absoluten Idee (was Niemand begreift), und geht der Geist aus dieser materiellen Natur hervor (gleichviel ob aus Infusorien oder aus dem Affen oder affenähnlichen Thieren oder irgend einem andern), so ist Freiheit des Willens in ihm nicht zu begreifen und nicht einzusehen, wie die Seele oder der Geist unsterblich sein soll, da die Thiere, denen sie oder er entstammt, sterblich und vergänglich sind. Aus dem Pantheismus oder Halbpantheismus, aus der Idee von Gott als der absoluten Substanz (Spinoza), als dem absoluten Ich, welches kein Ich ist (Fichte), als der absoluten Indifferenz des Subjectiven und Objectiven (Schelling), als dem absoluten Subject, welches kein Subject ist (Hegel), als dem blinden Willen, welcher kein Wille, sondern blinder Trieb ist (Schopenhauer), ist consequent weder die Freiheit des Willens, noch die Unsterblichkeit der Seele abzuleiten, gleichviel, ob man sie factisch behaupte und glaube oder nicht. Selbst Schelling's letzte Gestalt der Philosophie ist nicht über den Persönlichkeits-Pantheismus hinausgeschritten und vermag nicht consequent aus seinen Voraussetzungen über das Wesen Gottes die menschliche Willensfreiheit und Unsterblichkeit abzuleiten, obgleich sie dieselben behauptet. Denn wenn Gott nicht frei von dem Geschöpf ist, sondern desselben zu seiner Selbstverwirklichung bedarf, so kann er auch demselben nicht Freiheit verleihen, dessen Freiheit nicht begründen. Der Theil eines Wesens oder dessen Erscheinung kann keine von diesem Wesen unterschiedene Freiheit, Eigenheit, Selbstheit haben. Er kann (der Theil) oder sie (die Erscheinung) kann nur die Selbstdarstellung, Selbstauswirkung, Selbstverwirklichung des absoluten Wesens sein, welches das Seiende wie Wirkende in aller Erscheinung und in allen Formen, Gestalten, Veränderungen, Thätigkeitserscheinungen ist. Das absolute Wesen (Gott) müsste dann das oder der Alleinthätige und Alleinwirkende in allen positiven und negativen, bildenden und zerstörenden, bauenden und zertrümmernden Naturerscheinungen, wie in allen lichten und finsteren, erkennenden und irrenden, guten und bösen Wollungen und Handlungen der geistigen oder selbstbewussten Wesen, heilig in den Heiligen, edel in den Edeln, einsichtig in den Erkennenden, irrend in den Irrenden, sündhaft in den Sündigen, geisteskräftig in den Geistesmächtigen und wahnsinnig in den Wahnsinnigen etc. sein. Am Grauenhaftesten stellt sich diese Lehre in jener Gestalt dar, welche Gott ohne Anfang und ohne Ende, von Ewigkeit zu Ewigkeit in der Totalität seiner Selbsterscheinungen in die Zerrissenheit und Zersplitterung zerfallen sein lässt, während der vernachlässigte

Graf Buquoy sich innerhalb des bezeichneten Grundirrthums doch damit über die meisten Irrthumsgenossen hoch hinausschwingt, dass er von der Totalität der Erscheinungen des Absoluten nicht blos nichts verloren gehen, sondern auch in einem Progressionsprozess die Totalität der individualisirten Erscheinungen allendlich zur durchgreifenden Harmonie und beseligenden ethischen Vollkommenheit erhoben werden lässt. *)

Ohne die Erhebung zu der Gotteslehre Baader's kann jene Ableitung nie gelingen. Wenn Erdmann noch dazu kommt, sein aus Hegel herausgewachsenes philosophisches System der Welt vorzulegen, so wird es in den Hauptzügen in den Wegen der Ideen Baader's einherschreitend sich erweisen, weil Erdmann die Wahrheit der drei Grundideen: der Persönlichkeit Gottes, der Freiheit des Willens und der Unsterblichkeit der Seele erkannt hat. Aehnliches würde wohl erfolgen, wenn Rosenkranz sein System einer Revision unterziehen wollte und würde.

Wenn ich Baader's Lehre als die Philosophie der Zukunft verkündigt habe, so geschah es wegen des bezeichneten Grundcharakters derselben in der Ueberzeugung, dass sie in ihren Angelpunkten niemals überschritten, wenn gleich vollkommener dargestellt, von untergeordneten Incongruenzen und Irrungen befreit und ins Unendliche hin entwickelt werden könne. Ob sie heute oder morgen, oder in zehn Jahren oder in zehn Jahrzehnten und mehr zur allgemeineren Anerkennung kommen wird, ist für den grossen Gang der Welt- und Wissenschaftsgeschichte nicht gleichgültig, aber doch nur von untergeordnetem Belang. Indessen gehen unsere Zeiten rascher als die früheren und die Zeichen mehren sich, dass der Zeitpunkt nicht mehr sehr ferne sein kann, wo Baader's Weltanschauung allgemeiner verstanden werden wird und wo seine Ideen tiefer in den Entwickelungsgang der Philosophie eingreifen werden.

---

*) Vergl. Isis, Jahrg. 1833. Heft XIII. S. 698 ff. H. IX. S. 818 ff. X. 922 ff. Jahrg. 1837 H. XII. S. 882 ff. Jahrg. 1841 H. II. S. 82 ff. H. IV. 242. H. VI. S. 402 ff. Jahrg. 1842 H. I. 2 ff. H. V. 322 ff. H. VI. S. 402 ff. H. VII. S. 482 ff. H. X. S. 722 ff. Jahrg. 1846 H. X. S. 722 ff. Jahrg. 1847 H. I. S. 2.

3.

**Franz von Baader's Stellung in der Philosophie.
Mit besonderer Beziehung auf V. Knauer's Geschichte der
Philosophie.** *)

Schon öfter ist in Deutschland der missliche Versuch gemacht
worden, die Geschichte der Philosophie in einem mässigen Bande
darzustellen, z. B. von Schwegler (mit vielen Auflagen), Michelis,
Schmid aus Schwarzenberg, Alfred Weber in Strassburg (zwar in
französischer Sprache, doch in deutschem Geiste). A. Weber's
Histoire de la philosophie Européenne (604 S.) ist die umfang-
reichste dieser Schriften und hat in Frankreich so günstige Aufnahme gefunden, dass bereits eine zweite erweiterte Auflage bevorsteht.**) Eine Uebersetzung der kommenden zweiten Auflage dieses
bedeutenden Werkes wäre entschieden wünschenswerth. Der Verfasser vertritt — wie es scheint, ohne Kunde von Baader — den
Standpunkt: „die metaphysische Wahrheit findet sich weder im
Materialismus, noch im dualistischen Spiritualismus, sondern im concreten Spiritualismus, welcher Kraft und Intelligenz als unterschiedene, aber untrennbare Attribute des Geistes ansieht." Unter
den in deutscher Sprache geschriebenen philosophie-geschichtlichen
Schriften der bezeichneten Art verdient jene von Vincenz Knauer
entschieden den Vorzug und zwar nicht bloss wegen reicherer Ausführung, sondern ganz hauptsächlich wegen vollkommnerer, frischerer,
lebensvollerer, erweckender, ebenso klarer als geschmackvoller, an-
sprechender Darstellungsart; ein nicht genug zu rühmender Vorzug
einer Geschichte der Philosophie, welche vor allem der akademischen
studirenden Jugend tiefgehendes und standhaltendes Interesse für
das Studium der Philosophie einflössen soll. Bei einer wohl zu erwartenden zweiten Auflage seiner Schrift wäre dem Herrn Verfasser
nahezulegen, dass er das Störende „der besonderen Berücksichtigung
der Neuzeit" entfernte, und die alte Philosophie in gleicher Ausdehnung mit der neuern und die mittlere in gleicher mit der alten
und neueren darstellte: die alte wegen ihrer eminenten Bedeutung
für den gesammten Gang der Geschichte der Philosophie, die
mittlere wegen ihrer Wichtigkeit für eine grosse Weltepoche und
ihrer in ihrem Verlauf vielfältig die neueren vorbereitenden Charakter-

---

*) Geschichte der Philosophie. Mit besonderer Berücksichtigung der
Neuzeit. Von Vincenz Knauer, Doktor der Philosophie in Wien. Wien,
Wilhelm Braumüller, 1876. (387 Seiten.)
**) Vergl. das treffliche Referat über diese Schrift im I. Heft des XI.
Bandes der Philosophischen Monatshefte (1875) S. 9—31.

züge,*) endlich wegen der berechtigten Forderung an eine Geschichte der Philosophie, eingehende Kenntniss der Schicksale zu gewähren, welchen die Philosophie im Zeitalter vorherrschender kirchlicher Autorität unterlag. Mag die mittelalterliche Philosophie an schöpferischer Kraft und Originalität weit hinter der alten wie hinter der neuern Philosophie zurückstehen, an genialen Geistern hat es ihr darum doch nicht gefehlt, deren Verdienst überall, wo ihnen beachtenswerthe Leistung nicht abzusprechen ist, vielleicht nur um so verdienstlicher erscheint, je ungünstiger die Verhältnisse waren, welche sie umgaben. Dem Weltgeschicht- wie dem Staatsgeschicht-Schreiber würde es nicht nachgesehen werden, wenn er die glänzenden Epochen allein oder fast allein darstellen würde mit Uebergehen oder nur flüchtigem Berühren der weniger glänzenden oder sogar dunkeln. Und ein analoges Verfahren sollte in der Geschichte der Philosophie erlaubt sein? Wir beabsichtigen hier nicht, auf eine Kritik der Auffassungen des Verfassers bezüglich der Lehren der Philosophen der alten, mittleren und neueren Zeit einzugehen. Unsere Untersuchung soll bloss der Behandlung gelten, welche in dem Werke V. Knauer's Schleiermacher, Baader und Krause erfahren haben. Der Verfasser meint seiner Aufgabe einer richtigen Würdigung der drei genannten Philosophen Genüge gethan zu haben, wenn er sie unter einer besonderen Rubrik: „Einige Schüler und Geistesverwandte Schelling's" neben einigen anderen kurz berührt. Allein Schleiermacher als Philosoph ist doch trotz naher Verwandtschaft mit Schelling's Identitätssystem eine zu eigenthümliche Gestalt, um als ein blosses Anhängsel zur Schelling'schen Schule behandelt werden zu können, wie denn auch Chr. A. Thilo, einer der schärfsten Kritiker der Fichte-Schelling-Hegel'schen Philosophie, Schleiermacher eine besondere Stelle (zwischen Schelling und Hegel) einräumt,**) was schon vor ihm Ueberweg gethan hatte. Mit noch viel grösserem Unrecht wird Krause vom Verf. in den Anhang Schelling's verwiesen. Denn wenn Krause auch Anfangs der Schelling'schen Philosophie mehr der Form als dem Inhalt nach sich zugewendet hatte, so sagte er sich doch sehr bald von ihr los***)

---

*) Vergl. die Darstellung der mittleren Philosophie in der Geschichte der Philosophie von Conrad Hermann, S. 173—265. Am Schlusse dieses Abschnittes wird eine Charakteristik J. Böhme's gegeben, die höchst beachtenswerth ist.

**) Kurze pragmatische Geschichte der neueren Philosophie von Thilo, S. 319 ff.

***) Vorlesungen über psychische Anthropologie von Krause: von Ahrens Vorrede p. XX. Desselben Vorlesungen über das System der Philosophie I, 33.

und stellte ein selbstständiges System auf, welches dem Pantheismus denjenigen Theismus entgegensetzte, den er Panentheismus nannte*) und mit dem er eine neue Form der Monadologie verknüpfte, die Unvergänglichkeit der sich nicht vermehrenden und nicht vermindernden Totalität der über das Universum verbreiteten Menschheits-Welten behauptend.**) Wenn auch sein Schöpfungsbegriff nicht streng theistisch, sondern persönlichkeits-pantheistisch (halb pantheistisch) ist, so hat er doch diese Lehre nicht dem späteren Schelling entnommen, sondern ist demselben in der Aufstellung jener Lehre vorausgegangen. Vollends nun aber kann Baader der Schelling'schen Schule nicht zugerechnet werden, und die vage Vorstellung einer Geistesverwandtschaft zwischen Baader und Schelling ist nichtssagend in Betracht der schroffen Gegensätze der Philosophie jenes und dieses Philosophen, vor welchen die Berührungspunkte meist in untergeordneten, secundären Lehren bedeutend weit zurücktreten. Sogar die spätere Gestalt der Philosophie Schelling's, welche eine beziehungsweise Annäherung an Baader genannt werden mag, wurde von dem Letzteren so unbefriedigend gefunden, dass er in scharfen und schroffen Ausfällen sich gegen sie erging.

Der Verfasser behauptet (S. 251), die letzte Gestalt der Schelling'schen Philosophie dürfe nicht als eine förmliche Verleugnung der früheren Ansichten Schelling's genommen werden, wenn damit eine wesentliche Aenderung des philosophischen Standpunkts überhaupt gemeint sein solle. Davon ist nur soviel wahr, dass Schelling zu allen Zeiten seines Philosophirens sich in irgend einem zulässigen Sinne zum Pantheismus bekannte.***) Darum besteht aber doch ein gewaltiger, tiefeingreifender Unterschied und beziehungsweiser Gegensatz zwischen seiner Philosophie bis zum Jahre 1809 und seiner späteren bis zu seinem Lebensende im Jahre 1854. In seiner früheren Philosophie war die Persönlichkeit, die Ueberweltlichkeit Gottes, der Ursprung der Welt aus der Schöpfung Gottes, Anfang und Endziel der Welt, alle bleibende Individualität, die Freiheit des Willens, die menschliche Unsterblichkeit aufgegeben,†) und Schelling schwelgte zeitweise, wenn auch in allmälig abnehmen-

---

*) Das Urbild der Menschheit von Krause, 2. Aufl. S. 4.
**) Ebendaselbst S. 14, 161 ff. Vergl. Grundriss der Geschichte der Philosophie von J. E. Erdmann, 2. Aufl. II, 578.
***) Schelling's S. Werke VII, 339. II. Abtheilung I, 372, II, 39—40.
†) In seiner Fichte'schen Periode war zwar noch von Freiheit und Unsterblichkeit die Rede (Werke I, 201), aber sie verschwanden in der Identitätsphilosophie (S. Werke Baader's XII, 374). Philosophische Schriften von Hoffmann II, 362, 364, 384, 388, 392, 398, 406 ff.

dem Maasse, in übermüthigen Negationen, wie sie sich in jenem von einem solchen Manne geradezu unbegreiflichen Gedicht: „Epikurisch Glaubensbekenntniss Franz Widerporstens" und in den Nachtwachen von Bonaventura erkennbar macht.*) Dass der Gott jener Philosophie bei allen idealistisch, genial und tiefsinnig sein sollenden Umschreibungen wie ein Ei dem andern dem allverschlingenden Ungeheuer glich, vor welchem Goethe in Werther's Leiden erschaudern liess, liegt für Jeden auf der Hand, der die Schelling'schen Schriften jener Periode mit offnen Augen lesen will.

Mag man in den Schriften dieser Periode da und dort nicht wenige Spuren einer Ankündigung des späteren Standpunkts gewahren, wie besonders in „Philosophie und Religion", in der Hauptsache war der Umschwung, der sich in der Schrift über die menschliche Freiheit vom Jahre 1809 offenbarte, ein überraschender und tiefgreifender. Hier zuerst trat die Anerkennung der Persönlichkeit Gottes hervor, und alles Spätere ist fast nur modificirende Ausgestaltung der in der Schrift über die menschliche Freiheit niedergelegten Ideen. Der Grundgedanke der zweiten Philosophie Schelling's ist die Erhebung zu einem Theismus, der den Pantheismus nicht aus-, sondern als untergeordnetes Moment einschliesssn sollte. In diesem System sollte (theistisch) die Persönlichkeit Gottes, die Freiheit des menschlichen Willens und die Unsterblichkeit der menschlichen Individuen und zugleich (pantheistisch) die Wesenseinheit Gottes und der Welt gewahrt sein. Jede Art von Dualismus zugleich mit jeder Art von abstraktem Monismus schien Schelling in diesem seinem „Monotheismus" überwunden und der Philosophie die Bahn zu einer wundervoll reichen und erhebenden Entwickelung eröffnet zu sein. Und man müsste ihm hierin beipflichten, wenn der unbefangenen Erwägung sich nicht ein Widerspruch herausstellte in der Annahme, dass der ewig vollendete Gott sich selber zur Welt machen und von der nach unmessbaren Zeiten zu erreichenden Weltvollendung sich selbst vollenden könne. Obgleich dieser Widerspruch und also dieser Mangel Schelling's zweite Philosophie drückt, so erscheint dieselbe doch nach ihrem Schöpfungsbegriff angesehen als die denkbar grösste Annäherung an den reinen Theismus, und der Uebergang Schelling's von seiner ersten zu seiner zweiten Philosophie hätte daher allgemeiner von Seiten der Theisten als ein

---

*) Aus Schelling's Leben in Briefen, I, 282 ff. — Nachtwachen. Von Bonaventura. Penig, Dienemann und Comp. 1805. Dass dieser pessimistische Roman Schelling zum Verfasser hatte, ist neuerlich auch von Hubert Beckers bestätigt worden.

bedeutender Fortschritt anerkannt werden sollen, unbeschadet ihres Vorbehalts der Berichtigung dieses Lehrpunktes, die freilich von da aus über das Ganze der zweiten Philosophie sich hätte erstrecken müssen. Hatte nun aber Baader von Anfang an bis zum Ende seiner Schriftstellerthätigkeit, nach urkundlicher Nachweisung, *) die Persönlichkeit Gottes, die Freiheit des menschlichen Willens und die Unsterblichkeit festgehalten und ausdrücklich gelehrt, hatte er die erste Philosophie Schelling's in ihren Wurzeln der Sache nach bestritten und nur in secundären Fragen einigen ihrer naturphilosophischen Lehren zugestimmt, so war es Verfälschung der thatsächlichen Verhältnisse und geradezu absurd, ihn, wie vielfach geschehen, der Schelling'schen Schule zuzurechnen und nicht viel minder verkehrt und ungerecht, die vage Vorstellung einer Geistesverwandtschaft dazu zu missbrauchen, ihn im Gefolge oder Schweif der Schelling'schen Schule erscheinen zu lassen. Inwiefern notorisch Baader von Einfluss auf den Umschwung und die Erhebung Schelling's von seiner ersten zu seiner zweiten Philosophie gewesen ist,**) was für jeden Scharfzusehenden schon aus den wiederholten Bezugnahmen Schelling's auf Baader in jener Schrift über die menschliche Freiheit ersichtlich ist, wäre man weit mehr berechtigt, Baader den Lehrer Schelling's zu nennen, nur dass dieser von jenem in den Fragen über das Verhältniss von Gott und Welt nicht vollständig genug sich hat belehren lassen. Wenn auch Baader früher den persönlichkeits-pantheistischen Begriff von der Schöpfung nicht bestimmt genug ausgeschlossen haben sollte, so hätte er solchen Begriff doch jedenfalls nicht von Schelling haben empfangen können, dem er damals ganz fremd war. Ueber allen Zweifel erhaben steht aber fest, dass Baader den rein theistischen Begriff von der Schöpfung aufstellte***) und dass Schelling's zweite Philosophie weder in Rücksicht des Schöpfungsbegriffs noch in Bezug auf eine Reihe anderer Hauptlehrpunkte Baader's Zustimmung so wenig erlangte, dass dieser vielmehr bestimmten Widerspruch entgegensetzte.†) Wir sind bereit, die Belege für unsere Behauptungen, wenn es verlangt

---

*) Baader im Verhältniss zu Hegel und Schelling in den Philosophischen Schriften von Franz Hoffmann, I, 39—159, III, 3—102. — Ueber die Stellung Baader's in der Geschichte der deutschen Philosophie in der periodischen Schrift von Wilhelm Hoffmann, I. Band. Dann in vorliegendem Bande S. 1—54.

**) Geschichte der neueren Philosophie von Erdmann III, 2, S. 585, 633. — Grundriss der Geschichte der Philosophie von Erdmann, 2. Aufl., S. 550.

***) Die Weltalter. Lichtstrahlen aus Baader's Werken s. v. Hoffmann, S. 147 ff. Vergl. Baader's S. Werke XVI, 432 (Artikel: Schöpfung).

†) Ibidem, S. 426: Artikel: Schelling, mit Angabe der bezüglichen Stellen in Baader's Werken.

wird, ausführlich darzulegen, können aber darauf verweisen, dass sie längst in unseren Schriften vorgetragen sind. Wir dürfen und müssen für Baader in Anspruch nehmen, dass ihm in der Geschichte der deutschen Philosophie eine selbstständige Stellung eingeräumt werde, was auch eine scharf eindringende Kritik an seiner Lehre, die innerlich zusammenhängender und mit sich einstimmiger ist als so manches hochgerühmte System, zu tadeln und zu verbessern finden möge.

4.

Ueber die Verklärung der Natur und über die letzten Dinge, mit besonderer Beziehung auf die Schrift: Physica sacra oder der Begriff der himmlischen Leiblichkeit und die aus ihm sich ergebenden Aufschlüsse über die Geheimnisse des Christenthums. Von Julius Hamberger, Doctor der Philosophie und Theologie. Stuttgart, Steinkopf, 1869.

1.

Die nachfolgenden Darlegungen haben den Zweck, einen der wichtigsten Lehrpunkte des Christenthums in neue Anregung zu bringen, die öffentliche Discussion darüber zu erwecken und dabei die Lehre Baader's von einer Seite zu zeigen, welche von den Wenigsten bis jetzt beachtet worden ist. Baader's Philosophie ist seit Leibniz wenn nicht die einzige, so doch die bedeutendste, welche uns Aufschluss über den Anfang und das Ende der Dinge zu geben versucht. Sie hat das tiefste, hellste und klarste Bewusstsein davon, dass keine Philosophie etwas Erhebliches bedeuten kann, welche den Anfang und das Ende der Dinge nicht zu erklären vermag oder vollends nicht einmal weiss, dass sie hierüber befriedigende Auskunft zu geben hat.*) Baader zeigt mit entscheidenden Gründen, dass Weltgeschichte gar keinen Sinn haben kann, wenn sie nicht einen Anfangspunkt und einen Endpunkt haben soll. Die Klarheit

---

*) Wenn E. v. Hartmann dem Spinozismus den Begriff der Geschichte abgewinnen will, so bemüht er sich, Trauben von Dieseln zu lesen. Dasselbe gilt von seiner Teleologie. Wohl ist es anerkennungswerth, dass Hartmann Geschichte und Teleologie begründen will, aber der Monismus, der nicht Monotheismus ist, trägt solche Früchte nicht.

darüber wiegt ganze Systeme auf, welche uns die Geschichte begrifflos als ein anfang- und endloses Geschehen und Verändern einreden wollen. Der grosse Leibniz, dessen Riesengeist jetzt erst recht beginnt, allmählich in seiner ganzen Grösse vor uns zu erscheinen, hatte sich in Rücksicht des Anfangs der Dinge bereits zu dieser Einsicht erhoben, und stand ihr in Rücksicht des Endes oder Zieles so nahe, dass sie fast als identisch mit jener Baader's gelten kann.*) Seine Nachfolger von Kant bis Hegel haben in steigender Progression diese Einsicht wieder verdunkelt, bis Baader, tiefer als Leibniz, sie aus dem Schutt des Deismus und Pantheismus wieder hervorzog, worauf denn auch Schelling seine berühmte Wendung machte und sich Leibniz und Baader näherte, ohne doch völlig bis zum Ziele zu gelangen. Es war sein Halbpantheismus, der ihn die völlige Erreichung seines Zieles verfehlen liess. Wenn man sieht, mit welcher Scheu nicht wenige Theologen und noch weit mehr die meisten Philosophen um die Untersuchungen Baader's herumgehen, wie sie nur Gnosticismus, sogar (horribile dictu!) Manichäismus darin zu erblicken vermögen, während sie in Wahrheit nichts Anderes als echte Philosophie des Paulinismus und der biblischen Lehren des alten und neuen Testamentes sind, und nichts mit dem ausschweifenden Gnosticismus zu thun haben, der aus heidnischen Quellen die christlichen Lehren erhellen will, und daher im modernen philosophischen Heidenthum des Schelling'schen und Hegel'schen Pantheismus sich mehr oder minder wieder regt, worüber gerade Baader den tiefsten Unmuth hat blicken lassen, so kann man nicht umhin, darin die fortschreitende Erblindung der durch Deismus und Pantheismus geschwächten modernen Geistesaugen für die Tiefen der biblischen Lehren zu gewahren. Begreiflicherweise geht diese Erblindung im Deismus nicht ganz so weit als im Pantheismus und um sich davon zu überzeugen, darf man nur die Religionsphilosophie Kant's mit jener Hegel's vergleichen oder die Dogmatik eines nachkantischen Rationalisten mit der Dogmatik eines Hegelianers. Die extreme Stellung des deistischen Kant und des pantheistischen Hegel, denn Deismus und Pantheismus sind Extreme, deren Mitte der Theismus ist, hält Rosenkranz nicht ab, den Unsterblichkeit leugnenden Pantheisten Hegel als den Vollender der Philosophie des Gott- und Unsterblichkeitsgläubigen Deisten Kant zu feiern und auch hier die Verwirrung der Begriffe anzurichten, welche der Hegelianismus

---

*) Vgl. Guhrauers Biographie des Leibniz: G. W. Leibniz als Patriot, Staatsmann und Bildungsträger etc. von Dr. F. Pfleiderer; Leibniz und seine Zeit von L. Grote; Leibniz' Philosophie von Dr. Otto Caspari; die Theologie des Leibniz von Dr. A. Pichler.

nicht selten, wo er einzugreifen sucht, anstiftet.*) Daher möge man sich warnen lassen zu vertrauen, man würde in der Beurtheilung Baader's durch Rosenkranz eine richtige Auffassung auch nur des Thatbestandes seiner Lehre antreffen. Nicht einmal dieses, muss ich behaupten, geschweige eine Beurtheilung, die der Sache entfernt gewachsen wäre.**) In den philosophischen Monatsheften von Dr. J. Bergmann hat der Verf. der vorliegenden Abhandlung einen Artikel: Hegel, Rosenkranz und Baader,***) erscheinen lassen, der sich wahrscheinlich der Zustimmung Vieler erfreuen dürfte bis zu dem Punkte, wo die Vertheidigung Baader's gegen Rosenkranz bezüglich des Ursprungs des Bösen und was damit zusammenhängt beginnt. Von diesem Punkte an werden viele nicht folgen zu können versichern. Da beginnt die Scheue Vieler, von der schon die Rede war. Was anders aber ist die Ursache davon, als weil sie weder die heilige Schrift tief und allseitig genug erfasst, noch Baader's Lehren im Zusammenhang studirt und mit Leibniz, Kant, Fichte, Schelling, Hegel, Herbart und Schopenhauer gründlich verglichen haben. Sobald sie die erste Forderung erfüllt und wenigstens den Optimismus des Leibniz ganz und genau kennen gelernt hätten, würden sie die Vertiefungen, Verbesserungen und Berichtigungen Baader's zu begreifen anfangen. Denn so gross seine Berührungspunkte mit Kant in den Ideen von Gott, Freiheit und Unsterblichkeit sind, weit grösser als jene Fichte's, Schelling's (vor der Gestaltung seiner späteren Lehre) und Hegel's, so sind sie doch wohl noch grösser mit Leibniz, den er vielfach nur vertieft und von gewissen, wenn auch sinnvollen Künstlichkeiten, hie und da auch Oberflächlichkeiten befreit und in lebensvollere Anschauungen erhebt. Gegen die Form des Leibniz'schen Optimismus sind manche Einwendungen Schopenhauer's nicht durchaus unbegründet, aber sie überstürzen sich und werden dadurch falsch, während sie gegen den tieferen Optimismus Baader's nichts ausrichten und zur Bedeutungslosigkeit herabsinken. Gegen den Optimismus der unendlichen Liebe Gottes, die um des höchsten Zieles der selbstthätigen freien Einigung mit Gott und Gottes Willen auch den Missbrauch der Freiheit des Willens und seiner Folgen zulässt und doch Alles herrlich zum Ziele hinausführt, wäre der verbissene Ingrimm des Alles aus der vorausgesetzten Blindheit des in einem Athem geleug-

---

*) Hegel als deutscher Nationalphilosoph von K. Rosenkranz S. 278 ff. 334 ff.

**) Einer der berühmtesten Philosophen der Gegenwart nannte sie brieflich geradezu eine Verballhornung Baader's.

***) Ph. Monatshefte von Dr. Bergmann: April-, Mai- und Juniheft, 1869.

neten und behaupteten Absoluten erklären wollenden Pessimismus nichts weiter als eine, wenn sie nicht in das Blasphemische fiele, nur kindische Armseligkeit. Hören wir den „tristen" Philosophen, der sein Genie anspannt das Ungeheuerlichste hervorzubringen, so äussert er in seiner Schrift: Ueber die vierfache Wurzel des Satzes vom zureichenden Grund, wörtlich wie folgt:*) „Aber was haben denn unsere guten, redlichen, Geist und Wahrheit über alles hochschätzenden deutschen Philosophie-Professoren ihrerseits für den so theuren kosmologischen Beweis gethan, nachdem nämlich Kant in der Vernunftkritik ihm die tödtliche Wunde beigebracht hatte? Da war freilich guter Rath theuer: Denn (sie wissen es, die Würdigen, wenn sie es auch nicht sagen) causa prima ist ebensogut wie causa sui, eine contradictio in adjecto.... Sie wissen es: die erste Ursache ist gerade und genau so undenkbar, wie die Stelle, wo der Raum ein Ende hat, oder der Augenblick da die Zeit einen Anfang nahm.... Nicht einmal ein erster Zustand der Materie ist denkbar.... Die Herren werden sich doch nicht etwa entblöden, mir von einem Entstehen der Materie selbst aus nichts zu reden?..., Was haben sie also gethan für ihren alten Freund, den hart bedrängten, ja, schon auf dem Rücken liegenden kosmologischen Beweis? O, sie haben einen feinen Pfiff erdacht: „Freund", haben sie gesagt, „es steht schlecht mit dir, recht schlecht seit deiner fatalen Rencontre mit dem alten Königsberger Starrkopf; so schlecht, wie mit deinen Brüdern, dem ontologischen und dem physikotheologischen. Aber getrost, wir verlassen dich darum nicht (du weisst, wir sind dafür bezahlt): — jedoch — es ist nicht anders, — du musst Namen und Kleidung wechseln: denn nennen wir dich bei deinem Namen, so läuft Alles davon. Incognito aber fassen wir dich unterm Arm und bringen dich wieder unter Leute; nur, wie gesagt, incognito: es geht! Zunächst also: dein Gegenstand führt von jetzt an den Namen „das Absolutum": das klingt fremd, anständig und vornehm, — und wieviel man durch Vornehmthun bei den Deutschen ausrichten kann, wissen wir am besten: was gemeint sei, versteht Jeder und dünkt sich noch weise dabei. Du selbst aber trittst verkleidet und in Gestalt eines Ethymemas auf. Alle deine Prosylogismen und Prämissen nämlich, mit denen du uns den langen Klimax hinaufzuschleppen pflegtest, lass nur hübsch zu Hause: man weiss ja doch, dass es nichts damit ist. Aber als ein Mann von wenig Worten, stolz, dreist und vornehm auftretend, bist du mit Einem

---

*) Siehe die dritte, von Frauenstädt herausgegebene Auflage der bemerkten Schrift, S. 37 ff.

Sprunge am Ziele: „das Absolutum" schreist du (und wir mit), „das muss denn doch zum Teufel sein; sonst wäre ja gar nichts!" (hiebei schlägst du auf den Tisch). Woher aber das sei? „Dumme Frage! habe ich nicht gesagt, es wäre das Absolutum? Es geht, bei unserer Treu, es geht! Die Deutschen sind gewohnt Worte statt Begriffe hinzunehmen; dazu werden sie von Jugend auf durch uns dressirt, — sieh nur die Hegelei, was ist sie Anderes, als leerer, hohler, dazu ekelhafter Wortkram? Und doch, wie glänzend war die Carriere dieser philosophischen Ministerkreatur! Dazu bedurfte es nichts weiter, als einiger feilen Gesellen, den Ruhm des Schlechten zu intoniren und ihre Stimme fand an der leeren Höhlung von tausend Dummköpfen ein noch jetzt nachhallendes und sich fortpflanzendes Echo; siehe, so war bald aus einem gemeinen Kopf, ja einem gemeinen Charlatan, ein grosser Philosoph gemacht. Also Muth gefasst!" Und in diesem burlesquen, wüthigen Ton geht es fort. Kein namhafter Philosoph hat sich je zu einem solchen burlesquen Ton herabgelassen, der eher einem Phantasiren im Rausche, als einer nüchternen Untersuchung ähnlich sieht. Sieht man aber von dem burlesquen, wüthigen Ton ab, so ist zu sagen, dass Jeder, der will, die Antwort auf die Einwendungen Schopenhauer's gegen die Beweise vom Dasein Gottes in den Werken J. H. Fichte's, Weisse's, C. Ph. Fischer's, Lotze's, Trendelenburg's, Chalybäus', O. Pfleiderer's*) und Anderer finden kann. Wenn Schelling und Hegel mit Vorliebe von dem „Absoluten" sprechen, so ist doch höchstens der Ausdruck neu oder erneuert, während der mit dem Worte bezeichnete Begriff uralt ist, allen Hauptreligionen zu Grunde liegt und von Anaxagoras an (um nicht weiter zurückzugehen) keinem bedeutenden Philosophen gefehlt hat. Das Wunderlichste ist noch dabei, dass Schopenhauer selbst des „Absoluten" unter einem andern Namen (dem des einen blinden Willens) nicht entbehren kann. Schopenhauer ist nur in anderer Verkleidung als Spinoza — Monist und sieht doch nicht, dass der Monismus ohne die Anerkennung des Absoluten ganz undenkbar wäre.**) — Da Raum und Zeit für sich nicht absolut sind und nicht absolut sein können, so können sie (in letzter Instanz) nur durch das Absolute bestimmt und begrenzt sein, so muss auch ein erster Zustand der

---

*) Die Religion, ihr Wesen und ihre Geschichte von Otto Pfleiderer I. 159 ff. Die Differenzen der eben genannten Forscher in Rücksicht der Beweise für das Dasein Gottes sind untergeordnet.

**) Wenn Sch. gegen die Pantheisten wüthet, schneidet er in das eigene Fleisch. H. v. Hartmann steht mit Recht nicht an, Schopenhauer einen Pantheisten zunennen, und seine Lehre einen Willenspantheismus.

Materie denkbar sein und ihr Entstandensein kann in letzter Instanz nur als Schöpfung aus Nichts erklärt werden.*) Schon Herbart, Drobisch, Thilo, Taute etc. haben gezeigt, dass es eine Entstellung Kant's ist, wenn man seine Kritik der Beweise für das Dasein Gottes als eine Widerlegung der Annahme der Existenz Gottes, für eine Leugnung Gottes nehmen wollte,**) während Kant dem G l a u b e n an Gott vielmehr festere Stützen zu geben versuchte, als er in jenen theoretischen Beweisen anzutreffen meinte. Die Deutschen sind wenigstens in ihren geistigen Repräsentanten eben weniger als andere Nationen gewohnt Worte für Begriffe hinzunehmen, sonst würden sie nicht mit solcher Ausdauer den philosophischen Forschungen obliegen, in Folge deren sie eine Nation von Denkern genannt und um derentwillen sie als die tiefsinnigstgeistvollste Nation Europa's und der Welt anerkannt worden sind. Schopenhauer hat sein Genie gerade durch seine Ausländerei verdorben und ist durch diese Verderbniss von der vollen Ebenbürtigkeit mit den grossen Philosophen Deutschlands ausgeschlossen. Sein Genie hätte zugereicht, ihn diese Ebenbürtigkeit erreichen zu lassen, aber eben sein Wille, sein ungemessener Hochmuth, seine ungebändigte Leidenschaft der Ruhmsucht, sein wuthschäumender Trotz hat ihn um die Palme gebracht und seine Wirksamkeit kann nur entweder eine vorübergehende sein, oder sie muss sich zum bewussten Antitheismus und Antichristenthum steigern. Weniger burlesque, aber mit gleichem Ingrimm treibt er sein atheistisches Gebahren auf S. 124 seiner Schrift und den folgenden Blättern und prahlt mit den Millionen Asiaten, welche dem buddhistischen Atheismus, nach ihm inhaltlich der tiefsten Weisheit der Welt, so „gewissenhaft" huldigten, dass einer ihrer Oberpriester in Ava zu den sechs verdammlichen Ketzereien auch die Lehre gezählt habe, „dass ein Wesen da sei, welches die Welt und alle Dinge geschaffen habe und allein würdig sei angebetet zu werden". Auf die deutschen Philosophen seiner Zeit, die grössten nicht ausgenommen, hat Schopenhauer den abgedroschenen, ganz schlechten Witz gemacht, sie seien keine Hexenmeister, aber die Gründer und Führer des Buddhismus und der Buddhisten, die, von gesunder Philosophie sehr weit entfernt, von orientalischer Phantastik umsponnen sind, gelten ihm für Helden des Tiefsinns und der Wahrheit und die

---

*) Studien und Kritiken von R. Zimmermann I. 137; Ulrici's Gott und Welt, 2. Auflage.

**) Schopenhauer entblödet sich nicht, den ehrwürdigen Kant zu einem versteckten Atheisten zu machen.

300 Millionen unmündiger Asiaten, die nichts Besseres kennen, als ihren atheistischen Nihilismus oder höchstens etwas Weniges von dem brahmanischen Pantheismus, zu dem die Besseren unter ihnen in einigen Punkten zurückstreben, sind ihm vollgültige oder doch annehmbare Zeugen der Wahrheit!*) Uebrigens kennt er den Buddhismus nur unvollkommen, der bekanntlich später erhebliche Umbildungen erfahren hat. Ein Shakespeare oder Jean Paul würde an Schopenhauer einen köstlichen und prächtigen Fund gemacht haben, um ihn in einem Lustspiel oder einem Romane zu der Figur eines philosophischen Sonderlings zu verwenden. Zu einer satanischen Figur für Lord Byron wäre er doch noch zu seicht und schwach gefunden worden, denn gewöhnliche Maliciösität reichte dazu nicht aus. Es giebt auch eine negative Tiefe, die nur in ganz ungemein begabten, willensgewaltigen Naturen in ihrer grandiosen Verkehrung möglich ist, deren Seltenheit die Schwäche des Glaubens oder auch den Unglauben an die Lehren der heiligen Schrift von den gefallenen Geistern erklären mag. Uebrigens hatte Schopenhauer auch bessere Stunden und durch alle seine äussere Klarheit bei innerem Wirrwarr brachen sich nicht selten geniale Funken Bahn, die er nur zu sammeln und zu verdichten die Kraft hätte haben sollen, um sie zu Stand haltendem Licht zu consolidiren. Trotz seines Wüthens gegen die Ideen von Gott, Freiheit und Unsterblichkeit, erklärt er doch wieder an manchen Stellen seiner Schriften den Theismus für eine mögliche Ansicht und will auch über die Unsterblichkeit nicht apodiktisch absprechen, da man nicht vollkommen wissen könne bis zu welcher Tiefe die Individuation zu reichen vermöge. Auch ein Rest von Freiheitslehre bleibt in seiner Zurechnungstheorie zurück, nur in den Nebel einer intelligiblen Welt gehüllt. Gleichwohl mögen seine aufregenden, brillant funkelnden Schriften Vielen, die sonst im Philisterthum festgehalten worden wären, zur Anregung dienen, auf die Schriften der von ihm gerühmten Mystiker zurückzugehen, deren mit Schlacken vermischte Goldklumpen, deren ungeschliffene Diamanten sie dann ziemlich unfehlbar zu Baader, demjenigen Forscher führen würden, welcher die ungeheuren Schätze **) derselben zum Theil ausgeschmolzen und dem vollkommenen Grade der Reinigung nahe gebracht hat.

---

*) Zur richtigen Würdigung des Buddhismus muss man auch seine Entwicklungsgeschichte kennen (vgl. Max Müller's Essays). In seiner kolossalen Verkehrtheit hat er dennoch durch seine Lehren der Mässigkeit, der Hilfsbereitschaft, neben schlimmen relativ wohlthätige Wirkungen gehabt. Sch. Lehre wird solche nicht haben, schon weil ihr kein Ernst für die Praxis innewohnt.

**) Vergleiche selbst L. Feuerbach's Würdigung der Mystiker.

Schopenhauer's und Hegel's Philosophie sind nur zwei auseinandergefallene Formen desselben Grundirrthums, das Bewusste aus dem Unbewussten hervorgehen zu lassen und erklären zu wollen. Sie sind beide nur modifizirte Formen des Spinozismus, nur dass in der einen das realistische, in der andern das idealistische Moment vorwiegt, oder wie man dieses seltsame Verhältniss ganz genau zu bestimmen hätte, da dort der blinde Wille, hier die blinde Idee im Grunde Alles, weil das Alles bewirkende und seiende Princip sein soll. Weder konnte Schopenhauer verständlich machen, wie der vorausgesetzte blinde Wille (wenn man sich für den blinden Trieb den edlen Namen des Willens gefallen lässt) zum Bewusstsein, zum Denken, zur Idee zu kommen vermochte, noch konnte Hegel zeigen, wie die vorausgesetzte blinde Idee (wenn die blinde Idee einen Sinn haben könnte), es anfange zu Willen zu kommen.*) Etwas von dem dort wie hier klaffenden Widersinn hat nun doch wohl H. E. v. Hartmann eingesehen. Da ist er denn rasch bei der Hand, diesem grossen Uebelstand Abhilfe zu verschaffen. Er denkt, was keines von beiden für sich vermag, das werden sie doch wohl vermögen, wenn man beide als Attribute zusammenschweisst im absoluten Einen. Diesem sublimen Gedanken soll nun nach Hartmann's Entdeckung schon Schelling auf der Fährte gewesen sein, ja in seiner späteren Philosophie bereits die höhere Einheit Hegel's und Schopenhauer's dargestellt haben, nur dass er unglücklicherweise, von Baader verführt, einen Ueberschuss in den Schmelztiegel warf, der gar nicht in die Verbindung und in die Rechnung passen will.**) Nach Hartmann soll es nämlich schon und allein genügen, die blinde Vorstellung, Idee, und den blinden Willen im Absoluten neben einander zu lagern, das Absolute also gleichsam als zwei Kammern (wie Schubfächer) enthaltend vorzustellen, in deren einer die bewusstlose Vorstellung (blinde Weisheit), in deren anderer der blinde dumme Wille untergebracht sei, um von da aus als aus dem Potentiellen in ihrer Vermählung sich zum gesammten Weltall auszugestalten und wenn es die actualisirte Vorstellung als Weisheit unter den Menschenkindern so weit gebracht hat, einzusehen, dass aller Wille und alles Wollen Thorheit ist und dass die Weisheit über

---

*) Anders würde sich die Sache stellen, wenn man der Rosenkranz'schen Auffassung und Auslegung Hegel's beipflichten könnte. Aber auch dann würde Hegel sich als nicht über den Persönlichkeitspantheismus, der nicht einmal dem Schelling'schen gleichkäme, da er die Unsterblichkeit leugnet, hinausgekommen zeigen.

**) Schelling's positive Philosophie als Einheit von Hegel und Schopenhauer von E. v. Hartmann.

die Thorheit nichts vermag und in nichts besteht als in der Erkenntniss, dass Thorheit Thorheit und alles Wirkliche (weil Wollende) thöricht ist, in einem Gesammtresignationsacte unterzugehen und, wenn möglich, nicht einmal in umgegossenen Formen wiederzuerstehen. Denn nach Hartmann ist nicht der Uebel grösstes die Schuld, es sei denn die fatalistisch oder deterministisch verhängte Schuld, sondern die vom Willen unabtrennliche Qual und um dieser ein Ende zu machen, ist es nach ihm ganz gut, dass Alles zu Grunde gehe.*) Er erwägt unter Anderem nicht, dass wenn das Absolute bewusstlos wäre, es ihm gleichgültig sein müsste, ob Qual existirt oder nicht, wie er denn selber sich nicht getraut, ein absolutes Ende der Welt und mit ihr der Qual zu verkündigen, sondern sich mit einer prekären Wahrscheinlichkeitsrechnung dafür begnügt, die übrigens nichts weiter, als ein ganz leicht zerreissbares Spinngewebe ist.**) Schelling war nach mancherlei genialen Irrfahrten gewitzigt genug, einzusehen, dass aus der Zssammensetzung der zwei extremen Irrthümer der blinden Idee und des blinden Willens der Irrthum nur verdoppelt und nicht gehoben, die Wahrheit nicht daraus gewonnen werden könne. Zwei blinde Augen zusammengefasst erzeugen kein sehendes. Nach Hartmann können und sollen sie auch keines erzeugen. Zum Sehen (Bewusstsein, Denken) ist Gott zu erhaben und so für ihn geringfügige Dinge überlässt er einem Theil seiner Geschöpfe oder vielmehr Modificationen und seinen Philosophen, so lang ihnen der Athem nicht ausgeht. Nur wird nicht begreiflich, wie Gott seine Modificationen zum Bewusstsein, Denken, Philosophiren bestimmen kann, wenn er selbst nicht weiss, was er ist und was er thut. Wäre er aber selber der Denkende im Denken seiner Modificationen, so wäre er auch der Irrende in demselben und ein Gott, welcher der Hervorbringer aller Wahrheiten und aller Irrthümer wäre, würde dem menschlichen Verstande nur wie ein Wahnsinniger erscheinen können. Wenn Gott alles Daseiende begründet und alle Verfehlungen, sei es des Verstandes, sei es des Willens, zulässt, so vollbringt er sie doch nicht selber und bleibt erhaben über alle Unvollkommenheiten, Irrthümer und Sünden. Schelling sah weiter als Spinoza und seine Nachfolger und erkannte, dass die Zweiheit von Wille und Idee als Attribute im Absoluten

---

*) Wie Baader mit wenigen Worten (implicite) Schopenhauer und Hartmann widerlegt und aus den Angeln hebt, darüber vergleiche man die Weltalter S. 358.

**) Philosophie des Unbewussten von E. von Hartmann. Von Schopenhauer her bezeichnet Hartmann einen Fortschritt, einen Rückschritt aber schon im Verhältniss zu Schelling und noch mehr zu Baader.

gar nicht unterschieden sein könnten, wenn dasselbe (wie er früher meinte) absolute Indifferenz, unendlich unbestimmte Allgemeinheit, unterschiedlose Substanz wäre. Dann würde das Absolute gar nichts Bestimmtes, also nichts Existirendes, sondern nur eine Potenz sein, die ewig Potenz bleiben müsste, ohne jemals aus ihrer Potenz zum Aktus heraustreten zu können. Denn eine reine absolute Potenz wäre die absolute Unmacht, mehr zu sein, als sie ist (nach Schelling ruhender Wille). Alle Aktualität würde ewig fehlen und eine wirkliche Welt würde aus ihr nie entspringen können. Muss aber das Absolute irgendwie in sich bestimmt sein, um wirklich zu sein, so muss es das **Sichselbstbestimmende** und da das Bewusstlose und Willenlose nicht absolut selbstbestimmend sein kann, das bewusste Wollende und das wollende Bewusste, es muss **Subjekt** (wie schon Hegel sagte, aber nicht begriff), es muss **Geist, der absolute Geist** sein.

Dies ist der Sache nach der Gedankengang Schelling's in seiner späteren Zeit, wenn er auch sich anderer verwickelterer Wendungen und Vermittelungen bedient.*) Hiermit hat er zwar nicht den Pantheismus überhaupt und in jedem Sinne, aber den Spinozismus in allen seinen bisherigen Gestalten überschritten und zwar in tiefsinnigen Ueberlegungen und kritischen Betrachtungen über die Unzulänglichkeit des Spinozismus.**) Er wusste voraus, dass keine künftige Form des Spinozismus haltbar sein werde und würde auch die neue Form desselben, wie sie in H. v. Hartmann hervorgetreten ist, für unhaltbar erklärt haben. Der berühmteste Forscher der Neuzeit, welcher am meisten beitrug, dem Spinozismus in verschiedenen Formen in Deutschland Verbreitung zu verschaffen, drang in seinen Forschungen zu der Erkenntniss der Unzulänglichkeit alles Spinozismus vor, sofern man darunter den Monismus des blinden Absoluten versteht, und stiess daher auf zum Theil selbst

---

*) Mit Recht unterscheidet Erdmann (Ueber Schelling, namentlich seine negative Philosophie S. 60) drei Phasen der Entwicklung Schelling's: Atheismus, Pantheismus, Monotheismus (der nur Halbpantheismus ist).

**) Was daran unvollkommen ist, entsprang hauptsächlich seinem befangenen Rückblick auf seine frühere Philosophie, von welcher er unglücklicher Weise so viel wie möglich in die zweite hineinzuretten suchte. Desshalb hatte Baader vollkommen recht, geistreich-witzig zu sagen, die Neuschelling'sche Lehre sei: „une belle penitente, qui se souvenait encore avec trop de douceur de sa faute passée." Vergl. die gegenwärtige Aufgabe der Philosophie etc. von Barach, S. 69. Dagegen mögen die Jünger Schellings sich des Spruchs der Schrift erinnern, dass im Himmel über einen Bekehrten mehr Freude sei, als über 99 Gerechte.

geschaffene oder veranlasste Widerstände, die noch jetzt vielfach im Gang sind, obgleich dennoch ein guter Theil der nachhegel'schen Philosophen den Persönlichkeitspantheismus Schelling's bei allen besonderen Abweichungen theilt, also wohl tiefer von ihm beeinflusst ist als es äusserlich den Anschein hat. **Der grosse Schritt Schelling's wird sich folgenreicher erweisen, als immer noch ziemlich viele glauben mögen.** Und zum Theil sind diese Folgen schon hervorgetreten, da die nachhegel'sche und gegenwärtig in Deutschland vorherrschende Philosophie die persönlichkeitspantheistische dem Theismus am nächsten stehende genannt werden kann. Des grössten Rufes unter den lebenden deutschen Philosophen erfreuen sich, ausser J. H. Fichte, Lotze und Trendelenburg und beide huldigen, jeder in seiner Weise, dem Persönlichkeitspantheismus, wenn auch der erste entschiedener als der zweite. Der berühmteste vor ihnen zählt gleichfalls hierher — Weisse. J. H. Fichte, C. Ph. Fischer, Ulrici stehen Baader näher. Es kam dem Verf. der vorliegenden Abhandlung weniger darauf an, zu beweisen, dass Baader Einfluss auf den Umschwung Schelling's geübt hatte, was nicht widerlegt werden kann,*) als vielmehr darauf, dass **Baader in der Erkenntniss der Schwäche des Spinozismus und der Stärke der Idee der Persönlichkeit Gottes Schelling entschieden vorausgegangen und dass der Umschwung der deutschen Philosophie vom Spinozismus zum Personalismus Gottes von Baader ausgegangen ist.** Aber nicht blos desshalb schreibe ich Baader eine so hohe Bedeutung zu, sondern auch darum, weil er die Persönlichkeit Gottes tiefer gefasst hat als Schelling und die Consequenzen daraus folgerichtiger und tiefsinniger entwickelt hat als Jener. Denn nach Schelling ist Gott und Welt dennoch von einerlei Wesenheit, die Welt ist doch nur die Selbstverwirklichung und Selbstausgestaltung Gottes, wenn er auch diese geschichtlich zu fassen sucht, folglich einen Anfang der Weltwerdung statuirt und ein Ziel der Weltwerdung und Weltgeschichte kennt, die dereinstige Weltvollendung, nicht als

---

*) Nachdem man lange genug so blind war, Baader den Pantheismus Schelling's mitmachen zu lassen, will man jetzt, da diese Annahme widerlegt ist und sich der Einfluss Baader's auf den Umschwung Schelling's herausgestellt hat, diesen Einfluss nachtheilig, verderblich, unheilvoll gefunden haben. Allein ganz abgesehen davon, dass die Sache sich umgekehrt verhält, war Schelling viel zu selbständig, um nicht, auch wenn ein Baader nicht gewesen wäre, im Wesentlichen denselben Entwicklungsgang zu durchlaufen, den er faktisch unter jenem Einfluss durchlaufen hat. Auch ohne Baader stund ihm der Weg zu Böhme, Oetinger, Leibniz, Kant offen. Vergl. Erdmann l. c. S. 48.

Zurücksinken und Auflösung in Gott, sondern als Erhöhung in das Theilhaft- ja Theilsein der göttlichen Vollkommenheiten. Mit der Persönlichkeit Gottes stellte Schelling die Unsterblichkeitslehre wieder her*) und nicht minder die Lehre von der Möglichkeit der Vergeistigung und Verklärung der Natur.**) So gewannen die Angelpunkte seiner späteren Philosophie eine Grossartigkeit, welche aus dem Ideenkreise Baader's und seiner geistesverwandten Vorläufer stammte, wenn sie auch die Reinheit dieser Ideen nicht erreichten. Aber vor der Erhabenheit dieser Weltanschauung, wenn sie auch noch der Klärung und Reinigung bedarf, sinkt aller Spinozismus tief hinunter in wesenlosen Schein. Baader jedoch überschritt auch schon früher, wenn nicht von Anfang, die Umzäunungen des Persönlichkeitspantheismus oder des Halbpantheismus und Halbtheismus. Er zeigte, was trotz seiner Einfachheit und Evidenz Irregeleiteten zu fassen so schwer fällt, dass mit einem Worte Gott eben Gott ist, d. h. das absolute allvollkommene Geistwesen, welches in seiner Absolutheit und Vollkommenheit nur es selbst und nichts als es selbst ist, unvermischbar mit Allem, was es nicht selbst ist, also mit Allem, was aus ihm und durch es ist, da es ausserdem nichts geben kann, dass also die Weltentstehung nicht Zeugung, nicht Emanation, nicht Effulguration sein kann, sondern Schöpfung, Hervorbringung durch seine göttlichen Kräfte aus Nichts sein muss, wenn doch Gott und Welt Eines Wesens sein kann. Hieraus ergab sich ihm, dass Gott einer zeitlich-räumlichen Geschichte nicht unterworfen sein kann, wie Schelling sich selbst widersprechend annimmt, sondern dass er in gleicher Ewigkeit überweltlich die Welt schafft, begründet, leitet und vollendet, die Welt in seiner Macht behält, sie durchwohnt, oder ihr beiwohnt, oder ihr inwohnt, in allen Weisen der Beherrschung aber von ihr sich unterscheidet und unterschieden bleibt. Diese allein richtige Auffassung des Verhältnisses Gottes zur Welt liess dann auch die Festsetzung eines Anfangs und eines Endes oder Zieles der Weltentwicklung, eine Welt- und Menschheitsgeschichte zu, begründete die Möglichkeit und Wirklichkeit einer bedingten Selbstthätigkeit der natürlichen und einer Selbstbestimmung

---

*) Wie man in Schelling'schen Kreisen zur Zeit der Blüthe seiner früheren Philosophie über die Unsterblichkeit dachte, kann man aus einem Briefe von Steffens im I. Bande der Schrift: Aus dem Leben Schelling's ersehen. Steffens wie Schubert wurden durch den Einfluss Baader's von der zweiten Philosophie Schelling's losgerissen noch vor seinem eigenen Umschwung.

**) Schelling's s. Werke: Zweite Abtheilung, IV., 219—221 ff.

der geistigen Wesen, welche der Pantheismus gar nicht ableiten, der Halbpantheismus nur willkürlich annehmen, aber nicht beweisen kann. Aus diesen Nachweisungen ergibt sich aber eine ganze Welt der wichtigsten Folgerungen, welche man in den Werken Baader's antreffen kann, die aber hier nicht weiter zu verfolgen sind.*)

Die Aufmerksamkeit, welche man angefangen hat den Werken Baader's zuzuwenden, ist erfreulich, entspricht aber noch nicht entfernt der grossen Bedeutung dieses tiefsinnigsten Forschers der Neuzeit. Noch immer begegnet man weit überwiegend entweder ungerechtfertigter Ignorirung, oder Verkennung und Entstellung seiner Lehren in einer Unzahl von Schriften. Was soll man dazu sagen, wenn R. Zimmermann Baader in seiner Schriftstellerthätigkeit nie über den Aphorismus hinausgekommen sein lässt, wenn Weber ihn zu den Ultramontanen Münchens rechnet, wenn Gangauf ihn den thierischen Generationsprozess in Gott hineintragen lässt, wenn Werner und Michelis ihn des Halbpantheismus beschuldigen, wenn Stöckl ihn beschuldigt, den Deutsch-Katholicismus ins Leben gerufen zu haben, wenn Rosenkranz unter vielem Andern ihm auch Materialismus in der Abendmahlslehre zuschreibt, wenn Gottschall Gnosticismus**) bei ihm gefunden haben will u. s. w. u. s. w.!

Wenn v. Hartmann den Einfluss Baader's auf Schelling als unheilvoll bezeichnet***) so geht diess von der unerwiesenen und unerweislichen, vielmehr widerlegbaren und widerlegten Behauptung aus, dass das Absolute, Gott, vernunftgemäss unpersönlich gedacht werden müsse. †) Wäre diese Behauptung wahr, so könnte man allerdings den Einfluss Baader's auf Schelling unheilvoll nennen. Wenn aber die Unpersönlichkeit Gottes ein Widersinn ist (wie diess unter Anderen von Weisse, Lotze, J. H. Fichte, C. Ph. Fischer, Trendelenburg etc. und auch von mir, namentlich gegen Michelet ††), erwiesen worden ist), was sogar ein Heinrich Heine zuletzt ein-

---

*) Die Weltalter aus Baader's Werken, und die zweite Auflage der Societätsphilosophie Baader's enthalten vorläufig einen Umriss seiner theoretischen und praktischen Philosophie.

**) Baader steht vielmehr allem Gnosticismus, der Dualismus ist, entgegen, vgl. Geschichte des Teufels von Roskoff B. 220 ff. B. steht hier Origenes nahe.

***) Schelling's positive Philosophie als Einheit von Hegel und Schopenhauer. Von E. v. Hartmann. S. 36.

†) Die theilweisen Verworrenheiten Schelling's schreibt Hartmann mit vollem Unrecht dem Einfluss Baader's zu. Sie entsprangen vielmehr zumeist aus dem Einfluss der zweiten Philosophie Schelling's auf seine dritte.

††) Philosophische Schriften von Franz Hoffmann II., 53—68.

geräumt und den Pantheismus einen verschämten Atheismus (monistischen Naturalismus) genannt hat, so kehrt sich der Spiess um und sticht und durchbohrt den Stecher. Baader's Bedeutung sollte von dem Philosophen nicht davon abhängig gemacht werden, ob er sich bereits allgemeinere Geltung und durchgreifende Anerkennung erobert hat oder nicht, **sondern davon, ob seine Leistungen würdig sind, sie sich zu erobern.** Es ist nichts Besonderes, einen mit Recht anerkannten und wirksamen Forscher mit anzuerkennen, das Besondere geht erst da an, wo man einen der Anerkennung und Wirksamkeit würdigen Forscher trotz der Verkennung Vieler als solchen erkennt und aus der Unterdrückung hervorzieht. Wenn es erlaubt ist, Kleines mit Grossem zu vergleichen, so hätten die Apostel des Herrn ihren Ruhm dahin gehabt, wenn sie mit seiner Anerkennung hätten warten wollen, bis alle Welt ihn würde anerkannt haben. Es kam vielmehr darauf an, ihn zu erkennen und dem Erkannten gegen alle Welt Zeugniss zu geben.

Es ist ein Hauptirrthum zu meinen, Baader habe es nicht weiter gebracht als zu einer Reconstruktion der Lehre J. Böhme's. Er hat vielmehr ebenso die tiefsten Gedanken der Kirchenväter, der Scholastiker und der Theosophen des Mittelalters und nicht weniger der nach J. Böhme hervorgetretenen Theosophen bis zu Oetinger und St. Martin in seinem Sinne verarbeitet und nicht selten, ja meistens, diesen Gedanken mehr Licht gegeben, als er von ihnen empfangen hat. Die älteren wie die neueren Philosophen von Leibniz bis zu seiner Zeit hat er gekannt und kritisch, wenn auch in zerstreuten Aeusserungen, berücksichtigt. Seine Beleuchtungen sind für den Kenner in hohem Grade werthvoll und in das Herz der Systeme eindringend. Er zeigt eine immense Empfänglichkeit und Anregsamkeit, aber seine Selbstthätigkeit ist noch grösser und er gibt Allem, was er sich aneignet, das markirte Gepräge seiner Eigenthümlichkeit. Zu seinen staatsphilosophischen Lehren bot ihm J. Böhme fast so gut wie nichts dar und seine technischen und staatswirthschaftlichen Ideen bewegen sich ohnehin auf einem Böhme ganz unbekannten Felde. Man spricht hie und da von der Reconstruktion der J. Böhme'schen Lehre als von einer nicht ganz uninteressanten Episode, die man übrigens füglich bei Seite lassen könne. In der That scheint das Beiseitelassen ziemlich stark obgewaltet zu haben. Und doch sollte man diese Reconstruktion genau und sorgfältig studiren, um über ihren Werth urtheilen zu können, und unter Anderem sich auch darüber zu belehren, dass Böhme keine Schranke für Baader war, sondern dass er in erheblichen Punkten über ihn hinausging. Würde man sich auf dieses Studium einlassen, so würde man vielleicht erst begreifen lernen, warum Baader und selbst Schelling, Hegel und Schopenhauer in Böhme ein seltenes einzigartiges Phänomen erblickten und warum ich Baader den tiefsten und wahrheitgehaltvollsten Forscher der Neuzeit bei aller Anerkennung der grossen Vorzüge unserer anderen grossen Forscher in nicht wenigen Bezügen nennen zu dürfen geglaubt habe. Nach meiner Ueberzeugung ist nicht derjenige der genialste Forscher, welcher durch glänzendste Ausstrahlungen die Mitwelt mit sich fortreisst, oder in theilweise titanenhaften Constructionen aller Welt zum Trotz sich gefällt, **sondern derjenige, welcher den Dingen am tiefsten auf den Grund sieht und die wahrheitgehaltvollste Weltanschauung der Menschheit als Vermächtniss hinterlässt.** Wenn man diese Behauptung widerlegen kann, so bin ich bereit, Schelling als das grösste Genie der neueren Zeit anzuerkennen, ausserdem aber nicht. Es ist zu bedauern, dass Schelling in Folge der aus dem Kampf seiner dritten mit seiner zweiten Philosophie in seinem Geist entsprungenen Widersprüche sich (von C. Hermann) das zwar nicht begründete, aber wenigstens nach gewissen Partien derselben, begreifliche Urtheil zugezogen hat, seine spätere Philosophie sei mit einem Worte eine Verirrung des menschlichen Geistes. Niemals würde Schelling in die Widersprüche gefallen sein, welche zu solchem Urtheil den Anlass gaben, wenn er den Wegen (nicht der Diffusion) Baader's vollständiger gefolgt wäre. Hätte er aber diese Wege gar nicht betreten, so wäre seine Philosophie weiter nichts als eine geniale Variation des unhaltbaren Spinozismus geblieben und dieser, unter dem Einfluss Fichte's idealistisch gefärbte Pantheismus (als versteckter Naturalismus) würde dem Sinken der naturforschenden Halbdenker zum Materialismus noch grösseren Vorschub geleistet haben, als er ohnehin gethan hat.

Wenn ein Forscher, welcher, wie Baader, erklärt, keine neue Lehre zu bringen, sondern der Sache nach dieselbe, welche in der Natur und der Schrift enthalten sei, und dennoch bei der Neigung der zahlreichen Wortführer des Zeitgeistes für alles Negative oder Extreme, aus dem Kreise der ersten und genialsten Geister deutscher Nation nicht verdrängt werden kann, dann darf man sicher sein, dass der Wirksamkeit der philosophischen Leistungen desselben eine grosse Zukunft bevorsteht. Die weitaus grösste Zahl der gebildeten Christen aller Nationen, die es wirklich sind, steht in allen Hauptsachen mit Baader gegen Deismus, Pantheismus, Naturalismus und Materialismus auf dem Boden gleicher Ueberzeugungen und die Zahl der erklärten Anhänger ist nur gering wegen Unbekanntschaft mit seinen Leistungen.

2.
Die irdische und die himmlische Leiblichkeit.

Zum Erstenmale, so viel wir wissen, wird durch Hamberger der Begriff der himmlischen Leiblichkeit zum Gegenstand einer besonderen Schrift gemacht. Da fragt es sich denn vor Allem, ob der Gedanke von einer himmlischen Leiblichkeit, wie nicht blos die Materialisten glauben, ein Phantom ist, oder ob derselbe das Bürgerrecht im Reiche des Glaubens und der Wissenschaft in Anspruch nehmen darf. Wer die heilige Schrift alten und neuen Testamentes kennt, wer mit den Dogmen der christlichen Confessionen vertraut ist, der weiss, dass die verklärte oder vergeistigte (nach des Verf. Ausdruck die himmlische) Leiblichkeit der Auferstandenen und Seligen ein wesentlicher Glaubensartikel der positiv-christlichen Lehre ist. Der Verf. versäumt nicht, die vorahnenden oder vorbereitenden Andeutungen des alten und die bestimmten klaren Aussprüche des neuen Testamentes über diese Lehre vorzutragen, dagegen lässt er die Ausprägungen dieser Lehre in den Dogmen der christlichen Confessionen vermissen, während doch wenigstens die bezügliche Lehre in der katholischen, lutherischen und calvinistischen Fassung hätte zur Sprache kommen sollen.

Es erwächst nun die Frage, ob die so unleugbar dem christlichen Offenbarungsglauben wesentliche Lehre vor dem Forum der Vernunft und der Philosophie Stand zu halten vermag, also ob sie wenigstens als eine vernunftmässig mögliche, ob zwar übervernünftige Lehre anzuerkennen ist oder nicht, oder ob sogar ihre Nothwendigkeit vernunftmässig und philosophisch erwiesen werden kann oder nicht.

Die Philosophie muss unter allen Umständen diese Lehre in Untersuchung ziehen. Sie muss in der Religionsphilosophie die christliche Lehre wie jede andere Religionsform zum wissenschaftlichen Verständniss zu bringen suchen und würde diess nicht vermögen, ohne über jene Lehre ihr Urtheil, welches es auch sei, abzugeben. Die Nothwendigkeit, die fragliche Lehre auch vor das Forum der Philosophie zu ziehen, verkannte der Verfasser keinen Augenblick. Er untersucht die Frage nicht blos als Theologe, sondern auch als Philosoph. Seine Schrift zerfällt in drei Hauptabtheilungen: I. Andeutungen zur Geschichte und Kritik des Begriffes der himmlischen Leiblichkeit. II. Philosophische Beleuchtung des Begriffes der himmlischen Leiblichkeit. III. Die Hauptmomente der Theologie im Lichte des Begriffes der himmlischen Leiblichkeit.

Eine eigentliche Geschichte des behandelten Begriffes lag nicht in der Absicht des Verfassers, weil eine solche bei dem colossalen Umfang der einschlägigen Literatur jahrelange Studien erfordert haben würde, Vorarbeiten aber überall mangeln.

Die I. Hauptabtheilung (die historische) zerfällt in drei Abschnitte: 1. Die Ahnung der himmlischen Leiblichkeit bei den heidnischen Völkern und bei den Kindern Israels, 2. Der Gedanke der himmlischen Leiblichkeit im Lichte des Christenthums und die Ausprägung des Begriffs derselben bei den Kirchenvätern und bei den Scholastikern, 3. Der Begriff der himmlischen Leiblichkeit im Reformationszeitalter, 4. Der Verlust des Begriffs der himmlischen Leiblichkeit und die Wiederherstellung eben dieses Begriffs, 5. Der Begriff der himmlischen Leiblichkeit bei den Philosophen und Theologen der Jetztzeit.

Die Andeutungen der Ahnungen bei den heidnischen Völkern sind zwar dankenswerth, aber wichtiger sind die bei dem Volke der Hebräer. Wenn man die Schriften des alten Testaments von der Kenntniss jener des neuen aus und den Pentateuch also auch von der Kenntniss der übrigen Bücher des alten Testaments aus, ansieht und auslegt, so wird man den Auffassungen des Verfassers bezüglich der Mosaischen Schöpfungsurkunde und der späteren alttestamentlichen bezüglichen Aussprüche im Wesentlichen nicht widersprechen können. Wenn aber auch schon der Hebräer des Alterthums einen tiefen und erhebenden Sinn in dem mosaischen Schöpfungsberichte finden und einen noch tieferen darin ahnen konnte, so darf doch behauptet werden, dass der tiefere Sinn heller und heller erst allmählig mit der fortschreitenden Offenbarung und ganz hell und offenbar erst mit dem Abschluss der Offenbarung im Neuen Testamente zu werden vermochte.

„Die Anfänge der Offenbarung", sagt H. W. Rinck, „sind die unentwickelten Keimansätze, die das, was in einer späteren Offenbarungsökonomie entwickelt dasteht, unentfaltet und daher ohne deutliche Abgränzung in sich beschliessen. Im Neuen Testamente erreicht die ganze Offenbarung Gottes an die Sündenwelt ihre Erfüllung, ihre Grösse und Ausgestaltung nach allen Seiten hin. Es gilt daher in Beziehung auf die Schriftbetrachtung die allgemeine Regel: da die Offenbarung Gottes eine Geschichte hat, so ist in allen Fällen das Alte Testament mit der Leuchte des Neuen zu betrachten".*)

---

*) Vom Zustande nach dem Tode. Biblische Untersuchungen von H. W. Rinck. Zweite Auflage. S. 100 vergl. S. 98.

Mit dieser Leuchte in der Hand kann man nun allerdings mit dem Verfasser, Rinck, Delitzsch, Keerl etc., einen tieferen Sinn in der Mosaischen Erzählung vom Paradies (vom Garten in Eden oder Wonneland) angelegt finden. Rinck äussert sich darüber in folgender Weise: „In „Eden" concentrirten sich alle Licht- und Lebenskräfte der Erde, da erschien die Herrlichkeit der irdischen Schöpfung in ihrer höchsten Steigerung. Der „Garten", das eigentliche Paradies, war nicht von der Erde, war nicht durch das Schöpferwort Gottes aus der Erde hervorgegangen, sondern es heisst, wie Keerl mit Recht betont: „Gott der Herr pflanzte einen Garten in Eden" (Mos. 2, 8). Dem Mittelpunkt Edens wurden von Gott unmittelbar himmlische Lebens- und Verklärungskräfte für die ganze Erde eingesenkt, die wieder im Baume des Lebens mitten im Garten in besonderer Weise sich concentrirten, so dass es für den Bebauer und Bewahrer des Gartens möglich war, die ganze Erde ihrem herrlichen Ziele der himmlischen Verklärung zuzuführen. Der Garten oder das Paradies (im engeren Sinne) war also das, was unmittelbar mit Gott und der himmlischen Welt in Verbindung stand, die eigentliche Offenbarungsstätte Gottes, wodurch die himmlischen Lichtausflüsse der ganzen Erde zugeführt werden sollten. Er stand zu Eden und der übrigen Erde in demselben Verhältniss, wie beim Menschen der von Gott eingehauchte und vom Lebensgeist Gottes gesalbte Geist zu Seele und Leib".*)

Rinck nähert sich also der Auffassungsweise Hamberger's sehr an, wenn er nicht ganz in dieselbe übergeht. Bei Hiob findet Hamberger den Unsterblichkeits- und Auferstehungsglauben bestimmt ausgesprochen. Rinck sagt hierüber: „Gerade dem am Meisten unter seiner Leibeshülle Darniederliegenden wird dieses letzte und grösste Goelswerk (Erlösungswerk) nach Joh. 5, 20 so hell und klar, wie keinem andern Heiligen des alten Bundes geoffenbart."*) Dass in der Hinwegnahme Henochs und der Erhebung des Elias über das Irdische in der heiligen Schrift A. T. die Erhöhung des Materiellen zum Uebermateriellen angedeutet werde, und dass diese Vorgänge bei den Hebräern Ahnungen oder unbestimmte Vorstellungen einer Umwandelung der materiellen Leiblichkeit in die übermaterielle hervorrufen oder nähren mussten, darf dem Verfasser nicht bestritten werden.

Im neuen Testamente gelten dem Verfasser mit Recht die Auferstehung Christi, die Christophanien und die Himmelfahrt

---

*) l. c. S. 154.
**) l. c. S. 191, vergl. über die abweichenden Uebersetzungen der Hauptstelle bei Hiob (19, 25—27). S. 190.

Christi als die vollendenden Beweise der Erhebung und Verwandlung der materiellen Leiblichkeit in die übermaterielle und zugleich als diejenigen Thatsachen, welche das volle Verständniss der Offenbarung den Jüngern des Erlösers erschlossen. Sie erblickten darin „die Grundlage der Wiederherstellung der ganzen Menschheit und deren Aufnahme in die himmlische Herrlichkeit, ja sogar als Grundlage der Läuterung und Vollendung des Universums überhaupt und der Zurückführung desselben zu seinem ewigen Ursprung".

Grossartig und tiefsinnig entwickelt der heil. Paulus diese Offenbarungslehre. Wir berühren nur flüchtig, wie unter den Kirchenvätern nach dem Verf. Tertullian diese Lehre am tiefsten erfasst hat, später der grosse J. Scotus Erigena, im Reformationszeitalter Paracelsus und J. Böhme, welchem unter den Theosophen aller Jahrhunderte wohl die erste Stelle einzuräumen sein wird.

Nach der durch Cartesius eingeleiteten und durch den Rationalismus fortgesetzten Verdunkelung jener Lehre waren es vorzüglich J. A. Bengel, Oetinger, Crusius, Ph. M. Hahn, St. Martin*) und Baader, welchen die Wiedererweckung und Neubelebung derselben zu danken ist. Für die philosophische Begründung dieser Lehre hat am Meisten unter den Genannten Baader geleistet. Das will wohl auch der Verf. damit ausdrücken, wenn er sagt: „Am allerwirksamsten aber, so jedoch, dass es zugleich am allerwenigsten in's Auge fiel, waren für die Einführung des Begriffes der höheren Leiblichkeit in die Wissenschaft die Bemühungen Franz Baader's".

Diese Aeusserung kann wohl kaum anders verstanden werden, als so, dass der Verf. damit sagen will, es habe nicht an der Wirksamkeit gefehlt, wohl aber nicht selten an der öffentlichen Anerkennung der von Baader empfangenen Anregung.**) Auch unter den

---

*) Baader's Werke XII. Band, welcher ganz den Werken St. Martin's gewidmet ist. Der „unbekannte Philosoph" geht in seinen Forschungen tiefer, als selbst der spätere Schelling, und dennoch sehen wir kaum eine deutsche Geschichte der Philosophie diesen genialen, freisinnigen und edlen Theosophen, zugleich den besten Darsteller und Stilisten unter allen Theosophen, eingehend berücksichtigen.

**) In der That könnten wir an Hunderten von Schriften nachweisen, dass in ihnen Baader's Ideen von Einfluss gewesen sind, ohne dass des Mannes auch nur gedacht wäre. Andere, wie z. B. Nippold in seiner neuern Kirchengeschichte, sind so unwissend, rein gar nichts von dem bedeutendsten Forscher den neuern deutschen Katholiken zu kennen. Noch Andere nennen ihn zwar, sprechen aber meist von ihm wie die Blinden von der Farbe. Von den verbreiteten factischen Irrungen und Enstellungen bezüglich seiner Lehren liesse sich eine erbauliche Blumenlese an das Licht stellen. Um so verdienstlicher muss es genannt werden, wenn Alexander Jung in schwungvoller begeisterter

Philosophen und Theologen der Jetztzeit hat nach des Verfassers Nachweisungen der Begriff der himmlischen Leiblichkeit mehr und mehr wieder Boden gewonnen und an die Genannten hätte er noch eine Reihe, namentlich Theologen, anschliessen können. Unter den Philosophen ist hier vor Allem auf C. Ph. Fischer hinzuweisen, der im 3. Theile seiner geistvollen Grundzüge des Systems der Philosophie den Begriff der himmlischen Leiblichkeit tiefsinnig entwickelt und überhaupt die Lehre von den letzten Dingen in so hervorragender Weise dargestellt hat, dass sie der allseitigen Beachtung würdig erscheint.

Wichtiger noch als diese Nachweisungen muss uns die in der zweiten Abtheilung der vorliegenden Schrift ausgeführte philosophische Beleuchtung des Begriffs der himmlischen Leiblichkeit sein. Der Verf. zerlegt die Untersuchungen dieser zweiten Hauptabtheilung in 4 Abschnitte: 1. Die Irrationalität in den Gebilden der irdischen Welt; 2. Die Eigenthümlichkeit der himmlischen Leiblichkeit und ihr Unterschied von den irdischen Gebilden; 3. Die vermeintliche Irrationalität des Begriffs der himmlischen Leiblichkeit und 4. Die Realität des Begriffs der himmlischen Leiblichkeit.

Der Verfasser will hier offenbar nur Hauptandeutungen seiner philosophischen Auffassung der behandelten Frage geben, sonst würde er wohl eine andere Methode befolgt haben. Seine Ideen würden wenigstens bei den Philosophen grössere Beachtung und Wirksamkeit sich haben erringen können, wenn er die Untersuchung mit einer Phänomenologie der Gebilde der irdischen Welt, deren Erstreckung eben auch zu bestimmen gewesen wäre, begonnen hätte, ohne dabei irgend eine Theorie oder eine Neigung für die eine oder die andere Erklärung miteinzumischen. Eine allseitige Behandlung würde dann verlangt haben, dass der materialistische, der naturalistische, der pantheistische, der deistische und der spiritualistisch-theistische Erklärungsversuch geprüft, kritisirt und widerlegt worden wäre. Allerdings bringt der Verf. später diese Prüfung (in allzu gedrängter Ausführung) nach, aber sie hätte unseres Erachtens hieher gestellt werden sollen.

Der Verf. beginnt seine philosophische Untersuchung mit dem Vortrag des Ergebnisses seiner Forschung, anstatt diess aus der Untersuchung hervorgehen zu lassen.

Sprache und in ergreifenden Zügen die Eigenart und die hervorragenden Leistungen Baader's den gelehrten und gebildeten Kreisen näher zu bringen versucht hat. Siehe die Schrift: „Ueber Fr. v. Baader's Dogmatik als Reform der Societätswissenschaft und der gesellschaftlichen Zustände. Von Alexander Jung. Erlangen. Besold, 1868.

„Im tiefsten Grunde unserer Seele", beginnt der Verfasser, „regt sich die Ahnung des lautersten, vollkommensten Lebens und der Wunsch, das Sehnen, dass dasselbe allenthalben zur Herrschaft gelange. Die ebenhierin uns vorschwebende Idee trägt unstreitig den Charakter der reinsten Rationalität an sich und so müssen wir denn alles, wodurch jene Herrschaft des vollkommenen Lebens gefördert wird, für rational, dasjenige aber für irrational erklären, wodurch eben dieselbe gehemmt und eingeschränkt wird. Solche Hemmungen aber begegnen uns in der irdischen Welt allenthalben, in den zahllosen Gebilden, von denen wir uns rings umgeben finden, wie auch bei uns in uns selber und so macht sich denn hienieden überall Irrationalität, nur nicht in jener unbedingten Weise geltend, wie dicss von der infernalen Welt zu behaupten sein würde. Während nämlich in dieser nur die Macht des Todes gebietet, in ihr nichts als innerer Widerspruch, also nur Irrationalität obwaltet; so findet in jener doch noch das Leben Raum, nur freilich nicht in seiner vollen freien Entfaltung."

So mag der christliche Theologe allenfalls sprechen, werden die Philosophen sagen, wenigstens kann man es ihm nicht verwehren. Aber der Philosoph darf sich diess nicht erlauben, wenn er nicht eines überwundenen Dogmatismus beschuldigt werden will. Der Philosoph, werden sie fortfahren, darf sich nicht erlauben, ohne alle nähere Untersuchung eine Ahnung, einen Herzenswunsch, ein Sehnen zur objectiv und absolut giltigen Idee zu stempeln, und an diesem in die Vorstellung übertragenen Herzenswunsch zu bemessen, was als rational und was als irrational erkannt werden soll. Der Verf. macht eine subjective Empfindung, ein Gefühl zur Ahnung, die Ahnung zum Wunsch, den Wunsch zum Sehnen und alles diess Subjective zur objectiven Idee, während eine giltige Idee nur von Verstand und Vernunft begründet werden kann. Selbst wenn erwiesen werden könnte, was wir nicht im Entferntesten leugnen, dass dem Gefühl oder doch gewissen Gefühlen im Philosophiren Einfluss zu gestatten und Werth beizulegen sei, könnte doch nicht durch die blosse Thatsache des Gefühls, sondern nur durch das wissenschaftliche Denken darüber entschieden werden. Der Verf. oktroyrt uns ohne Weiteres implicite den Theismus, die indeterministische Freiheitstheorie, die Möglichkeit verbessernder und verschlechternder Einwirkungen des Geistes und Willens nicht blos auf den eigenen Leib, sondern auch auf die gesammte irdische Natur und Naturordnung und zwar in kolossalem Massstab, die Möglichkeit der Wunder wie die einer totalen Verkehrung und Verderbniss des Willens geistiger Geschöpfe und die Wirklichkeit einer infernalen oder höllischen Welt, somit auch die Existenz nicht menschlicher, rein geistiger Wesen und die Annahme von Weltregionen über- und unter-materieller Art. Wo immer er in der Welt Hemmungen erblickt, da erklärt er sie ohne Weiteres für irrational, ohne vorher zu untersuchen, ob nicht alle oder doch ein Theil der Hemmungen, wobei er die physischen und die psychischen unterschiedslos zusammenwirft, von den allgemeinen Weltbedingungen absolut oder auf Zeit untrennbar sind. Kurz er oktroyrt uns in 4 Sätzen seine ganze Weltanschauung implicite und verstösst hiemit gegen alle Forderungen einer echtphilosophischen Methode.

Sehen wir auch davon ab und betrachten wir die von ihm aufgestellten vier Sätze als ein Programm, welchem die Beweise folgen sollen, so wollen wir nun zusehen, ob sie wirklich folgen. Zuvörderst gibt der Verf. nun zu, dass die Unvollkommenheiten, an welchen die irdische Welt leide, dem Endziel, welchem wir nach ihm entgegengeführt werden sollen, durchaus gemäss sei. Man müsse relative Vollkommenheit und absolute Vollkommenheit unterscheiden und die erste der irdischen Welt zuschreiben, die letztere ihr absprechen. Relative Vollkommenheit sei aber immerhin eine Art Unvollkommenheit, vor der man die Augen nicht verschliessen dürfe. Die irdische Welt müsse zwar mit Unvollkommenheit behaftet sein, aber gerade diese als relative diene Gott als Mittel, die Welt der absoluten Vollkommenheit entgegenzuführen. Halten wir hier einen Augenblick an, so zeigt sich, dass der Verf. ohne Beweis voraussetzt, die irdische (die materielle) Welt sei nur eine Region des Weltalls, wonach denn die übrigen Weltregionen wohl übermateriell wären; ebenso nimmt er ohne Beweis ein Endziel an und hiemit offenbar eine dereinstige Welt ohne alle relative Unvollkommenheit. Die Behauptung, dass die relativen Unvollkommenheiten der irdischen Welt dem angenommenen Endziel durchaus gemäss seien, wird gleichfalls ohne Beweis hingestellt und nicht im Mindesten untersucht, in welchem Sinne sie demselben gemäss, ja nothwendig sein sollen und ob diese Nothwendigkeit im Wesen der Dinge oder im Wesen Gottes als Schöpfers, oder in den allgemeinen oder besonderen Weltbedingungen, oder ganz oder theilweise in der aus ihrer Möglichkeit wie immer in die Wirklichkeit getretenen widerstreitenden Correlationen der geschaffenen Wesen ihren bleibenden oder vorübergehenden Grund habe. Die Schilderung dessen, was der Verf. die relativen Unvollkommenheiten und Irrationalitäten der irdischen Welt nennt, kann man noch viel umfassender und ergreifender in den Schriften der alten Buddhisten*) und der neueren Philo-

---

*) Die Religion des Buddha und ihre Entstehung von C. Fr. Köppen. S. 288 ff.

sophen Schopenhauer und E. v. Hartmann*) ausgeführt finden. Man darf wohl sagen, wenn ein wohlgebildeter und wohldenkender Mann das ganze Elend der Menschheit mit einem Blick vor Augen haben könnte, so würde er vor innerer Erschütterung zusammenbrechen. Wer könnte wohl die Schilderung des Verfassers von den Unvollkommenheiten der irdischen Welt nicht erweitern? Welche Beiträge könnte nicht der Arzt, der Geistliche, der Naturforscher, der Geschichtsforscher an die Hand geben! Auch vom Astronomen können wir erfahren, dass die bestimmtesten Anhaltspunkte für die Annahme von Revolutionen in der Fixsternwelt sich ergeben haben, Fixsternbrände, Neubildung und Untergang von Weltsystemen. Diess ist auch dem Verf. nicht unbekannt geblieben, daher er weit darüber hinaus ist, die materielle Welt auf unser Planetensystem beschränken zu wollen.**) Doch davon abgesehen, ist nun die Frage, wie der Verf. die Unvollkommenheiten der irdischen Welt zu erklären versucht. Dieser Erklärungsversuch ist nicht philosophisch, sondern theologisch, wenigstens sind philosophische und theologische Gründe, wie es richtiger Methode gemäss nicht sein sollte, unter einander gemischt. Lassen wir die Frage auf sich beruhen, ob die relative Unvollkommenheit der materiellen Welt, gleichviel, wie weit sie sich erstrecke, ganz und gar mit Irrationalität zusammenfällt, und räumen wir die relative Unvollkommenheit der materiellen Welt als Thatsache ein, so fragt es sich doch, ob er uns auch seine Behauptung beweisen kann, dass die Hoffnung Einiger, die irdische Welt könne und werde zur Vollkommenheit fortgebildet werden, ohne ihr irdisches Wesen zu verlieren, eitel***) und dass diese Vollkommenheit nur erreichbar sei durch eine sie völlig vergeistigende Umwandlung in eine übermaterielle Naturform. Um diess zu beweisen, beruft er sich darauf, dass die irdische Wesenheit, die Materie, welche besondere Gestalt sie auch annehmen möge, schon an und

---

*) Philosophie des Unbewussten von E. v. Hartmann, Berlin 1869. Vergl. desselben Verfassers Abhandlung: Ueber die nothwendige Umbildung der Schopenhauer'schen Philosophie aus ihrem Grundprincip heraus in Dr. Bergmann's philosophischen Monatsheften II 6, Märzheft 1869. S. 457—469.

**) Die Theologie aus der Idee des Lebens, abgeleitet von Oetinger. Uebersetzt und erläutert von J. Hamberger, S. 382. Nur geräth diese Ansicht in die andere Schwierigkeit, das Böse oder doch Wirkungen des Bösen nicht blos in den mindestens 18 Millionen Fixsternen, sondern auch in den jedenfalls mehr als viertausend übrigen Weltinseln und entferntesten Nebelflecken voraussetzen zu müssen. (Vergl. Schöpfungsgeschichte von Pfaff, S. 270.)

***) Diess behauptet wenigstens die Religionsphilosophie der Juden. Vergl. die Religionsphilosophie der Juden, von R. Samuel Hirsch. S. 882 ff.

für sich selbst irrationaler Art sei und da, wo sie sich geltend mache, von einer vollen Herrschaft des Lebens im Gebiete der Natur wie im Reiche des Geistes unmöglich die Rede sein könne. Denn die Materie bewirke überall Trennung, Trennung von Gott, von den Mitmenschen, von uns selbst, ihrer Theile untereinander, sie sei der Zeitlichkeit und Räumlichkeit preisgegeben, in ihren Theilen gegenseitig für einander undurchdringlich, starr, und starre Gebilde hervorbringend, der Schwere und dem Druck unter einander unterworfen, sich beengend und bedrängend, unter einander zerfallend, einander an sich reissend und die Verbindung wieder lösend, zerstörend etc. Allein so wahr diese Schilderung der Materie sein mag, so ist sie doch eigentlich nur eine Beschreibung derselben, nicht aber eine Bestimmung ihres Wesens und eine Erklärung ihres Ursprungs. Es wird dabei offenbar ein Unterschied von Natur und Materie vorausgesetzt, der uns wenigstens hier nicht erklärt wird und wobei übersehen ist, dass wir nur dann etwa verstehen könnten, was dem Verf. die Materie ist, wenn er uns zuvor erklärt hätte, was ihm die Natur ist und wie die Natur in die Materie übergehen oder sich in sie verwandeln konnte, da ihm die Materie jedenfalls nicht ursprünglich sein kann. Diese Untersuchung würde unter Anderem erfordert haben, dass erforscht worden wäre, ob die Natur, das Naturall monistisch-dynamisch oder monadologisch-dynamisch (dann jedenfalls nicht atomistisch*) aber jedenfalls dynamisch) zu erklären sei und wie im einen oder im anderen Falle die Materialisirung der Natur möglich und erklärlich erscheint.

Anstatt auf diese Untersuchung einzutreten, verfällt hier der Verf. aus der Rolle des Philosophen in die des Theologen, wenn er, zunächst nur die Undurchdringlichkeit der Materie für die Materie, der Materientheilchen unter einander in das Auge fassend, sagt: „Der Grund der Undurchdringlichkeit jener Materientheilchen liegt offenbar in einer dem Leben entgegenstehenden Macht, in einer Macht des Todes, die in der Natur den Zugang gefunden, und eben hieraus ist denn auch wieder die Starrheit der aus den Materientheilchen sich ergebenden Gebilde abzuleiten, hieraus auch die Schwere, die sich in ihnen geltend macht, der Druck, den sie auf einander ausüben."

Aber der Verf. wagt es, wenigstens hier, nicht, diese Lehre aus philosophischen Gründen für beweisbar zu erachten. Denn er sagt in einer Anmerkung: „Diese Macht des Todes in der Natur

---

*) Leibniz unterschied die Monadologie von der Atomistik, nahm die erstere an und verwarf die letztere. Herbart folgte ihm hierin, wenn auch in anderer Fassung.

und die aus ihr sich ergebende Starrheit und Undurchdringlichkeit der Materie ist an sich selbst wohl als ein grosses Räthsel anzusehen, das nur in der Lehre der Bibel seine Auflösung findet." Wenn es aber nur in der Bibel seine Auflösung findet, so findet es sie nicht auch in der Philosophie und die Philosophie wäre also dieser Lehre gegenüber machtlos. Sie wäre dann eine unbegreifliche Glaubenslehre der Offenbarung, vorausgesetzt, dass sie sich aus exegetischen Gründen zweifellos aus der heil. Schrift ergäbe, was bekanntlich von vielen Theologen bestritten wird, auch von solchen, welche die Lehre vom Engel- oder Geistersturz als in der heil. Schrift begründet oder wenigstens enthalten, einräumen. Gleichwohl vindizirt er doch wieder diese Lehre der Philosophie, wenn er die Atomistiker tadelt, dass sie das bemerkte Räthsel als solches gänzlich verkennen und sich darum freilich auch nicht um dessen Auflösung kümmern. Denn eine theologische Auflösung des Räthsels kann er hier nicht wohl im Sinne haben, wenigstens nicht allein, sondern eine naturwissenschaftliche und in letzter Instanz philosophische.

Wenn er aber die Atomistik bestreitet und doch selber nicht blos den Materiengebilden, sondern auch den Materientheilchen Undurchdringlichkeit zuschreibt, so widerspricht er sich nur dann nicht, wenn er, wie man vermuthen muss, nur solche Materientheilchen anerkennt, die selbst schon zusammengesetzte Gebilde der Naturkräfte, seien die letzteren nun monistisch oder monadologisch gedacht, sind. Denn primitive Materientheilchen, die selbst materiell wären, könnten nichts Anderes als Atome sein, die er doch so entschieden (und mit Recht) verwirft. Der Verfasser erklärt nun für unmöglich annehmbar, dass die durchgreifende Irrationalität der irdischen Welt ihren Grund in Gott selbst oder in der Natur der Dinge haben könne, die doch wieder auf Gott zurückgehen würde. Er will darum jene Irrationalität nur aus dem Willen intelligenter Geschöpfe, nur aus dem verkehrten Verhältniss, in welches diese zur Quelle alles Lichtes und Lebens sich selbst gesetzt hätten, erklärbar finden, weil die Irrationalität, die ihre Wurzel in der Sünde, als der Irrationalität schlechthin finde, nicht auf das Gebiet des geistigen Lebens beschränkt bleibe, vielmehr ihre Folgen sich auch auf das leibliche Dasein erstreckten. Er spricht (ohne Beweis, dass er solche geben könne) von Intelligenzen, welche nicht selbst einen Leib an sich trügen und nur vermöge der ihnen verliehenen geistigen Macht einen segnenden Einfluss auf die ihnen zur Beherrschung angewiesenen Schöpfungsgebiete auszuüben bestimmt gewesen seien, im Falle ihrer inneren Verkehrung aber in diesen

Gebieten nur übelthätige Wirkungen hervorrufen, Tod und Zerstörung bringende Kräfte in ihnen erwecken müssten, indess das Gleiche von jenen andern Intelligenzen, die mit einem Leibe bekleidet seien, gelten müsse. Die Willensfreiheit der geistigen Wesen vorausgesetzt, müsste sie doch von Gott verliehen sein, und es verstände sich jedenfalls von selbst, dass, wenn sie nicht von Gott verliehen wäre, weder von einem Gebrauch noch von einem Missbrauch derselben die Rede sein könnte und ebenso auch nicht von aus jenem Missbrauch entspringenden Unvollkommenheiten, oder, um mit dem Verf. zu sprechen, Irrationalitäten. In Betreff der Möglichkeit der veredelnden und verderbenden Einwirkungen des Willens geistiger Wesen auf ihre Leiblichkeit oder auch auf ihnen zugewiesene Naturregionen könnte sich nun der Verf. auf die zahlreichen Thatsachen berufen, welche die Psychologie und die Physiologie an die Hand giebt, und nach welchen es zweifellos feststeht, dass der Geist des Menschen auf seinen Leib wohlthätige, fördernde, veredelnde wie nachtheilige, hemmende, verderbende Einflüsse zu üben vermag und übt. Auch auf die Gebilde der ihn zunächst umgebenden Natur vermag er sie innerhalb gewisser Grenzen zu üben und übt er sie theils auf mechanische, theils auf tiefergreifende Weise, indem er chemische Prozesse im Kleinen und Grossen hervorrufen und lösen, pflanzliche Bildungen fördern oder hemmen und mannigfaltig umgestalten kann, nicht weniger Thiere physiologisch und psychisch zu beeinflussen und selbst veredelnd oder verschlechternd verändern kann, endlich durch Einwirkung auf Bodenbeschaffenheit und Figuration, auf alle Arten von Mineralien und durch weit ausgedehnte Pflanzen- und Thierzucht wenigstens einen grossen Theil der Erdoberfläche des festen Landes verändern, verbessern oder verschlechtern kann. Selbst das Weltmeer ist von seinen verändernden Einwirkungen nicht ganz ausgeschlossen. Diese Einwirkungen verändernder Art sind überall mit der sich steigernden Cultur im Wachsen begriffen und sinken mit der sinkenden. Ihre Grenzen lassen sich nicht ermessen und können im Guten und Schlimmen noch ungeheure Dimensionen annehmen. Dass sie damit die Naturgesetze an sich veränderten, kann nicht behauptet werden. Von da aber bis zu der Behauptung, der Urmensch oder der erste Mensch habe eine die jetzige Menschheit unsagbar weit überragende Macht der Einwirkung auf wenigstens die gesammte Erde nach Innen und Aussen gehabt, und sie aus der materiellen Naturdaseinsweise in die übermaterielle zu erheben und darin zu bestätigen, oder andererseits in die materielle Seinsweise noch tiefer herabzusetzen und zu verderben vermocht, ist noch ein sehr weiter Schritt. Um diese

Ansicht für streng philosophisch bewiesen zu erachten, müssten doch noch ganz andere Gründe in das Feld gestellt werden. Wollte man sie aber auch annehmen, so wäre doch aus ihr der erste Ursprung der Materie nicht erklärt, da die Erde jedenfalls schon vor dem Auftritt des Menschen materiell war.*)

Wenn daher die Ansicht des Verfassers, dass die Materialität der Natur, wo sie auch im Universum anzutreffen sei, aus der verderbenden Einwirkung geistiger gefallener Wesen zu erklären sei, gerettet werden kann, so muss auf den Engel- oder Geisterfall zurückgegangen werden.**)

Die dritte Hauptabtheilung der vorliegenden Schrift behandelt die Hauptmomente der Theologie im Lichte des Begriffs der himmlischen Leiblichkeit. Sie umfasst fünfzehn Abschnitte, welche über das ganze Gebiet der theoretischen Theologie sich verbreiten. Es würde hier zu weit führen, jeden einzelnen Abschnitt zu besprechen. Man müsste fast ein ganzes Buch schreiben, wenn man die reiche Fülle der hier ausgebreiteten Gedankenschätze genügend erörtern wollte. Wir wollen daher nur einzelne Punkte berühren und vorwiegend solche, welche noch einige Schwierigkeiten darbieten.

Im VI. Abschnitt wird die Frage nach der Ausdehnung der Welt in Zeit und Raum tiefsinnig erörtert. Aber an einem Punkte stossen wir an und können diesen nicht für ganz genügend erledigt erachten. Der Verf. sagt (S. 224) „da lässt sich nun nicht bezweifeln, dass Gott, wenn er es sonst für gut hält, die ganze unermessliche Fülle der Wesen, die doch erst im Verlaufe der Zeit zum Vorschein kommen, auf einmal in's Dasein zu rufen vermochte .... Auch an einem geradezu hiefür sprechenden Schriftworte fehlt es nicht: „So er spricht, so geschiehts", lesen wir Psalm 33, 9. „So er gebeut, so stehts da." Nur allzu häufig aber entzieht man diesem Worte und zwar unter Bezug auf die Mosaische Schöpfungsgeschichte, welcher zufolge ja Gott die Welt nicht auf einmal, sondern erst nach und nach zur Vollendung gebracht habe, seine Kraft, und will es eben nur von den einzelnen Schöpfungsperioden gelten lassen ..... An sich selbst stehen der Weltgrund und der Wille der Allmacht keineswegs in einem Verhältniss der Coordination, welches erst stufenweise zu einem Verhältniss der Subordination des ersteren unter den letzteren sich umgestalte. Dieses Verhältniss der Subordination muss vielmehr von vornherein angenommen

---

*) Vergl. die Theologie des Leibniz von Dr. Pichler I, 339.
**) Innerhalb gewisser Grenzen gilt auch Leibniz das physische Uebel als Folge des moralischen. L. c. S. 341.

werden und so konnte denn Gott allerdings, kraft seines Schöpfungswortes, das Weltall wie mit einem Schlage in aller Fülle der Herrlichkeit aus dem Nichtsein in das Dasein eintreten lassen." Es ist aber in der Urschöpfung — durch Abfall eines Theils der Engel — eine Hemmung eingetreten und (S. 230) „hat Gott kraft seines allmächtigen Willens eine neue Welt hervorgehen lassen, und an deren Gestaltung auch noch die Schöpfung des Menschen, in welchem das Wesen der Engel- und der Naturwelt sich einigt und der insofern als die eigentliche Krone des Alls der Dinge betrachtet werden muss — angereiht." Wurde der Mensch, die Krone des Alls, erst später nach dem Falle der Engel (gleichviel ob unbedingt oder bedingt durch den Engelsturz zum Geschaffenwerden vorausbestimmt) geschaffen, so war die Urschöpfung nicht vollendet; war sie aber vollendet, so musste der Mensch schon mitgeschaffen sein und weshalb kann er und konnte er erst später zum Vorschein kommen?

In dem gehaltvollen VII. Abschnitt, „die Resultate der neueren Astronomie im Lichte" etc. zeigt sich (S. 237), dass der Verfasser die Materialisirung der Natur nicht auf unser Sonnensystem einschränkt, sie aber doch im All in gewissen Grenzen eingeschlossen denkt.

Wenn aber das gesammte Naturall nicht von Anfang materiell geworden, oder, wie immer, nicht in seiner Totalität (wenn auch etwa in verschiedenen Graden) materiell geworden ist, wie will dann der Verfasser den Wechselbezug der sämmtlichen Fixsterne, der Weltinseln und Nebelflecken in Gravitations- und Lichtwirkung etc. erklären und wie die Fähigkeit des menschlichen Auges — bewaffnet — die weit entfernten Fixsterne und Weltinseln, unter welchen sich nach seiner Voraussetzung übermaterielle Gestirn- und Naturregionen finden müssten, zu sehen? Uebermaterielle Naturregionen zu sehen müsste doch übermaterielle Sehorgane voraussetzen.*)

Entweder also muss das Naturall entweder schon materiell (im engeren Sinne) gewesen sein, oder, da dies aus wichtigen Gründen nicht angenommen werden kann, so muss es in seiner Totalität, wenn auch, wie schon hienieden in verschiedenen Graden, materiell geworden sein, wenn nicht die übermateriell gebliebenen Naturregionen in denselben Räumen oder inner ihnen mit den

---

*) Wenn der Verfasser gegen Kurtz (die Theologie aus der Idee des Lebens S. 382) diese Behauptung selber hervorkehrt, so bedurfte die obige Aufstellung, dass die Materialisirung der Natur im All in gewisse Grenzen eingeschlossen sei, doch wohl einer Rectification, um nicht zu Missverständnissen zu führen.

materiell gewordenen Regionen als unsichtbar angenommen werden sollen. Auch ist es nicht zu fassen, dass und wie die als reingeistige Wesen gedachten Engel Wohnsitze in den Sternen als besonderen Naturregionen haben könnten. Wenn auch die gefallenen Engel Wohnorte haben sollen, wie z. B. der Fürst dieser Welt mit seinen Schaaren die Erde und deren Umgebung, so weiss man nicht, wie diess sich mit ihrer reinen Geistigkeit vertragen soll, wie man ohnehin nicht begreift, auf welche Weise sie verderbend auf die Natur wirken und auf welche Weise die durch sie verdorbene, verfinsterte Natur bindend und quälend auf sie zurückwirken kann.

Wenn nach der bekannten Auslegung des zweiten Verses der Bibel die eingetretene Wüstheit, Leere und Finsterniss der Erde nach dem Verf. (S. 242) nur von freien Geschöpfen, die ursprünglich mit hoher Herrlichkeit bekleidet waren, ausgegangen sein kann, so müsste nach der Annahme der reinen Geistigkeit der Engel ihre vorherige hohe Herrlichkeit sie nicht wie eine mit ihrem geistigen Wesen verbundene Leiblichkeit und Naturregion, sondern wie ein angenommenes Kleid umgeben haben. Allein für reine Geister begreift man auch nicht die Annahme oder Umhüllung einer Bekleidung, wäre sie auch immateriell und ebensowenig die Verderbung dieser Bekleidung durch rein geistiges böses Wollen, dem die Wirkungsorgane fehlen würden. Wenn ein rein geistiges Wesen möglich ist, so kann es denken, wollen und sein Denken und Wollen fühlen; aber man begreift nicht, wie es nach Aussen wirken und von Aussen Wirkungen empfangen könnte. Wären aber auch rein geistige Wechselwirkungen der Geister möglich, so begriffe man doch nicht die Möglichkeit von Wechselwirkungen der reinen Geister mit dem Physischen, Sinnlichen, möchte es auch durchaus immateriell sein.

„Falsch hielt Origenes" — sagt Baader*) — „die menschlichen Seelen und die Engel „unius speciei." Aber auch Thomas Aquin hat wohl Unrecht, wegen der Einigung der leiblichen Natur mit der geistlichen (geistigen) im Menschen die Engel unter die blossen Geister zu setzen (für rein geistige Wesen zu halten)." Thomas geht soweit, den Engeln selbst die Imagination abzustreiten.**) Und doch sagt sogar jener Engel zu dem Vater Simsons, dass er unsichtbare Speise und Trank nehme.***) Demnach

---

*) Baader's Sämmtliche Werke, XIV, 281, vergl. 259.
**) l. c. S. 260.
***) l. c. S. 293. Vergl. die Abhandlung von Rocholl: Der biblische Kosmos in der Zeitschrift für lutherische Theologie 1867, III, 427 ff.

werden die Engel nach Baader erst durch den (wiedergeborenen, vollendeten, himmlischen) Menschen der Vollendung der ihnen eigenthümlichen Leibwerdung theilhaftig.*) Auch hier gilt das Wort Oetinger's: Leiblichkeit ist das Ende der Wege Gottes.

Der VIII. Abschnitt zieht die Frage nach der ursprünglichen Herrlichkeit des Menschen in Betrachtung.

Die in der heil. Schrift dem Menschen zugeschriebene Gottesebenbildlichkeit verlangt nach dem Verf. die Anerkennung, dass sie ihm nicht blos dem Geiste und der Seele nach, sondern auch dem Leibe nach ursprünglich von Gott ertheilt worden sei. Dem scheint nun entgegen zu stehen, dass 1. Mose 2, 7 zufolge der Leib des Menschen aus irdischem Stoffe genommen war. Allein nach dem Verf. wurde der aus dem irdischen Stoffe gebildete Leib des Urmenschen sofort von Gott verklärt und vergeistigt, was Moses mit der gleichfolgenden Erzählung andeutet, dass Gott selbst den Odem, den eigenen Geist, dem Menschen eingehaucht habe. Der göttliche Odem, sagt der Verfasser, ist ja der Odem der Allmacht und dieser musste seiner Natur nach die herrlichste Wirksamkeit an jenem Gebilde üben, nothwendig also dasselbe der irdischen Unvollkommenheit entziehen, es zur Verklärung, Vergeistigung, erheben.**)

„Wer selbst noch irdischen Wesens ist, bleibt auch im irdischen Wesen befangen." Wenn also der Mensch die ihm angewiesene Bestimmung, die Natur sich unterthan zu machen, wirklich zu erfüllen im Stande sein sollte, so musste sein Leib nothwendig ein verklärter, ein Leib der Herrlichkeit sein.***) Die Aeusserung des Apostels Paulus im Briefe an die Korinther (c. 15. V, 45—49), dass der erste Mensch von der Erde und irdisch sei, ingleichen, dass er nur zur lebendigen Seele erschaffen worden und dass sein Leib ein herrlicher und nicht schon ein geistiger Leib gewesen sei, deutet der Verf. in gleichem Sinne und glaubt, dass der heil. Paulus nur habe sagen wollen, dass der Leib des Menschen nur noch nicht der in freier Thätigkeit bereits angeeignete (gesicherte) und in diesem Sinne vergeistigte gewesen sei. Diese Auslegung scheint

---

*) Baader's Sämmtliche Werke, IV, 431. Vergl. überhaupt über Baader's Engellehre die Hinweisungen im Registerband (XVI, Engel).

**) Baader's Werke, XIV, 292.

***) Es ist auffallend, dass der Verfasser hier nicht auf die Aeusserung Baader's geführt wird: „Auch J. Böhme bemerkt, dass Adam, um die bereits verdorbene irdische Natur zu beherrschen und zu restauriren, in sich als constitutives Element dieselbe (den limus terrae) mithaben musste, und dass er eben die Infection dieses limus erst in sich hätte tilgen sollen, von dem auch jene **Lust** ausging. Werke, VII, 226.

dem Verf. evident, der Zusammenhang erfordere dieselbe gebieterisch. Allerdings erfordert die Consequenz der Theorie des Verfassers diese Auslegung sowie die Behauptung: „Gleichwie sich die Gottesebenbildlichkeit Adams in Ansehung des Geistes und der Seele ohne die ursprüngliche Klarheit seines Leibes nicht denken lässt: ebenso muss auch die Vollkommenheit der Weltregion, in welche er von Gott eingeführt worden, alle nur irgend denkbare irdische Pracht und Schönheit unendlich überboten haben." Aber einige Schwierigkeiten bleiben zurück, die uns der Verfasser nicht gehoben hat.

Wenn Gott den Menschen mit überirdischer Leiblichkeit und nächster Naturumgebung verherrlichen wollte, so sieht man nicht, was Gott bewogen haben konnte, den Leib des Menschen aus irdischem (verdorbenem) Stoff zu entnehmen und zu bilden und dann erst durch seinen Anhauch zu vergeistigen, wenn ihm der von Baader geltend gemachte Grund Böhme's etwa nicht gelten sollte, der den Unterschied der paradiesischen Leiblichkeit Adams, welcher der Fortpflanzung fähig sein musste, von der durch Bestehung der Versuchung erst zu vermittelnden, vollendet himmlischen, in der nicht gefreit und geheirathet wird, schärfer hervortreten lässt. Das Paradies um ihn müsste dann ebenso wiedervergeistigter Stoff der Erde gewesen sein. Diese übermaterielle Region, welche der Verf. sogar eine Weltregion nennt, müsste trotz ihrer immateriellen Beschaffenheit auf der Erde localisirt gewesen sein, ohne dass man begreift, wie diese immaterielle Region von der materiellen Region der Erde umgrenzt sein konnte? Ohne Continuität mit der Erde wäre sie keine Pflanzung auf der Erde gewesen und mit Continuität mit ihr versteht man ihre Immaterialität nicht und wie sie nicht hätte theilnehmen müssen an den Umläufen der Erde im Weltraum, den kosmischen Gesetzen überhaupt. Diess bedürfte noch einer Erklärung.

In der Versöhnungslehre (Abschnitt IX) endlich hat der Verf. redlich gerungen, ihr die edelste Gestaltung zu geben, die gedacht werden kann. Aber völlig erreicht hat er das Ziel doch nicht. Der göttliche Wille ist ihm mit Recht nicht ein zwiespältiger. „Er ist lediglich ein Wille der Liebe und zielt schlechthin nur auf Wohlthun und in keiner Weise auf Wehethun ab. .... Von einem Willen oder Triebe in Gott, den Geschöpfen, die sein heiliges Gebot übertreten, wehezuthun, der erst durch ein Opfer gestillt oder begütigt werden müsse, das Gott im Tode des Gottmenschen selbst darbringe, kann sonach auf keinen Fall die Rede sein." Also ist auch keine innere Schranke anzunehmen, in die sich Gott eingeengt finden sollte und die er erst zu durchbrechen hätte, um sich im vollen Masse geltend machen zu können. In Gottes eigenem Wesen waltet nur Friede und Ruhe. Das hindert aber nicht, bemerkt der Verf., dass er über die Verkehrtheit des Willens seiner Geschöpfe und über die Zerrüttung, in welche sie ebenhiedurch sich selbst stürzen, im Zorn entbrenne.

Auf Grund der Idee seines eigenen Wesens, fährt er fort, hat er ihnen ebenfalls ein heiliges Gesetz vorgezeichnet, und von diesem muss er wollen, dass sie demselben ebenso sich fügen, wie er selbst jener in ihm lebenden Idee sich ergibt und sie ewig zur Verwirklichung gelangen lässt .... Gott muss unsere Heiligkeit wollen, weil sie in seinem eigenen Wesen wurzelt und so kann er denn auch die Uebertretung jenes heiligen Gesetzes nicht gleichgültig hinnehmen; es muss ihm dieselbe vielmehr Unwillen, Zorn, verursachen. Der Zorn über das Böse ist eins mit der Liebe des Guten; wo diese in lebendiger Kraft besteht, da kann auch jener nicht mangeln. Dieser göttliche Zorn, zeigt der Verf. weiter, wird verkannt, wenn man ihn als einen Willen deutet, dem Sünder mit Qual und Pein zu vergelten, nicht in heilbringender Weise, sondern damit ihm eben vergolten werde. Ein solcher Wille kann in Gott nicht sein, sein Wille zielt vielmehr auf Leben und Vollkommenheit ab und nur, weil die Sünde diese göttliche Absicht an ihrer Verwirklichung in ihm hemmt, „ist ihm dieselbe selbst, dann aber auch die Strafe derselben ein Greuel." Die Liebe, sagt der Verf. weiterhin, ist wunderbar durch und durch, sie geht weit hinaus über das blosse Gesetz der Natur und der Wille Gottes ist lediglich ein Wille der Liebe.

Hier bezieht sich der Verf. in einer Anmerkung auf eine Aeusserung Baader's, die an Hoheit und Tiefsinn in der That ganze Systeme der Philosophie aufwiegt. Diese Aeusserung lautet: „Gott weiss von keinem Feinde und feindet Niemand an, weil kein Feind bis zu Ihm reichen, Ihn berühren, die Wagenburg um seine Liebe herum durchbrechen kann. Wer immer an der Seligkeit und dem Reichthum des göttlichen Seins in dem Maasse Theil nahm, dass er seinen Feind liebt, der hat, wie Gott, keinen Feind." Gott hat keinen Feind, sagt Baader, d. h. Gott liebt auch seinen Feind, er selbst übt die Feindesliebe, die er darum auch seinen geistigen Geschöpfen als sittliche Pflicht auferlegen kann. Gott ist die Liebe, heisst mit anderen Worten: Gott erweist sich als Liebe in allen seinen Handlungen und Verhaltungsweisen als Schöpfer, Erhalter, Erlöser und Vollender, in jeder geschöpflichen Region auf andere Weise, in der geistigen anders im Verhältniss zu den Engeln, anders zum Menschen, anders zum noch Unschuldigen, anders zum im Guten sich Befestigenden, anders zum Sünder, anders zu dem aus der Sünde Erlösten. Der Unwille Gottes gegen die Sünde und in soferne die Sünde vom Sünder nicht zu trennen ist, gegen den Sünder, den man auch den Zorn Gottes nennen kann, wenn man das Wort in dieser Anwendung recht versteht, ist nur eine andere Weise der Liebe Gottes, die nur in dieser Offenbarungsweise den Sünder zur Umkehr bringen und retten kann. Schon in einem in eine hohe Stufe der Sittlichkeit erhobenen Menschen wird man den edlen Unwillen gegen das Schlechte und Gemeine, oder wenn man will, den in Liebe gehaltenen edlen Zorn gegen dasselbe von dem unedlen, lieblosen, hassenden und darum egoistischen, leidenschaftlichen Unwillen und Zorn des minder Sittlichen oder Unsittlichen toto coelo zu unterscheiden haben, um wie vielmehr bei Gott, dem unendlich vollkommenen Wesen, Willen und Geiste.

Aber, wenn man diess alles anerkennt, so darf man nicht wieder Gottes Willen mit seinem Wesen in Gegensatz stellen und behaupten, die Strafe der Sünde Adam's, die ohne die von dem Gottmenschen gestiftete Versöhnung nicht hätte ausbleiben können (die dann doch von Niemand Anderem als von Gott hätte verhängt werden können) gründe nicht im Willen Gottes, sondern in seinem Wesen, in dem heiligen Gesetze, welches die Sünde verdamme. Das heil. Gesetz Gottes kann nicht so in seinem Wesen gründen, dass es ausser seinem Willen, nicht in Gottes Willen gegründet wäre. Das Wesen Gottes und sein Wille, sein Wille und sein Wesen sind nicht zu trennen, sind Eines und dasselbe. Es gibt kein Gesetz ausser Gottes Willen und es gibt keinen Willen Gottes ausser seinem Wesen.

Der Verfasser behauptet im X. Abschnitte: „Die irdische Welt als Verbindung des Erlösungswerkes und die Präexistenz des Gottmenschen" bei der verkehrten Richtung, welche der menschliche Wille mit dem Falle Adam's angenommen habe, würde die ihm verliehen gewesene überirdische Leiblichkeit, wenn sie ihm auch verblieben wäre, ganz von selbst in die äusserste Zerrüttung haben gerathen müssen; deshalb habe Gott den Menschen in diese unvollkommene irdische Welt (als in eine Rettungsanstalt) eingehen lassen. Hier ist nun nicht begreiflich, wie es noch eines besonderen Actes Gottes bedurft haben kann und soll, den gefallenen Menschen seiner überirdischen Leiblichkeit zu entkleiden, da diese Entkleidung und Niedergleitung in die irdische Region und Leiblichkeit als Folge der Sünde selbst wie die Wirkung aus der Ursache hätte hervorgehen müssen.

Besonders aber wäre hier zu untersuchen gewesen, wie weit denn die Zerrüttung Adam's, sich selbst überlassen, hätte gehen können, was auf die allgemeine Untersuchung geführt haben würde, wie weit überhaupt die Zerrüttbarkeit geschaffener geistiger Wesen gehen kann.

Der Verfasser nimmt offenbar mit Baader, aber ohne philosophischen Beweis, an, dass die Selbstzerrüttbarkeit geistiger Wesen bis zur centralen und totalen Zerrüttung gehen kann.

Die Lehre von der Menschwerdung Gottes sucht der Verfasser nun so zu begründen, dass er mit Berufung auf Schriftstellen bei Johannes, Paulus und Petrus eine Menschwerdung Gottes von Anbeginn von der in Mitte der Zeit erfolgten in Christo Jesu unterscheidet. Wäre nämlich, sagt der Verfasser, der Sohn Gottes nur in irdischer Beschränkung und erst zu einer gewissen Zeit Mensch geworden, dann müsste offenbar das schlechthin Endliche zur Unendlichkeit erhoben worden sein und zwar hätte dieses von einem Moment zum andern geschehen müssen. Wie Letzteres, so ist aber schon Ersteres geradezu undenkbar: Die Erhebung zur Unendlichkeit verträgt sich auf keine Weise mit der Natur des Endlichen. Der Herr darf, sagt der Verfasser weiter, auch seiner blossen Menschheit nach nicht als ein schlechthin endliches Wesen angesehen werden. Der Unendlichkeit Gottes gegenüber ist er zwar als Mensch endlich, der ganzen übrigen Welt gegenüber kommt ihm dagegen die Unendlichkeit zu. Er ist ja an sich selbst nicht ein einzelner Mensch, sondern der Mensch schlechthin, er ist nicht ein blosses Glied der Menschheit, sondern das Haupt derselben, und als solches auch das Haupt der Welt zumal . . . . Sehr wohl lässt es sich nämlich denken, dass der ewige Sohn Gottes in seine himmlische, das ganze Weltall in sich begreifende und in sofern unendliche Menschheit*) sich eingesenkt und hiemit diese wieder zu sich selbst, zu seiner eigenen unbedingten Unendlichkeit erhöht habe. Ebenso hat auch der Sohn zu seiner Zeit zur beschränkten irdischen Menschheit sich heruntergelassen und auf der andern Seite ebendiese wieder in die Unbeschränktheit der himmlischen Menschheit, welche als die dem Herrn eigentlich gebührende fort und fort sich bewahrt, aufgenommen, völlig also mit ihr vereinigt, gleichsam verschmolzen werden können. Ist aber hiemit die Schwierigkeit gehoben, wie Gott der Unendliche mit einem geschaffenen

---

*) Aber war diese ein Geschöpf? Doch wohl nicht. Dann aber war sie eine ideale aber keine reale Menschwerdung. Könnte man die Ideenwelt in Gott nicht eine ideale Weltwerdung nennen. Wird aber Gott darum real Welt, wenn er schafft?

Wesen ungeachtet des Unterschieds Ein Wesen werden kann? Dass ein Mensch mit Gott Eines Willens, einstimmig mit dem göttlichen Willen als menschliches Wesen werden könne, muss angenommen werden und dann ist es der Möglichkeit nach von allen Menschen anzunehmen, aber die Uebereinstimmung im Willen ist noch keine Wesenseinheit des menschlichen und des göttlichen Willens, keine Wesenseinswerdung Gottes und des Menschen.

Die Einwendung, welche der Rationalismus gegen die Kirchenlehre von der Menschwerdung Gottes erhebt, ist damit nicht überwunden. Es ist hier die Frage zu beantworten, ob Gott Mensch werden, mit einem menschlichen Wesen Eine Person werden kann, wenn er es nicht kann, wie dann die Schriftaussagen über das Verhältniss Gottes zu Christo erklärt werden können, wenn er es aber kann, wie sich diess mit dem Wesensunterschied des Schöpfers und des Geschaffenen vertrage, wie gleichwohl weder der Schöpfer zum Geschöpf noch das Geschöpf zum Schöpfer werde. Die Erhebung zur Unendlichkeit, sagt der Verf., verträgt sich auf keine Weise mit der Natur des Endlichen. Kann sich dann aber die Herablassung des Unendlichen zum Endlichen als Wesenseinigung mit ihm denken lassen? Wäre denn das Eine vom Anderen trennbar? Nach dem Verfasser scheint doch die Erhebung des Endlichen zum Unendlichen die Folge der Herablassung des Unendlichen zum Endlichen sein zu müssen. Wenn Wunder nach dem Verfasser Wirkungen sind, bei denen innerhalb der irdisch-materiellen Natur eine höhere Ordnung der Dinge sich geltend macht, so scheint der Glaube an das Wunder der Menschwerdung Gottes noch weit mehr, nämlich den Glauben an die Möglichkeit und Wirklichkeit der Aufhebung des Wesensunterschiedes des Schöpfers und des Geschaffenen zugleich mit dem Bestande dieses Wesensunterschiedes zu verlangen.

Diese Schwierigkeit ist es, welche die Wissenschaft gelöst wissen will, deren Lösung uns aber hier nicht geboten wird. — Damit soll aber nicht behauptet werden, dass der Verfasser unbekannt damit sei, dass und wie diese Frage von J. Böhme und Baader gelöst worden ist, wenn ihre Lösung auch noch einer vollkommeneren Vermittelung und Darstellung fähig erscheint. (Vergl. den Artikel: Menschwerdung Gottes in Lutterbeck's Registerband zu Baader's Werken XVI, wo auf die wichtigsten Stellen in den Werken Baader's hingewiesen ist. Beachtenswerth erscheint: das Dogma vom Gottmenschen von Woldemar Schmidt 1865. Leipzig, Bredt. — Die Menschwerdung Gottes von J. L. König. Mainz, Zabern, 1844. S. 191. Vergl. über den Verkehr der Geister des Jenseits mit dem Menschen. Von Adolf Graf Poninski, S. 10.

Im XIV. Abschnitt leitet der Verfasser aus dem Briefe Pauli an die Römer (8, 18, 23) „die Creatur (die Naturwelt) sollte frei werden von dem Dienste des vergänglichen Wesens zu der herrlichen Freiheit der Kinder Gottes" die Annahme ab, dass auch die Pflanzen- und Thierwelt in die dereinstige verklärte Welt werde aufgenommen werden, wobei sich herausstellt, dass er dem Pflanzen- und Thierleben Unvergänglichkeit zuschreibt. Aber er gründet diese letztere Annahme lediglich auf die Gerechtigkeit Gottes, welcher es entsprechend sei, aus den Leiden der Pflanzen- und Thierseelen Heil für sie hervorgehen zu lassen. Die Annahme der Pflanzenseele erklärt er nicht näher, untersucht auch nicht, auf welche naturphilosophischen Grundsätze sich die Annahme der Unvergänglichkeit der Pflanzen- und Thierseelen bei der Annahme der Vergänglichkeit der Materie gründe und sagt nichts über die bestimmtere Gestaltung, welche die unorganische Natur im Reiche der Verklärung einnehmen werde.

Schon oben konnten wir dem Verfasser nicht beistimmen, wenn er das Wesen und den Willen Gottes in Bezug auf sein Verhalten zu den sündhaft gewordenen Geschöpfen in eine Art Gegensatz zu stellen unternahm. Bezüglich des letzten Gerichtes behauptet nun der Verf. im XIV. Abschnitt (S. 304): „Der Richterspruch, welchem sie (die vom Tode auferweckten Bösen) verfallen, hängt gar nicht vom Willen des Herrn ab, so dass er da noch seine Gnade walten lassen könnte; da kann sich jetzt nur noch die Strenge des ewigen göttlichen Gesetzes geltend machen und lediglich nach dem Verhältniss, in welchem die Seelen zu diesem Gesetze stehen, bestimmt sich mit durchgreifender Nothwendigkeit ihr Geschick."

Das Gesetz Gottes kann nicht so in seinem Wesen gegründet sein, dass sein Wille keinen Antheil daran hätte, sondern sein Gesetz gründet untrennbar in seinem Willen wie in seinem Wesen. Wenn also Gott böse geistige Wesen in die Hölle verdammt, so verdammt sie unausweichlich sein Wille dazu. Wenn sie aber sein Wille dazu verdammt, so fragt sich, wie man einen Akt der Liebe auch noch in diesem Willen erblicken kann und wie die Voraussetzung des Verfassers, dass Gott auch strafend seine Liebe offenbare, nur strafe, um zu bessern, selbst bezüglich der Höllenstrafen aufrecht zu erhalten sei, zumal er selbst einräumt, dass in der Verdammniss der Hölle freie Besserung, freiwillige Umkehr zum Guten ohne vorausgehenden Zwang nicht mehr möglich sei. Der Verf. besteht auch bezüglich der in die Hölle Verdammten auf der Behauptung, es sei geradezu unmöglich, dass Gott bei Uebung der

Strafgerechtigkeit seine Liebe und seine Weisheit, die sich überall gute Zwecke setze, jemals verleugne. Die Liebeserweisung Gottes auch gegen die in die Hölle Verdammten setzt nun der Verfasser darin, dass er gerade durch die verhängten Flammen der ewigen (nicht darum endlosen) Pein über die Verdammten in den furchtbarsten Graden die Eigenwilligkeit derselben als der total Bösen breche und nach vollbrachter Unterwerfung derselben auf dem Wege der Nothwendigkeit sie der Seligkeit theilhaftig mache. Der Verf. lebt der Zuversicht, dass, **sobald** nur einmal die Gottlosen mit zwingender Gewalt dem Herrn zugewendet worden seien, sie sich auch gern und willig und mit Freuden ihm würden zuwenden wollen und dass sie also noch Antheil an der Seligkeit würden gewinnen können. Danach sind also die Höllenstrafen zwar nicht mehr Mittel freiwilliger Besserung, aber doch Mittel der Brechung des bösen Willens der Verdammten und sonach, insoferne ihnen nach dieser mit zwingender Gewalt durchgeführten Brechung willige Hingabe an Gott und Annahme guten Willens zugeschrieben wird, auch Mittel der Herstellung guten Willens und in diesem Sinne der Besserung der der Hölle Anheimgefallenen. Der Verfasser bekennt sich somit zu der Lehre von der Wiederbringung aller Dinge und dereinstigen Allvollendung des Alls, in welcher ihm Gott Alles in Allem ist.

Hier darf man nun fragen, warum der Verfasser nicht ausdrücklich Bezug auf **Baader's** Lehre von den letzten Dingen nimmt? Er durfte diess um so unbedenklicher thun, als seine Darlegung den Charakter der Selbstständigkeit des Denkers und der Eigenthümlichkeit der Ausführung nicht vermissen lässt.

Wünschenswerth und gut wäre es aber schon darum gewesen, weil gerade die Eschatologie Baader's von den Allerwenigsten beachtet worden ist, als ob sie gar nicht in der Welt wäre, während doch ohne Kenntniss dieser Lehrpunkte höchstens ein halbes Verständniss Baader's möglich ist. Er geht in so ausserordentlich vielem in seiner Weise auf dem Wege Baader's, dass er wesentliche Abweichungen von ihm wohl nicht stillschweigend hätte vornehmen sondern sie ausdrücklich zu rechtfertigen versuchen sollen. Uns dünkt, dass ein solches Verfahren der Wissenschaft förderlicher sein müsste, als ein stillschweigendes Abgehen, da wir die Forderung J. H. Fichte's[*]) vollkommen gerechtfertigt finden, dass der Nachfolger dem Vorgänger Rechnung zu tragen und sein Abgehen und versuchtes Weitergehen zu rechtfertigen habe. Es sind

---

[*]) Vermischte Schriften von J. H. Fichte. I. Bd. S. 249. Wiewohl Fichte selbst diese Forderung Baader gegenüber nicht in hinlänglicher Weise erfüllt hat.

hauptsächlich zwei Abweichungen des Verfassers von Baader, die wir hier in Betracht ziehen wollen: seine Auffassung der Engel als rein geistiger Wesen, während Baader ihnen eine Naturpotenz und wenigstens der Bestimmung nach eine Leiblichkeit, wenngleich eine andersartige als die des Urmenschen zuschreibt,*) seine Unterscheidung einer secundären Ideenwelt in Gott, deren erste dem Vater, deren zweite dem Sohn zugeschrieben wird. — Was die erste betrifft, so könnte sich die Annahme der Reingeistigkeit der Engel zu empfehlen scheinen, schon weil damit der Trialismus der Weltcreatur: reingeistige Wesen, Naturwesen, Menschwesen, als Verein des Geistigen und des Natürlichen gesicherter, logischer und reinlicher hervorzutreten scheinen würde. Allein der Trialismus wird nicht gefährdet, wenn den Engeln eine andersartige Leiblichkeit und eine andersartige Communication mit den Naturregionen und der gesammten Naturwelt zugeschrieben wird, als dem Menschen,**) der auch in seinem Urzustand zur Fortpflanzung Seinesgleichen bestimmt war, während die Engel nicht zur Fortpflanzung Ihresgleichen bestimmt und organisirt waren. Man begreift weder, wie rein geistige Wesen von Gott, der selbst nicht rein spirituell, sondern spirituell-real, Geist und Natur zugleich ist, geschaffen werden konnten, noch, wenn diess auch möglich wäre, wie rein geistige Wesen unter sich, mit der Natur und mit dem Menschen und der Menschenwelt in Verkehr stehen könnten, in welchen Zuständen diese sich auch befinden möchten. Ebensowenig begreift man, wie Naturregionen Sitz und Wohnung von reingeistigen Wesen sein könnten, wie sie einen segnenden oder zerrüttenden Einfluss auf Naturregionen sollten üben können und endlich, wie gefallene Engel physischer Leiden, Peinen und Qualen (vollends im Feuerpfuhl der Hölle und der Finsterniss) fähig sein sollten.

Aus diesen Gründen können wir des Verfassers Abweichung von Baader in diesem Punkte nicht für einen Fortschritt halten. Noch weniger wo möglich ist diess bei der zweiten Abweichung der Fall. Es kann im göttlichen Wesen nur Eine ewige Ideenwelt geben und eine zweite, spätere, bedingte, vollends unvollkommene, ist unmöglich. Was den Verfasser zur Annahme einer zweiten bedingten Ideenwelt in Gott veranlasst, ist nichts weiter als die Andersartigkeit

---

*) Baader's Werke, IV, S. 431..

**) Diese Anderartigkeit der Leiblichkeit der Engel ist freilich bei Baader nur angedeutet und nicht genügend ausgeführt. Auch nach Leibniz gibt es keine reinen Geister, auch die Engel sind nicht absolut leiblos. Sie haben einen penetranten, zu ihren Diensten geeigneten Leib, den sie vielleicht nach Belieben ändern können. S. die Theologie des Leibniz von Pichler, I. 242 ff. 283.

der Verhaltungs- und Offenbarungsweise Gottes zu den abgefallenen Geschöpfen als zu den nicht abgefallenen und zu den aus dem Abfall wieder erlösten oder wie immer geretteten. Gott verändert sich dabei gar nicht, sondern nur die Geschöpfe erfahren eine andere Offenbarungsweise desselben unwandelbaren Gottes. Wie auch der Verfasser seine Annahme einer zweiten Ideenwelt in Gott mit seiner Unwandelbarkeit auszugleichen versuchen vermöge, so kann sie doch niemals gelingen. Also können wir auch hier keinen Fortschritt und keine Verbesserung erblicken. Nicht blos zur Vergleichung mit der bezüglichen Darlegung des Verfassers, sondern aus noch viel wichtigeren Gründen scheint es uns erforderlich, hier die Eschatologie Baader's in Folgendem vorzutragen:

3. Ueber die letzten Dinge.

Es herrscht noch ein allgemeines Missverständniss, welchem gemäss man meint, den richtigen Satz: Ex infernis nulla redemtio nur durch Leugnung der Wiederbringung aller Creaturen, sowie letztere nur durch Leugnung jenes Satzes festhalten zu können.

Luzifer (das Haupt der gefallenen Engel) und der Mensch fielen nach begangenem Verbrechen nicht unmittelbar ihrem Strafgericht anheim (sondern konnten an der Erlösung durch Christus theilnehmen).

Darum gilt für beide (nur auf verschiedene Weise) der Satz, dass wer Gnade und Vergebung der Schuld nicht für Recht gelten lassen will, Recht für Gnade über sich ergehen lassen muss. Wenn nun aber Christus sagt, dass einem Menschen, welcher alles Licht des Gewissens in sich ausgelöscht und sich dem Teufel gleich gemacht, oder welcher hiermit den heil. Geist gelästert hat, diese Sünde weder in dieser noch in jener Welt vergeben werden wird, folglich der Lästerer seine Schuld und Strafe ohne Gnade bis auf den letzten Heller bezahlen, d. i. seine eigene Sünden- und Lügengeburt im Höllenfeuer (gleichsam in via cicca) sich tilgen lassen muss, so spricht ja Christus einestheils bestimmt ein Vergeben nach dem irdischen Leben (im Fegfeuer) aus, sowie andererseits diese Nichtvergebung der Schuld keineswegs als eine absolute Nichttilgung oder Nichttilgbarkeit derselben, sondern nur als Justifizirung des Schuldners gefasst werden kann. Die Wiederbringung durch Gnade und Erlösung (in diesem oder jenem Leben) oder die Läuterung durch das Feuer der irdischen Zeit (im Sonnenleben) und jene durch das Feuer des Hades widerspricht keineswegs der dritten Läuterung durch das Feuer des Pfuhls. Im Gegentheil erhält der Satz „Ex infernis nulla redemtio" somit erst seine wahre Bedeutung, indem derselbe den Nichteingang einer die Schuld erlassenen Hilfe in den zur Selbsttilgung seiner Sünde Verdammten aussagt. An diesen schrecklichen Begriff schliesst sich noch sowohl jener des Erlöschens aller Hoffnung eines Ende dieser Qual an, als jener des Verlustes der Herrlichkeit, an welcher nur jene gerechtfertigte Kreatur Theil nehmen wird, welcher der dargebotenen Gnade sich nicht verschloss und entzog und folglich dem Pfuhl nicht anheim fiel, daher die aus dem Pfuhl wieder heraustretenden Kreaturen hinsichtlich ihrer Integrität mit jenen, welche nie in denselben fielen, keinen Vergleich aushalten und die tiefste Stufe im Reiche Gottes einnehmen müssen. Der dem oben Angeführten gleiche Satz: in Infernum nulla intrat gratia, wird also nicht in Frage gestellt und ebensowenig — wie gewöhnlich von den Vertheidigern der Wiederbringung geschieht — die Zeitlichkeit in die Hölle gebracht. Es ist hier die Frage, ob die aus der Zeitregion und Qual in die Qual der Region der Ewigkeit gesetzte Kreatur in der letzteren hiemit schon fixirt ist oder nicht? Da der Sitz des Bösen nicht in der Essenz der Kreatur haftet, sondern in der Region ihrer Vermögen, so fragt sich ferner, ob die Bosheit und Verderbtheit dermassen in jener fixirt ist, dass deren Tilgung jene der Essenz nach sich zöge? Dass nun aber die Kreatur in der Ewigkeit sein und doch nicht in ihr fixirt sein kann, das beweist schon der Fall sowohl der Engel als des Menschen. Beide hatten ihren Urstand und freien Bestand in der ewigen Region (im Himmel) jedoch nur unfixirt und konnten deswegen aus jener heraustreten. Hieraus folgt, dass auch, wenn keine Zeitregion mehr sein wird, die Kreatur doch aus einer Weise in der ewigen Region zu sein, in eine andere übertreten kann, ohne dass aus der Nichtfixirtheit des Verdammten in der Hölle auf eine Nichtfixirtheit der in den Himmel aufgenommenen Kreaturen geschlossen werden könnte. Da nun ferner der eigene gegen Gottes Willen gefasste Wille der Kreatur sich die Hölle geöffnet, erweckt und entzündet hat und in dieser Oeffnung erhält, so fragt es sich weiter, ob dieser Wille oder Willensgeist selbst ein Unendliches oder ob er ein durch Strafe Tilgbares ist und ob also das Tödten von Seite des tödtenden Wurmes, das Verbrennen von Seite des verbrennenden Feuers, die unerschöpfliche Nacherzeugung des Tödtlichen und Verbrennlichen in der Natur und von ihr ausspricht? Eine Unerschöpflichkeit und absolute Untilgbarkeit der Sünde und Lüge wird in den Dogmen der orientalischen Kirche nicht gelehrt. Diese statuiren ganz bestimmt eine Reihenfolge (Gradation) der Höllenqualen, somit ein endliches Verhältniss der Pein als Strafe der endlichen Missethat eines (nicht unendlichen) Geschöpfs. Die Endlichkeit der Intensität schliesst aber jene der Dauer ein. In dem Anhange der Schrift: Libri symbolici ecclesiae romanae catholicae (editione Danz, Wimariae 1836) werden folgende Bestimmungen der orientalischen Kirche (pag. 827) mitgetheilt. „Quid de iis vero judicandum, qui decedentes in offensa apud Deum sunt? Horum alios, ultimo peracto judicio, gravioribus, alios levioribus, sed aeternis omnes tormentis cruciatum iri, dicente ita scriptura. (Luc. XII, 47) „Servus ille, qui novit voluntatem Domini sui, neque tamen praeparavit fecitque secundum voluntatem illius, vapulabit multis. Sed qui non cognovit et plagis tamen digna admisit, paucis vapulabit."

In dieser Stelle des Apostels Lucas ist von vielen nicht endlosen Schlägen die Rede und in demselben Kapitel (XII, 59) wird gesagt, dass der vom Richter (Weltrichter) Verurtheilte nicht aus demselben kommen werde, bis er den letzten Heller bezahlt habe, so dass ihm also in diesem Gefängniss an seiner verdienten Strafe Nichts nachgelassen werde, während im Purgatorium noch ein Nachlass stattfand. Das Purgatorium und Infernum sind nicht zu confundiren und die Behauptung ist zu verwerfen, dass die Qual des Einen und die des Andern nur quantitativ von einander unterschieden, im Grunde also dieselbe sei. Dass diese Vermischung oder Vereinbarung ein Irrthum ist, geht aus der Erwägung hervor, dass dem Gesetzwidrigwollenden, solange er noch in der Zeitregion an deren Milde wie an ihrer Distraction und Illusion mehr oder minder noch Theil nehmen kann, das Gesetz noch nicht direct — ohne Vermittlung — central oder total entgegentritt, dass aber dieses centrale und totale Entgegentreten des Gesetzes in demselben Nu sich einstellt und wirkt, in welchem der Gesetzwidrigwollende, indem er seine Reaction gegen das Gesetz bis auf die Spitze trieb und centralisirte, der Zeitregion in die unterzeitliche Region entstürzt. Hiemit ist aber die Frage noch nicht beantwortet, ob dieselbe Verstocktheit des Willens, welche der Pein des Purgatoriums nicht gewichen ist, auch der infernalen Pein nicht zu weichen vermag. Beantwortet man diese Frage bejahend, so ist doch klar, dass eine solche Erschöpfung der Sündhaftigkeit darum noch keine Redemtion heissen kann. Denn es bleibt ein Unterschied zwischen den höheren Graden der Seligkeit der Erlösten und den niedrigeren der erst durch die Höllenqualen ihren bösen Willen aufgebenden und dem Guten nicht mehr widerstrebenden und so in Einklang mit dem göttlichen Willen gebrachten Gereinigten. Gott erweist auch in dem Verhängen der intensivsten Strafen über die der Hölle Anheimgefallenen seine Liebe in Einheit mit seiner Gerechtigkeit, sich als mit Gerechtigkeit geeinte Liebe, weil ohne diese Strafmittel die

Reinigung unmöglich wäre, das Ziel aber der Strafen, das Aufgeben des bösen Willens und die Aufnahme des Guten nach dem Masse ihrer Fähigkeit dazu erreicht wird. Das Böse ist nun im ganzen Weltall überwunden und die Wirkungen desselben sind gleicher Weise im gesammten Naturall so getilgt, dass die totale Harmonie des Universums im Trialismus der Weltkreatur unter der Ueberordnung der mit dem Gottmenschen und durch ihn mit Gott geeinigten Menschheit über die Engelwelt und die Naturwelt und hiemit die Allbeseligung der Kreaturen hergestellt ist. Und dennoch bleiben ewige Folgen des Bösen, in wieferne die unterschiedenen Grade der Beseligung aller geistigen Wesen von den Gesinnungen und Handlungen wie Unterlassungen der aus dem Zeitleben Erlösten wie der aus der Hölle Befreiten bedingt sind. Ist der Zweck und das Ziel des Weltgerichtes erreicht, dann wird die Offenbarung des Vaters, des Sohnes und des Geistes in ihrer Simultanität und Concretheit hervortreten, es wird für die Kreatur keine Zeit mehr und der ganze Gott ihr offenbar sein.

Da sich die heil. Schrift in einem so wichtigen Punkt nicht widersprechen kann, so darf in den Stellen, die von ewigen Strafen sprechen, der Begriff derselben nicht im Sinne einer endlosen Verdammniss genommen werden. Für die Endlichkeit der Höllenstrafen sprechen vorzugsweise die Schriftstellen Hebr. 2, 8 vergl. Philipp. 2, 9—12, Offenb. 5, 13, 1. Joh. 3, 8. Ps. 145 10, 15. Offenb. 21, 5. Vergl. Mark. 16, 15. Die Hauptstellen aber finden sich in dem Briefe an die Epheser und im 1. Briefe Pauli an die Korinther 15, 21—29. Ist der heil. Paulus nur im Sinne der dereinstigen Weltvollendung zu verstehen, so kann es auch kein gültiges Dogma geben, welches zum Glauben an die Endlosigkeit der Höllenstrafen als Offenbarungslehre verpflichten könnte und zum Allermindesten muss eingeräumt werden, dass kein Bedürfniss zur Aufstellung eines solchen Dogmas besteht und die Wissenschaft keinen gültigen Beweis für die Endlosigkeit der Höllenstrafen aufzubringen vermag.*)

Wir sind natürlich ausser Stand, zu behaupten, dass uns Alles bekannt wäre, was seit 17—18. Jahrhunderten über die Lehre von den letzten Dingen geschrieben worden ist. — Soweit wir uns aber umsehen konnten, ist uns nichts begegnet, was sich an Genieblick, Hoheit, Tiefe und Ernst der Gedanken, an massvoller Umsicht und eminentem Scharfsinn mit der Eschatologie Baader's vergleichen liesse.**)

---
*) Baader's Werke, IV, (411—422).

**) In schönerer Darstellung, zugleich mit grösster Innigkeit und religiöser Wärme behandelte Johann Friedrich von Meyer die Eschatologie in seiner Ab-

Die bezüglichen Lehren der grössten neueren Philosophen erblassen dagegen, und selbst die genialsten unter ihnen, Kant, Schelling, Krause etc. bleiben hier in verschiedener Weise hinter Baader zurück. Nur von Leibniz kann nicht ganz das Gleiche gesagt werden, der den Hauptpunkt der Eschatologie Baader's bereits vorausgenommen hatte, wenn er sagte: Lehren, unter welchen Gottes Güte zu leiden hätte, liebe ich nicht...... Ich liebe die tragischen Ausgänge nicht, wo Alles schliesslich in den Abgrund stürzt; ich möchte Alle selig wissen und gestehe, dass ich mich hierin zu Origenes hinneige." *) Pichler in seiner Theologie des Leibniz (II. 431) kennt diese Aeusserung des grossen Philosophen nicht, führt aber dafür an, dass er der Ewigkeit der Strafen keine dogmatische Gewissheit zuerkenne und fügt hinzu: „Nicht ohne Bedeutung ist seine Aeusserung des Wunsches nach Abfassung eines grossen Epos, einer Urania, das mit einer begeisterten Schilderung der Rückkehr aller Wesen, auch der Bösen, zu Gott abschliessen sollte." Baader's Darstellung hat hauptsächlich nur einen Mangel, denselben, den seine Werke überhaupt wiewohl in den einzelnen Partieen in verschiedenem Masse an sich tragen, dass sie, so zu sagen, in Knechtsgestalt erscheint d. h. dass sie in zerstreuten, nirgends in wünschenswerther Weise ausgeführten Andeutungen zersplittert ist und bei aller Gediegenheit des Kernes ihrer Sprache doch in der Formirung ihrer Perioden nicht selten schwerfällig, eckig, conglomerirt, unansprechend erscheint. Uebrigens hat Baader nicht von Anfang seines Philosophirens den bezeichneten Standpunkt eingenommen, wenigstens in der eigentlichen Mitte seines Strebens war er der herbsten Auslegung der Schriftstellen und der Kirchenlehre von der Ewigkeit der Höllenstrafen im Sinne der Endlosigkeit derselben zugewendet und nicht wenig mag dazu beigetragen haben, ihm die Ueberschreitung dieser Auffassung zu erschweren, dass er sie mit so grossem Nachdruck bei dem von ihm so hoch gestellten J. Böhme festgehalten fand.

Es war wohl vor Allem das Studium der Paulinischen Sendschreiben, worauf seine eigenen Sendschreiben über den Paulinischen Lehrbegriff deuten,**) welches den Umschwung seiner Ueberzeugung

---

handlung: Vom Hades, in der Schrift: Blätter für höhere Wahrheit. Auswahl in 2 Bänden. I. 325—356. Schon früher 1810 erschien von ihm eine eigene Schrift über den Hades, auf die auch Baader hinweist.

*) G. W. Leibniz als Patriot, Staatsmann und Bildungsträger ... von Dr. Edmund Pfleiderer. S. 546.

**) Baader's S. Werke, IV, 325 ff.

vollendete, während Oetinger, St. Martin, Fournié ihn eingeleitet haben mochte. *)

Das letzte Jahrzehnt seines Lebens bezeichnet den höchsten Aufschwung seines Geistes in der Tiefe der Erkenntniss, während die äussere Darstellungsart nicht gleichen Schritt hielt.

Indem wir von dem geistvollen, tiefsinnigen Verfasser Abschied nehmen, sprechen wir die feste Ueberzeugung aus, dass eine Schrift von so grossem Gehalte und Werthe wie die vorliegende, vor allem in der theologischen Welt allseitige Beachtung und Berücksichtigung finden muss, aber auch in der philosophischen finden sollte.

5.

Die Fortdauer nach dem Tode. Von Melchior Meyr. Leipzig, Brockhaus. 1869.

Mit Recht wendet sich der Verfasser in der Vorrede gegen das Vorurtheil des Materialismus, im Grunde alles Empirismus, dass es eine andere Ordnung der Dinge als die gegenwärtige nicht geben könne. Man nenne nicht selten diese Welt die verkehrte mit Bezug auf den durch Sünde und Leidenschaften herbeigeführten Jammer und doch hätten so Viele versucht, die jetzige Ordnung der Dinge mit allen ihren furchtbaren Uebelständen überhaupt (als nothwendig oder einzig möglich) zu vertheidigen. Gegen solche Anwälte habe Schopenhauer das rechte Wort gesprochen, darauf hinweisend, dass die Welt just so gut eingerichtet sei, um noch zu bestehen, und dass sie, wenn sie noch schlechter wäre, gar nicht mehr bestehen könnte. Schopenhauer drückt sich eigentlich noch etwas schroffer aus. Aber so wie so hat Schopenhauer keineswegs das rechte Wort ausgesprochen. Er hat seinem Unmuth über die Leiden des Lebens, vielleicht nur weil es ihm zu unbequem und zu genant war, sie, auch die selbstverschuldeten, mit frommer Ergebung und sittlichem Muthe zu tragen und durch sie sich bessern und läutern zu lassen, wenn es hoch kommt, aus einigem Mitleid mit Andern, einen leidenschaftlich übertriebenen Ausdruck verliehen. Er hat nicht wie der Pharisäer geheuchelt, aber er hat frech wie

---

*) l. c. XII, 451, XV, 550, vergl. XII, 98, die Theologie aus der Idee des Lebens von Oetinger. Herausg. von Hamberger. S. 369.

der Sadducäer gesprochen. Der Gottes-, Freiheits- und Unsterblichkeitsläugner war nicht der Mann, der in der Frage von den Uebeln der Welt das rechte Wort hätte sprechen können.

Gewiss hat der Verfasser recht, wenn er fortfährt: „Für den Vernünftigen und Denkenden schickt es sich nicht, dem Factum der jetzigen Ordnung der Dinge sich blind zu unterwerfen; ihm geziemt es vielmehr, zu prüfen und zu fragen: „Ist eine andere Form des Lebens, als diese leiden- und greuelvolle, überhaupt undenkbar? Hat die gegenwärtige Einrichtung der Welt einen Anfang gehabt — und wird sie demgemäss auch ein Ende haben? Kann Gott (wenn es einen Gott gibt) die Welt unmittelbar in die Verfassung geschaffen haben, wo z. B. die grösseren und stärkeren Geschöpfe, um - zu leben, die schwächeren verzehren müssen? Vermag der menschliche Geist nicht eine bessere Organisation der einzelnen, nicht ein schöneres Verhältniss der Wesen untereinander sich zu denken? Gibt es keine Möglichkeit und gibt es im unendlichen Raume nicht Platz für eine Ordnung, welche in der That Ordnung — nämlich die Ordnung des vollkommenen Ganzen wäre, das aus vollkommenen Gliedern bestände? Diese Fragen wird der Denkende sich stellen, und er wird die Antworten sich zu geben suchen." Offenbar kann aber nur Derjenige sich diese Frage stellen, der dem Empirismus nicht alleinige Geltung beimisst, sondern, den Empirismus in seiner Sphäre anerkennend, erkannt hat, dass ein über den Empirismus hinausgehendes, ein überempirisches Erkennen möglich ist und erfolgreich sein kann. Wissenschaftlich würde daher vor Allem eine Untersuchung über die Bedingungen und die Grenzen des empirischen so wie über die Möglichkeit und Nothwendigkeit eines apriorischen Erkennens und die Begrenzungen beider Erkenntnissweisen erforderlich sein. Auf diese Untersuchung geht der Verfasser auch späterhin zwar kurz aber mit guten Gründen (S. 66 ff.) ein. Aber wir hätten das an den Anfang gewünscht. Der Verfasser schickt nun der Schrift selbst eine kurze Einleitung voraus und theilt die Schrift in 22 kurze Abschnitte oder Capitel, womit er den Bedürfnissen des gebildeten Publikums entgegenzukommen sucht. Die Schrift ist im guten Sinne des Wortes populär, frisch, kernig, geistreich geschrieben. Obgleich sie die Gegengründe der Pantheisten und Materialisten durchaus nicht ignorirt, so geht sie doch nicht in der Schärfe auf sie ein, dass man erwarten könnte, der Verfasser werde sie von der Unrichtigkeit ihrer Vorstellungen überzeugen und für seine Anschauung gewinnen. Wer noch unbefangen ist oder bereits verwandte Ansichten hegt, wird von dem Verfasser leicht ergriffen oder bestärkt werden. Die wissenschaftlichen Gegner aber werden hie und da die Strenge der Beweisführung vermissen, die freilich auch nur in einem eigentlich wissenschaftlichen Werke geliefert werden könnte. Inhaltlich stimmen wir mit dem Verfasser in Vielem überein. Wie er es auch gewonnen habe, er steht in der Hauptsache auf der Grundlage der durch Böhme und Baader begründeten Weltanschauung, die er jedoch, soweit äussere Einflüsse dabei mitwirkten, mehr durch die Vermittelung Schelling's als unmittelbar durch jene Forscher empfangen zu haben scheint, daher auch der Einfluss Schelling's etwas stärker hervortritt, als jene Grundlagen zulassen. Er theilt die allgemeinen Lehren von der Einheit des Geistes und der Natur in Gott, von der Unzertrennlichkeit des Geistes und der Natur im Menschen, von der Gottes-Ebenbildlichkeit des Menschen, von der Freiheit des Willens, von der durch die Vernunft und Liebe, Macht und Gerechtigkeit Gottes begründeten Unsterblichkeit des Menschen, von der Existenz von dem Menschen unterschiedener geistiger Wesen, von der durch verschuldeten Fall geistiger Wesen veranlassten Materialisirung der Natur, von der Möglichkeit der Erhebung und Erlösung des Menschen, von der Verklärung der Natur und von der dereinstigen Weltvollendung. Aber einige seiner Lehren scheinen uns auch inhaltlich nicht hinlänglich haltbar zu sein.

Seine Schöpfungslehre lässt sich nicht genau und scharf von der Emanationslehre unterscheiden. Er sagt: „Gott ist kein Despot und er hat nicht die Allmacht eines Despoten. Gott hat nicht die Allmacht, aus nichts etwas zu machen, und willkürlich zu schaffen und zu vernichten. Gott ist allmächtig, weil er Geist und Natur in Einem ist und alles Geistige mit seinem Geist und alles Natürliche mit seiner Natur thun kann. Alles Gewordene ist nicht aus nichts geworden, sondern aus Ihm, der vor dem Werden des Gewordenen, als absoluter Geist und absolute Natur in einem, alles allein war. Aus diesem ewigen Alles ist alles Gewordene geworden, d. h. Gott hat seine Natur zu Wesen werden lassen, die ihm Organe wurden, und er besitzt in diesen Organen nur seine in sie verwandelte, geistbegabte, relativ selbstseiende Natur. Sie so zu besitzen, ist sein Wille, und wenn er gegenwärtig, aus guten Gründen, einen Theil seiner Organe als unvollkommene und widerstrebende besitzt, er wird nicht ruhen, bis sie ihm alle in natürlicher Entwickelung als zustimmende und in sich vollkommene zurückgekehrt sind." Gott ist nicht Despot, weil er es nicht sein will, nicht weil er zu unmächtig wäre, um es sein zu können. Die Allmacht Gottes ist schrankenlos, ausserdem wäre sie keine Allmacht. Aber die Allmacht Gottes ist eins mit seiner Weisheit und seinem Willen, seiner Liebe. Darum vollbringt die Allmacht niemals etwas seiner Vernunft, Weisheit und Liebe Widersprechendes. Sie macht keinen Cirkel viereckig, sie macht nicht 1 zugleich zu 2 oder jeder beliebigen andern Zahl. Sie gibt nicht heute das Gesetz: Liebe deinen Nächsten wie dich selbst, und morgen: Sei gleichgültig gegen sein Wohl oder vollends: Hasse ihn. Sondern Gottes Gebot der Liebe ist unwandelbar und ewig wie seine Weisheit unwandelbar und ewig ist. Müsste die Schöpfung aus Nichts in jedem Sinne den obigen Widersinnigkeiten gleichgestellt, als widersinnig erkannt werden, so müsste sie auf das Entschiedenste verworfen werden. Auch wird sie nicht selten in einem Sinne genommen, in dem sie als widersinnig zu verwerfen ist. Müsste sie aber in jedem Sinne verworfen werden, so müsste die Schöpfung nicht Schöpfung, sondern Emanation, Transposition, Effulguration, Umwandlung Gottes selbst in die Welt sein, Gott und Welt wären einer Wesenheit. Dann aber begriffe man von Seite Gottes nicht, wie er als Gott fortbestehen könnte, wenn er sich selbst in die Welt umwandelte, das Wie der Umwandlung begriffe man ohnehin nicht, von Seite der Welt begriffe man nicht, wie sie nicht vollkommen sein müsste, wie sie in selbstthätige und selbstwillige Individuen sich unterscheiden könnte. Der Begriff der Allvollkommenheit Gottes lässt eine Theilbarkeit und Theilung seines Wesens und der Momente seines Wesens nicht zu, seine Unendlichkeit lässt eine Selbstverendlichung nicht zu, die Selbstigkeit und Freiwilligkeit der Geschöpfe lässt ein Theilsein der göttlichen Wesenheit nicht zu. Folglich muss die Schöpfung ein Act sein, der aus der Thätigkeit der göttlichen Kräfte ohne Theilung seines Wesens hervorgeht und wodurch weder sein Wesen noch seine Kräfte eine Minderung erleiden, folglich entspringt aus der Thätigkeit und Wirksamkeit der göttlichen Kräfte ein Erzeugniss, welches vorher nur ideell, aber nicht reell war, und in diesem Sinne ist die Schöpfung eine Schöpfung aus Nichts, keineswegs, als ob die Welt nicht aus den Kräften Gottes in's Dasein gerufen worden wäre, aber doch so, dass diese göttlichen Kräfte nicht in die Welt einfliessen, nicht Bestandtheile derselben werden, sondern unvermindert dem göttlichen Wesen eignen und ihre Unendlichkeit bewahren.

Daran knüpft sich nun die Frage, ob Gott die Welt zumal mit allen Wesenheiten, die die Welt ausmachen sollen, schafft, so dass keine Stufe des Geschaffenen der anderen zeitlich vorangeht oder nachfolgt oder ob eine zeitliche Stufenfolge der Schöpfung anzunehmen ist und ob in diesem Falle die Schöpfung vom Höchsten zum Niedersten, oder vom Niedersten zum Höchsten fortschreitet. Im letzteren Fall könnte der Mensch sicher nicht die niedrigste Stufe darstellen, sondern entweder die höchste oder eine mittlere. Wer nun wie der Verfasser das Naturall aus (bedingten) Atomen bestehen lässt, der müsste auch das Geisterall aus Monaden bestehen lassen und er müsste das gesammte Weltall mit einem Schlage und zumal geschaffen sein lassen. Diese Ansicht hegt er aber nicht, wirft auch die Frage gar nicht auf, ob, wenn eine Stufenfolge der Schöpfung anzunehmen wäre, sie nicht vom Niedrigsten zum Höchsten fortschreiten müsste, sondern erklärt sich in folgender Weise (S. 94): „Was kann der ganze Gott, welcher Geist und Natur in einem und damit das allgemeine Wesen ist, schaffen wollen? Nichts anderes als Wesen, die ihm gleich seien (d. h. in ihrer Art gleich), und die ihm Organe werden. Zunächst können aber nur Organe werden die ihm nächstverwandten Wesen, d. h. die nach ihm geistigsten, höchsten, mächtigsten Wesen; denn nur das Nächstverwandte kann sich unmittelbar, organisch verbinden. Also kann Gott zuerst nur die ihm nächstverwandten und die nach ihm höchsten Wesen schaffen; darauf nur diejenigen, welche diesem höchsten Wesen nächstverwandt sind u. s. w., Schritt für Schritt, bis herunter zu den allerniedrigsten, alleräusserlichsten und allerdienendsten. Dieser Organismus, wenn Gott ihn vollendet, ist der absolute Organismus; und das Allerhöchste, der göttliche Geist, ist hier mit dem Allerniedrigsten durch die entsprechenden Mittelglieder organisch verbunden." Nehmen wir hinzu, was der Verfasser S. 67—68 sagt, so sehen wir, dass derselbe dem Menschen eine mittlere und ziemlich niedere Stelle anweist. Dort sagt er aber: „Zum Denken überhaupt gehört der herrschende Geist und die dienende Natur in Lebenseinheit, wo diese beiden in solcher Einheit verbunden sind, da wird gedacht. Weil beide im irdischen Menschen auch so verbunden sind, darum, und nur darum allein, kann er auch denken, d. h. er kann denken, wie es ihm sein Geist und seine Natur oder sein materielles Organ eben gestatten: sehr langsam, sehr schwerfällig und sehr bedingt. Der Mensch denkt von allen denkenden Wesen am unvollkommensten; dies ist begreiflich und erweist sich jedem durch die unzweifelhafte Thatsache, dass er von allen denkenden Wesen das niedrigste ist. Denn der irdische Mensch reicht dem Thiere die Hand, welches kein denkendes, selbstbewusst denkendes Wesen mehr ist; er ist das thierähnlichste denkende Wesen, das nur eben noch zum Denken gekommene, das unterste denkende Wesen. Der irdische Mensch ist mit der Fähigkeit zum Selbstbewusstsein geboren; aber es kostet ihn grosse Mühe, dieses zu erlangen; es hat der Menschheit ungeheure Mühe gekostet, dieses in ihrer Weise zu erlangen, und noch ist sie darin nicht übermässig weit vorgeschritten. Eine Geschichte der Entwicklung des irdischen Denkens, welche die Geschichte der Entstehung und Entwickelung der Sprache einschlösse, würde die Mühseligkeit und den äusserst langsamen Gang des irdischen Denkens anschaulich machen: sie wird noch geschrieben werden! — Gestehen wir's uns nur ein: mit unserm irdischen Denken ist's nicht weit her, und wenn es keine höhern denkenden Wesen, wenn es kein allerhöchstes denkendes Wesen, nämlich Gott, gäbe, so würde es mit dem Denken überhaupt nicht weit her sein. Das irdische Denken, wenn es irgend etwas heissen soll, muss das Denken des Genius sein. Aber der Genius ist der erste, der einsieht, dass seine höchsten, edelsten und wahrsten Gedanken Inspirationen sind, die der wissenschaftliche Geist nur sich eigen zu machen und zu begründen weiss; der Genius ist der erste, der den ewigen Quellen seines Denkens, den höhern geistigen Wesen, und Gott die Ehre gibt." Was soll man nun über diese Lehre des Verfassers sagen? Vor Allem ist es gar nicht zu widerlegen, dass vom Standpunkt der Monadologie aus die einzig consequente Annahme die Gleichzeitigkeit der Schöpfung aller Wesen ist, dass aber von dieser Grundlage aus nicht eine Entwickelung der Monaden vom Höheren zum Niederen, sondern nur vom Niederen zum Höheren stattgefunden haben kann. Die Gleichzeitigkeit der Schöpfung der Wesen schliesst nicht aus, dass die einen Wesen höher, die andern niedrer gestellt sind, unerachtet jede Classe von Wesen der Entwickelung fähig ist. Die Naturwesen werden die niedrigeren, die geistigen die höheren sein. Hier fragt es sich nun, ob es nur eine Classe von geistigen Wesen gibt oder mehrere und welche? Der Verfasser nimmt mehrere Classen an, ohne einen strengen Beweis dafür zu führen. Ebenso wenig hat er bewiesen, dass es höhere geistige Wesen gebe als der Mensch. Er behauptet dies bis zu der Steigerung, von göttlichen Geistern als (vergleichsweise mit uns) von Göttern zu sprechen. Aber die Begründung fehlt. Wenn es mehrere Classen geistiger Wesen gibt, so könnte der Mensch sehr wohl unter ihnen die höchste Stelle einnehmen seiner Bestimmung nach, ohne nothwendig diese Bestimmung schon erfüllt zu haben. Hätten niedrer gestellte Geister ihre Bestimmung bereits erfüllt, so könnten sie leicht höher zu stehen scheinen als der Mensch, der seine Bestimmung noch nicht erfüllt hat, oder vielleicht sogar Rückschritte gemacht hat und doch nicht höher stehen ihrer Wesenheit und Bestimmnng nach. Genau dies ist die Lehre der h. Schrift über das Verhältniss der Engel zum Menschen, und die tiefste Philosophie kommt zu demselben Ergebniss.*) Wenigstens hat der Verfasser nicht bewiesen, dass das Angegebene die Lehre der Schrift nicht sei, oder dass die Schrift hierin Irriges vortrage, noch hat er die philosophischen Gründe für jene Lehre, wie sie Böhme, Oetinger, St. Martin, Baader und eine grosse Zahl von Theosophen und Theologen aufgestellt haben, auch nur berührt, geschweige widerlegt. Um die Hoheit oder Niedrigkeit des Denkens des unvollkommenen zeitlich irdischen Menschen zu beurtheilen, kann nicht der Maassstab von den verwilderten Völkern oder auch nur von den Massen in den civilisirten Menschenstämmen hergenommen werden, sondern von den wissenschaftlichen, künstlerischen, religiösen Genien der Menschheit, und wem es auch da noch unbedeutend erschiene, der müsste in der That weniger Kenntniss davon haben, als dem genialen und vielseitig wissenschaftlich gebildeten Verfasser, der zugleich als Dichter einen hohen Rang einnimmt, zugeschrieben werden darf. Dass gleichwohl das menschliche Denken in der irdischen Menschheit verhältnissmässig retardirt erscheint und in den Massen der Menschheit gering ist, was doch wohl der Verfasser im Grunde eigentlich nur sagen will, soll damit nicht im Geringsten in Abrede gestellt werden. Man kann übrigens nicht sagen, dass, wenn es kein allerhöchstes denkendes Wesen gebe, es mit unserem Denken überhaupt nicht weit her sein würde, sondern man muss sagen, dass in diesem Falle überhaupt denkende Wesen gar nicht existiren würden.**) Auch ist es zu viel gesagt, dass nur das Denken des Genius etwas heissen wolle, denn auch das wohlorganisirte Talent kann Vieles leisten und erst das Zusammenwirken der schöpferischen Geister und Talente bringt die Wissenschaft wahrhaft vorwärts und macht sie fruchtbar für die Menschheit.

Ob die Gedanken des Genies Inspirationen sind oder nicht, kann nur von der Wissenschaft gültig entschieden werden und die Entscheidung keinesfalls selber wieder auf einer Inspiration beruhen. Es ist die Frage, ob es ausser den künstlerischen und den Vernunft-Genies nicht auch Verstandes-Genies geben kann. Die Frage lautet vielleicht seltsam, muss aber dennoch aufgeworfen werden. Sollte Kant nicht Verstandesgenie genannt werden dürfen und

---

* Vergl. Physica sacra von Hamberger S. 213 und Baader's Werke Bd. XVI (Registerband) Artikel: Engel S. 161—162.

**) Der Verfasser will freilich eigentlich nur sagen: Angenommen, der Mensch als geistiges Wesen existirte, und es liesse sich erweisen, dass ein Gott nicht sei, so wäre es mit dem Denken des Menschen nicht weit her. Aber dieses Unmögliche hypothetisch angenommen, so würde das daraus Hergeleitete keineswegs folgen.

überwog nicht in Lessing der geniale Verstand seine dichterische Begabung?

Der Verfasser nimmt nun eine dreistufige Entwickelung des Menschen an. Das irdische Leben ist ihm überwiegend äusserlich, das künftige zunächst überwiegend innerlich, zuletzt tritt die Ausgleichung und Einheit des Innerlichen und Aeusserlichen ein. Was die Monaden vom Anfang der Schöpfung bis zum Beginn des irdischen Lebens machen, davon ist nirgends die Rede; denn der Creatianismus und Traducianismus ist doch von dem Verfasser verlassen zu Gunsten der Monadologie. Die dreistufige Entwickelung des Menschen kommt schon dadurch in die Enge, man müsste denn zeigen können, dass die Menschenmonaden bis zu ihrem irdischen Hervortreten entwickelungslos geruht hätten und andere noch ruhten, bis endlich der ruhende Vorrath erschöpft werde. Dass Schelling, wie der Verfasser sagt, der erste gewesen sei, der als Philosoph den Gedanken der dreistufigen Entwickelung des Menschen gedacht habe, mag sein. Doch stehen wir nicht dafür ein, dass die gleiche oder eine ähnliche Lehre nicht schon längst von andern vorgetragen worden ist. Denn nur zu oft macht man mit Göthe die Entdeckung, dass die angeblich neuen Gedanken nicht neu sind. Doch mag jener Gedanke auch neu sein, so gehörte doch kein Genie dazu, auf ihn zu gerathen. Schelling durfte nur die christlichen Lehren von den Mittelzuständen der Seelen nach dem irdischen Tode und vor der Auferstehung etwas modificiren und in's Abstracte umdeuten, so war die dreistufige Entwickelung fertig, wenn die dritte Stufe Entwickelung genannt werden darf. Etwas schwerer war es, die Schriftlehre vom Fegefeuer, man fasse es im engern oder, wie man soll, im weitern Sinne, als ungültig bei Seite zu schaffen und die dafür substituirte innerliche Lebensstufe mit gültigen Gründen zu erweisen.*) Beides ist weder von Schelling, noch von dem Verfasser geleistet worden. Das irdische Leben könnte erst dann als

---

*) Was Schelling zur Annahme einer zweiten Lebensstufe vor der Vollendung bewogen hat, mag wohl hauptsächlich die Gewahrung gewesen sein, dass seit Jahrtausenden der grösste Theil der Menschen auf so niederer Stufe der Entwickelung das Irdische zu verlassen schien. Allein dieser Umstand begründet kein allgemeines Gesetz; wenn man ihn aber wenigstens für die Mehrheit, etwa in abnehmender Progression, zur Statuirung einer zweiten Lebensstufe benützen wollte, so könnte man ebensogut auf die Möglichkeit einer dritten, vierten etc. Lebensstufe geführt werden. Bekanntlich nahm J. G. Fichte für die in die zweite Lebensstufe Eintretenden eine in's Unendliche aufsteigende Reihe von Lebensstufen an, während Schelling eine letzte annahm, die ihm schon mit der dritten erreicht wurde.

überwiegend äusserlich gelten, wenn das künftige zuvor als überwiegend innerlich erwiesen wäre. Diess ist aber durchaus nicht erwiesen. Das irdische Leben kann mehr äusserlich oder innerlich sein, je nachdem es gelebt wird, und die Zahl Derer, die überwiegend innerlich gelebt haben, ist sicher nicht als so gar gering anzuschlagen. Dies schlösse noch nicht aus, dass das künftige Leben zunächst überwiegend innerlich sein könnte. Diess aber als allgemeines Gesetz zu behaupten, ist kein genügender Grund vorhanden. Es können Menschen so heilig leben oder doch zuletzt sich so vollkommen heiligen, dass sie gleich nach dem Tode zur Auferstehung gelangen und also gleich in Schelling's dritte Stufe eintreten, wie Christus selbst gleich nach seinem Tode zur Auferstehung gelangt ist. Die Auferstehung Anderer kann bald, später und zu jeder Zeit geschehen, wo sie reif dazu geworden sind; es bedarf für sie nicht einer gesetzlichen Lebensepoche nach der Analogie der irdischen.*) Innerlich wird ihr Leben unter allen Umständen sein müssen, wenn sie zur Reife gelangen wollen, aber diese Innerlichkeit schliesst die reichsten Beziehungen nach Aussen keineswegs aus, und diese könnten möglicherweise sogar reicher sein als es die irdischen sind. Denn abgeschlossen von der Welt, in ihre Innerlichkeit ohne Beziehungen nach Aussen zurückgedrängt, dürfen wir die abgeschiedenen Seelen sicher nicht vorstellen, sondern nur in andern Weisen mit der Welt in Beziehung stehend und, wie gesagt, eher in reicherer als in ärmerer Weise als die irdischen Menschen. Gesetzt aber, es wäre der Fall, dass Seelen unter ihnen wären, die nicht für die Auferstehung reif werden wollten, die sich ihrem Reifwerden widersetzten, wäre dafür einzustehen, dass sie — nur in anderer Weise und in andern Formen — äusserlicher lebten, als der Mensch hienieden lebt und als sie selbst vielleicht hienieden gelebt haben? Man nehme doch nicht das materielle Leben als die einzige Weise äusserlichen Lebens. Ein Leben in der Hölle würde noch äusserlicher sein, als alles materielle Leben hienieden sein kann. Es ist ein löbliches Bestreben der Philosophie, die Lehren der Religion in's tiefste Verständniss zu erheben. Zu häufig aber legt sie dieselben nur auf das Prokrustesbett der Abstraction und macht sie ärmer statt reicher. Wie die Natur noch immer unermesslich reicher ist als die Naturwissenschaft, so ist die Religion

---

*) Vergleiche: Vom Zustand nach dem Tode von Rinck. Zweite Auflage (1866) S. 195, 218, 222—236. Rinck verwirft die Wiederbringung aller Dinge, die totale Weltvollendung, und behauptet die Endlosigkeit der Verdammnissstrafen. Allein er hat die Gegengründe Baader's kaum gekannt, jedenfalls nicht widerlegt.

noch immer reicher, als unsere Religionsphilosophien sich erweisen. Wenn Einer unserer Philosophen dem Reichthum und der Tiefe der Religion nahe kommt, so ist es nicht Schelling, sondern Baader. Man möchte sagen: er hat ihr in's innerste Herz gesehen und hat ihre Tiefen aus den höchsten Ideen zu begreifen gewusst. Im Kern der Sache ist Niemand tiefer gegangen als Baader, und zwar lange, bevor Schelling sich aus seinem modificirten Spinozismus mit seiner Gottespersönlichkeits- und Unsterblichkeitsleugnerei herauszuarbeiten begann und sich dem Baader'schen Ideenkreis von ferne zu nähern. Wer daher heute über die Unsterblichkeitslehre schreiben will, sollte vor Allem Baader's Lehren vollständig kennen und durchdrungen haben. Dann erst würde es sich zeigen, ob etwas und was in dieser Frage über Baader hinaus noch etwa zu leisten wäre.

Wenn nun der Verf. (S. 94—95) die Frage aufwirft, warum der Weltorganismus jenem erhabenen und schönen Gedanken eines harmonischen Zusammenhanges aller gewordenen Wesen mit Gott nicht entspreche, warum das göttliche Kunstwerk nicht nach diesem Gedanken auch ausgeführt sei, so antwortet er darauf: „weil es in Wahrheit doch nicht das höchste und göttlichste wäre und Gott einen höheren und göttlicheren Organismus wollen muss." Es ist höchst wichtig, hierüber seine näheren Erklärungen zu vernehmen. Hören wir sie: „Von Gott erhielten die entstehenden Wesen alles, was er ihnen geben kann; aber er kann ihnen nicht alles geben, ja, er kann ihnen das Beste nicht geben. Das Beste, nennen wir es die Tugend, in welcher die natürliche Güte zur gewollten Güte erhöht ist. Die Tugend kann der Schöpfer dem Geschöpf nicht geben, nicht schenken; denn eine geschenkte Tugend wäre keine. Ein gemachter Tugendhafter wäre ein geistiges Fabrikat, kein Tugendhafter. Der Schöpfer kann also dem Geschöpf nur die Mittel geben, zur Tugend zu gelangen. Die Tugend ist die gewollte, mit Ausschluss des Gegentheils gewollte, die in Bewährung erlangte, die wahrhafte Güte. Und bewähren kann sich nicht ein Anderer für mich, bewähren muss ich mich selbst. Kann Gott einen Organismus von Wesen wollen, die nicht bewährt, nicht wahrhaft gut, nicht selbst wollend gut, nicht mit siegreichem Wollen gut und eben dadurch ihm gleich geworden und an ihrem höchsten Ziele angekommen sind? Er muss offenbar den Organismus von bewährten, selbstvollendeten Geschöpfen wollen. Und zu diesem Ende muss er ihnen die Mittel und die Freiheit geben, zu wählen zwischen dem Guten und dem Bösen, für ihn und gegen ihn zu sein. Das hat er dann auch gethan, wie er musste, wie er es wollen musste. Und er konnte keinen Anstand nehmen, die Schönheit seiner unmittelbaren Schöpfung in Frage zu stellen und möglicherweise der Hässlichkeit in furchtbarem Verderben Raum zu geben. Denn das furchtbarste Verderben ist kein so grosser Schaden, als die Freiheit selbstvollendeter Wesen ein Gewinn ist. Um dieser Freiheit willen musste alle natürliche Schönheit auf's Spiel gesetzt werden. Aber dieses Spiel, wie uns die Erfahrung zeigt, ist zunächst verloren worden — mindestens zum Theil verloren."

In der That ist der hier von dem Verf. in seinen allgemeinsten Zügen angedeutete Weg der Erklärung des Welträthsels der Uebel der einzige, der zum Ziele führen kann, sobald nur der Unterschied Gottes und der Welt scharf genug festgehalten, die Selbstwirksamkeit und Selbstwillensfähigkeit der Geschöpfe dadurch gesichert und der Urzustand der Schöpfung als der unmittelbar vollkommene, aber der Vermittelung fähige und bedürftige festgehalten wird. Dürfen wir den Gedanken des Verfassers in diesem Sinne verstehen, so ist er einer der tiefsten seiner Schrift und von einer wahrhaft unermesslichen Bedeutung. Denn er zeigt uns, dass Gott um der Freiheit der Geister, um der Ermöglichung selbsterrungener Tugend und Vollkommenheit willen, auch den Missbrauch des freien Willens und damit die Möglichkeit einer ungeheuren Summe von Greueln und Verbrechen, von Leiden, Schmerzen und Qualen, welche letztere selbst in die Naturwesen eindringen konnten, zugelassen und zu tragen sich entschlossen hat. Wer daher diesen Gedanken nicht in seiner ganzen Tiefe ergreift, dem kann es begegnen, im Angesicht der schauderhaften Greuel und der qualvollen Leiden, unter welchen die Menschheit und die fühlende Natur seufzt, zu verzweifeln und dem Fatalismus, in welcher Form immer, zu verfallen, sei es nun, dass er zum titanenhaften Trotz und zur herzlosen Gewaltthätigkeit, sei es, dass er zum Quietismus oder zum Selbstmord ausschlägt. An der Erkenntniss der hier bewährten Wahrheit hängt daher unermesslich viel.*)

Aber sie bildet doch erst die Prämisse, deren Folgerungen noch zu ziehen sind. Der Verf. lässt auch nicht auf sie warten

---

*) Der Atheismus Frauenstädt's, welcher natürlich die Freiheit leugnen muss, sträubt sich mit Aufwand der forcirtesten Gründe gegen diese Lehre, wie er neuerdings in seiner Schrift: Blicke in die intellectuelle, physische und moralische Welt nebst Beiträgen zur Lebensphilosophie (1869) zeigt. Die Philosophie des Alterthums in ihren grössten Repräsentanten, Pythagoras, Sokrates, Platon, Aristoteles, Plotin, stand hoch über diesem modernen Atheismus, der nach seinem Princip nahezu in die Kindheitsstufe der Philosophie, die Jonische Naturphilosophie zurückfällt. Vergl. bezüglich der Monadologie des Pythagoras E. Baltzer's Schrift: Pythagoras, der Weise von Samos (1868).

und erklärt sich weiter in folgender Weise: „Die Naturforschung sucht Entstehung und Entwickelung des Kosmos, der Erde zu erklären. Aber sie will und kann das nur aus einem nächsten Grunde, der wieder der Erklärung bedarf, nicht aus dem letzten Grunde. Wenn man sie fragt: warum denn eine Entwickelung unter so entsetzlichen Greueln und Leiden, wie sie die Entwickelung der irdischen Natur und der Menschheit aufweisen, dann giebt sie keine Antwort, die uns irgend zufrieden stellen könnte. Eben weil es auf der Erde so wüst zugeht, wie wir es befinden (hat ein Naturforscher erklärt), und weil auf dieser Erde die unschuldigen Thiere leiden (haben Andere gesagt), so — kann es keinen Gott geben. Denn Gott würde es nicht so wüst zugehen, er würde die unschuldigen Thiere nicht leiden lassen. Wenn aber Gott, um der Freiheit seiner Geschöpfe, um seiner höchsten Endzwecke willen, der Natur der Dinge ihren Lauf lassen müsste? Wenn er den Gefallenen (man nehme diesen Ausdruck in unserm Sinn!) die nothwendige Folge ihrer Entscheidung nicht erlassen durfte, ohne sie zu Maschinen zu degradiren? Wenn er sie nur wieder erheben konnte als Freie und Mitwirkende, indem er diese Folge ihre Strafe sein liess, welche zugleich züchtigt und erzieht — hinanzieht und bildet? Wenn die ganze Welt- und Erdentwickelung nur ein nothwendiges Uebel ist, ein unvermeidlich gewordener Durchgang, der allein ebenso die Gerechtigkeit befriedigt, wie zur Rettung, zur Wiederhinanführung der Seelen dient? Wenn der Schöpfer die Wesen, die er durch das erste ideale Mittel nicht bewegen konnte, sich für die Seinen zu erklären, durch das zweite reale so zu behandeln wusste, dass sie nach und nach alle diese Erklärung und Bewährung nachholten und frei zu ihm zurückkehrten? Wenn der höchste dienende Organismus, der Organismus wollend guter Wesen, der für's erste nicht gelang, doch zu guter letzt gelänge? Per tot discrimina rerum? Dann wäre Alles wohl bestellt. Und wenn Gott das erste Spiel verloren, jedenfalls nicht ganz gewonnen hat; das zweite und letzte gewinnt er, und er gewinnt es ganz. Da er nun diess vorher weiss, so ist ihm auch der theilweise Verlust des ersten nicht so ganz empfindlich, wie es uns wohl scheinen mag."

Da die Naturforschung, wie sie heute meist betrieben zu werden pflegt, sich von vorn herein in den Empirismus festbannt, so kann sie nicht zu einem letzten Grunde gelangen, denn der letzte Grund kann nicht in der Reihe der Erscheinungen, vollends nicht der sinnlichen, liegen und nur in Rückschlüssen aus den Erscheinungen durch den Gedanken ergriffen werden.*) Dennoch macht auch

---

*) Trotz des Aufwandes ungewöhnlichen Scharfsinns kommt der Verfasser

diese Naturforschung Rückschlüsse, aber so wie sie dieselben macht, können sie nur in eine regressio in infinitum führen, über die sie nicht hinauskommt und doch der unendlichen Reihe der Erscheinungen angeblich unentstandene und unvergehbare, ewige, trotz ihrer Endlichkeit absolut sein sollende Atome voraussetzt. Sie meint, in der Vielheit der Atome selbst das Absolute erreicht zu haben und wird nicht inne, dass in der Mehrheit (unzählbaren Vielheit) das Absolute nicht erreicht sein kann, weil schon zwei Absolute (dem Sein nach absolut aus und durch sich Erklärbare) eine Unmöglichkeit sind. Die Behauptung, dass, weil es auf der Erde so wüst zugehe, es keinen Gott geben könne, hat gerade auch Schopenhauer aufgestellt und gerade dadurch sich des Anspruchs begeben, unter den Forschern genannt zu werden, welche einen wirklich brauchbaren Beitrag zur Erklärung der Weltübel gegeben haben. Wenn der Verfasser davon spricht, dass Gott um der Freiheit willen der Natur der Dinge ihren Lauf habe lassen müssen, so versteht er unter dem Müssen nur eine moralische Nothwendigkeit, wie sie bereits Leibniz behauptet hat.

Weiterhin (N. XIX, S. 98) kommt der Verf. nochmals auf die Schöpfungslehre zurück und behauptet richtig, das „Gott nur Wesen schaffe, die ebenso Geist und Natur, Herrschendes und Dienendes in Lebenseinheit sind." Diess schliesst nicht aus, dass die Einheit des Geistes und der Natur in drei verschiedenen Wesensklassen sich darstelle als Geisterwelt, Naturwelt und Menschenwelt. Nur ist kein ausreichender Grund vorhanden, die Geisterwelt über die Menschenwelt ihrem Wesen und ihrer Bestimmung nach zu stellen. Damit vereinigt sich sehr wohl, was der Verfasser über die Nothwendigkeit der Anerkennung der Existenz der Geisterwelt sagt. Nur dass hier einige Modificationen unabweisbar sind, z. B. in Rücksicht der Vorstellung, dass die Geister es seien, welche die Erdgeschöpfe immer innerlicher und geistiger werden liessen und durch welche es möglich sei, dass die höchst entwickelten Thiere die ersten Menschen oder die ersten Uebergangsformen zum Menschen erzeugen könnten.

Die Prüfung der geistigen Wesen, sagt der Verf., sei nicht allgemein bestanden worden, wie die Erfahrung zeige. Von diesem Gesichtspunkte aus führt er fort: „Gefallen und mitgefallen ist alles, was sich im gegenwärtigen Kosmos, auf der gegenwärtigen Erde in Natur und Menschheit auf dem Wege der Wiedererhebung

---

der Schrift: Der Satz von zureichendem Grunde, Joseph Jäkel (S. 2, 200 ff.) zu der widersinnigen Behauptung, es gebe keinen absoluten Grund.

befindet. Die gegenwärtige Ordnung der Dinge, wie sie im jetzigen materiellen Weltall, in der Erde, in den Reichen der Natur, in der Entwickelung der Menschheit vorliegt, ist unverständlich und unerklärlich ohne die Thatsache der Prüfung und des Falles in der angedeuteten Ausdehnung.*) Denn die gegenwärtige Ordnung der Dinge — diese Mischung von wunderbarem Gedeihen und greulichem Verderben; diese Welt, in welche alle Güter und alle Uebel ausgegossen sind und Leben und Tod miteinander ringen unvermeidlich; diese Einrichtung, wo die starken Wesen, wenn sie leben wollen, die schwächern tödten und verzehren müssen; diese allgemeine Anlage auf Hinfälligkeit und Vergänglichkeit: das kann so, wie es ist, nicht unmittelbar von Gott kommen. Das ist ein Zustand der Noth, der verschuldet sein muss durch die Creatur, und Gottes würdig ist hierbei nur, wie er die unaufhaltsamen Folgen der getroffenen falschen Wahl zur Wiedererhebung, zur Emporführung der gefallenen Wesen benutzt. Per aspera ad astra! das ist der Ruf an die in der Zeitlichkeit Lebenden. Zu leiden, zu kämpfen, in Leid und Kampf uns zu bilden und uns immer mehr selber und dem Ideal zu gewinnen, das ist unsere Aufgabe im irdischen Leben. Wenn wir aus ihm scheiden, dann setzen wir den Weg zu Gott empor nur fort, und das Ende wird sein, dass alles Gefallene zu dem Einen, Allherrschenden hinankommt und den wahren freien Bund mit ihm, den es zuerst verschmäht hat, nachträglich schliesst, nachdem es durch grossen Schaden klug geworden, durch lange Leiden gewitzigt ist."

So tief diese Betrachtung und Auseinandersetzung in dem zuletzt Gesagten geht, so scheint sich doch der Verf. die Wege zum Ziele, die Vermittelungen durch die Stufen der Läuterungen, wenigstens hier, weniger streng vorzustellen, als die Sache verlangt.**) Uns dünkt, dass hier die Erwägungen zu berühren gewesen

---

*) Wie verträgt sich die Prüfung des Menschen mit der Annahme, dass er aus dem Thier herausgewachsen sei? War das Thier schon in den angenommenen Fall des gegenwärtigen Kosmos verwickelt, so ging nach dem Verfasser der Mensch aus bereits verdorbenen Geschöpfen hervor und war mit seiner Geburt schon in die Verderbniss hineingezogen. Soll er dennoch nun erst noch geprüft worden sein, er, der von der Dummheit und Wildheit des Thiers sich noch sehr wenig unterschieden haben könnte?

**) Allerdings sehen wir später den Verfasser die hier geforderte Strenge selber geltend machen, wenn er (S. 124) sagt: „Ist eine ewige Peinstrafe unmöglich, so ist die Strafe als natürliche Folge des Bösen und als Erziehungsmittel unvermeidlich, und jeder kann sich sagen, dass er jedes Unrecht büssen, jede Schuld bis zum letzten Heller wird bezahlen müssen." Er leugnet sogar, gleich Baader, nicht, dass es trotz des Gesagten ewige Folgen des zeitlichen

wären, welche Baader in seiner Lehre von den letzten Dingen nahe legt, sowie noch mehr seine Lehren vom Anfang der endlichen Dinge in Berücksichtigung hätten gezogen werden sollen. Die Hypothese des Verfassers, nach welcher (S. 108 ff.) in Widerspruch mit Früherem und Späterem, aus dem durch den Fall herbeigeführten Zerfall des ursprünglichen Weltorganismus die Atomenmasse entstanden sein soll, halten wir nicht für stichhaltig. Wenn die Urnaturwelt nicht aus Monaden oder Atomen bestand, so kann auch die zerrüttete Naturwelt nicht aus Monaden oder Atomen bestehen, und umgekehrt, wenn die letztere aus Monaden oder Atomen besteht, so muss auch die Urwelt daraus bestanden haben, so verschieden auch die Zusammensetzung derselben dort und hier sein mochte und mag. Monaden oder Atome sind entweder von Anfang der Schöpfung und primitive Schöpfungen Gottes, oder sie sind überhaupt nicht.*) Im Laufe der Entwickelung können sie in keinem Falle entstehen. Wenn der Verf. sagt (S. 111), auf der kleinen Erde entstünden nach und nach eine solche Menge von Wesen, für welche zum nothwendigen Boden das Material sämmtlicher Weltkörper nur eben zureichen werde, so kann er nicht zeigen, wie sich dieses gesammte unermessliche Material auf der Erde zusammenfinden soll, und wenn er auch dieses Unmögliche möglich machen könnte, so könnte er doch dieser Unermesslichkeit von Wesen nicht die Erde zum Wohnsitz geben. Bei näherer Erwägung dürfte er sich daher zu der Annahme St. Martin's und Baader's hingedrängt sehen, dass die Menschheit ursprünglich bestimmt gewesen sei, das gesammte Weltall zu bewohnen, und dass es dereinst das gesammte Weltall bewohnen werde.**)

In N. XXI stellt der Verf. das Ergebniss seiner Betrachtungen übersichtlich zusammen. Hier stossen wir auf das Unerwartete, dass er doch wieder die Atome und sogar die Ewigkeit der Atome festhalten will, nur nicht ihre ewige Formlosigkeit. „Wir lehren eine ewige Theilnahme der Atome am vollkommenen Organismus, in welchem auch diese Wesen ihre Erhöhung und Verklärung, ihre schönste Form und ihren edelsten Gehalt erlangen. Schon die Atome, die der Organismus des irdischen Menschen mit sich vereint,

---

Verhaltens gebe, worüber man die citirte Stelle vergleichen möge. Vergl. Baader's Werke IV, 408 ff.

*) Wir zweifeln nicht, dass der Verfasser dies eigentlich im Sinn hat. Aber dann müsste er die Sache doch anders darlegen.

**) Baader's Lehre vom Weltgebäude verglichen mit neuern astronomischen Lehren von Lutterbeck (1866) S. 16—17. Baader's Werke XII, 312 ff.

werden relativ erhöht und geadelt.*) Von hier aus ist ein Schluss zu ziehen auf ihre Veredlung im absoluten Organismus, dessen Einzelbildungen sie vollenden, und den sie selber abschliessen." Diess stimmt nicht mit dem früher Gesagten vollkommen zusammen.

Der Schluss der Schrift legt in edelster Gesinnung die Folgerungen nahe, die sich aus seinem Grundprincip für das ethische und praktische Leben ergeben. Goldene Worte, die der ernstesten Erwägung würdig erscheinen, und den Werth der gewonnenen Hauptgrundlagen seiner tiefsinnigen, aber durch manche dunkle Punkte etwas getrübten Weltanschauung in hellem Lichte erscheinen lassen.

Zum Schluss unserer Anzeige der geist- und ideenreichen Schrift verweisen wir noch besonders auf N. XV, „das Gleichniss" überschrieben. Hier führt der Verf. das uralte Symbol der Unsterblichkeit, den Schmetterling, vor unsere geistigen Augen und entwickelt die Parallele durch alle Momente hindurch in der geistreichsten Weise, nicht ohne ergötzlichen Humor.

6.

Die Philosophie des Bewusstseins in Bezug auf das Böse und das Uebel. Von Dr. M. Franz Bicking, Königl. preuss. geh. Sanitätsrath, Leibarzt, Ritter. Hinterlassenes Manuscript. Berlin, Denicke (Link u. Reinke, 1873).

I.

Referat.

Der Verfasser hinterliess in seinem nachgelassenen Manuscript eine Religionsphilosophie in gedrängtem Umriss, welche in freier Vernunftforschung jenen Grundgedanken durchzuführen versucht, welcher die christlichen Forscher schon immer in beschränkterer oder freierer Form bewegt hat, dass der an sich vernünftige Glaube zum Wissen zu erheben sei und sich in ihm zu vollenden habe, nach dem Maasse, in welchem hienieden von Vollendung die Rede sein kann. Das Motto der Schrift drückt diess in unumwundener

---

*) Wie (materielle) Atome erhöht und veredelt werden könnten, das ist eben die Frage. Der Naturforscher wird sich wenigstens durch das vom Verfasser Gesagte von der Möglichkeit solcher Erhöhung und Veredlung nicht überzeugen lassen.

und scharfer Form in den Worten aus: „Die Philosophie soll das Bewusstsein des Menschen aus der Natur des unbedingten Geistes offenbaren. Die Theologie hat diess nicht erreicht. Ihre Offenbarung soll offenbar gemacht werden." Wir wollen hier nicht untersuchen, ob die Werke unserer bedeutendsten Theologen der letztvergangenen Zeit und der Gegenwart nicht mehr von tiefer Philosophie durchdrungen sind, als der Verfasser wusste, oder anzuerkennen Gelegenheit fand. Aber man wird einräumen müssen, dass kein theologisches Werk vorhanden ist, welches den Anforderungen der Philosophie vollkommen gerecht worden wäre. Kein Vorwort des Herausgebers gibt uns Kenntniss von der Persönlichkeit des hingeschiedenen Verfassers der Schrift. Die Nachricht des Titelblattes, dass er geh. Sanitätsrath und Leibarzt gewesen sei, kann auf den ersten Blick in Betracht des Inhalts seiner Schrift in Erstaunen versetzen, bestätigt aber den Ausspruch, welchen wir von dem Philosophen Windischmann und dem Arzt Passavant vernommen zu haben uns zu erinnern glauben, dass der begabte forschende Arzt, wenn er einmal die Unhaltbarkeit des Materialismus erkannt habe, nur in einer wahrhaft tiefsinnigen Weltanschauung volle Befriedigung zu finden pflege. Demnach möchten auch in der Gegenwart weit mehr denkende Aerzte tiefsinnigen Anschauungen huldigen, als der laute Markt der Literatur erkennen lässt. Dieser bietet zwar ausgezeichnete medicinische Werke dar, aber ein Eingehen auf die höchsten und schwierigsten Fragen der Philosophie ist meist schon dem Plan solcher Werke nach ausgeschlossen.

Der Verfasser scheint sich seinen Weg durch Platon, Aristoteles, Plotin, Spinoza, Schelling und Hegel gebahnt zu haben. Die absolute Substanz ist ihm das Wissen, welches sich als Wollen und Können bestimmt und so Selbstbewusstsein ist. Das Urselbstbewusstsein ist die absolute Persönlichkeit, welche den Ur- und End-Zweck für Alles begreift und ihre Freiheit und Nothwendigkeit ist. Das unbedingte Bewusstsein ist sich erst dadurch wahrhaft bewusst, dass es sich aus seinem Alles in sich fassenden Wesen heraussetzt, die Welt schafft. Daher ist der immanente Gott transscendental. Die Welt ist nothwendig und ewig. Die Entwickelung setzt das Fertige voraus. Sie ist das Werden und dieses ewig. Das Streben des Innern zu seiner Darstellung nach aussen ist die Bewegung und dieses Streben zur Vielheit. Das Viele, nebeneinander, ist Raum, nacheinander Zeit. Raum und Zeit sind die allgemeinsten Begriffe für alles Existirende, ihr Inhalt ist die Materie, die abstracte Einheit Beider. Die Materie ist das Etwas, ein Gewusstes und als gewusstes Etwas geistiger Natur. Die Materie ist Geist. In der Materie wird die Bewegung, indem sie ihren Ausdruck erweist, nach aussen begrenzt und fixirt. Form ist das Wesenhafte in der Materie. Als Erscheinung der bestimmten Form ist die Materie real (wirklich). Geformte Materie ist Körperlichkeit. Ungeformte Materie durchdringt die geformte.

Die Bewegung ist zweifach; nach aussen strebend, wird sie in der Materie Körperlichkeit, ponderabel; zurückstrebend bildet sie die Körperlichkeit durch die Form zu der Idee zurück, als das Imponderable. In allen sich Bildenden stellen sich die Principien des Innern und Aeussern dar, unter dem Gesetz der Gegenständlichkeit. Die Gegenständlichkeit in der Materie stellt sich als die Elemente dar. Es giebt nur zwei Elemente, die in jeder unterschiedenen Bildung Inneres und Aeusseres darstellen. Die Elemente sind geistiger Natur, Qualitäten. Da Geist die Materie in deren Form bildet, in ihm sich gegenständlich macht, so ist die Materie Geist und der Geist Materie und in der Form derselben Körperlichkeit. Die Abstraction des zur Einheit strebenden Geistes aus der Materie, das Denken des in der Materie sich formenden Aeusserlichen ist Verstand (Verstehen der Dinge). Der Verstand ist Materie und Körperlichkeit und er löst sich mit der zerfallenden Form der Materie wieder auf. Die Thätigkeit des Verstandes bildet in seinem Substrate, dem Centrum des Nervensystems den Gegenständen seiner Erkenntniss ähnliche Formen; der Verstand bezieht sich, das Bewusste begreifend, auf das diesem zu Grunde liegende Bewusstsein zurück. Das ursprünglich sich Bewusste ist die Vernunft (Geist im Gegensatze zur Seele). Wenn in dem Aeusserlichen die Ursprünglichkeit des Bewusstseins und seine Persönlichkeit sich darstellt und erreicht hat, so ist diese Bildung, in der Rückbeziehung auf die Ewigkeit des Bewusstseins, in der Persönlichkeit sich abschliessend, ewig in der bestimmten Person (unsterblich).

Die hier folgenden geistreichen naturphilosophischen Entwickelungen — idealistisch- oder spiritualistisch-dynamisch — müssen wir der Beachtung des denkenden Lesers bestens empfehlen, um Raum für dasjenige zu gewinnen, was das eigentlich Auszeichnende dieser Schrift ausmacht.

Die Vernunft, das ruhige, in die Bewegung setzende Princip, erzeugt nach dem Verfasser das körperliche Sein. Aller Gestaltung vorausgesetzt ist ihm daher die Idee, die aus dem Wissen sich im Selbstbewusstsein, der Kraft seiner selbst, erreicht hat und das Gewusste aus sich heraussetzt. Die Idee, aus ihrer Einheit specificirt, ist jedem Einzelnen vorausgesetzt. Das Ganze wird erreicht in der Gesammtheit durch das Einzelne. Die Idee ist, über die

Entwickelung hinausgesetzt, in sich fertig, alle Darstellung und Entwickelung bezieht sich daher auf etwas an sich Fertiges. Es ist in der Entwickelung ein ununterbrochener Zug das Ganze zu erreichen, nachdem das Ganze sich aus sich selbst in das Einzelne geartet hat. Die Entwicklung schreitet von den geometrischen Formen in das Organische und das Geistige vorwärts. Die vorausgesetzte Idee eines Dinges ist sein Begriff, der als specieller auf den allgemeinen bezogen ist. Der Begriff ist in der Mitte sein Wissen, auf der einen Seite sein Wollen, auf der andern sein Können, hier Subjekt, da Objekt. Das Aufeinanderwirken beider ist seine Erscheinung. Der Begriff wird, indem er sich real entwickelt, sich gegenständlich, setzt die Disjunktion seiner Momente aus sich heraus und bildet ein disjunktives Urtheil. In der Urtheilung des disjunktiven Begriffs überwiegt die eine Seite als die subjektive, dem Inhalte des sich ausbildenden Begriffs näher verwandte die andere, die objektive, die positive die negative Seite. Gleichseitigkeit, wo sich die Gegensätze ausgeglichen haben, findet nur in dem zum Ausgleich gekommenen Mechanischen statt; alles Lebende ist sich ungleich. In der Ungleichheit der Gegensätze liegt die Spannung und die Erregung der schwächeren Seite durch die stärkere, der Prozess der Entwickelung. Das disjunktive Urtheil ist das Gesetz aller Entwickelung. In der gleichmässigen Fortführung der ungleichmässigen zum Höheren liegt der Fortschritt zum Ganzen. Da jede Gestaltung von dem Begriff des Urbewusstseins ausgeht und als Gewusstes in der Bahn des Selbstbewussten aufwärts steigt, so ist eine durchgreifende Analogie vorhanden von den niedrigsten Erscheinungen zu den höheren der Thätigkeit des verständigen Denkens.

Das blos verständige Denken ist den Dingen gegenständlich, als das Erkennen derselben. Es trägt deren Natur, nur insofern Geist, als die Materie selbst Geist ist. Es setzt eine Bildung in der Materie, ein Nervensystem, ein Gehirn, mechanische und chemische Kräfte voraus, geht in den ihm gegenständlichen Dingen auf, ist und vergeht mit denselben. In der im Menschen erreichten Entwickelung ist das verständige Denken zugleich über alle Materie hinausgesetzt und auf das rein Geistige bezogen. Jemehr das Denken sich zum Selbstbewussten erhebt, desto mehr beherrscht es die Materie und ist durch und in sich selbst. Daher ist der Mensch durch den höheren geistigen Gehalt der Vernunft zugleich über die Materie, obgleich von ihr beeinflusst, erhaben. Da alle Bildung eine Entwickelung des Besonderen ist, so schreitet sie von Art zu Art vor; sie ist qualitativ, nicht quantitativ. Die Quantität findet sich nur innerhalb des Qualitativen. Daher ist aus dem Affen ebensowenig ein Mensch entstanden, wie aus einer Orchidee ein Schmetterling. Die specifische Ausbildung schreitet nach allen Seiten hin divergirend und aus der Divergenz sich wieder abrundend zu dem Höheren fort. Erreicht wird die Idee des Ganzen aber nicht in der materiellen Bildung, da diese aus der Entgegensetzung des aus sich selbst Bildenden hervorgeht, sondern nur auf die Zurückbeziehung der bildenden Idee selbst, in der alles Einzelne liegt. Das Ganze ist der Inbegriff aller nothwendigen Theile, die sich einander fordern und ihren Grund und Zweck in der Einen Idee des Ganzen haben. Ursprünglich ist in der disjunktiven Ausbildung der Natur keine Unterbrechung, kein Stehenbleiben, kein Zurückgehen nach unten, keine Aufhebung der ursprünglichen Idee in ihrer Fortbildung. Der Disjunktion steht das Contrarium entgegen, welches in seiner Besonderung aus dem Begriffe heraustritt, die Gegenständlichkeit desselben negirt und von derselben nicht gehalten, für sich untergeht. Ursprünglich, in der vernünftig durchgeführten Welt, giebt es nichts Conträres, als Etwas dem Begriffe und sich selbst Widersprechendes.

Die Welt, die der Ausdruck des Einen im Bewusstsein liegenden Willens und Könnens ist, ist nicht das Eine selbst, ist von ihm unterschieden; sie liegt ausser ihm, ist seine Gegenständlichkeit, die Erkenntniss des Erkennenden, die Wirkung des Wirkenden, das Gewusste des Wissenden, das Wirkliche des Verwirklichenden, das Gewollte und Gekannte der unbedingten Möglichkeit des Willens. Gott steht der Welt gegenüber als in der Welt und zugleich in und für sich, als die Einheit der Person, das unbedingte Subjekt dem Objekt.

Die selbstbewusste Vernunft ist in der Natur als die zum Bewusstsein strebende, dasselbe daher an sich enthaltende Vernunft wirksam. Die höchste Vernunft an sich kann ihr Wesen nicht negiren, nicht unvernünftig sein, der höchste Wille sich nicht selbst widersprechen. Das Unvernünftige ist dasjenige, was seinem und dem höchsten Begriffe nicht entspricht, ist die Besonderheit, die sich in einen conträren Gegensatz zum Allgemeinen setzt, um von ihm unabhängig zu sein, anstatt sich zu demselben zu erheben. Das Unvernünftige ist die Negation des Vernünftigen. Da dieses in dem Willen sich abschliesst, so geht alles Unvernünftige vom Willen aus. Die Vernunft kann sich die Welt ihrem Wesen nach ursprünglich nicht anders als ihr gemäss, als vollkommen denken. Die Vernunft ist in ihr zur Darstellung gekommen. In der vollkommenen Welt wie sie in dem vernünftigen Bewusstsein der

Menschheit als eine Nothwendigkeit liegt, ist nichts dem weltschöpferischen Willen Widerstrebendes vorhanden. Dieser Wille negirt sich nicht selbst, aus ihm bilden sich nur disjunktive, nicht contradictorische Gegensätze.

In der ungestörten gleichmässigen Ausbildung des Bewusstseins aus dem Gewussten durch alle Sphären des Natürlichen liegt das ursprüngliche Gute, das Gute an sich. Die Darstellung des Guten ist zugleich das Wahre und Schöne. In dem Guten bildet sich aufsteigend das Begriffliche aus seinen disjunktiven Gegensätzen, die zur höchsten Einheit streben, ohne dass ein Widerspruch in dieser Ausbildung zur Freiheit des Bewusstseins vorhanden ist. In der vollkommnen Welt ist kein Zerfallen der höheren Bildungsformen in niedere, kein Herabsinken der erreichten Einheit des Bewusstseins in blosse Bildungstriebe, in chemische und mechanische Kräfte, sondern eine gleichmässige Fortbildung des Einen aus dem Andern, eine nur in der Disjunktion fortschreitende Entwickelung, es ist keine Unterbrechung, kein Tod; statt Sterben Verwandlung in Höheres, Genugthuung, Glückseligkeit, Verklärung.

Der ursprüngliche, ideale Mensch war eins mit dem Ganzen, frei in seiner Harmonie mit dem absolut Freien, sein besonderer Wille lag in jenem. In seinem schaffenden Willen hatte er Herrschaft über die geistig zu ihm sich heranbildende Materie bis hinab zu ihrer Cohäsion und Schwere sowohl in seiner eigenen unvergänglichen wie in der ausser ihm vorhandenen Körperlichkeit. Das ursprünglich Vollkommene und Gute, das sich erhaltend sich in sich selbst fortführt und erweist, enthält das Widersprechende, Unvollkommene und Böse, das sich Zerstörende blos als wesenlose Möglichkeit; es steht ihm ursprünglich nicht real entgegen, sondern nur als gedachte Contradiction. In unserem auf die Vernunft bezogenen Bewusstsein liegt die Vorstellung von der ursprünglichen Vollkommenheit der Welt und wir sehen, dass sich das Negirte, Zerfallene wieder in dem Ganzen herzustellen sucht und finden darin die Durchführung eines früheren vernünftigen Princips. Das ist die Idee der ganzen Menschheit. Die Philosophie hat die Frage über die Natur des Bösen bisher nicht vollständig gelöst, grösstentheils weil man von der erscheinenden Welt, in der wir leben, geradezu auf eine absolute geschlossen und nicht untersucht hat, ob jene die ursprüngliche, die vollkommene ist. Man hat unterlassen zu fragen, ob nicht der Theil der Welt, von dem man die Schlüsse auf das Ganze machte, aus der Vollkommenheit des Ganzen herausgetreten, unvernünftig geworden ist. Vollends hat man sich verwirrt, indem man in der unrichtigen Vorstellung, dass

Gott identisch mit der Welt sei, und den Theil für das Ganze nehmend, Gott in eine unvernünftig gewordene Welt gesetzt hat. Die Welt ist die Darstellung von Gott; dieser ist das unbedingt Vernünftige; eine der Vernunft nicht gemässe Welt ist unmöglich die ursprüngliche. Wenn daher eine solche Philosophie das unvollkommene Vorhandene als das Erste, als das ursprüngliche Sein annimmt, zum Princip des Denkens macht und seine Consequenzen verfolgt, so geht sie von etwas Unrichtigem aus, kommt, in der blossen Erscheinung des Realen sich fortbewegend, zunächst zu der Negation des an sich Vernünftigen, aus welchem das Reale hervorgegangen ist und in den Materialismus sich versenkend, zur Leugnung des Denkens als eine nicht materielle Thätigkeit. Da die unvollkommene Welt von dem absoluten Bewusstsein sich abwendet, gelangt die dem Unvollkommenen folgende Philosophie bis zum Leugnen alles ursprünglichen Bewusstseins im Menschen und zum Verzweifeln an sich selbst, in einen so unseligen Zustand, wie der Schopenhauer's und neuerdings E. v. Hartmann's. Der Grund hiervon liegt in der Begründung der Philosophie auf den blossen Verstand, welcher nur die Causalität des Vorhandenen erforscht und sie für sich zu verstehen suchend, sich allein nicht über das Erscheinende zu dem letzten Grunde desselben erhebt, wie es die Vernunft bezweckt. Der Verstand, den Zusammenhang des Sinnlichen mit dem Uebersinnlichen unterbrechend, kommt in ein feindliches Verhältniss zur Vernunft und zu keiner Befriedigung; in der Vernunft dagegen liegt die höchste Wahrheit und Glückseligkeit.

Dem idealen, vollkommen guten Zustande widerspricht der Mensch und die Welt, wie sie vorhanden sind. Des Menschen verderbter Wille hat das Wissen verdunkelt und das Können beschränkt. Er nimmt den Widerspruch in sich wahr und ist mit ihm im Kampfe, da er in seinem Gewissen einer ursprünglich vollkommenen Natur sich bewusst ist und den Drang fühlt, seine wahre Bestimmung zurück zu erreichen. Er sieht den Widerspruch auch in den äusseren Dingen und zwischen diesen und sich. Trotz seines besseren Bewusstseins fühlt er sich zu der Aussenwelt hingezogen, weil sie conform ist dem Widerspruch in ihm selbst. Indem der Mensch den Widerspruch sich angeboren fühlt, findet er aus sich den Grund davon nicht. Sein Nachdenken wendet sich von sich selbst ab, er sieht den Grund für das Widersprechende in einem Princip des Widerspruchs, dem er hingegeben ist, den er ursprünglich in sich und in der Welt selbst vorhanden glaubt. Den Kampf gegen den Widerstreit findet er nothwendig und die Welt, mit der er in Verbindung steht, so wie sie ist, vollkommen. In der bloss logischen Consequenz des Verstandes hält er die Welt für vernünftig, aus dem wahren Grunde abgeleitet. Der Begriff des ursprünglich Vollkommenen und Guten ist ihm fremd. Da seine Erkenntniss dunkel, sein Wollen schwankend, sein Können beschränkt ist, so ist die Möglichkeit eines unmittelbaren Einflusses auf das Materielle, wie sie ursprünglich in der schaffenden Energie liegt, aufgehoben. Die Welt, in welcher der Mensch lebt, liegt in gleicher Disharmonie. In ihr herrscht keine ungestörte Fortentwickelung vom Niedrigsten bis zum Höchsten, kein ruhiger Fluss des Lebens, kein Gedanke, der seinen Zweck überall ungestört verwirklicht, sondern Hemmung und Stillstand. Ein Wesen schliesst sich gegen das andere in sich ab, ist nicht dessen gleichmässiger Grund und Keim zur Fortentwicklung, sondern zieht das andere herab in seinen Verfall und seine Zerstörung. Das Licht ist wie in die Materie versenkt und in ihr untergegangen. Die Welt ist der Ausdruck der Selbstsucht. Sie ist ausgedrückt in den Worten: „Kämpfen um seine Existenz", Kämpfen des Einen auf Kosten des Andern. Der durchgreifende Zweck sollte sein: Leben für Existenz des Andern, die gegenseitige Beförderung und Erhaltung desselben. Das entgegengesetzte Princip ist nicht das Ursprüngliche. Es ist etwas Negirendes, sich selber Feindliches in der Natur, was in sich selbst zwar eine verständliche Consequenz, aber keine Vernunft hat. Der Mensch fühlt in der Unterbrechung des Zusammenhangs in der Natur und im Geiste ausser sich eine Macht, die willenlos über ihn hinweggeht, die blind wirkende Naturgewalt. Wenn die Natur in diesem Zustand sich erhält und eine durchgreifende Ordnung sich dabei zu erkennen gibt, so geschieht es, weil trotz des zerstörenden Princips in der Natur die ursprüngliche Idee sich erhält und sich wieder herstellt.

Die hemmende, unterbrechende und zerstörende Macht, welche die Einheit zwischen dem Organischen und dem Unorganischen, sowie zwischen Geist und Materie aufhebt und die das Niedere, Untergeordnete über den Zweck des Vernünftigen setzt, ist das physische Uebel, als dessen herbster Ausdruck dem Menschen der Tod erscheint, der vernünftig nicht zu begreifen ist. Wenn die Welt, d. h. unser Weltkörper oder das Sonnensystem nach den heil. Büchern sich aus dem Chaos im Kampf gegen eine zerstörende Macht herausgebildet haben soll und wir wahrnehmen, dass auch andere Planeten, wie der Mars, Körper sind, in denen sich eine trümmerhafte Zerstörung zeigt, so dürfen wir daraus nicht schliessen, dass die Welt ursprünglich aus einem Chaos entstanden sei, dass ein zerstörendes Princip ursprünglich gegen ein erhaltendes thätig gewesen sei und zu der weiteren Annahme kommen, dass das

Wesenhafte aus dem Kampfe mit dem Entgegengesetzten hervorgehe, dass das Wahre das Falsche, das Gute das Böse voraussetze, sondern uns überzeugen, dass unsere Welt nicht eine ursprüngliche sein kann, weil diese die ungehinderte harmonische That des reinen Bewusstseins sein muss, sondern vielmehr die Wiederherstellung einer zu Grunde gerichteten vorhergegangenen Schöpfung, die sich nur auf einen Theil desselben, nicht auf das Ganze bezieht.

Der Widerspruch des Besonderen gegen das Allgemeine, des egoistischen Willens im Menschen gegen den umfassenden, vernünftigen, ist das Böse und das Uebel. Das Uebel entsteht aus dem Bösen. Woher kommt das Böse? Von Ewigkeit ursprünglich kann das Böse nicht sein. Dem Guten steht das Böse nicht ursprünglich conträr gegenüber. Als Conträres wäre es ursprünglich vorhanden, es fände keine Ueberbildung des Bösen in das Gute statt; das Böse hätte das Recht für sich; es wäre die Vorstellung unrichtig, dass das Böse zur Erreichung des Guten geschaffen sei, da es sich nicht selbst in das Gute überbilden kann; es bliebe diesem stets etwas Aeusserliches, ohne den möglichen Prozess der Vermittelung. Ursprünglich ist nur das unbedingt Seiende, in sich Nothwendige, mit sich selbst Gleiche, das in sich Alles enthält, schafft, sich gegenüberstellt und auf sich zurückbezieht, das an sich Eine, über jede Theilung erhaben, dieses erst aus sich hervorrufende Princip als das unbedingte Bewusstsein seiner selbst. Das Böse ist etwas zeitlich Entstandenes. Als zeitlich ist das Böse etwas Relatives, die Ewigkeit der absoluten Natur Ausschliessendes; der zeitliche Anfang setzt ein zeitliches Ende voraus. Die Möglichkeit des Bösen liegt in der Gegenüberstellung des Einen dem Andern aus der Einheit des Begriffs, insofern das Eine aus dem Zusammenhang mit dem Ganzen heraustritt als eine beziehungslose Besonderheit zum Andern. Diese Contradiktion kann nie geschehen, wenn das, was aus dem Zusammenhang tritt, einen Willen hat, sich selbst will in der Lostrennung vom Allgemeinen, in seiner Selbstsucht. Das Böse geht von dem Willen aus, der die Lostrennung sich zum Zwecke setzt. Der Wille geht aus dem Bewusstsein hervor. Der Wille ist frei in der Beziehung zum unbedingten Selbstbewusstsein und seinem eigenen; er kann die Wahl zwischen beiden treffen und sich selber in conträren Gegensatz stellen. Der conträre Wille führt zu seiner Unfreiheit. Da das Böse, in dem Willen entstanden, eine aus sich wirkende Kraft ist, so zeugt es sich aus sich selbst fort. Dadurch entsteht der Trieb zum Bösen, in dem freien Willen, der diesen immer mehr beschränkt. Da der böse Wille zur Unfreiheit hingezogen wird, so wird der Trieb immer mehr unwillkürlich, um so mehr, als er auch die körperliche Organisation verkehrt und geht dem Wahne, Wahnsinn entgegen. Das Böse, als widersprechende Besonderung, hat keine Rückwirkung auf das Allgemeine (Absolute). Da das Böse blos ein Akt des besonderen Willens ist, so gibt es kein Böses an sich, keine Substanz des Bösen. Das Böse kann nur vom wahren Wirklichen ausgeschlossen, zu einem in sich nichtigen Dasein gelangen. Es ist, in Bezug auf die vorausgedachte Vollendung, nur Schein, hat an sich keine ewige Dauer. Es ist in dem Allgemeinen an sich schon aufgehoben. Ein Zug zum Urwillen zurück, von dem der noch unverdorbene besondere Wille ausgegangen, bleibt im Bösen immer zurück, wie sich im Gewissen, in dem sich Gewisssein der ursprünglich guten Natur, ausdrückt. Eine gänzliche Lostrennung des dem Urwillen widersprechenden Besondern wäre die Vernichtung dieses. Diese aber ist nicht möglich, da der besondere Wille trotz seines conträren Gegensatzes in der Ewigkeit des umfassenden Urwillens liegt. Da der Wille Persönlichkeit ist, so ist das Uebel — wie seine Ursache, das Böse, das Erzeugniss einer Person — weil das Uebel Wirkung des Bösen ist, so gibt es kein ursprüngliches Uebel. Das Uebel bewegt sich in der gegebenen natürlichen Gesetzmässigkeit, verwendet dieselbe für sich und bildet sich darin weiter aus; der böse Wille strebt das vorhandene Aeussere nach sich umzuändern. Nachdem der freie Wille das Uebel hervorbringt, wird er in das Zweckwidrige und Vernunftwidrige desselben hineingezogen und unfrei, von seiner eigenen Aeusserung überwältigt. Da das Böse der Gegensatz des Guten und des Erhaltenden ist, so liegt in dem vom Bösen ausgehenden Uebel ein zerstörendes Princip. Das Conträre geht durch sich zu Grunde. Denn die aus dem Bösen in dem Uebel sich bildende Materie zerfällt aus ihrer Erscheinung, wegen ihrer Zwecklosigkeit, in sich selbst. Das ist das Sterben und der Tod. Je höher die Sphäre des bewussten Willens, desto grösser ist sein Einfluss auf das Aeussere. Dies gilt ebenso vom bösen Willen. Daher ist sein Einfluss auf die äussere Natur, die von ihrer ersten Idee abgewendet wird, um so stärker, je höher die Stufe war, auf welcher der Wille seinen Abfall gemacht hat.

Das aus dem Willen entspringende Uebel geht ursprünglich nicht von dem Willen des Menschen aus. Der Mensch ist bei dem in ihm erst entstehenden Bewusstsein und freien Willen noch von dem geordneten Ganzen in der natürlichen Heraufbildung desselben umschlossen. Das Böse geht von einem höherem Grade des selbstbewussten Willens aus, als der menschliche, von einer höheren Person, die bei einem höheren Grade des Wissens und Könnens einen grösseren Einfluss auf die Natur ausübt. Vom Menschen wird der Zusammenhang des Bösen mit dem Uebel nur geahnt; für ihn liegt der Zusammenhang des Willens mit dem Uebel blos darin, dass er sich mit seinem bösen Willen in das vorhandene Uebel versetzt, dasselbe zu seinem Werkzeuge macht, während ursprünglich das Böse im Geiste und das Uebel in der Natur sich gleich ist und unmittelbar einander fordert. Der Mensch ist zum Bösen verführt worden. Das Uebel von der Freiheit des Geistes losgelöst, zieht in seiner Wirkung auf das Geistige dieses in das Unfreie herab. Da das Freie des Menschen in seiner Individualität liegt, so setzt sich das Uebel, indem der Wille und mit ihm das Individuelle zurücktritt und das Generelle überwiegt, in sich selber fort und werden die menschlichen Uebel von dem Einen zum Andern übertragen. Daher angeborne Neigung zum Bösen; vererbte Gebrechen. Der Mensch wird durch das Böse und das Uebel aus dem Individuellen in das Genus übergeführt. Eine Fortpflanzung der Eigenthümlichkeit der Erzeuger auf die Erzeugten findet daher sowohl in der physischen Natur statt, wo der Begriff des Genus vorherrschend ist, als es sich auch auf die moralische Natur überträgt in dem Maasse als diese unfrei wird.

Da eine sich zerstörende Schöpfung nicht die ursprüngliche sein kann, so kommt man nothwendig zu der Annahme, dass das vorher harmonisch Gebildete dem feindlichen Principe, einer Person, unterlegen ist und sich nach dem ursprünglichen Gedanken mit der Person zugleich gemäss der innern Nöthigung zu dem ursprünglich Guten aus der Zerstörung wieder neu zu bilden sucht. Wenn wir in der Sonne, in ihrer Einwirkung auf die Erde, die Kraft des Lichtes und seiner Lebensweckung hervortreten sehen, somit die Zurückführung einer Harmonie im Gegensatz zu dem auf der Erde herrschenden Feindlichen, Zerstörenden wahrnehmen, so können wir die Vermuthung nicht unbedingt von uns weisen, dass die lichtvolle Sonne als eine ursprüngliche Harmonie bestand und dass eine geistige Macht in ihrem harmonischen Selbstbewusstsein und Willen der Sonne als eine Person analog war, dass diese aber aus ihrer Harmonie zu dem Bösen sich verkehrend, die Sonne zerstört, die Planeten als Theile von ihr losgerissen und hinausgeschleudert habe, um den Drang des bösen und verderblichen Willens in dem Materiellen zum Ausdruck zu bringen. Die Möglichkeit, auf einer abgeleiteten niederen Stufe der Entwickelung des Ganzen stehen zu bleiben und diese nach der Selbstsucht zu verkehren, zieht sich in dem Prinzipe der Persönlichkeit durch die Grade des Bewusstseins herab in die Materie und deren allgemeine Gesetzmässigkeit, indem sie dieselbe aus ihrer harmonischen Bildungsfähigkeit verkehrt. Das allgemeine bildende Princip des Lichtes verdunkelt, seine Farben werden nächtig, das Leuchtende wird zerstörendes Feuer, die belebende Wärme zur erstarrenden Kälte, die zur Bildung sich fügenden geometrischen Formen verlieren sich in die Hyperbeln, die Ellipse und das Oval in der organischen Bildung nähern sich der Linie. Aus dem der Entwickelung zur Freiheit der Selbstbestimmung entzogenen Triebe werden Organismen gebildet, die der Ausdruck des zerstörenden Princips sind. In diesem Sinne sind die Thiere der Vorwelt, in denen nur die Organe der Zerstörung ausgeprägt sind, auch die jetzt noch lebenden reissenden Thiere und der zum Bestialischen hingewendete Trieb, die Zerstörungssucht im Menschen und die zerstörenden Wirkungen in der Natur zu verstehen. Auf der niedrigsten Stufe des Materiellen besteht die Materie in ihrer allgemeinen Gesetzlichkeit und entzieht sich der Einwirkung des besonderen Willens. Obwohl zur Gestaltung des Bösen verwendbar, ist sie ebenso der Rückbildung in das Harmonische fähig.

Da das Böse nicht das Ganze in dessen Nothwendigkeit aufhebt, indem es nur den harmonischen Zusammenhang unterbricht, so stellt es sich als an die Zeit gebunden dar. Gott ist nicht in den conträren Dingen vorhanden. Was durch den Missbrauch des freien Willens aus der Weltordnung als das Uebel herausgetreten ist, geht durch sich selbst für sich unter, indem es sich in das Ganze zurückbilden muss.

Die Welt, von der ursprünglichen Idee durchdrungen, wendet sich aus der ihr aufgedrungenen naturellen Verderbniss durch das Böse zu der Idee zurück. Da das Böse das Uebel erzeugt, das Böse aus dem Willen des Bewusstseins herausgetreten ist, so kann das Uebel nur durch die Aufhebung des Bösen und dieses nur durch den Willen, durch einen Akt der Selbstthätigkeit des Willens aufgehoben werden, indem derselbe sich mit stärkerer Kraft auf das ursprüngliche Bewusstsein zurückwendet, von dem er ausgegangen und mit dem er in Widerstreit ist. Dadurch entsteht ein Widerstreit und Kampf gegen das Böse, in dem Willen gegen ihn selbst in seiner Verkehrung. Das in dem Kampfe des Willens gegen das Böse erreichte Gute ist das sittliche Gute. Das sittliche Gute ist unterschieden von dem ursprünglichen Guten, dem Guten an sich. Das aus seinem conträren Gegensatz errungene Gute ist von höherer Qualität als das angeborene Gute. In ihm bildet sich die höhere Dignität des Geistes in seiner Erkenntniss aus. Das Böse ist in dem ursprünglichen Plan der Schöpfung nicht gewollt, musste aber bei der Freiheit des Willens zugelassen werden, da nur in der Freiheit die Ausbildung des Geistes erreicht werden kann. Das Böse ist in der Art vorgesehen worden, dass durch seine Bekämpfung in den Willen ein höherer Grad des Bewusstseins erreicht wird. Die Harmonie des Ganzen an sich, in dem Urbewusstsein vollendet, umschliesst das Zeitliche mit dem in ihm entstandenen Bösen und Uebeln, welches sich durch die überwiegende Kraft des Ganzen in dasselbe zurückbildet. An sich ist das Böse in dem unzeitlichen Urgedanken aufgehoben. Das Böse muss in seiner selbstsüchtigen Abtrennung vom Allgemeinen (sich umbildend) dieses wieder erreichen. Mit der Freiheit der Ablenkung des Willens von seiner Ursprünglichkeit liegt die Nöthigung zu dieser zurückzukehren.

Indem sich der besondere Wille zu seinem Ursprunge aus dem Allgemeinen zurückwendet, senkt sich der ursprüngliche Wille in ihn hinein. Dadurch gewinnt der das Gute wiedererstrebende Wille höhere Kraft in sich selbst. Indem die wahre Natur des Willens über den verkehrten Willen siegt, wird dieser wieder frei. Da dies Uebel aus dem Willen hervorgeht, so ist in Beziehung auf den freigewordenen Willen geistig das Uebel, der Zwiespalt in der Natur, nicht mehr vorhanden. Moralisch existirt für ihn kein Uebel.

Der Urwille hebt das durch den abgeleiteten Willen erzeugte Uebel nicht an sich auf, sondern nur mittelbar von dem Willen aus. Die Erlösung geschieht nur durch die Selbstthätigkeit des Willens. Der vom Bösen wieder zum Guten zurückgewendete Wille hat einen gradweisen Einfluss auf die äussere in das Uebel verkehrte Natur und es muss von dem wiederhergestellten Guten eine dem Zwecke entsprechende Rückbildung der in das Uebel verkehrten Dinge geschehen können. Eine Unterbrechung des vorhandenen, sichtbaren causalen Zusammenhangs in der Natur, wie sie zum Uebel verkehrt ist, in das dem Zwecke des Guten Gemässe heisst ein Wunder. Der Glaube thut Wunder. Die aus der Harmonie des Ganzen losgelöste Materie bildet sich in die Idee höherer Zweckmässigkeit zurück.

Da alle Entwickelung auf ein ihm vorausgesetztes in der Idee Fertiges sich bezieht, so setzt die Zurückbildung des bösen Willens in den guten die Idee eines schon zurückgebildeten, im Guten vollendeten Willens voraus, und da der Wille das Wesen der Person ist, eine Person. Der Mensch muss in seinem Streben nach Vollkommenheit eine menschliche Vollkommenheit vor sich sehen, etwas Göttliches, das sich von der Stufe der Menschen aus erreicht hat.

Das Wesen von Christus liegt über der Höhe hinaus, in welcher Lucifer vor seinem Abfall von dem ursprünglich Guten sich befand; es liegt da, wo das Böse überhaupt durch die Negation des Willens entstanden. Daselbst entsteht die stärkere Bethätigung in der unmittelbaren Beziehung und Einigung mit Gott. Christus ist ein höheres, der Gottheit näher verwandtes Wesen, die Erscheinung des persönlichen Logos aus Gott und dem heiligen Geiste. Christus über die Grenze alles Bösen hinaus hervorgetreten, tritt gegen das Böse überhaupt auf. Christus bewegt sich in dem ursprünglich Guten nicht blos gegen den möglichen Gegensatz des Bösen, sondern gegen den real vorhandenen, indem er denselben in sich aufhebt. Er ist daher nicht blos die Natur des ersten Adam, der in dem ursprünglich Guten steht, sondern er trägt, in der Ertragung des Uebels und dem Kampf gegen dasselbe, die Natur des sittlich Guten. Obwohl in der Person von Christus die Vollkommenheit an sich schon erreicht ist, trägt er in seiner Erscheinung ein wider das Böse dem Guten sich entwickelndes Wesen. In dem menschlichen Christus erkennen wir den zweiten Adam in einer höheren Weise. In ihm ist der ursprünglich Gute wieder entstanden. Christus, als der wiedergewordene erste Mensch, dessen Natur tragend, ist frei von dem Uebel, das, von dem Bösen aus, sich auf das Genus der Menschheit erstreckt hatte, wie Adam unmittelbar entstanden. In der Idee von Christus, wie er seinem Wesen nach ursprünglich in Gott gedacht worden ist, ist die Wiederherstellung der zeitlich zerstörten Harmonie im Menschen vorhergesehen und das an sich erreicht, was zeitlich erreicht werden soll. In Christus ist die zerstörte Welt aus dem Bewusstsein Gottes in dem Bewusstsein des Gottmenschen wieder hergestellt. Er ist die vorausgesetzte, faktisch erreichte Versöhnung, nach der sich Alles hinwendet.

Die wiedererreichte Harmonie ist der Begriff der Renovation. Mit der erreichten geistigen Renovation ist auch die der Natur gegeben. Die Welt wird wieder von dem ursprünglichen höhern Princip des Geistigen durchdrungen und bildet sich aus ihren Störungen neu, von der niedrigsten Stufe der materiellen Bildung durch alle Sphären der gestörten Natur. Das Wunder wird vollendet in der Neubildung der Schöpfung, soweit sie von dem Vernünftigen abgefallen. Christus ist in seiner göttlichen Natur gegen das Böse überhaupt aufgetreten; er ist die Wiederherstellung der Harmonie in der Schöpfung durch seine Person, die Renovation. Vom Menschen aus werden die höheren Wesen (gefallene Engel) umgewandelt. Die Renovation ist die in dem Bewusstsein durch den Willen hervorgebrachte Erneuerung. Die Renovation ist die Erlösung und diese bezieht sich auf das Subjekt. Christus hat subjektiv die Welt erlöst. Er tritt in das Bewusstsein eines jeden einzelnen Geistes.

In der Renovation der Erlösung liegt der Begriff der Genugthuung.

Christus hat seine Bestimmung unter allen conträren Verhältnissen des Lebens, im Widerstreit und Kampfe, selbst unter dem Tod am Kreuze bewährt. Er hat dadurch der wahren Natur des Menschen Genüge gethan und sich gerechtfertigt in der Erfüllung des sittlich Guten. Es ist die Idee des Christenthums, das Subjekt auszubilden. Er erlöst den Menschen von der Erbsünde, indem es ihn auf sich selbst stellt, ihm die geistige Kraft über sich selbst und wider das Genus gibt. Christus ist die real gewordene göttliche Idee der sich sittlich in höherer Weise wiederherstellenden Welt des Menschen. In Christus wird vom Menschen aus auch das satanische Böse in die Gottheit übergebildet und dadurch versöhnt. Christus, wieder erscheinend, kommt nicht zu richten, sondern zu versöhnen. Durch die Lehre von der ewigen Verdammniss erniedrigen die Theologen das Christenthum selbst unter das alte Heidenthum, das bei einer richtigeren Vorstellung von Gott überall das Böse zu versöhnen sucht. Verhärtung des Bösen im Bösen ist die Folge dieser Lehre. Die Annahme, dass mit diesem Leben Seligkeit oder Verdammniss entschieden sei, leugnet alle Fortbildung im Bewusstsein des Menschen. Nach dieser Lehre würde nur der begrifflose Theil der Menschheit für erlösungsfähig erklärt, der andere für ein der menschlichen Würde verlustig gegangenes Geschlecht angesehen, das vertilgt werden müsse. Eine Wiederherstellung der ursprünglichen Schöpfung wäre ausgeschlossen und die Hölle als das Andere Gottes selbst erklärt. Die Annahme, dass die Rechtfertigung nur durch das Aequivalent der Seele erreicht wird, dass diese von einem Andern getragen werden kann, dass man an der Rechtfertigung nur Theil hat, wenn man daran glaubt, hat in der Christenheit die Entartung desselben, die Hinwegwendung von ihrem Zwecke, alle die Verfolgungen gegen die Nichtgläubigen hervorgerufen. Der Philosophie ist es anheim gegeben, die Theologie zur wissenschaftlichen Erkenntniss aus den Lehren der Unseligkeit, Strafe, Verdammniss, aus der blossen Satisfaktion in der Erneuerung der menschlichen Schöpfung umzubilden. Nicht das Kreuz, die Auferstehung, sei das christliche Symbol.

II.

Kritik.

Da der Verfasser das unbedingt Seiende, welches allem Erscheinenden zu Grunde liegt, als Urselbstbewusstsein, absolute Persönlichkeit begreift, so hätte man erwarten können, dass er sowie den Vollpantheismus auch den Halbpantheismus hinter sich lassen werde. Er verfällt aber dem letzteren, da nach ihm das unbedingte Bewusstsein in seiner Gegenständlichkeit und Person sich dadurch erst wahrhaft bewusst wird, dass er sich aus seinem Alles in sich fassenden Wesen heraussetzt und die vollständige Bestimmtheit zu sich selbst durch das Aeussere in der realen Wirklichkeit bildet. Würde Gott erst durch die Weltschöpfung seiner wahrhaft bewusst, so würde er ohne die Welt nicht sich selbst genug, nicht vollkommen sein, sondern erst mit ihr, durch sie und in ihr. Aber weil Gottes Vollkommenheit nicht erst zeitlich errungen sein kann, sondern überzeitlich sein muss, müsste die Weltschöpfung ein ewiger Akt, die Welt in ihrer Totalität mit Gott gleichewig sein und einer und derselben Wesenheit. Wäre nun die mit Gott gleich ewige, mit ihm einwesige Welt mit und in ihm vollkommen, seine eigene verwirklichte Vollkommenheit, so könnte sie auch aus dieser Vollkommenheit so wenig je heraustreten, als Gott je aus seiner Vollkommenheit heraustreten kann. Wer gleichwohl unlogischer Weise die Möglichkeit eines Heraustretens der mit Gott dieselbe Wesenheit bildenden Welt oder Positionen derselben annähme, der müsste den Abfall Gottes von sich selbst für möglich erachten, oder bestimmter den Abfall seiner Selbstverwirklichungsmomente, seiner immanenten Positionen von der Einheit, von dem Centrum Gottes. Schelling und Hegel haben sich nicht gescheut, die endlichen Dinge als endliche aus seinem Abfall vom Absoluten erklären zu wollen und diese Absurdität für Tiefsinn auszugeben.*) Was Moment, immanente Position des Absoluten ist, bleibt in ewig gleicher Vollkommenheit mit Gott. Wenn überhaupt etwas von Gott abfallen kann, so kann es nicht Moment seiner Selbstverwirklichung und Selbstwirklichkeit, es kann nur ein von Gottes Wesenheit Verschiedenes, und da es nichts von Gott Verschiedenes geben kann, welches nicht durch ihn wäre, so kann es nur ein von Gott Geschaffenes und da nur Persönliches abfallen kann, so muss es ein von Gott Geschaffenes Persönliches sein. Wegen der Vollkommenheit und Selbstgenugsamkeit Gottes kann, wenn eine Welt ist, wie die Erfahrung lehrt, sie nur durch Schöpfung Gottes erklärt werden und die Schöpfung kann nicht aus einem Mangel, einem Bedürfniss, sondern nur aus dem Reichthum, der Fülle der freien Liebe Gottes, nicht um seiner, sondern um Anderer, seiner Geschöpfe willen, entsprungen sein. Die Schöpfung kann daher auch

---

*) Schelling's s. Werke I. 6, 38. — Hegel's Encyclopädie der philosophischen Wissenschaften.

nicht gleich ewig mit Gott sein, sondern muss einen Anfang gehabt haben, wodurch allein auch Geschichte, Geschichte des Alls der Dinge, welche ohne Ausgangs- und Zielpunkt nicht statthaben kann, als möglich gedacht zu werden vermag. Gott muss daher der Welt durch seine Schöpfung in ihren immanenten qualitativen Unterschieden eine von seiner Wesenheit unterschiedene Wesenheit verliehen haben. Nur damit erklärt sich die Möglichkeit von Gott unterschiedener geistiger und natürlicher, freier und nothwendiger Wesen, die Möglichkeit einer normalen wie die einer durch Abfall der geistigen, freien Wesen abnormal gewordenen Geschichte. Die Möglichkeit einer normalen Geschichte, einer Entwickelung aus der anerschaffenen unmittelbaren, der Vermittelung bedürftigen, darum unbewährten, verlierbaren Vollkommenheit der Welt und der Weltwesen zu der vermittelten, bewährten, unverlierbaren, allvollendenden Vollkommenheit des Alls, der Totalität der geschaffenen Wesen, muss aufrecht erhalten werden, wiewohl die Erfahrung zeigt, dass diese in der Freiheit der geistigen Wesen wurzelnde Möglichkeit sich nicht verwirklicht hat und den Menschen nur darum insgemein schwer glaublich ist, weil sie in ihrem Gesunkensein nur zu leicht sich gewöhnen, ihren sündigen Zustand für den ganz natürlichen zu halten und einen so hohen Gedanken wie den der Möglichkeit einer normalen Geschichte in Vergessenheit der ursprünglichen Freiheit des Menschen nur schwer noch zu fassen vermögen. Sie merken nicht oder kaum, dass die Sünde es ist, die den Menschen zum Determinismus — zur Selbstentschuldigung und Selbstbeschönigung — geneigt macht und hinzieht und dass die Annahme der Nothwendigkeit des Bösen für die ersten Menschen nur consequent zur Annahme der allgemeinen Nothwendigkeit des Bösen, zum universellen Determinismus führen müsste, der allen moralischen Werthunterschied des Guten und Bösen aufheben würde.

Der Verfasser erhebt sich nun zwar zu dem grossen Gedanken der Annahme der ursprünglichen, anfänglichen unmittelbaren und unvermittelten Vollkommenheit der Schöpfung, aber die Art, wie er Gott und Welt unterscheidet, erhebt sich, da er die Welt für ewig und eines Wesens mit Gott hält, nicht über den Halbpantheismus oder Persönlichkeitspantheismus, aus welchem die Persönlichkeit und Freiheit der geistigen Wesen nicht erklärt werden kann. Der Verfasser leugnet die Identität Gottes und der Welt und behauptet sie doch in der Behauptung ihrer Einwesigkeit, so dass ihr Unterschied als der der Einheit und der Mannigfaltigkeit Desselbigen ihre Identität nicht aufhebt, sondern setzt. Weiterhin argumentirt der Verfasser vielfach oder meist so, als ob er unseren Standpunkt vollkommen theilte und das Verdienst kann nicht hoch genug angeschlagen werden, welches er sich durch die Hervorhebung der Nothwendigkeit erworben hat, die Urschöpfung als vollkommen und frei von allem Widerspruch und feindseligen, zerrüttenden Widerstreit anzuerkennen. Diese Nachweisung ist der Cardinalgedanke seiner Schrift, welcher für alles Folgende massgebend ist und dem eine unermesslich wichtige Bedeutung und Tragweite innewohnt. Mit Recht sucht der Verfasser die in die (pantheistischen und deistischen) Systeme der neueren Philosophie eingedrungene Widerspruchslehre, die im Hegel'schen gipfelt, in dem sündigen Zustande der gefallenen Menschheit, die den Widerspruch in sich und in den äusseren Dingen und zwischen diesen und sich gewahr wird und sich verleiten lässt, ihn in der Welt ursprünglich und somit nothwendig vorhanden zu glauben, nachdem ihr der Begriff des ursprünglich Vollkommenen und Guten fremd geworden. Ebenso tiefsinnig ist des Verfassers Nachweisung des grossen Zusammenhangs und der durchgreifenden Wechselwirkung der Geistes- und der Natur-Wesen in der gesammten Entwickelungsgeschichte und die Ableitung des Wohlseins, der Seligkeit aus dem Guten und des physischen Uebels aus dem Bösen.

Wenn der Verfasser die Mosaische Genesis so versteht, dass zwar unser Sonnensystem sich aus einem Chaos gegen eine zerstörende Macht herausgebildet habe, sie aber keineswegs das Weltall aus einem ursprünglichen Chaos entstehen lasse, so hat er sie recht verstanden. Vollkommen zutreffend zeigt er das Unmögliche, Widersinnige der Annahme eines ursprünglich Bösen neben dem Guten oder gar in dem Guten, womit er das Böse schon als etwas zeitlich Entstandenes nachgewiesen hat und mit Recht behauptet er, dass der zeitliche Anfang des Bösen als eines Nichtabsoluten, also Relativen, ein zeitliches Ende voraussetze und verlange. Gleich gründlich zeigt er, dass das Böse von dem Willen (der Lostrennung vom Allgemeinen, von Gott und seiner Weltordnung) ausgehe, der Wille aus dem Bewusstsein, dass der Wille frei sei, der conträre Wille aber zur Unfreiheit führe und das Böse sich aus sich selbst fortzeuge. Wenn er dem Bösen eine Rückwirkung auf das Allgemeine (Absolute) abspricht, so liegt darin schon, dass auch das Böse auf seine Kosten zur Manifestation Gottes dienen muss. Sogar sein Ausdruck, dass das Böse nur Schein sei, lässt sich rechtfertigen, wenn man damit nur nicht seine empirische, relative, vergängliche Wirklichkeit leugnen will und es nicht als die blosse Abwesenheit des Guten, sondern als falsche Correlation, Verkehrung der normalen Lebenselemente fasst. Dass eine totale Lostrennung von Gott, eine totale Verkehrung des Willens geschaffener geistiger Wesen möglich sei, wird von dem Verfasser geläugnet, von andern Philosophen mit mehr Consequenz aus dem Freiheitsbegriff heraus behauptet, ohne dass die Letztern darum die ewige Fortdauer der totalen Verkehrung einräumen. Nach ihnen bleibt die von Gott geschaffene Wesenheit (Substanz) des böse Gewordenen unzerrüttet und unzerrüttbar und die Verkehrung bewegt sich und haftet nur in den Vermögen des geistigen Wesens und kann durch die höchsten Grade der Strafe und ihrer Pein zum Weichen, zur Aufhebung ohne Vernichtung des Wesens selbst gebracht werden.

Der Ursprung des physischen Uebels aus dem Bösen folgt aus der Möglichkeit der je nach der Güte oder Bosheit des Willens höher oder niederer naturirter geistiger Wesen entweder harmonisirender oder disharmonisirender Einwirkungen auf die zugewiesene Naturregion. Die Einwendung, dass damit Naturwissenschaft unmöglich sei, ist ebenso haltlos als wenn behauptet werden wollte, die Erkrankung, die Krankheiten des Organischen und des menschlichen Organismus vertrügen sich nicht mit der Möglichkeit der Naturwissenschaft. Krankheit, Sterben, Tod sind die Bewährung der Behauptung des Verfassers, dass das Conträre, der Widerspruch gegen Gottes h. Willen und sein ewiges Willensgesetz, durch sich zu Grunde gehe. Dieses Zugrundegehen ist ein Zerfallen der abnorm gewordenen Bildungselemente, darum aber nicht ebenso Vernichtung derselben, sondern Befreiung und Verwandlung. Das universale Gesetz, welches der Verfasser in den Worten ausdrückt: „Je höher die Sphäre des bewussten Willens, desto grösser ist sein Einfluss auf das Aeussere", zeigt sich bestätigt in vielen Spiegelungen im irdischzeitlichen Leben.

Je grösser die Genialität eines Menschen ist, um so reichere Ströme des Segens oder Verderbens gehen von ihm aus. Je höher gestellt der Mann im Staate ist, um so mehr Gutes oder Schlimmes fliesst von ihm aus. Je höher die Stufe der Civilisation einer grossen Nation geworden ist, um so weiter reichend ist ihre Wirkung im Guten oder Bösen auf die gesammte Menschheit.

Der Verfasser bestätigt aus philosophischen Gründen die Lehre, dass das aus dem Willen entspringende Uebel und also das Böse selbst ursprünglich nicht von dem Willen des Menschen ausgegangen sei, sondern von einer nichtmenschlichen höheren Person und dass der Mensch zum Bösen verführt worden sei. Wäre der Mensch der erste Urheber des Bösen, so wäre er satanisch geworden und wenn er dann Nachkommen hätte haben können, so müssten diese Nachkommen die Signatur des Satanischen an sich tragen. Dies ist in der Menschheit nicht der Fall. Ihre Sünden sind weit überwiegend mehr Schwäche als Bosheit, wenn auch im Einzelnen das Böse bis zum Satanischen sich steigern kann. Der Urmensch kann das ungeheure Verbrechen der ersten und bewussten Widersetzlichkeit gegen den heil. Willen Gottes, den eine Weltregion zerrüttenden Abfall von Gott nicht vollbracht haben. Seine Schuld ist, dass er sich verführen liess. Daher sein Schuldbewusstsein und die tiefe Regung seines Gewissens, seine unaustilgbare Empfänglichkeit für Religion und im Grossen und Ganzen sein stetiges Fortschreiten zum Bessern. Das Erscheinen Christi vor 1800 Jahren auf der Erde setzte einen bereits relativ bedeutenden Grad des Fortschritts der Menschheit voraus und dieser war die Bedingung der weltumgestaltenden Wirkungen des göttlichen Stifters der christlichen Religion. Ueber das, was der Verfasser über die ursprünglich lichtvolle Sonne und den ihr analogen Geist, über die Zerstörung der stattgehabten Harmonie, den Ursprung der Planeten, die Neubildung der Erde, die Wirkungen der depotenzirten Elemente, das Hervortreten der reissenden Thiere und was damit zusammenhängt, vorträgt, mögen unsere Forscher in Erwägung ziehen und, wenn sie können, Tieferes und Triftigeres an dessen Stelle setzen. Nur mögen sie uns mit den abgedroschenen deistischen und naturalistischen Erklärungsversuchen verschonen, welche der grandiosen Aufgabe der Erklärung der grossen Weltfragen entfernt nicht gewachsen sind. Auf das Beste stimmt aber die Anschauung des Verfassers von dem Ineinanderwirken des Geistes und der Natur im weltgeschichtlichen Prozess zusammen mit der von ihm weiterhin entwickelten Theorie der Wiedererhebung, der Erlösung und Wiederherstellung des Menschen in den vermittelten und bleibenden Vollendungszustand. In der Entwickelung dieser Theorie ist der Verfasser bemüht, einseitige und extreme Vorstellungen zu überwinden und den Wesensgehalt der christlichen Lehre durch echt philosophisches Denken zu wissenschaftlicher Erkenntniss zu erheben. In diesem Zusammenhang entwickelt er die Bedeutung des Wunders, wenigstens in einer seiner Formen und der gottmenschlichen Erscheinung Christi in einer Weise, welche die rationellste Forschung befriedigen könnte, wenn die Ungenüge des zu Grunde liegenden Schöpfungsbegriffs nicht einen Schatten in die letztere Untersuchung würfe. Wenn der Verfasser erwartet, dass die Umwandlung der gefallenen Engel vom Menschen aus sich vollbringen werde, so ist dies innerlichst verknüpft mit der göttlich-menschlichen Natur und Bedeutung Christi, des zweiten Adam, des zugleich ersten wiederhergestellten Menschen.

Der Verfasser lässt Christus auch das satanische Böse versöhnen und verneint die ewige Verdammniss der gefallenen Engel wie der böse gewordenen Menschen. Er bezeichnet aber keinen andern Unterschied des satanischen von dem menschlichen Bösen als den des ersten und spontanen Abfalls der Engel von dem Abfall des Menschen durch Verführung.

Andere Forscher suchten überdies den Unterschied beider Weisen des Bösen in der Annahme der Möglichkeit und des Wirklichgewordenseins einer totalen und centralen und einer nicht totalen, theilweisen, peripherischen Verkehrung, einer unerlösbaren und einer erlösbaren, wonach ihnen das durch die gesteigerten Strafleiden erwirkte Erlöschen des bösen Willens der Verdammten nicht als Erlösung, sondern als Justification und dann leidenlose Theilnahme am Reiche Gottes als dessen unterste und äusserste Glieder galt. In der Verwerfung ewiger, d. h. endloser Verdammniss sind sie mit dem Verfasser einstimmig. Damit hängt zusammen, dass sie alle mit dem irdischen Leben die Entwickelung des Menschen nicht für abgeschlossen halten.

Ueberschaut man nun das Ganze der vorgetragenen und besprochenen Lehre des Verfassers, so wird man zum geringeren Theil an die letzte Gestalt der Lehre Schelling's, zum grösseren, trotz einiger Modificationen, an die Lehre Baader's erinnert. Mit verhältnissmässig geringen Unterschieden bestätigt der Verfasser die philosophische Weltanschauung Baader's in ihren Grundzügen in auffälliger Weise. Der erheblichste Unterschied liegt im Schöpfungsbegriffe des Einen und des Andern. Hier erreicht der Verfasser Baader's Tiefe nicht, weil er den Begriff des absoluten Geistes nicht bis auf den Grund durchdacht hat. Er bleibt bei der Bestimmung Gottes als der absoluten Persönlichkeit stehen, ohne die inneren Unterschiede und immanenten Momente des göttlichen Wesens und Lebens zu untersuchen und ohne die Einheit des göttlichen Geistes und der göttlichen Natur zu erkennen und Gott als den seiner ewigen Natur ewig mächtigen absoluten Geist zu begreifen. Auf diese Weise entgeht ihm der Begriff der ewigen Vollendetheit und Selbstgenüge des absoluten Geistes und so muss ihm die Weltschöpfung als ewig und als Selbstverwirklichung Gottes erscheinen. Seine Unterscheidung Gottes und der Welt ist daher im Grunde nur die Unterscheidung des Idealen und des Realen, des Inneren und des Aeusseren desselben Wesens, Gottes. Wäre diese Auffassung richtig, so müsste die Welt nicht bloss in ihren allgemeinen Umrissen, sondern auch bis in ihre individuellsten Gestaltungen hinein, weil mit Gott gleichewig, auch seiner Ewigkeit theilhaftig und über alle zeitliche Entwickelung erhaben sein. Ihre Urvollkommenheit könnte in Ewigkeit keiner Minderung, keiner Aufhebung, keiner Zerrüttung und Verderbniss fähig sein. Nie hätte Böses, nie das Uebel entstehen können. Freie Wesen mit Selbstbestimmungs- und Selbstentscheidungsfähigkeit zwischen Gutem und Bösem und alles daran Hängende wären unmöglich gewesen. Denn wäre Gott eines Wesens mit der Welt, dann wäre Gott selbst die Welt in Gestalt seiner ewigen Sichselbsterscheinung und sein Wille würde ewig die Unendlichkeit oder Totalität seiner Selbsterscheinungsgestalten unbedingt und widerstandslos bestimmen. Selbst wenn in diesem Falle ein ewiger Wechsel seiner Selbsterscheinungsformen denkbar wäre, würde dies nichts an der durchgreifenden Determination und dem durchgängigen Determinirtsein seiner Gestaltungen ändern können. Darum laufen auch alle deterministischen Systeme zuletzt immer auf Halbpantheismus oder Vollpantheismus hinaus. In gleichem Sinne erklärt sich z. B. Prof. Dr. Löwe (in Prag): „Der göttliche Cosmosgedanke ist ein Gedanke der Liebe. Denn in wesensdurchdringender Anschauung sich selbst besitzend, und durch diesen Selbstbesitz unendlich beseligt, genügt Gott schlechthin sich selbst und kann die schrankenlose Fülle seiner Seligkeit durch das Dasein eines andern Seins keinen Zuwachs erhalten. Wenn Gott also andere Wesen schuf, so schuf er sie nicht um seiner, sondern um ihrer willen, aus Liebe, um sie durch ihr Dasein zu beglücken. Allein keine Creatur vermag ohne lebendigen Verband mit Gott vollkommene Glückseligkeit zu gewinnen. Denn je mehr sie sich selbst verstünde, je leuchtender die Gottesidee in ihr wirkte, desto heller würde auch das Bewusstsein ihrer Angewiesenheit an Gott, desto mächtiger die Sehnsucht nach einem Lebensverkehre mit ihm und desto weniger könnte sie daher sich befriedigt fühlen, wenn diese Sehnsucht ungestillt bliebe. Dies wurde stets von aller Philosophie erkannt, die ihres Namens würdig war und nur nach Verschiedenheit des fundamentalen Standpunktes verschieden ausgesprochen und verwerthet. Und wenn der Pantheismus — derjenige wenigstens, der noch eine theistische Spitze sich vorbehält — in dem Gefühle, dass es für das endliche Wesen kein Heil gebe, ausser in der innigsten Verbindung mit dem Absoluten, Gott der Welt möglichst nahe zu bringen sucht, wenn er die Einigung der Creatur mit Gott zum Schwingungsmittelpunkte seiner ganzen Weltanschauung macht und so dem Gipfel aller Speculation zustrebt, in dem die Idee des letzten Grundes mit der Idee des höchsten Zweckes sich verkettet; so zeigt sich darin ein, in seinem Grunde tief religiöser, wiewohl in seiner irrigen Richtung unbegriffener

Zug, der manche an pantheistische Philosopheme streifende, wenn nicht völlig mit ihnen sich verquickende Strömung der christlichen Philosophie erklärt.*) Der Irrthum des Pantheismus liegt jedoch darin, dass er, weil er von der Voraussetzung der Wesenseinheit zwischen Gott und Welt ausgeht, die Einigung zwischen Gott und Welt als Wesenseinigung fassen muss, so dass der Funke in das Lichtmeer, der Tropfen in den Ocean, aus dem er geflossen, zurückkehren, das durch die Besonderung dem Allgemeinen Entfremdete mit diesem sich wieder vereinigen und das in die Endlichkeit Verstossene von der heimathlichen Unendlichkeit wieder aufgenommen werden soll. Dagegen muss der auf der Creationsidee ruhende Theismus die Ausser- und Ueberweltlichkeit nicht bloss des Lebens, sondern des Wesens Gottes, also einen absoluten substantialen Gegensatz zwischen Gott und Welt festhalten und darf von der Strenge dieser Scheidung auch das Geringste nicht sich abmarkten lassen. Dieser Theismus kann das höchste Gut, als das Ziel aller Creatur, nicht in eine Wesenseinigung mit Gott, sondern nur in eine Liebeseinigung, in einen lebendigen Verkehr der Liebe setzen." **) Wiewohl die von dem Verfasser aus der Vollkommenheit Gottes abgeleitete, von ihr bedingte Vollkommenheit der Urschöpfung nicht die gleiche Bedeutung haben kann wie bei Baader, dessen Schöpfungslehre die Freiheit geistiger Wesen begreiflich macht, während der Verfasser sie nicht begreiflich machen kann, so nimmt er doch faktisch die Freiheit der geistigen Wesen an und argumentirt aus

---

*) Da noch immer bei Manchen die Vorstellung herrscht, als ob Baader dem „Pantheismus mit theistischer Spitze", ungefähr wie Schelling huldige, so ist es wohl nicht überflüssig, einige bezügliche Aeusserungen Baader's hier wörtlich mitzutheilen: „Alle Individualität ist Untheilbarkeit und zugleich Unvermischbarkeit. Darum ist Gott als absolutes Individuum auszeichnungsweise mit der geschaffenen Welt nicht vermischbar .... Jedes emanente Produkt ist nicht aus dem Wesen des Producenten, sondern nur Bild des Producenten .... Die Produktion darf nicht als Transposition oder Eduktion hinweg erklärt werden. Schöpfung aus Nichts ist Produktion, nicht Eduktion und nicht Emanation .... Gott ist Universalität aller Essenz, obschon die von ihm kommenden Essenzen von seiner Essenz unterschieden sind. Alle Essenzen kommen oder stammen von Gott, sind aber nicht seine Essenz. Es findet keine Homousie zwischen beiden statt .... Die wahre Philosophie hat ebenso sehr den Unterschied des schöpferischen und des geschöpflichen Thuns im Erkennen, Wollen und Wirken gegen beider Confundirung festzuhalten, als sie sich der Trennung beider zu widersetzen hat." Die Weltalter: Lichtstrahlen aus Baader's Werken. Erlangen, Besold, S. 149 etc.

**) Vortrag des Prof. Dr. Löwe: „Die Idee des Rechtes und ihr Verhältniss zur Idee des Sittlichen" in der Sitzung der k. böhm. Gesellschaft der Wissenschaften am 31. März 1873, S. 10—17.

ihr theils dasselbe, was Baader lehrt, theils meist sehr nahe Verwandtes. Die Nachweisung der Nothwendigkeit der Annahme der bedingten, unvermittelten, noch verlierbaren Vollkommenheit der Urschöpfung im Sinne Baader's ist von der grössten Bedeutung für die gesammte Philosophie und insbesondere die Religionsphilosophie und wird die Wissenschaft befähigen über den Materialismus, Naturalismus, Pantheismus und Deismus zu dem wahren Theismus hinauszukommen.

Die in dieser Schrift in nächster Verwandtschaft mit Baader's Lehre dargelegte Weltanschauung in ihren grandiosen Nachweisungen über die tiefgehende Wechselwirkung des Geistes und der Natur ist dem vielfältig in hohlen Abstractionen sich bewegenden philosophischen Bewusstsein der Gegenwart in hohem Maasse fremd und unverständlich geworden, obgleich ihre Wurzeln in der heil. Schrift, in der Tradition der Völker und in dem Thatbestande der Erfahrung offenkundig vorliegen. *)

Wie nicht bloss die ungebildete Menge, sondern auch der Kreis der Gebildeten und Philosophirenden die Lehre von der Existenz der Gegenfüssler (der Rundung der Erde), von der Bewegung der Erde um die Sonne, der Verkehrsbeschleunigung durch Dampfschiffe, Eisenbahnen, Telegraphen etc., eine Zeit lang hartnäckigen Unglauben entgegensetzte, während wenigstens Naturforscher, besonders Physiker und ebenso Mathematiker — wenn auch nur auf kurze Zeit — rasch bei der Hand waren, den Unsinn einer dereinstigen allgemeinen endlosen Welterstarrung, und ein nicht geringer Theil der Gebildeten wie einiger Philosophen den ungeheuerlichen Atheismus und Pessimismus Schopenhauer's, die dereinstige Weltvernichtung E. v. Hartmann's, sich gefallen zu lassen; so halten jetzt Viele die notorischen Erscheinungen des Somnambulismus, des Menschen-Magnetismus, der Od-Erscheinungen Reichenbach's, zum Theil für Täuschung, zum Theil für Betrug, jedenfalls aber für völlig abgethan. Dennoch könnten schon die

---

*) Bratuscheck (Die Bedeutung der platonischen Philosophie für die religiösen Fragen der Gegenwart, S. 29) ist nicht der Einzige, der die bezüglichen Lehren der Evangelien entstellt, wenn er sie als dämonische Zerspaltung der Welt auffasst. Die Welt wird durch das satanische Böse, wenn es eingetreten ist, wie die Schrift lehrt, so wenig zerspalten als durch das menschliche Böse, welches unleugbar vorhanden ist. Würde die Welt durch jenes zerspalten, so würde sie auch durch dieses zerspalten. Sie wird aber durch keinerlei Böses zerspalten, sondern nur durch dasselbe aus ihrem normalen Entwicklungsgang in einen nicht normalen mit selbsterzeugten Hemmungen ihres Fortschrittes zur Vollendung versetzt und die Einheit des Weltbegriffs wird davon nicht alterirt.

Schriften Ennemoser's, Haddock's, Barth's, Schindler's, Perty's, Werner's etc. die Unkundigen oder Zweifelnden eines Andern belehren. Rücksichtlich des Menschenmagnetismus ist auf die kleine Schrift: „Die Heilkraft des Menschen-Magnetismus: Gemeinfassliche Darstellung, auf Belege gestützt und mit einer kurzen Anleitung für den Laien versehen: Wie man magnetisirt. Von Philipp Walburg Kramer" (Friedrichshafen, Linke. 1872) zu verweisen. Aus diesem klar geschriebenen Schriftchen kann Jedermann so viel auf Thatsachen gestützte Belehrung schöpfen, als nur verlangt werden kann, um sich zur weitern Prüfung der Sache bewegen zu lassen. Wohlbegründete Dinge verlangen nur den guten Willen der Prüfung, um von Verständigen erkannt zu werden. Wenn Prof. Dr. J. Hoppe[*]) die Erscheinungen des Somnambulismus und verwandte als thatsächliche Vorkommnisse nicht bestreitet, sie aber aus der angeborenen unbewussten Geistesthätigkeit, die solche Erscheinungen hervorbringe, erklären will, so ist das wenigstens ein Erklärungsversuch, dessen Fortsetzung bis zu einem relativen Abschluss der Untersuchungen nur erwünscht sein kann. Würde er zu einer die Wissenschaft befriedigenden Erklärung führen, so wäre ja die Aufgabe gelöst und wer bis dahin eine andere Erklärung versucht hätte, müsste sich vernünftigerweise jener wirklich gewordenen Erklärung anschliessen. Aber obgleich von dem von Hoppe eingeschlagenen Wege, der hauptsächlich von der Philosophie des Unbewussten des Herrn v. Hartmann den Antrieb oder doch lebhaftere Anregung empfing, Manches mag erklärt werden können, so können wir doch eine ganze Reihe von Erscheinungen und gerade die wichtigsten und schwierigsten auf demselben nicht für erklärbar erachten. Hoppe greift „kühn" zu dem Gedanken, dass nichts aus der Seele herauskomme, was nicht schon in derselben ist. Aber diese Behauptung dürfte ihn in vielen Fällen sitzen lassen, mag er das schon in der Seele Sein dessen, was herauskommt, im Sinne einer Potenzialität, einer Anlage, einer blossen Fähigkeit des Aufnehmens oder im Sinne eines früheren Hineingekommenseins oder in beiderlei Sinn nehmen. Uebrigens besitzt er offenbar schon gar nicht die Unbefangenheit des Geistes, welche namentlich zur Erforschung des wahren Sachverhalts der Erscheinungen des Spiritismus genannten Spiritualismus erforderlich sind. Denn während er Perty beschuldigt, dass er keine eigene Erfahrung über Visionen und ekstatische Produktionen habe, gibt er durch die Behauptung, dass die Fülle des

---

[*]) Einige Aufklärungen über das Hellsehen des Unbewussten im menschlichen Denken etc. Herder, Freiburg 1872.

gesammten Spiritualismus absolut zu verwerfen seien und dass nach seiner Ueberzeugung die Medien Humbug trieben, zu erkennen, dass es ihm selbst an der nöthigen eigenen Erfahrung in diesem Gebiete fehlt. Jeder Erfahrene könnte ihm sagen, dass es wenigstens Fälle gibt, wo mit aller Sicherheit jeder Humbug absolut ausgeschlossen ist, wenn man auch in solchen Fällen noch die Möglichkeit einer irrigen Deutung der Vorgänge offen lassen müsste.

Wie befangen Hoppe bezüglich des Magnetismus ist, zeigt er mit der Behauptung, es sei beklagenswerth, dass die Aerzte und selbst Universitätslehrer noch lange nach Mesmer den angeblichen thierischen Magnetismus zum Heilen angewandt hätten und dass diese Anwendung sogar noch jetzt geschehe. Getraut sich Hoppe etwa, die durch Magnetismus vollbrachten Heilwirkungen Kramer's als nicht geschehen oder als Täuschung öffentlich zu erweisen? So versuche er es denn, wir weigern uns nicht der Prüfung seiner etwaigen Darlegungen. Seine Erklärung von Visionen, wenn auch bei Weitem nicht aller, da es sehr verschiedenartige gibt, mag Manches, ja Vieles für sich haben, aber er weiss es selber, dass er damit das überaus mannigfaltige Gebiet der ungewöhnlichen, wenigstens auf den ersten Blick mysteriösen Erscheinungen nicht mehr als gestreift hat. Gegen Ende seiner Schrift sagt er: „Wie man sich auch sträuben mag, man muss es schliesslich anerkennen, dass die Seele uns ganz unbewusst mittelst ihres Wissensvorraths Gestalten aus den subjectiven Erscheinungen ganz selbstständig bilden kann, — Gestalten, die nach der Gattung oder Individualität einem früher Gekannten entsprechen und nicht als fertig in der Seele schon gelegene Vorstellungen auftauchen, sondern jedesmal frisch erst construirt werden. (Das Weitere ist ganz interessant.) Wir sträuben uns gegen diese Annahme im Allgemeinen gar nicht. Aber die Schwierigkeit beginnt in der Anwendung auf die einzelnen Fälle, die so unendlich verschieden sind, dass für nicht wenige andere Annahmen zulässig sind und mitunter geradezu erfordert werden. Zumal sind die Manifestationen der Medien etwas ganz Anderes und kommen unter einem Verhalten, unter Umständen und mit Ergebnissen vor, die fast genau so wenig aus dem Subjekt oder doch nur dem Subjekt allein zu erklären sind als der Idealismus vermocht hat, die Objekte unserer Sinneserscheinungen wie die geistigen Objekte, die Subjekte sind, und vollends das absolute Objekt (Subjekt-Objekt) aus dem Subjekt zu erklären.

Man weiss, dass der unterspannte Empiriker, der geistleugnende Realist, der indifferente Verstandesmensch wie der überspannte Idealist ohne viel Nachdenken und Skrupel rasch bei der Hand zu sein pflegen, über ihr Concept hinausgehende Untersuchungen, Annahmen und in die Tiefe zu dringen suchende Erklärungsweisen ungewöhnlicher Erscheinungen, Vorgänge und Zustände abergläubisch oder zum Aberglauben neigend oder führend zu finden. Daher denn in Deutschland, wo einerseits das skeptische Element um so stärker vertreten ist, je regsamer und kräftiger gerade da der Untersuchungstrieb im Allgemeinen in Thätigkeit ist, andererseits aber einmal gefasste Vorstellungen und Anschauungen nicht leicht über Nacht zu wechseln pflegen, noch jetzt eine fast allgemeine Weigerung vorhanden ist, sich auf Versuche und Beobachtungen sogenannt spiritistischer Art, wie sie in Amerika, England, Frankreich etc. in grosser Ausdehnung hervorgetreten sind — als Zeuge dessen erscheinen die dreissig und einige Zeitschriften des Spiritismus — einzulassen. Wer aber die Spiritisch-philosophischen Reflexionen Meurers, (Leipzig, Hartknoch) die 14 Bände umfassende Bibliothek des Spiritualismus in ihren merkwürdigen Einzelschriften (Leipzig, Franz Wagner) von St. A. Aksàkow und Wittig vergleichen will, der wird sich der Ueberzeugung nicht entschlagen können, dass auch in Deutschland die eingehende und umfassende Untersuchung der sogenannt spiritistischen Erscheinungen in Angriff genommen werden wird und muss. Es kann mit Fug für jetzt nicht mehr verlangt werden, als dass in geeigneten Lagen sich befindende Forscher, besonders Physiologen und Psychologen, — die Mehrheit der Philosophen wird wohl nach Hegel's Ausspruch vom Fluge der Eule mit dem Einbruch des Abends nachhinken und die Sache, wenn sie vollbracht ist, in Begriffe zu fassen suchen — die leicht begreifliche, aber unfruchtbare Scheu vor in dieses Gebiet einschlagenden Untersuchungen aufgeben und die Hand an das Werk legen, wie auch das Ergebniss ihrer Untersuchungen ausfallen möge. Wiewohl Gegenstand und Inhalt der oben besprochenen Schrift des k. preuss. Sanitätsraths B. von dem Gebiete der spiritistischen Untersuchungen trennbar ist, so wird doch das Ergebniss der zu erwartenden Untersuchungen der letzteren Art nicht ohne erhebliche Rückwirkung auf die Beurtheilung ihrer von dem ausgetretenen Geleise der jetzt vorherrschenden Anschauungen nicht unbeträchtlich sich entfernenden Darlegungen bleiben.

7.

Anthropologie. Die Lehre von der menschlichen Seele. Begründet auf naturwissenschaftlichem Wege für Naturforscher, Seelenärzte und wissenschaftlich Gebildete überhaupt. Von Immanuel Hermann Fichte. Dritte vermehrte und verbesserte Auflage. Leipzig, F. A. Brockhaus, 1876.

Die ausgezeichnete Anthropologie des Veteranen der deutschen Philosophen erschien in erster Auflage im Jahre 1856, die zweite im Jahre 1860 und nach 16 Jahren erschien nun die dritte. Warum diese neue Auflage gerade jetzt erscheint, hängt wohl mit dem wieder lebhafter erwachten Interesse des gelehrten und gebildeten Publikums für Philosophie und insbesondere für eine ideal gerichtete zusammen. Der Standpunkt des Verfassers ist in allen drei Auflagen im Wesentlichen derselbe geblieben, wenn auch schon in der zweiten und noch mehr in der dritten Erweiterungen und formelle Verbesserungen vorgenommen worden sind. Obgleich Standpunkt und Inhalt des Werkes der Hauptsache nach den Lesern aus den Anzeigen der beiden ersten Auflagen bekannt sein können, dürfte die Bedeutung des Werkes doch gestatten, ja erfordern, näheren Bericht über dasselbe zu erstatten.

Mit lichten Erörterungen von allgemeinen Vorbegriffen beginnt das Werk, welche zu dem Ergebniss führen, dass bevor die eigene Grundansicht des Verfassers in durchgreifender Begründung vorgetragen werden könne, zunächst die gegensätzlichen Lehren: der dualistische Spiritualismus, der monistische Materialismus, der pantheistische Monismus und der realistische Individualismus einer eingehenden Kritik zu unterstellen seien. So ist denn das zweite Capitel der Darlegung und Kritik der spiritualistischen Lehren gewidmet, unter welchen er nur die abstrakt (naturlos) spiritualistischen Lehren verstehen kann im Unterschiede oder Gegensatz des concreten Spiritualismus. Wäre es anders, so würde der Verf. (S. 25) nicht haben sagen können, dass die Grundlage des Spiritualismus nicht unrichtig, wohl aber unvollständig sei. Die Kritik der einseitig spiritualistischen Lehren verläuft nun in der Untersuchung 1) der Lehre vom unmittelbaren Zusammenhange zwischen Leib und Seele mittels des Seelenorgans oder des influxus physicus, 2) des Occasionalismus, 3) der vorausbestimmten Harmonie. Da keine dieser Lehren eine genügende Erklärung des Verhältnisses zwischen Seele und

Organismus zu geben vermag, vielmehr alle in offenbar künstliche Hypothesen auslaufen, so wird die Forschung zu einer monistischen Grundauffassung hingedrängt, und da der Materialismus Monismus zu sein behauptet, so ist derselbe um so mehr der Prüfung zu unterstellen. Dieser Prüfung ist das dritte Capitel gewidmet. Es werden hier die entscheidenden Gründe gegen den Materialismus mit Beziehung auf Joh. Müller, J. B. Mayer, Dubois-Reymond, H. Burmeister vorgetragen und interessante Gesichtspunkte aus Schriften antimaterialistischer Forscher, wie Lotze, Herbart, Ulrici, Wigand, Fechner herangezogen. Besonderen Werth legt der Verf. auf Fechner's Behauptung, dass in dem Charakter innerer Stabilität des Unorganischen der Grund zu suchen sei, wesshalb es keine Organismen aus sich gebären könne. Daraus würde nun zu folgern sein, dass ebenso wenig und wo möglich noch viel weniger aus dem Materiellen, dem Leiblichen, dem Nervensystem, dem Gehirn Bewusstsein, Geist entspringen könne. Der Verf. entwickelt die Gründe für diese Unmöglichkeit eingehend. Die Unhaltbarkeit des abstrakten Spiritualismus so wie des Materialismus führt zu der Frage, ob sich dieser Gegensatz in keiner Weise versöhnen lasse, und einen solchen Versöhnungsversuch bietet uns die Psychologie des pantheistischen Monismus, der Identitätslehre, an. Der Untersuchung über dieselbe ist das vierte Capitel gewidmet. Als Grundgedanken der Psychologie der Identitätslehre bezeichnet der Verf. die Behauptung: die Seele sei nichts Anderes als die Idee ihres Leibes (der Leib die Erscheinung der Seele). Diese Behauptung stellt sich nur anders bei Spinoza, anders bei J. G. Fichte, anders bei Schelling und wieder anders bei Hegel dar. Allen ist gemeinschaftlich die Substanzlosigkeit der Seele und die alleinige Substanzialität des Absoluten, womit aller wahre Individualismus und hiemit alle wahre Psychologie abgeschnitten ist. Wenigstens, müssen wir sagen, abgeschnitten sein würde, wenn nicht bei J. G. Fichte und Schelling, in verschiedener Weise, durch eine glückliche Inconsequenz der Durchbruch zum Individualismus wenigstens angebahnt wäre, wovon sich selbst bei Hegel und Schopenhauer leise Anwandelungen spüren lassen. Der Verf. führt nun seine Auffassung bezüglich Spinoza's, Schelling's, Hegel's und auch in kurzer Fassung bezüglich Schopenhauer's und v. Hartmann's durch. Wenn er nun aber gleichwohl Schelling in seinen „Aphorismen über die Naturphilosophie" zur Hervorbildung des Individualitätsprincips vorgedrungen sein lässt, so kann man vermissen, dass er auf die letzte Gestalt der Schelling'schen Philosophie nicht eingeht, wo doch Schelling entschieden zum Individualitätsprincip vorgedrungen erscheint, wie viel ihm auch zur genügenden Ausbildung fehlen mag, und ebenso kann man vermissen, dass er auf jene Phase der Philosophie seines Vaters nicht eingegangen ist, in welcher dieser nicht zwar allen geistigen Wesen, aber doch allen im Erdenleben (als dem nach ihm ersten) ethisch Bewährten die individuelle Unvergänglichkeit zuschreibt. Jener Ahnung des Individualitätsprincips, welche sich schon in der früheren Gestalt der Schelling'schen Schule zeigte, schreibt der Verf. es zu, dass die ganze Schelling'sche Schule einer ahnungsvollen Auffassung, welche in der menschlichen Seele und in der unerschöpflichen Fülle ihres Gemüthes und ihrer Imagination ein Ewiges, Ueberzeitliches erblickt habe, zugewandt gewesen sei. Er sagt hierüber sehr bemerkenswerth: „Es entstand ein sinniges Beachten der Erfahrung auch nach den entlegneren Erscheinungen des Seelenlebens hin, und doch entfernte man sich weit von dem dürftig abstrakten Beobachtungskreise der gemeinen empirischen Psychologie. Diesen höheren Sinn, diese erfrischende Anregung, welche auch für die psychologischen Forschungen von der Schelling'schen Philosophie ausgegangen, darf die Kritik nicht unbemerkt lassen, während Hegel's Psychologie dergleichen tiefer Anregendes eigenthümlicher Art bis jetzt noch nicht an den Tag gebracht hat. Wir wollen in jenem Betrachte nur an die tiefere und universalere Begründung des Mesmerismus und des magischen Fernwirkens durch Oken, durch Kieser, durch Schubert und Ennemoser erinnern, die, so verschieden in ihrer Auffassung dieser Phänomene sie auch sind, dennoch in der Anerkenntniss einer gemeinsamen, über die gewöhnlichen sinnlichen Vermittelungen hinausreichenden Wechselwirkung zwischen den Seelen übereinstimmen, also auf einer übersinnlichen Existenz derselben mitten in der sinnlichen bestehen müssen. Was endlich Steffens am Schlusse seiner Caricaturen des Heiligsten (1820, II, 704 ff.) über diesen Gegenstand gesagt, gehört vielleicht zu dem Klarsten und Tiefsten, was er überhaupt geschrieben, und dient als die beste Einleitung für seine eigene psychologische Ansicht."

Aus der Schelling'schen Schule hebt der Verfasser besonders Steffens und Troxler hervor als Forscher, die aus dem Pantheismus heraus zum Individualprincip hindurchgedrungen seien. Hegel dagegen blieb dem allverschlingenden Pantheismus verfallen, da ihm das Einzelne, Endliche keine Wahrheit hatte, substanzlose Erscheinungsweise der absoluten Idee war. Schopenhauer und v. Hartmann sind in demselben Widerspruch festgehalten. „Beide tragen dieselben Spuren der Unnatur und Gewaltsamkeit an sich, welche auch in jenen älteren Formen (des Pantheismus) uns sich aufdrängen." Mit Herbart trat nun zwar der Individualismus hervor, aber in realistischer Gestalt. Das fünfte Capitel des Werkes unterzieht sich daher einer Prüfung des realistischen Individualismus. Diese Prüfung ist streng und die sich daran schliessende Kritik trifft die Hauptfehler Herbart's mit eminenter Schärfe, ohne das relative Verdienst desselben zu verkennen. Nach Herbart liegt dem Ich ein Reales und zwar ein individuelles Reale zu Grunde, die Einzelseele, die in ihren wechselnden Veränderungen als dieselbe beharrt und bei dem Wechsel ihrer Vorstellungsreihen dieses Beharrens allmälig immer entschiedener inne wird. Das Ich ist ihm also nichts Reales, sondern lediglich Vorstellung eines Realen, des Seelenwesens, von sich selbst. Die Seele ist ihm also ein schlechthin einfaches Wesen ohne jede Vielheit qualitativer Bestimmungen und ohne alle Prädicate, welche sich auf Raum und Zeit beziehen, daher ohne Kräfte, Vermögen oder Strebungen, folglich ohne irgendwelche (angeborene) Vorstellungen. Nur ein vielfaches und wechselndes Zusammen realer Wesen findet statt und daher in jedem von ihnen ein verschiedenes und wechselndes Geschehen. Der gemeinsame Begriff des wirklichen Geschehens zwischen den Wesen ist auf Selbsterhaltung zurückzuführen. Die realen Wesen in ihrem Zusammen „stören" einander. Dieser Störung setzt aber jedes Reale seine einfache unzerstörbare Qualität entgegen, wodurch es sich unveränderlich erhält als das, was es ist. „Störung sollte erfolgen; Selbsterhaltung hebt die Störung auf, dergestalt, dass sie gar nicht eintritt." Es wäre, sagt Herbart, die vollkommenste Irrlehre, wenn das, was wir Geschehen nennen, sich irgendwelche Bedeutung im Gebiete des Seienden anmasste. Die verschiedenen Empfindungen des Menschen sind nichts anderes als die verschiedenen Selbsterhaltungen der Seele, die sich selbst nicht sieht und nichts davon weiss, dass sie in allen ihren Empfindungen sich selbst gleich ist und vollends nichts davon, dass ihre Zustände abhängen vom Geschehen in zusammentreffenden Wesen ausser ihr, deren eigene Selbsterhaltungen ihr auf keine Weise bekannt werden können. Die Seele hat daher nach Herbart nicht die Eigenschaft (das Vermögen) des Vorstellens. Dieses geht nur an ihr vor, nicht aus ihrem Wesen hervor. Es ist nur accidentell, auch nicht sein könnend. Die Vorstellungen indess, weil sie sich ausschliessen, hemmen einander. Sie werden dadurch nicht zu nichts, sondern nur in den Zustand der Nichtvorstellung versetzt, aus welchem sie wieder, sobald die Hemmung weicht, in den der Vorstellung übergehen. Da jede Vorstellung das Streben sich zu erhalten hat, so wird sie (ohne dass sie etwas davon weiss) eine Kraft für die Seele, die Vorstellungen werden also zu Kräften gegeneinander, so lange der hemmende Gegensatz nicht verschwindet. Aus den einzelnen, an einander sich verdunkelnden Vorstellungen entsteht nun nach H. allmälig die Zusammenfassung in Ein Vorstellen und hiemit der gemeinsame Mittelpunkt, von welchem aus alle Regsamkeit des Vorstellens sich erhebt. Jener Mittelpunkt ist das Reale, welches der Vorstellung des Ich zum Grunde liegt. So ergibt sich ihm allmälig ein vorstellendes Subjekt, dem er ebenso nach und nach ein Objekt gegenübertreten lässt. Erst allmälig fassen wir uns selbst als Eins, als Subjekt einem wechselnden Objektiven gegenüber, und gelangen zum Ich als erster Person; erst ganz zuletzt zum Ich als dem allgemeinen Prädicate des Selbstbewusstseins.

Dieser spitzfindigsten aller Theorien wirft nun der Verfasser zunächst mit Recht vor, dass sie sich vieler Sprünge und Erschleichungen bedienen musste, um in ein schlechthin einfaches, an sich vorstellungs- und bewusstloses Seelenwesen zuerst den Gegensatz eines Subjekts und Objekts, zuletzt sogar die Einheit beider, das Ich hineinzuschieben. Durch nichts hat Herbart bewiesen, dass ein blos einfaches, vorstellungsloses Wesen, welches jedem chemischen Stoffe oder jeder andern einfachen Natursubstanz gleich steht, zum Bewusstsein, zum Selbstbewusstsein, zum Ich werden oder gelangen könne. Diess ist gerade so unmöglich, als aus dem Atom des Materialisten oder aus einem Complex von Atomen das Bewusstsein hervorzuzaubern. „Das an sich einfache Seelenwesen kann durch keinerlei Allmäligkeit, durch keine behauptete Entwickelung zu dem gelangen, was an sich ihm heterogen ist, zur inneren Duplicität des Bewusstseins. Es bleibt einfach in alle Ewigkeit und vorstellungslos; denn keinerlei Entwicklung, Entfaltung oder Ausweitung kann je die einfache Reihe innerer Veränderungen zu sich zurückbeugen und in eine doppelte verwandeln. . . . Bewusstsein, Geist zeigt sich als völlig neue, aus sich selbst anfangende Wesensstufe. Jede höhere Wesensstufe ist ein neuer Anfang und macht ein neues Erklärungsprincip nöthig." Treffend weist der Verf. auf den Unterschied der Einheit und der (leeren, unterschiedlosen) Einfachheit hin, womit Herbart's Lehre völlig entwurzelt ist. Es ergibt sich, dass sein angebliches Seelenwesen gar keine Seele ist. Was sollen Selbsterhaltungen des unveränderlich Seienden, aus welchem keinerlei Geschehen aus- und in welches keinerlei Geschehen eintreten kann, was sollen Störungen oder Störungsversuche eines Unstörbaren, was soll ein Geschehen, das kein Wille, keine Thätigkeit, keine Wirkung des Seienden ist und wurzellos wie gespenstisch um das Seiende oder zwischen dem todten Seienden herumspielen soll? Herbart verwechselt die Beharrlichkeit im Wechsel mit Unveränderlichkeit, die concrete Einfachheit, die Einheit innerer Unterschiede, mit der abstrakten, leeren, todten Einerleiheit. Der Verf. zeigt, dass Herbart im Metaphysischen nur todte Unveränderliche kennt, in welchen kein Geschehen stattfinden könne, in der Psychologie aber, wo er mit seinen Voraussetzungen nicht vom Fleck kommen konnte, gestatte er sich, durch die Noth gezwungen, ein laxeres Verfahren. Daraus erklärt sich auch, dass viele seiner Detailuntersuchungen verdienstvoll sind und dass seine Schule sich auf nicht geringe Verdienste im Abgeleiteten berufen darf. — Das sechste Capitel fasst dann übersichtlich die kritischen Gesammtergebnisse zusammen, worauf wir den Leser verweisen müssen.

Nach diesen kritischen Vorbereitungen geht der Verfasser im zweiten Buche zur Ergründung des allgemeinen Wesens der Seele über. Er stellt das Thema seiner versuchten Beweisführung in dem Satze voran: „Die Seele ist ein individuelles, beharrliches, vorstellendes Reale, in ursprünglicher Wechselbeziehung mit andern Realen begriffen." Wenn nun Realsein heisst: seinen Raum und seine Zeit setzen — erfüllen, so folgt ihm, dass alles Wirkliche — das Absolute wie das Endliche — nur als dauerndes und räumliches zu denken sei. Es ist eben zwischen mechanischer und dynamischer Raumerfüllung zu unterscheiden. Bei jener geht das Reale in die Theilbarkeit des Raumes völlig ein, bei dieser überwindet das Reale die trennende Bedeutung des Raumes und ist in jedem Theile seiner Raumexistenz mit gleicher und ganzer Wirkung gegenwärtig. Jene Raumerfüllungsweise findet statt bei den unorganischen, diese bei den organischen Körpern, jene sind unbeseelt, diese beseelt. Der Gesammtheit der Welterscheinungen liegen nicht qualitativ unterschiedlose, sondern qualitativ unterschiedene Urelemente, die untheilbar und unzerstörlich sind, zum Grunde, Urpositionen als letzte an sich unveränderliche Gründe aller veränderlichen Körpererscheinungen. Der Verf. setzt also der materialistisch-mechanischen Atomistik die dynamische qualitative entgegen. Nach ihr ist zu sagen: die qualitativ verschiedenen, aber ursprünglich auf einander bezogenen Urelemente haben nicht Kräfte, aber sie selber sind oder werden zu Kräften durch ihr qualitatives Wechselverhältniss mit einander, zu anziehenden, wenn innere Ergänzung sie zur Verbindung treibt, zu abstossenden, wenn die innere Geschlossenheit der verbundenen Elemente jede weitere Aufnahme anderer ausschliesst. Sie müssen daher auch in einer urbeziehenden Einheit ihren Grund haben, welche nur als absolute Intelligenz gedacht werden kann. Das zweite Capitel ist einer eingehenden Kritik der metaphysischen Constructionen der

Materie gewidmet. Es werden darin besonders die bezüglichen Lehren Ettingshausen's, C. Snell's, Kant's, Schelling's, Hegel's, Herbart's, Ernst Gotth. Fischer's und S. Weiss' berücksichtigt und das Ergebniss ist die Widerlegung der mechanischen Physik, an deren Stelle die qualitative Atomistik gesetzt wird.

Im dritten Capitel wird nun die Untersuchung über die Seele und ihre Verleiblichung in Angriff genommen. Ist nach dem Vorhergehenden die Seele ein individuelles, beharrliches Wesen, endliche Substanz, so erscheint ihr Bewusstsein als der ideale, ihr selbst empfindlich werdende Ausdruck und Erweis ihrer Individualität, ihr Leib als der reale. Darum ist sie aber doch nicht völlig selbstbewusst, sondern zum grössern Theil für sich selbst in Dunkel gehüllt, instinktiv vernunftmässig wirkend. Sie verleiblicht sich, indem sie das spezifisch ihr Verwandte an sich zieht und aus dieser Verbindung das Phänomen einer Körpereinheit hervorgehen lässt. Im ganzen Universum nämlich waltet ein System von Einwohnungen des Höheren im Niederen, wodurch das letztere, soweit die eigene Natur es verstattet, zugleich der höheren Wesenheit mit theilhaftig wird und durch ein vorübergehendes Eingerücktwerden in dieselbe an ihren Vollkommenheiten Theil nimmt. Diess ist darin begründet, dass das Wesen der Dinge nicht gegensätzlich, sondern stufenweise von einander verschieden ist. Der Begriff des Besitzens und des Besessenwerdens ist ein universeller. Alles Mächtige durchdringt und beherrscht das Niedere, assimilisirt es seiner eigenen Natur und corporisirt sich daran unablässig, wie es die Stufenleiter der Wesen und ihr teleologischer Zusammenhang verlangt. Alles ist real, raum- und zeitsetzend und sich corporisirend, der Geist wie das niederste chemische Element; nichts ist aber bloss real, todt chaotisch, zusammenhangslos irrationell, sondern auch das unterste der Elemente ist dazu geartet, um als vielseitigstes Verleiblichungsmittel des Seelischen zu dienen und damit seine höhere Natur anzuziehen. Der menschlichen Seele ist die übermächtigste und vielseitigste Organisationskraft verliehen, mit der sie das Entlegenste der ganzen chemischen Stoffwelt zu ihrem Organe oder wenigstens zu vorübergehender leiblicher Ernährung zusammenzwingt. Dem analog ist der Leib auch im Kleinsten der Lebensweise und den Instinkten des Thiers angepasst. Ist die menschliche Seele leibgestaltendes Kraftwesen, so bleibt sie im Wechsel ihrer leiblichen Bestandtheile dieselbe, und auch im irdischen Tode in ihrer Integrität bestehen. Von dem äussern Leibe mit seinen wechselnden Bestandtheilen ist der innere, bleibende, unsichtbare zu unterscheiden, der sich in der dynamischen Gegenwart der Menschenseele als Beharrliches im Stoffwechsel bezeugt. Die dynamische Gegenwart der Seele in ihrem Leibe schliesst einen besondern Sitz derselben im Leibe aus. Sie reicht über alles blosse Nebeneinander hinaus als Gegentheil alles ruhenden Wo. Man kann daher nicht sagen, dass die Seele der Raumform unterworfen sei nach der Analogie irgend eines Körperwesens; sie vernichtet vielmehr alle (trennende) Wirkung der Ausdehnung im Leibe durch ihre Wirksamkeit; denn sie ist durch diese Wirksamkeit ebenso sehr in allen Theilen ihres Leibes gegenwärtig, als sie doch selbst in ihnen allen die Einheit bleibt. Die Seele als ganze harmonisirende Thätigkeit ist ebenso in jedem Theile ihres Leibes vollständig gegenwärtig, als er selber durch diese dynamische Allgegenwart derselben in seinen getrennten Raumunterschieden erst dadurch zum einen und ganzen Organismus wird. Sie bewirkt die Ausdehnung ihres Leibes ebenso, als sie die trennende Bedeutung dieses Ausgedehntseins überwindet. Es folgt hieraus, dass der ganze ungetheilte Leib Seelenorgan, Organ der Wirksamkeit der Seele sei. Ist der ganze Leib ein System von Organen, so ist das Nervensystem Seelenorgan im engeren Sinne, und dasselbe gliedert sich in der Art, dass gewisse Theile dieses Gesammtorgans den verschiedenen Richtungen der Seelenthätigkeit entsprechen müssen und behauptet werden muss, dass der Schlüssel zur vollständigen Deutung des anatomischen Baues des Menschenleibes nur in den psychischen Verhältnissen und Prozessen liegen kann. Geht nun der Verf. im vierten Capitel zur Betrachtung der leiblichen Vergänglichkeit und der Seelenfortdauer über, so sucht er zunächst jene organische Erscheinung, die man Tod zu nennen pflegt, in das rechte Licht zu setzen. Es folgt aus seinen allgemeinen Principien, dass das Sterben gar nicht Gegensatz des Lebens, sondern ein organischer Vorgang sei, welchen der Lebensprozess selber aus sich erzeuge. Der Lebensprozess ist eine ununterbrochene organische Erneuerung, welche nicht möglich wäre, ohne ganz ihm entsprechend den Todes-, d. h. den Ausscheidungsprozess in sich zu vollziehen. Dieser wiederholt sich in allen Theilen und Organen des Körpers während des Lebens immerfort und macht eben dadurch dessen Erfrischung und Gesundheit möglich. So aber bleibt die Seele selbst ihrer Substanz nach das schlechthin Uebermächtige gegen jede Gestalt des Lebensprozesses. In dem sogenannten Tode liegt aber durchaus keine andere oder neue Erscheinung vor. In ihm vollendet sich nur das Wiederabstreifen der sinnlich-chemischen Stoffe; die organische Seele, der innere Leib lässt vollständig die sinnlichen Medien fallen, wie er es unvollständig in jedem Augenblicke seines Lebens that. Jenes Sichabwenden von der Stoffwelt geschieht nicht plötzlich, sondern in jenem Lebensrhythmus, der sich im Altwerden zu erkennen gibt, wobei noch das normale ruhige und kampflose Hinsterben von dem abnormen peinvollen zu unterscheiden ist. Das in das individuelle Leben eingetretene Nichtseinsollende äussert seine Wirkungen nicht bloss in der Art des Todes, sondern auch in der Verkürzung des Lebens. Die Todesfurcht entspringt aus dem Haften des Geistes am Sinnenleben; dem geistig Lebenden dagegen ist nicht bloss Furchtlosigkeit des Todes vergönnt, sondern selbst Liebe und Hoffnung desselben, in der Erkenntniss von einem ihm ursprünglich fremden Elemente befreit zu werden. Daher bleibt der Mensch auch nach dem letzten, uns sichtbaren Acte des Lebensprozesses in seinem Wesen ganz derselbe nach Geist und Organisationskraft (innerem Leibe), welcher er vorher war. Er kehrt nur in die unsichtbare Welt zurück und hat nur eine bestimmte Form der Sichtbarkeit abgestreift. Der Organisationskraft muss nur ein anderes Verleiblichungsmittel sich darbieten, um auch in neuer leiblicher Wirksamkeit dazustehen. Nun fragt es sich, ob es gelingen kann, schon im gegenwärtigen Leben die Spuren unseres künftigen Daseins zu entdecken. Da sind denn die Erfahrungsanalogien aufzusuchen, welche aus der sicheren, offenkundigen Gegenwart in jenes dunkle Gebiet hinüberzuleiten geeignet sind. Die Zeit ist gekommen, wo dieses Gebiet von Untersuchungen ohne Vorurtheil und mit Besonnenheit betreten werden kann und zu betreten ist. Schon Kant schrieb — wenn auch nur hypothetisch — die Worte: „Es wird künftig einmal bewiesen werden, dass die menschliche Seele auch in diesem Leben in einer unaufhörlich geknüpften Gemeinschaft mit allen immateriellen Naturen der Geisterwelt stehe." Herbart erhob die Frage, ob dorthin (in das Jenseits) noch, ohne Schwärmerei, sich ein Gedankenbild zeichnen lasse. Nach seiner Vorstellung einer völligen Leiblosigkeit der Seele im Jenseits konnte er im ewigen Leben nur ein unendlich sanftes Schweben der Vorstellungen vermuthen. Unablösliches Wohl oder Wehe in sich tragend sei sie dort unfähig, auch nur zu wünschen, dass ihr Zustand ein anderer sein möge, obwohl nicht auszuschliessen sei, dass eine göttliche Einrichtung auch darin Zweckmässiges und Heilsames angeordnet haben möge. Fr. v. Meyer, Schubert, Eschenmayer sprechen von einem Aetherleibe, der nach dem Tode der Seele verliehen werde. Sie übersehen, dass wir jenen pneumatischen Organismus schon im gegenwärtigen Leben besitzen müssen und dass der Tod jenen inneren Leib nur vollständig zur Bewusstheit zu befreien habe. Fechner erwartet eine Theorie, welche Jenseitiges und Diesseitiges im Zusammenhang erklären werde. Baader hat aber diese Theorie längst in den Grundzügen gegeben, deren Hauptpunkte der Verf. vorträgt und als einen Punkt von weittragender Bedeutung den Satz hervorhebt, dass dasjenige, was wir gewöhnlich als höchst ungewisse Zukunft unendlich fern von uns wähnen, bereits in uns sei und wir in ihm uns befänden, womit er die innere Leiblichkeit meint. Verwandte Lehren finden sich bei Fr. Groos, Krause, Lindemann, Ernst Reinhold. Als Folge der Entsinnlichung im Tode dürfen wir in Bezug auf das ethische Verhalten im irdischen Leben einen tiefen Unterschied im Selbstgefühl vermuthen, welches der Seele künftigen Zustand begleiten wird, den der Bedürftigkeit nämlich oder den der höheren Genüge. Im Tode werden wir daher keinesfalls in die Weltlosigkeit hinausgestossen sein, sondern es wird uns die volle Welt in objektivem wie in subjektivem Sinne bleiben. So kann die Möglichkeit nicht fern liegen, dass es schon im gegenwärtigen Dasein organische (Seelen-) Zustände geben möge, die als Anticipationen des Todes relative Entleibung zu nennen sein würden. Es ist nun aber Thatsache, dass schon innerhalb des Zeitlebens sporadische Zustände eines höheren Bewusstseins auftreten, in welchen wir die sinnlichen Schranken desselben gelockert finden, in denen die Seele raum- und zeitschrankenfreier percipirt und wirkt. Kann sich aber schon im Leibesleben jener innere Organismus und seine seherische Kraft entfalten, wenn auch selten anders als auf krankhafte und gestörte Weise, so ist ihr auch durch vernünftige Askese eine Cultur zu stufenweiser Ausbildung zuzuwenden und gerade dann am meisten, wenn der Seele tiefste Kräfte in den Kampf gegen die verstockteste Sinnlichkeit zu rufen sind. Das volle Geistesdasein der Menschheit wird erst dann angebrochen sein und die tiefste Ergänzung ihrer Anlagen gewonnen werden, wenn der Unterschied der Verstandesforschung und der praktischen Besonnenheit einerseits und andererseits der tieferen Vernunftinstinkte und stiller Beschaulichkeit in Eins gebildet sein wird. Fragt es sich nun aber, nach welchen Analogien wir unser künftiges Dasein zu denken haben werden, so erscheint dem Verf. ein bestimmtes Ausmalen jener Zustände darum unmöglich, weil sie einer wesentlich andern Sphäre angehören. Wenn er aber unsern künftigen Zustand als den einer vollständigen Entsinnlichung bezeichnet, so kann er darunter doch nur die Entmaterialisirung verstehen, denn eine vergeistigtere Weise der Sinnlichkeit muss nach seinen eigenen Voraussetzungen im Jenseits fortbestehen. Dass sich im Jenseits der Seele ein entsprechender Darstellungsstoff bieten werde, ist dem Verf. nicht zweifelhaft, nur hält er die nähere Beschaffenheit desselben nicht für erforschbar. Keineswegs kann unser nächster Zustand im

Jenseits eine blosse Wiederholung des irdischen sein, nur etwa unter veränderten äusseren Bedingungen. Er muss vielmehr eine Steigerung, eine Ausprägung unseres im irdischen Leben ausgebildeten Charakters enthalten, somit eine Zurückziehung ins Innere, tiefere Substantiirung und Vergeistigung des Persönlichen in uns. Steht die Fortdauer der Seelen im Jenseits fest, so erscheint nichts natürlicher als die Möglichkeit fortdauernder Gemeinschaft zwischen den irdisch Lebenden und den Abgeschiedenen. Eine eigentliche Sinnenvermittelung ist dabei nach dem Verf. auszuschliessen und vielmehr ein innerer Bewusstseinsvorgang als Hellsehen, als Wachtraum anzunehmen, eine Bewusstseinsform, in welcher das Reale auf anders vermittelte Weise wahrgenommen wird. Es existiren viele beglaubigte Thatsachen, die an der Objektivität eines solchen Schauens nicht mehr zweifeln lassen. Jener (relativen) Entsinnlichung (Entmaterialisirung) und Vergeistigung des nachirdischen Zustandes muss offenbar auch eine entwickeltere, schrankenfreiere Perceptions- und Wirkungsweise entsprechen. Eine solche kündigt sich aber schon in den entwickelteren Zuständen des Hellsehens an. Ihr Schauen und Wirken ist ein raumschrankenfreieres Sichversetzenkönnen in das Ferne und Fremde. Wir begegnen hier einer theilweisen Entleibung, bei welcher die „Sehe" nicht mehr der sinnlichen (materiellen) Empfindungsorgane bedarf. Scheint nun aber der Seele im nächstjenseitigen Zustand zwar nicht die innere Leiblichkeit zu fehlen, wohl aber die vollständige, dauernde und ausdrückliche Corporisation, so fragt es sich, ob nicht in einer noch ferneren Zukunft dem Geiste eine völlige Wiederherstellung zu einem eigentlichen, höher organisirten Leibe beschieden sei, was sich nur in Verbindung mit einer analogen Steigerung der Stoffwelt denken liesse. Kann nun hierüber die Anthropologie nichts bestimmen, so muss sie doch die Möglichkeit davon anerkennen, und sie kann daher die auf diesen Punkt bezügliche Lehre der Offenbarung als eine Ergänzung und Erweiterung ihrer eigenen Ergebnisse ansehen. Hat sich die Naturwissenschaft bereits zu dem Gedanken einer Geschichte des Universums erhoben, so wird sie auch einräumen können, dass einmal eine Steigerung der Gesammtzustände des Universums eintreten werde, welche man als eine Wiederherstellung desselben fassen kann. In einer Anmerkung zur dritten Auflage behauptet zwar der Verfasser von dem abgelegten Bekenntniss nichts zurücknehmen zu können, räumt aber ein, dass seitdem in diesen Thatsachengebieten so viel Neues und Unerwartetes ermittelt worden sei, dass wir zu einer erweiterten Auffassung hingedrängt würden. Er verweist in diesem Bezuge auf das (in zweiter

Auflage erschienene) Werk: Die mystischen Erscheinungen der menschlichen Natur von Max Perty, auf die Veröffentlichungen des Comités der dialektischen Gesellschaft in London, auf die Bibliothek des Spiritualismus von A. Aksakow und die Zeitschrift: Psychische Studien.

Nach diesen grundlegenden Bestimmungen sucht der Verf. im fünften Capitel des zweiten Buches das Hellsehen und die Ekstase aufzuklären. Es ist Thatsache, dass beim Hellsehen die Perceptionen nicht durch Vermittelung der specifischen Sinnesnerven gewonnen werden. Je höher der Grad des Somnambulismus, desto mehr ist der Kranke allen durch die materiellen Sinne vermittelten Eindrücken verschlossen. Auch die öfter gemachte Annahme, dass im Hellsehen eine Versetzung der Seelenthätigkeit aus dem Hirn in den Sympathicus stattfinde, ist unhaltbar. Vielmehr geben die Thatsachen die Annahme an die Hand, dass der äussere Leib der inneren Sehe überall und in jedem Theile durchsichtig geworden sei oder aufgehört habe, eine isolirende und verdunkelnde Hülle für sie zu sein. Das Localisiren der seherischen Perceptionen wäre dabei etwas Zufälliges oder Beliebiges. Alle Erfahrungen drängen zu der Annahme, dass hier, analog wie im Traume, alle Sinnesvorstellungen genannte Perceptionen bei einander sind, dass hier nicht ein Aggregat einzelner Sinne, sondern ein Allsinn waltet, d. h. das Vermögen der Seele, aus sich selbst jene Sinnesvorstellungen zu erzeugen und zu einem Gesammtbilde der Wirklichkeit zu verarbeiten. Daraus ergibt sich, dass unter gewissen Bedingungen die Seele auch ohne Vermittelung des Nervensystems, also auch des Hirns, Bewusstseinsakte vollziehen könne. Diese Annahme sollte Physiologen und Psychologen als heuristisches Princip dienen. Hier muss man sich erinnern, dass nicht der Leib, die Sinnennerven, das Hirn zu empfinden, Vorstellungen und Bewusstsein zu erzeugen vermögen. Das Veranlassende der Bewusstseinsakte ist nicht das Hervorbringende, das Letztere ist allein die Seele. Dann aber kann das Veranlassende für die vorstellungerzeugende Seele möglicherweise unter Bedingungen auch von ganz anderer Beschaffenheit sein, als jenes der äusseren Sinne. Behauptet der äussere Leib überhaupt nur die Dignität eines äusserlichen, qualitativ dem Seelenwesen ganz heterogenen Apparats, an welchen die Seele lediglich während ihres Zeitlebens gebunden ist, so wäre es ein völliger Widerspruch, die Möglichkeit auch anderer Vermittelungen auszuschliessen. Wenn sich eine Gattung von Perceptionen und Wirksamkeiten der Seele findet, welche nur unter der Voraussetzung einer aufgehobenen sinnlichen Vermittelung sich erklären lässt, so ist die Annahme begründet, dass eine solche wirklich eingetreten sei. Dieser Fall tritt nun im Hellsehen und verwandten Zuständen hervor, und solche Zustände können als ekstatische, d. h. dem äussern Leibe entrückte oder jenseitige bezeichnet werden. Dieser Gesichtspunkt wäre geeignet, in einer stetigen Folge von Erscheinungen aus dem Diesseits in das Jenseits hinüberzuleiten. Wenn z. B. in einem von Puysegur beobachteten Falle ein von ihm magnetisirter Knabe, welchem, infolge einer partiellen Hirnvereiterung, während des gemeinen Wachens das Gedächtniss fehlte und ein dem Blödsinn naher Geisteszustand obwaltete, jenes während des Somnambulismus nicht nur zurückerhielt, sondern in einem weit über die gewöhnliche Höhe eines Kinderbewusstseins gesteigerten Masse von Intelligenz und Urtheil seine ganze Vergangenheit zu durchschauen und theilweise prophetische Blicke in die Zukunft zu thun vermochte: so ist diese Thatsache von der entscheidendsten Bedeutung. Sie zeigt, dass hier der Bewusstseinsapparat nicht mehr im Hirn liegen konnte, dass vielmehr die Seele, in einem wechselnden Doppelleben begriffen, aus der Krankheit und Blödigkeit ihres gewöhnlichen Zustandes in eine andere Region sich zu retten vermochte, welche doch zugleich im Hintergrunde jenes kranken Bewusstseins liegen musste, da das Resultat derselben eben ein erhöhtes Gedächtniss der eigenen Vergangenheit war. Hierher gehört auch die Beobachtung, dass der Wahnsinn wie die Geistesblödigkeit kurz vor dem Tode verschwinden, ja dass der Geist nunmehr erhöhter, bewusster, sittlich gebildeter erscheint, als das bisherige dumpfe Leben es erwarten liess, gleich als ob er hinter seiner verworrenen Erscheinung in tiefer Verborgenheit selbstständig sich entwickelt habe. So lange hier also der Geist durch einen zerrütteten Organismus wirken musste, konnte er auch nur verkehrt oder gehemmt wirken. Damit stimmen ganze Reihen von Beobachtungen und thatsächlichen Erscheinungen überein, wie die Geistesäusserungen erhöhten Grades wenig gebildeter Personen im somnambulen Zustande, die Aussagen aus dem Scheintode, aus der Chloroformirung Erwachter, vom Ertrinkungstode Geretteter und andere verwandte thatsächliche Vorkommnisse, die der Verf. näher ausführt. Zustände des Bewusstseins, in welchen das beschränkende, retardirende Zeitmaass der Nervenwirkungen aufgehoben ist, wie in den Gedankenbewegungen der Somnambulen, können auch nicht mehr unter dem Einflusse eines sinnlichen Substrats stehen. Die Seele stellt in ihnen leibfrei vor und wirkt leibfrei. Selbst die gewöhnlichen Träume, mit Aufhebung des gemeinen Zeitverlaufs, fallen in jene Region. Danach muss in den wechselnden Zuständen des Lebens eine innigere oder weniger enge Verbindung zwischen dem Geiste und seinem leiblichen Apparate eintreten können. Schon der Traum deutet auf ein gelösteres Verhältniss des Geistes zu seinem äusseren Leibe. Es steht fest, dass lange fortgesetzte Abtödtung des Leibes die Tiefe, Helle und Lebendigkeit des Geistes merkwürdig zu steigern vermag, statt sie abzuschwächen. Die Behauptung, dass ohne Integrität des Hirns auch keine Integrität des Bewusstseins möglich sei, wird durch die Erfahrung widerlegt, dass es keinen Theil des Gehirns gibt, den man nicht in jedem Grade zerstört gefunden hätte, ohne dass die geistige Entwickelung irgend merklich gelitten hätte. Thatsachen der Seelenversetzung sind erwiesen, wie in der Doppelgängerei, dem Sichtbarwerden der Gestalt des Menschen ausser seinem Leibe auch für Andere (Uebertragung der Selbstschau auf Andere), wobei Seele auf Seele ohne materiell-leibliche Vermittelung wirkt. Wenn ein irdischlebender Geist sich selbst und Andern ausser seinem Leibe erscheinen kann, so muss auch die Erscheinung jenseitiger Geister möglich sein, nicht zwar als materiell-sinnliches Sehen, sondern als Geistes- oder Seelenvision. Subjektive Beimischungen solcher Visionen sind wohl unvermeidlich, und darum daraus für die Wissenschaft wenig zuverlässige Belehrung zu schöpfen.

„Seele und Geist" ist der Gegenstand der Untersuchungen des dritten Buches der Anthropologie des Verfassers. Das erste Capitel zieht den Lebensprozess in Betrachtung. Aus dem Vorausgegangenen wird als Ergebniss herübergenommen, nichts von Aussen Stammendes könne ein organisches Wesen umgestalten, sondern nur es anregen zur eigenen Entwickelung von innen her; kein Eingegossenes, passiv Aufgenommenes oder Angezüchtetes sei in diesem Gebiete anzutreffen; der Weg der Lebensentwickelung gehe von innen nach aussen, nicht umgekehrt; er sei Entfaltung der inneren Anlage des Wesens nach seiner ursprünglichen Eigenthümlichkeit. Es folge daraus, der Mensch sei geistig eigenthümliche Individualität, die vom ersten Beginn seiner zeitlichen Sonderexistenz, seit der Erzeugung, bewusstlos oder vorbewusst in ihm walte, deren erste Wirkung sich darin kund gebe, einen seiner geistigen Begabung entsprechenden leiblichen Organismus sich anzubilden. In diesem Sinne ist der Mensch beseelter Geist. Nun erhebt sich die Frage über die Natur des Seelischen, jenes Mittleren, durch welches der Geist den Leib als das äussere Gleichniss seiner selbst sich formt. Was ist also Leben, Lebensprozess? Der leibliche Organismus ist nicht für ein Ganzes zu halten, vielmehr ein Zusammengesetztes und Veränderliches, während die Einheit des beleibten Individuums jeden Augenblick an ihm hindurchleuchtet und constant sich behauptet. Die Ursache dieser Einheit kann weder in der Gesammtheit der Stoffe, noch in einem einzelnen unter den Stoffen, sondern nur in dem Individuum, d. h. in der Seele desselben liegen. Nur die Seele kann als Grund der Lebensthätigkeiten im Organismus gedacht werden. Die Frage nach dem Grunde der Lebenserscheinungen ist die Frage: wie die Welt des Organischen überhaupt zu den blos mechanisch wirkenden Ursachen sich verhalte? Die Antwort ist: beide verhalten sich zu einander wie Mittel und Zweck, und es kann gesagt werden: die mechanisch-chemische Physiologie ist nichts mehr und nichts weniger, als die Vorschule zur eigentlichen Untersuchung, die allgemeinen Naturgesetze bezeichnend, welche vom Lebensprozesse benutzt werden, nicht aber den letzten Grund des Lebens selbst aufdecken. Die Ursache des Lebens kann nur die beharrliche Einheit eines Individuellen, einer Seele, sein. Dies bestätigt die eigenthümliche Entstehungsart der Organismen, im Gegensatze zur Entstehungsweise anorganischer Körper, so wie die Entwicklungsgeschichte der organischen Wesen. Die Einheit geht voran, die organische Grundgestalt präexistirt schon, die ganze Organisation ist in der Keimscheibe implicite oder potentia schon gegenwärtig und bewirkt die Gestaltung der Zellen und die Ausbildung des Organismus. So ist denn auch der Charakter alles Organischen Zweckmässigkeit für sich selbst und zwar in allen Lagen, und daher ist zu sagen, dass die organische Kraft einer vollkommenen Vernunft gleich und dennoch bewusstlos wirkt. Wenn man nun diese Reihe von Erscheinungen im Instinkt zusammengefasst hat, so muss man den Begriff des Instinkts auch auf die zweckmässigen Thätigkeiten ausdehnen, aus denen der Lebensprozess zusammengesetzt ist. Zu unterscheiden sind dabei die Instinkte des Lebensprozesses, die sich lediglich auf die individuelle Selbsterhaltung beziehen, und die höheren Instinkte, deren Zweck zu allermeist die Erhaltung der Gattung ist. Der Lebens- und Verleiblichungsprozess kann also nur als ein Seelenvorgang begriffen werden. Die darin waltende bewusstlose Vernünftigkeit, als plastisch-künstlerische Macht wirkend, können wir nur als die intensivste Phantasiethätigkeit der Seele erklären. Wie intensiv diese plastische Phantasiethätigkeit wirken kann, davon gibt der Verf. eine Reihe merkwürdiger Belege an. Die Phantasie ist auch der eigentliche Quell der Lebensgefühle wie der Körperinstinkte. Bei intensiverer Umstimmung des Organismus steigern sich jene unbestimmteren Gefühle auch zu höchst lebhaften Phantasiebildern, ja zu eigentlichen Visionen und Hallucinationen. Diese Erscheinungen sind auch zu erklären durch die Voraussetzung, dass ein- und dasselbe Vermögen sowohl dort, in den leiblichen Vorgängen, als hier, in den Veränderungen des Bewusstseins, thätig sei und nur verschieden sich äussere nach den Graden der Intensität, die es erlangt. Die sogenannten Körperinstinkte und ihre Heilthätigkeit stehen in Analogie mit den Heilträumen und Heilvisionen Magnetischer und sind dasselbe Produkt jener im Organismus wirkenden Intelligenz, welche dort blos bis zur Form eines dumpfen Gefühls, hier bis zum bewussten Gestalten eines Bildes gelangt. Die Phantasiebilder endlich des Wahnsinns, die fixen Ideen, haben ihren Grund in bestimmten Leiden des bewusstlos bleibenden Theils des Nervensystems, reihen sich an jene Traumbildung organischer Stimmungen und wiederholen dieselben nur in Form eines habituellen Wachens. Alle diese Thatsachen bestätigen die solidarische Einheit des organischen und des Phantasielebens. Und so ist zu behaupten, dass die Phantasie gar nicht blos ein Geistesvermögen, d. h. eine lediglich der bewussten Sphäre der Seele angehörende Thätigkeit sei; dass sie recht eigentlich ein Mittleres, ein ebenso bewusstes realisirendes wie ideelles Vermögen bilde und darum ganz gleicherweise in das Gebiet der Lebensprozesse, der bewusstlos zweckmässigen Körperbildung und Körpererhaltung hinabreiche, wie den höchsten Ideen zur beseelenden Gestaltung diene. Aus jenem Mittleren, aus jener ursprünglich uns eingebildeten bewusstlos künstlerischen Intelligenz allein lässt das alles genügend sich erklären, was mit der beidlebigen Natur unseres gegenwärtigen Daseins zusammenhängt. Sie ist der eigentliche Vereinigungspunkt der beiden Seiten unserer Seele, des Organismus und des Bewusstseins, die der Grund der unaufhörlichen Wiederspiegelung des Einen im Andern: einestheils der unwillkürlichen Wirkung organischer Beschaffenheiten und Stimmungen auf das Bewusstsein, in Temperament und allem, was man als Einfluss des Leibes auf die Seele zu bezeichnen pflegt: anderntheils der ebenso unwillkürlichen Rückwirkung der bewussten Seele auf den Organismus, von der Physiognomie und dem mimischen Ausdruck an bis zu allem, was durch unwillkürliche Nachahmung, Uebung und Gewohnheit an der Leibesgestalt gebildet oder umgebildet wird. Auch die, wie man sagt, aus leiblichen Ursachen entspringende Geistesstörung findet hier ihren Ursprung und ihre Erklärung, wie nicht minder die aus geistiger Quelle hervorgehende. Die Lebensvorgänge sind also Seelenvorgänge und es bedarf nicht einer besonderen Lebenskraft, die zwischen die körperlose Seele und den seelenlosen Leib einträte. Es ist aber einzuräumen, dass mit dieser allgemeinen Erklärung des Lebens aus der Thätigkeit einer plastischen, phantasiemässig wirkenden Intelligenz noch kein einzelnes physiologisches Problem gelöst ist. Alle besondern Fragen müssen Gegenstand spezieller Fachuntersuchungen bleiben. Die philosophische und die empirische Untersuchung sind zu unterscheiden und sollen sich gegenseitig unterstützen, erleuchten und bestätigen.

„Der Ursprung der Beseelung und die Stufen des Seelenlebens" kommen im zweiten Capitel zur Untersuchung. Hier will nun der Verfasser den bekannten Gegensatz der Erklärungsversuche, der sich uns als Traducianismus und als Creatianismus vorstellt, nicht als einen ausschliessenden betrachtet wissen. Die nachfolgende Untersuchung, sagt er, dürfte ergeben, dass beide Ansichten keineswegs in principiellem oder unversöhnlichem Gegensatze stehen, sondern dass jede von ihnen, neben oder eigentlicher in der andern, eine eigenthümliche Berechtigung anzusprechen habe. Da die Seele eine ebenso sehr reale, Zeit und Raum setzend — erfüllende, mithin in beiden gegenwärtige und real wirksame Substanz ist, so kann nach F. ohne Widerspruch behauptet werden, dass in der Zeugung die Aelternseelen sich vereinigen und dass aus dieser realen Verbindung der neue psychische oder organische Keim entspringe. Wie sich das geistige Princip dazu verhalte, soll später erörtert werden. Genug vorerst dass der Annahme nichts entgegensteht, dass die Aelternseelen in der Begattung aufs eigentlichste ihre Eigenthümlichkeit und Wirksamkeit zusammentreten lassen, ohne doch selber getheilt zu werden oder an ihrer innern Ganzheit zu verlieren. Daraus begreift sich als allgemeine Regel, dass durchschnittlich die Abkömmlinge nach Constitution und Temperament (nicht nach den geistigen Anlagen) die Mitte zwischen beiden Aeltern halten, d. h. dass das neue organische Individuum aus Vereinigung der Seeleneigenthümlichkeit seiner Aeltern hervorgeht. So erweist sich der geschlechtliche Erzeugungsakt als eine energische Durchseelung des neuen Lebenskeimes, in welchem die beiden zeugenden Geschlechtsindividuen ihre ungetheilte dem Ei und dem Sperma eingesenkte Seeleneigenthümlichkeit daransetzen. Dabei zeigt die selbstständige Lebensentwickelung des Neuentstandenen, dass hier eine innige Verschmelzung zur bleibenden Einheit eingegangen ist, welche durch das ganze Leben des Individuums hindurch sich behauptet. Das Erzeugte giebt sich aber nicht blos als das Produkt eines Mischungsverhältnisses, wie in den chemischen Prozessen, sondern es tritt ein Neues hinzu, die centrale Einheit des Individuallebens. Das neue Individuum zeigt nun in seinem Totalbestande zwar die gemeinsame Beschaffenheit der beiden Erzeugenden, in seinem Geschlechte aber gleicht es nur entweder dem einen oder dem andern. Daher scheint im Akte der Zeugung nicht zugleich auch das Geschlecht des neuen Individuums bestimmt zu sein, sondern das Geschlecht scheint erst später in ihm durch den Grad und die Art der eigenen Entwickelung sich zu fixiren. Wiewohl nun der Geschlechtsgegensatz weit in das Gemüthsleben emporsteigt, so reicht er doch nicht mehr in den Geist, das eigentlich Menschliche, hinauf. Weil aber das Geschlecht durch den Zeugungsakt noch nicht fixirt erscheint, lässt sich die Geschlechtsdifferenz als das Werk einer vorbewussten (organischen) Selbstthat des Individuums auffassen, somit als etwas, zu welchem sich das geistige Prinzip indifferent oder transscendent verhält, und das durch die geistige Lebensentwickelung überwunden, zur vollen Menschlichkeit erhoben werden soll. Die Zeugung erwies sich uns als ein Seelenvorgang, nicht mehr und nicht minder, als auch die übrigen Lebensverrichtungen sich also erwiesen haben, nur mit dem Unterschiede, dass das ganze ungetheilte Seelenwesen in diesen Akt eingeht. Allein aus der Zeugung als eines Seelenvorgangs ist das neue Geschlechtsindividuum doch allein nicht vollgenügend zu erklären, sondern es muss hier ein Drittes, Höheres, erst Vollendendes hinzutreten. Es wäre gar keine Geschichte möglich, wenn nicht ein geistig Neues, der Genius, als Unvorhergesehenes und wahrhaft Jenseitiges dem wiederkehrenden Kreislaufe menschlicher Zeugungen sich einsenkte. Wo mit dem Eintritte der Geschichte Fortschritt und Perfektibilität sich zeigt, da muss auch eine geistige Neuschöpfung zugestanden werden, und wenn man überhaupt die Existenz von „Genien", neuschöpferischen Geistern in der Geschichte anerkennt, da wird man auch in gradweiser Abstufung eine solche originale Begabung jedem Menschengeiste zugestehen müssen. Bleibt der Individualität das festgefügte Band untheilbarer Eigenthümlichkeit getreu durch den ganzen Verlauf ihres organischen und bewusstgeistigen Lebens, so muss sie auch als Causalgrund des ganzen Verleiblichungs- und Entleiblichungsprozesses ihm vorangehen, wenn auch nicht auf zeitliche Weise. Es fragt sich jetzt, von wannen jenes Einende stamme, durch welches der Menschenseele im Momente der Zeugung der Stempel geistiger Individualität aufgedrückt wird. Dieser Grund kann nur ein transscendentaler sein, ein Prinzip, welches, ohne stetigen Causalzusammenhang im Diesseits, ein neues (geistiges) Wesen aus der ewigen Welt der Realgründe in die Sichtbarkeit einführt. So ist jeder Mensch als Persönlichkeit übernatürlich (überorganisch) erzeugt und erweist sich als eine dem zeitlichen Beginne im Causalzusammenhang vorangehende Präformation eines seelenartigen Realen. Die in der ewigen Welt der Realgründe ideal oder latent unsichtbaren Realwesen, die wir Seelen nennen, versichtbaren und verleiblichen sich, sobald der organische Stoff sich ihnen darbietet und erscheinen dann als ihr eigener Anfang. Da der Begriff der Präformation nicht ein auf den Menschen eingeschränkter, sondern ein für die Seelenwelt universeller ist, so müssen wir nicht blos in der Menschengeschichte, sondern in der Geschichte der Erde ein allgemeines Fortschreiten, eine von innen her sich steigernde Vollendung anerkennen, welche schlechthin Neues, aus den Bedingungen des Bisherigen Unerklärliches, in den Umkreis der Erscheinung eintreten lässt. So wie nun von dieser Seite der Begriff zeitlicher Schöpfung gar nicht zu umgehen ist, so von der andern Seite her nicht der Begriff einer ewigen Schöpfung innerhalb der zeitlichen. Beide Begriffe, bisher als widerstreitend betrachtet, gehören vielmehr zusammen, gleich zweien integrirenden Hälften, die wechselseitig sich erklären und unterstützen. Ob der nothwendige Begriff der Präformation als ideale Gedankenform, oder als Latenz (latente Realität) zu fassen ist, muss die menschliche Wissenschaft unentschieden lassen. Dass nicht jeder Mensch, obwohl an sich und in seinem inneren Wesen Genius, in seinen zeitlichen Geistesbethätigungen auch als solcher erscheint, erklärt sich daraus, dass im gemeinen Zeitleben nur der allergeringste Theil unserer geistigen Anlagen sich ins Bewusstsein herauszubilden vermag. Seiner ewigen Natur nach ist Jeder Genius; in seiner Zeitlichkeit, in seinem sinnlich vermittelten Bewusstsein erscheint nur ein Bruchstück davon. Das ganze Universum des unorganischen Stoffes ist nur der Schauplatz sich verleiblichender Seelen, aber eben darum sind diese das schlechthin ihm Jenseitige, Vorausgegebene. Sodann aber ist die Abstufung des Seelenuniversums eine ebenso reiche und in sich geordnete, und das Seelische des Menschenwesens ist als Gipfel desselben zu betrachten; nach Constitution und Temperament nämlich, wie nach ihren gemüthlichen Trieben sind die Menschen nicht original, sondern sie gleichen sich insgesammt nach gewissen durchgreifenden Grundzügen. Erst eine Stufe höher, im Geiste und in der Offenbarung der Ideen durch ihn entdecken wir das wahre Wesen des Menschen und den letzten Grund auch seiner geistigen Begabung. Hier aber zeigt sich ein neues Gesetz der Individuation. Jeder ist nach seiner geistigen Grundgestalt präformirt; denn geistig betrachtet gleicht kein Individuum dem andern. Dennoch reicht auch durch die Geister eine innere Wechselbeziehung, das durchgreifende Gesetz eines ergänzenden Zusammenhangs hindurch. Wie daher die Naturforschung anerkennen muss, dass in jeder Erdepoche die organischen Bildungen der Thiere und Pflanzen eine genau zusammenhängende Wechselbeziehung und einen übereinstimmenden Plan verrathen, in dessen System auch das Einzelnste harmonisch eingeordnet ist; gerade dasselbe muss auch vom Systeme der menschlichen Individuen gelten. Wie jenen die unorganische Stoffwelt zum Verwirklichungsmittel dient, so diesen das seelische Element, welches die Erzeuger ihnen darbieten. Nur so ist es erklärlich, wie in dem Naturwechsel der in sich zurücklaufenden menschlichen Zeugungen eine Geschichte, die immer neue und immer andere Abfolge geistig verschiedener Generationen sich herausgestalten kann, und wie stetig und lückenlos eins an das andere sich anschliesst und das Niedere immerfort zum Verwirklichungsmittel des Höheren sich darbietet. Diese Einsicht von der inneren Ewigkeit und Geschlossenheit des Menschengeschlechts, d. h. von seiner Einheit im ewigen Realgrunde der Dinge, welcher eben damit selbst nur als absoluter Geist gedacht werden kann, diese Ueberzeugung ist das Höchste, zu dem die Anthropologie auf ihrem beobachtenden Standpunkte sich erheben kann. Aber sie ist auch die tiefste und folgenreichste, weil sie die Immanenz der Ideen im menschlichen Geiste erschliesst, und erklärbar macht, wie der Geist Gottes dem menschlichen sich einsenken und einen sich steigernden Offenbarungsprozess in der Menschheit eingehen könne.

Das dritte Capitel: „Seele und Geist" geht zunächst auf die Verwandtschaft wie auf den Unterschied der Thierseelen von der Menschenseele ein. Die Grösse dieses Unterschiedes tritt in dem gewaltigen Umfang der Perfektibilität des Menschen wie in seiner Entartungsfähigkeit hervor. Bietet das Kindesalter des Menschen, besonders in seinem frühesten Stadium, die grösste Analogie mit dem Thierzustande dar, so ändert sich diese Aehnlichkeit alsbald durchaus, und das Menschenkind zeigt schon zwischen dem zweiten und fünften Jahre das neue und mächtige Prinzip, welches in ihm waltet. Dass der Geist schon da sei, bevor er zu sich selbst kommt, davon legt er gerade im Kinde das kräftigste Zeugniss ab. Er arbeitet halb bewusstlos, darum aber am energievollsten, in den ersten Lebensjahren. Die geistigen Fortschritte, mit denen das Kind gerade in dieser Zeit die es umgebenden Aussendinge, nicht minder die geistige Welt der Sitte, des Urtheils, der moralischen Zurechnung sammt den Sprachbezeichnungen für dies alles sich aneignet, sind die gewaltigsten und bewunderswerthesten im ganzen Menschenleben, welche jedes Kind aufs eigentlichste zum Genius stempeln und Zeugniss ablegen von der verborgenen Gegenwart und Intensität des geistigen Prinzips in ihm. Es ist erlaubt, das Thier im Ganzen um eine Stufe höher zu rücken, als die bisher ihm angewiesen wurde, nicht um den Menschen ihm gleich zu stellen, sondern um gerade dadurch ihm erst den rechten Umfang und Inhalt seines Wesens zu sichern. Auch in dem Thiere liegt in der Seeleneigenthümlichkeit der eigentliche Grund von der Eigenthümlichkeit seiner Leibesgestalt. In den Thieren walten Seelengebilde von tiefster Absichtlichkeit, in ihnen begegnet uns ein Reichthum seelischer Abstufungen und Unterschiede. Auch sie bewähren sich als psychische Kunstwerke des schöpferischen Geistes von bewunderungswürdigster Mannigfaltigkeit; jedes verschieden von dem andern und alle doch verwandt unter sich mit der Seele des Menschen. Auch bei ihnen sehen wir ursprüngliche (vorempirische) Anlagen hervortreten und auch hier ist der Begriff der Präformation unentbehrlich und es kann gesagt werden, dass der Instinkt die allgemeine Idee der Thierspecies ist. Die Einzelthiere sind innerhalb des gemeinsamen Instinkts individualisirt. Ja die eigentlichen Instinktthiere zeigen etwas der Ueberlegung Analoges, indem sie ihre Instinkthandlungen zugleich den gegebenen Verhältnissen zweckmässig anpassen und die entgegenstehenden Hindernisse zu umgehen suchen. Nach weiteren Ausführungen der Seeleneigenthümlichkeiten der Thiere und deren Aeusserungsweisen zeigt der Verf., dass was man das eigenthümlich vollkommene Leben der Thiere nennen kann, an die Natur geheftet ist und bleibt, während der Mensch als perfektibel sich als übernatürliches Wesen bewährt. Denn die Erde und ihre Gaben sind für ihn nichts Letztes, Genügendes; er behandelt sie als Mittel und Werkzeuge seiner Umbildung, oft sogar im Gefühl seiner Uebermacht sie zwecklos zerstörend, sich als Herr der Erde und auch der Thiere innewerdend. Daher ist auch sein Leben ein mühsames, kampfvolles und muss in diesem Kampfe die innere Macht seiner Erfindsamkeit, den ganzen Umfang seiner Perfektibilität, aus sich herausleben. Dieser Kampf wäre sinnlos, wenn das Endziel des Menschen das Sinnenleben wäre. Nach weiteren Vergleichungspunkten des Seelenlebens der Thiere mit dem des Menschen bezeichnet der Verf. den Menschen als Centralgeist, der die vereinzelten Strahlen seelischer Regungen in sich zusammenfasse und sie alle umschliesse. Sämmtliche Thiergeister sind in seiner Einheit befasst, bewältigt durch seinen Geist, ein spezifisch Neues und Anderes. Alle spezifisch menschlichen Eigenschaften laufen in der Grundeigenschaft selbstbewusster Einheit zusammen, welche auf dem geistigen Gehalte beruht, der in ihm mit der Geburt der Ideen hindurchbricht, ohne die er den Akt des Selbstbewusstseins nicht zu vollziehen vermöchte. Es ist das Merkmal des Selbstbewusstseins, die Eigenschaft des allgemeinen Denkens, der freibewussten Selbstbestimmung und der apriorische Inhalt der Ideen, welche das Wesen des Geistes bezeichnen. Was wir theoretisch wahr, was sittlich gut und ästhetisch schön nennen müssen, das erfahren wir nicht erst von aussen, an der Wahrnehmung sinnlicher Dinge, es ist kein Resultat eines vermittelten oder erworbenen Bewusstseins, sondern wir bringen diesen Maassstab der Beurtheilung als einen ursprünglichen zur Betrachtung der Dinge mit hinzu. Aber der Geist hat nicht blos apriorische Bestandtheile (Urerkenntnisse, Urgefühle, Urstrebungen) in seinem Bewusstsein, sondern er ist seinem eigentlichen Bestande nach ein apriorisches, vorempirisches Wesen, dessen Anlagen, indem der Geist sich ins Bewusstsein heraushebt, nunmehr auch in diesem Bewusstsein wirkend, darin als ein Vorempirisches sich kenntlich machen. Das Vermittelnde und Ueberleitende aus der Bewusstlosigkeit in das Bewusstsein ist die Phantasie, welche die Vernunft selber auf der niedersten Stufe ist. Der Phantasie des Menschen sind die Urgestalten der Dinge in magischer Bildlichkeit gegenwärtig, wie auch die ganze Mathematik der Raumwelt. Erst hieraus nimmt das Denken (die theoretische Vernunft) seinen Ursprung. Das apriorische (vorbewusste) Vermögen der Vernunft ist, ins Bewusstsein eintretend, genöthigt, die enge Pforte der Sinne zu durchschreiten, und in Folge dessen ist sie in eine Beschränkung eingegangen, statt sich zu steigern und der ganzen eingeborenen Fülle bewusst zu werden. Dennoch ist diese depotenzirte Vernunft das einzig und wahrhaft Vermenschlichende in uns. Aus ihr stammt alle Besonnenheit und Selbstbeherrschung, und nur wenn die Besonnenheit zugleich Begeisterung wird, Erfülltsein vom Inhalte der Ideen, wenn eine mehr als menschliche Geistesgewalt ihn ergriffen hat, gewinnt der Mensch das innere Gegengewicht wider seine eigene niedere Natur. Nur das, was mehr als Welt ist, vermag das Weltlich-Endliche in ihm und ausser ihm zu überwinden. Und so ist der Mensch, auf diesem Gipfel bewusster Entwickelung angelangt, auch in der Welt der Erscheinung geworden, was er an sich, in der tiefen Verborgenheit seines Wesens, schon ist oder war: ein vor- und übersinnliches, das Ewige in der Welt der Erscheinung ausgestaltendes Geistwesen, ein Offenbarer der göttlichen Geheimnisse der Geisterwelt, in deren Reiche die Sonne neuer Schöpfungen nie untergeht, und die eben den Inhalt der Geschichte erzeugt. Das Schlusscapitel des Werkes: „Allgemeine Ergebnisse" gibt in gedrängter Kürze eine Zusammenfassung der Hauptgedanken des

Vorgetragenen, geht aber dann in geistvoller Vertiefung zu bedeutsamen Folgerungen über, und kann nicht wohl verfehlen, auf den Unbefangenen einen grossen, tiefergreifenden Eindruck hervorzubringen.

8.

Die Phantasie als Grundprincip des Weltprozesses, von J. Frohschammer, Professor der Philosophie in München. München, Ackermann, 1877 (XXIV und 575 S.). 8.

Der Verfasser verhehlt sich in der Vorrede nicht, dass der Titel seines Werkes nicht verfehlen werde, einige Verwunderung und manches Bedenken zu erregen. Was man unter Phantasie als die bekannte Seelenfähigkeit und Thätigkeit sich denke, sei für die Sache, um die es sich handle, allerdings nicht ganz erschöpfend.*) Da aber für die gemeinte Sache kein entsprechender Ausdruck zu finden sei, so müsse immerhin der Versuch gemacht werden, das Wort (Phantasie) in umfassenderem Sinne als gewöhnlich zu gebrauchen und das in ihm verborgene principielle Wesen zur Geltung zu bringen. Durch die fortschreitende Forschung erhalte das Wort erst allmälig seine wahre Bedeutung, seinen Geist, seinen richtigen Sinn. Alle Verhältnisse drängten gerade jetzt zu einer Untersuchung über Wesen und Bedeutung der Phantasie und ihn habe die begonnene Untersuchung bald erkennen lassen, dass die Phantasie eine weitere Bedeutung habe als die gewöhnlich ihr zugeschriebene, und habe zuletzt zu dem Versuch geführt, dieselbe als das eigentliche Grundprincip alles Bildens und Wirkens in Natur und Geschichte aufzufassen und sie hinwiederum auch als Erkenntniss- und Erklärungsprincip von Allem geltend zu machen. Uebrigens sei die Phantasie hier nur als immanentes und wirkendes Weltprincip aufgefasst, nicht als Princip und Macht über oder hinter derselben, also nicht als absolutes Wesen. Die Untersuchung über das Absolute sei hier ausgeschlossen nur darum, weil der Verfasser der

---

*) Schon dies: „nicht ganz erschöpfend", ist charakteristisch für den Mangel des Verfassers an logischer Schärfe und Klarheit. Seine „objective Phantasie" ist ursprünglich blosse Potenz, inaktiv und in jedem Sinne bewusstlos und doch soll ihr wenig fehlen, um der Wesenheit nach mit der bekannten sogenannten Phantasiethätigkeit identisch zu sein.

Ansicht sei, dass die bisherige Grundlage und Methode für dieselbe sich unzureichend erwiesen habe und erst ein neues Fundament für die Forschung gewonnen oder die Bedingungen dazu vollkommen erfüllt werden müssten.*)

Halten wir hier für einen Augenblick an und fragen uns: ist mit allen dem denn nun etwas für die Aufstellung der Phantasie als Grundprincip des Weltprozesses erwiesen, so müssen wir dies entschieden verneinen. Wir kennen die Phantasie als eigenschaftliches Vermögen des menschlichen Geistes und können sie auch dem absoluten, dem göttlichen Geiste nicht absprechen, sobald wir uns von der Existenz desselben überzeugt haben, und werden dann einsehen, dass sie in den göttlichen Schöpfungen, in den Weltprozessen nicht unbetheiligt sein kann. Aber dass die Phantasie eine unbedingte oder bedingte Substanz sei, aus welcher sich eine Welt realer Wesen, geistiger und natürlicher, erklären lasse, ist undenkbar. Was nur eigenschaftlicher Natur ist, kann niemals Substanz und Princip sein. Der Verfasser nennt die Phantasie als Grund der einzelnen Erscheinungen der Welt (S. IX) ein einheitliches und zwar nicht blos reales, sondern auch ideales Princip, also jedenfalls auch ein reales, ohne darthun zu können, wie die Phantasie ein solches zu sein vermag. Die Unsicherheit des Verfassers verräth sich auch darin, dass er (p. XVI) seine „Phantasie" dem Realen gegenüber zum Formprincip herabsetzt. Danach müsste das Reale einen andern Ursprung als aus der Phantasie haben und der Dualismus wäre eingestanden, die Phantasie hörte auf, das einheitliche Princip der Weltprozesse zu sein. In der Vorrede hat also der Verfasser seine Aufstellung der Phantasie als Grundprincip der Weltprozesse nicht gerechtfertigt. Wir wollen sehen, ob es ihm in der Einleitung und im Werke selbst besser gelungen ist. Was er in der Vorrede über Kant, Hegel, Schopenhauer, Schelling, Baader flüchtig vorbringt, ist von keiner Bedeutung und lässt stark bezweifeln, dass er tiefer in die Lehren Kant's, Schelling's und Baader's, besonders des Letzteren, eingedrungen ist. Auch kann

---

*) Wo hat denn der Verfasser gezeigt, dass er die bisherigen Beweise der bedeutendsten Philosophen auch nur kenne, geschweige ernstlich geprüft habe. Auch seine eigenen müssen ihm also unzulänglich erscheinen, worin er recht haben könnte, ohne dass für die Anderer das Mindeste folgte. Der philosophisch gebildete Theologe Biedermann gab in seinem Werke: Christliche Dogmatik, dessen sonstige Bedeutung hier nicht erörtert werden kann, Beweise für das Dasein Gottes, die bis auf den Punkt vollkommen zutreffend sind, dass er den als geistig erwiesenen überweltlichen Gott doch nicht als persönlich aufgefasst wissen will.

man sich darüber verwundern, dass es nach dem Verfasser den Anschein gewinnt, als ob nach ihm seit Baader, Schelling, Hegel und Schopenhauer die deutsche Philosophie stumm, ja todt gewesen sei, bis er gekommen, sie wieder aufzuwecken. Oder durfte es hier ignorirt werden, dass J. H. Fichte, Weisse, C. Ph. Fischer, Sengler, Trendelenburg, Lotze, Fechner, Ulrici etc. während des Zeitraums, in welchem das gelehrte und gebildete grössere Publikum sich von der Theilnahme an philosophischen Untersuchungen in ungerechter Missstimmung zurückgezogen hatte, das heilige Feuer der Philosophie kräftig unterhielten und mit nicht wenigen bedeutenden philosophischen Werken das hier zu erlöschen drohende, dort erloschene Interesse für die Philosophie theils zu kräftigen, theils wieder zu erwecken unternahmen? Jene Theilnahmlosigkeit ist indessen seit mehreren Jahren nicht mehr in gleichem Grade vorhanden und von Jahr zu Jahr mehren sich die Zeichen des wiedererwachten verbreiteteren Interesses für philosophische Untersuchungen, nachdem die Geschichte der Philosophie vielfältiger und erfolgreicher als je zuvor bearbeitet worden ist und die empirischen Forscher in den Gebieten des Geistes wie der Natur, je geistreicher sie sind, sich um so zwingender auf philosophische Forschung hingewiesen finden. Die Missachtung der Philosophie war selbstverständlich nie in die Kreise der Philosophen selbst gedrungen und hatte sich nur in solchen Kreisen mehr oder minder festgesetzt, denen eigentlich gar keine Competenz des Urtheils zukam. Die Philosophen mochten über die Vorgänge und Mängel der grossen Philosophen der Neuzeit streiten, ja sie mussten streiten, aber es konnte keinem von ihnen einfallen, wegen der Mängel der philosophischen Systeme die Philosophie selbst preiszugeben oder fallen zu lassen. Mängel hatten auch alle früheren Systeme und wohl noch grössere als die neueren; die gelehrte und gebildete Welt früherer Zeiten hat sich aber nie zu der Dummheit der neueren verstiegen, darum die Philosophie selbst für eitel und nutzlos zu erklären, und die Dummheit des neueren Publikums war um so grösser, je mehr behauptet werden darf, dass die deutsche Philosophie seit Leibniz die grossartigste, glanzvollste und ideenreichste Epoche der gesammten Geschichte der Philosophie ist.

In der Einleitung zu seinem Werke erklärt der Verfasser nach einigen allgemeinen Betrachtungen als seine Absicht, die Phantasie nach allen Beziehungen, nach ihrer vollen Wirksamkeit und Bedeutung in subjektiver und objektiver Wirkensweise, in bewusster und unbewusster Thätigkeit, in Natur und Geschichte zu untersuchen und zu würdigen. Seine Untersuchung zerfällt ihm in drei Theile oder Bücher der Darstellung. Das erste Buch untersucht die Phantasie „in eigentlicher Bedeutung" als besonderes Seelenvermögen, womit der Uebergang zu ihrer allgemeinen „principiellen und objektiven" Bedeutung gewonnen werden soll. Das zweite Buch, welches naturphilosophischer Art ist, betrachtet die objektive Gestaltungspotenz in der Natur in ihrem ursprünglichen Zustand, in ihren äusseren Bildungen wie in ihrer Verinnerlichung und allmäligen (!) Erhebung und Befreiung zur seelischen Potenz. Das dritte Buch, welches psychologisch ist, untersucht und stellt dar die Potenzirung dieser unendlichen Gestaltungspotenz zum individuellen persönlichen Geiste in der Menschennatur, „also" die subjektiv-objektive Phantasie als menschlichen Geist, aus welchem sich dann erst die eigentlich sogenannte rein subjektive, subjektiv-schöpferische Potenz der Phantasie oder Einbildungskraft erhebt.

In einem folgenden Werke soll die Anwendung der gewonnenen Resultate auf die Entstehung und historische Entwickelung der Menschheit versucht werden, von der ursprünglichen Menschwerdung an oder der Genesis der Menschheit als solcher, die sich über den blossen Naturprozess erhebt und sich demselben gegenüberstellt.

Gelingt es uns, sagt der Verfasser, die Phantasie (in der weitesten Bedeutung) ... als das eigentlich bildende, schaffende Princip zu zeigen, dann haben wir an derselben offenbar zugleich ein umfassendes, allseitiges Princip errungen und nachgewiesen. Aber bis jetzt hat der Verfasser diesen Nachweis nicht geleistet, wenigstens nicht, dass sein hypothetisches immanentes Weltprincip adäquat mit Phantasie bezeichnet werden kann, sondern nur in Aussicht gestellt. Er rühmt zwar Erstaunliches von diesem seinem Princip, dass es nämlich zugleich subjektiv und objektiv, zugleich allgemein und concret, zugleich ideal und real sei, als schaffende Potenz zugleich die Macht der Vielheit und selbst der Heterogeneität, ermöglichend den „schweren Schritt in die Wirklichkeit". Es sei ein Princip des Erkennens und des Seins zugleich, ein Erkenntnissprincip und ein Sachprincip, ein Princip endlich, das auch die wirkenden Ursachen mit den Endursachen verbinde. Weder aus einem blos sinnlichen, noch aus einem blos geistigen Princip lasse sich die Weltbildung und die Welterkenntniss begreifen, dazu reiche nur die Phantasie aus, die ideal und real (geistig und sinnlich) zugleich sei.*) Uebrigens werde hier die Phantasie als Grundprincip

---

) Was der Verfasser von Böhme, Baader und Schelling sagt, S. 188, dass sie in Gott Geist und Natur in Unterschiedenheit und Einheit erfasst hätten, das zieht er unberechtigt in sein seiner Herkunft nach ungewisses imdes Weltprozesses als ein der Welt immanentes, nicht als ein ausser oder hinter oder über ihr liegendes, nicht als transscendentes gefasst. Erst auf Grund der Erkenntniss des Weltprozesses aus diesem immanenten Princip nach allen Beziehungen könne allenfalls (!) der Versuch gemacht werden, zu erforschen, ob diese Phantasie als allgemeines immanentes Weltprincip auch als das letzte, unbedingte, allgenügende gelten könne, oder ob über demselben noch (!) ein weiteres, höheres oder (!) absolutes Urprincip anzunehmen sei, um dieses immanente Grundprincip selbst in seinem Grunde, seinem Wesen und Ziele (!) zu begreifen; also ob dieses immanente Weltprincip etwa (!) wieder (!) auf ein transscendentes hinweise.) Diese und andere unsicheren schwankenden Wendungen sind überraschend bei einem Philosophen, der in allen seinen früheren philosophischen Schriften entschieden den theistischen Standpunkt vertrat.

Die Beweise für das Dasein Gottes von J. H. Fichte, Weisse, C. Ph. Fischer, Ulrici, Lotze etc. scheint er gar nicht geprüft zu haben, wenigstens hat er sie nicht widerlegt. Die Aeusserung des Verfassers (S. 18), die seinen neuen Standpunkt rechtfertigen soll, lautet: „Die Welt und ihre Erscheinung im Grossen und im Einzelnen ist zu wenig erkannt, zu dunkel und zweifelhaft, als dass sie eine feste Grundlage für Erforschung eines ihr transscendenten und absoluten Urgrundes und Urhebers bilden könnte.**) Die ontologische (dem subjektiven Denken angehörige) und die moralische Grundlage aber sind zu subjektiv und in der historischen Erscheinung zu unsicher, auch zu einseitig geistig, als dass sie ein sicheres zuverlässiges Fundament einer Beweisführung für Dasein und Beschaffenheit eines absoluten, göttlichen Wesens bieten könnten. Die Phantasie aber als allgemein waltendes, objektiv wirksames

---

manentes Weltprincip herab, ohne zu bedenken, dass ein blosses Formalprincip nicht einmal den Rang eines Abklatsches jener grossen und kühnen Idee Böhme's in Anspruch nehmen kann.

*) Von den andern Unklarheiten dieses Passus abgesehen, muss man schon darüber erstaunen, dass der Verfasser es auch nur für möglich hinstellt, sein Formalprincip, das nicht einmal ein Stäubchen, geschweige die Gesammtheit des Realen hervorbringt, könne vielleicht doch zuletzt als das Absolute sich herausstellen.

**) Fast möchte man annehmen, Schopenhauer habe dem Verfasser ungebührlich imponirt und er habe sich zwar nicht von ihm fortreissen, aber doch in eine Sackgasse hineindrängen lassen, von deren Verfolgung er sich das Erreichen eines Berggipfels versprach von allumfassender, wundervoller Aussicht, indess er nur in ein Labyrinth von engen Gässchen gerieth, in deren lichtarmen Windungen ihm selber nicht recht wohl geworden scheint.

und zugleich subjektiv erkennbares Princip möchte zu diesem Versuch wohl leistungsfähiger sein — **wenn je ein solcher gelingen soll**". Hiernach könnten wir nicht eher über Existenz oder Nichtexistenz Gottes, des Absoluten, wissenschaftlich entscheiden, als bis die Gesammtheit des Weltalls bis ins Einzelnste nach Sein und Geschehen gründlichst erforscht wäre, d. h. wir könnten, da diese Forschung räumlich und zeitlich unvollendbar ist, nie zu jener wissenschaftlichen Entscheidung gelangen. Daran ändert auch das Zwischenschieben der Phantasie, auch wenn wir sie im Sinne des Verfassers als Weltprincip wollten gelten lassen, nichts. Nicht einmal sie würden wir vollkommen zu erkennen vermögen, da wir die Kenntniss ihrer Erscheinungs- und Wirkensweisen nie erschöpfend zu erlangen vermögen würden, also auch ein Rückschluss auf das Absolute, wollte er consequent sein, dem eigenen Einwand des Verfassers begegnen müsste. Wollte er aber willkürlich sich über diesen Einwand hinwegsetzen, so würde er doch nicht weiter kommen, als der dann als bedingt erkannten Phantasie die absolute Phantasie vorauszusetzen oder von der bedingten auf die unbedingte zurückzuschliessen, und Gott ginge ihm völlig in der absoluten Phantasie auf. Damit wäre er aber auch am Ende seines Lateins angelangt und wenn nicht er selbst, so würde doch die gesammte philosophische Welt uno ore erklären, dass die Phantasie als Grundprincip der Weltprozesse selber nur eine Phantasie ist, beruhend auf der Verwechselung eines Geistes- und Seelenvermögens mit einem substantiellen Wesen.*) Wenn der Verfasser es auch nicht sagt, so ist es doch offenbar, dass die Phantasie als Weltprincip an die Stelle der Weltseele gesetzt erscheint, ein Eigenschaftliches an die Stelle eines Substantiellen. Das ist jedenfalls keine Verbesserung, sondern eine Verschlechterung. Es bleibt dabei halb unentschieden, ob diese Weltseele, als Phantasie aufgefasst und bezeichnet, das Absolute selbst ist, wie bei den Pantheisten, oder ob es ein bedingtes Wesen ist, über das zum Absoluten hinausgeschritten werden kann, soll und muss. So etwas kann nur vor-

---

*) Der Verfasser weiss sehr wohl, dass Fühlen ein fühlendes, Vorstellen ein vorstellendes, Wollen ein wollendes Wesen voraussetzt. Von dem Phantasiren (im besten Sinne des Wortes) weiss er dasselbe. Wie kommt er nun dazu, ein substantielles Wesen, denn auch als blosses Formalprincip müsste sie als aus sich wirkend substantiell sein, aus der Phantasie zu machen? Wäre aber ein an sich bewusstloses Bildungsprincip gemeint, so könnte es nicht adäquat Phantasie genannt werden und wir müssten auch so nach seiner Möglichkeit und Herkunft fragen. Ist dieses Bildungsprincip an sich bewusstlos, wodurch unterscheidet es sich dann von dem Princip des (monistischen) Naturalismus?

kommen, wo es an der rechten philosophischen Methode fehlt, und kann weder den Theisten noch den Pantheisten befriedigen. Sehen wir indessen zu, ob sich unsere Auffassung in der Betrachtung der drei Bücher des Werkes bestätigt. Das erste Buch untersucht „die Phantasie als subjektives Seelenvermögen, ihre Bethätigung besonders in der menschlichen Erkenntniss und ihren principiellen und objektiven Charakter". Dieses Buch umfasst zehn Kapitel: 1. Allgemeines Wesen und Bethätigung der subjektiven Phantasie. 2. Die Phantasie und die Wahrheit. 3. Die Phantasie und die Erkenntnissthätigkeit. 4. Die Phantasie im Verhältniss zu Gemüth und Willen. 5. Die Phantasie als Potenz der Symbolisirung und Verklärung (Idealisirung). 6. Der principielle Charakter der (subjektiven) Phantasie. 7. Der ursprüngliche, principielle Charakter des Organisationsprincips als objektive Phantasie in der Natur. 8. Der Dualismus von Stoff (Kraft) und Formprincip. 9. Realismus und Idealismus, Generation und geistige Thätigkeit durch objektive und subjektive Phantasie. 10. Kritische Ueberschau der Grundprincipien verschiedener Philosophen.

Es liess sich erwarten, dass der geistreiche Verfasser über das Verhältniss der subjektiven Phantasie zur Erkenntnissthätigkeit, zum Gemüth und Willen Treffliches vortragen werde. Daran fehlt es denn auch nicht. Ist es ihm nun aber auch gelungen, die Phantasie als ursprüngliches, principielles Organisationsprincip der Natur (und des Geistes) zu erweisen? Wohl erweist der Verfasser, dass Phantasiethätigkeit bei der Erzeugung der Naturgestalten und ebenso des menschlichen Geistes mitwirkend gewesen sein müsse, aber er erweist nicht, dass die Phantasie ein substantielles Princip (und nicht blos ein eigenschaftliches Vermögen eines substantiellen Princips) sei. Der (subjektiven) Phantasiethätigkeit, behauptet der Verfasser S. 177, gleiche die Wirksamkeit des Princips der Organisation und (wegen dieses Gleichens) könnten wir sie immerhin (!) als objektive Phantasie in der Natur bezeichnen. Wenn die Gestaltungen der Natur Phantasiethätigkeit des gestaltenden Princips verrathen, ja bezeugen, wenn sie also nicht einem phantasielosen Princip entsprungen sein können, so ist wohl die Objektivität der Phantasiethätigkeit erwiesen, aber darum noch nicht die Substantialität der Phantasie, d. h. die Phantasie ist darum noch nicht ein substantielles Princip. Sie gehört dann einem substantiellen Princip an, weil sie unter allen Umständen eigenschaftlich ist und bleibt und niemals zu einem Substantiellen zu werden vermag.

Nun wagt aber der Verfasser doch nicht, die Phantasie ebenso als Realprincip wie als Formalprincip geltend zu machen. Sie ist ihm (S. 184) blosses Formalprincip und wird von ihm dem Stoffe mit seinen chemischen und physikalischen Kräften gegenübergestellt, um dessen Herkunft er zunächst (bis zur Untersuchung über das etwaige Absolute) sich nicht bekümmern will.*) Durch seine Annahme (auf gut Glück in Wurf gebrachte Hypothese) will er in Bezug auf das Grundwesen oder die eigentliche Wurzel des Daseins (von dem die Stoffe und Kräfte der Natur, wenn es erst erwiesen, herrühren möchten) nichts entscheiden. Ein solches Verfahren kann wissenschaftlich unmöglich zu einem befriedigenden Ergebniss führen. Es bleibt in einem eingestandenen Dualismus des Formalprincips und des Realprincips stecken und kann nicht umhin, auf das Absolute zu vertrösten, welches nach ihm noch gar nicht erwiesen sein soll und von ihm vielleicht einmal zu erweisen versucht werden wird! So kann nun der Verfasser zwar eine Mitbetheiligung der Phantasie an den Weltprozessen nachweisen und darin besteht das relativ Verdienstliche seines Werkes, aber dass durch diese Nachweisungen eine gründliche Versöhnung des Realismus und Idealismus wirklich bis auf den Grund gewonnen würde, ist schon darum unmöglich, weil er aus der Phantasie als formales Weltprincip den Ursprung des Realen nicht zu erklären vermag.

Im X. Abschnitt wird nun eine „kritische Ueberschau der Grundprincipien verschiedener Philosophen" eingeschoben, wovon man nicht sieht, wie sie hierher gehört und wobei über die beliebte Auswahl nicht Rechenschaft gegeben wird. Es wird kurz von den jonischen Philosophen, von Sokrates, Platon, Aristoteles, den Stoïkern und Neuplatonikern gehandelt, aus dem früheren Mittelalter J. Scotus Erigena hervorgehoben, die spätern grossen Mittelalterlichen und die Brücke zur Neuzeit, Nikolaus Cusanus, ganz übergangen und von den neueren Philosophen nur Spinoza, Leibniz, Kant, Fichte, Schelling, Hegel, Schopenhauer und Hartmann gewürdigt. Bei Leibniz ist auffallend, dass von den Monaden gesagt wird, sie schienen als ungewordene (nichtgeschaffene, also dem Sein nach absolute) Wesen gefasst zu sein. Wenn Jordano Bruno als Vorgänger angedeutet wird, so hätte nicht übergangen werden sollen, dass derselbe aus dem grossen Nikolaus Cusanus geschöpft hatte, freilich nicht Monaden als absolute Wesen, im Sinne Herbarts.

---

*) Möglicherweise würde diese Untersuchung ad graecas calendas verschoben. Wie weit ist der Verfasser nun noch von jenem Amerikaner entfernt, der drucken liess, dass er sich zwar von der Unsterblichkeit der Seele überzeugt habe, die Forschung über das Dasein oder Nichtdasein Gottes aber sich für das jenseitige Leben vorbehalten habe?

Die Behauptung, dass Kant die selbstständige schaffende Natur der Vernunft geltend gemacht habe, gibt kein Licht über den eigentlichen Sinn seines Idealismus. Fichte wird mit jeder Kritik seines Idealismus verschont. Schelling's Philosophie wird nur bis zur Gestaltung seiner absoluten Identitätslehre begleitet, deren Auffassung des Urprincips des Weltprozesses, vom Absoluten abgesehen, der seinigen verwandt sei. Von der letzten, dem Princip nach bedeutendsten Gestalt der Schelling'schen Philosophie ist mit keiner Silbe die Rede. Ebensowenig von Baader, obgleich derselbe an Tiefsinn und Wahrheitsgehalt bezüglich der obersten Principien nicht bloss Schopenhauer und Hartmann, sondern auch Schelling, der immer noch bedeutend höher als Schopenhauer und Hartmann steht, überragt. Und diese Willkür und Ungerechtigkeit wird geübt, obgleich der Verfasser mehrfach seinen Theismus, den er nur nicht in die Untersuchung ziehen will, bei gelegentlich unbestimmteren, ja schwankenden Redensarten unwissenschaftlich durchschimmern lässt. Ueber Hegel sagt er mehreres Zutreffende; wenn er aber dessen Kategorien, wie den Platonischen Ideen, „die nichts wirken können", als bewegender Potenz die Phantasie im objektiven wie subjektiven Sinne entgegenstellt, so ist zu erinnern, dass er die Phantasie, die nur eigenschaftlich ist und sein kann, nicht als selbstständiges und selbstthätiges Princip zu erweisen vermocht hat. Widerlegt er nun Schopenhauer und Hartmann, so vollzieht er dies wesentlich mit Gründen, die er zwar nicht aus Baader geschöpft zu haben braucht, die demselben aber (wenn auch nicht ausschliessend) auf's Eigentlichste angehören und die bei keinem andern namhaften Denker festere Gestalt gewonnen haben. Dabei fällt der Verfasser aus der Rolle, die er in diesem Werke sich angewiesen, heraus, indem er mit Gründen gegen Schopenhauer und Hartmann vorgeht, welche ganz und durchaus theistisch sind, ein Vorgehen, welches nicht im Einklang steht mit der behaupteten Nothwendigkeit der allseitigen Erkenntniss der Weltprozesse, ehe etwa mit Erfolg an die Beweise für das Dasein Gottes herangegangen werden könne.

Im zweiten Buch: „Die objektive Phantasie und ihre Entwickelung zur subjektiven (Seele) im Naturprozess" baut der Verfasser nun getrost weiter auf der unerwiesenen Annahme, dass er berechtigt sei, eine objektive Phantasie zu behaupten, die als Formalprincip zugleich Realprincip sei, ohne dass sie darum das schaffende Princip der physischen und geistigen Wesen sei, woraus dann eine Verwirrung entspringen muss, die sich durch das ganze Werk hinzieht. Einmal die Phantasie als objektive, realwirkende (und doch nicht schaffende) Potenz angenommen, soll sich nach dem Verfasser aus ihrer Bethätigung in einer Reihenfolge von Bildungen die subjektive Phantasie herausgebildet haben, ohne dass man erfährt, wie denn die objektive bewusstlose Phantasie zur bewussten sich gesteigert haben kann, ähnlich wie der Materialismus nicht zu erklären vermag, wie aus materiellen Prozessen Empfindung, Bewusstsein, Geist entstehen kann.

Was soll man nun dazu sagen, wenn uns der Verfasser bekennt, den Urzustand seiner angenommenen objektiven, bewusstlosen Phantasie nicht angeben zu können. In irgend einem Zustand müsse sie nach den geologischen etc. Forschungen (!) einmal gewesen sein. Ihr Urzustand müsse als ein noch unbestimmter und unentwickelter, noch nicht zur Concretheit gegliederter angenommen werden, ganz unabhängig davon, ob sie der metaphysischen Forschung, die hier nicht verfolgt werde, sondern vorbehalten bleibe, sich als ewig (und absolut) oder als geschaffen (und bedingt) herausstellen würde. Aber soll denn die Untersuchung über die angebliche Weltphantasie nicht eine philosophische sein und wie kann sie dies sein, wenn sie nicht metaphysisch ist, wenn sie sich der metaphysischen Untersuchung entschlagen will? Soll sie aber empirisch sein, mit welchem Recht macht sie dann Anspruch darauf, philosophisch zu sein? So lange es unentschieden und also ungewiss bleibt, ob sie, wollte man dieselbe im paradoxen Sinne des Verfassers versuchsweise für einen Augenblick einräumen, ewig und unbedingt oder nicht ewig, zeitlich und bedingt ist, kann von einem Urzustand derselben gar nicht gesprochen werden, weil ein solcher ihre Endlichkeit und Bedingtheit schon voraussetzen würde, da nur das Bedingte einen Anfang, einen (veränderlichen) Urzustand haben könnte, nicht aber das Unbedingte und Ewige.

Die Berufung auf die Analogie der Kant'schen Naturgeschichte des Himmels ist dabei ganz unzutreffend. Denn Kant lässt den Ursprung der Materie nichts weniger als unbestimmt, sondern erklärt die Materie ganz bestimmt als geschaffen. Ganz richtig sagt hierüber Dr. Conrad Dieterich in seiner sehr bemerkenswerthen Schrift: Kant und Newton (S. 20): „Weil (nach Kant) das gesetzliche Wechselspiel der Atome eine harmonische Verfassung des Universums zu Stande bringt, müssen die Atome beherrscht sein von einer inneren Tendenz nach möglichst vollkommener Organisation, die in ihrem gemeinsamen Ursprung aus dem Wesen der Gottheit ihre befriedigendste Erklärung findet. Weil die mechanische Entwickelung der Natur vernünftige Produkte erzeugt, muss sie von einem in grossem Stile gedachten Schöpfungsplan innerlich beseelt sein". Kant selbst sagt: „Die Materie, die der Urstoff aller Dinge ist,

ist also an gewisse Gesetze gebunden, welchen sie frei überlassen nothwendig schöne Verbindungen hervorbringen muss. Sie hat keine Freiheit, von diesem Plane der Vollkommenheit abzuweichen. Da sie also sich einer höchst weisen Absicht unterworfen befindet, so muss sie nothwendig in solche übereinstimmende Verhältnisse durch eine über sie herrschende erste Ursache versetzt worden sein, und es ist ein Gott eben deswegen, weil die Natur auch selbst im Chaos nicht anders als regelmässig und ordentlich verfahren kann".*)

Auch bleibt Kant keineswegs bei der Bildung unseres Sonnensystems aus einem Nebelfleck stehen, sondern er nimmt wenigstens als wahrscheinlich an, dass sich ähnlich wie unser Sonnensystem das organisirte Fixsternsystem, vielleicht das ganze Universum gebildet habe. Schwankt er auch anfänglich über Anfangslosigkeit oder Anfänglichkeit der (jedenfalls geschaffenen) Weltmaterie, so nimmt er doch eine erste Bewegung der Atome im Weltraume seit 1785 an und sieht sich zu der Annahme eines Urzustandes, einer Dissociation der Atome im unermesslichen Weltraume hingeführt.**)

Nur beiläufig sei bemerkt, dass der Verfasser mit Unrecht den Dualismus von Stoff und Kraft mit fortschleppt, da doch von Ulrici, Lotze, Wiessner und Anderen erwiesen ist, dass Kräfte nicht Todtem (fingirten Materien) anhängen können, und dass folglich was man Materie, Materielles nennt, nichts Anderes als Wirkung, Erscheinung der Kräfte sein kann. Wenn man die Gedankenreihen des Verfassers über seine Weltphantasie als Urwesen der Totalität der individualisirten Weltwesen (darum noch nicht bestimmt als das Absolute) weiterhin näher in's Auge fasst, so drängt sich der Gedanke auf, dass demselben die Idee einer Weltseele (zwischen Gott und der auseinandergefalteten Welt) vorschwebte und dass er eben diese als Weltphantasie ansprechen und bezeichnen zu dürfen glaubte. Gewiss würde einer Weltseele, falls sie anzunehmen sein sollte, Phantasie zugesprochen werden müssen; es würde sich nur fragen, ob ihre totale Wesenheit damit erschöpfend bezeichnet wäre. Soll nun aber Phantasie ihr Wesen nur als Potenz ausdrücken, so weiss man nicht, wie sie zur Actualität in Gestaltung der Weltwesen befähigt sein soll, wenn sie nicht von Anfang an schon actuell war. Abgesehen davon, ob einer Weltseele nicht noch andere Vermögen als Phantasie zuzusprechen wären, so müsste sie doch kein blosses

---

*) J. Kant's S. Werke von Hartenstein (1867) I, 217. Vergl. 218, 302, 303, 314, 341, 345.
**) Kant und Newton von Dr. Konrad Dieterich. S. 21.

Formalprincip, sondern sie müsste zugleich Realprincip sein. Sie müsste die Totalität der Weltwesen bedingen und als secundäre und Mittelursache hervorbringen. Eine Weltseele oder Weltphantasie aber, die das Reale der Welt nur vorfände (vielleicht von Gott geschaffen, wobei sie vielleicht sogar mitgeschaffen worden wäre) und formte, könnte unmöglich als Mittelglied zwischen Gott und Welt geeignet gefunden werden. Soll nun die Weltphantasie eingeschoben werden, weil (S. 234) ein direkter göttlicher Schöpfungsakt, der ictu et actu alles auf einmal fertig in's Dasein gerufen hätte, mit der Unvollkommenheit der Welt und dem schweren, oft so abenteuerlich oder geradezu grauenvollen Entwickelungsgang derselben nicht vereinbar sei, so sieht man nicht, wie ein solches Einschieben die mindeste Erklärung des Welträthsels gewähren soll, da die Weltphantasie ihrem Ursprung nach selber nicht erklärt ist, und eben so wenig, woher denn das Reale der Welt seinen Ursprung genommen haben soll. Lag das Schlechte schon in dem von der Weltphantasie vorgefundenen Realen, woher kam es dann, etwa aus der absoluten Natur des Realen oder aus dem schaffenden Gott? Lag das Uebel, das Schlechte, Verderbliche nicht im Realen, soll dann die Weltphantasie dasselbe so schlecht geformt haben, dass eine Welt von so vielem Grauenvollen daraus entsprang; woher kam es, dass die Weltphantasie nicht besser, leidenloser, edler, beglückender formen konnte?

Der Verfasser meint nun Alles erklären zu können, wenn man mit ihm eine der Welt selbst immanente allgemeine Schaffenspotenz annehmen wolle, die sich in schwerem Ringen selbst zu gewinnen und zur Individualität und zur Vollkommenheit bis zum menschlichen Geiste auszugestalten habe. Als ob hiermit der Ursprung des Realen, welches diese Frohschammer'sche Schaffenspotenz (die Phantasie) nicht schafft, sondern vorfindet, so wie die Herkunft dieser Schaffenspotenz selbst erklärt wäre und die Frage nicht wiederkehrte, was (welche Macht) denn der Schaffenspotenz die Nothwendigkeit auferlege, in schwerem Ringen (mit unerklärten enormen Hemmungen) sich zur Vollkommenheit auszugestalten. Diese ganze schwache Theorie ist nur dem Hegelianismus nachgebildet, indem nur das Absolute Hegel's aus dem Spiele gelassen ist, damit aber tief unter die Bedeutung der Hegel'schen Philosophie herabsinkt.

Da nun die Grundlagen des Verfassers ungenügend sind, so wäre es eine recht leidige Aufgabe, ihm durch den ganzen Bereich seiner Ausführungen Schritt für Schritt zu folgen. Wir überlassen dies Anderen und begnügen uns zu sagen, dass, da kein fester

Grund gelegt ist, das Abgeleitete keine Befriedigung gewähren kann und auch das Beste, was er gegen den Materialismus, Darwinismus etc. vorbringt, in den Hauptsachen keine durchschlagende Wirkung zu üben vermag. Es fehlt darin nicht an Reichthum geistreicher Gedanken, aber gleichwie gesicherte Principiengrundlage vermisst wird, so ist auch ein festes Gefüge logischer Consequenzen nicht durchaus anzutreffen. Es ist zu besorgen, dass dieses Werk der Philosophie nur nachtheilig statt förderlich sein werde. Schon wird es von Unberufenen als epochemachend ausposaunt, während es bezüglich der Principien ein unklarer, schwächlicher Versuch ist, der nicht mit Unrecht eine Caricatur Schelling's (des früheren) und Hegel's genannt werden könnte. Solcher verworrenen und mehr oder minder geistreich spielenden Versuche haben wir schon in Hülle und Fülle. Wessen wir bedürfen, ist vor Allem eine gediegene Grundlage der Erkenntnisslehre und Metaphysik, welche nicht leicht geleistet werden wird, wenn man gleich dem Verfasser die bedeutenden Vorarbeiten (die zum Theil noch mehr als dies sind) Baader's, Weisse's, Fichte's, Ulrici's, Trendelenburg's, H. Ritter's und Anderer vernachlässigt.

9.

Der Darwinismus und die Naturforschung Newton's und Cuvier's. Beiträge zur Methodik der Naturforschung und zur Speciesfrage. Von Dr. Albert Wigand, Prof. der Botanik an der Universität Marburg. Drei Bände. Braunschweig, Vieweg und Sohn, 1874—1877.

I.

Der hochbegabte und gründlich unterrichtete Verfasser hatte schon 1872 im gleichen Verlage eine kleine Schrift: Die Genealogie der Urzellen als Lösung des Descendenz-Problems oder die Entstehung der Arten ohne natürliche Zuchtwahl, erscheinen lassen. Das Ergebniss derselben hatte der Verf. am Schlusse seiner Schrift in die Worte zusammengefasst: „Vorausgesetzt, dass gemeinsame Abstammung aller Organismen angenommen wird, lässt sich mit Bestimmtheit behaupten, dass dieselbe in keiner andern Weise mit den Thatsachen des natürlichen Systems in Einklang zu bringen ist als in der Genealogie der Urzellen, mit anderen Worten: die Genealogie der Urzellen ist diejenige Form, unter welcher sich die beiden das organische Reich beherrschenden Gesetze der Gleichheit und Verschiedenheit unter dem Princip der Descendenz am besten verbinden lassen". Der Verf. behauptete also nicht, dass die gemeinsame Abstammung aller Organismen (mit Einschluss des Menschen) als eine erwiesene Wahrheit zu gelten habe, sondern nur, dass sie als eine Hypothese aufgestellt werden könne, welche als spekulativer Natur wohl die volle Sicherheit einer logischen Demonstration in Anspruch nehmen könne, aber ausser dem Bereich direkter Erfahrung liegend, niemals die Bedeutung einer naturwissenschaftlichen Thatsache gewinnen könne. Diese Hypothese wurde schon von Baader als solche mit den Worten bezeichnet: „Wollte man, geleitet von der sichtbaren Stufenreihe aufsteigender Formen und Kräfte in der Natur, auf eine wahre progressive Hinaufläuterung der einzelnen Kräfte etc. etc. schliessen, so müsste man alle diese einzelnen Kräfte in so viele Keime umschaffen, in welchen nämlich alle jene höheren Kräfte schon präformirt lägen". S. Werke Baader's XII, 175. Nähme man diese Hypothese einmal an, so läge allerdings in ihrer Consequenz, was der Verf. (S. 9) mit den Worten andeutet: „Unter diesem Gesichtspunkt braucht man selbst an einer Abstammung des Menschen vom Affen keinen Anstoss zu nehmen. Als das materielle Substrat, welchem ein wesentlich neuer höherer Charakter eingepflanzt würde, mag das durch einen Affen erzeugte zum Menschenkeim umgeprägte Ei immerhin gelten. Das ist etwas ganz Anderes als in Darwin's Sinn den Affen zum Ahnherrn des Menschen zu machen. Indem übrigens Häckel (Gen. Morphol. II, 430) die Mosaische Schöpfungsgeschichte persiflirt, verschweigt er (es würde ja sonst der beabsichtigte Effekt verfehlt), dass der biblische Bericht den Menschen aus einem „Erdenkloss", nicht durch blosse Umformung, wie Häckel aus dem Affen, abstammen lässt, sondern durch Einblasen eines „lebendigen Odems", d. h. durch eine neue Schöpfungsthat. Und dies gerade ist uns das Wesentliche am Menschen, auch wenn der Menschenleib nichts als eine relativ höhere Stufe im Thierreich ist". Liesse sich vielleicht das hebräische Wort, welches mit Erdenkloss übersetzt worden ist, mit Erdegebilde (als organisches) übersetzen, so entspräche diess noch mehr der hypothetischen Auffassung des Verfassers. In dem vorliegenden Werke nun übernimmt der Verfasser den Beweis, das Darwin's Selektionstheorie unhaltbar ist, und dass sie nicht auf gesicherten Erfahrungsthatsachen beruht, sondern dass wir es in ihr mit einer reinen spekulativen (aber falschen) Spekulation zu thun haben. Damit hängt der Vorwurf zusammen, dass Darwin eine ganz neue Grundanschauung von der Natur und der naturwissenschaftlichen Aufgabe, ein fremdartiges, an die Stelle der bisherigen Forschungsweise gesetztes Verfahren einführen wolle, welches die Wissenschaft vom rechten Wege abzuführen drohe. Der Verf. greift nun seine Aufgabe in so umfassendem Sinne an, dass er alle Seiten der Darwin'schen Theorie bis hinauf zu den Fragen über Instinkt, Sprache, Selbstbewusstsein, Moral und Religion im Darwin'schen Sinne in die Untersuchung zieht. Vor Allem bestreitet der Verf. Darwin das Recht, Descendenztheorie, Transmutationstheorie und Selektionstheorie, wie geschehen, promiscue zu gebrauchen. Jede Transmutationstheorie ist zwar eine Descendenztheorie, aber die Selektionstheorie ist nur eine besondere Form der Descendenztheorie. Die letztere wird fortdauern, wenn Darwin's Selektionstheorie längst vergessen sein wird. Der Verfasser behauptet nun ferner, zum Glück herrschten in der heutigen Naturforschung nicht verschiedene Schulen, sondern nur eine, die Schule des Monismus und er zögert nicht als dieser namentlich angehörig Galilei, Newton, Harvey, Lavoisier, Berzelius, Linné, Jüssieu, Cuvier, Humboldt als Begründer, Liebig, Wöhler, Dove, Baer, Helmholtz, Bischoff, Leuckart, Braun, Nägeli, Hofmeister, de Bary und nicht weniger Darwin und Häckel als Nachfolger zu bezeichnen. Diese Auffassung ist schon darum misslich, weil sie gänzlich von den philosophischen und religiösen Ueberzeugungen der genannten Forscher absieht, von welchen man doch nicht behaupten kann, dass sie ohne Einfluss und Zusammenhang mit ihren naturwissenschaftlichen Ansichten gewesen seien. Aber geht man auch darüber hinweg, so sieht man noch immer nicht, mit welchem Rechte die genannten Forscher sämmtlich Monisten genannt werden. Monist ist im eigentlichsten Verstande nur derjenige, welcher nur ein Weltprincip kennt und zugleich Alles, was irgendwie ist oder erscheint, als Moment, Modifikation oder Modus dieses Einen auffasst. In diesem Sinne waren Viele der Genannten sicherlich nicht Monisten, weder Galilei, noch Newton, noch Linné, noch Cuvier, noch Liebig. Wollte man aber in uneigentlichem Sinne Jeden einen Monisten nennen, der den Wesensunterschied des endlichen Geistes und der Natur aufhebt, so würde sich fragen, ob diese Aufhebung so geschieht, dass man Alles für Natur oder Materie oder Alles für Geist erklärt. Dann aber müsste man auch Berkeley, Leibniz etc. für Monisten erklären. In Wahrheit sind die genannten Naturforscher wohl ohne Ausnahme entweder der bedingten oder der unbedingten Atomistik ergeben gewesen, die ältern bis auf Liebig (einschliesslich) der bedingten, die meisten neuern der unbedingten Atomistik. Unter bedingter Atomistik ist diejenige zu verstehen, welche die angenommenen Atome von Gott geschaffen sein lässt, während die absolute Atomistik atheistisch den Atomen absolute Existenz zuschreibt. Die Anhänger der absoluten Atomistik, zu welchen Darwin nicht gehört, wohl aber seine deutschen Jünger zu rechnen sind, sind Atheisten und Materialisten, wenn es hoch kommt, Hylozoisten, und da der Verf. zu diesen nicht gehört, so hätte er sich auch nicht zu einer und derselben Schule mit ihnen stellen sollen. Wäre der Grund gültig, wesshalb sich die Materialisten nicht selten Monisten nennen, so könnten sich auch Polytheisten Monisten nennen, weil ihre Götter doch alle gottheitlich seien (wie dort alle Atome materiell sind). Der Verf. vertheidigt gegen Darwin die Realität des Artbegriffes, gesteht aber zu, dass diesem Begriffe, so lange das Ziel der gesammten Morphologie, Physiologie, Paläontologie und Geographie nicht erreicht sei, nur provisorische Bedeutung zukomme, und räumt ein, dass durch Darwin's Angriffe der kritische Blick für die Speciesfrage geschärft worden sei. Manche bisher als Varietät betrachtete Form habe sich als Species herausgestellt, und in noch viel höherem Grade habe sich durch Reduzirung vieler bisheriger „Species" zu Varietäten und durch Auffindung neuer Verschiedenheiten ein überraschend reiches Spiel von Varietäten innerhalb der Species ergeben. Die Realität des Artbegriffs habe sich aber durch Untersuchungen in den speciellsten Gebieten um so sicherer bewährt, wie z. B. in den Untersuchungen Milde's über die Equisetaceen. Kurz, der Verf. behauptet, die Realität des Artbegriffs entspreche der thatsächlichen Erfahrung, während Darwin die allerdings unvollständige Erfahrung durch eine Spekulation ergänzen wolle. Allein die Lücken der Erfahrungskenntniss dürften nicht durch Spekulation ausgefüllt werden, sondern müssten durch induktiv gesicherte Erfahrungen selbst überwunden werden. Durch die Einmengung spekulativer Gedanken sei in den verschiedenen Anhängern der Darwin'schen Schule bereits eine bis auf das Fundament herabreichende Zerklüftung der Selektionstheorie eingetreten. Besonders macht der Verf. auf den bedeutenden Unterschied der Variabilitätsformen in der Domestication und in der freien Natur aufmerksam, und findet darin so disparate Gebiete, dass ihm Analogieschlüsse von dem einen auf das andere durchaus unzulässig erscheinen. Die Leistungen der künstlichen Zuchtwahl hält der Verf. allerdings für bewunderungswürdig, erklärt es aber doch für eine arge Uebertreibung Darwin's vorzugeben, die Organisation eines Thieres sei unter der Hand des Züchters vollkommen plastisch, und die Zuchtwahl ein Zauberstab, jede beliebige Form in's Leben zu rufen. Er ist unstreitig im Rechte, Darwin entgegenzuhalten, in Wahrheit sei der Züchter auf die von der Natur dargebotenen Eigenschaften beschränkt, und die Natur selbst bringe nur ganz bestimmte Abänderungen hervor, welche mit dem Charakter der betreffenden Species genau zusammenhingen. Daher muss sich der Verf. noch mehr gegen die Annahme einer unbegrenzten Variabilität im Laufe der Generationen erklären, und er bringt für diese Erklärung eine Reihe triftiger Gründe vor. Besonders macht der Verf. bemerklich, dass jene Annahme die Beseitigung des Begriffes des Planes, d. h. einer gesetzmässigen Entwicklung zur Folge habe und somit Alles der Zufälligkeit anheimgebe. Durch die von Darwin versuchte Auflösung der fertigen Form in ihre kleinsten Elemente werde nur der Schein einer Erklärung geboten, denn die Summe unendlich vieler unendlich kleiner Räthsel gebe noch keine Lösung des Gesammträthsels. Das Capitel (3): die Fixirung der Abänderungen durch Vererbung deckt eine Reihe weiterer Widersprüche der Darwin'schen Selektionstheorie auf, die in der Nachweisung der Unvereinbarkeit der Vererbung und der Variation im Sinne Darwin's gipfeln. Die Betrachtung (3 u. 4) der Häufung und des Fortschreitens der Abänderungen enthüllt nur noch mehr die Unwissenschaftlichkeit des Darwin'schen Zufallsprincips. Im 5. Capitel führt der Verf. den scharfen Nachweis, dass die künstliche Zuchtwahl für die Begründung der natürlichen Zuchtwahl weder irgend eine beweisende Kraft habe, noch auch die letztere wahrscheinlicher zu machen vermag. Das 6. Cap. geht in eine umfassende Untersuchung des Darwin'schen Kampfes um das Dasein als Voraussetzung der natürlichen Zuchtwahl ein, und wirft die gemachten Annahmen entscheidend über den Haufen. Wenn der Kampf um das Dasein für die Zuchtwahl neuer systematischer Charaktere von Erfolg sein soll, so ist er überall an die Voraussetzung eines Zusammentreffens unzähliger Umstände von immenser Unwahrscheinlichkeit gebunden. Da nun, fährt der Verf. fort, das auf die feinste Spitze gestellte Zusammentreffen vieler Umstände, welche untereinander selbst nicht in einem Causalnexus stehen, und zwar eine so häufige Wiederholung dieser Combination von Eventualitäten, wie sie für alle die unzähligen Thier- und Pflanzenarten angenommen werden müsste, kurz, da eine so umfassende Regelmässigkeit, wie die Thatsache der allgemeinen Anpassung der Organismen, unmöglich als ein Werk des Zufalls aufgefasst werden kann, sondern nur als Ausdruck eines allgemeinen, die ganze Natur beherrschenden Schöpfungsplanes, d. h. als Ausfluss einer präexistirenden Intelligenz begreiflich sein würde, — so glauben wir mit unserer Deduktion Darwin vor die unvermeidliche Alternative gedrängt zu haben: entweder einen Schöpfungsplan, dessen Beseitigung gerade das Motiv seiner Theorie bildet, **nun erst recht** als Voraussetzung und conditio sine qua non der natürlichen Zuchtwahl anzuerkennen, — oder, wenn nicht, das Selektionsprincip, d. h. die ganze Theorie aufzugeben. Mit gleicher Schärfe unterwirft dann der Verf. im 7. Cap.: „Die systematischen Charaktere im Kampfe um's Dasein", die Aufstellungen Darwin's der Kritik und kommt zu dem richtigen Ergebniss, dass die ganze Selektionstheorie im Grunde nichts Anderes sei, als eine Operation mit Annahmen, welche lediglich damit gestützt seien, dass sie sich der Widerlegung entziehen, weil wir über das ganze Gebiet, dem sie angehören, zu wenig wissen. „Der Vorhang der Unwissenheit wird vorgezogen, um in ihrem Dunkel, anstatt mit Wirklichkeiten, mit Möglichkeiten zu manipuliren." Besonders bemerkenswerth ist die Nachweisung, dass Darwin seinen Gegnern einräume, der natürlichen Zuchtwahl zuviel zugeschrieben zu haben, ohne dass sich der Inhalt der neuen Auflagen seines Werkes im Wesentlichen änderte. Allein der Verf. zeigt sich doch den Veränderungen der Ansichten Darwin's auf der Fährte, wenn er im 8. Cap.: „Die geschlechtliche Zuchtwahl oder die Schönheit als das entscheidende Moment im Kampfe um's Dasein", auf die Thatsache hinweist, dass die „sexuelle Zuchtwahl" gerade in demselben Zeitpunkt von Darwin auffallend in den Vordergrund gerückt wurde, wo er an der Wirkung der „natürlichen" Zuchtwahl irre geworden war. Man kann sich nicht darüber wundern, dass der Verf. davon den Eindruck empfing, es handele sich geradezu darum, jenen Rückzug zu maskiren, und durch Einschiebung einer neuen Erklärungsweise die entstandene Lücke in der Theorie auszufüllen. Aber die neue Erklärungsweise, welche der Verfasser für das Culminationsstadium des vielgestaltigen Darwinismus hält, erweist sich ihm nicht weniger als eine Zuchtlosigkeit der Methode der Forschung als die frühere. Nicht die Dürftigkeit, sondern die Fülle sich darbietender Belege für diese Behauptung hindert, auf die Nachweisungen des Verfassers näher einzugehen, und nur aus der Schlussbetrachtung dieses reichen Capitels halten wir die Mittheilung einer Stelle für nöthig, welche dem gerechten Unmuth des Naturforschers über die Darwinistische Verderbniss der naturwissenschaftlichen Methode Ausdruck gibt. „Wir haben bei der vorstehenden Kritik wahrlich kein Vergnügen daran gefunden, die Blössen eines als Naturforscher so hochverdienten Mannes wie Darwin aufzudecken. Es handelt sich nicht darum, den Mann, sondern eine so durch und durch verkehrte Spekulation an den Pranger zu stellen und nachzuweisen, „wohin es der Verstand bringen kann, wenn er auf verbotenen Wegen schleicht". Handelte es sich darum, die Selektionstheorie durch eine Satire ins Lächerliche zu ziehen, es hätte nicht geschickter geschehen können als durch die extremen Absurditäten, welche Darwin in der geschlechtlichen Zuchtwahl ohne Schonung seiner selbst zu Tage bringt. Man möchte es als Uebereilung entschuldigen, — aber ist es denkbar, dass man einer Theorie zu Liebe in einem zweibändigen Buche (die Abstammung des Menschen) ein so reiches Material zusammentragen kann, ohne der Theorie selbst einiges Nachdenken zu widmen, wo ein Minimum ausreicht, ihre Nichtigkeit zu erkennen?" Die Betrachtung des 9. Capitels über die Divergenz des Charakters und Vollkommenheit der Organisation als Motive der natürlichen Zuchtwahl führt zu dem Ergebniss, dass Darwin seine eigenen Voraussetzungen bezüglich der aufsteigenden Vervollkommnung der Organisationen im Laufe der Untersuchungen aufhebe. Das zehnte Capitel ist der Nachweisung gewidmet, dass Darwin in seinen Verlegenheiten nach allerlei Hilfserklärungen (der Correlation, der Wirkung von Gebrauch und Nichtgebrauch, der direkten Wirkung äusserer Einflüsse) greift und dadurch seine Lehre im Grunde zu einem Gemengsel von vier verschiedenen Theorieen macht, von denen eine, die Selektionstheorie, nur überwiegend in den Vordergrund tritt. Diese Behauptung rechtfertigt der Verf. durch die gelungene Nachweisung, dass jene vier Erklärungsprincipien ganz disparat sind, und sich nicht organisch mit einander in Verbindung setzen lassen. Am Schlusse des ersten Abschnittes fasst der Verf. die Ergebnisse der Untersuchungen desselben in zehn Punkten zusammen, die mit aller Schärfe gegen Darwin gerichtet sind, und von denen wir nicht einen einzigen zu beanstanden Grund finden. Es wird darin gezeigt, dass die Darwin'sche Theorie im Widerspruch mit den Thatsachen der Erfahrung steht.

Der zweite Abschnitt: Prüfung der Consequenzen in ihrem Verhältniss zur Wirklichkeit, verläuft in sechs Capiteln: 1) Das natürliche System, 2) Die Geschichte des organischen Reiches, die Geschichte der Art und die Entwickelung des Individuums, 3) die geographische Verbreitung der Organismen, 4) die Zweckmässigkeit in der organischen Natur, 5) Die morphologischen Thatsachen, 6) Instinkt, Sprache und geistiges Leben. In diesen Capiteln entwickelt der Verf. einen ausserordentlichen Reichthum von Einzelkenntnissen, von scharfen Auffassungen gegnerischer Lehren, schlagenden Widerlegungen und so gewaltig durchgreifenden Nachweisungen, dass die Selektionstheorie Darwin's (nicht die Abstammungslehre überhaupt) auf allen Punkten auf das Haupt geschlagen erscheint. In England oder Frankreich würde ein Werk von solcher Bedeutung sofort als ein epochemachendes anerkannt werden. In Deutschland wird es wahrscheinlich erst nach Jahren in seiner vollen Bedeutung erkannt werden, vielleicht erst wenn es sich im Auslande die gebührende Hochstellung errungen haben wird. Bei der Unmöglichkeit in diesen Blättern auf den Reichthum des Einzelnen einzugehen, begnügen wir uns, die Hauptpunkte hervorzuheben. Im ersten Capitel wird nachgewiesen, dass die Existenz bestimmt ausgeprägter systematischer Charaktere und scharf unterscheidbarer Formenkreise durch die natürliche Zuchtwahl ebensowenig erklärbar ist wie die Gruppirung derselben nach engeren und weiteren Kategorieen oder die Thatsache der Classification als die allgemeine Form des natürlichen Systems. Namentlich erscheint dem Verf. die Anwendung des genealogischen Princips auf das natürliche System im Sinne der Transmutation verfehlt, weil weder die Umwandlung eines fertigen Typus in einen andern, noch die Spaltung eines Typus in zwei oder mehrere coordinirte Typen durch Variation und natürliche Zuchtwahl denkbar ist. Auch zeigt der Verfasser, dass das Vererbungsprincip keineswegs genügt, um alle Aehnlichkeiten innerhalb des organischen Reiches zu erklären, und schliesslich bleibt das Gesetz des Fortschritts vom Niederen zum Höheren und die gleichzeitige Existenz niederer Formen neben höheren gegenüber der Selektionstheorie eine unerklärliche Thatsache. — Das zweite Capitel zeigt, dass wir über die zeitliche Entwickelung des organischen Reiches durch allmälige Umbildung und Differenzirung der Formen nichts wissen, dass die paläontologischen Thatsachen zwar auf eine reale Continuität des ganzen Reiches als eines grossen, sich nach bestimmten Gesetzen entwickelnden Organismus hinweisen, aber doch mit der Auffassung dieser Entwickelung im Sinne der Transmutationslehre in Widerspruch stehen. Die mancherlei Versuche, den Stammbaum in concreto nachzuweisen, erscheinen dem Verf. mit Recht als durchaus verfehlt. Das dritte Capitel führt die aus den Thatsachen der geographischen Verbreitung der Organismen für die Selektionstheorie Darwin's geltend gemachten Gründe auf ihren wahren Werth zurück, indem es beweist, dass Darwin drei ganz verschiedene Theorieen: die Theorie der Schöpfungscentren, die Descendenz- und die Selektionstheorie durcheinanderwirft und der Selektionstheorie zu gute schreibt, was zu Gunsten der anderen spricht. Man kann einräumen, dass die geographischen Thatsachen nicht im Widerspruch mit der Selektionstheorie stehen, aber sie beweisen sie nicht, weil sie mindestens ebenso gut mit jeder andern Descendenztheorie übereinstimmen. Das 4. Capitel: Die Zweckmässigkeit in der organischen Natur, untersucht die Behauptung Darwin's, dass diese thatsächliche Zweckmässigkeit ihre alleinige Erklärung durch die natürliche Zuchtwahl finde. Er zeigt nun, dass diese Erklärung sich in einem Zirkel bewege, dass die eine Voraussetzung einer höchst vollkommenen Anpassung der Organismen (an die gegebenen Lebensbedingungen) der andern einer relativ unvollkommenen Anpassung (als Bedingung des beständigen Fortschreitens zur Vollkommenheit) widerspreche. „Das Bedürfniss und die demselben entsprechende Organisation ist bereits im Organismus gegeben, welcher zur Befriedigung des Bedürfnisses die geeignete Stelle in der Natur aufsucht". Darwin verwechselt Ursache und Bedingung, und kommt damit nur zu einer plumpen und rohen Naturauffassung, nach welcher die Gestaltungen des organischen Reiches auf allen seinen Entwicklungsstufen nicht die Aeusserung eines dem grossen Naturganzen immanenten Bildungstriebes, sondern nur der jedesmalige getreue Abdruck sind, welchen die äusseren Lebensbedingungen gleichsam als Stempel in dem leichtflüssigen Material der unbestimmt variirenden Species hinterlassen. Danach wären alle Pflanzen- und Thiergestalten nichts als geschnitzte, gepresste, gegossene, gebackene Blumen- und Thierfiguren. Unter mehreren weitern Gründen gegen die Darwin'sche Erklärungsweise der Zweckmässigkeit in der organischen Natur hebt der Verf. nachdrücklich hervor, dass die Zuchtwahltheorie, wenn sie für das organische Reich der Erde wirklich erklärend wäre, folgerichtig auch für die Gesammtnatur (den Kosmos) gelten müsste. Dann müssten im Laufe der Zeit unzählige Welten existirt, variirt und einen Kampf um das Dasein geführt haben, aus welchem schliesslich diese eine gegenwärtige Welt wegen ihrer höchst vollkommenen Zweckmässigkeit siegreich hervorgegangen wäre. Der Verfasser bemerkt nicht, dass auch hier Darwin sich widersprechen würde, wenn er einerseits die gegenwärtige Welt als höchst vollkommen annähme, und doch ihre Umgestaltungsfähigkeit zu weiterem Fortschritt aufrecht erhalten wollte. Dem entgegen stellt der Verf. die Behauptung auf, „dass von Anfang an nur eine Welt gegeben war, welche sich nach einem bestimmten Plan gesetzmässig entwickelt und so zu ihrer gegenwärtigen Form gelangt ist". Er verlangt ein Erklärungsprincip für den gesammten Kosmos und ein solches, welches für die Gesammtnatur unmöglich ist, ist es ihm auch für jedes Theilglied derselben. Im 5. Cap. „Die morphologischen Thatsachen", wird gezeigt, dass diese nicht aus Darwin's

Voraussetzungen erklärbar sind. Wir heben hier nur die Nachweisung hervor, dass eine Transmutation homologer Organe, als habe sich z. B. die Flosse des Fisches durch blosse Variation und natürliche Zuchtwahl allmälig in einen Vogelflügel oder in ein Bein, ein Bein in einen Flügel, ein Wirbel in einen Schädel oder umgekehrt verwandelt, von vorn herein geradezu undenkbar ist. Ohne Zurückgehen auf die Genealogie der Urzellen und ein inneres Entwickelungsgesetz ist hier zur Erklärung nichts auszurichten.

Sorgfältig behandelt das 6. Cap. die Darwin'sche Lehre von Instinkt, Sprache und geistigem Leben. Die Untersuchung gliedert sich in folgende Unterabtheilungen: 1) Instinkt, 2) die Sprache, 3) Erkenntnissvermögen und Selbstbewusstsein, 4) die Moralität im Sinne des Darwinismus, 5) die Religion im Sinne des Darwinismus. Nachdem der Verf. die Unhaltbarkeit der Erklärung des Instinkts nach den willkürlichen Voraussetzungen Darwin's, wie z. B. ererbte Gewohnheit, dargethan hat, lässt er sich auch auf Darwin's Buch: Der Ausdruck der Gemüthsbewegungen ein, und urtheilt mit Recht, dass im Ganzen Darwin's Theorie der Ausdrucksformen in Beziehung auf gesuchte und erkünstelte Erklärungsweisen, phantastisches Wesen und inconsequentes Denken ziemlich auf gleicher Stufe mit der „geschlechtlichen Zuchtwahl" stehe. Aber die Gerechtigkeit erfordert, nach dem Zugeständniss des Verfassers, dass bezüglich beider Werke streng zu unterscheiden sei gegenüber der Fülle der interessantesten, durch die feinste Beobachtung gewonnenen und mit unendlichem Fleiss gesammelten Thatsachen und den sich daran knüpfenden theoretischen Betrachtungen. Darwin's Gedanken über den Ursprung der Sprache werden vom Verf. nicht über das Niveau seiner Theorie der Geberden gestellt. Sie sind in der That so geistlos, dass etwas Trivialeres kaum erdacht werden kann. Nach Darwin soll nämlich die Entstehung der articulirten Sprache auf die Nachahmung von Naturlauten zurückzuführen sein, in der Weise, dass „vielleicht ein ungewöhnlich gescheidter affenähnlicher Vorfahr des Menschen darauf gefallen ist, das Heulen eines Raubthiers nachzuahmen, um seinen Mitaffen die Natur der zu erwartenden Gefahr anzudeuten, und diess würde ein erster Schritt zur Bildung einer Sprache gewesen sein". Sehr gut weist der Verf. nach, wie Schleicher's Anwendung der Darwin'schen Theorie auf das Sprachgebiet misslungen ist. Bezüglich des Erkenntnissvermögens und Selbstbewusstseins zeigt der Verfasser, dass Häckel's roh und crass materialistische Auffassung gegen die Consequenz des Darwinismus ist, dass aber Darwin doch erst nach Häckel's rückhaltlosen Ausführungen mit grell materialistischen Anschauungen sich hervorwagte, und, wenn auch zögernden Schrittes, sich bis in die äussersten Extravaganzen fortreissen liess. Der Verf. macht mit vollem Rechte gegen diesen geistlosen Materialismus die Erhaltung der Individualität während des Wechsels der Leibesstoffe und die qualitative Verschiedenheit des Geistes von der Natur, also auch der organischen in ihren entwickeltsten, zu psychischen Vermögen und Aeusserungen vorgeschrittenen Gestaltungen geltend. Mit ebensoviel Objektivität als Scharfsinn verfolgt der Verfasser die Windungen der Darwin'schen Moraltheorie, kann aber mit Recht zu keinem anderen Ergebniss kommen, als dass dieselbe die Moralität zu einem durch natürliche Zuchtwahl, Uebung, Gedächtniss cultivirten, aber nicht wesentlich umgewandelten thierischen Instinkt, im besten Falle zu einem blossen Zweckmässigkeitsprincip im Sinne der auf dem Markte des heutigen Lebens gangbaren Maximen herabgewürdigt habe. „Für das, was die eigentliche Substanz der Sittlichkeit bildet, die Begriffe Gesetz, Recht, Gewissen, Schuld, ist in einer Theorie, welche ausschliesslich mit den bereits in der Protococcus-Zelle vorhandenen Eigenschaften operirt, kein Raum." Bezüglich der Religion verläuft der Darwinismus in den augenscheinlichsten Widerspruch. Zwar die Descendenztheorie überhaupt steht nach dem Verf. mit dem Schöpfungsbegriff (sogar im biblischen Sinne) vollkommen im Einklang. Nach ihm liegt es auf der Hand, dass Darwin Recht hat zu sagen, es sei eine grossartige Ansicht, dass der Schöpfer den Keim alles Lebens nur wenigen oder einer einzigen Form eingehaucht habe, und dass aus so einfachem Anfange sich eine endlose Reihe der schönsten und wundervollsten Formen entwickelt habe und noch immer entwickele. Selbst die Selektionstheorie, obgleich sie, unwürdig dieses grossen Wortes, die planmässige Entwickelung jenes Urkeims alles Lebens läugne, umgehe nicht die Annahme eines persönlichen Schöpfers. Aber, verleitet von seinen weniger zaghaften Anhängern, habe er in seinem Werke über die Abstammung des Menschen mehr kühn als sicher den Menschen aus dem Stande der niederen Thiere hervorgezogen, und denselben ohne irgend ein anderes Werkzeug oder Zuthat, als welche die thierischen Vorfahren darboten, aus allen leiblichen und psychischen Qualitäten und Fähigkeiten stückweise zusammengestoppelt und zurechtgeknetet. Der Versuch Darwin's, sagt der Verf. weiter, die Entstehung des Gottesbewusstseins im Menschen aus den von Thieren ererbten Fähigkeiten zu erklären, ist rein illusorisch. Nicht einmal die blosse Idee Gottes kann auf solche Weise entstehen, weil dieselbe etwas gegenüber der Natur specifisch Neues ist, geschweige denn, dass die Erkenntniss Gottes als eines Realen aus einem früheren Gemüthszustande, welchem diese Erkenntniss fehlte, durch einen blossen Züchtungsprozess hervorgehen könnte.

Darwin ist ausser Stande, den Menschen nach seinem geistigen, ethischen und religiösen Wesen zu erklären. Insofern sich seine Theorie auf die Thier- und Pflanzenwelt beschränkte, führte sie zur wissenschaftlichen Anerkennung eines Schöpfers hin, als sie sich zur Untersuchung über den Menschen wandte, kam sie zu dem entgegengesetzten Ergebniss. Eine Theorie, welche nach der einen Seite hin eine Thatsache beweist oder bestätigt, nach der andern Seite hin dieselbe Thatsache negirt, muss falsch sein. Dieser Auffassung des Verfassers können wir nur darum nicht ganz beitreten, weil der Widerspruch Darwin's mit sich selbst schon die Schrift über die Entstehung der Arten bald versteckter, bald offener durchzog, und nur greller in der Schrift über den Ursprung des Menschen hervortrat.

Der Verf. schliesst sein hervorragendes Werk (wenn wir vom Anhang absehen) mit einer gewichtigen Recapitulation des ganzen zweiten Abschnittes. Wenn wir die Nachweisungen aller Verfehlungen, Widersprüche, Willkürlichkeiten und Phantasieen der Darwin'schen Lehre überschauen, so ergreift uns gerechtes Staunen, dass eine von so vielen Flachheiten und geistlosen Hirngespinnsten durchzogene Lehre in einer Zeit, welche sich einer so hohen Stufe naturwissenschaftlicher Bildung rühmt, eine so weitverbreitete Zustimmung, und selbst bei Gegnern einen so grossen Respekt gewinnen konnte. Die löblicheren Ursachen dieser Erscheinung liegen in dem imponirenden Eindruck, welchen der ausserordentliche Reichthum von naturwissenschaftlichen Detailkenntnissen Darwin's hervorbrachte, und in dem Versuch, dem mehr und mehr um sich greifenden Zersplittern und Isoliren der verschiedenen Zweige des Naturwissens zu steuern, und auf Zusammenwirken derselben hinzulenken. Hierdurch hat Darwin unstreitig der Naturwissenschaft bedeutende Impulse gegeben, welche fortwirken werden, obgleich sie unvermeidlich zu seiner Anschauung fremden Ergebnissen führen müssen. Die schlimmen Theilursachen der weit übertriebenen Hochstellung der Ergebnisse Darwin'scher Forschung sind mit zu suchen in der eingerissenen Verderbniss der Methode naturwissenschaftlicher Forschung und dem Mangel tieferer philosophischer Bildung. Ohne die letztere können die richtigen Grenzen zwischen Erfahrungs- und philosophischer Erkenntniss niemals genau eingesehen werden, und diess hat zur Folge, dass beständig falschphilosophische, pseudometaphysische Gedanken in die Naturwissenschaften eingemengt werden und die Naturwissenschaft verdorben wird, während die echte philosophische Erkenntniss nicht zu ihrem Rechte kommt.

In einem Anhang bringt der Verf. 21 grössere Anmerkungen (zum Text) und Exkurse. Sie sind alle gediegen und eingreifend. Doch möchten wir vorzüglich hervorheben die 4. A.: Argumentation der veränderlichen Species im Sinne Darwin's, die 5. A.: Schilderung des Formenkreises von Neritina virginea Lam., die 7. A.: Settegast, die Thierzucht, die 14. A.: Hilgendorf's Stammbaum von Planorbis multiformis (wo der Verf. schon vor der Enthüllung des Hilgendorf'schen, auch von C. Vogt nachher bekannten Irrthums, durch Prof. Sandberger die Angaben und Aufstellungen Hilgendorf's zu Gunsten des Selektionsprincips als unbrauchbar nachwies, während sie Andere wie auch C. Vogt eifrig als beweisend angenommen hatten), die 17. A.: die Pithekoiden-Theorie (wo der Verf. mit besonderer Schärfe sich gegen Darwin ausspricht), die 20. A.: Darwin's Theorie von dem Ausdruck der Gemüthsbewegungen in ihrer Anwendung auf die einzelnen Ausdrucksformen (reich an Nachweisungen wunderlichster Erklärungsversuche Darwin's), und die 21. A.: der Religionsbegriff von D. Fr. Strauss (worin die Hohlheit und Unlogik des Strauss in scharfer Beweisführung aufgedeckt wird).

Der Verf. wahrt überall der Naturforschung als einer Erfahrungswissenschaft ihr eigenthümliches Gebiet, und duldet keine Einmengung wirklicher oder angeblicher philosophischer Gedanken, sofern sie ersonnen werden, um die Lücken des Erfahrungswissens auszufüllen. Aber er ist weit davon entfernt, der Philosophie überhaupt und insbesondere der Naturphilosophie die Berechtigung abzusprechen oder ihr den Weg verlegen zu wollen. Vielmehr blickt die Ueberzeugung durch seine Erörterungen durch, dass das auf streng induktivem Wege gewonnene Erfahrungswissen durch echte Philosophie in höheres Licht erhoben werde. Die Naturwissenschaft hat vor Allem sich ihrer strengen Forschungsmethode bewusst zu werden und darüber zu wachen, dass ihre Grenzen nicht unbedacht oder willkürlich überschritten werden. Gegen diese unerlässliche Forderung wird aber von den Naturforschern nur zu häufig gefehlt. Es ist gleich verderblich, ob sich in dem Naturforscher der Idealismus, oder der Materialismus als Erfahrungsthatsache gebärde, wiewohl das Erstere äusserst selten, das Letztere um so häufiger vorzukommen pflegt. Idealismus wie Materialismus können niemals Thatsache der Erfahrung sein. Folglich fallen sie dem Gebiete der Philosophie zu, und über ihre Wahrheit oder Falschheit kann nur aus philosophischen Gründen entschieden werden. Hätten diess die Naturforscher, wie sie sollten, stets vor Augen, so würden sie sich dessen bewusst sein, dass sie sich erst gründliche philosophische Bildung zu erwerben hätten, um sich an den Untersuchungen über Wahrheit oder Falschheit des Materialismus mit Fug zu betheiligen. Wenn es wahr wäre, dass der Naturforscher in seiner Wissenschaft nicht vorankommen könne, ohne über seine Stellung zum Materialismus entschieden zu haben, so würde daraus nur folgen, dass er Naturforscher gar nicht sein könne ohne Philosoph zu sein, und ohne gründliche philosophische Studien gemacht zu haben. Ist ihm das zu viel verlangt, so steht ihm frei, sich auf die Erforschung der Thatsachen der Erfahrung und deren Verbindnng untereinander zu beschränken, er stiftet aber heillose Verwirrung, wenn er mit Vernachlässigung oder gar mit Verachtung der Philosophie ohne wissenschaftliches Bewusstsein seines Theils in die Naturwissenschaft hinein doch philosophirt und metaphysicirt, was nur zu einer Pfuscherei, wenn nicht zu einem Unsinn, ausschlagen kann. Diess ist aber das ganz gewöhnliche Gebahren der Materialisten unter den Naturforschern, und wenn gleichwohl einige unter ihnen, mehr philosophische Bildung als gewöhnlich angetroffen wird, von den Naturforschern verlangen, so verstehen sie darunter nur ihre philosophische Gedanken genannten, theils unerwiesenen, theils nachweisbar falschen blinden Voraussetzungen, wie z. B. dass über das Sinnliche hinaus nichts erforscht werden, oder gar dass es Uebersinnliches schlechterdings nicht geben könne, während sie doch zugleich dieser Annahme durch die Behauptung der Unwiderleglichkeit der Existenz der Atome, ja sogar der Absolutheit derselben in's Gesicht schlagen. Denn Atome und vollends die Absolutheit jedes derselben, und gar noch die absolute Unendlichkeit ihrer Zahl können keinesfalls mit den Sinnen wahrgenommen werden.

Damit dass der Verfasser vorliegender Schrift an einer hochberühmt gewordenen Lehre zeigt, wohin Vermischung von Naturwissenschaft und Speculation führt, und dass er gegen falsche Vermischung einen Damm aufzuwerfen unternimmt, indem er die Naturwissenschaft in die ihr gezogenen Grenzen einweist, ohne der Philosophie in ihrer Sphäre im Mindesten ihre Berechtigung zu entziehen, hat er sich ein hervorragendes Verdienst erworben. Je heftiger voraussichtlich bei der herrschenden Verwirrung der Geister, unter denen nicht wenigen der Materialismus zur blinden Leidenschaft geworden ist, der Streit über dieses Werk entbrennen wird, um so mehr darf man auf das Erscheinen des zweiten Bandes gespannt sein, in welchem die Heerschaar der Darwinianer einer kritischen Musterung unterstellt werden soll. Man darf davon unter reichlicher Belehrung ein merkwürdiges Schauspiel vor Augen geführt erwarten.

Wenn der Verf., um zum Schluss einen Blick darauf zurückzuwerfen, im Vorwort den Vertretern der Philosophie zu bedenken gibt, dass die letztere indirekt einen Theil der Schuld an der Verwirrung trage, die jetzt im biologischen Forschungsgebiete eingerissen sei, so scheint uns diess doch zu allgemein und unbestimmt gesprochen. Die seit hundert Jahren in Deutschland nach einander zur zeitweisen Vorherrschaft gelangten philosophischen Systeme haben doch nicht einerlei Stellung zur Abstammungslehre genommen, und keines derselben würde der Selektionstheorie zugestimmt haben, wenn sie damals schon aufgestellt gewesen wäre, wie auch die deutschen Philosophen, welche ihre Aufstellung durch Darwin erlebten, sie nach dem Zeugniss des Verfassers entschieden zurückgewiesen haben. Da der Verf. der Abstammungslehre überhaupt, oder genauer, in der Form der organischen Entwickelung, zugethan ist, so wäre für ihn die eingehende Untersuchung wichtig genug, welche Stellung sich die Philosophie des Leibniz, des Kant, Schelling's, Hegel's zu der Abstammungslehre gegeben hat, wo sich dann bestimmter ergeben würde, welche indirekte Mitschuld an der heutigen Verirrung im Gebiete der biologischen Forschung ihnen zuzuschreiben sein mag. Denn in verschiedener Weise und in irgend einem Grade wird sie nicht in Abrede zu stellen sein, da wir sogar dafür halten, dass man noch weiter gehen und behaupten muss, dass der heutige Materialismus nicht ohne indirekte Mitschuld jener philosophischen Systeme herbeigeführt worden ist, so sehr sie sich auch direkt ihm widersetzt haben. Diess zu zeigen würde aber hier zu weit führen. Obgleich der Verf. im Vorwort äussern zu dürfen meint, bereits während der Abfassung seines Buchs habe sich die Physiognomie des Darwinismus merklich geändert, schon werde von manchen namhaften Vertretern, auch von Darwin selbst, der Rückzug signalisirt, so glaubt er doch, der Kampf werde noch eine Zeit lang fortdauern. Als Ziel dieses Kampfes bezeichnet er die vollständige Ueberwindung des eigentlichen Kerns des Darwinismus, des Transmutations- und Selektionsprincips, und die Wiederherstellung des verkannten Princips der organischen Entwickelung in seiner wahren Gestalt.

II.

Der Verfasser hatte für den zweiten Band seines Werkes die Musterung des Heerlagers der Darwinianer erwarten lassen, diese aber nun dem dritten Bande, der in nächster Zeit erfolgen soll, zugewiesen, da es ihm erforderlich geschienen haben muss, seiner Kritik des Darwinismus eine noch grössere Ausdehnung und Vollständigkeit zu geben. Er schickt diesem zweiten Theile eine Ankündigung voraus, welche den Leser über den Inhalt vollkommen orientirt und also lautet:

„Der vorliegende zweite Band enthält vorzugsweise eine Erörterung verschiedener allgemein wichtiger, mit dem Darwinismus im weiteren Sinne zusammenhängender methodologischer und philosophischer Fragen: über die Ansprüche an eine wissenschaftliche Hypothese, über die Möglichkeit des theoretischen Naturerkennens und dessen Beschränkung durch den Empirismus, über die Aufgabe der wahren Naturforschung, über das Wesen der Systematik, Specifikation, Causalität, Individualismus, über die Bedeutung des Zufalls und der Teleologie in der Naturerklärung, über Materialismus, Atheismus und Schöpfungsprinzip, über wahren und falschen Monismus, über das Verhältniss zwischen Naturwissenschaft und Philosophie. Vermittelst der hiedurch gewonnenen Kriterien gelangt die Untersuchung in Betreff des Darwinismus zu folgendem Ergebniss: Derselbe geht nicht bloss von falschen Voraussetzungen aus, erweist sich nicht nur unfähig in Beziehung auf die versprochenen Leistungen, ist nicht nur verfehlt durch die principielle Unmöglichkeit seiner Aufgabe, ist nicht nur eine der Naturforschung fremdartige, rein spekulative Operation, sondern indem derselbe das Prinzip der Causalität und Entwickelung mit dem Zufall und der Teleologie als Erklärungsgründe vertauscht, erscheint er als eine der Naturforschung in ihrer Fundamentalmaxime widersprechende, darum dieselbe geradezu gefährdende Verirrung, um so mehr als er unter ihrer Maske auftritt. Der Darwinismus ist einer jener Versuche, welche im Namen der Naturforschung die Naturforschung verderben." *)

Da die Leser dieser Zeitschrift die Hauptgründe, welche der Verfasser gegen Darwin ins Feld führt, aus der Anzeige des ersten Bandes bereits kennen, so möchte es nicht geeignet sein, das ganze umfängliche Detail des zweiten Bandes eingehend zu besprechen. Nur Hauptpunkte mögen hervorgehoben werden. Das hauptsächlichste Verdienst, welches der Verfasser trotz seines scharfen Gegensatzes zu der Selektionstheorie Darwin einräumt, ist das der ernstlicheren Behandlung der Speciesfrage. Eine erhebliche Fortbildung

---

*) Man vergleiche die wohlbegründeten Einwendungen Kölliker's gegen Darwin und Häckel in seiner Entwickelungsgeschichte des Menschen und der höheren Thiere, 2. Aufl. 1, 391 ff.

des Darwinismus seit den 14 Jahren seines Bestehens stellt er aber in Abrede, ja er weist darauf hin, dass Darwin in wichtigen Punkten eine rückweichende Bewegung gemacht habe. Mit Recht macht der Verf. geltend, dass Philosophie und Naturwissenschaft sich nicht um die Natur zu streiten haben, sondern dass sie beiden mit gleichem Rechte aber in verschiedener Weise angehöre, indem uns in Philosophie und Naturwissenschaft zwei von einander ganz (?) unabhängige Aufgaben und Forschungsweisen entgegenträten.*) Aber ihre Mischung, welche beide verfälsche, sei vom Uebel und solche Mischung und Verfälschung des einen wie des andern Gebietes finde sich bei Darwin, wofür der Verfasser allerdings viele Belege beibringt.

Von diesem Gesichtspunkt erklärt es sich, dass der Verfasser im ersten Capitel die Lehre Darwin's als (natur-) wissenschaftliche Hypothese untersucht und aus den unseren Lesern in den Hauptsachen bekannten Gründen zu dem herben Ergebniss gelangt, dass der Darwinismus innerhalb der Naturforschung unter keinerlei Titel, weder als Theorie, noch als Hypothese, noch als leitendes oder objektiv anregendes Princip, eine Stelle finde. Ja so schneidend ist die Opposition gegen den hochberühmten Darwinismus, dass der Verfasser nicht mit der determinirten Erklärung zurückhält: „Unabhängig von den wirklichen Thatsachen entstanden, unfähig auf concrete Erscheinungen angewandt zu werden, erscheint derselbe wie die Fata Morgana, interessant wie diese aber eben so ungreifbar, in der That eher mit einer jener mythischen Kosmogonien als mit der Newton'schen Gravitationslehre, welcher man dieselbe so gern zur Seite stellt, vergleichbar. Wie der Roman oder das Märchen gegenüber der Geschichte, so ist der Darwinismus gegenüber der Naturforschung eine durchaus fremdartige, in andern Aufgaben, in anderer Methode und in anderer Sprache sich bewegende Geistesoperation, eine Theorie, welche, obgleich von einem ausgezeichneten Naturforscher erfunden, dennoch eben so gut hätte erfunden, wenn auch nicht so glänzend illustrirt werden können — von einem Philosophen, der niemals eine Pflanze oder Thier mit wissenschaftlichen Augen angesehen hat." Im zweiten Capitel beurtheilt der Verf. den Darwinismus als Philosophem und verurtheilt ihn, weil er zur Art jener falschen Philosophie gehöre, welche „abgelöst von

---

*) Die behauptete völlige Unabhängigkeit der Naturwissenschaft von der Philosophie kann sich doch nur auf die Metaphysik, nicht ebenso auf die Logik beziehen, welche die Gesetze der wissenschaftlichen Methode auch für die Naturwissenschaft zu bestimmen hat.

dem festen Boden der Erfahrung ihre Erklärungsprinzipien aus der Phantasie schöpfe." Blos vermeintlich Apriorisches, welches sich herausnimmt, die Erscheinungen der Natur zu construiren, erscheint dem Verfasser um so mehr als Phantastisches, da nicht einmal das wirklich und wahrhaft Apriorische solches vermag. Die Apriori-Construktions-Versuche gehen in der Geschichte der Philosophie weit in das Alterthum zurück und sind auch in der neueren Zeit wieder aufgetaucht. Wenn der Verfasser auf eine beziehungsweise Verwandtschaft des Darwinismus mit den Lehren des Demokrit und Empedokles hinweist, so hätte er sogar wenigstens bis Anaximander zurückgehen können, der offenbar schon eine fortschreitende Entwickelung der Organismen, wenigstens ausdrücklich der Thiere annahm,*) als deren höchstentwickelte Form ihm der Mensch erscheinen musste, wobei ihm das die Entwickelung Bewirkende in der Einwirkung der Sonne auf die Erde (und folglich auch auf das Meer und auf die durch sie in ihm bereits hervorgerufenen Thiere) lag. Es ist nicht wohl anzunehmen, dass Anaximander blos die **Entstehung** der Thiere aus der Einwirkung der Sonne auf den von ihm angenommenen Urschlamm ableitete, sondern die Sonne wirkte fort auch auf die Entwickelung der anfangs sehr unvollkommenen Thiere. War die Sonne ihm das Erzeugende der Thiere, so war sie ihm auch das sie zu grösserer Vollkommenheit Entwickelnde, und wenn die dem anfänglichen Menschen (im Meer oder wenigstens in Seen oder Flüssen) zugeschriebene Fischgestalt nicht wohl als eine eigentliche Abstammung von den Fischen zu nehmen ist, so konnte Anaximander den Menschen als Sonnenerzeugniss doch nur als ein Thier unter Thieren auffassen, und diese naturalistische Verkennung des qualitativen Unterschiedes des Menschen vom Thiere gibt das Recht von einer Verwandtschaft Anaximander's mit dem Darwinismus zu sprechen. Freilich reicht **dieser** Zug der Verwandtschaft bis zu Thales zurück. In der neueren Zeit findet der Verfasser eine nahe Verwandtschaft des Darwinismus mit der Schelling-Oken'schen Naturphilosophie und mit der Abstammungslehre des G. St. Hilaire und Lamarck. Auf den bei aller Verwandtschaft doch vorhandenen Unterschied der Schelling'schen und der Oken'schen Naturphilosophie wird nicht eingegangen und nicht hervorgehoben, dass nicht erst die Hegel'sche,

---

*) Geschichte der Philosophie von H. Ritter I, 284. Ueberweg sagt (Gesch. der Philos. I, 40): „Die Erde hat sich (nach Anax.) aus einem ursprünglich flüssigen Zustand gebildet. Aus dem Feuchten sind unter dem Einfluss der Wärme in stufenweiser Entwickelung die lebenden Wesen hervorgegangen."
— Geschichte der Philosophie von V. Knauer, S. 9—10.

sondern schon die Schelling'sche Schule in einen rechten und einen linken Flügel zerfiel, wie denn z. B. Steffens dem rechten, Oken dem linken zugetheilt werden kann. Auch wird nicht erwähnt, dass Schelling seine Naturphilosophie erheblich würde umgestaltet haben, wenn er nach dem Abschluss der letzten Gestalt seiner Philosophie nochmals auf seine frühere Naturphilosophie hätte zurückkommen können. Die letzte Gestalt seiner Philosophie erhebt sich über den Naturalismus, den gemeinen Pantheismus wie über den Spinozismus, und kann daher, welche Mängel ihr auch sonst anhaften, einer Verwandtschaft mit dem Darwinismus um so weniger beschuldigt werden, als schon seine frühere (pantheistische) Naturphilosophie mit Darwinistischen mechanischen Principien nichts zu thun hatte. Steffens erhob sich zum Theismus in seinen späteren Schriften. Der Verf. dürfte sich wahrscheinlich verwundern, in der Anthropologie von Steffens (I, 374) die Behauptung anzutreffen, dass eine Naturwissenschaft a priori der Tod aller wahren Naturphilosophie sei und wahrscheinlich käme ihm unerwartet, weiterhin (A. II, 30) auf die Aeusserung zu treffen, die ihm sogar zu weit zu gehen scheinen mag: „Eine Ansicht, nach welcher sich höhere Thiere aus den niedern ausgebildet, etwa Fische aus Mollusken, oder Landthiere aus Wasserthieren, wie sie (de) Maillet (Talamed) früher annahm, und wie sie wieder zur Sprache kommt,*) muss schlechthin verworfen werden." Später (S. 308) verwirft Steffens jeden Uebergang von den Thieren zum Menschen und hält den qualitativen Unterschied des Menschen vom Thiere fest. Uebrigens hatte Darwin's Lehre bei ihrem ersten Hervortreten wenigstens noch immer einen deistischen Hintergrund und dieser ist wohl auch später und bis heute nicht ganz gefallen.**) Anders haben die Materialisten, anders die Pantheisten Darwin's Lehre gestaltet. K. Vogt übersetzte sie ins rein Materialistische, Häckel ins Pantheistische***) und sein Jünger Carus Sterne in specie ins Spinozistische. Der Verf. hat nicht selten vorwiegend den Darwinismus im Auge, wie er in der Form auftritt, welche ihm Haeckel gegeben hat. In jeder

---

*) Dies geht, wenn nicht auf Oken, doch sicher auf St. Hilaire und Lamarck.
**) E. v. Hartmann fasst in seiner geistreichen Schrift: Wahrheit und Irrthum im Darwinismus (S. 92) den Darwinismus als eine Verschmelzung des Deismus mit der mechanischen Weltansicht.
***) Mit vorwiegender Beziehung auf die Schelling'sche und Oken'sche Naturphilosophie, während C. Sterne („Werden und Vergehen") auf Spinoza recurrirt. Beide, Haeckel und Sterne, verwischen unklar den Unterschied des Pantheismus vom Materialismus.

Gestalt aber ist ihm der Darwinismus das Produkt einer falschen Philosophie, welche ihre eigentliche Aufgabe verkennend in das Gebiet der Naturforschung schaffend eingreift, indem sie, anstatt aufsteigend aus den Naturgesetzen nach immer allgemeineren Gesichtspunkten zu suchen, umgekehrt aus allgemeinen Principien oder richtiger Formeln ein Gebiet specieller Thatsachen deduciren will. Der Verfasser begnügt sich aber nicht mit dem allgemeinen Nachweis, dass der Darwinismus weder in der Naturwissenschaft, noch in der Philosophie eine berechtigte Stelle finde, sondern er geht nun, um den Darwinismus allseitig und gründlich zu widerlegen, in dem dritten umfänglichen Capitel auf eine Untersuchung über die Möglichkeit des theoretischen Naturerkennens ein. Hat er im Vorhergehenden nachzuweisen unternommen, dass Darwin's Versuch gescheitert sei, so will er jetzt zeigen, warum derselbe scheitern musste. Er stellt den Grund dieses Scheiterns gleich damit in den Vordergrund, dass er behauptet, Darwin's Versuch habe von vornherein das Unmögliche unternommen, die der Naturerkenntniss gesetzte Schranke überschritten und Aufgaben gestellt, die der Forschung keine Angriffspunkte darböten. Um diese Behauptung möglichst allseitig zu erweisen, bietet der Verfasser einen umfänglichen Apparat auf, indem er 1. die Natur als systematisch geordneten Complex coordinirter Begriffe, 2. die Natur als Dasein spezifisch ausgeprägter Typen oder das besondere Naturleben gegenüber den allgemeinen Qualitäten, 3. die Natur als Wechselwirkung von Bedingungen unter der Herrschaft der Causalität, 4. die Natur als Individualismus oder als Ganzes in seiner Beziehung auf die Theile, betrachten und untersuchen will, ob wir in diesen Richtungen den gesuchten einheitlichen und nothwendigen Grund der Dinge — naturwissenschaftlich entdecken können. Die mit einer Fülle eindringender Betrachtungen ausgestatteten Untersuchungen dieser vier Hauptpunkte führen nun den Verfasser zu einem negativen Ergebniss, d. h. es stellt sich ihm heraus, dass der letzte Grund aller Erscheinungen der Natur, ihrer Gestaltungen, Stoffe und Prozesse nicht in der Materie liegen kann. Diess will sagen, dass der Naturwissenschaft nicht bloss relative, sondern auch absolute Grenzen gesteckt sind, innerhalb deren sie exakte Wissenschaft sein kann, indem ihr zwar in die Breite die freie Bahn sich öffnet, aber Höhe und Tiefe sich dem naturwissenschaftlich forschenden Blick verschliessen. So gewiss wir danach Alles erkennen können, was empirisch zugänglich ist, so gewiss vermögen wir das, was für die Erfahrung unzugänglich ist, nicht zu erkennen. Der Grundcharakter unseres Naturerkennens ist der Empirismus, und Theorie, erklärende Wissenschaft, ist das Naturerkennen insoweit, als es den inneren Zusammenhang der einzelnen Naturerscheinungen sucht. Wir mögen nun aber, um zu einem theoretischen Verständniss der Naturerscheinungen, d. h. zur Erkenntniss eines einfachen Grundes zu gelangen, die Natur von einer Seite, wie nur immer möglich, ins Auge fassen: wir mögen die gegenseitigen Beziehungen der begrifflich coordinirten Gestalten, Stoffe und Prozesse nach Aehnlichkeit und Verschiedenheit, — oder die Qualität der besonderen Naturwesen als besondere Modifikationen und Ausfluss der allgemeinen Qualitäten der Materie, — oder die Abhängigkeit der besonderen Naturerscheinungen von der Aussenwelt nach Ursache und Wirkung, sowie den allgemeinen Causalverband, — oder die Natur als ein System von individuell ausgeprägten Totalitäten höherer und niederer Ordnung in Betracht ziehen, — wir mögen jenen einfachen Grund suchen durch Vergleichung der coordinirten Daseinsformen und durch fortschreitende Abstraktion immer allgemeinerer Begriffe, — oder durch physikalische und chemische Analyse, — oder durch Verfolgung jenes die einzelne Erscheinung sowohl mit allen gleichzeitigen als auch mit allen vergangenen Erscheinungen direkt oder indirekt verknüpfenden Causalnexus, — oder durch Zerlegung eines morphologischen Ganzen in seine Glieder, — oder durch Verfolgung eines Naturganzen in seiner Entstehung und Entfaltung, in seinem entwicklungsgeschichtlichen Aufbau, — niemals gelangen wir zu einem einheitlichen Erklärungsprinzip, sei es in Gestalt einer einfachen, unterschiedslosen Materie oder Kraft (welche die Mannigfaltigkeit der Naturerscheinungen nicht erklären würde, weil keine Wirkung ohne Ursache), — oder in Gestalt eines allgemeinen Gesetzes (welches nicht genügen würde, weil das Gesetz keine wirkende Ursache ist), — noch gelangen wir zu einer Einsicht in die Nothwendigkeit der Wirkungen. Sondern überall bleiben wir stehen: vor dem Dasein individueller oder durch chemische und physikalische Qualitäten spezifisch bestimmter Naturkörper und vor jeder einzelnen Veränderung, — vor der qualitativen Verschiedenheit der Stoffe, Kräfte, Gestalten und Funktionen, — vor dem rein empirischen Gesetz der Wirkung, — vor je einem complicirten, individuell geordneten Ganzen, mag dessen morphologische und physiologische Differenzirung von Anfang an sichtbar sein, oder sich ursprünglich in einem der Erscheinung nach homogenen und indifferenten Keimzustande verbergen, um erst im Laufe der Entwickelung ans Licht zu treten. Alle Fortschritte der Forschung stellen, trotz aller von ihnen ausgehenden Verzweigungen, in ihrem Gesammtverlaufe parallele, nicht aber in der Richtung auf einen letzten einfachen Grund convergirende Linien dar. Wir können wohl sämmtliche Abhängigkeitsbedingungen einer Naturerscheinung von der Aussenwelt nachweisen, die zusammengesetzte Wirkung in ihre einzelnen Faktoren zerlegen und die letzteren in allgemeine Gesetze einordnen, aber unser theoretisches Bedürfniss, eine Einheit der Ursache und eine Nothwendigkeit der Wirkung zu erkennen, findet in der Naturforschung keine Befriedigung. Also erweist sich unser Naturerkennen keineswegs als ein theoretisches Erkennen aus Principien, sondern in jeder Beziehung nur als ein von der Theorie erleuchteter Empirismus, und sowohl der empirische wie der theoretische Charakter desselben weist wie ein Januskopf einerseits vorwärts in eine offene Bahn, und andererseits zugleich rückwärts auf die Beschränktheit unseres Erkenntnissvermögens. Wir begreifen den Mechanismus der Natur, nicht aber das Leben. Weil die sinnliche Erfahrung nicht über sich hinausgeht und weil die Natur unter dem Gesichtspunkt des Causalprinzips als eine in sich selbst zurücklaufende Kette von Ursachen und Wirkungen erscheint, so ist das Naturerkennen an und für sich eine beschränkte Aufgabe und trägt diese Beschränkung in sich gerade vermöge seines empirischen und causalen Charakters. Diess gilt aber immer nur in Rücksicht der Höhe und Tiefe, nicht aber in Rücksicht der Breite oder Ausbreitung. Denn der Bereich der empirischen Forschung ist so unermesslich, dass jeder Fortschritt der Naturwissenschaft nicht nur im Vergleich zu dem Objekt verschwindend klein ist, sondern überdiess eine Schwindel erregende Perspektive eröffnet; und ebenso verhält es sich mit der theoretischen Forschung, insofern nicht blos wie in der Empirie eine Erweiterung der Anschauung, sondern auch die Erweiterung der Begriffswelt und die Einsicht in die causalen Beziehungen der Erscheinungen zu einander erstrebt wird. Handelt es sich aber darum, die Naturerscheinungen aus dem Wesen der Materie, ihren Kräften und Gesetzen abzuleiten, den Grund der Einheit und Mannigfaltigkeit und die Nothwendigkeit der Wirkungen zu begreifen, so können wir uns einem solchen Ziele ebenso wenig nähern, als wir über die Erde wandernd uns den Sternen nähern, weil wir uns für diese theoretische Erkenntniss in jedem Punkte gleichzeitig am Anfang und am Ziel befinden. Gäbe es überhaupt ein Ziel, welchem sich die Naturforschung fortschreitend zu nähern vermöchte, so wäre ja damit ihrem Streben auch eine Grenze gesetzt, und gerade, indem wir ein Ziel und den Fortschritt als Annäherung zu diesem Ziel bestreiten, räumen wir der Forschung ein unbegrenztes Feld ein.

Die Fülle der in festgeschlossenen Gliedern hervortretenden Gedanken, Nachweisungen, Erörterungen in diesen Untersuchungen des 3. Capitels ist viel zu gross, als dass sie hier im ganzen Detail zur Sprache gebracht werden könnte. Nur in Grundzügen konnten wir Standpunkt und Beweisführungsart des Verfassers vorführen. Sofern er sich hier auf dem Gebiete der Naturwissenschaft bewegt, mag es den Naturforschern zulässig, wenn nicht sogar nothwendig erscheinen, dass hier überall Materie, Materielles ganz im Sinne der landläufigen Vorstellung genommen wird. Aber schon der Umstand, dass der Verfasser die Existenz einer allgemeinen Materie als einer einigen Urmaterie, die in materielle Differenzen auseinandergegangen sei, nicht annimmt, hätte ihm die Nothwendigkeit nahe legen sollen, zu untersuchen, ob denn die gemeine Vorstellung von der Existenz des Materiellen als Erfahrungsthatsache gültig sei, ob nicht vielmehr lauter Kraftwirkungen unmittelbare Thatsache sei, und Materie, Materielles nur ein Schein. Gäbe es erfahrungsmässig Materielles, aber gleichwohl keine allgemeine Materie, so müssten doch individuelle Materien existiren und diese könnten nur als eine ursprüngliche (unausgemacht hier ob geschaffene oder ungeschaffene) Vielheit von (materiellen) Atomen gefasst werden. Weiss nun aber nach dem Verfasser die **unmittelbare** Erfahrung nichts von Atomen, so ist auch nicht abzusehen, wie die Existenz des Materiellen unmittelbare Erfahrung sein kann. Wir vermissen daher bei dem Verfasser eine eingehende Untersuchung der Atomistik. Als Hülfsmittel der Erleichterung der Rechnungen des Physikers und Chemikers verwirft er sie ohnehin nicht, aber er geht offenbar weiter und einige Andeutungen verrathen, dass er die Atomistik, wenn auch nur als bedingte (die Atome als geschaffen), annimmt und also den Rückschluss der Naturforscher begründet findet, dass das Zusammengesetzte, als welches sich alle Körper erweisen, auf Einfaches zurückdeute und solches voraussetze. Aber gibt man auch zu, dass Zusammengesetztes Einfaches voraussetze, so ist damit noch nicht erwiesen, dass das Einfache im Gebiet des angenommenen Materiellen zu finden sei, dass Materielles einfach sein könne, wie auch nicht folgt, dass das Einfache als das in sich absolut Unterschiedslose zu fassen sei. Leibniz sagte: „Anfangs, als ich mich vom Joch des Aristoteles frei gemacht hatte, neigte ich mich zum Leeren und zu den Atomen; denn (!) dadurch wird die Einbildungskraft am besten erfüllt. Indessen nach vielen Ueberlegungen davon zurückgekommen, sah ich, dass es unmöglich ist, die Principien einer wahrhaften Einheit in der Materie allein oder in dem, was nur leidend ist, zu finden, da darin Alles nur Ansammlung oder Anhäufung von Theilen ins Unendliche ist. Nun kann aber die Vielheit ihre Realität nur von wahrhaften Einheiten haben, die anderswoher kommen, und etwas ganz Anderes sind, als die Punkte, aus denen das Stetige anerkanntermaassen nicht bestehen kann. So wurde ich gezwungen, um diese reellen Einheiten zu finden, zu einem formellen Atom meine Zuflucht zu nehmen, da ein materielles Wesen nicht zugleich materiell und völlig untheilbar oder eine wahrhafte Einheit sein kann."*) Der Nerv dieses Beweises gegen die materialistische Atomistik liegt also darin, dass das noch so klein vorgestellte Materielle immer noch aus materiellen Theilchen zusammengesetzt sein müsste, folglich nicht einfach sein könnte, dass also das Einfache in einem Uebermateriellen, Seelenartigen zu suchen sei. Leibniz nennt dies das formelle Atom, die substantielle Form, die Monade. Er setzte also die Monadologie an die Stelle der Atomistik. Im weiteren Sinne ist auch die Monadologie Atomistik, im engern Sinne steht sie der materialistischen Atomistik entgegen, der absoluten wie der bedingten. Die Monadologie des Leibniz, welche bis auf die neueste Zeit in vielen Variationen, Um- und Fortbildungen fortgewirkt hat, war dem Monismus Spinoza's entgegengesetzt worden, und ebenso stand jede spätere Variation der Monadologie den zeitlichen Variationen des Monismus entgegen, und es hat auch nicht an Versuchen der Vermittelung jenes Gegensatzes gefehlt.**) Der Verfasser hat sich aber auf diese Untersuchungen nicht eingelassen.

Im vierten Capitel: „Der letzte Grund und der Schöpfungsbegriff" betritt nun der Verfasser das Gebiet der Philosophie. Er wird dazu durch das Ergebniss seiner Untersuchungen hingedrängt, dass der letzte Grund der Naturerscheinungen in der Natur als Materie nicht liegen könne. Da aber die nach Erkenntniss strebende Vernunft mit dieser negativen Antwort sich nicht zufrieden geben könne, so müsse er nothwendig zur philosophischen Untersuchung schreiten. Diese führt er nun nicht rein principiell, sondern mit Anknüpfung an Behauptungen von gegnerischer Seite, wobei er zwar richtige, wenn auch nicht neue Gründe und diese nicht in wünschenswerther Ordnung und Präcision gegen die Annahme der Welt als Ursache ihrer selbst, ewig etc. vorbringt und zu der

---

*) Leibniz als Denker: Auswahl seiner kleineren Aufsätze zur übersichtlichen Darstellung seiner Philosophie. Uebersetzt und eingeleitet von Professor Dr. Gustav Schilling, S. 38—39. Vergl. Leibnitii opera philosophica etc. edit. J. E. Erdmann, pars prior, p. 124.

**) Im Allgemeinen gehören hierher Herbart, Petöcz, Krause, J. H. v. Fichte, Ulrici, Fechner, Lotze etc.

Erkenntniss vorschreitet, dass, da „die Materie" selbst der letzte Weltgrund nicht sein kann, dieser nur im Geist und folglich im absoluten Geist gefunden werden könne, der nicht etwa nur als Weltbaumeister, sondern als Schöpfer des Weltalls gefasst werden müsse. Als absoluter Geist könne Gott nicht ein abstrakter Begriff sein und müsse folglich als persönlich gedacht werden.*)

Das fünfte Capitel: „Schöpfung und Causalprincip" behandelt 1. Geist und Körper, 2. die Persönlichkeit des Schöpfers und das Causalprincip, 3. der Schöpferwille als unmittelbarer Grund der einzelnen Naturwirkung und das Causalprincip, 4. Monismus und die Versöhnung der Gegensätze, 5. die naturwissenschaftliche Berechtigung des Theismus und Atheismus. — Zunächst wendet sich der Verfasser nochmals gegen den Materialismus und erweist mit tiefeindringenden Gründen den Irrthum desselben und die Wahrheit der Lehre vom menschlichen Geiste als übermaterieller, immaterieller Substanz. Besonders unterzieht er diejenige Gestalt des Materialismus, welche von Herbert Spencer, „der philosophischen Autorität des Darwinismus", in seinen „Grundlagen der Philosophie" vertreten wird, einer scharfsinnigen, schlagenden Kritik, mit Beziehungen auf die unhaltbare Zufalls- und Nützlichkeitslehre des Darwinismus. Vollends schlagend mit entscheidenden Gründen zeigt der Verfasser in dem Nächstfolgenden nicht bloss die Vereinbarkeit der Persönlichkeit des Schöpfers mit dem Causalprincip, sondern auch die Untrennbarkeit beider, so dass er mit Recht sagen kann: „Nur Derjenige hat ein Recht den persönlichen Schöpfer zu leugnen, welcher die Zweckmässigkeit und zugleich die Gesetzmässigkeit in der Natur leugnet, und in derselben Nichts als ein Spiel des blinden, zweck- und gesetzlosen Zufalls erblickt." Sobald erkannt ist, dass die Persönlichkeit Gottes die ewig sich selbst treue, mit sich selbst übereinstimmende selbstbewusste Vernunft ist, folgt, dass er als Schöpfer Begründer des Causalitätsgesetzes ist und von einem Widerstreit des persönlichen Gottes und Schöpfers mit dem in der gesammten Naturwelt waltenden Causalgesetze kann gar nicht mehr die Rede sein, so zwar dass es das Zweckprincip nicht aus-, sondern einschliesst. Das Gesetz, sagt der Verfasser

---

*) Vergl. die scharfen Beweisführungen für das Dasein Gottes in dem Werke: Christliche Dogmatik von Em. Biedermann (S. 569 ff.), wo nur der Verfasser den von ihm erwiesenen geistigen Weltgrund unrichtig nicht als persönlichen gelten lassen will. Hier gehen Schelling in den späteren Phasen seiner Philosophie, Weisse, J. H. Fichte, Ulrici, Fechner, Lotze, C. Ph. Fischer, Sengler etc. viel tiefer. Namentlich Ulrici's ausgezeichnetes Werk scheint Wigand nicht gekannt zu haben.

mit Recht, ist ohne den Plan ebenso undenkbar als der Plan ohne Gesetz. In ihrem letzten Grunde fallen beide in eins zusammen... Nur für das menschliche Auge fallen Gesetz und Plan auseinander, indem das erstere nur für die wissenschaftliche, der Plan nur für die ideale Betrachtung erkennbar ist. — Aber auch das, fügen wir hinzu, nur so lange, als Naturwissenschaft und Philosophie in dem Forscher nicht eins geworden sind, was sie doch endlich sollen. Sollte Schiller für seine Zeit auch Recht gehabt haben mit der Behauptung, dass die Gegnerschaft der Naturwissenschaft und der Philosophie noch gut gewesen sei und die Eintracht noch zu früh komme, so hatte er doch die Eintracht als Ziel vor Augen und wir geben darin Spiller Recht, wenn er sagt: „Jetzt aber können und müssen Naturwissenschaft und Philosophie Hand in Hand gehen, wenn wir zu den höchsten Zielen für beide gelangen wollen." *) Die ganze Geschichte der Philosophie durchzieht der Streit zwischen Theismus und Nichttheismus, indem der letztere sich bald Pantheismus, bald Naturalismus, bald Materialismus nannte. Gemeinschaftlich war beiden Heerlagern die Ueberzeugung, dass Vernunft im Weltall zu suchen sei und zu finden sein müsse. Der Streit drehte sich nur um die Frage, ob die weltgründende Macht selbstbewusste oder in sich bewusstlose Macht sei. Wurde sie im ersteren Sinne aufgefasst, so konnte ihre Einheit und Ueberweltlichkeit nicht leicht verkannt werden. Im letztern Sinne aufgefasst, zerspaltete sich der Nichttheismus in Monismus und in Puralismus, und der letztere wieder in Atomismus und Monadologismus,**) während es an unklaren Mischungen der verschiedenen Standpunkte auch nicht fehlte. Schon Heraklit stellte die Idee des Logos, der unbewussten Weltvernunft, auf und dieser Gedanke zog und zieht sich durch alle monistischen, pantheistischen Systeme hindurch, und erfuhr nur verschiedene Einkleidungen bei Spinoza, bei J. G. Fichte, Schelling. Hegel, Schopenhauer und v. Hartmann. Die puralistischen Systeme reissen vollends die angenommene bewusstlose Vernunft in eine Unzahl angeblich absoluter Wesenheiten auseinander, die so beschaffen sein sollen, dass sie sich in einem Weltsystem wohl oder übel oder vielmehr wohl und übel zusammenpassen, in anfangs- und endlosem Verbinden und Trennen, in Widerstreit und in Harmonie,

---

*) Das Naturerkennen nach seinen angeblichen und wirklichen Gränzen, von Philipp Spiller, S. 2. Die Art des Spiller'schen Philosophirens freilich können wir nicht entfernt für die richtige halten. Denn ächte Philosophie kann weder zu einem groben, noch zu einem feinen Materialismus führen, wie jener Spiller's sich darstellt.

**) Drossbach stellt einen atheistischen Monadologismus auf.

in Unvernunft und Vernunft, wie sich's trifft, das Schauspiel der Welt aufführen. Die Vernunft, welche alle diese monistischen und pluralistischen Systeme im Weltall suchen, meinen sie in der Nothwendigkeit zu finden und sie halten sich selbst, jede anders, für vernunftvoll und weise in der Erkenntniss der Nothwendigkeit. Welche aber unter diesen verschiedenen Nothwendigkeitslehren die wahre ist (die Wahrheit kann doch nur Eine sein), darüber können sie untereinander nicht ins Reine kommen, und während sich die Einen gegenseitig tüchtig auszanken, mischen die Andern die verschiedenen Nothwendigkeitssysteme wild untereinander. Was sie aber Alle nicht beweisen können, das ist, dass eine absolute bewusstlose Vernunft eine wirkliche Vernunft und Vernunftbildungskraft sein könne, dass Bewusstlosigkeit und Vernünftigkeit im Absoluten zusammenpassen und dass die Behauptung unrichtig sei, dass absolute Bewusstlosigkeit, absolute Vernunftlosigkeit und blinde Nothwendigkeit sich absolut nicht mehr von Zufälligkeit unterscheiden lasse. Fällt nun Bewusstlosigkeit des Absoluten mit blinder Nothwendigkeit, blinde Nothwendigkeit aber mit Zufälligkeit zusammen, so zeigen sich alle nichttheistischen Systeme in ihrer Wurzel als Zufälligkeitslehren, die ihre Blösse vergeblich durch den Namen der Nothwendigkeit zu verhüllen suchen. Sie wollen und suchen das Vernünftige, die Vernunft, finden sie aber nicht, sondern verirren sich in das Unvernünftige, Blinde, den Zufall. Darwin — wir nehmen an, dass es ihm mit der Anerkennung Gottes als der absoluten selbstbewussten Vernunft und Schöpfers des Weltalls Ernst war und ist — fällt aus seiner vernünftigen Gotteslehre in eine vernunftlose, unvernünftige Weltbildungslehre, indem er seinen Deismus nicht zum Theismus läutert und die Consequenzen des Theismus nicht zieht, sondern sie abbricht und damit nahezu dem Materialismus verfällt, den Einige — nicht er selbst — auch Pantheismus zu nennen kein Bedenken tragen. Dass Gott Persönlichkeit sei, will nicht sagen, dass er Person sei wie der Mensch Person ist, sondern dass er, als von endlichen Schranken freies Subjekt seiner unendlichen Fülle, unendlich seiner selbst bewusste Vernunft sei, daher Goethe, wenn er sagt:

„Der Professor ist eine Person,
Gott ist keine"

wohl nur die Unendlichkeit des absoluten Subjekts behaupten, keineswegs die selbstbewusste Vernünftigkeit Gottes leugnen will. Von der Erkenntniss der Persönlichkeit Gottes aus untersucht nun der Verfasser den Schöpferwillen im Verhältniss zum Causalprincip. Die Schöpfung ist ihm nicht ein einziger ursprünglicher Akt, sondern ein immer fortdauernder, so dass die Erhaltung der Welt fortdauernde Schöpfung ist. Gerade die Erhaltung der Kraft und des Stoffs (die der Verf. noch unterscheidet) erweist ihm die Schöpfung als fortdauernde That. „Denn das Causalgesetz, welches aussagt, dass unter gleichen Umständen gleiche Wirkung erfolgt, hört dadurch, dass wir es als den Ausfluss eines freien Willens auffassen, nicht auf das zu sein, was es ist, da wir ja nur anzunehmen brauchen, dass dieser freie Wille consequent handelt, und Niemand wird bestreiten, dass es mit dem freien Willen ebenso vereinbar ist, consequent zu handeln, als inconsequent." Aber wir hatten es hier mit einem freien Willen zu thun, der absolut und also ewig vollendet ist, daher nicht launenhaft von einem Einfall zum andern hin und her springt. Pascal sagt einmal irgendwo, Gott habe nur einmal einen Entschluss gefasst und bleibe ewig bei demselben, wobei er gewiss nicht einen zeitlichen, in der Zeit gefassten Entschluss gemeint hat. Wille und Gesetz, Schöpfung und Causalität widerstreiten einander also nicht. Der Verfasser scheut sich nicht, den Namen des Pantheismus für den echten Theismus zu vindiciren, wenn damit allein die Allgegenwart und letzte, oberste Causalität des persönlichen Gottes adäquat bezeichnet werden darf. Nur der gibt nach dem Verfasser nicht nur der Natur, sondern auch dem Schöpfer sein volles Recht, welcher anerkennt, dass ausser den Naturkräften keine Macht unmittelbar wirkt, dass alle Ordnung, Plan, Zweckmässigkeit nur in der Form des Causalgesetzes, vermöge der der Materie von Anfang an innewohnenden Kräfte zu Stande kommt. Die entwickelten Folgerungen, die der Verf. hieraus zieht, führen ihn wieder zurück auf seine Forderung scharfer Sonderung der Naturwissenschaft als Empirismus und der (Natur-) Philosophie als Spekulation. Jene sucht den empirischen Causalnexus und die Einheit des Gesetzes, diese fragt nach den letzten Gründen. „Jede derselben verfehlt ihre Aufgabe, wenn sie etwas von der andern in ihr Bereich zieht, und dennoch gibt es einen Standpunkt, wo beide in einer höheren Einheit zusammengefasst werden." Wenn der Verf. wiederholt, die ganze Natur gehöre der Naturforschung und die ganze Natur gehöre der Philosophie und hinzufügt: „denn die ganze Natur ist Materie, und die ganze Natur ist Geist", so ist damit auch eingeräumt, dass das Wesen der Natur Kraftwesenheit ist, denn nur Kraftwesenheit kann (bewusstlose) Geistigkeit sein. Materie ist dann nur ein Name für die Erscheinung des unbewussten Geistigen. Die Natur als Kraftwesenheit, deren Erscheinung wir Materie nennen, ist darum doch nicht Geist im Sinne des als Person seienden oder zur Persönlichkeit angelegten Vernunftwesens, und diesen Dualismus hält der Verf. mit Recht aufrecht, nicht einräumend, dass zwischen Natur und Geist keine Wechselwirkung möglich sei; aber er zeigt auch, dass dieser Dualismus in dem wahren Monismus, der nur der Monotheismus sein kann, ausgeglichen wird. Nur sollte er den wahren Monotheismus in der Erkenntniss des concreten absoluten Geistes, des seiner Natur mächtigen Gottesgeistes suchen.

Nachdem der Verfasser auf Grund seiner Untersuchungen und mit Hinweisung auf die im weitern Sinne überwiegend dem Theismus zugewendete Richtung der heutigen Philosophie*) die Behauptung, dass der Atheismus gerichtet sei, in markiger Ausführung ins Licht gestellt hat, wendet er sich wieder seinem speciellen Thema zu, und untersucht im sechsten Capitel das Verhalten des Darwinismus zum Causalprinzip und im siebenten (und letzten) Capitel die Logik des Darwinismus. Man wird dem Verfasser einzuräumen haben, dass er mit Recht in Abrede stellt, das Causalprinzip sei, bisher wenigstens, nicht allgemein anerkannt und erst mit der Selektionstheorie sei dasselbe als die wahre Grundlage der Naturforschung zur vollen Geltung gebracht worden, und man kann auch zugeben, dass der Vorwurf, Darwin habe seine Abstammungslehre durch die Art, wie er vom Zufall und von der Teleologie Gebrauch machte, sehr getrübt, nicht ohne Grund ist. Wenn er aber behauptet, darüber bestehe nirgends Zweifel, dass das Causalprinzip in der Naturforschung als Erkennungsprinzip ganz und allein berechtigt sei, so ist diess keineswegs allgemein zugestanden, und auch wenigstens mit Recht von Vielen aufrecht erhalten, dass die Naturwissenschaft, wenn sie ausschliesslich das Causalitätsprinzip cultivirt und der Teleologie gänzlich fremd bleibt, unausweichlich geistleugnend und geistlos werden muss. Und zwar ist die Teleologie nicht etwa blos in der organischen Natur mitberechtigt, sondern auch in der unorganischen, in der Untersuchung des Kleinsten wie des Grössten. Im Betreff des Zufalls sagen wir: Wenn es einen absoluten Zufall gäbe, so könnte es keinen Gott geben, da es aber einen Gott gibt (so gewiss die Realität des Endlichen das Unendliche, der bedingte Geist den absoluten Geist voraussetzt), so gibt es keinen absoluten Zufall. Nicht aber kann gesagt werden, wenn und da es einen Gott gibt, so gibt es keinen relativen Zufall. Relativ Zufälliges

---

*) Wohl die Mehrheit der theistisch genannten Philosophen der letzten Zeit (Weisse, Lotze, Fechner) sind es nur insofern, als der Persönlichkeitspantheismus auch eine Form des Theismus genannt werden kann, weil er die Anerkenntniss des göttlichen Selbstbewusstseins mit dem eigentlichen Theismus gemein hat.

muss es in einer vielgestaltigen Welt unvermeidlich geben, so nothwendig auch die Faktoren desselben seien, und gibt es relativ Zufälliges, so kann es auch in der Naturwissenschaft nicht unbeachtet bleiben. Aber es darf kein falscher Gebrauch davon gemacht werden. Sobald die Einwirkung des Menschen auf die Natur in die Untersuchung mit aufgenommen wird, erwachsen noch verwickeltere Fragen. Doch geben wir dem Verf. zu, dass das relativ Zufällige in der Natur nur subjektiv sei, als das Eintreten eines Falles, dessen nothwendig bestimmende Ursache man nicht kennt und das man darum für **möglich** hält. Ueberall wo wir die bestimmenden Ursachen von Wirkungen nicht kennen, werden wir Möglichkeiten zu ersinnen und zu untersuchen haben, ob eine von ihnen und welche zur Erklärung sich tauglich und hinreichend erweist. So oft und so lange sichere Entscheidung darüber nicht getroffen werden kann, ist das Urtheil zurückzuhalten. Wenn also Darwin in einem bis dahin unaufgeklärten Gebiet Möglichkeiten der Erklärung ersinnt, so muss ihm diess wohl gestattet sein, nur durfte er blosse Möglichkeiten nicht ohne Weiteres als Wirklichkeiten aussprechen. Dass Darwin dieses Verfahren in reichlichem Maasse geübt hat, ist von dem Verf. nachgewiesen worden. Nicht, sagt der Verf., die (erkannte) Naturnothwendigkeit, sondern die Möglichkeit bildet den Hintergrund der Selektionstheorie in jedem Punkte, — nicht: „es muss so sein", wie der Naturforscher sagt, sondern: „man kann sich recht wohl denken" und dergleichen, ist die Sprache des Darwinismus. Obgleich einräumend, dass Darwin's Auffassung des ganzen organischen Reiches als ein geschichtlich gewordenes, durch die Continuität der Abstammung verbundenes genealogisches Ganzes ein richtiger und bedeutender Gedanke sei, spricht der Verf. ihm doch den Besitz eines **Entwickelungsprinzips** ab, und fasst diese Verneinung in die scharfen Worte zusammen: „Die Fortbildung des organischen Reiches vermittelst der natürlichen Zuchtwahl ist so wenig ein Entwickelungsprozess, als man das Entstehen eines Topfes unter der bildenden Hand des Töpfers „Entwickelung" nennen kann." Denn zum Wesen der Entwickelung gehört, wie der Verfasser zeigt, dass jede neue Entwickelungsphase die nothwendige Wirkung innerer Ursachen ist, d. h. dass sie ihren ausreichenden Grund in dem nächst vorhergehenden Stadium hat. In einer scharfsinnigen Untersuchung über Ursache und Wirkung, Mittel und Zweck spricht der Verf. selbst aus, dass aus seinen Darlegungen nicht folge, dass die Naturforschung es nur mit dem Causalprinzip zu thun habe und dass die Teleologie in derselben absolut unberechtigt sei. Doch schränkt er die Berechtigung der Teleologie innerhalb der Naturforschung (in der Philosophie hat sie ihre ohnehin vollgültige Berechtigung) auf die Bedeutung einer heuristischen Maxime ein, indem er die wissenschaftliche Naturerklärung ganz und allein dem Causalprinzip zuweist. Von diesen Grundsätzen aus untersucht nun der Verf. die Teleologie im Darwinismus und findet dessen Fehler darin, dass er nicht den Zweck (d. h. die Wirkung) aus dem Mittel (d. h. der Ursache), sondern das Mittel (Ursache) aus dem Zweck (Wirkung) erklärt, also diejenige Erscheinung, welche die Wirkung einer andern ist, zum Erklärungsgrund für die letztere macht. Der Verf. glaubt sich danach berechtigt, den Darwinismus anzuklagen, er leugne den Zweckbegriff als naturphilosophisches Prinzip, als letzten schaffenden Grund der Welt, und mache ihn geltend da, wo er nicht hingehöre, in der Naturerklärung. Es ist wichtig genug, den Verf. darüber des Näheren anzuhören. Seine nähere Erklärung lautet: „Nach der richtigen Ansicht sagen wir, dass die existirenden Formen mit Naturnothwendigkeit entstanden sind und dass die nothwendig entstandenen Formen zugleich zweckmässig sind, — dass dieselbe Ursache, welche den letzten Causalgrund für die Entstehung der Formen bildet, auch den letzten Grund ihrer Zweckmässigkeit bildet, — dass aber die Naturforschung es nur mit der Nachweisung der nächsten Ursachen zu thun hat und daher den Zweckbegriff niemals als Erklärungsgrund anwenden darf, — dass der schaffende und zugleich zweckbestimmende Grund lediglich ein metaphysischer Begriff ist. Die Selektionstheorie dagegen reisst den die Entstehung der Formen und den die Zweckmässigkeit derselben bestimmenden Grund auseinander, sie erklärt die Entstehung der Formen durch die unbestimmte Variabilität und setzt also an die Stelle des Causalprinzips einen andern metaphysischen Begriff: den Zufall, — die Ausbildung zweckmässiger Charaktere dagegen weist sie der natürlichen Zuchtwahl, d. h. dem Zweckbegriff als naturwissenschaftlichem Erklärungsprinzip zu. Also da, wo die Teleologie allein berechtigt ist, und wo die Methode der Naturforschung von demselben ganz unberührt bleibt, nämlich als letzter Grund, als Prinzip für die philosophische Naturbetrachtung, da wird sie vom Darwinismus verworfen, — dagegen da, wo sie nach den allgemein anerkannten Grundsätzen unberechtigt ist, nämlich als nächster Erklärungsgrund der Erscheinungen, als Maxime der Naturerklärung, als methodologisches Prinzip, da wird sie vom Darwinismus eingeführt. Aus der Natur will man den Zweckbegriff beseitigen, um ihn in der Naturforschung auf Schritt und Tritt als Leitstern zu wählen, — und um schliesslich sich zu rühmen, denselben aus der Naturforschung verbannt zu haben." Allein der Verfasser scheint hier die Lehre Darwin's nicht hinlänglich von den Lehren derjenigen seiner Anhänger zu unterscheiden, die wie Carl Vogt, Spiller, Haeckel etc. Darwin's Lehre in einen mehr oder minder pantheistisirenden Materialismus herabziehen. Die Letzteren werden allerdings von der Anklage des Verfassers getroffen. Auch Darwin selbst bleibt von dem zweiten Theil der Anklage nicht unberührt. Aber dass er den Zweckbegriff als naturphilosophisches Prinzip geleugnet habe, könnte doch nur dann mit Grund behauptet werden, wenn es ihm mit dem Ausspruch, dass Gott den ersten Organismen oder einem ersten Organismus das Leben eingehaucht habe, nicht Ernst gewesen sei oder wenn er diesen Ausspruch später ausdrücklich zurückgenommen hätte. Wir finden keinen gerechten Grund, den Ernst seines Ausspruchs zu bezweifeln, wenigstens nicht zur Zeit, als er ihn in seinem Werke über die Entstehung der Arten gethan hat. In jenem Ausspruch lag aber auch die Anerkennung Gottes als Weltschöpfers und folglich die Anerkennung seiner Existenz als des absoluten Geistes. Dann aber kann er auch den Zweckbegriff als philosophisches und insbesondere als naturphilosophisches Prinzip nicht (direkt) geleugnet haben. Denn einen persönlichen Gott anerkennen und zugleich den Zweckbegriff leugnen, ein solcher Widerspruch kann doch einem Darwin nicht zugetraut werden,*) wenn ihn auch der Vorwurf trifft, die Consequenzen dieses Prinzips für die Kosmologie und die Entwicklungsgeschichte der Erde und der Organismen auf ihr nicht gezogen zu haben. Es kann nicht als eine Zurücknahme des obigen Ausspruchs gelten, wenn Darwin in den spätern Auflagen seines Werkes, wo er von der hypothetischen organischen Urform spricht, den früheren Zusatz: „welcher das Leben zuerst vom Schöpfer eingehaucht worden ist", wegliess, weil das Gleichbedeutende an mehrern Stellen der spätern Auflagen stehen geblieben ist.**) Allerdings musste man davon überrascht sein, dass Darwin in seiner Schrift über die Abstammung des Menschen und die geschlechtliche Zuchtwahl in der Einleitung sich für die Ausbreitung der Abstammungslehre auf den crassen Materialisten C. Vogt und den pantheistisirenden Materialisten

---

*) Gebraucht doch Darwin öfter den Ausdruck: Entwicklungsplan, Abänderungsplan, was doch soviel wie Zwecksystem sagen will. Wendet er auch den Begriff des Plans etwa an unrechter Stelle an, so kennt er ihn doch und kennt ihn aus seiner Idee von Gott.

**) Ch. Darwin: Ueber die Entstehung der Arten etc. nach der dritten englischen Auflage übersetzt von Bronn, 2. Auflage, S. 212, 215, 216, 224, 499, 514, 523, 525.

E. Haeckel berufen konnte, ohne ihren materialistischen, atheistischen Auffassungen seiner Lehre entgegenzutreten oder sich von ihnen ausdrücklich loszusagen. Er nennt noch Wallace, Huxley, abermals Vogt, Lubbock, Büchner, Rolle etc., ohne sich im Mindesten veranlasst zu finden, auch nur ein Wort davon zu sagen, dass er die materialistische Ausdeutung seiner Lehren missbillige, oder es der Mühe werth zu halten, zu bemerken, dass Wallace gar nicht in diese Gesellschaft gehöre. Ja, bezüglich Haeckel's sagt er sogar: „Wäre dieses Buch (Haeckel's Natürliche Schöpfungsgeschichte) erschienen, ehe meine Arbeit niedergeschrieben war, würde ich sie wahrscheinlich nie zu Ende geführt haben; fast alle die Folgerungen, zu denen ich gekommen bin, finde ich durch diesen Forscher bestätigt, dessen Kenntnisse in vielen Punkten viel reicher sind als meine."*) Darwin gesellt sich also zu den pantheistischen und materialistischen Forschern, ohne irgend einen Tadel gegen sie vorzubringen und ohne seine Stellung zu deren Atheismus mit einem Worte zu berühren, so dass die Meisten, Anhänger wie Gegner, daraus schlossen, er sei zum Atheismus übergegangen, und habe sich entweder in das Schlepptau seiner Jünger ziehen lassen, oder die früher vorgehaltene Maske abgeworfen. Trotzdem dass Darwin versäumt hat, eine Schutzwehr gegen solche Auslegungen zu errichten, halten wir daran fest, dass er, wenn er zugibt, dass von den grössten Geistern, welche je gelebt haben, die Frage um die Existenz eines Schöpfers und Regierers des Weltalls bejahend beantwortet worden sei, diese Frage gleichfalls bejahe, worauf auch deutet, dass er die grossartige Idee eines Gottes, welcher die Sünde hasst und die Gerechtigkeit liebt, die höchste Form der Religion nennt und den Intellekt des Menschen als gottähnlich bezeichnet,**) wie er auch in der „Entstehung der Arten" früher erklärte, Niemands religiöse Gefühle verletzen zu wollen. Aber er verfällt aus seiner idealistischen Anerkennung Gottes als des absoluten Geistes und Schöpfers des Weltalls in seiner Kosmologie in eine mechanische Auffassung der Naturprozesse, die ihn allerdings dem Materialismus zuführen würde, wenn er die Consequenzen der mechanischen Auffassung der Naturprozesse zöge und auf deren Voraussetzungen zurückginge. Da ist es nun merkwürdig, dass ein Vorgänger Darwin's den theistischen Standpunkt in der Abstammungslehre

---

*) Die Abstammung des Menschen und die geschlechtliche Zuchtwahl von Ch. Darwin. Uebersetzt von Viktor Carus, I, 3.

**) Die Abstammung des Menschen von Darwin, übersetzt von V. Carus, I, 55, 159, II, 357.

viel fester gehalten und consequenter durchgeführt hat als er, nämlich William Whewell, dessen Lehre wir kennen lernen aus der von A. Seubert übersetzten Schrift unter dem Titel: „Spuren der Gottheit in der Entwicklungs- und Bildungsgeschichte der Schöpfung. Nach W. Whewell's Indications of the Creator und der dritten Auflage der Vestiges of the natural History of Creation, für deutsche Leser bearbeitet. Stuttgart, Bacher, 1846." Wohl gedenkt Darwin dieser Schrift in der Vorrede zu seinem Werke über die Entstehung der Arten, aber so sehr er sie nach Form und Inhalt (wenigstens deren spätere Auflagen, deren sie, im J. 1844 erschienen, im J. 1853 bereits zehn erreicht hatte) rühmt, so hat er sie doch bei Weitem nicht genug gewürdigt. Denn, mag sie in Rücksicht des Reichthums der Detailkenntnisse weit hinter Darwin's Werken zurückstehen, so übertrifft sie Darwin doch vergleichsweise an philosophischer Tiefe, Haltung und Durchbildung.*) Nach Eduard v. Hartmann verträgt sich die Descendenztheorie als solche gleich gut mit mechanischer oder organischer, materialistischer, pantheistischer und theistischer Weltanschauung.**) Wenn auch das „gleich gut" zuviel gesagt ist, so ist doch richtig, dass ihre Durchführung in jeder dieser Formen versucht werden kann und versucht ward. Nur die deistische Form hat v. Hartmann übersehen, wohl weil er sie mit der theistischen zusammenwerfen mag. Diese zwei Formen sind auch nur selten ganz streng geschieden und von einander zu unterscheiden, weil sie sich in verschiedenen Graden einander nähern und von einander entfernen können. Darwin's Lehre möchte als deistisch zu bezeichnen sein, da nach ihr Gott zwar die Welt geschaffen, dann aber sie ganz sich selbst überlassen hat, indess jene Whewell's entschieden theistisch ist. Es würde zu weit führen, hier näher auf Whewell's Abstammungstheorie einzugehen. Nur die Hinweisung sei erlaubt, dass sie sich auf das organische Entwicklungsgesetz gründet, welches Gott in das Grundwerk der Schöpfung gelegt hat, daher Whewell sagen kann: „Der Ewige hat Alles zum voraus angeordnet und der Wirkung seiner Gesetze überlassen, während er gleichwohl selbst in allen Dingen stets gegenwärtig ist, der Wirkung seiner Gesetze,

---

*) Nicht als ob diese Theorie befriedigend zu nennen wäre. Die Gründe ihrer Verwerfung von Seiten ausgezeichneter Forscher hat Ulrici sehr gut zusammengestellt in seinem Werke: Gott und die Natur, 2. Aufl., 394. Seitdem ist die dritte (1875) Auflage erschienen.

**) Wahrheit und Irrthum im Darwinismus von E. v. Hartmann, S. 4. Diese Schrift gehört zu den geistreichsten, die über Darwin geschrieben worden sind, wenn gleich ihr pantheistischer Standpunkt unbefriedigend ist.

nach welchen der einfachste und uranfänglichste Typus dem zunächst über ihm stehenden das Leben gab, dieser den nächst höheren erzeugte und so fort bis zum höchsten, als Wirkungen eines allmächtigen Willens, der im voraus gesorgt hatte, dass Alles sehr gut sein sollte und der daher auch die irdische Natur zu höherer Vollkommenheit und den Menschen zur Vollendung führen wird. Uebrigens wollte Whewell nicht eine ausgeführte Lehre, sondern nur einige Grundlinien geben, und wir müssen bemerken, dass die seitdem fortgeschrittene Naturwissenschaft mehrfache Correkturen nöthig finden muss, ganz abgesehen von der Frage der Erstreckung der Abstammungslehre auf den Menschen, der auch schon nach dieser Theorie aus einem affenartigen Thiere entsprungen sein soll. Die Untersuchung über die Entstehung des Menschen kann noch nicht als abgeschlossen gelten, wie denn Perty, Baumgärtner und Andere andere Theorieen aufstellen.*)

Das letzte Capitel des vorliegenden zweiten Bandes des besprochenen Werkes befasst sich mit der Nachweisung des Gebrauchs und Missbrauchs der Logik im Darwinismus. Zunächst beleuchtet der Verf. die Licht- und die Schattenseite der Darstellungsweise Darwin's in treffender Weise und hebt scharfsinnig die hauptsächlichsten Verfehlungen seiner Begründungsversuche gegen die Logik und Wissenschaftlichkeit hervor. Wir finden keinen Grund zu einer wesentlichen Einrede gegen diese Nachweisungen und können uns auch in der Hauptsache der Zustimmung nicht entziehen zu der Behauptung, der Darwinismus entspreche keineswegs den Anforderungen an eine Theorie, verschiedene Thatsachen aus einem Gesetz abzuleiten, sondern er sei ein Conglomerat von einzelnen, für die verschiedenen Thatsachen zurecht gemachten, zum Theil einander widersprechenden Gesetzen. In einem Anhang von nicht geringer Ausdehnung folgen noch 24 Anmerkungen und Excurse, deren schwerwiegender wissenschaftlicher Gehalt um so mehr hervorgehoben werden muss, als in solchen Nachträgen oft nur Beiläufiges, Untergeordnetes, Entbehrliches vermuthet zu werden pflegt. Diess trifft aber hier durchaus nicht zu und dieser Anhang ist so wichtig als der Text selbst. Der Verf. setzt sich hier eingehend mit einer ganzen Reihe von Forschern auseinander, mit Zöllner, Mill, Kölliker,

---

*) Vergl. Perty's: Anthropologie; Baumgärtner's: Natur und Gott; die Weltzellen; Ulrici's: Gott und Natur etc. Ueber Wigand's Vermittelungsansicht vergl. seine Schrift: Die Genealogie der Urzellen, S. 9 und „Darwinismus" I, 262--64. Merkwürdigerweise findet sich Wigand's Ansicht — nahezu identisch, schon von Aristoteles ausgesprochen. Vergl. V. Knauer's Geschichte der Philosophie, S. 52.

Baumgärtner (zu kurz einem so originellen Forscher gegenüber), Celakowsky, Weismann, v. Hartmann, Du Bois-Reymond, Langewieser, Haeckel, Tyndall, Kant, Strauss, Lange, Bain, H. Spencer, Fritz Müller, Nägeli etc. und erläutert eine Reihe von Grundbegriffen, welche im Texte berührt worden sind. E. v. Hartmann hat den ersten Band des Wigand'schen Werkes als eine bedeutende Erscheinung anerkannt und es als den Markstein bezeichnet, welcher die Grenze markire, von wo an der Darwinismus als solcher (die Transmutations- und Selektionstheorie) den Höhepunkt seiner Geltung in Deutschland überschritten habe.*) Wenn v. Hartmann aber dennoch behauptet, dass Wigand's Buch in vieler Hinsicht über das Ziel hinausschiesse, so kann er sich jetzt überzeugen, dass er wenigstens in Einigem Wigand missverstanden hat, wie z. B. darin, dass er ihm die Annahme absoluter Unveränderlichkeit der Species zuschreibt.**) Gegen seine übrigen Einwendungen hat sich Wigand (S. 423—432) vertheidigt, und v. Hartmann wird nun diese Vertheidigung zu beachten haben. Uebrigens räumen wir ein, dass Wigand's Vertheidigung nicht erschöpfend ist, wie sie denn auch in einem blossen Excurs nicht wohl erschöpfend ausfallen konnte. Eine Verständigung in Rücksicht der philosophischen Prämissen Wigand's wird freilich so lange nicht erzielt werden können, als v. Hartmann von der Unhaltbarkeit seines Pantheismus sich nicht überzeugen kann. Und doch sollte man glauben, dass solche Ueberzeugung nicht schwer zu erlangen wäre, wenn er beachten wollte, was die namhaftesten Theisten, unter ihnen z. B. Ulrici, gegen den Pantheismus erinnert haben. Letzterer äussert: „Fasst man ganz oder halb pantheistisch die Welt als die Erscheinung, die Objektivirung, die Leiblichkeit oder den Verwirklichungsprozess Gottes, die Dinge als Momente, Theile oder Zustände, Potenzen oder Urpositionen in dem Einen unendlichen Wesen, so erscheint es allerdings unbegreiflich, wie in dem göttlichen Wesen, dem Grunde und Quelle der Güte und Liebe, das Uebel und das Unheil, Noth und Tod, Sünde und Verderben bestehen und aus ihm hervorgehen können. Ist dagegen die Welt Gottes Schöpfung, also verschieden von ihm und mithin ihrem Wesen nach das Bedingte, Relative, das Endliche und Zeitliche, das Werdende, Wachsende, Sichentwickelnde, das nur ist was es wird, und daher nur am Ziele

---

*) Wahrheit und Irrthum im Darwinismus, S. 7—8.

**) Der Darwinismus von Wigand, 2. Band, S. 420, wo W. sich auf den ersten Band seines Werkes, S. 14 und auf seine „Genealogie der Urzellen", S. 1 und 46 beruft.

seiner Entwickelung die ihm mögliche Vollkommenheit erreichen kann, so folgt, dass die Welt in ihren Theilen wie in ihrer Totalität ein unabsehbar grosser und weiter Entwickelungsprozess ist, der, wenn auch vielleicht in den verschiedenen Theilen auf verschiedene Weise in ungleicher Bewegung, doch überall vom Unvollkommenen zum Vollkommenen fortschreitet." *)

So heftig der Streit zwischen Wigand und dem Darwinismus entbrannt ist, so erscheint er doch, abgesehen von den obersten philosophischen und methodologischen Fragen, nur als ein Familienstreit. Denn die Waffen Wigand's kehren sich nicht gegen die Abstammungslehre überhaupt, sondern gegen die Selektionstheorie, als einer besonderen Form jener. Hat ja doch Wigand das Recht des begeisterten Ausrufs Darwin's am Schluss seines Werkes über die Entstehung der Arten anerkannt: „Es ist wahrlich eine grossartige Ansicht, dass der Schöpfer den Keim alles Lebens nur wenigen oder einer einzigen Form eingehaucht hat und dass . . . . aus so einfachem Anfange sich eine endlose Reihe der schönsten und wundervollsten Formen entwickelt hat und noch immer entwickelt." **)

Nicht bloss hinsichtlich der allgemeinen Principien, sondern auch der Ausführung des Grundgedankens geht gleichwohl der Zwiespalt zwischen Wigand und Darwin sehr tief, und um so tiefer, je mehr der Letztere einerseits sich auf seinen Deismus zurückzieht, andererseits seinen pantheistischen und materialistischen Anhängern und Um- und Fortbildnern nachgibt, anstatt sich auf sein (idealistisches) Schöpfungsprinzip zu besinnen und die logischen Voraussetzungen desselben gleichwie die Consequenzen daraus sich klar zu machen, und demgemäss seine Lehre umzugestalten.

Das Verdienst, die Abstammungsfrage mit genialen Geisteszügen und ausserordentlich reichen Kenntnissen in den Vordergrund der Untersuchungen, wie nie zuvor, gestellt und der Forschung nach vielen Richtungen hin neue Anregungen und Antriebe gegeben zu haben, bleibt Darwin unbestritten. Wie die Philosophie des Alterthums schon bei ihren ersten Schritten sich zur Naturentwickelungsgeschichte in wenn auch noch sehr unzulänglichen Versuchen hingedrängt fand, so traten wieder bald nach dem Beginn

---

*) Gott und die Natur von Dr. H. Ulrici, 2. Aufl. S. 727 ff. Zur hochinteressanten und lehrreichen Vergleichung weisen wir hin auf: Die Weltalter, Lichtstrahlen aus Baader's Werken von Fr. Hoffmann (Erlangen, Besold, 1868) S. 133 ff., 149 ff.

**) Der Darwinismus von Wigand I, 379—380; Darwin's Entstehung der Arten, S. 525.

der neuern Philosophie und Naturwissenschaft mehr oder minder bestimmte Hindeutungen auf eine Naturentwickelungsgeschichte hervor. Bei Leibniz sind sie in der Stufenentwickelung der Monaden gar nicht zu verkennen. Noch bestimmter treten Andeutungen einer Abstammungslehre bei Kant hervor, und Herder war ihr nichts weniger als fremd, Oken und Schopenhauer gaben ihr eigenthümliche Gestaltungen. In Baader's Werken findet sich die merkwürdige Aeusserung: „Wenn der dunkle kalte Kiesel mit Recht helle flammende Funken gibt, so ist es nicht der Stein selbst, der bei dieser Behandlung zum Theil in Feuer umgewandelt wird, sondern in ihm schon eh vorhandener **gebundener** Feuerstoff wird hier nur frei gemacht. Und wenn aus den Trümmern der verweseten (verwesenden?) Leiche eines organischen Körpers abermals frische organische Gebilde sich erzeugen, so haben diese Trümmer hiezu nichts geleistet, als schon vorhandene schlummernde Keime dieser organischen Gebilde belebt und aufgeregt. Wollte man also, geleitet von den sichtbaren Stufen aufsteigender Formen und Kräfte in der Natur, auf eine wahre progressive Hinaufläuterung der einzelnen Kräfte etc. schliessen, so müsste man alle diese einzelnen Kräfte in so viele **Keime** umschaffen, in welchen nämlich alle jene höheren Kräfte schon **präformirt** lägen. Denn im Geistigen existirt Alles nur einmal und einfach, und es hat jedes einzelne Wesen seine festbestimmte Zahl und Gesetz. Hier ist also an keine andere (weitere?) Vervollkommnung zu denken als an die durch Wiedergeburt der eigenen Form (Zahl), wenn anders diese, wie immer, entstellt und verletzt worden ist." *)

Eine Parallele zu dem hier über Präformation Gesagten bildet eine hypothetische Aeusserung Ulrici's: „Nur die Anlage der Welt, die Qualifikation und Disposition der Kräfte musste von Anfang an so beschaffen sein, dass durch das Zusammenwirken derselben die höheren aus den niederen und so die aufsteigende Reihenfolge der Geschöpfe vom Silicat bis zum Menschen hin hervorgehen konnten." **)

Selbst Michelis erklärt, dass seine Kritik Haeckel's nicht auf eine schlechthinnige Bekämpfung der Descendenztheorie abgesehen

---

*) Baader's Sämmtliche Werke XII, 175. Das im Text Gesagte ist durchaus nicht im Sinne der Einschachtelungstheorie zu verstehen, sondern im Sinne der Epigenesis, wie die Stellen XII, 23 und 118 zeigen. Vergl. Kant und Darwin von Fritz Schultze, S. 36, 39, 40, 41.

**) Gott und die Natur von Ulrici S. 742, wo zur Vermeidung von Missverständnissen das auf den nächstfolgenden Seiten Gesagte hinzuzunehmen ist.

sei. Die Möglichkeit, sagt er, bleibt ja offen, dass, wenn ich die empirischen Thatsachen in dem idealen Sinne der Rekapitulation, der allein in der Wirklichkeit begründet liegt, auffasse, die Descendenztheorie mit der Schöpfungstheorie sich ausgleiche. Man konnte ja ganz wohl dem Gedanken Raum geben, dass der Schöpfer eben die Umwandlung der organischen Formen auf dem Wege der genetischen Entwickelung als den Weg gewählt hätte, um zu der vollendeten Organisation zu gelangen, wo im Menschen die geistige Entwicklung sich anknüpfen sollte."*)

Nach E. v. Hartmann kann die Abstammungslehre auch theistisch gefasst werden; wir können jetzt sagen, wenn sie aufgestellt werden kann und darf, so muss sie theistisch gefasst werden. In jeder andern Form ist sie von vornherein undurchführbar.

III.

Hatten die zwei ersten Bände des vorliegenden ausgezeichneten Werkes tief in die Verkehrtheiten des spezifischen Darwinismus eingeschnitten, so setzt der dritte Band demselben die Krone auf. Er ist der Schule Darwin's gewidmet und wendet die Schärfe der Kritik gegen die Hauptvertreter des Darwinismus: Wallace (als Mitbegründer), Nägeli, Askenasy, Sachs, Hofmeister, M. Wagner, Weismann, A. Kerner, Lubbock, Virchow, Preyer, Fechner, v. Hartmann, Lange, Bischoff, Vogt, Haeckel, His und Semper. Da das Detail dieser Untersuchungen den naturwissenschaftlichen Zeitschriften zu überlassen ist, so mag hier die Hinweisung genügen, dass der Verfasser in gediegener, vortrefflicher Darstellung mit umfassender Kenntniss, ausgezeichnetem Scharfsinn und in maassvoller Abwägung die Widersprüche der genannten Forscher mit sich selbst, unter einander und mit Darwin selbst aufdeckt.

Eine sonderbare Schule, die Darwin'sche, deren Vertreter in wichtigen Punkten gar nicht mit Darwin einverstanden sind, in dem Grade, dass der Verf. sich im Zweifel befindet, ob mehrere derselben mit vollem Rechte der Schule Darwin's eingereiht werden dürfen, während die andern doch immer noch in untergeordneten Fragen Widerspruch gegen Darwin einlegen und wenigstens Einer, Haeckel, beschuldigt werden kann, Darwin überdarwinisirt zu haben. Man erstaunt einerseits über den Umfang der Kenntniss der betreffenden Literatur und der nachhaltigen Ausdauer der Beleuchtung derselben, andererseits über das Chaos confusum, in welchem sich eine naturwissenschaftliche Denkrichtung bewegt, die auf der Höhe der Zeit zu stehen beansprucht und eine neue Epoche von nie dagewesener

---
*) Haeckelogonie. Von Dr. Fr. Michelis, 2. Auflage, S. 74.

Bedeutung zu inauguriren wähnt. Am Schluss seines tiefeingreifenden Werkes entwirft der Verfasser ein gedrängtes „Gesammtbild der Schule Darwin's", in welchem er die hauptsächlichsten Widersprüche der echten und der halben Darwinianer confrontirt, in einer Weise, die wir nicht bloss durchschlagend, sondern auch zermalmend nennen müssen. Bevor er diese Confrontation vornimmt, begibt er sich an eine Heerschau der Darwinianer und der Anti-Darwinianer. Zu den „echten" Darwinianern zählt er: Büchner, Claus, Dosel, Dub, Eimer, Haeckel, Huxley, Jäger, Fr. Müller, H. Müller, Rolle, O. Schmidt, Seidlitz, Strassburger. Als halbe bezeichnet er: Askenasy, Bischoff, Fechner, Götte, E. v. Hartmann, His, Hofmeister, Kerner, Lange, Lubbock, Nägeli, Preyer, Sachs, Semper, Virchow, Vogt, M. Wagner, Wallace, Weismann. Doch gelten dem Verf. diese „halben" Darwinianer als Anhänger Darwin's fast nur dem Namen und Bekenntniss nach, während sie ihm wegen ihrer mit Darwin unverträglichen Principien in Wahrheit auf der entgegengesetzten Seite stehen. Von den entschiedenen Gegnern des Darwinismus nennt der Verf.: Agassiz, v. Baer, Barrande, Bastian, Baumgärtner, Beaumont, Blanchard, A. Braun, Brogniart, Bronn, Burmeister, Delff, Milne-Edwards, Flourens, Fraas, Frohschammer, Giebel, Göppert, Grisebach, Heer, Hoffmann, Huber, Janet, Kluge, Kölliker, Lecomte, Lucä, Meyer, Mivart, Nathusius, Owen, Perty, Pfaff, Philipps, Quatrefages, Quenstedt, Regal, Reuss, Robin, Schaafhausen, Spiess, Villot, Volger, L. Weiss, R. Wagner, Zöckler. Auf Vollständigkeit der Namen ist der Verf. in beiden Listen nicht ausgegangen. Bei der letzteren ist aber doch zu rügen, dass so namhafte Gegner des Darwinismus wie J. H. v. Fichte, Ulrici, Ebrard, nicht genannt sind.*) Um möglichst Missverständnisse zu vermeiden, fügt der Verf. hinzu: „Die Opposition dieser Männer gilt zunächst der Darwin'schen Lehre im engern Sinne, nämlich der Selektionstheorie, während das Descendenzprinzip wohl von den Meisten derselben anerkannt, von Manchen sogar, wie Kölliker, Heer, Baumgärtner, A. Braun ebenso wie vom Verfasser dieser Schrift ganz besonders betont, jedoch im Gegensatz zum Transmutationsprinzip vielmehr als ein Ausdruck des innern Entwickelungsgesetzes behandelt wird.**) Auf diesem Boden stehen

---

*) An anderer Stelle sagt der Verf. mit Recht, dass die weitaus grösste Zahl der deutschen Philosophen (wie die grössere Zahl der französischen Naturforscher) dem Darwinismus nie zugestimmt haben.

**) Es ist nicht ersichtlich, wesshalb Baumgärtner nur secundär genannt wird, da er doch den den Kölliker'schen verwandten Anschauungen um Jahrzehnte vorausgegangen ist.

mit ihrer Grundanschauung auch mehrere Männer der zweiten Kategorie, namentlich Nägeli, Askenasy, Preyer, Fechner, Hartmann, Lange." Die Anhänger und Gegner Darwin's nach ihrer Stellung zum Theismus oder Pantheismus oder Materialismus zu unterscheiden, lag dem Verf. hier ausser dem Wege, daher er denn auch die Frage gar nicht aufwirft, mit welchem Rechte mehrere im Verhältniss zu Darwin gegnerische Materialisten von einem Plane der Entwickelung, einem inneren Entwickelungsgesetze sprechen können.

Indem sich nun der Verfasser zur näheren Charakteristik des Darwinismus als culturhistorischer Erscheinung wendet, entwirft er uns zuerst bezüglich eines Theils der Darwinianer das Bild der wissenschaftlichen Impotenz, gepaart mit einem fanatischen Dogmatismus in den unselbstständigen Nachbetern des Meisters. Dann deutet er auf die unglücklichen Vermittelungsversuche des Unvermittelbaren bei den besonneneren und selbstständiger denkenden Männern der Schule hin, wobei er mit Recht sagt, die Frage des Darwinismus liege einfach in der Frage: Lässt sich die Entstehung der systematischen Typen durch natürliche Zuchtwahl erklären oder nicht? „Wenn diess verneint werden muss, so ist damit der Darwinismus als solcher definitiv widerlegt. Alle Vermittelungsversuche aber durch eine theilweise Verneinung und theilweise Bejahung jener Frage erweisen sich bei näherer Betrachtung als unmöglich." Neben diesen unergiebigen Vermittelungsbestrebungen läuft nun aber in der Darwin'schen Schule ein kriegerisches Schauspiel einher, welches in seiner Art ungemein belehrend ist, wohl noch weit mehr als auf philosophischem Gebiete das kriegerische Schauspiel des Streites des rechten und des linken Flügels und des Centrums der Hegel'schen Schule. Der Verf. weist nämlich nach, dass von den verschiedenen Anhängern der Darwin'schen Lehre nicht weniger als zehn Prinzipien zur Erklärung der Umwandlung der Arten aufgestellt und zum Theil trotz ihrer Heterogeneität mit einander combinirt worden sind. Diese zehn Prinzipien sind: 1. Natürliche Zuchtwahl, 2. Geschlechtliche Zuchtwahl, 3. Correlation des Wachsthums, 4. Innere Ursachen der Abänderung (Vervollkommnungsprinzip), 5. Aeussere Ursachen der Variation, 6. Aeussere Einflüsse als direkte Ursachen der Abänderung des Individuums, 7. Bedürfniss und Gebrauch (Prinzip des Funktionswechsels), 8. Kreuzung, 9. Parasitismus, 10. Separation, Amixie, Asyngamie. Das mixtum compositum dieser einander ausschliessenden Prinzipien nennt man Selektionstheorie! Wir folgen dem Verf. nicht in das Einzelne der Schilderung der Verarbeitung dieser verschiedenen

Annahmen innerhalb der Darwin'schen Schule. Die Verwirrung der Combinationen der verschiedenen Darwinistischen Forscher zeigt sich in der That so gross, dass wir dem Verfasser die Berechtigung nicht bestreiten können, darin das Bild der grössten Zerfahrenheit und des Kampfes widerstreitender Ansichten zu erblicken. Daher darf er wohl fragen: „Welcher Punkt in der Darwin'schen Theorie von irgend welcher prinzipieller Bedeutung wäre es wohl, über welchen nicht die verschiedenen Anhänger derselben diametral auseinander weichen? und welcher unter den Anhängern, so weit sie in Beziehung auf Besonnenheit und Selbstständigkeit des Urtheils in Betracht kommen, wäre es, der nicht mindestens in einem Cardinalpunkt mit Darwin in Widerspruch steht?" Dann weist der Verf. noch darauf hin, dass zwei der hervorragendsten Botaniker aus der Darwin'schen Schule die Darwin'sche Theorie vernichtet haben, indem durch jeden derselben eines ihrer Fundamente erschüttert wird, durch Nägeli damit, dass er die Unfähigkeit der natürlichen Zuchtwahl, die morphologischen, d. h. systematischen Charaktere, so wie den planmässigen Fortschritt in der aufsteigenden Weise der organischen Wesen zu erklären, — durch Hofmeister damit, dass er die Unverträglichkeit der Selektionstheorie mit der Causalforschung nachgewiesen hat. Das innere Zerwürfniss der Darwin'schen Schule erscheint dem Verf. als ein bellum omnium contra omnes. Gleichwohl scheint ihm die Krisis sich entschieden zum Bessern zu neigen, da die Besonneneren der Anhänger gegen die Ueberstürzungen eines Theils der Mitforscher zu protestiren begonnen haben und sich mehr und mehr die Einsicht Bahn bricht, dass eine im Prinzip haltbare Abstammungslehre nur auf die Anerkennung der gesetzmässigen Entwickelung aus inneren Ursachen gegründet werden kann. In der Verleugnung dieses Entwickelungsprinzips erblickt der Verf. mit gutem Grunde den Fundamentalfehler des Darwinismus. Das bei den namhaftesten Anhängern Darwin's zu gewahrende Ringen um die Wiedereroberung des Entwickelungsprinzips lässt ihn erwarten, dass man das Selektionsprinzip fallen lassen und bei dem Descendenzprinzip, d. h. bei der Annahme einer plan- und gesetzmässigen Entwickelung des organischen Reiches als einer genealogischen Einheit stehen bleiben werde. Da aber, so schliesst der Verfasser seine Ansicht ab, das Descendenzprinzip eigentlich nur ein Problem ist, welches durch das Selektionsprinzip zu lösen versucht wurde, so wird dasselbe, nachdem das letztere aufgegeben ist, nur noch als reines Problem, oder vielmehr, da der Begriff der inneren Entwickelung der Natur der Sache nach überhaupt eine Lösung desselben ausschliesst, als ein blosses Postulat anerkannt werden, und als spekulative Idee dem Einzelnen Befriedigung gewähren. Die letztere Behauptung läuft also auf die trostlose Erklärung hinaus, dass die Naturforschung für immer unfähig sein werde, das fragliche Problem zu lösen. Friedrich Pfaff, der in allen andern Hauptpunkten mit dem Verfasser zusammenstimmt,*) hält doch mit Recht die Möglichkeit weiterer naturwissenschaftlicher Entdeckungen aufrecht, welche die Lösung des Problems herbei führen oder ihr doch erheblich näher führen könnten. Die Vergleichung der mit umfassender Kenntniss und musterhafter Klarheit gegebenen bezüglichen Darlegungen und Beweisführungen Pfaff's mit dem Werke des Verfassers ist von hohem Interesse und kann kaum verfehlen, der Herrschaft nicht der Descendenztheorie überhaupt, wohl aber der Selektionstheorie ein Ende zu machen.

10.

Persönlichkeits-Pantheismus und Theismus.
Moritz Carriere, Franz Baader, Heinrich Ritter und Hermann Ulrici.

M. Carriere hat als Aesthetiker, Kunstgeschichtschreiber und Philosoph eine Reihe von Werken geschaffen, welche ihm einen hohen Rang in der deutschen Schriftstellerwelt erworben haben. Wir erinnern nur an sein Werk: Die philosophische Weltanschauung in der Reformationszeit, seine Aesthetik, sein Werk: Die Kunst im Zusammenhange der Culturentwickelung und die Ideale der Menschheit, sein Buch: Religiöse Reden und Betrachtungen für das deutsche Volk. Diesen geistreichen Werken, die durch kleinere Schriften unterbrochen wurden, folgte jüngsthin das rein philosophische Werk: Die sittliche Weltordnung. Diesem Werke ist als Einleitung eine patriotische Rede vorausgeschickt, die nur erhebend und begeisternd wirken kann. Das Werk selbst gliedert sich in zwölf Abtheilungen, die einen von der Welt zu Gott aufsteigenden Lehrgang verfolgen.**) Wir haben es hier mit geist-

---

*) Schöpfungsgeschichte etc. von Pr. Friedrich Pfaff. Zweite umgearbeitete Auflage, 26. Capitel (S. 667—709).
**) 1. Die mechanische Weltordnung und die Materialisten, 2. der Idealismus, 3. Sein und Erkennen: Grundzüge des Realidealismus, 4. die Idee des Vollkommenen und das Seinsollende, 5. die Freiheit und das Gesetz, 6. das

reichen Betrachtungen zu thun, die im Uebrigen aber in freier Beweglichkeit der Gedanken sich nicht eine streng systematische Metaphysik zur Aufgabe setzen. Im ersten Abschnitt fasst der Verfasser die strenge Gesetzmässigkeit der Naturvorgänge als Ergebniss der neueren Naturforschung, die jedoch aus der einseitigen Fixirung dieses Ergebnisses zum Materialismus umschlug. Er zeigt, wie derselbe in seinen Consequenzen unausweichlich zur Aufhebung des Unterschiedes von Wahr und Falsch, von Gut und Böse, somit zur Aufhebung aller Erkenntniss und Ethik getrieben werde, womit er sich selber aufhebe. Die Materie als das allein Wesenhafte, Wirkliche betrachtend, nenne der Materialismus gewöhnlich die Kraft (die er nicht in blossen, puren Stoff auflösen kann) eine blosse Eigenschaft des Stoffs. Als erster Schritt zur wissenschaftlichen Widerlegung desselben erscheint dem Verf. die Nachweisung, dass wir zur Kenntniss der (sogenannten materiellen) Dinge kommen nur durch die Wirkungen, die sie äussern und auf uns üben, nur durch die Kraft, mit welcher wir diese ihre Aeusserungen aufnehmen, womit die Kraft zur Ursache aller (sogenannten) materiellen Erscheinungen werde. „Physiker wie Fechner nennen den Stoff das Handgreifliche, Tastbare, d. h. dasjenige, was unserer eignen Bewegung einen Widerstand entgegensetzt, seinen Ort oder Raum behauptet, und damit ist das Wesen des Stoffs die Widerstandskraft, und das Reale besteht als die Kraft sich selber zu setzen, im Unterschied von anderm einen Raum einzunehmen, sich darin zu behaupten und alles zurückzuweisen, was denselben gleichfalls einnehmen will. Räumliche Ausdehnung und Undurchdringlichkeit sind die Grundeigenschaft alles Materiellen. Aber was wir als Materie sehen oder betasten, ist nicht das Erste, sondern ein Phänomen der Kraft und unserer subjektiven Auffassung. Aus einer Eigenschaft, die am Stoffe haftet, verwandelt sich uns also die Kraft in das Ursprüngliche, den Stoff selber als ihre Aeusserung Setzende; beide sind untrennbar wie Ursache und Wirkung. Die Materie ist nicht das Wirkliche oder Ursprüngliche, ... sondern ... die Aeusserung eines Innern, die Erscheinung der Kraft. Denn unter Kraft verstehen wir doch das Vermögen zur That und das Thatige selbst; und das geht doch den Thaten (begrifflich) voraus. Wer dagegen im Stoff das Wesen der Dinge sieht und die Materie für das alleinige und wahre Sein nimmt, der macht das Zweite zum Ersten, die Wirkung zur Ursache, das träge Todte zum Quell der Gute und das Böse, 7. die Rechtsordnung und der Staat, 8. der Emporgang des Lebens und die Geschichte, 9. das Weltleid und seine Ueberwindung, Unsterblichkeit, 10. die Kunst, 11. die Religion, 12. Gott.

Bewegung und des Lebens." Aber auch die Kraftatome sind nicht das wahrhaft Ursprüngliche, welches nur ihr Urheber, Hervorbringer, Schöpfer, Gott, der Urgeist ist, wie der Verf. später in seiner Weise selbst geltend macht, und was er Materie nennt, ist nicht Materie im Sinne des Materialismus, nichts von der Kraft Verschiedenes oder gar ihr Entgegengesetztes, sondern sie selbst in ihrer Wirkung und Erscheinung, wie der Verfasser selbst sagt, Aeusserung eines Inneren, Erscheinung der Kraft. Stoff ist nur Name (S. 31), der eine Summe von Kräften bezeichnet, wiewohl auch jedes einzelne Atom Stoff und stofflich genannt werden kann, dessen Wesen Kraft ist, die wirkt und erscheint.*) Daraus leitet der Verfasser ab, dass das All ein System von Kräften ist. Referent bestreitet die Corpuscular-Atomistik so wie die spezifische Fassung der Monaden bei Leibniz und auch bei Herbart, nicht aber die Monadologie überhaupt. Des Verfassers Atome sind nicht materiell, sondern Kräfte, also im Grunde Monaden, die man auch Atome nennen kann und mag, wie ja auch Leibniz seine Monaden ideelle (eigentlich spirituelle) Atome nannte. Aus starren Kräften würde so wenig als aus starren Corpuskeln etwas erklärt werden können. Bezüglich des Problems, wie sich die Beharrlichkeit und der Zustandwechsel der Monaden oder Atome vereinbaren lasse, scheint uns der Verfasser nahezu den Nachweisungen Ulrici's zu folgen. Er sagt: „Wenn (z. B.) Natrium und Chlor ihren Gegensatz in den Kochsalzwürfeln ausgeglichen und eine Sättigung ihres Strebens erfahren haben, so bestehen sie dabei allerdings fort und sind nicht in ein anderes Wesen übergegangen, aber darum sind doch nicht ihre eigenen Zustände dieselben geblieben, vielmehr liegt es weit näher, der neuen Erscheinungsweise ihrer Leistung im Zusammensein mit einander auch eine Umstimmung in ihren eigenen Zuständen entsprechen zu lassen. Unveränderlich in ihrem Wesen, ihrem unzerstörbaren Bestande, ihrem gesetzlichen Verhalten zu andern können sie doch in wechselnden Lagen und Verbindungen auch wechselnde Veränderungen in ihrem inneren Sein erfahren, und wir dürfen vermuthen, dass auch hier das Innere und das Aeussere einander entsprechen und in dem Kraftwesen bedingt ist, was an ihnen und durch sie in die Erscheinung tritt. Weil sie dies

---

*) Michelet (Das System der Philosophie etc. II. Band: Die Naturphilosophie S. 7) findet die Kraft (ohne Wesen) unzulänglich und nennt sie daher etwas Gespensterhaftes. Er bestreitet mit Hegel die gesammte Atomistik und Monadologie. Auch der Verfasser ging aus der Hegel'schen Schule hervor und er hätte sich daher vor Allem mit Michelet, dem Hauptvertreter der linksseitigen Fraktion der Hegel'schen Schule, auseinanderzusetzen gehabt.

übersahen und mit Recht an einem rein äusserlichen Mechanismus kein Genüge hatten, haben Denker wie J. H. Fichte und Franz Hoffmann sich mit dem Atomismus nicht befreunden können.*) Aber für Physik und Chemie ist derselbe mehr als Hypothese, und seine Annahme gegenüber einer unterschiedslosen Einerleiheit der Elemente für die Philosophie kein Verlust, sondern ein Gewinn; es gilt nur ihn so aufzufassen, dass, wie der Dynamismus fordert, Kraft und Wechselwirkung nicht bloss äusserlich bleiben, sondern von innen sich bethätigen und die Innerlichkeit umstimmend durchdringen." Wird hier in jedem Atom, jeder Monade, ein Inneres und Aeusseres unterschieden, so kann die Einfachheit desselben oder derselben nicht in Unterschiedslosigkeit bestehen und man wird zum Begriffe Baader's getrieben, dem die Einfachheit nicht als innere Unterschiedslosigkeit, sondern als ihre Unterschiedlichkeiten beherrschende Kraftwesenheit gilt. Das absolut Unterschiedslose würde das Todte sein und in allen Lagerungsverhältnissen bleiben. Sind die Atome oder Monaden immaterielle Kraftwesen, so kann man nicht von Körperatomen, sondern nur von Körper bildenden Atomen sprechen im Unterschiede von Aetheratomen, und die Verschiedenheit jener von diesen mag immerhin in einem Ueberwiegen der Anziehung oder der Abstossung beruhen. Auch nach Fechner's Atomenlehre und Robert Grassmann's Atomistik**) bedürfte das spinose Gebiet der Atomistik erneuerter Untersuchung.***) Der

---

*) Fichte und Hoffmann bestritten stets die Corpuscular-Atomistik, auch die bedingte Liebig's. Fichte aber wendete sich schon früh der spiritualen Atomistik, der Monadologie, zu und Hoffmann später ebenfalls, in der Auffassungsweise Ulrici's. Insoweit stimmen damit auch Lotze und Teichmüller. Der Letztere sagt (Darwinismus und Philosophie, S. 7): „Man muss sich aber hüten, bei dem Worte Atome an die absurde Vorstellung der Atomisten (im Gegensatze zu den Monadologen) zu denken, welche sich darunter kleine Körperchen von einer bestimmten Gestalt einbildeten." — „Es gibt keine todte Materie" (S. 9).

**) Die Atomistik. Erstes Buch der Lebenslehre oder der Biologie von R. Grassmann. Stettin. Grassmann 1872.

***) Um so mehr als noch immer die Ansichten der Naturforscher und Naturphilosophen über die Atome sehr weit auseinandergehen. Nicht bloss Philosophen wie nach Hegel, Michelet, Rosenkranz, Schopenhauer, Steudel etc., sondern auch Naturforscher wie Karsten, Dellinghausen, Preyer läugnen sie ganz und gar; aber auch diejenigen, die sie annehmen, sind in der besonderen Fassung untereinander in Widerspruch. Rosenkranz und Steudel belustigen sich förmlich an den Verlegenheiten der Atomistiker, ob sie die Atome rund oder eckig, ein- oder vielgestaltig, so und so klein oder noch etwas oder viel kleiner etc. annehmen sollen, ob als objektive Realitäten oder kritisch als subjektiv nothwendige Erschliessungen aus den Phänomenen. Kurd Lasswitz tischt

Verfasser sagt, dass wirklich nicht das Allgemeine, sondern nur das Individuelle sei. Aber im Grunde betrifft der Streit der Atomisten oder Monadologen mit den Monisten doch nicht die Frage, ob nur das Allgemeine oder nur das Individuelle wahrhaft ist, sondern vielmehr die Frage, ob das Allgemeine sich in unvergänglichen Individuen ausprägt, oder ob das Individuelle vergänglich ist und immer neu durch neue Individuen ersetzt werden kann und wird? Die Atome oder Monaden sind sonderbare Individuen, wenn sie an sich nichts als in sich unterschiedslose — somit unlebendige, todte — Dinger, Wesen oder Kräfte sind, die sich nur durch ihre Wechselbezüge beleben sollen. Alles Natur-Lebendige wäre daher nur aus Todtem zusammengesetzt und fiele durch Lösung — Dissociation — wieder ins Todte zurück, um immer wieder aus ihm — durch Association zu erstehen. Der Verf. fährt fort: „Die Dinge sind keine Ausgeburten allgemeiner Begriffe, die Seele (Seelen) keine Erscheinungen im Prozess logischer Kategorien, sondern die Einzelwesen, die Atome, die Seelen sind das Ursprüngliche (doch nicht absolut); aber sie haben gemeinsame Formen des Seins und des

---

sie uns neuerdings in der kürzlich erschienenen Schrift: „Atomistik und Kriticismus", als räumlich (körperlich), ausgedehnt, undurchdringlich, unveränderlich, starr (!) auf — angeblich als eine nothwendige Folge der Erfahrungstheorie des Kriticismus (mit Wegwerfung der Kantischen Dynamik) S. 94, 107. Andersartig seltsam nehmen sich die Atome bei E. v. Hartmann aus, nach welchem sie nicht bloss entstanden sind (aus blindem, dummem Willen), sondern auch der Vernichtung geweiht sind, während sie nach den Materialisten (wie Gottheiten) unentstanden und unvergänglich sind. Am Seltsamsten aber sind die Kasten-Atome von Le Sage (Philosophische Monatshefte, redig. von Schaarschmidt, Band XIII, X. Heft, S. 526). Dort sagt Sch., der Satz, dass die Wesenheiten der Dinge ewige Modi seien, schlage allein schon die Behauptung nieder, dass Spinoza Pantheist und Leugner der Unsterblichkeit sei. Allein die Ewigkeit der Modi der Wesenheiten der Dinge bestätigt nur den Pantheismus Spinoza's, weil sie alle Dinge zu Momenten, Theilen, der absoluten Substanz macht. Camerer (Die Lehre Spinoza's, S. 2, 20) erklärt den Spinozismus für Naturalismus, weil Naturnothwendigkeit sein oberster Grundsatz sei, und für Pantheismus, weil die absolute Substanz mit ihren Attributen und die Modi zusammen eine Natur ausmachen — die Alleinheit. Vergl. Der Sokrates der Neuzeit und sein Gedankenschatz von Dr. M. Dessauer S. 92–102. Wie kann man (reinen) Theismus in einer Lehre suchen, die, wie Camerer richtig sagt, erklärt: „Sie (die Lehre Spinoza's) will die Realität von Zwecken in der Welt durchaus verneinen, sie will aus dem Wesen Gottes (an sich) Selbstbewusstsein und freien Willen, das Handeln aus bewusster Absicht . . . . vollständig ausschliessen." Die Unsterblichkeitslehre Spinoza's, wenn man sie darin finden will, dass etwas vom Geist ewig sei, macht seine Lehre nicht zum (reinen) Theismus.

Wirkens, nach denen wir sie unter allgemeinen Begriffen zusammenfassen, die wir als die nothwendigen Thätigkeitsformen erkennen." Sind die allgemeinen Begriffe nothwendige Thätigkeitsformen, so können sie doch nicht nur subjektive Auffassungsformen sein. Kommt ihnen aber Objektivität zu, so müssen sie im Absoluten, in Gott, begründet sein, ohne dass darum Gott nichts als das absolut Allgemeine zu sein braucht. Die Atome und Seelen werden von dem Verf. als qualitativ verschieden gefasst, d. h. es werden von ihm natürliche (physische) und geistige Wesenheiten unterschieden. Ihr gemeinschaftlicher Name wäre wohl der der Monaden, aber der Dualismus bliebe, wenn auch innerhalb des absoluten Geistes, dessen immanente Selbstbestimmungen sie ja nach dem Verf. sein sollen. Ein Dualismus mitten im Monismus, den Spinoza, wenn Schaarschmidt Recht hätte, ganz wohl acceptirt haben würde. Der Dualismus der Atome und der Seelen, der im absoluten Geiste nicht sowohl aufgehoben, als vielmehr nur umfasst ist, schliesst den Materialismus aus, gegen welchen sich der Verf. in den folgenden Ausführungen dieses Abschnittes mit triftigen Gründen wendet. Aber die Annahme des Dualismus der Atome und der Seelen ist damit nicht gesichert. Ist der Materialismus und Naturalismus, die er zu vereinerleien scheint, falsch, so ist darum der Dualismus noch nicht als wahr erwiesen. Es wäre die Allseelenlehre (der Panpsychismus) auf ihre (seine) Haltbarkeit zu prüfen gewesen so wie der panlogistische Monismus Hegel's, der, neuerlichst von Michelet vertreten, die generatio aequivoca in Schutz nimmt. Michelet (das System der Philosophie II, 350 ff.) schreibt nach Hegel der Erde subjektive Lebendigkeit zu und spricht somit von einem Leben der Erde, welches in vegetabilisches und thierisches Leben ausschlage und in aufsteigender Entwickelung bis zum Hervorgehen des Menschen — in einem Sprung — fortschreite. Der menschliche Organismus ist ihm die Naturgestalt, in welcher die Umwandelung derselben in den Geist stattfindet. „Das Menschengeschlecht (S. 485) ist darum, ungeachtet seiner grossen Aehnlichkeit mit dem Affen, himmelweit von ihm verschieden. Wenn man gesagt hat, es gebe keinen Sprung in der Natur, so bleibt doch wenigstens dieser Uebergang aus der Natur in den Geist sicherlich ein Sprung." Vergl. S. 486.

Der Verf. meint hier der Sache Genüge zu thun, wenn er erklärt (S. 53): „Nun hören wir neuerdings mit Berufung auf Helmholtz und Liebig die Annahme aussprechen, dass die Keime des Organischen ebenso ursprünglich wie der anorganische Stoff vorhanden seien und mit demselben sich verbinden und die Lebenserscheinungen hervorrufen, sobald die Bedingungen dazu vorhanden seien. Damit kann ich mich einverstanden erklären, denn hier ist eine Organisationskraft als Prinzip des Organismus vorausgesetzt. Ja ich habe nichts dagegen zu erinnern, wenn die organische Chemie die Kohlenatome für die Träger des Lebens erklären will; sie bethätigen dann die in ihnen lebende Organisationskraft, sobald die Bedingungen dafür gewährt sind, und diese Kraft steigert sich in der Entwickelung der organischen Welt zu immer höheren Leistungen." Wo kommen denn nun nach dieser dualistischen Auffassung die Seelen auf die Erde her und wie kommen sie in die Atomcomplexe hinein oder wie bemächtigen sie sich der Atome zu ihrer leiblichen Ausgestaltung? Und sind diese Seelen theils Pflanzenseelen, theils Thierseelen, theils Menschenseelen oder sind alle Seelen ursprünglich Pflanzenseelen, die sich zu thierischen und menschlichen steigern? Hier bleibt zuviel Dunkel zurück, um sich durch diese Auffassung befriedigt erklären zu können. Warten wir indess ab, ob der 8. Abschnitt: Der Emporgang des Lebens in Natur und Geschichte, dieses Dunkel lichten wird.

Der zweite Abschnitt: Der Idealismus, verdient auszeichnende Anerkennung und fast hat die Kritik zunächst hier nichts zu erinnern als dass Einiges noch hätte gesagt werden sollen, was nicht gesagt worden ist. Nach einer kurzen Hinweisung auf Cartesius, der mit seinem: Ich denke also bin ich, den Idealismus der neueren, wenigstens der deutschen Philosophie, wiewohl selbst nicht Deutscher, einleitete, und auf Berkeley's „schwärmerischen" Idealismus entwirft der Verf. in gedrängten Zügen ein Bild der deutschen Philosophie, das er mit scharfsinniger Kritik begleitet, wobei aber auf höchst auffällige Weise Leibniz und Baader nicht etwa bloss zu kurz kommen, sondern, als ob sie nicht existirt hätten, gar nicht erwähnt werden. Seine Darstellung und Kritik dreht sich um Kant, Fichte, Schelling, Hegel, Herbart und Schopenhauer, und selbst E. v. Hartmann wird nicht ganz vergessen. Dass nun, wenn es sich um ein Bild der deutschen Philosophie handelt, Leibniz nicht übergangen werden darf, bedarf keines Beweises. Für diejenigen aber, die bezüglich Baader's noch eines Beweises bedürfen sollten, sei Folgendes beigebracht. Baader ist ein unseren grössten Denkern mindestens ebenbürtiger Geist und überragt sie sogar in den Hauptergebnissen seiner Wahrheitsforschung.*) Er hat kritisch die Haupt-

---

*) Wer das Heil der Philosophie im Pantheismus sucht, hätte erst die Gegengründe zu widerlegen und die Wahrheit des Pantheismus zu beweisen. Alle bisherigen Beweisversuche für die Wahrheit des Pantheismus sind als gescheitert zu erachten.

irrthümer unserer grossen Philosophen von Leibniz bis Schopenhauer aufgedeckt und ihnen die Grundlagen eines Systems, wenn auch nicht in systematischer Form, entgegengestellt, welches als theistischer Idealrealismus jene Philosophen sämmtlich an Tiefe und Wahrheitsgehalt übertrifft, wenn auch in einzelnen Partien Richtigerstellungen, Verbesserungen, Umbildungen und Erweiterungen sich erforderlich zeigen. Theismus ist sein System, weil es Gott als den absoluten Geist, den wissend wollenden und wollend wissenden Urgeist kennt und anerkennt und das Weltall als seine Schöpfung auffasst, in welcher Erkenntniss es J. G. Fichte, Schelling, Hegel und Schopenhauer hinter sich zurücklässt. Idealrealismus ist sein System, weil es den Grundgedanken des Idealismus, der zum Realismus forttreibt, sehr wohl kennt und erkennt in der Nachweisung, dass nur das von sich selbst wissende, das selbstbewusste Wesen von Anderem, von sich Verschiedenem, sei es absolut oder bedingt, unendlich oder endlich, sei es natürlich, sei es geistig, wissen kann, womit es die Bedeutung des Cogito ergo sum, wenn es sich nicht zu der Folgerung absoluten Seins aufblähen will, nicht verneint, sondern bejaht, aber ergänzt durch das Geltenmachen des Cogitor a Deo cogitante, ergo sum, was im Grunde auch Cartesius in anderer Form mit der Behauptung, dass die Idee des Unendlichen uns nur vom Unendlichen selbst kommen könne, anerkennt. Die Nothwendigkeit für den menschlichen Geist, das seiner selbstbewusste Wesen, welches selbstverständlich ohne sein (oder ausser seinem) Selbstbewusstsein von Anderem, Unendlichem wie Endlichem nichts wissen kann, von ihm Verschiedenes als seiend zu wissen und zu erkennen, beruht auch bei Baader wie bei dem Verfasser auf dem Causalitätsgesetz, wenn diess der Verfasser auch schärfer hervorgehoben haben mag. In Betreff der Beweise für diese Aufstellungen muss Referent auf seine Philosophischen Schriften, auf seine Abhandlung: Ueber die Stellung Baaders in der Geschichte der Philosophie, zuerst erschienen in W. Hoffmann's Periodischer Schrift: Deutschland (II. B.) und auf seinen Artikel: Franz v. Baader im I. Bande der Allgemeinen deutschen Biographie (S. 713–725) verweisen. Siehe oben Artikel 1, 2, 3.

Der dritte Abschnitt bietet Grundzüge des Idealrealismus dar, die viel Schönes und Wahres und für weitere Ausführung Beachtenswerthes bringen. Wenn der Verf. gelegentlich unter den hervorragenden Leistungen neuerer Philosophie jene Ulrici's, J. H. Fichte's, Lotze's, Lazarus', Steinthal's, Weisse's, Sengler's und Wirth's erwähnt, so vermisst man unter Andern Fechner und C. Ph. Fischer, Rosenkranz, Kuno Fischer und Erdmann. Baader hätte hier ungenannt bleiben können, wenn er unter der Reihe der grossen Philosophen von Kant bis Herbart genannt worden wäre. Schon in diesem Abschnitt tritt die Auffassung des Verfassers vom Verhältniss des Unendlichen zum Endlichen und dieses zu jenem hervor, wonach alles Unterschiedliche innerhalb der Einheit so besteht, dass es das Unendliche selbst ist. Da es nicht von Anderem bestimmt werden kann, ist alle Bestimmtheit seine Selbstbestimmung — ἓν καὶ πᾶν. In ihm ist nicht bloss die Allheit, sondern auch die Einheit verwirklicht. Das Eine, in sich unterschieden, eint sich, wie schon Heraklit sagte, mit sich selber. Sollte diess genau richtig sein, so wäre der Persönlichkeitspantheismus die volle und ganze Wahrheit und kein Grund vorhanden, sich nicht zum Pantheismus überhaupt zu bekennen. Schelling und dessen Lehre in der späteren Gestaltung, mit der diese Auffassung zunächst stimmt, wiewohl sie sich schon bei Lessing und Herder vorfindet, hat daher — ungleich Hegel — sich ausdrücklich zum Pantheismus bekannt, nicht zwar mehr wie früher zu dem spinozistischen (gemeinen), doch aber zum Pantheismus überhaupt, den wir den Persönlichkeitspantheismus nennen und den Schelling, wenn er auch sich dieses Namens nicht bediente, meinte, den spinozistischen Pantheisten, nach seiner Auffassung Spinoza's, zurufend: „Euer Pan sehe ich wohl; aber von euerem Theismus sehe ich nichts." Diese Auffassung des Verfassers, die sich allerdings von jener Schellings in wichtigen Punkten noch unterscheidet, scheint sich nun zwar als ungemein rational zu empfehlen, es wird aber aus ihr durchaus nicht begreiflich, wie daraus Selbstthätigkeit des Endlichen, zunächst des Natürlichen, und Freithätigkeit des menschlichen Erkennens, Wollens und Handelns abgeleitet werden kann. Denn wenn die Einheit des Unendlichen, das Unbedingte und Allbedingende die Ursache ist, die Alles ist und wirkt, so ist sie auch um so mehr die in Allem alleinwirkende Ursache, als sie in allen ihren Wirkungen, also in allen Dingen diese selbst ist und nichts ausser ihr selbst ist und wirkt. Da kann es nicht genügen, mit dem Verf. zu sagen: Aus der Ursache, die Alles wirkt und wirkend sich selbst bestimmt, folgt, dass ihre eigene Wesenheit in dem Geistesleben fortbesteht, dass dieses selber thätig ist, dass sein Wesen im Vermögen zu wirken besteht, dass es Kraft ist. Es folgt wohl, dass in allem Gewirkten der Ursache Thätigkeit ist, aber nicht dass diese Thätigkeit Selbstthätigkeit des Gewirkten ist, sondern sie ist und bleibt Selbstthätigkeit der absoluten Ursache,

---

*) Vergl. Schelling's Sämmtliche Werke, II. Abtheilung I. Band, S. 372 und anderwärts.

und eine von der absoluten Ursache unterschiedene, dem Gewirkten eigene oder eigen gewordene, von sich ausgehende Thätigkeit und Causalität geht daraus nicht hervor. Was Gott ist, was zum Sein Gottes selbst gehört, möchte es sich in immanenten Positionen unterscheiden, kann nur durchunddurch von Gott selbst, von der Einheit Gottes, bestimmt, und um den prägnanten Ausdruck zu gebrauchen, determinirt sein. Wenn Gott frei ist, so ist er gewiss auch in allen seinen immanenten Bestimmungen frei, aber diese Bestimmungen sind eben er selbst und nichts Anderes, haben also auch keine von der Selbstthätigkeit Gottes unterschiedene, gesonderte Selbstthätigkeit. Die Selbstthätigkeit der natürlichen und die Selbstbestimmungsfreiheit der geistigen Wesen kann nicht aus der Annahme der Wesensimmanenz der Dinge in Gott abgeleitet werden, wenn gleich es richtig ist mit dem Verfasser zu sagen: „Von einer Weltseele zu sprechen, die nur das Band der Dinge wäre ohne ihrer selbst inne zu sein, aus der das Leben käme ohne dass sie lebte, von einem Allgeist zu sprechen, der nur eine allgemeine Vernünftigkeit, ein Unbewusstes, selbstlos Ideales wäre, das sind leere Redensarten." Das Endliche ist allerdings im Unendlichen, d. h. in dessen Macht, also auf virtuale Weise, nicht auf substantielle, als ob es seine Substanz, seine Momente, seine Theile ausmachte. Nur als substantiell von den endlichen Wesen unterschieden kann Gott, wie doch der Verfasser will, über ihnen sein; sonst verhielte er sich zu ihnen ähnlich wie das Centrum zu seiner Peripherie, nicht wie ein allumfassender Kreis zur Gesammtheit der von ihm umfassten begrenzten Kreise. Indessen glaubt der Verfasser doch in der (begrifflichen) Unterscheidung des absoluten Alleinen und der Vielheit, Mannigfaltigkeit und Totalität seiner Positionen den Unterschied Gottes und der Welt festgehalten zu haben, und legt darum den selbstbewussten oder doch zur Selbstbewusstheit bestimmten und veranlagten Positionen, den geistigen Wesen, eine von Gott selbst sich unterscheidende Gesondertheit oder Sonderheit und damit die Fähigkeit der Selbstentscheidung und was daraus folgt bei, gerade so wie der Theist es verlangt. Unter der Voraussetzung wissenschaftlicher Berechtigung zu diesen Annahmen entwickelt der Verfasser im vierten Abschnitt: die Idee des Vollkommenen und das Seinsollende, sehr viel Schönes, Wahres und Vortreffliches, welches im fünften Abschnitt: die Freiheit und das Gesetz, eine sehr reiche Ausführung unter Auseinandersetzung mit abweichenden Standpunkten erhält. Es bewegt sich hier Alles um die Grundgedanken, welche der Verfasser in folgenden Worten niederlegt (S. 791): „Der Mensch ist nicht freigeschaffen, das wäre unmöglich, weil ein Widerspruch mit dem Gedanken der Selbstbestimmung; aber er wird freiheitsfähig geboren. Von Natur ist er eine eigenthümliche Wesenheit mit bestimmten Anlagen, in bestimmter Lebensstellung... Wenn wir geboren werden, sind wir noch nicht bei uns selbst, weil eben das Selbst darin besteht, dass ein Wesen zu sich kommt, sich durch eigene Willensthat erfasst und bestimmt, sich als Ich hervorbringt. Nun erst ist es für sich, ist es wahrhaft. Wir sind naturbestimmt in unseren Anlagen und Trieben, sind getrieben von ihnen, aber mit der Aufgabe uns über sie zu erheben, sie zu beherrschen; das kann uns nicht geschenkt, nicht angeschaffen werden, das müssen wir selbst beschliessen und thun." Der sechste Abschnitt: Das Gute und das Böse, setzt diese Untersuchungen fort und vertieft sie durch eine Fülle lichtvoller Blicke in das Gebiet jener wichtigen Fragen, an welchen Ethik und Religion gleichmässig betheiligt sind. Ohne behaupten zu wollen, dass in diesen Darlegungen alle in diesem Fragenbereich auftauchenden Schwierigkeiten überwunden worden seien, muss doch eingeräumt werden, dass in ihnen vortreffliche, tiefgedachte Grundlinien gezogen sind, die fruchtbarer Ausbildung sich fähig zeigen. Der Grundgedanke, der sich in dem ganzen Abschnitt auseinanderlegt, ist in den Worten ausgesprochen (S. 222): „Im Sittengesetze ausgeprägt wird die Idee des Guten lebendig und empfindlich im Willen, und wir können sagen, dass das Gute in der Einigung des individuellen und allgemeinen oder Grundwillens besteht, dass es das Einigende für die Persönlichkeiten ist, die dadurch zugleich in ihrem Lebensquell bleiben und sich mit ihm und untereinander zusammenschliessen oder ein harmonisches Geisterreich bilden. So ist das Gute die Liebe, die in sich selbst die Beseligung findet. Das endliche Selbst erkennt sich eingegliedert in ein organisches Ganzes als dessen Glied; so kann es eben im Ganzen seine Bestimmung haben und erreichen, und darum wird der Wille, der dies, diese Verwirklichung der eigenen Natur, sich zum Ziele setzt, zum Wohlgefallen, das das Wohl Aller will, das eigene Wohl des Ganzen sucht, opferfreudige Hingabe an die Andern und an das Ganze und muthige Bethätigung der eigenen Kraft für sie." Der Verf. zieht die ethischen Lehren der Philosophen des Alterthums und selbst des indischen Buddhismus heran, berührt sie aber nur oder fast doch nur überwiegend nach ihren Lichtseiten, und fasst die Lehre Jesu, die Krönung der ethischen Lehren, als den errungenen Einklang der indischen und der griechischen Lebensidee, und damit nicht als Weltentsagung (und, fügen wir hinzu, als Weltverzweiflung), sondern als Weltüberwindung, Gestaltung der Welt zum Reiche des lebendigen Gottes, der die

Liebe ist. Denn „Gott ist gut; wer seinen Willen thut, der ist dadurch Eins mit ihm... Das wahre Gut ist das Gute; das Gute ist Güte, Lieben; Lieben ist Einigung der Wesen untereinander und mit ihrem einigen Lebensquell, beglückt, beglückend, die selige Lebensvollendung als Himmelreich der Wahrheit und Freiheit — das ist der Kern des Evangeliums, der erlösenden Freuden- und Friedensbotschaft Jesu." In diesem Zusammenhang erörtert der Verf., dass gerade um der Verwirklichung des Guten willen das Böse möglich sei, welches in der (möglichen) Ueberhebung des Endlichen, dem Trachten, dem Unendlichen gleich zu sein bestehe, somit nach J. Böhme's Fassung in einer Phantasie als einem selbstgefassten Willen zur Eigenheit, einem abtrünnigen vom ganzen Wesen; wie denn auch das Böse keine andere Wirklichkeit als im Willen habe und seinen Zweck verfehle, da nur der gute Wille seinen Zweck erreiche.*) Es steht ihm fest, dass der Mensch das Gute um des Guten willen wollen und thun soll. Aber auch dass die Hingabe an die Pflicht nicht Entselbstigung zu nennen ist; vielmehr der Sieg über die Selbstsucht, wobei das Selbst bestehen muss, weil die Idee seiner Kraft bedarf, um verwirklicht zu werden. Diese ethische Ideenreihe setzt sich fort in dem siebenten Abschnitt: Die Rechtsordnung und der Staat. Denn, wie der Verf. sagt: das Recht und der Staat ist ein handgreifliches Zeugniss für die sittliche Weltordnung. Dieser ganze Abschnitt ist eine ebenso edle als tiefgedachte Zierde des Werkes und es findet sich kaum eine einzige Aufstellung in demselben, gegen welche sich eine gegründete Erinnerung erheben liesse. Sein gedankenreicher Inhalt steht auf der Höhe der echten freisinnigen Staatsphilosophie, wie sie sich aus der Entwickelung der deutschen Philosophie in umsichtiger Berichtigung der bezüglichen Ideen des Leibniz, Kant, Fichte, Schelling, Hegel, Baader, J. H. Fichte, Ulrici mit einer Art innerer Nothwendigkeit herausgestalten musste und nur noch der vollen Ausführung zum System bedürftig ist.

Sehen wir nun zu, ob wir den folgenden Abschnitten — 8—12 — ungetheilte Zustimmung entgegenbringen können. Der achte Abschnitt zunächst: Der Emporgang des Lebens in Natur und Geschichte, behandelt anerkannt schwierige Fragen, die heute stark im Streite liegen und in deren Beantwortung auch zwischen mehr oder minder sich nahe stehenden Forschern volle Einigung sobald nicht zu erwarten ist. Nach dem Verfasser konnte der Mensch nicht als fertiger Organismus mit einem Schlage da sein, weil diess

---

*) Wer hat diese Wahrheit schärfer hervorgehoben als Baader?

dem Begriff des Organismus widerspreche. Solcher verlange die Selbstgestaltung aus dem homogenen Keim, der sich innerhalb seiner Einheit unterscheide. Der Organismus sei eben gewachsen, nicht verfertigt, sei Ergebniss des Bildungsprozesses, und so habe der Mensch immer nur als Zelle ursprünglich da oder gegeben sein können. Er habe daher nur im Leibe eines hochstehenden Thieres den neun-monatlichen Prozess durchmachen können. **Möge dann immer der Geist von Gott stammen, der Leib sei ein Sohn der Erde.** — Nach dieser Anschauung habe Gott die Natur so geordnet, um zur rechten Zeit den Menschen auf natur- und vernunftgemässe Art herzuvorbringen. Nur der Bettelstolz schäme sich seiner Naturverwandtschaft. Daher sage der Verf. mit Karl Vogt: „Lieber ein emporgekommener Affe, als ein gefallener Engel." Also wäre der Mensch ursprünglich eine Zelle und doch zugleich ein von Gott in den Leib der Aeffin gekommener Geist? Mischt sich hier nicht unklar der Generationismus mit der Präexistenzlehre oder dem Creatianismus? Ist der Geist im ersten Falle als ewiger Theil Gottes selbst oder doch als ewig geschaffen in den Leib der Aeffin gekommen, im zweiten Fall als unmittelbare momentane Schöpfung Gottes, beide Annahmen stehen im Widerspruch mit der Entwickelungslehre. Denn diese verlangt das Zugeständniss, dass der ganze Mensch nach Geist und Leib aus dem aufsteigenden Lebensprozess hervorgegangen sei. Die Entwickelungslehre aber ist nur dann nicht materialistisch, wenn sie Atome als materielle, corpusculare Wesenheiten fallen lässt und sie vielmehr als Monaden oder Henaden, als spirituelle Atome auffasst, die in ihrem Wechsel- und Zusammenwirken von niedrigster Stufe der Geistigkeit zu höheren und der höchsten auf der Erde möglichen emporsteigen. Diese Auffassung ist die Hypothese des Spiritualismus, die wir hier vorerst auch nur als Hypothese hervorheben, mit der Bemerkung, dass, wenn die auch den Menschen einschliessende Entwickelungslehre*) haltbar ist, sie nur auf der Grundlage des angedeuteten Spiritualismus wissenschaftlich durchgeführt werden kann. Erinnert der Verfasser daran, dass schon das Alterthum den Gedanken einer aufsteigenden Lebensentwickelung gekannt habe, so ist nur auffallend, dass er zum Beweise gerade Aristoteles heranzieht, der so wenig als Platon und, wie es scheint, auch Anaxagoras den Menschen nach der Entwickelungslehre entstehen lässt. Während jener Gedanke

---

*) Es gibt nämlich auch einen Standpunkt, der Entwickelungs- und Abstammungslehre für das gesammte organische Naturreich annimmt, den Menschen seiner Geistigkeit nach aber davon ausnimmt und für ihn dem Creatianismus huldigt.

vielmehr bei Anaximander angedeutet und bei Empedokles demokritisch umgebildet erscheint, übrigens implicite der gesammten griechischen Naturphilosophie mit Ausnahme der idealistischen Systeme zu Grunde liegt.*) Wenn der Verfasser dann unter den Neueren Kant's und Goethe's, unter den Franzosen Lamark's und G. Saint-Hillaire's gedenkt, so ist wieder auffallend, dass er weder Leibniz**) und Lessing, in denen sich bereits die Keime der spiritualistischen Entwickelungslehre zeigen, noch Herder, Schelling, Oken und Hegel erwähnt und auch nicht zu wissen scheint, dass nicht minder Baader***), vielleicht von Kant und Herder angeregt, dem Gedanken der Entwickelungslehre Ausdruck gegeben hat. Wenn er dann Darwin's Verdienst hervorhebt, so kann bemerkt werden, dass dasselbe nicht in der Reinheit des Grundgedankens, der längst bekannt war, auch nicht in der ihm eigenen spezificirten Art der Ausbildung desselben, sondern hauptsächlich in dem erstaunlichen Reichthum seiner naturwissenschaftlichen Kenntnisse und einer überraschenden, wenn auch nicht durchgängig befriedigenden Virtuosität der Combinationen zu suchen ist. Wir können nicht einräumen, dass der Verf. auf die Untersuchungen über den spezifischen Darwinismus, der in der Selektionstheorie gipfelt, und auf den Hauptgegner derselben, A. Wigand, und andere Gegner genügend eingegangen wäre. Er übersieht oder sieht nicht klar darüber, dass Abstammungslehre und Darwinismus nicht identisch sind und dass man Freund der Abstammungslehre sein kann, ohne Freund des Darwinismus zu sein, da dieser nur eine besondere (und in der Hauptsache nicht glückliche) Form der Abstammungslehre ist. So weit das Verdienst Darwin's reicht, ist es auch von seinen Gegnern meist nicht in Schatten gestellt worden, aber allerdings hat man an der Lehre selbst starke Schatten entdeckt und an's Licht gestellt, wie neuerlichst auch Moriz Wagner von einer Seite her. †) Der Darwinismus kann nicht, wie der Verf. meint, ergänzt, sondern er muss umgestaltet werden. Die Bahn, die H. v. Hartmann zur

---

*) Darwinismus und Philosophie von Teichmüller. S. 53 ff.

**) Geschichte und Kritik der Grundbegriffe der Gegenwart von R. Eucken S. 135.

***) S. Werke Baader's XII, 175. — Der Darwinismus von Wigand II. Band (Anmerkungen).

†) Vergl. Darwinismus und Philosophie von Teichmüller S. 59-69, wo die Kritik Darwin's vorgenommen und sein Verdienst ins Licht gestellt wird. Man sollte glauben, dass diese Kritik des spezifischen Darwinismus die Darwinianer veranlassen müsste, die Abstammungslehre anders und tiefer zu fassen und zu begründen als Darwin sammt Haeckel und Genossen.

Verbesserung des Darwinismus einschlug, wird vom Verf. kaum als zur „Vervollständigung" dienend anerkannt werden können, und wir unsererseits ziehen die von Ulrici und Huber eingeschlagene Bahn jener v. Hartmann's darum weit vor, weil jene auf viel tieferen Grundlagen ruhen. Einen neuen kräftigen Antrieb für die Untersuchungen über die Entwicklungs- oder Abstammungslehre mit einem staunenswerthen Reichthum von Naturkenntnissen gegeben zu haben, ist und bleibt das hervorragende Verdienst Darwin's. Aber sein Anstreben würde nicht eine so ausserordentliche Wirkung gehabt haben, nicht als eine so überraschende Erscheinung begrüsst worden sein, wenn zwei Dinge nicht eingewirkt hätten. Erstlich der Umstand, dass die Deutschen ihre Philosophie nicht genug studirt und gekannt hatten, um zu wissen, dass die Abstammungslehre im Grundgedanken, wenn auch in verschiedenen Fassungen, sowohl in den theistischen als in den pantheistischen Systemen der deutschen Philosophie schon angelegt war.*) Zweitens der Umstand, dass die deutschen Materialisten, Naturalisten und Hylozoisten aus dem Darwinismus Capital für ihre Tendenzen schlagen zu können glaubten und ihn sofort in ihren atheistischen Vorstellungskreis herabzuziehen unternahmen, wie sie denn ein Hauptverdienst Darwin's darin zu finden meinten, dass er die Zweckmässigkeit der Organisation von Pflanzen und Thieren mit Einschluss des Menschen aus zufälligen und blindwirkenden Naturvorgängen zu erklären gewusst habe. Darwin selbst schien sich sogar von dem gewaltigen Anklang unter den Atheisten, von ihnen mehr ins Schlepptau nehmen zu lassen, als ihm sein ursprünglich deistischer, oder nach Auffassung Einzelner sogar theistischer Standpunkt gestattet haben würde. Was nun der Verf. im Besonderen zu rühmen weiss vom Darwinismus, würde denselben allerdings in ein viel günstigeres Licht stellen als in welches wir ihn von Albert Wigand gestellt finden in seinem dreibändigen Werke: Der Darwinismus. Wir möchten, ehe wir uns darüber erklären, uns in Stand gesetzt sehen zu prüfen, was Wigand über des Verfassers lobpreisende Auffassung Darwins urtheilen würde. Aber abgesehen davon stört uns nicht wenig das Verhalten Darwin's zu dem Kreise der deutschen Atheisten: Naturalisten, Materialisten und Hylozoisten. Dass sich

---

*) Bezüglich Schelling's hat neuerlichst Kuno Fischer in seiner Geschichte der neueren Philosophie im 6. Bande 2. Abth. darauf bezügliche Nachweisungen gegeben. Vgl. die Anzeige dieses der Lehre Schelling's gewidmeten Bandes in der A. allgemeinen Zeitung. Die Schriften von Fritz Schulze (Kant und Darwin) und von Baerenbach (Herder als Vorgänger Darwin's etc.) sind bekannt.

Anfangs Darwin trotz seiner Anerkennung des Gottes- und Schöpfungsbegriffs von dem Gedanken leiten liess, die organischen Typen als Prägstücke zu erklären, die ihr Gepräge ausschliesslich von der Matrize der äusseren Umgebung erhalten hätten, räumt der Verf. (S. 274) selbst ein, nur fügt er hinzu, er habe mit dem Bekenntniss geendet, dass dieselben nur als Resultate eines inneren Entwickelungsgesetzes erklärlich seien. Diess (und Anderes) fährt er fort, bestätige die Harmonie des Universums und sei aus Zufall und blinder Nothwendigkeit unerklärbar. Es sei undenkbar (und er meint offenbar, diess müsse auch Darwin undenkbar sein), dass von einander getrennte Atome durch einen äusserlichen Mechanismus solche von einander unabhängige und doch aufeinander bezogene und für einander seiende Gebilde hervorbringen; nur ein vernünftiger Schöpfungsplan, nur eine das Besondere durchwaltende einheitliche vorsehende Macht könne hier zur Verwirklichung wie zur Erklärung der Thatsachen ausreichen. Die Annahme der Abstammung aller Lebewesen von einer einzigen Urform erscheint dem Verf. wohl als eine erlaubte Hypothese, aber nicht als eine erwiesene Thatsache. Es bestehe die Möglichkeit, dass auch nahe verwandte Formen der Thier- und Pflanzenwelt nicht auseinander hervorgewachsen seien, sondern dass eine gemeinsame Ursache fächerartig sich entfaltet habe oder dass von Anfang an besondere Keimkräfte sich zu den einander ähnlichen Gestalten entwickelt hätten. Logisch zwingende Gründe für die eine oder andere Annahme seien nicht vorhanden, ebensowenig streng beweisende Thatsachen der Erfahrung. Aber konnte bei dieser Sachlage Darwin seinen atheistischen Anhängern oder Nachfolgern so grosse, Haeckel sogar ungemessene, Lobsprüche ertheilen, der, so begabt und kenntnissreich er ist, doch einen entschiedenen atheistischen Hylozoismus lehrt, einen angeblichen Monismus, der, da er die Atome als absolut annimmt, keiner ist und richtiger als Pluralismus (nur gleichartiger beseelter materieller Wesen) zu bezeichnen wäre? Hätte Darwin nicht gegründeten Anlass, sein Verhältniss zu den verschiedenen Fraktionen der ihn himmelhoch preisenden Atheisten völlig klar zu stellen und die Forscher nicht daran herumrathen zu lassen? Wieviel Phantasie und wie wenig Empirie in Haeckel's Anthropogenie zur Herstellung eines Stammbaums der Lebewesen aufgewendet worden ist, zeigen zum Ueberfluss so recht die neuerlichen paläontologischen Funde in Nordamerika, wovon im „Kosmos" und von Karl Vogt in der neuen freien Presse und in der Frankfurter Zeitung Mittheilungen gemacht worden sind. Sind nach dem Verf. (S. 231) die Entstehung der Urzelle, die Unterscheidung des Thierischen und Pflanzlichen, der

Uebergang zum Wirbelthier, der Uebergang zum Menschen immer noch auch für den Darwinismus Probleme, so ist man zu der Frage berechtigt, was denn von Darwin und von Darwinianern **streng bewiesen sei**? Der Darwinismus, als Philosophie betrachtet, ist ein schwächliches und schwankendes Gebilde mit sehr lockerem Gefüge derjenigen Gedanken, die man als philosophische ansprechen mag, und als Empirie betrachtet ist des Gesicherten bei weitem weniger als des ungeklärten Hypothetischen, welches in einer so verschwenderischen Fülle auftritt, wie es wohl noch nie in naturwissenschaftlichen Werken aufgetreten ist. In dem Letzteren liegt nun freilich zugleich das eminent Anregende der Darwin'schen Werke, wodurch er so vielseitige neue Untersuchungen in Gang setzte. Haben doch selbst Gegner wie Bronn, ergriffen von dem Reichthum seiner Kenntnisse und dem überraschenden Scharfsinn seiner Combinationen, sein erstes der Abstammungslehre gewidmetes Werk geradezu ein wunderbares genannt. Um wieviel wunderbarer hätte es noch werden können, wenn er Gott, dessen Dasein er nirgends bestimmt verneint hat, in philosophischer wissenschaftlicher Begründung entschieden als den überweltlichen absoluten Urgeist hingestellt, die Schöpfungslehre herausgebildet und als die alleinberechtigte Folgerung aus Beidem die Monadologie statt der materialen Atomistik in einer Leibniz und Herbart überflügelnden vorgeschrittenen Form seiner Kosmologie und seinen naturwissenschaftlichen Detail-Untersuchungen zu Grunde gelegt hätte! Auch der Verf. berührt zuletzt Mängel des Darwinismus und seine Aeusserungen hierüber dürfen wir der Prüfung nicht entziehen und sind daher genöthigt, zunächst ihn selbst sprechen zu lassen. „Der Mangel des Darwinismus als solchen ist die Vernachlässigung der Immanenz, der innerlich waltenden Bildungskraft, kurz: der Entwickelung, der Selbstbildung; er schreibt äusseren Einflüssen zu viel zu, er macht Anlässe und Bedingungen zum Wesen der Sache. Und doch ist er gegen den äussern Eingriff eines geistigen Prinzips, eines schöpferischen Gottes in das Getriebe des Stoffes. Auch nicht mit Unrecht. Denn das Organische trägt nirgends die Signatur des Gemachten, das Natürliche unterscheidet sich von dem Künstlichen gerade dadurch, dass es in rastlosem Werden sich selbst gestaltet. Aber was hindert uns, in der Welt die Entfaltung der göttlichen Natur selbst zu sehen, in den Organisationsprinzipien göttliche Kräfte zu erkennen, die aus dem Innersten des Ewigen selbst in die Erscheinung treten? Was hindert uns, in den Naturgesetzen, zumal wenn wir ihre Vernunftnothwendigkeit verstehen lernen, das Walten der welteinwohnenden Vernunft zu erfassen, mit Kant zu sagen: Es ist ein Gott, gerade weil die Materie auch im Chaos nicht anders als gesetzlich wirken kann." Verstände der Verf. unter der Immanenz (Gottes in der Welt) die virtuelle, die man auch die Allgegenwart Gottes nennt, so müssten wir zustimmen; aber er verlangt offenbar das Zugeständniss der substantiellen Immanenz Gottes in der Welt, womit er in Pantheismus, wenn auch nur in den Persönlichkeitspantheismus fällt. Die substantielle Immanenz Gottes in der Welt würde Gott und Welt zu einem und demselben Wesen machen, nur unterschieden wie Einheit zu ihren immanenten Momenten, Selbstgestaltungsweisen. Entweder müsste dann die Welt als Totalität der Selbstgestaltungen Gottes an der Vollkommenheit Gottes Theil haben, Gottförmig, gleich vollkommen mit Gott sein, wenn Gott vollkommen ist, oder wenn die Welt unvollkommen, verderbbar, zerrüttbar, fallbar ist, so müsste es auch Gott sein (sofern er die Welt ist), d. h. Gott könnte nicht Gott sein. Hier zeigt sich, was uns hindert, mit dem Verf. in der Welt die Entfaltung (Selbstgestaltung, Selbstauswirkung) der göttlichen Natur selbst (Gottes selbst) zu sehen. Auf Kant kann sich der Persönlichkeitspantheist nicht berufen, weil Kant sowohl in seiner vorkritischen als in seiner kritischen Periode niemals von Gott anders als von der überweltlichen, von der Welt unterschiedenen absoluten Geistigkeit und Persönlichkeit sprach.*) Es ist nicht möglich im Angesichte der faktischen Zustände der Welt eine substantielle, eine Wesens-Einheit der Welt mit Gott erblicken zu wollen, und es macht einen nicht geringen Theil des Ruhmes des grossen Kant aus, den Verlockungen zum Pantheismus in jeder Gestalt, die auch ihm vorübergehend nahe getreten waren, Stand gehalten zu haben.**) Der Verf. will die Möglichkeit des Guten und des Bösen, die Freiheit des Willens, die Zurechnungsfähigkeit, die Entwickelungs- und Vervollkommnungsfähigkeit des endlichen Geistes aus dem Persönlichkeitspantheismus ableiten, aus ihm verständlich machen, mit ihm ausgleichen, während diess Alles nur aus dem Theismus abzuleiten und nur aus ihm verständlich zu machen ist. Versetzt er sich aber in die nur aus dem Theismus verständliche Entwickelungslehre, so ist es immerhin verständlich, den Emporgang der Lebewesen so aufzufassen, dass er jeden Uebergang zu einem höheren Gebilde als einen, wenn auch vorbereiteten,

---

*) Kant vor und nach dem Jahre 1770 von Michelis und: Spekulation und Philosophie von H. Wolff.

**) Kant und Newton von K. Dieterich S. 61 ff. Die grossen Wirkungen Kant's hängen genau mit seiner antipantheistischen Ethik zusammen.

Sprung*) ansieht und diesen nur durch Metamorphose des befruchteten Keims geschehen lässt, „so dass die Eltern ein Kind erhalten, das von ihnen der Art nach verschieden ist", womit er sich mit Kant, Schopenhauer, Baumgärtner, Kölliker, Hartmann etc. berührt, wenn diese Forscher auch auf dem Grunde abweichender Voraussetzungen ruhen. Daran knüpfen sich die richtigen Behauptungen, dass für die gegenwärtige Beobachtung die Arten beständig seien (untergeordnete Veränderungen nicht ausgeschlossen) und dass sich alle höhern vielgliederigen Organismen aus einfachen Keimen entwickeln. Unter den bezüglich Darwin's, K. Vogt's und Haeckel's (den er bestimmter und mit Recht bestreitet) gemachten Erinnerungen ist die wichtigste, dass er die Abstammung der Lebewesen aus einem einzigen organischen Urkeim oder Organismus nicht für erwiesen erachtet und eine Mehrheit oder Vielheit der organischen Ausgangspunkte nicht bloss für möglich, sondern sogar (soweit mit Vogt) für wahrscheinlich hält. Namentlich die Flora und Fauna Australiens scheint ihm für eine originale zu sprechen. Die scharfsinnigen Einwendungen, die er gegen A. Wigand's eigenthümliche Abstammungshypothese erhebt, sind beachtenswerth, aber wir wünschen vor Aktenschluss erst noch die schwerlich ausbleibende Vertheidigung Wigand's zu hören. Wir finden es sehr richtig, wenn der Verfasser sagt: „Nehmen wir einmal zur Erklärung des Weltprozesses einen göttlichen Willen der Weisheit an, warum diesen nur in der grauen Urzeit walten und alles wie eine Maschine fertig machen lassen, statt dass er das Werden und Wachsen der Natur begleitet und zur rechten Zeit das Neue Höhere schöpferisch hervortreten lässt?" Aber Wigand wird seine Lehre in dieser Auffassung als einen kunstreichen Automatenmechanismus schwerlich wieder erkennen. Der Verfasser fährt fort: „Er (Wigand) macht einen Versuch, den Deismus mit der Naturwissenschaft auszugleichen; aber sein Gott steht zu sehr ausser der Natur und die Naturerfahrung wird mit Muthmassungen überladen. Eine durch einwohnende Gotteskraft bedingte und geleitete Entwickelung hätte solchen Ballastes nicht bedurft und wäre der Lebendigkeit des Lebens — in Gott und in der Welt — gerechter geworden." Allein Wigand huldigt doch nicht dem Deismus, sondern dem Theismus, und der Verf. schiebt ihm (mit Unrecht) den Deismus nur zu, weil er selbst dem Persönlichkeitspantheismus zufällt, von dem aus er den Theismus irrthümlich mit dem Deismus identificirt. Wigand lehrt die (virtuelle)

---

*) Ein vorbereiteter Sprung ist, eben weil vorbereitet, doch nur einer der äusseren Erscheinung nach, wie Teichmüller (S. 73 s. Schrift) bemerkt.

Allgegenwart Gottes so entschieden, dass er sogar sich nicht scheut, den Theismus den wahren und echten **Pantheismus** zu nennen, freilich nur in dem Sinne, dass er Gott virtuell dem Weltall einwohnen und es durch seine allwirksame Macht beherrschen lässt.*) Lehrreich sind die Auseinandersetzungen mit Ernst v. Baer bezüglich des Darwinismus. Der Uebergang von der Natur zur Menschheit kann nicht befriedigend ausfallen unter der Voraussetzung der materiellen Atomistik, deren Verbindungen niemals den Hervorgang des Geistes zu erklären vermögen. Muss der Mensch, wie der Verf. sagt, damit beginnen, dass er sich selber sucht und so selbstsüchtig wird, so wird das Böse, wenn auch nur als zu überwindendes und zu überwinden Mögliches, für nothwendig erklärt und dann ist Strafe dafür entweder ungerecht oder es ist straflos. Im letztern Falle ist nicht zu bestimmen, wo und wann die Straflosigkeit aufhört und Straffälligkeit anfängt. Wenn es auch richtig ist, dass die sittliche Weltordnung, das heisst der Weltordner, Gott, das eigene Interesse, die Leidenschaften, also auch das Böse, zu Mitteln für ihre (seine) Zwecke macht, wenn es einmal eingetreten ist, so erklärt diess doch nicht das Eintreten desselben selbst und rechtfertigt nicht die Annahme von dessen Nothwendigkeit. Wenn man sich etwa auf das Augustinische Wort: Felix culpa Adami (des ersten menschlichen Sünders, wer und wann er auch gewesen sein mag) berufen dürfte, so müsste man diess sich bei jeder Sünde erlauben dürfen, und der Sinn des Augustinus würde damit doch nicht getroffen werden, wenn man den Spruch zur Entschuldigung der Sünde verwenden wollte. Sobald das Böse einmal in der Menschheit eingetreten oder in ihr aufgetreten ist, sind die geschichtsphilosophischen Gedanken am Platz und berechtigt, in welchen sich der Verf. geistreich ergeht. Ganz recht, wir können, wie vom Verfasser gesagt wird, nicht schon von Haus aus sein, was wir sein und werden sollen. Niemand hat diess schärfer hervorgehoben als Baader, aber darum müssen wir ursprünglich nicht nach ihm schon selbstsüchtig sein oder nothwendig werden, um uns darüber zu erheben, und diess müsste auch, wenn die Erbsünde auch nur als angeborne Geneigtheit zum Sündigen (nicht als Thatsünde, die jedenfalls undenkbar ist) verworfen werden müsste, von jedem im Laufe der Geschichte geborenen Menschen gelten, und man könnte höchstens, was auch der Verfasser andeutet, sagen, dass ihm durch das Hineingestelltwerden in das schon sündige Geschlecht das Freibleiben von der Sünde mehr oder minder erschwert worden.

---

*) Vergl. den 3. Band des Wigand'schen Werkes: Der Darwinismus.

In der ganzen Schlussbetrachtung dieses Abschnittes entwickelt der Verfasser mit Rücksichtnahme auf Ideen Herder's, Schiller's, Lessing's, Karl Ritter's, Goethe's, Hegel's, Lasaulx's, treffliche geschichtsphilosophische Gedanken und völlig wahre, wenn sie unter den richtigstellenden Gesichtspunkt des strengen Theismus gerückt werden.

Unter einigen Einschränkungen erweist sich der Abschnitt: Das Weltleid und seine Ueberwindung: Unsterblichkeit, als einer der schönsten und tiefsten des ganzen hervorragenden Werkes. Der Kern seiner erhebenden Nachweisungen über Weltleid und Weltfriede liegt in dem tiefen und edlen Gedanken, welchen der Verfasser Schopenhauer, Hartmann und der ganzen Schaar der Pessimisten entgegen in die vortrefflichen Worte kleidet: „Wer in der Wirklichkeit nichts sieht als den ewigen Kreislauf des Entstehens und Vergehens, als den Wechsel von Begehren, Befriedigtsein und neuem Begehren und Unbefriedigtbleiben, wer nur als Sinnenwesen seiner bewusst wird, der wird das Uebergewicht der Unlust über die Lust nicht leugnen können, der wird folgerichtig (d. h. theoretisch, aber praktisch ihre Theorie verleugnend, R.) das Nichtsein der Welt dem Sein vorziehen. Aber wird überhaupt das blosse Sinnenwesen ein selbstbewusstes Ich, das in die Vergangenheit und Zukunft schaut, oder bleibt es dem wechselnden Augenblick verhaftet? Und ist nicht das Ungenügen des nur sinnlichen Lebens für uns die Mahnung nach andern Gütern zu trachten und unser Glück in der Sphäre des Unvergänglichen zu suchen?" Wohl gibt es Materialisten und es ist wohl sogar die weitaus grösste Mehrheit der theoretischen, die für ihren materialen Unterbau einen ethischidealen Ueberbau, eine ethischideale Krönung suchen, wie diess z. B. bei F. Recht („Erkenntnisslehre der Schöpfung") prägnant hervortritt; aber der in die Luft gebaute Untergrund trägt den idealen Ueberbau nicht, sondern sinkt mit ihm in den bodenlosen Abgrund der Vernichtigung, weil von materialistischen Voraussetzungen aus die Unsterblichkeit des Geistes consequent geleugnet werden muss. Vortrefflich sagt der Verfasser, dass wir überall auf unsere ethische Natur hingewiesen werden: „Alle Noth des Lebens ist zum Heile gewandt, wenn sie dazu dient, uns zum Bewusstsein und zur Bethätigung derselben zu führen. Das ist aber ja der Fall. Prüfe ein Jeder sich selbst, ob er sich zur Menschenwürde erhöbe, wenn ihm in einem irdischen Paradiese oder im Schlaraffenlande von Hans Sachs alle sinnlichen Genüsse mühelos geboten wären: er wird bekennen, dass er der Aussenwelt dahingegeben, sich an sie verlöre. Zeigt sie ihm aber die rauhe Seite, so treibt sie ihn zur Einkehr in sich selbst, so fordert sie seine Kraft heraus und veranlasst so das höhere Glück eines selbstverdienten Lebens. Eine Naturordnung, die nach unseren Wünschen sich fügte, widerspräche ihrem Begriffe; — sie wäre keine Ordnung! — indem sie uns nöthigt, uns nach ihr zu richten, bringt sie uns zur Achtung vor dem Gesetz, zur Ergebung in das Nothwendige und erzieht uns damit zur Sittlichkeit." Die Behauptung des Pessimismus, dass Leid, Schmerz und Qual der Lebewesen und am meisten im Menschen Freude, Wohlsein, Genuss überwiege, ist schon darum unhaltbar, weil schon empfindendes Dasein, sogar mehr oder minder leidendes, Genuss ist, der Daseins-Genuss aber, für die Dauer des Lebens nahezu permanent,*) selbst mitten in den Leiden noch beigemischt ist, wenn nicht in allen, so doch in den meisten, alles Leiden zur Erzeugung geistiger ethischer Freuden dienen soll und in unermesslich vielen Fällen wirklich dient, und nur meist aus eigener Schuld in vielen Fällen nicht, endlich vieles Leid, standhaft ertragen, noch viel grösserem Leid vorbeugen kann und in hunderttausenden von Fällen wirklich vorbeugt, während das ertragene geringere Leid zur Beseitigung desselben und zum Aufgang der Freude führt. Der rein philosophische Optimismus ist mit dem Pessimismus (Bezeichnungen, die beiderseits nur conventionell und keineswegs genau zutreffend sind) darin einverstanden, dass alles Leiden für jedes Individuelle nur endlich sei. Der Streit bewegt sich hier nur um die Frage: ob das Leiden endige bei ewiger Fortdauer des Individuums oder mit Vernichtung desselben. Unter den Pessimisten ist nun Hartmann, einmal gefangen von der Meinung, dass nur Vernichtung vom Leiden erlösen könne und Dasein eo ipso Leiden sei, nicht einmal mit dem Untergang jedes einzelnen Individuellen zufriedengestellt, sondern er treibt die Gründlichkeit seines negativen Erlösungsstrebens von allem Leid bis zu der Forderung der Vernichtung des gesammten Weltalls mit einem Schlage, womöglich für immer. Die Verkehrtheit des der wahren Gottheit der Liebe und Gnade entfremdeten Sinnes nimmt hier sogar den Schein der Grossartigkeit an, vielleicht nur überboten von Mainländer's toller Vorstellung des Untergangs Gottes durch seine und in seiner Weltschöpfung. Und doch gab es einen, die Leiden abstrakt genommen, noch viel pessimistischeren Pessimismus als jenen Schopenhauer's und Hartmann's, nämlich denjenigen, welcher annahm, dass die unverbesserlichen Verbrecher ewiger — endloser — qualvoller Verdammniss unterlägen und dass sogar die weitaus grösste Mehrheit der Menschen dieser ewigen Verdammniss anheim-

---

*) „Die freundliche Gewohnheit des Daseins", sagt Goethe.

fallen werden. Es soll zwar nach der Voraussetzung ihre eigene Schuld sein und darum Gott nicht zur Last fallen. Aber Denker wie Weisse und Baader haben diese Annahme schliesslich so wenig mit der Liebe Gottes vereinbar finden können, dass der Eine die unverbesserlichen Verdammten (als noch einzig mögliche Wohlthat) von Gott vernichten liess, der Andere vornehmlich die Gewissensqualen der Verdammten sich so intensiv wirkend dachte, dass der Widersetzlichkeitswille zuletzt zusammensinke, er gleichsam abgebrannt werde und die schwer Gestraften, befreit vom sich selbst einerzeugten Bandwurm des bösen Willens, nicht zwar als Erlöste und der positiven Himmelsfreuden Fähige und Theilhaftiggewordene, aber doch als nicht mehr Widersetzliche als äusserste und unterste Glieder dem Himmelreich angeschlossen werden würden. Beide Forscher, tief überzeugt von der Freiheit und Zurechnungsfähigkeit des menschlichen Willens, hielten consequent die Möglichkeit totaler Willensverkehrung in Gottentfremdung bis zum Hasse Gottes aufrecht und konnten sich nicht zu der allzuerweichten Annahme des Verfassers verstehen, dass die Freiheit des Willens zum Guten und der Umkehr vom mehr oder minder theilweisen Bösen zum Guten durch Missbrauch des Willens nicht verloren werden könne und der sündig gewordene Mensch in jedem Augenblicke mit gleicher oder doch fast gleicher Leichtigkeit sich vom Bösen zum Guten wenden könne als der noch Unschuldige zum Guten sich wenden konnte. Beim Lichte betrachtet, geht aller reinphilosophische Pessimismus von der Undankbarkeit gegen Gott aus, von der Leugnung der Schuldigkeit, Gott dankbar zu sein für die Fülle der verliehenen Lebensgüter, besonders der geistigen, die ihn zum Eintritt in das Gottesreich berufen, zu dem sie alle ohne Ausnahme erwählt sind, wenn sie nur diese Erwählung annehmen wollen. Nicht darin besteht das Fehlerhafte, das Verkehrte des philosophischen Pessimismus, dass er die Leiden, die Fehler, die Gebrechen der äusseren, der irdischen Wirklichkeit zu schildern unternimmt, und es fragt sich gar nicht, dass eine noch weit vollständigere und ergreifendere Schilderung des Jammers in der Menschheit entworfen werden könnte, als sie von Schopenhauer und Hartmann gegeben worden ist.*) Das Schauderhafte ihrer Auffassung liegt vielmehr in der falschen Angabe der Ursachen, woraus die Uebel entsprangen und entspringen, sowie in der Annahme des Ausgangs der Uebel, der so wie so nur ein negativer, ein Verzweiflungsbanquerott, sein konnte.

---

*) D. Fr. Strauss und die Theologie seiner Zeit von Dr. Hausrath, II, 371. Vergl. die gedankenreiche Betrachtung über Optimismus und Pessimismus in Eucken's oben erwähnter Schrift S. 237—255.

Auf das Günstigste beurtheilt griffen Schopenhauer und Hartmann, weil sie die grossen Welt- oder doch Erdenübel mit der Annahme eines Gottes der Liebe nicht vereinigen zu können meinten, der Eine zur Leugnung Gottes, zum Atheismus, der Andere zu einem — aufs Mildeste ausgelegt — ungeheuerlichen Mittelding zwischen Theismus und Atheismus, zu einem Absoluten mit zwei Schubfächern, in deren einem als Attribut des Absoluten eine unbewusst hellseherische Ideenwelt oder Weisheit, in deren anderm ein blinder Wille streng getrennt und nur im allgemeinen Absoluten eins sich befänden, während sie beide die Welt aus dem blinden dummen angeblichen Willen (ein anderes Wort für blindwirkende Naturkraft) entspringen liessen, als Produkt der Blindheit, der ja jede Dummheit zuzutrauen, nicht mehr werth als zu Grunde zu gehen, sei es dass die Produktion wie ohne Anfang so ohne Ende sei, wobei aber stets alles Individuelle untergeht, obschon erst wenn es nicht mehr will und sein will, sei es dass die gesammte Menschheit einmal den gemeinschaftlichen Willen fasst, nichts mehr zu wollen und nicht mehr zu sein, womit sie auch das gesammte Phänomen der Naturwelt ins Nicht- und Nichtsein magisch hineinzieht, obgleich der blinde Wille sie sammt der mit ihr aufgestiegenen Menschheit im Anfang aus sich (nicht dem Nichts) herausgezogen hatte. Schopenhauer schwelgt buddhistisch in der Anfangs- und Endlosigkeit der Welt bei allem Untergang alles jeweils werdenden Einzelnen, Hartmann als Pseudotheist setzt der Welt Anfang und Ende. Im Absoluten kennt er nur den Mondschein des bewusstlosen Hellsehens neben dem finstern Abgrund des blinden Willens, der so unendlich tief ist, dass er möglicher aber nicht wahrscheinlicher Weise unendlichemal des Untergangs werthe, dumm eingerichtete Welten nach einander in unglückseliges Dasein werfen und ihnen ihre Selbstvernichtung überlassen könnte. In diesen Grundzügen auf den Kopf gestellter Weltanschauungen spiegelt sich jene Sorte aus allen Fugen gegangener Philosophie, welche der heutigen angeblich wenigstens der Romantik abgeneigten Zeit (wenn auch nicht allgemein) für staunenswerthe Genialität gilt, welche von ihrer eingebildeten Höhe auf Denker wie Baader wie auf einen Pygmäengeist herabblicken zu dürfen meint. Der Verf. hat ganz richtig den Punkt angedeutet, von welchem aus der Ursprung der Uebel zu erklären ist, und dessen consequente Verfolgung so wenig zum Atheismus führt, dass sie vielmehr die Wahrheit des Theismus in's hellste Licht setzt, weil sie die ethische Bedeutung des Lebens, die in der religiösen wurzelt, zur erhebenden Erkenntniss bringt. Jener Punkt ist, dass ohne die Gründung, die Anordnung, die Zulassung der Möglichkeit des Bösen die Welt den höchsten, heiligsten Zwecken Gottes nicht entsprechen würde, und dass die geistigen Wesen nicht von Anfang ihres Seins an sein können, was sie werden sollen. Geht nun der Verfasser zur Unsterblichkeitsfrage über, so begegnen wir sofort folgenden auffälligen Erklärungen: „Das Gravitationsgesetz wie das Sittengesetz, Thatsachen der Erfahrung und vernunftnothwendig, sind Wahrheiten. Aber die persönliche Unsterblichkeit gehört nicht in diesen Kreis. Sie ist keine Thatsache der Erfahrung. Ob sie den Jüngern Jesu durch die Erscheinung des Heilandes zu solcher geworden? Sie glaubten es und der Umschwung der Geschichte knüpft sich daran; aber für uns ist doch nur ihr Glaube, nicht sein Inhalt Thatsache. Radowitz forderte einmal auf, ein Gespenst zu constatiren; das wäre in der That etwas Ungeheures; aber es ist leider unmöglich, denn wenn auch Geisteswesen sind und auf unsere Seelen wirken, so kann ihre sinnliche Erscheinung immer nur der Widerschein unserer inneren Erregung durch sie, nur unsere subjektive Vision sein. Auch ist die Unsterblichkeit keine vernunftnothwendige Wahrheit. Die Seele selbst erschliessen wir aus ihren Wirkungen, wir können die Wirklichkeit ohne diese zu sich selbst kommende Bildkraft nicht erklären; aber dass diese unvergänglich sein müsse, das können wir nicht behaupten, nicht einmal dass sie es zu sein verdiene, wohl aber dass ohne solche Annahme der Mensch zum unlösbaren Räthsel wird. Oder würden wir das gegenwärtige Leben aushalten, würden wir nicht Augenblicke genug haben, wo wir den Geliebten in's Jenseits nacheilen oder die Ruhe des Grabes suchen möchten, wenn uns eines oder das andere sinnlich oder mathematisch gewiss wäre? Der Mensch hat sein Selbstgefühl und sobald er sein Wesen denkend erfasst, hält er es für unsterblich." Wenn der Verfasser bald darauf den Spruch Kant's in Erinnerung bringt, dass wir mit unsern Beweisen für die Unsterblichkeit keinen Staat machen könnten, gleichwohl aber als besonnene Denker an ihr als einem Postulat der praktischen Vernunft festzuhalten hätten, so ist hierin auch der Verf. nicht weiter gekommen als Kant und theoretisch betrachtet ist sein Beweis so gut wie keiner. Denn die Behauptung, dass sich der Mensch ohne die Annahme der Unsterblichkeit, d. h. ohne den Glauben an sie, zum unlösbaren Räthsel werde, würde nicht entscheiden, auch wenn die Behauptung wahr wäre; denn die Natur der Dinge richtet sich nicht nach der Fähigkeit des Menschen sie (absolut) zu begreifen, auch ist vom Verfasser gar nicht erwiesen, dass der Mensch ohne jenen Glauben sich zum Räthsel werden müsste, wenn auch vorübergehend könnte, gesetzt auch es liesse sich erweisen. Wollte der Verf. einen theoretischen Beweis für die Unsterblichkeit des Menschen versuchen, so musste er vor Allem die so häufig aufgestellte Behauptung untersuchen und entkräften, dass nur das Absolute, sei es unpersönlich oder persönlich zu fassen, unvergänglich sein könne, alles Gewordene oder Geschaffene dagegen nothwendig vergänglich sein müsse. Angenommen diese Lehre wäre streng erwiesen, so wäre der sich als vergänglich erkennende Mensch sich kein Räthsel mehr; denn das vernunftnothwendig Erkannte könnte nicht mehr als räthselhaft erscheinen, ja von diesem Standpunkt würde die Unsterblichkeit sogar dem ethischen Interesse schädlich erscheinen, weil sie die Hoffnung auf Lohn für die Tugend nicht abhalten könnte, da doch die Ethik, auch nach dem Verf., frei von Hoffnung und Erwartung von Lohn sein soll. Erst wenn der Verf. die bezeichnete Behauptung wissenschaftlich widerlegt hätte, könnte bei ihm zunächst von der Möglichkeit der Unsterblichkeit des Menschen die Rede sein, — eine Widerlegung und die Eröffnung einer Möglichkeit, die feststehen müssen, wenn auch nur ein Glaube an die Unsterblichkeit annehmbar sein soll, geschweige wenn es sich um einen theoretischen Beweis für sie handeln würde. Die obige Behauptung der Vergänglichkeitslehre kann aber allerdings widerlegt werden und sie wird widerlegt durch den Nachweis der Falschheit ihrer Voraussetzungen. Sie setzt entweder voraus, dass ein Verhängniss über Gott und Welt walte, welches Gott zur Unvergänglichkeit, die Welt der gewordenen Individuen, wenn auch nicht die Welt als Inbegriff entstehender und vergehender, wechselnder Individuen, zur Vergänglichkeit absolut bestimme; diese Voraussetzung ist unhaltbar, weil Gott das absolut höchste Wesen ist, über dem nichts Höheres sein kann. Oder sie setzt voraus, dass in Gott die Nothwendigkeit sei, nur Vergängliches zu schaffen, also die Machtlosigkeit, Unvergängliches zu schaffen. Diese Annahme ist gleichsehr unhaltbar, denn Gott ist keiner Nothwendigkeit, auch keiner inneren Nothwendigkeit unterworfen, da seine ewige Sichselbstgleichheit, seine Harmonie, Uebereinstimmung, Treue gleichsam zu sich selbst, seine Unwandelbarkeit kein ihm auferlegter Zwang, keine Nöthigung und also auch keine seine Freiheit beschränkende Nothwendigkeit ist, sondern gerade seine Erhabenheit über Willkür und Zwang, seine vollkommene, unbeschränkte, unendliche Freiheit ist. Als unendlich, schrankenlos frei ist er nothwendig zugleich allmächtig und daher nicht gezwungen, wenn er schaffen will, nur Vergängliches oder überhaupt Vergängliches zu schaffen, und nicht unmächtig, Unvergängliches zu schaffen. Widersinnig ist nur, dass er einen zweiten

Gott schaffen könne, nicht, dass er bedingte Wesen zur Unvergänglichkeit schaffen könne. Seiner Macht nach kann Gott also, wenn er will, Unvergängliches wie Vergängliches schaffen, Wesen die unvergänglich und Wesen, die vergänglich sind. Aber was Gott seiner Macht nach vermöchte, ist nicht was er aus der Einheit seines ganzen Wesens aus will und wirkt. Diess ist das Höchste, Unübertreffbarste, Vollkommenste, und da über die Verleihung der Unvergänglichkeit in ontologischer Rücksicht nichts hinausgehen kann, so ist es sein Wille, Unvergängliches und nur Unvergängliches der Wesenheit nach zu schaffen, und da er vermag was er will, so schafft er nur Unvergängliches, welches als durch den göttlichen Geist gewordenes Individuelles nur monadisch oder henadisch sein kann. Ist der Kern des Menschen als Monade zu erweisen, so ist seine Unvergänglichkeit erwiesen. Die Identität des menschlichen Selbstbewusstseins in allen Phasen des irdischen Lebens erweist die monadische Wesenheit des Menschen und hiemit die Nichtzusammengesetztheit seines geistigen Wesens. Was die Erfahrungsbeweise für die Unsterblichkeit betrifft, so beweisen die Thatsachen des Spiritismus wenigstens, dass der Mensch den irdischen Tod überlebt, wenn auch hieraus allein die Unvergänglichkeit für alle Zeit nicht verbürgt werden kann. Der Spiritismus hat es nicht mit Gespenstern zu thun, dergleichen Erscheinungen allerdings als subjektive Visionen zu betrachten sein mögen, sondern mit Erscheinungen von Geistern in, den Sinnen sich darbietenden, wenn gleich nicht irdisch materiellen Verleiblichungen*) und mit Geisterwirkungen mittelbarer Art. Die Erscheinung Jesu seinen Jüngern nach seiner Kreuzigung ist geglaubt worden, weil sie gesehen wurde, und kann, weil von Vielen verschiedenemale gesehen, nicht als subjektive Vision erachtet werden, woraus sich auch der unerschütterlich feste Glaube an des Heilands Auferstehung mit seinen ungeheuren weltumgestaltenden Wirkungen und Folgen nimmermehr erklären liesse. Und seine Wiederkunft, die verheissene, sollte sie unmöglich sein, da, wie gesagt ist, tausend Jahre vor Gott wie ein Tag ist und nur Gott die Stunde wissen kann, da es geschehen soll? Mit David Strauss, den der Verfasser so entschieden ablehnt, die Auferstehung Jesu Christi einen welthistorischen Humbug nennen, heisst geschichtlich Bezeugtes leichtsinnig über Bord werfen und, die Geschichte auf den Kopf stellend, rasen anstatt zu philo-

---

*) Mag man diese als vorübergehend angenommene nicht irdisch-materielle — ätherartige — Einhüllungen, oder mit Baader und J. H. Fichte als schon im Erdenleben als innere Seelenleiblichkeit vorhanden gewesene und beim Tode mit hinübergenommene vom Geist untrennbare Organe betrachten.

sophiren.*) Ebenso auffallend, wenn nicht noch auffallender ist, dass der Verf. in seinen Betrachtungen über die Unsterblichkeitslehre seiner Aufstellung sich nicht erinnert, dass Gott zwar als absolute Persönlichkeit, aber zugleich als 'Ἐν καὶ πᾶν zu fassen sei, d. h. als alles Sein seiend, ausser dem sonst nichts existirend sein könne, wonach Gott nichts von sich Verschiedenes hervorbringen könnte. Von diesem Standpunkte aus, nach welchem alles von der bewusstwollenden Einheit Gottes Zuunterscheidende immanente Position, Moment, Glied, Theil Gottes wäre, würde man zu erwarten berechtigt sein, dass alle (immanenten) Positionen Gottes als gleich ewig und unvergänglich ausdrücklich bezeichnet worden wären. Da müssten denn auch die menschlichen Wesen unentstandene und unvergängliche, ewige Positionen Gottes sein und es würde daraus nicht bloss die Unvergänglichkeit, mehr noch sogar die Unentstandenheit der menschlichen Wesen folgen; es müsste denn der Verfasser ein **eigentliches** anfangs-endloses **Entstehen** und **Vergehen** in Gott selbst hineintragen wollen, nicht bloss einen Wechsel der Verbindungen und Trennungen der ewigen Positionen, ohne welchen er, so befremdend es sein mag, keinesfalls auskommen könnte. Wie dem nun aber auch sei und ob haltbar oder nicht, in keinem Falle durfte er die Consequenz seiner Aufstellung mit der Behauptung durchbrechen, die Unsterblichkeit sei keine vernunftnothwendige Wahrheit. Denn wenn es wahr wäre, dass Alles, was ist, immanente Position Gottes selbst sei, und diese Positionen als unvergängliche Selbstbestimmungen Gottes wären, so müssten auch die mensch-

---

*) Ueber den Spiritismus verweisen wir auf unsere zahlreichen Artikel in den 4 Jahrgängen der Psychischen Studien, besonders die letzten im Dezemberheft 1877 und im Januarheft des 6. Jahrgangs 1878, sowie auf Rechenberg's „Die Geheimnisse des Tages", Alfred Russel Wallace's „Die wissenschaftliche Ansicht des Uebernatürlichen" und „Eine Vertheidigung des modernen Spiritualismus, seiner Thatsachen und seiner Lehren", endlich auf Max. Perty's: „Der jetzige Spiritualismus und verwandte Erfahrungen der Vergangenheit und der Gegenwart." Noch kann auf den Schlussartikel des I. Bandes des Werkes von Friedrich Zöllner: „Wissenschaftliche Abhandlungen", hingewiesen werden, in welchem (S. 726 ff.) ein dem Verfasser evident gelungenes spiritistisches Experiment mitgetheilt und besprochen wird, das von eminenter Bedeutung ist und wohl endlich bewirken wird, dass hervorragende Physiker, Physiologen und Psychologen jenen frappanten Bereich von Erscheinungen in ernste und strenge Prüfung nehmen werden. Die Ergebnisse solcher Prüfungen werden so oder anders der Psychophysik neue Einblicke zuführen und ernste Denker werden wohlthun, Ergebnisse abzuwarten und nicht voreilig den von der Vogelperspektive aus gefällten verwerfenden Urtheilen der Herren Rosenkranz, Jürgen Bona Meyer etc. sich anzuschliessen.

lichen Wesen solche, d. h. unvergänglich, wenn auch nicht bewusst, sein, wie schon Spinoza gelehrt hat. Nur wäre die Frage, wie sich diess mit der Abstammungslehre, mit der Freiheit des Willens, mit der Vervollkommnungsmöglichkeit etc. vereinbaren lassen sollte.

Der zehnte Abschnitt ist der Betrachtung der Kunst gewidmet. Hier gilt dem Verf. als Hauptaufgabe, die innige Verbindung der Aesthetik mit der Ethik in's Licht zu stellen. Diese Aufgabe löst er insoweit vortrefflich in der Nachweisung, dass alle grossen Kunstschöpfungen aller Culturvölker und aller Zeiten leuchtende Zeugen jener innigen Verbindung des Schönen und Guten aufweisen. Mit gutem Grunde darf er zugleich auf seine Aesthetik und seine umfassende Kunstgeschichte, vom Standpunkte der Culturgeschichte aus betrachtet, hinweisen, worin er sich als einer unserer ersten Aesthetiker bewährt hat. Indem er die Prinzipien der Aesthetik in einem Ideengebiet aufsuchte, welches weit über dem Gedankenkreis des einseitigen Realismus und des Unpersönlichkeits-Pantheismus jeder Art hinausliegt, hat er sich ein bedeutendes Verdienst um die Wissenschaft erworben. Rücksichtlich seiner grossen Kunstgeschichte konnten wir anderwärts sagen, dass unseres Wissens keine andere Nation ein analoges Werk bis heute besitze.

In dem, was der Verfasser in dem eilften Abschnitt: Die Religion, vorträgt, ist viel Treffliches enthalten, wenn wir es unter den Begriff der Schöpfungslehre stellen. Davon abgesehen mag sich der Verf. seine Aufgabe in einer Schrift über die sittliche Weltordnung dahin begrenzen, zu zeigen, dass der Kern in allen Religionen der Glaube an die sittliche Weltordnung sei, aber das Wesen der Religion ist doch damit nicht erschöpft. Wohl sagt er sehr schön: Die Erhebung zum Unendlichen, die Ueberwindung der Selbstsucht in der Liebe ist die Wahrheit des sittlich religiösen Gefühls, worin mit Recht das Sittliche und Religiöse ungetrennt erscheint. Wenn er aber fortfährt: „Darauf kommt es an, nicht auf die Vorstellungen von Gott", so ist davon zwar so viel wahr, dass auch bei unvollkommenen und irrigen Vorstellungen von Gott das Sittlich-Religiöse mehr oder minder wirksam sein kann und ist. Aber seine Meinung kann dabei nicht wohl die sein, dass es gleichgültig sei, welche Vorstellungen von Gott man habe und dass sie alle gleich gut dem sittlich-religiösen Leben dienen könnten. Diess wird in andern Stellen seiner Schrift ganz bestimmt verneint. Gleichwohl beurtheilt er da und dort verschiedene Religionen und einzelne Religionslehren milder als uns der Sache zu entsprechen scheint, und wenn er einzelne Lichtpunkte daraus hervorhebt, so treten doch die Schattenseiten nicht in das erforderliche Licht.

Wir wollen nur ein Beispiel herausheben. Nachdem er von bezüglichen Lehren der Chinesen, Aegypter, der Inder gehandelt hat, berührt er nach dem Brahmanenthum auch die Lehre Buddha's. Von ihr sagt er: „Auch Buddha sieht das Heil nicht im Diesseits, wo die Seele in den Wirbel des Naturlaufs hineingestellt die Gegenstände der Lust sich entrissen und vielfältiges Leiden zugefügt fühlt, sondern im Jenseits, am andern Ufer, nicht in der Welt des getheilten, werdenden und vergehenden, sondern in der Sphäre des einen und reinen, ewig in sich beruhenden Seins. Der Friede ist nur durch Ueberwindung der Selbstsucht, der Begierden, durch Vernichtung des Eigenwillens zu erlangen. Das führte auch ihn zur Weltentsagung, zur Passivität, statt zur Arbeit an der Weltvollendung, und die Einigung mit dem Ewigen ward zu sehr Ruhe, weil er dasselbe zu wenig als sich selbst bestimmenden Willen erfasste. Aber auch das Buddhistenthum glaubt an eine sittliche Weltordnung; denn die Welt in ihrem Verlauf, der Umschwung der Dinge ist ihm die Folge der Schuld oder des Verdienstes der lebenden Wesen, ihr Schicksal ist das Werk und nothwendige Ergebniss ihrer Thaten. Im Trug der Selbstsucht liegt der Grund für die Noth und das Ungenügen des Daseins; Selbstentäusserung, hingebende Liebe ist der Weg zum Heil, nach Nirvana, nicht zur Vernichtung, sondern zur seligen Friedensruhe." Dass der Buddhismus in seiner Weise eine sittliche Tendenz hatte, ist allerdings so richtig, dass diese sogar in eine unnatürliche Uebertreibung hineingeräth, womit sie im Grunde ihre eigene Tendenz wenn nicht vernichtet, doch sehr beeinträchtigt. So soll z. B. der Buddhist (jeder Mensch), wenn ihn in Wald und Feld ein Tiger angreift, sich lieber zerreissen und auffressen lassen, als dass er dem Tiger als athmendem Wesen auch nur das geringste Leid anthue. Das Entstehen des Buddhismus mag wohl als versuchte, zu humanisiren sich bestrebende Reform allenfalls verständlich werden und wegen ihrer wirksamen Opposition gegen den brahmanischen Kastengeist und ihrer Herbeiführung milderer Gesinnungen und Sitten ihren relativen Werth gehabt haben, aber darüber darf man sich nicht täuschen, wenn die besten zugänglichen Darstellungen nicht trügen und diess scheint so gut wie unmöglich, dass der ursprüngliche Buddhismus nicht bloss atheistisch, sondern sogar nihilistisch gewesen ist. C. Fr. Köppen erklärt sich über den Buddhismus wörtlich: „Er (der Buddhismus) leugnet nicht bloss das weltschöpferische Brahma (der Vêdântalehre), sondern auch die ewige Materie oder die Natur, und ist daher nicht bloss ein Atheismus ohne Gott, sondern auch ein Atheismus ohne Natur. An die Stelle des ewigen Brahma und der ewigen Natur tritt ihm die Leere oder die Wesenlosigkeit, oder, wie wir sagen würden, das Nichts. . . . Die Welt taucht aus der Leere empor; Alles ist leer, ohne Substanz und Wesenheit. Alles, was ist, oder doch zu sein scheint, ist aus Nichts und im Nichts und wird wieder zu Nichts. Das Nichts ist der Anfang und das Ende, der Ausgang und das Ziel, die Wurzel und die Frucht; was dazwischen liegt, ist Täuschung.*) Dass der Nirvana ursprünglich als Auslöschung, Vernichtung zu fassen ist, bezeugt Köppen mit den Worten: „Wenn du aus dem Kreislauf (des Lebens) scheidest (aus dem Sansara), dann wird das Räthsel deines Daseins gelöst . . . ., dann geht dir im Lichte unendlicher Erkenntniss dein Gesammtgeschick (unendlich vieler Lebensphasen, Incarnationen) als dein eigenes Werk auf. Dann bist du frei, aber dann hörst du auf zu existiren." Freilich bemerkt Köppen, es habe nicht fehlen können, dass der Nirvâna, nach Zeit und Ort und Schule, auch einen positiveren Charakter annahm, namentlich . . . für die simplen Gläubigen und Laien. Das selige Nichts ward zu einem seligen Etwas, zu einem zwar unsagbaren, aber doch wirklichen Zustande ewiger Ruhe und Schmerzlosigkeit, Indifferenz und Apathie. Aber der ursprüngliche Buddhismus lehrt das Vernichtigen, wie denn Nirvâna wörtlich das Verlöschen, das Ausgehen heisst." **)

Wenn Lucretius den Aberglauben der heidnischen Götter-Opfergebräuche angreift und dagegen empfiehlt „beruhigt im Geist hinschauen zu können auf alles", so weiss der Verfasser diesen resignirenden Indifferentismus nur aus einem Glauben an die sittliche Weltordnung zu erklären. Sittliche Weltordnung auf dem Grunde des rohen crassen Materialismus? Es ist doch höchstens ein Schatten davon. Dann wird der fatalistische Islam, dessen Werthschätzung auch durch seine prinzipielle Zulassung gewaltsamer Ausbreitung seiner Lehre, der Vielweiberei mit ihrem Gefolge, der corrumpirenden Serail-, Pascha-, Eunuchen- und Sklavenwirthschaft nicht ersichtlich gestört wird, wegen des Gebots der Ergebung in den Willen Gottes (wovon man in den noch die Römer hinter sich lassenden überaus gewaltthätigen, fanatischen und grausamen Eroberungszügen nichts merkt und das doch nur ein fatalistisches ist) zu einer Art Correktiv „des Sektenwahns" unter Juden und Christen verwendet. Und nur noch hintennach wird — gegenüber

---

*) Die Religion des Buddha und ihre Entstehung. Von Karl Friedrich Köppen. (1857.) I. S. 214—15. Vergl. die Abhandlung: Die Philosophie der Inder im 5. Bande (S. 458—468) der Philosophischen Schriften von Professor Dr. Franz Hoffmann.

**) In dem oben angeführten Werke Köppen's I. S. 289—309, bes. S. 304 ff.

„dem Stern des Heils im Leben und Sterben für Millionen" auch in Afrika und den neuen Bekennern unter allen Religionen — die Verquickung des Religiösen und Politischen, des bürgerlichen und göttlichen Gesetzes im Koran sammt der arabischen Dogmatik des Fanatismus für den Fortschritt der Cultur ungenügend, ja hemmend gefunden und der Ethik des Christenthums denn doch vorzüglichere und heilschaffendere Kraft eingeräumt. Freilich, wenn es nur darauf ankam, nachzuweisen, dass auch der Islam als monotheistische Religion (aus mehr altarabischen und jüdischen als christlichen Elementen componirt) auch sittliche Elemente einschliesse, so ist dieser Nachweis als erbracht anzusehen, aber im Verhältniss zum Christenthum steht er in tieferem Schatten, als aus der Darstellung des Verfassers ersichtlich wird, und war und ist er für bekehrte Heiden und Götzenanbeter eine Förderung, so hat er sich doch für Ausbreitung des Christenthums und für höhere Culturentwickelung — trotz des arabischen vorübergegangenen Anlaufs — als schwere Hemmung erwiesen und droht es noch für lange Zeit zu bleiben.*) Je milder der Verf. sich über den Islam ausspricht, — er mag wohl noch manches Kritische zurückbehalten haben, — um so herber äussert er sich über die dogmatische Entwickelung des Christenthums, ohne sich auf die Unterschiede der römischkatholischen, der orientalischkatholischen und der Fraktionen der protestantischen Dogmatik einzulassen. — Er spricht nur vom „Missverstand" der Scholastik, ohne zu bedenken, dass die Scholastik die römischkatholische Dogmatik schon vorgefunden hatte **) und sie nur wissenschaftlich und philosophisch nach Vermögen zu formuliren strebte, wobei sie — wenigstens nach Oischinger — mehr oder minder vom Sinn der dogmatischen Lehren abkam. Der Prozess der Dogmen-Entwickelung in der römischkatholischen Kirche ist ein so umfangreiches und schwieriges Gebiet, dass darüber mit drei Worten nichts ausgemacht und entschieden werden kann. Im Allgemeinen ist wohl zuzugeben, dass die Kirche im Glauben, den Fond der in Tradition und Schrift überlieferten Glaubenslehren nur weiter und reicher zu bestimmen und zu entwickeln, unter dem Einfluss

---

*) Die grollen Schattenseiten des Islams folgen guten Theils schon aus dem Charakter Muhameds, der noch nicht an Moses heranreicht, geschweige dass er einen Vergleich mit Jesus, dem Weltheiland, auch nur entfernt aushielte. Vergl. Sprengel's Leben Muhamed's.

**) Ohne die wissenschaftlichen Mittel zu besitzen oder sogleich sich erwerben zu können, welche zur Prüfung ihres Ursprungs und ihrer Geschichte wären erforderlich gewesen. Der Verf. zeigt hier wenig historischen Sinn und auch nicht jenes bekannte Maass Lessing'schen Respekts.

hierarchischer Bestrebungen zum Theil wenigstens zu Lehren kam, die ein anderes Aussehen gewannen als diejenigen sind, die in der h. Schrift nachgewiesen werden können, wobei wir von den Vorgängen seit dem Tridentinum bis zu dem sogar pseudokatholischen päpstlichen Unfehlbarkeitsdogma ganz absehen. Aber der Verf. bestreitet zum Theil auch solche Lehren, die in der h. Schrift bestimmt ausgedrückt sind. So wenn er den jenseitigen Gott beanstandet. Unter dem jenseitigen Gott kann er nur den überweltlichen verstehen, der in der h. Schrift auf das Bestimmteste gelehrt wird, während sie ebenso bestimmt seine Innerweltlichkeit lehrt, ganz gewiss freilich nicht im Sinne einer substantiellen Einheit mit der Welt, wohl aber in dem Sinne seiner allumfassenden, alldurchdringenden, allgegenwärtigen Virtualität, Macht und Wirksamkeit. Ob nun die Schilderung, die der Verf. S. 378 von den Missverständnissen der Scholastik gibt, welche noch viel mehr die Dogmen treffen würde, genau richtig ist, wollen wir hier nicht untersuchen, aber bestimmt müssen wir behaupten, dass der tiefgehende Zwiespalt der Ansichten, der sich zwischen dem modernen Bewusstsein und den dogmatischen Lehren der christlichen Confessionen erhoben hat, nicht ausgeglichen oder zum Sieg der einen oder der andern Partei fortgeführt wird damit, dass man mit dem Verfasser von dem Köhlerglauben spricht, der an Bild und Buchstaben hafte, statt Idee und Sinn in den evangelischen Erzählungen zu fassen und zu verstehen. Das ist leicht gesagt, aber man kommt damit nicht über die grossen Schwierigkeiten hinweg, die sich vor unsern Augen aufthun, wenn wir einerseits die Dogmen der Confessionen und die Dogmatiker derselben, andererseits die h. Schriften alten und neuen Testamentes und die seit Spinoza zu einer Heerschaar angewachsenen Kritiker der verschiedensten Richtungen ins Auge fassen. Die Evangelienkritik ist in einer noch heute nicht abgeschlossenen Krisis begriffen und der Streit der Theologen unter sich so wie mit den Philosophen und Naturforschern steigert sich von Jahr zu Jahr, ja von Tag zu Tag. Mitten in dieses Streitgewirre ruft der Verf. hinein: „Wir, die wir heute gegen Aberglauben und Unglauben fechten, Genossen einer unsichtbaren Gemeinde gegenüber den Priesterkirchen wie den Materialisten und Nihilisten, wir thun unsere Pflicht, wenn es sein muss auch als Prediger in der Wüste und mit Kassandra's Stimme."*) Es gibt

---

*) Prediger in der Wüste zu sein, darauf darf man sich nicht viel zu gute thun. Denn deren gab es Tausende, welche solches Schicksal tragen mussten. Aber wir sind nicht allzu starken Glaubens daran, dass Leute, die

unter den Theologen und Philosophen keinen Einzigen, der nicht auch gegen Aberglauben und Unglauben kämpfen zu wollen erklärte. Aber sie streiten untereinander darüber, was zum Aber- und Unglauben und was zum Glauben zu rechnen sei. Unter den Einen wird der Verf. Vielen viel zu wenig, unter den Andern gar Manchen viel zu viel zu glauben scheinen. Sein vorliegendes Werk wird von Allen oder doch den Meisten mit nicht geringer Achtung aufgenommen werden und es wird in Vielen kräftige Anregungen, auch Förderungen wirken, so tief jedoch geht sein Verdienstliches nicht, so hoch ist sein Standpunkt nicht gefasst, dass sich daran die Hoffnung eines gründlichen Ausgleichs der klaffenden Gegensätze knüpfen könnte. Von der einen Seite wird ihm der Vorwurf gemacht werden, dass er das Christenthum zu einer persönlichkeitspantheistischen Morallehre herabsetze, von der andern Seite wird ihm vorgehalten werden, dass er die Consequenzen der neueren Evangelienkritik bei Weitem nicht weit genug ziehe. Vorerst hätte er sich mit den Gegnern von dieser Seite kritisch auseinanderzusetzen und die bezüglichen Schriften eines Strauss, Bruno Bauer, v. Hartmann, Dulk, Spiller, Dühring, F. Recht, K. Grün, Clemens, Grübenau auf das Korn zu nehmen, um sich dann in concreto mit den namhaften Theologen kritisch einzulassen. Mit allgemeinen Betrachtungen, auch wenn sie Treffliches bringen, wird nicht viel erreicht. Dabei kann man dem Verf. immerhin schon jetzt einräumen, dass das Christenthum einer Erneuerung und Erfrischung im ursprünglichen Wahrheitsquell, im Geist und in der Gesinnung von Jesus selbst bedürfe. Aber es fragt sich, ob er Geist und Gesinnung Jesu ganz und voll verstanden und ergriffen habe. Denn Persönlichkeitspantheismus war Jesu Lehre nach dem Evangelium nicht, und die Strenge in der Milde Jesu war schärfer ausgeprägt, als der Verf. sie ihm zuzuschreiben scheint.

Der zwölfte und letzte Abschnitt von Carriere's Werk: „Die sittliche Weltordnung", dessen Besprechung diese Abhandlung vornehmlich gewidmet ist, führt die Ueberschrift: „Gott." — Wie kommt der Verfasser dazu, nicht gleich am Anfang, sondern erst zuletzt von Gott zu handeln? Spinoza's Lehrgang war der entgegengesetzte. Er begann in seinem metaphysischen Hauptwerk, der Ethik, mit Gott oder dem, was er Gott nannte und endigte mit der Betrachtung der Macht des Verstandes, die ihm mit der menschlichen Freiheit oder dem, was er so nannte, zusammenfiel. Nach ihm soll die Welt aus Gott begriffen werden, nicht Gott aus

---

wie z. B. J. Dubok, Noiré etc. den Atheismus so leichtfertig hinwerfen, standhafte Märtyrer für ihre Lehren sein würden.

der Welt. Gott ist ihm daher das Erste und darum auch in der Wissenschaft, die dem Wirklichen entsprechen muss, das Erste, das zuerst Festzustellende und wenn man es so nennen will, Zubeweisende. Aus dem Ersten, dem Absoluten, Unendlichen folgt Alles nach mathematischer, geometrischer Methode mit unabänderlicher Nothwendigkeit, und darum ist Gott die innere, die immanente Ursache aller Dinge und desshalb steht, wie Gott nicht ausser der Welt, so die Welt nicht ausser Gott. Er ist die Welt selbst in seinen unendlichen Bestimmungen, Seinsweisen, Attributen und Modificationen. Daher ist Gott Alles was ist, er ist das Sein oder das Seiende der Welt und ausser ihm ist nichts, da weder ein zweiter Gott, ein zweites Seiende sein, noch er ein Anderes als sich hervorbringen kann. Stimmt nun der Verf. in dem allgemeinen Gedanken, dass Gott alles Seiende sei, mit Spinoza überein, so sieht man nicht, wieso die besonderen Abweichungen von ihm eine innere Berechtigung oder gar Nothwendigkeit gewähren, von Methode und Lehrgang Spinoza's abzuweichen und die synthetische mit der analytischen, die progressive mit der regressiven Methode zu vertauschen, da der regressive, induktive Lehrgang nur zur Wahrscheinlichkeit, nicht zur evidenten Gewissheit gelangen zu können scheint. Diese Wendung der neuern Spinozisten und Halbspinozisten erscheint uns nur als eine Folge des Druckes, den die Vorherrschaft des Empirismus der Naturwissenschaft auf nicht wenige neuere Philosophen ausübt, zum Theil auch der kritischen Philosophie Kant's, überhaupt als eine Nachgiebigkeit, die der Spinozismus seinem allgemeinen Wesen nach nicht gestattet.*) Wollte aber der Verf. dennoch den Versuch machen, mit dem regressiven Lehrgang zum Ziele befriedigender Welterklärung zu gelangen, so musste er unseres Erachtens absolut voraussetzungslos beginnen und von Schritt zu Schritt von den äusseren und inneren Erscheinungen des Selbstbewusstseins aufsteigen zum gesuchten letzten und höchsten Erklärungsgrund derselben, der Welt und des menschlichen Geistes, als welcher derselbe sich auch herausstellen mochte, wobei dann der strenge Beweis nicht fehlen durfte, dass der induktive Weg der Forschung zu ganz gewissen Ergebnissen und nicht bloss zu plausibeln Wahrscheinlichkeiten führen könne und führe. Allein der Forderung eines streng regressiven Lehrgangs entspricht die Ausführung des Verfassers nicht. Der Beweis dafür liegt schon darin, dass alle Hauptgedanken des letzten Abschnittes über Gott schon zerstreut

---

*) Spinozismus hier in dem allgemeinen Sinne genommen, in welchem die Einzigkeit des absoluten Wesens behauptet wird, eine Wahrheit, welche in abstracto allen monistischen und monotheistischen Systemen gemeinsam ist.

in den früheren Abschnitten vorkommen. Ja, im eilften Abschnitt: die Religion, wird (S. 361) ausdrücklich gesagt: „Beweise für das Dasein Gottes, Versuche sein Wesen tiefer, klarer zu erfassen, sie setzen ja die Vorstellung von Gott bereits voraus, sie wollen ja nur beglaubigen und bewähren was in der Seele, wenn auch ursprünglich nur als dunkle Gefühlswahrnehmung, bereits vorhanden, sie sind und suchen kein erstes Erkennen, sondern ein Wiedererkennen, durch welches dem subjektiven Inhalt des unmittelbaren Gefühls das Siegel der Objektivität aufgedrückt wird." Hienach wäre das Gefühl Gottes, wenn auch dunkle Wahrnehmung, doch Wahrnehmen, zugleich eine Art Erkennen und wenn auch nur unvollendetes, doch erstes Erkennen. Gefühl also wäre Erkennen und zwar erstes Erkennen und dieses sichere Grundlage. Ein zweites Erkennen hätte nur das erste zu bestätigen. Der Grundgedanke Spinoza's: Gott ist das Sein und alles Sein, soll also empirisch — schleiermacherisch — grundgelegt und induktiv vollends bewiesen werden. Ist diess wissenschaftlich möglich, ohne mehr als Hypothese, so viel Wahrscheinlichkeit sie biete, zu gewähren? Wir folgen in dem Weiteren nicht dem Tenor der Entwickelung des Abschnitts über Gott, sondern ziehen uns lieber die Gedanken zusammen, die über den Grundcharakter der Lehre entscheiden. Der Verfasser lehrt: Spinoza erkannte die Eine Substanz als das Wesen, dessen Modifikationen alle besonderen Dinge sind. Das Eine, das Alles ist, bleibt die Wahrheit im Pantheismus, die Anschauung, die er von der Wirklichkeit aus gewonnen hat. Der Irrthum war, dass er in den Modifikationen nur vorübergehende Bestimmungen des Einen sah, gleich auf- und niedersteigenden Wellen im Meer; darum sagte Leibniz: Spinoza hätte Recht, wenn es keine Monaden gäbe, d. h. wenn die Betrachtung der Wirklichkeit uns nicht die beständigen realen Kräfte aufdrängte, die im Wandel der Erscheinungen unzerstörbar sich erhalten, und darum in ihrer Vielheit und Besonderheit wesenhaft sind. Das müssen sie auch wohl, wenn das ewige Wesen sich in ihnen offenbart, denn im Wesenlosen könnte dies nicht geschehen; als Einheit setzt das Unendliche in sich die endlichen Einheiten; in sich, darum werden sie nicht vereinsamt, isolirt, sondern bleiben aufeinander bezogen, der ursprünglich Eine wohnt in ihnen, und darum wirkt keine Kraft für sich allein, weil ihre Bestimmtheit ihre Beziehung zu andern Kräften ist, weil sie nur durch den Unterschied von ihnen ihre Eigenthümlichkeit erhält, diese aber nur im Zusammen, in der Gemeinsamkeit mit andern, d. h. innerhalb des Systems der Kräfte, innerhalb der sich darin entfaltenden Einheit bethätigt, die das allesdurchdringende, in sich zusammenhängende Eine, das Unterschiedene in sich Einigende bleibt. Alle Kräfte sind die ihren; nur so ist sie in Wahrheit das Allwirksame. *) Alles umfassend und durchdringend kann die allgemeine Kraft als die absolute Substanz bezeichnet werden, ohne deren Allgegenwart und Mitbetheiligung nichts in der Welt geschieht. Das ist eben die Einheit, die Alles in sich setzt und nicht in die Vielheit zerfällt, sondern sie in sich zusammenhält. **) Alle Bestimmtheit ist Negation, sagte Spinoza, und machte damit das Unendliche zur Bestimmungslosigkeit, die eben Nichts ist, und als Verneinung des Nichts ist die Bestimmtheit also gerade das Setzen des Seins. ***) Das von Anderm Unterschiedene hat am Andern vernunftnothwendig sein Ende, es ist endlich. Das Endliche ist das in Raum und Zeit Begrenzte. Wir aber können es nur dadurch als endlich bezeichnen, dass wir es auf den Begriff des Unendlichen beziehen und es von diesem unterscheiden. Damit bestimmt sich das Unendliche als das was nichts ausser sich hat, kein Vor oder Nach, kein Neben, und daraus ergibt sich, dass die Einheit, innerhalb welcher alles Unterschiedliche besteht, das Unendliche selbst ist. Was vor, nach oder neben dem Sein wäre und es begrenzte, das wäre ja selbst ein Seiendes, gehörte also zum Sein; die Grenze kann nur durch das Sein selbst gesetzt, das Mannigfaltige, Endliche kann nicht ausser dem Einen und Unendlichen, sondern nur innerhalb desselben sein. Daraus folgt, dass das Unendliche das Eine Allumfassende, allen Raum und alle Zeit Setzend-erfüllende sein muss. Da es nicht von Anderm bestimmt werden kann, so ist alle Bestimmtheit seine Selbstbestimmung, bestehen alle Begrenzungen innerhalb desselben, sind alle Einzelwesen seine Positionen. Das Unendliche aber wäre nicht das Eine, sondern aufgelöst in die Vielheit, wenn es nicht in sich beschlossen, in sich vollendet wäre. "Ἐν καὶ πᾶν. Es gehört zu seinem Begriff, dass nicht bloss die Allheit, sondern auch die Einheit in ihm verwirklicht ist; die Einheit muss sein, weil nur innerhalb derselben Unterscheidung möglich ist, weil in der Allheit die Vielen zur Einheit verbunden sind. †) Die Lehre vom Ἐν καὶ πᾶν ist somit Monismus, darum doch weder Monismus des Gedankens (Hegel), noch Monismus des Stoffs (Holbach, Feuerbach, Moleschott, C. Vogt, Strauss etc.), weil weder die logische Idee alles Wahre und Wesenhafte sein kann, noch der selbstlose Stoff, die bewusstlose Kraft, für das Reale erklärt werden, aus dem Spiel selbstloser

---

*) In vorliegender Schrift, S. 386—87.
**) Daselbst, S. 388.
***) Daselbst, S. 130.
†) Daselbst, S. 137, 381.

Stoffe oder Kräfte Selbstgefühl und Bewusstsein hervorgehen kann. Ergeben sich der Monismus des Gedankens wie der des Stoffes als ungenügend, kommen wir mit der Einerleiheit nicht zum Ziele, so werden wir uns wohl zum Dualismus wenden müssen. Wenn nun jener Dualismus, welcher Geist und Materie trennt, die Brücke über die von ihm selbst gerissene Kluft nicht schlagen kann, so gewinnen wir die Einheit im Unterschied, wenn wir das All, die Wirklichkeit als ein System von Kräften fassen, von Kräften, die mannigfach und zugleich auf einander bezogen, zur Einheit verbunden sind, womit die Einheit durch sie sich selber erfüllt und in thätiger Wechselwirkung sich verwirklicht. Die Urkraft ist die Quelle aller Kräfte, darum kann eine die andere wecken, ihr die eigene Bewegung übertragen oder in sie übergehen; alle Atome sind Glieder eines Systems, darum verbinden sie sich unter einander nach festen, in sich zusammenhängenden Gesetzen. Jeder der beiden grossen Denker, Spinoza und Leibniz, hat Eine Grundbestimmung der Wirklichkeit ergriffen, allein jede allein reicht nicht aus, die Wirklichkeit zu erklären, weil diese weder eine blosse Einheit noch ein Auseinander des Vielen, sondern Einheit in der Mannigfaltigkeit ist. Dadurch aber bestimmt sie sich als Subjekt, als Fürsichsein; denn als sich selbst erfassendes, selbstbestimmendes Wesen ist sie Wille und Bewusstsein, Geist. Es kommt Alles darauf an, dass die Substanz als Subjekt gefasst werde, sagt Hegel. Aber er irrte mit Spinoza, indem er Gott nur im Menschen zum Selbstbewusstsein kommen liess, als ob ein Unendliches ohne Vernunft und Willen, weil es wo Vernunft und Wille sind, nicht sein Ende haben, selber endlich sein würde. Allerdings ist Gott (D. Strauss in seiner Kritik der Dogmatik) Allpersönlichkeit. Denn auch Gott ist nicht Geist, Persönlichkeit, Bewusstsein an sich, sondern nur durch fortwährende Willensthat, durch stetes Sichpersonificiren, wozu er der Welt bedarf. Ohne sich von einem andern zu unterscheiden und sich in sich zusammenzunehmen, besteht oder entsteht kein Selbst. Aber das, wovon er (Gott) als Bewusstsein sich unterscheidet, was er dadurch sich gegenüberstellt und zum Objekte macht, ist die eigene Natur Gottes, die an sich seiende Wesenheit des Seins, die immerdar denknothwendige Grundlage des Zusichselbstkommens und Fürsichseins. Sie ist zugleich der Urquell und Grund der selbstlosen Kräfte, die alldurchwaltende Urkraft als Substanz, in allen Dingen allgegenwärtig, Gott ist Einheit in der Allheit als Ich des Universums. Gott ist das sich in sich zusammenfassende Eine in der Fülle der Lebendigen und der Geister; er das Licht und wir die Strahlen. Dadurch dass er sich in der Natur und in der Geisterwelt entfaltet, erfüllt er für sich die Bedingung der Selbsterfassung; er gewährt uns die Freude und Würde der Freiheit als des persönlichen Seins, weil er nur so sein eigenes Wesen als Vernunft und Güte offenbaren kann. Er ist nicht selbstbewusst ohne seine Entfaltung zur Geisterwelt.*) Das Göttliche steht nicht ausserhalb des Prozesses seiner Gedankenwelt. Das göttliche Selbstbewusstsein unterscheidet und erfasst sich dadurch, dass Gott die Welt aus sich entfaltet und sich als die gestaltende Urkraft in und über ihr ergreift und begreift. Alles religiöse Gefühl ergreift ihn in sich und sich in ihm. Er ist das Ursubjekt, als dessen zur Selbstbestimmung berufene Bestimmungen und besondern Kräfte innerhalb seines Wesens wir Subjekt werden, als Endliche was er als Unendlicher ist. Er ist es nicht als fertiger ruhender Zustand, sondern als immerwährende Thätigkeit der Selbstbestimmung und Selbsterfassung. Wir können uns nur als endlich erkennen, weil er, der Unendliche, sich in uns bezeugt, so dass wir uns von ihm unterscheiden und zugleich auf ihn beziehen, uns in ihm als ein Glied seines Reiches und Moment seiner Lebensentfaltung begreifen. So ist er nicht Objekt ausser uns, sondern Subjekt in uns. Versetzt der Mensch das Unendliche ausser sich, so macht er es dadurch endlich.**) Indem das Unendliche sich selbst erfasst, seiner in seiner Einheit bewusst wird, wird es nicht verendlicht, aufgelöst in die Vielheit der Dinge. Die Einheit des Universums (ausserdem nur Vorstellung) ist nur wirklich, wenn sie sich auch als Einheit setzt, in aller Mannichfaltigkeit sich erhält und sich selbst erfasst. Ein Unbewusstes kann nicht disponiren, kann nicht auseinanderliegende Kräfte so ordnen, dass sie im Verlaufe ihrer Bewegungen die Zweckmässigkeit der Organismen ergänzen; die durchgehende Wechselbeziehung der anorganischen Stoffe und Kräfte wie der Glieder und Funktionen im Organismus erfordert eine sehende, sich das Ferne wie das Nahe, das Vergangene wie das Künftige innerlich vergegenwärtigende, vorstellende und damit geistige Einheit. Nur als vernünftiger Wille oder als wollende Vernunft vermag das Prinzip der Welt die Kräfte derselben so zu ordnen und zu bestimmen, dass durch ihre Selbsterfassung und Selbstthätigkeit das Gute verwirklicht wird. Gott und Welt sind untrennbar wie Ursache und Wirkung, aber darum nicht gleichwerthig. Welt ist das werdende

---

*) Und doch soll nach Früherem die Unsterblichkeit der Geister keine vernunftnothwendige Wahrheit sein?
**) Soll der Mensch das Unendliche in keinem Sinne ausser sich setzen dürfen, so müsste er es doch wohl selber sein, was doch wieder nicht angenommen wird.

Viele, Gott das seiende Eine, das in der Vielheit sich offenbart und bethätigt; das Viele ist durch das Eine, das Eine das Schöpferische, das in seiner Entfaltung gerade dadurch, dass es sich von ihr unterscheidet, zugleich bei sich selbst ist. So würde die Wahrheit des Pantheismus, die Allgegenwart Gottes als der in allem sich entfaltenden Substanz, und die Wahrheit des Deismus, Gott als selbstbewusste Güte, als Vernunft und Wille, als Geist, beide bewahrt, und die Immanenz Gottes in der Welt wie seine Transscendenz gleichmässig erkannt. Die sittliche Weltordnung als ordnendes Prinzip ist Gott als Geist. Nur das Selbst, nur die Ichheit ist die Heimath alles Idealen. Einen Zusammenhang von Bestimmungen zu treffen, wie in der sittlichen Weltordnung, vermag nur der bewusste Wille, die Vernunft. Bestimmende Ordnung ist ordnende Kraft; ordnende Kraft ist Weisheit. Von einer Weisheit der Natur redet nur der Gedankenlose, oder er schiebt ihr den Begriff des Geistes unter. Vergangenes und Gegenwärtiges auf ein Künftiges beziehen kann nur der vorschauende Geist. Weltregierung ist Vorsehung, denn sie ist Richtung auf ein Ziel und Erziehung für dasselbe. Das Unendliche Eine als das Freie gewährt auch dem Endlichen Freiheit. Gott kann das Gute nur wollen als die Gesinnung und That sichselbstbestimmender Wesen. Sein Reich kann er nicht schaffen, nicht unmittelbar herstellen, das widerspräche dem Begriff der Seele; er bindet sich darum an die Mitwirkung der Geister, denen er die Fähigkeit des Selbstseins und der Selbstentscheidung gewährt; er lässt es geschehen, wenn sie ihn verleugnen und von ihm abfallen in Sünde und Irrthum; aber er bleibt als Gesetz der Vernunft und des Guten in ihrem Denken und Gewissen gegenwärtig und ist das Ideal, das die Seelen zu sich emporzieht, auf dass das von ihm Ausgegangene sich wissend und wollend in ihm wiederfinde. So ist das All in Wahrheit Eins, ein Kosmos, Entfaltung der Einheit, die ihrer selbst inne wird, die im Unterschiede auseinandergeht, um in der Verbindung des Mannichfaltigen das Leben zu verwirklichen, Fürsichsein, Selbstgefühl, Selbstgenuss zu erlangen. Das ist ohne den Dualismus von Subjekt und Objekt, von selbstlosen und selbstseienden Kräften nicht möglich; Organisationskraft und organisirbarer Stoff, Selbstgefühl und Weltempfindung im Selbst- und Weltbewusstsein bedingen einander. Aber der Dualismus und mit ihm die Vielheit geht aus der Einheit hervor, und stellt im Zusammenwirken die Einheit her. Das ist nicht leblose Einerleiheit, das ist die Energie der Einheit, die durch den Unterschied, den sie in sich selbst setzt, sich selbst verwirklicht und zu sich selbst kommt. Das Eine ist die Kraft, Materie ist ihre

Veräusserlichung, Bewusstsein ihre Verinnerlichung, beide also Erscheinung ihres Wesens, das dort an sich, hier für sich ist. Die Atome sind dadurch, dass die Urkraft sich in ihr selbst unterscheidet, sich in eine Mannichfaltigkeit besondert, Selbstbestimmungen des ewigen Wesens, thätige Kräfte gleich ihm, weil es immerdar Thätigkeit ist; und darum wird die Summe der lebendigen Kraft nicht vermehrt noch vermindert, so wenig wie ihre Erscheinung, der Stoff, in wie mannichfaltigen Formen sie auch sich darstellen mögen. Aber die Urkraft ist und bleibt das Eine in ihrer Besonderung, die besonderen Kräfte sind in ihnen, und all ihr Getriebe vollzieht sich nach dem gleichen Bewegungsgesetz. Das Selbstbewusstsein setzt Sein und Selbstinnesein voraus. Es ist vorhanden, thatsächlich in uns; damit ist im Sein die Möglichkeit wie die Wirklichkeit erwiesen, dass es in eigner Thätigkeit sich bestimmt und erfasst. Das Seiende als solches hat nichts ausser ihm von dem es bestimmt werden könnte, seine Bestimmtheit kann es nur durch sich selbst haben; sein Begriff ist Kraft und Thätigkeit. Die Thatsache des Lebens und Bewusstseins bezeugt, dass das Sein beide in sich trägt, ihr Quell und ihr Mutterschoos, so beschaffen dass beide daraus hervorgehen können, wie sie es allein können, durch eigene Willensthat. Sich selbst bestimmende ihrer selbst mächtige Kraft ist Wille. Im Willen aber erhebt sich die Kraft über ihre blinde Wesenheit und wird sehend, denn der Wille muss etwas wollen, sonst ist er kein Wille, und dies etwas vor der Verwirklichung kann er nicht als Ding oder Realität in sich tragen, sonst wäre er ja schon wirklich, sondern als Vorstellung. Der Wille weiss was er will, das macht sein Wesen aus, er ist die ihrer selbst mächtige, bei sich selbst seiende Kraft. Woher aber käme dies alles in den Entfaltungen, Bestimmungen des Seins, wenn es nicht das Wesen des Seins selbst ausmachte? Will man den Begriff der Persönlichkeit auf das Endliche beschränken, so ist das willkürlich; ihr Wesen ist Bewusstsein und Wille, Selbstsein; es kommt dem endlichen Geiste zu, weil es das Wesen des Unendlichen ausmacht, weil das Unendliche Geist ist. Das Eine wäre zersplittert und nicht mehr wirklich, das Unendliche wäre aufgelöst in die vielen Endlichen und damit kein Unendliches, wenn nicht über alles Viele und Endliche übergreifend bei sich selbst wäre, Eins und Alles, Alles aus sich entfaltend und in sich tragend, dadurch sich von ihm unterscheidend, auch als das Setzende von dem Gesetzten, und zugleich in Allem gegenwärtig und für sich selbst. Im Endlichen aber ist Zusichselbstkommen Bewusstwerden, ist Verinnerlichung Selbstgefühl, weil das Sein als Wille der Liebe, als Geist das Eine Alldurchwaltende ist. Indem wir als eine seiner besonderen zum Selbstsein bestimmten Kräfte uns durch eigene Willensthat erfassen und so unser endliches Selbst begründen, scheiden wir uns für uns von allem Andern ab, und verdunkeln damit den eignen lichten Lebensgrund; erst die weitere Erkenntniss, dass wir als Glieder eines Ganzen leben, entzündet wieder in uns das Licht des Unendlichen und nun wissen wir uns in ihm wie es sich in uns weiss. Holbach und seinen Nachfolgern gegenüber ist zu fragen: warum soll es minder qualvoll sein, Sinn und Verstand in der Welt zu finden als Zufall und blinde Nothwendigkeit? Die Vielheit aussereinanderliegender, von einander unabhängiger Atome, die der Zufall durcheinander bewegt, ist eine Annahme, die unsere Wirklichkeit nicht erklärt; setzen wir an ihre Stelle die Annahme einer Einheit, einer Urkraft, die sich in sich unterscheidet, die das Viele als ihre Positionen in sich selbst enthält, und es sind die individuellen Kräfte dadurch ursprünglich auf einander bezogen und können einheitlich zusammenwirken. Dass es Wesen gibt, die für sich, ihrer selbst inne, selbstseiend sind, denkend und wollend, das ist Thatsache, wir selbst sind solche; was nöthigt uns das Urwesen als eine auseinander liegende Vielheit statt als eine ineinanderwirkende sich selbst bestimmende und erfassende Einheit anzusehen? Eine Hypothese ist so berechtigt als die andere, die ist die beste, welche die Welt erklären hilft; die Auffassung des Alls als entfalteter Einheit, als eines vernunftvollen Systems von Wesen leistet dies, nicht der Zufall, nicht die blinde Nothwendigkeit, sondern die in Gott geordneten und bestimmten Kräfte. Wir können nicht gestatten, dass der Gottesbegriff den Thatsachen der Erfahrung widerspreche; wir müssen verlangen, dass er so gebildet werde, um die Wirklichkeit auch erklären und begründen zu können. Gott ist eine Vernunftidee und wir haben von seiner Realität weder eine sinnliche noch eine mathematische Gewissheit; aber er bleibt eine Forderung der praktischen Vernunft, wie Kant dargethan, und er bezeugt sich uns im Gefühl des Unendlichen wie im Gewissen; dass wir die Idee des Unendlichen und Vollkommenen bilden und nothwendig bilden, wenn wir die Welt verstehen wollen, ist das Siegel unserer Abkunft und unseres Seins im Unendlichen und seine Offenbarung an uns, sein Selbstzeugniss in uns. Es liegt aber an uns darauf zu achten und es zu verstehen. Sonst wären wir nicht frei, und schwerlich würde das Gute verwirklicht, wenn uns Gott unmittelbar, mathematisch oder sinnlich gewiss wäre. Da würden Furcht und Hoffnung viel zu mächtig sein, als dass eine Selbstbestimmung des Menschen aufkäme; aus Furcht und Hoffnung, nicht aus Achtung

vor dem Sittengesetze würde das Gute gethan und verlöre damit
seinen Werth. Die Autonomie des Willens wäre unmöglich; er
empfinge sein Gesetz von Gott, statt es in der eigenen Vernunft
zu finden. Ewige Wahrheiten, vernunftnothwendige Gesetze können
nicht geschaffen werden, sie sind; aber sie haben auch kein Bestehen
für sich, sondern sie sind die Wesensbestimmungen des Geistes
und die constante Wirkungsweise der Natur; indem das Sein sich
in ihnen bethätigt und sie dadurch verwirklicht, ist es das in sich
Vollendete, das Göttliche. Die Schöpfung, das heisst die Entfaltung
und Bewegung des Vielen in der Einheit ist kein zeitlicher, sondern
ein ewiger Vorgang; als That können wir sie bezeichnen insofern
die Urkraft Wille, ihre Thätigkeit eine gewollte Selbstbestimmung
ist. Geistigkeit, Freiheit sind nicht ruhende Zustände, nicht fertige
Wesenheit, sondern Selbstbestimmung und Selbsterfassung; Selbst-
und Weltbewusstsein bedingen einander, und so ist Gott nicht ohne
die Welt. Sein ist Kraftthätigkeit, Schaffen ist dies sich in sich
Unterscheiden, wodurch das Eine in sich die vielen und mannich-
fachen Kräfte als ursprünglich auf einander bezogene Realitäten
setzt und fortwährend sich in ihnen und sie in sich erhält, durch
sie und in ihnen wirkt. Weltschöpfung, Welterhaltung, Weltregierung sind nur drei Gesichtspunkte für den einen immer-
währenden Prozess des Lebens. Aus Nichts wird Nichts; ist das
Sein, so ist es immerdar; denn aus dem Nichts kann es nicht
geworden sein, das Nichts wäre selber ja dadurch aufgehoben und
nicht mehr als Nichts, sondern als die Schöpfermacht oder der
Quell des Seins bestimmt. Entstehen und Vergehen sind neue
Erscheinungen, wie sie durch die Bewegungen, die Verbindungen
und Trennungen an sich seiender und bleibender Stoffe und Kräfte
hervorgebracht werden; die Erscheinungen wechseln, die Wesen
bleiben. Die Materie wird weder vermindert noch vermehrt, keine
Kraft wird zerstört oder erzeugt, sie geht nur in andere Formen
und Wirkungsweisen über und erhält sich in allen Wandelungen.
Die Natur in Gott ist die Basis der Realität, die das Ideale trägt,
die Fülle der selbstlosen Kräfte, deren Bethätigung und Bewegung
fortwährend die Entwicklung der Welt hervorbringt. Sie gewähren
die Bedingungen, dass die der Selbsterfassung fähigen Kräfte als
Organisationsprinzipien oder Lebenskeime sich bethätigen, dadurch
ihrer selbst inne werden und aus den Einwirkungen der selbstlosen
Realen und deren Bewegungen ausser ihnen die Empfindungen in
sich erzeugen, aus den Empfindungen das Bild der Erscheinungs-
welt gestalten. Sie selbst sind Natur und stehen in der Natur, aber
sie kommen durch eigene That zur Idealität und erbauen in sich

und in ihrer Gemeinsamkeit das Reich der Freiheit und Sittlichkeit, die ethische Welt. Es widerspricht der ethischen Welt, von aussen gemacht zu werden, sie besteht nur in der Willensthat, in der Gesinnung, wir müssen sein um das Gute als das Seinsollende zu verwirklichen: Selbstvervollkommnung kann nur unsere Aufgabe sein, wenn nach dem Ausdruck J. Böhme's der Geist seiner selbst Macher ist. Nur weil das Göttliche sich in uns bezeugt als das Unendliche, das allem Endlichen einwohnend bleibt, fühlen wir unser Selbst als Glied eines Ganzen, kommen wir zum Religionsgefühle und zur Gottesidee. Wie könnten wir die Kindschaft empfangen, wenn uns ein Zauberspruch aus dem Nichts geschaffen und ausserhalb des ewigen Wesens gesetzt, uns gemacht hätte? Wir wären ein Werk, ein Gemächte; es wäre unbegreiflich, wie die aussereinander und ausser Gott befindlichen Dinge auf einander wirken und in einander leben sollten. Da werden wir lieber sagen: Der Schöpfer schöpft aus sich selbst, die Welt ist die Entfaltung und Wechselwirkung seiner in ihm unterschiedenen Kräfte, und er erschöpft sich nicht darin, sondern ist gerade dadurch seiner als der Urkraft inne, sich und sein Reich wollend und wissend. Die Natur in Gott ist das Prinzip der Aussenwelt und die Welt nicht ein Gemachtes, sondern das Werdende, das ewig wirkt und lebt, die Wirklichkeit nirgends eine todte Masse, der von aussen her das Leben eingeblasen würde, sondern aus sich selbst quellendes Leben. Das in der ewigen Natur innerlich Angelegte und Mögliche entfaltet sich in der Schöpfung, der göttliche Wille lässt den besonderen Kräften ihren Lauf und vergönnt jedem Keime seine eigene Entwickelung. Thatsächlich, als das Ergebniss der Natur- und Geschichtsforschung, haben wir einen Weltplan mit seinen Formen und ineinandergreifenden Gesetzen, wie er nicht das zufällige Werk blinder vereinzelter Stoffe und ihres Wechsels sein kann, sondern auf eine göttliche Weisheit hindeutet, auf die Liebe, welche ihm das Ziel setzt, auf die Phantasie, welche die Urbilder der Gestalten entwirft. Ebenso thatsächlich haben wir innerhalb dieser Ordnungen das spontane Regen, Streben, Treiben der Naturkräfte, der individuellen Geister, die nur durch eigne Willensthat zum Bewusstsein kommen, und damit sich selbst, sich als Selbst erzeugen. Ihre Potenzen, ihre Möglichkeit, ihr Vermögen sind in der göttlichen Natur begründet, die Schöpfung ist ihr Entlassen aus der Einheit zur Besonderung der Mannichfaltigkeit. Der Schöpferwille des Geistes und der Natur als der Mutterschoos aller Dinge, sie zusammen begründen die Welt, sie gründet damit in Gott, und er beherrscht sie und durchwaltet sie wie die Seele den Leib und das Selbstbewusstsein seine Vorstellungen. (Jordano Bruno und Jakob Böhme deutet der Verfasser in demselben, mit ihm einstimmigen Sinne. R.) Wenn wir die Spannkräfte in der anorganischen Natur, die Keimkräfte in der organischen Natur beachten und von latenter Wärme wie von schlummerndem Leben reden, so werden wir es nicht mit Ulrici widersinnig finden, dass J. H. Fichte von einer in der göttlichen Natur gebundenen und geeinten Fülle von Monaden redet, die sich zur rechten Zeit und am rechten Orte kraft seines Willens entfalten und aus dem ruhenden Vermögen zur Wirklichkeit kommen, so dass in der Zeit sich darlebt, was in der Ewigkeit angelegt ist und präexistirt. Der „unverwüstliche Grund" eines Individualen und ewig Endlichen drängt in der Wirklichkeit sich uns auf, in den Atomen wie in den Seelen. „Das gesammte Erscheinende ist der Wechsel von Lösung und Bindung urbeharrlicher urqualitativer Kräfte; jedes Individuale in der Menschengeschichte ist selbst ein innerlich Ewiges, hat Theil am Wesen Gottes und zeugt von der Fülle seines Gemüthes und seiner Geistigkeit." „Es wäre ein völliger Nichtgedanke, jenseits des Wirklichen, das uns allgegenwärtig umgibt und aus der eigenen nie versiegenden Quelle ewig sich erneuert, mit entschiedener Trennung und Entgegensetzung noch eine andere transscendente (jenseitige) Wirklichkeit zu suchen. Nur Gott als das Unbedingte ist zugleich darum auch das eigentliche Wirkliche, und umgekehrt die wahre Wirklichkeit ist nur die Gottes." „Gottes Wirklichkeit ist sein Erhalten des Monadenuniversums." Damit ist Gott die Einheit des Realen und Idealen. Gottes Sein ist sein Wirken, ist thätige Selbstbestimmung, ist immerdar Schaffen und Gestalten mittels der aus seiner eigenen Natur entfalteten und besonderen Kräfte, in und über denen sein Geist und Wille waltet. Unsere gegenwärtige Erdenwelt, unser Sonnensystem (jede zeitliche Weltinsel) konnte entstehen und kann vergehen, während Gott für sich ist und bleibt, aber die darin thätigen Kräfte entstehen und vergehen nicht, sie gehören zur Realität des ewigen Seins. Indem Endliches sich im Unendlichen besondert und verselbstständigt, scheidet es sich für sich von dem Ganzen ab, verdunkelt damit in sich das Licht der Einheit, das Selbstbewusstsein, und ist eine blinde Kraft, selbstlos, vom ewigen Selbst los, und auch in dem seelischen, geistigen Wesen bleibt diese Naturgrundlage als die Basis ihrer gesonderten Existenz. Aber die Thatsache lehrt, dass nicht alle Kräfte blind bleiben, dass es solche gibt, die das Vermögen haben, zum Selbstgefühl und Bewusstsein zu kommen, und ihr Zusichselbstkommen ist Bewusstwerden, weil das ewige Wesen, ihr Lebensgrund, Wissen, Einheit des Realen und Idealen ist; und wie die Vernunftgesetze in allen Wesen walten, so können sie als ewige Wahrheiten in unserm Geist aufgehen, weil er im Göttlichen gründet und berufen ist, der Wesensgemeinschaft inne zu werden und sie im eigenen Willen herzustellen. Alles Besondere ist auf Anderes bezogen, daher das Gefühl des Ergänzungsbedürfnisses, der Drang der Sehnsucht nach dem Zusammengehörigen und die Wonne des Friedens im Glück der Liebe, der seligen Lebensvollendung. Nicht aus Wille und Bewusstsein als einem Uebernatürlichen, Spiritualistischen geht die Natur, die Realität hervor, das widerspricht aller Erfahrung; thatsächlich ist Natur, Realität das Anfängliche, begriffsnothwendig muss Sein sein, wenn es im Gefühl seiner inne werden, im Denken, im Bewusstsein sich erfassen, geistig bethätigen soll. Die Urkraft unterscheidet sich unmittelbar nicht in Vorstellungen, sondern in Kräfte; die sind real, und indem die Urkraft sich zu Freiheit und Bewusstsein erhebt, stellt sie dieselben sich auch vor. Gott als der Eine ist das Centrum, als der Unendliche der Umkreis. Als Centrum und Peripherie ist Gott schöpferisch herrschende Einheit in seinem Reich, allumfassender Organismus, der wahre und ganze Gott. Nur der welteinwohnende allen Raum setzende und erfüllende Gott ist in Wahrheit der Unendliche, Allgegenwärtige, — nicht der Jenseitige, der an der Welt sein Ende hat. Er ist der Ewige, der Immerseiende in der wechselnden Bewegung und Verbindung der endlichen Wesen; der Wechsel durchdauert das unvergängliche Sein. Gott ist der Allmächtige, wenn alle Naturkräfte seine Kraft sind und er seiner selbst mächtig ist als selbstbewusster Wille. Nur so ist er selbstherrlich und vermag er sich selbst zu beschränken und dadurch die endlichen Wesen sein und wirken zu lassen, und doch wieder ordnend und zielsetzend über ihnen zu walten. Er ist der Allweise, sich selbst erscheinende Vernunft, im eignen Wesen die Dinge durchschauend, durch sein Denken und Wissen, Alles erfassend und in den Weltgesetzen ewige Wahrheiten und Gedanken verwirklichend. Innerhalb derselben waltet seine Gestaltungskraft und bethätigt er sich als der Künstler, der mit schöpferischer Genialität die Urbilder der Dinge, der Typen und Formen entwirft, in welche die Kräfte eingehen, so dass in ihrem Zusammenwirken die Organismen hervorgehen und das Eine als Einigung des Unterschiedenen, die Form als das Mass der Bildungskraft anschaulich und empfindlich wird und so das Wohlgefühl des Schönen dem Gemüthe aufgeht. Als ewig wirkliche Harmonie des innern und äussern Lebens ist er das Urschöne; als Einheit des Realen und Idealen ist er die Wahrheit. Er ist der Freie, der

Gütige, der Gerechte — in der sittlichen Weltordnung. Er beruft die Geister zur Selbstbestimmung, zur Selbstvervollkommnung; er lässt den endlichen Willen das Gesetz sich selber geben, und bezeugt sich zugleich im Gewissen, richtend jede Sünde, beseligend das Gute. Als der Allgütige will er das Wohl Aller, aber nur so wie er allein das Heil der freien Wesen wollen kann, als das von ihnen selbst zu erringende. Weil Gott gut ist, darum ist das Gute das Eine und Einigende in den vielen Willen, und weil er der in der Vollendung seiner Selbst Selige ist, darum ist das Gute, in dem wir unsere Bestimmung erreichen und mit ihm Eins werden, das Beglückende.

Wenden wir uns nun zur Kritik der dargelegten Gotteslehre des Verfassers, so müssen wir vor Allem behaupten, dass derselbe Spinoza's Lehre nicht richtig aufgefasst hat. Richtig ist zwar, dass Spinoza die Welt nicht als Schöpfung Gottes aus Nichts auffasst, sondern als nothwendige Wesensfolge Gottes, als Selbstbestimmung, Selbstauswirkung oder Selbstverwirklichung Gottes, darum sie als gleichewig mit Gott und keiner Vervollkommnung oder Verringerung seiner Vollkommenheit, keiner Vermehrung oder Verminderung, keiner Erweiterung oder Verengerung fähig bestimmt. Unrichtig aber ist, dass Spinoza in seinen Modifikationen nur vorübergehende Bestimmungen des Einen (der göttlichen Substanz) gesehen habe, gleich auf- und niedersteigenden Wellen des Meeres. Vielmehr sind nach ihm nicht bloss die unendlich vielen Attribute der Substanz (von denen uns nur die zwei des unendlichen Denkens und der unendlichen Ausdehnung bekannt sind), sondern auch deren Modi als individuelle ewig, sowohl die modi des unendlichen Denkens als die modi der unendlichen Ausdehnung (die Seelen oder Geister wie die Atome), die zwar — nicht in einander übergehend · von einander unterschieden und doch — weil in der Substanz eins — nicht getrennt sind.*) Der Unterschied von Leibniz besteht also nur darin, dass Spinoza die Individualbestimmtheiten nicht als Schöpfungen oder Effulgurationen Gottes, sondern als immanente Selbstbestimmungen unmittelbar der zwei bekannten Attribute, mittelbar der absoluten Substanz selbst ansieht, und sie nicht als sämmtlich geistiger Art, sondern als geistige und körperliche (physische) bestimmt. Auch ist ihm Gott nicht überhaupt bewusst- und willenlos, und nicht etwa nur in seinen geistigen Modis bewusst- wollend, sondern nur die Substanz an sich ist nicht Bewusstsein und Wille, wohl aber ist sie es in ihrem Attribut des unendlichen

---

*) Die Lehre Spinoza's von Theodor Camerer, S. 23—30, 43, 48—51, 118 ff.

Denkens, welches kein blosser abstrakter Allgemeinbegriff des Denkens der endlichen bewussten Wesen sein kann. Denn Spinoza sagt: „Das Denken ist ein Attribut Gottes oder Gott ist ein denkendes Wesen.... Ein Wesen, das Unendliches auf unendliche Weise denken kann, ist nothwendig unendlich an Kraft des Denkens.... **Es gibt in Gott nothwendig eine Vorstellung sowohl seiner Wesenheit, als alles Dessen, was aus seiner Wesenheit nothwendig folgt**.... Die Vorstellung Gottes, aus welcher Unendliches auf unendliche Weise folgt, kann nur **eine einzige** sein... Gott ist einzig, also kann **die Vorstellung Gottes, aus welcher Unendliches auf unendliche Weise folgt, nur eine einzige sein.**"*) Somit ist nach Spinoza Gott nicht zwar an sich, als bestimmungslose, unbestimmte Substanz betrachtet, wohl aber sofern er sich in einem seiner uns bekannten zwei Attribute zum unendlichen Denken bestimmt, vorstellend, somit bewusstwollend, Geist. Dasselbe fasst sich nach Spinoza in einer einzigen Vorstellung, in Einem Gedanken zusammen und fällt nicht mit dem Inbegriff der endlichen, wenn gleich ewigen Modi desselben zusammen, sondern unterscheidet sich von ihm (dem Inbegriff der Modi) und eignet Gott, sofern er von den Modis seines Denkens und damit von seinem Weltsein unterschieden ist. Wir Menschen zwar, die bewussten Modi seines unendlichen Denkens, kennen nur zwei von Gottes Attributen, aber man sollte denken, Spinoza habe dem Denken Gottes die Vorstellung, das Bewusstsein, die Kenntniss der übrigen (der unendlichen) Attribute nicht absprechen wollen, was sie auch immer sein möchten. So hätte also Spinoza doch die Geistigkeit Gottes und die Unsterblichkeit der geistigen Wesen wie die Unvergänglichkeit der physischen gelehrt? Ist diess Ernst, ist es haltbar gegenüber den Auffassungen und Auslegungen mindestens der weitaus grössten Mehrheit der Geschichtschreiber der Philosophie? Die Quellen geben unsere Auffassung, die auch wir früher nicht theilten, genauer besehen an die Hand, aber in einer dürftigen und missdeutbaren Form und allerdings unter einer widersprechenden Voraussetzung der Annahme der bestimmungslosen, bewusst- und willenlosen und doch allbestimmenden Substanz. Anstatt nämlich sich damit zu begnügen, zu sagen, auch der absolute Geist setzt in sich eine substantielle Wesenheit voraus, und ist somit die Geistigkeit einer Wesenheit, macht er diese basische Wesenheit zum Allbestimmenden, also auch zum Bestimmenden der göttlichen Geistigkeit, während doch Gott **nur als Geist** allbestimmend ist und seine Wesenheit nur basisch und nicht bestimmend ist. Anstatt

---

*) Spinoza's S. Werke, aus dem Lat. von Berthold Auerbach, II, 42—43.

zu sagen, der absolute Geist bestimmt als Geist Alles, sagt er, Alles sei bestimmt aus der unbeschränkten Natur oder unendlichen Macht (Substanz) Gottes, als ob seine Macht den absoluten Geist und nicht der absolute Geist seine Macht bestimme. Diess ist der stark naturalistische Zug in Spinoza's doch zum Spiritualismus tendirender Gotteslehre und dieser nicht überwundene Zug ist es, der Baader veranlasste, den Spinozismus den Steinabdruck des Böhmismus zu nennen. Aber der Spinozismus wäre nicht einmal dieser Steinabdruck, wenn er die Geistigkeit Gottes nur in die endlichen Geister (wie Hegel) verlegte und die Unsterblichkeit der geistigen Wesen leugnete. Insofern der Persönlichkeitspantheismus eine Form des Theismus genannt werden kann, hat auch der Spinozismus ein theistisches Moment, ist aber darum doch nicht das, was man den strengen Theismus nennt oder den Theismus, der die Welt als eigentliche Schöpfung Gottes behauptet, da er nicht einmal reiner Persönlichkeitspantheismus ist, wiewohl er sich diesem von Ferne nähert. Allerdings machte Spinoza mit der Behauptung, alle Bestimmtheit sei Negation, das Unendliche (die Substanz) zur „Bestimmungslosigkeit", aber sein Irrthum lag gerade darin, dass er diese Bestimmungslosigkeit zum Allbestimmenden machte, nicht darin, dass er darum alle Bestimmtheiten aufgehoben hätte; denn die Substanz bestimmt sich doch nach ihm (so unmöglich es ist) zum Geist, zu bestimmten Attributen und zu ebenso bestimmten Modis der Attribute.*) Dabei behält Spinoza wie den Dualismus des unendlichen Denkens und der unendlichen Ausdehnung, so im Endlichen den Dualismus von Geist und Körper (Materie), von geistigen Monaden und körperlichen Atomen bei (denn seine einfachen Körper können nur Atome sein), die jedoch, aber nur in der Substanz, eins sind, und duldet keinen Uebergang von den einen in die andern, also keine potenzirende oder steigernde Erhebung, Metamorphose der Atome in Monaden, der bewusstlosen in bewusste Wesen, der körperlichen Wesen in geistige, wiewohl er alle körperlichen Wesen in den verschiedensten Gradationen beseelt nennt, ohne doch die niedrigern Grade des Beseeltseins in höhere und höchste, in vernünftig geistige, übergehen zu lassen. Auch der Verfasser kann im Endlichen des Dualismus von Geist und Materie — sagen wir von Monaden und Atomen — nicht recht entbehren, verwischt aber oder hebt sogar auf den Unterschied zwischen beiden, indem er die bewusstlosen zu bewussten Wesen sich erheben lässt. Im Grunde hebt er also die Atome auf und kennt nur Monaden, die zwar an sich bewusstlos, aber bewusstseinsfähig sind und aus

---

*) Vergl. Neue Studien von Rosenkranz III, 6.

der Bewusstlosigkeit sich selbst (!) zum Bewusstsein erheben, man sieht nicht, ob in unendlicher Zeit alle, oder nur ein Theil unter begünstigenden Verhältnissen. Dass der Verfasser das Verhältniss von Spinoza und Leibniz unrichtig fasst und den Gott Spinoza's nur im Menschen zum Bewusstsein kommen lässt, ist schon gezeigt worden. Um aber unsern Unterschied von Atomen und Monaden klar zu stellen, wollen wir die Atomistik untersuchen. Der Verf. sagte (S. 34): „Unveränderlich in ihrem Wesen, ihrem unzerstörbaren Bestande, ihrem gesetzlichen Verhalten zu andern können sie (die Atome) doch in wechselnden Lagen und Verbindungen auch wechselnde Veränderungen in ihrem innern Sein erfahren, und wir dürfen vermuthen, dass auch hier das Innere und das Aeussere einander entsprechen, und in den Kraftwesen bedingt ist, was an ihnen und durch sie in die Erscheinung tritt." Man kann auch die Monadologie Atomismus nennen, muss sie aber alsdann nach dem Ausdruck des Leibniz scharf von der corpuscularen, materialen unterscheiden. Die letztere, welche so lange von vielen Naturforschern so hartnäckig vertheidigt wurde, auch von dem sonst so hochverdienten, genialen Liebig, nicht zwar als absolute, wie bei den Materialisten, scheint jetzt im Absterben begriffen zu sein. Sogar im „Kosmos", der unter die Aegide Darwin's und Haeckel's gestellten Zeitschrift der Darwinianer wurde sie kürzlich — mit denselben Gründen wie vom Recensenten — in vortrefflicher Zusammenfassung der entscheidenden Momente von Prof. Dr. Fritz Schultze widerlegt nnd die Nothwendigkeit ihrer Umgestaltung zur Monadologie nachgewiesen.*) Aber auch der Verfasser hat entweder den Atomismus nie als corpuscularen verstanden oder denselben aufgegeben, da er jetzt die Atome als individualisirte Kräfte (nicht die Kraft als Eigenschaft des Stoffes) auffasst und das sogenannte Materielle als Wirkung und Erscheinung der Kräfte gelten macht. Damit aber bekennt er sich zur Monadologie, zum spiritualen Atomismus. Diess um so sicherer, als corpusculare Atome, starre empfindungslose Körperchen unfähig wären, aus Empfindungs-

---

*) Kosmos: Zeitschrift für einheitliche Weltanschauung etc. von Caspari, G. Jäger und E. Krause, I. Jahrgang, 10tes Heft (Januar 1878). Abhandlung Ueber das Verhältniss der griechischen Naturphilosophie zur modernen Naturwissenschaft von Prof. Dr. Fritz Schultze, S. 307—310. In denselben Gedankenkreis lenkt Zöllner mit Beziehung auf Bascowich, Faraday etc. ein in seinen Wissenschaftlichen Abhandlungen I, 63 ff. „Das Atom, von seinem (angeblichen materiellen) Kerne befreit, verwandelt sich nothwendig in ein Kraftcentrum." Schelling hatte freudig Faraday's Kraftatome begrüsst. Vergl. Die Atomistik von R. Grassmann.

losigkeit zu Empfindungsfähigkeit und zum Empfinden, aus Bewusstlosigkeit zu Bewusstsein aufzusteigen, was er doch als möglich und wirklich geworden annimmt. Auf die Annahme corpuscularer Atome die Entwicklungs- und Abstammungslehre aufbauen wollen, würde der widersinnige Versuch sein, aus dem Tode das Leben, aus der Empfindungs- und Bewusstseinsunfähigkeit Empfindung und Bewusstsein entspringen zu lassen. Wenn also die Entwickelungslehre möglich und vollends wenn sie wahr ist, so kann sie es nur sein unter der Voraussetzung der Monadologie, der Annahme, dass die einfachen Wesenheiten, welche allem Zusammengesetzten zu Grunde liegen, nicht sehr kleine todte Körperchen, sondern spirituale, empfindungsfähige, wenn nicht stets schon, in welchen geringen Graden immer, empfindende Kräfte sind. Die corpusculare, die materialistische Abstammungslehre ist und bleibt absurd.*) Obgleich der Verfasser die corpuscularen Atome eigentlich aufgehoben hat, spricht er doch fortwährend von dem angeblich unentbehrlichen Dualismus selbstloser und selbstseiender Kräfte, der, weil aus dem Einen entspringend, versöhnt sein soll, während er doch wieder die selbstseienden Kräfte aus den selbstlosen sich erheben lässt und noch dazu durch Selbstthat. Das Selbstlose soll sich also durch Selbstthat aus seiner Selbstlosigkeit zur Selbstigkeit erheben können und erheben! Wenn das nicht wunderbar, zauberhaft sein soll, was soll es denn sein? Soll es das Eine, aus dem es hervorgegangen ist, in ihm bewirken, dann wird es von ihm selbst doch nicht bewirkt. Es wird gesagt: Das Eine ist die Kraft, Materie ihre Veräusserlichung, Bewusstsein ihre Verinnerlichung. Sieht denn diess Kunststück nicht der Hegel'schen Lehre so ähnlich wie ein Ei dem andern? nur verändert durch die Annahme, dass das selbstbewusste Eine sich in der Entäusserung zu Kraftatomen in ihnen bewusstlos machen müsste, um sich aus ihnen wieder zum Bewusstsein herzustellen. Während das ewig Eine als Selbstbewusstes fort und fort in sich sich bewusst ist und bleibt, macht es sich in den entäusserten Kraftatomen bewusstlos, die es doch immer zugleich selbst ist und bleibt, und bevor nun die bewusstlosen Kraftatome durch (unbegreifliche) Selbstthat sich bewusst machen, verdunkeln

---

*) Vergl. unsere Recension der Rede R. Virchow's: Die Freiheit der Wissenschaft in dieser Zeitschrift: Neue Folge 72. B. 1. Heft, S. 117—128. Waygoldt (Darwinismus, Religion, Sittlichkeit, S. 151) sagt: „Die Entwicklungslehre wird sich wohl siegreich erhalten, aber nur mit der Annahme eines zweckgeleiteten Fortschreitens, nur unter der Voraussetzung einer logischen Triebkraft." Aus solcher berechtigten Annahme folgt die Unhaltbarkeit des Materialismus mitsammt seiner noch dazu absoluten materialistischen Atomistik.

sie in der Abscheidung von dem Einen den eignen lichten Lebensgrund, den sie erst in der Erkenntniss, Glieder des Ganzen zu sein, wieder gewinnen. Klingt diess nicht etwas stark romantisch?*) Ist es da zum Verwundern, wenn der Verf. keine feste Gewissheit von seinen Aufstellungen hat und ihnen — wenigstens an dieser Stelle — nur hypothetischen Werth beilegt, zufrieden, wenn ihm das Recht eingeräumt wird, a u c h e i n e H y p o t h e s e aufstellen zu dürfen? Wir erkennen gerne an, dass, wenn die Philosophie hier über Hypothesen nicht hinauskommen könnte, die von ihm aufgestellte vom Einen sich zum immanenten Kosmos entfaltenden Urwesen als Urgeist noch immer sehr bedeutende Vorzüge vor der Hypothese des Pluralismus der Materialisten, der auseinander liegenden Vielheit absoluter (dem Sein nach unbedingter) Atome, haben würde. Aber wir verlangen von der Philosophie mehr als Hypothese, wirkliches Wissen, Gewissheit, mag man letztere auch mit Ulrici w i s s e n s c h a f t l i c h e n G l a u b e n nennen. Ein Wissen von Gott hat der Verf. nicht, nur Gefühl des Unendlichen, Vermuthung, Wahrscheinlichkeit, praktisches Postulat, Glauben. Die Einwürfe Kant's gegen die Gültigkeit des ontologischen, des apriorischen Beweises für das Dasein Gottes gelten ihm für unwiderleglich. Aber die Consequenzen Kant's, die Behauptung der Unerkennbarkeit des Uebersinnlichen, gleichviel ob von Oben herab oder von Unten hinauf angestrebt, zieht er nicht oder doch nur halb und halb, und bietet der Welt, was Kant für Scheinwissenschaft erklärt haben würde, als Wissenschaft an, wenn der Verf. es gleich da und dort als Hypothese bezeichnet. Wenn Kant von Gott sprach, so nahm er ihn im moralischen Glauben als überweltlichen vollendeten Geist an und schloss in diesem moralischen Glauben jeden Pantheismus aus, auch den Gott Persönlichkeit beilegenden. Die Welt war ihm in demselben Glauben Schöpfung Gottes und nicht seine Selbstverwirklichung. Wer die letztere Ansicht aufstellt, überschreitet nach Kant die Grenzen der menschlichen Vernunft und erzeugt eine blosse Scheinwissenschaft; macht er aber diese wieder zur blossen Hypothese, so hat er nach Kant streng genommen so gut wie nichts geleistet. Hypothesen sind zollfrei, aber Wissenschaft sind sie nicht, höchstens dass sie, was allerdings von ihnen reichlich

---

*) Oder getraut sich der Verf. in allem Ernste uns zu zeigen, dass und wie aus bewusstlosen Thätigkeiten der Atome endlich doch Bewusstsein hervorspringen könnte und müsste? Wir würden es nicht mehr romantisch nennen, wenn uns solche Genesis evident gemacht werden könnte. Selbst Naegeli getraut sich nicht, aus absolut empfindungslosen Atomen Leben und Bewusstsein erklären zu wollen.

geleistet wurde, Wissenschaft vorbereiten können in erforschbaren Gebieten, wozu aber nach Kant das Uebersinnliche nicht gehört. Nach dem Verfasser hat (S. 421) Kant's Kritik allerdings jener „schwärmerischen" Metaphysik ein Ende gemacht, die das vor- oder überweltliche Wesen Gottes aus reiner Vernunft oder nach Sätzen einer sogenannten übernatürlichen Offenbarung darstellen will und vom menschlichen Stand- und Augpunkt sich in den göttlichen zu versetzen meint.*) Angenommen diess wäre wahr, würde es dann doch mit Kant stimmen, auf dem Wege der Erfahrung, der Induktion, des Ganges von Unten nach Oben, von der Welt zu Gott, zu denselben Ergebnissen gelangen zu wollen, zu welchen der Pantheismus, sei er auch Persönlichkeitspantheismus, von Oben herab, apriori, gelangt zu sein glaubte? Gewiss nicht, Kantisch wäre diess in keinem Falle, auch wenn es sich abgesehen von Kant doch bewahrheiten könnte, was aber nicht sein kann, weil Erfahrung ohne apriorischen Einschlag niemals mehr als Wahrscheinlichkeit, so hoch sie steigen möge, gewähren kann. Kant würde von seinem Standpunkt der praktischen Vernunft aus die „Hypothese" des Verfassers von der Wesens-Immanenz Gottes in der Welt nicht einmal wahrscheinlich gefunden haben, sondern theoretisch unentscheidbar, praktisch aber irrig, weil dem Vernunftglauben widersprechend, der den überweltlichen Gott verlangt. Entweder also der Verf. beruft sich auf Kant mit seiner Behauptung: Gott ist eine Vernunftidee, aber wir haben von seiner Realität keine wissenschaftliche Gewissheit (eine solche könnte gar nicht sinnlich, und auch nicht mathematisch und könnte doch, wenn überhaupt möglich, eine wissenschaftliche sein), seine Annahme bleibt jedoch eine Forderung der praktischen Vernunft, dann muss er seine „Hypothese" fallen lassen, oder, er will sie aufrecht halten, dann darf er sich nicht auf Kant berufen. Soll Wesenserkenntniss Gottes und der Welt und ihres Verhältnisses in irgend einem Maasse möglich sein, so muss über Kant hinausgeschritten und die Berechtigung dazu nachgewiesen werden. Diess haben J. G. Fichte, Schelling, Hegel, Baader, Krause, H. Ritter,**) Ulrici in verschiedener Weise versucht, dann

---

*) Diess soll wohl auch von Baader gelten, den es aber nicht trifft, weil was er vom Leben Gottes lehrte, auf Rückschlüssen aus den Erfahrungen und Erkenntnissen des menschlichen Geistes beruht.

**) H. Ritter nennt sein System einen neuen (durch den Kriticismus hindurchgegangenen) Dogmatismus, widerlegt den Kriticismus kritisch und begründet mit tiefeindringenden Gründen die Berechtigung eines neuen Dogmatismus. S. Encyclopädie der philosophischen Wissenschaften I, 36—77 ff. Der Kriticismus Kant's ist im Grunde doch nichts Anderes als eine Einschränkung

aber nicht Hypothese, sondern wissenschaftliche Erkenntniss zu geben behauptet. Es wäre heute zu untersuchen, ob und inwieweit es ihnen oder Einem und dem Andern von ihnen gelungen ist, und auch einige ihrer Nachfolger wie Fortlage, Harms etc. wären in die Untersuchung einzubeziehen. Es wäre sogar über Kant hinaus zurückzugehen auf Leibniz und Spinoza, um zu prüfen, ob sie bezüglich des Beweises für das Dasein Gottes nicht schon das Richtige gesehen oder doch angebahnt haben, und ob überhaupt ihnen gegenüber der Kantische Kriticismus wirklich die volle Berechtigung in Anspruch nehmen darf, die er sich beilegt und die so Viele ihm zuerkannt haben. Prüfen wir z. B. den apriorischen Beweis Spinoza's für das Dasein Gottes als des einzigen Absoluten, von näheren Bestimmungen desselben abgesehen. Wie lautet er? „Unter Ursache seiner selbst verstehe ich das, dessen Wesen das Dasein in sich schliesst, oder das, dessen Natur nicht anders als daseiend begriffen werden kann. . . . Unter Substanz verstehe ich das, was in sich ist und aus sich begriffen wird; das heisst das, dessen Begriff nicht des Begriffes anderer Dinge bedarf, um daraus gebildet werden zu müssen. . . . Unter Gott verstehe ich das schlechthin unendliche Seiende, d. h. die Substanz, die aus unendlichen Attributen besteht, von denen jedes ein ewiges und unendliches Wesen ausdrückt."*) — Diese Aufstellung vertheidigt nun Spinoza gegen eine Einwendung, die im Kern der Sache dieselbe ist, welche Kant gegen den ontologischen Beweis gelten machen wollte, die übrigens schon Gaunilo im Mittelalter vorgebracht hatte. Spinoza erklärt: „Wenn Jemand sagte, er habe eine klare und bestimmte d. h. richtige Vorstellung von der Substanz, er sei aber dennoch ungewiss, ob eine solche Substanz da sei, so wäre dieses wahrlich dasselbe, als wenn er sagte, er habe eine wahre Vorstellung, er sei aber dennoch nicht gewiss, ob sie nicht falsch sei." Dagegen wurde und wird in dieser oder jener Fassung eingewendet: die Vorstellung, besser der Begriff, die Idee von Gott kann subjektiv richtig, nach Wesen und Gesetz der Vernunft zutreffend, adäquat gebildet sein, aber möglicherweise kann ihm oder ihr im Reiche des Daseienden nichts Objektives entsprechen, und wenn es ihm oder

---

des Skepticismus durch Dogmatismus und dieses durch jenen, also ein Mittelding zwischen beiden. Er erschrak vor dem Skepticismus und erschrak ebenso vor dem Dogmatismus, suchte nun Rettung in einem Mittleren zwischen beiden, und blieb daher halb skeptisch, halb dogmatisch. Oder ist er nicht skeptisch, wenn er alle Erkenntnissmöglichkeit des Uebersinnlichen leugnet, und nicht dogmatisch, wenn er apriorische Anschauungs- und Erkenntnissformen lehrt?

*) Mit diesen Sätzen beginnt Spinoza seine Ethik.

ihr auch (zufälligerweise) entspräche, so würde diess doch nicht aus dem Begriff von Gott folgen. Hierauf wäre vielleicht im Sinne Spinoza's zu erwidern: Aus dem Begriff Gottes Folgen heisst nicht aus ihm Erschaffen-werden. Gott wird eben nicht erschaffen und ist nicht erschaffen. Soll und kann also Gott nicht aus dem menschlichen Begriff von ihm geschaffen werden, so kann die Untrennbarkeit der behaupteten Richtigkeit des Begriffs von Gott von der Gewissheit seines Daseins nichts Anderes bedeuten, als der Begriff Gottes drückt im Geiste — gedanklich — das wahre Wesen Gottes aus, welches gerade darin besteht, dass es als das Unbedingte, das alles Andere, auch den menschlichen Geist und mit seinen Begriffen auch seinen Begriff von Gott Bedingende ist, somit das von aller Voraussetzung (auch des Begriffs von ihm) Freie, voraussetzungslos Seiende.*) Ein solches muss vernunftnothwendig als völlig einzig existiren, sonst könnte überhaupt nichts existiren, was anzunehmen widersinnig ist, weil unleugbar Wirkliches existirt. Wenn Wirkliches existirt, so ist es entweder unbedingt oder bedingt, folglich ist das Unbedingte jedenfalls wirklich, weil sonst auch kein Bedingtes existiren könnte.

Kant dagegen erklärt sich im Wesentlichen also: Die Idee Gottes ist eine nothwendige Vernunftidee. Der Begriff von Gott ist der Begriff eines absoluten, aus und durch sich seienden unendlichen schrankenlosen Wesens, Urgrund und Ursache alles endlichen Daseienden. Aber aus dem Begriff, der Idee Gottes, folgt nicht sein Dasein. Gott kann sein, aber aus unserem Begriff von Gott kann sein Dasein nicht erwiesen werden. Aber auch sein Nichtsein kann nicht erwiesen werden. Daher ist es möglich, dass er ist, und die praktische Vernunft kann sein Dasein desshalb ohne Widerspruch postuliren und glauben, weil ohne diesen Glauben sittliches Leben und sittliche Weltauffassung nicht möglich wäre.

Dagegen kann nachgewiesen werden, dass, da Kant die Möglichkeit der Existenz Gottes zugeben muss, weil an Unmögliches oder an als unmöglich Erkanntes vernunftmässig nicht geglaubt werden kann, auch ein Glaube an Gott aus moralischen Gründen ohne Einräumung der Möglichkeit Gottes unmöglich wäre. Da aber eine reine absolute, unendliche Möglichkeit nie aus sich heraustreten, nie in irgend eine Wirklichkeit aus sich selbst übergehen könnte, wozu ihr jedes aktualisirende Vermögen abgehen würde, somit so gut wie nicht wäre, so setzt sie, wenn sie nicht ein Wirkungs-

---

*) D. h. wenn der Mensch von Gott richtig denkt, so weiss er, dass Gott war, ist und sein wird, auch wenn der Mensch gar nicht wäre oder keinen Begriff von ihm hätte.

loses, umsonst Angenommenes sein soll, ein Wirkliches voraus, welches sie zu aktualisiren vermag und dieses kann nur ein Unbedingtes, Unendliches sein, da Bedingtes nur durch Unbedingtes sein kann und ohnehin ein Bedingtes niemals Macht über die Unendlichkeit des Möglichen haben könnte. Der ontologische Beweis für das Dasein Gottes schliesst aus der Vernunftnothwendigkeit des Begriffs von Gott, dass er sich als der Begriff eines bedingten Wesens und also als selber bedingt nur aus der Existenz des Unbedingten erklärt.

Dieser Beweis, der ein Gewisswissen gewährt, wie die Philosophie verlangt, wenn sie Wissenschaft sein soll, ist weder sinnlich noch mathematisch — was er auch weder sein soll noch kann —, und doch wissenschaftlich und zwar philosophisch-wissenschaftlich. Er hat nicht im Geringsten zur nothwendigen Folge, dass nun das Gute aus Furcht und Hoffnung, nicht aus Achtung vor dem Sittengesetz gethan würde. Wäre es der Fall, so würde die „Hypothese" von Gott gleichwie der Kantische moralische Glaube die gleiche Folge haben müssen, es sei denn, dass die „Hypothese" umsonst aufgestellt, der moralische Glaube kein gefestigter wäre. Wenn Kant die Religion als Erkenntniss der Pflicht als göttlicher Gebote erklärt, so will er doch nicht und besorgt auch nicht, dass nach dieser Erklärung die Menschen das Gute nothwendig nicht aus Achtung vor dem Sittengesetze thun würden. Die grossen Forscher Kepler, Spinoza, Leibniz, Newton, Kant etc. dachten anders hierüber als der Verfasser und bewährten durch ihr Leben die feste Ueberzeugung von dem Dasein Gottes.*) Obgleich nach des Verfassers Ueberzeugung, oder dürfen wir setzen nach seiner Hypothese, Gott und alles Seiende in ihm ewig ist, kann er doch sagen: „Die Urkraft (worunter er doch wohl Gott versteht) unterscheidet sich unmittelbar nicht in Vorstellungen, sondern in Kräften; die sind real, und indem die Urkraft sich zu Freiheit und Bewusstsein erhebt, stellt sie dieselben auch vor." Wäre diess wörtlich zu nehmen und nicht bloss als eine Ungenauigkeit des Ausdrucks, so würde Gott bewusstlos sein und bewusstlos sich in Kräfte unterscheiden und dann erst sich zum Bewusstsein erheben, was doch wohl nicht gut seine wirkliche Meinung sein kann, sonst wären die Unterscheidungen in Gott blinde Wirkungen und die Atome oder Monaden eher als sie von Gott gewusst würden. Es würde diese Meinung an Schelling's dunklen Grund in Gott erinnern, den Baader aufhob und verneinte,

---

*) Vergl. Wissenschaftliche Abhandlungen von Friedrich Zöllner, I, 209 ff.

nachweisend, dass Gott ein (geistiges) Licht sei, in dem keine Finsterniss angetroffen werde.*)

Doch mag jene Aeusserung des Verfassers nur eine Ungenauigkeit des Ausdrucks sein, wenn auch eine nicht unbedenkliche. Jetzt erst können wir uns genauer zu dem eigentlichen Kern seiner Lehre oder Hypothese wenden, zu der Frage, ob seine Gott-Weltlehre stichhaltig ist. Abgesehen davon, dass der Verf. einen eigentlichen wissenschaftlichen Beweis für das Dasein Gottes nicht geführt hat, sondern dasselbe als im Gefühl gegeben annimmt oder auch beiläufig sich auf den Beweis Kant's aus moralischen Gründen stützt,**) erweist sich, inhaltlich betrachtet, sein Standpunkt erhaben über den Materialismus, Naturalismus, Hylozoismus, den gemeinen Pantheismus, ohne darum dem Deismus anheimzufallen. Da er die Persönlichkeit Gottes anerkennt und gegen Einwendungen in Schutz nimmt, so ist seine Lehre insoweit theistisch und somit als eine besondere Form des Theismus anzuerkennen, nur dass sie zugleich insofern pantheistisch ist, als sie sich zu der Behauptung bekennt, Gott, der persönliche Gott, sei alles Seiende, und was wir die Welt nennen, die ihm mit dem Atomen- oder Monaden-Universum zusammenfällt, sei die Selbstgestaltung, Selbstverwirklichung oder Selbstauswirkung des persönlichen Gottes. Schöpfung wäre danach nichts Anderes als ewige Selbstherausstellung, Selbsterscheinung Gottes in seiner totalen Unendlichkeit. Hieraus würde folgen, dass Vermehrung oder Verminderung der Vollkommenheit Gottes, die ihm als dem Absoluten und Unendlichen zukommen muss, unmöglich wäre, nicht bloss sofern er Selbstbewusstsein und Wille und Macht ist, sondern auch sofern er sich in ein Monadenuniversum, die Totalität der Welt, die er zugleich selber ist, ausbreitet. Seiner Vollkommenheit müsste auch die Welt in der Gesammtheit ihrer Individualgestaltungen theilhaftig sein. Ist Gott ewiges unendliches Wissen und Weisheit, ewiger Wille, Güte und Liebe, so muss die Welt sie in ihrer Totalität rein widerspiegeln. Ist Gott der Allseiende, so muss er auch der Allbestimmende und die Welt in allen ihren Individuen das Allbestimmte sein. Wie eine Selbstbestimmung in den Individuen der Welt aufkommen könnte, wäre absolut nicht einzusehen. Das allgemein Determinirtsein in den Individuen, der

---

*) Die Schelling'sche Lehre vom dunklen Grunde in Gott beruht wenigstens nach Baader auf einem Missverständniss J. Böhme's.

**) Gelegentlich wirft er wohl auch den Gedanken hin, dass Bedingtes auf ein Unbedingtes zurückweise und es voraussetze. Aber nähere Begründung fehlt.

allgemeine Determinismus, würde aus dem persönlichen Gott, der eins mit seiner ewigen unwandelbaren Vernunft ist, mit derselben strengen Nothwendigkeit folgen, wie Spinoza den Determinismus aus der einigen an sich unpersönlichen Substanz abgeleitet hat. Da ihm die Substanz Alles ist, was sein kann, worein er die Vollkommenheit Gottes setzt, so ist ihm auch wie für Spinoza die Welt ewig vollkommen, erhebt sich nicht zu grösserer Vollkommenheit und sinkt nicht zu geringerer herab. Daran ändert sich für Spinoza auch nichts durch das unendliche Denken, welches er als eins der unendlichen Attribute der Substanz zuschreibt und welches sich sogar in einer einigen Vorstellung zusammenfasst. Diese Auffassung nöthigt ihn zu der Behauptung, dass Gott nicht nach Zwecken handle, wodurch er als unvollkommen erscheinen würde, sondern nach der Natur seines Wesens, wodurch die Vorstellungen von Gut und Böse, Verdienst und Sünde, Lob und Tadel, Ordnung und Verwirrung, Schönheit und Hässlichkeit etc. als Vorurtheile hinwegfallen, da sie nur Modi der Einbildungskraft sind, die nicht die Natur irgend eines Dings, sondern nur die Verfassung der Einbildungskraft anzeigen. Nach Spinoza muss die Vollkommenheit der Dinge nach ihrer Natur und ihrem Vermögen allein geschätzt werden, und die Dinge sind desshalb nicht mehr oder minder vollkommen, weil sie den Sinn der Menschen ergötzen oder verletzen, weil sie der menschlichen Natur zusagen oder ihr entgegen sind. Warum aber Gott nicht alle Menschen so geschaffen hat, dass sie blos durch die Führung ihrer Vernunft geleitet werden, erklärt sich nach Spinoza daraus, weil er Stoff hatte Alles zu schaffen von der höchsten nämlich bis zur niedrigsten Stufe der Vollkommenheit (doch wieder grössere und niedere Vollkommenheit!), oder eigentlicher gesprochen, weil die Gesetze seiner Natur so umfassend waren, dass sie zur Hervorbringung alles dessen, was von einem unendlichen Verstande begriffen werden kann, ausreichten. Also auch das physische und geistige Uebel in allen Gestalten kann vom unendlichen Denken als zu ihm gehörig und somit als ganz in der Ordnung begriffen werden! Tieferen Sinn hat es, wenn Kant (theistisch) sagt, dass Gottes Werke all die Grösse und Mannichfaltigkeit hätten, die sie nur fassen könnten. Wir untersuchen hier nicht, ob der Schluss der Ethik Spinoza's mit diesem Determinismus verträglich ist, wo gesagt wird, dass der von ihm gezeigte Weg zur wahren Erkenntniss und zum Besitz der wahren Seelenruhe zwar sehr schwierig scheine, aber sich doch finden lasse (von Allen, nicht von ihm allein?). Wie soll diess stattfinden können, wenn Alle unbedingt determinirt sind und die Freiheit des Willens absolut verneint wird? Der Verf. glaubt aus dem Begriff der absoluten Persönlichkeit Gottes nicht die gleichen Folgerungen ziehen zu müssen, welche Spinoza aus dem Begriffe der absoluten Substanz gezogen hat. Allein da ihm die absolute Persönlichkeit die unwandelbare ewige Vernunft, der ewig sich selbst gleiche unveränderliche vollkommene Wille ist, die absolute Macht, der nichts widersteht und widerstehen kann und die darum alles Seiende ist; da ihm Gott nicht der Herr, der Beherrschende seiner Vernunft, seines Willens und seiner Macht ist, sondern diese selbst, in ihnen aufgehend, und frei nur weil er dies Alles ganz und voll aus sich selbst ist, so sieht man keine Möglichkeit, wie Gott, mag er sich auch in sich in unendliche Modifikationen unterscheiden können, etwas von sich — sich theilend — loslassen, aus sich entlassen, zur Selbstthätigkeit entäussern, mit einer solchen Freiheit des Willens begaben kann, die er selbst nicht hat, nämlich mit einer in gewissem Maasse indeterministischen Freiheit des Willens, die sich aus sich zu Dem oder zu Jenem, zum Guten oder zum Bösen, zum Recht oder zum Unrecht etc. bestimmen kann. Ist Gott im eigentlichsten Verstande alle Dinge, das Centrum der Peripherie des seine eigene Wesenheit entfaltenden Monadenreichs, so ist er auch das All- und Allein-Bestimmende von Allem, und, wenn wir diese Anschauung in die erscheinende Wirklichkeit verfolgen wollen, so bestimmt sich Gott von Ewigkeit zu einer Welt des Unorganischen in allen Gestaltungen und ist sie selbst, er steigt aus sich selbst als dem Unorganischen auf zum Organischen, zur Pflanzen-, Thier- und Menschenwelt und ist sie alle selbst und wirkt alle Thätigkeiten und Verrichtungen in ihnen selbst. Er ist der Vergiftende im Gift, der Blutsaugende und Quälende im Insekt, der Stiereverschlingende im Löwen, der Menschenfressende im Tiger und Haifisch, der Glauben Erzeugende im Gläubigen, der Unglauben Erzeugende im Ungläubigen, der Edelsinn, Güte, Liebe Erzeugende im Edlen, der Verbrecher-Lust und That Erzeugende im Verbrecher, im Heiligen im Himmel, im Verdammten in der Hölle. Wenn der Verfasser diese Folgerungen nicht zieht, so verfährt er eben unfolgerichtig und entnimmt aus dem reinen Theismus Gedanken, die ihm nicht zustehen, weil sie nicht bloss aus seinen Vordersätzen nicht folgen, sondern sogar mit ihnen im Widerspruch stehen. Man kann sie glückliche Inconsequenzen nennen, und sich ihrer erfreuen, aber sie hören damit nicht auf Inconsequenzen zu sein. Nach dem Verf. ist Gottes Persönlichkeit, Selbstbewusstsein und Wille, nicht die ewig in sich vollendete, in sich beschlossene Voraussetzung seiner Weltschöpfung, sondern er bestimmt sich seiner Natur nach — nicht durch Gedanken und

Entschluss — zur Gestaltung eines Monadenreichs (das wir, wiewohl es in Gott und Gott selbst ist, Welt nennen) und ist nur vermittelst dieses aus seiner Natur folgenden Monadenreichs Bewusstsein, Wille, Geist, Persönlichkeit. Nur in der und durch die Hervorbringung der Welt ist er Geist. Dem Monadenreich als Naturwirkung Gottes kann also nicht „Freude und Würde" der Willensfreiheit verliehen sein, um so weniger als sie sich erst durch eine unbegreifliche (unmögliche) Selbstthat aus Bewusstlosigkeit zu Bewusstsein erheben sollen. Ist alles sogenannte Geschaffene — wenn auch nicht zeitlich doch begrifflich — vorgeistige Naturwirkung Gottes, so kann er auch den naturnothwendig wirkenden Gesetzen seiner Natur nie entrinnen, und die Offenbarung Gottes in ihnen als Vernunft und Güte kann keine Emancipation zur zurechnungsfähigen Freiheit des Willens der Monaden oder eines Theils derselben sein. Gott muss nicht darum ruhender Zustand sein, weil er in seiner ewigen überweltlichen Vollendung sich selbst genug ist, denn er ist ewige Selbsterneuerung und Selbstverjüngung. Die Weltschöpfung ist nicht ein Akt eines göttlichen Bedürfnisses, der ihn erst von Armuth des Seins, von Nichtvollendetheit befreite, nicht ein Akt der Noth zum Erlangen seiner Vollkommenheit, sondern ein freier Akt seiner Liebe und Güte aus der Fülle des Reichthums seines ewigen Seins. Der genialste, tiefsinnigste Philosoph des Alterthums, Platon,[*]) stand dieser Ansicht wenigstens ungleich näher als dem Pantheismus, und die grossen Forscher neuerer Zeit, Copernikus, Kepler, Cartesius, Newton, Leibniz, Berkeley, Wolff, Kant, Montesquieu, Herbart huldigten dem überweltlich ewig vollkommenen Gott als absolutem Urgeist. Der hochbegabte, menschenfurchtlose Friedrich Zöllner bringt bezüglich mehrerer der Genannten authentische Belege in Erinnerung, die der Beachtung zu empfehlen sind.[**]) Von Newton ist bemerkenswerth, dass er in einer längeren Anmerkung im 5. Abschnitt des dritten Buches seines berühmten Hauptwerkes Gott nicht als Weltseele, sondern als den Herrn aller Dinge, als überweltlich vollkommen, erhaben über das Weltall, überall gegenwärtig und wirksam bezeichnet, und obgleich er Alles in ihm (ganz im Sinne Baader's als seiner Macht und Herrschaft unterworfen) enthalten sein lässt, doch zur Vermeidung jedes Missverständnisses hinzufügt: „Die Heiden dachten sich, dass die Sonne, der Mond, die Sterne, die Seelen der Menschen und alle anderen Theile der Welt Stücke

---

[*]) Vergl. Ueber αἰτία im Philebos von Rettig in dieser ph. Zeitschrift, Neue Folge, 72. B. 1. Heft (1878) S. 1—43.

[**]) Wissenschaftliche Abhandlungen von Friedrich Zöllner I, 209—214.

des höchsten Wesens ausmachten."*) Der Persönlichkeitspantheismus trat wohl zuerst unter den Neueren in Jordano Bruno hervor, erhielt aber seine stärkste Begünstigung durch den Einfluss Spinoza's seit Jakobi's, wiewohl seiner Tendenz widerstreitenden, Anregungen Spinozistischer Studien. Spinoza selbst näherte sich schon einigermaassen diesem Standpunkt von Ferne durch sein seiner Substanz beigelegtes Attribut des unendlichen Denkens, vermöge dessen es ihm „in Gott nothwendig eine Vorstellung sowohl seiner Wesenheit als alles Dessen gibt, was aus seiner Wesenheit nothwendig folgt, welche Vorstellung nur eine einzige sein kann". Die an sich bewusst- und willenlose Substanz soll doch zugleich natura naturans sein und wird von Gott, sofern er natura naturata ist, von ihr aus und von ihr rückwärts in einer das unendliche Denken umfassenden Vorstellung vorgestellt und begriffen.**) Wie unklar und seltsam diess sei, so ist es doch bestimmt Spinoza's Lehre, nach welcher Vorstellung und damit Bewusstsein zwar nicht der Substanz an sich, ihr aber doch in ihrem Attribut und nicht erst in den Modi, den einzelnen endlichen vorstellenden und bewussten Wesen, zukommt. Erst nach dem Hervortreten des Theismus des Leibniz konnten bestimmtere Versuche einer Verschmelzung des Pantheismus und des Theismus hervortreten. Ihre markirtesten Repräsentanten sind Lessing und Herder,***) beziehungsweise Vorläufer der späteren Gestalt der Philosophie Schelling's, von welcher aus, wohl auch unter Einfluss Lessing's und Herder's, die persönlichkeitspantheistische Anschauung in verschiedenen Modifikationen sich auf Weisse, J. H. Fichte, Fechner, Lotze, Teichmüller, den Verfasser und Andere verbreitete. Am bedeutendsten fällt hier Schelling in's Gewicht, wenn auch die besondere Art seiner Fassung jenes Grundgedankens von keinem einzigen der Genannten getheilt werden dürfte. Auf den Grundgedanken der persönlichkeitspantheistischen Ansicht aber beruft sich auch der Verfasser, wenn er (S. 430) Schelling wortgetreu sagen lässt: „Dass Gott das Seiende selbst ist, dass bei Gott allein das Sein und daher alles Sein nur das Sein Gottes ist, diesen Gedanken lässt

---

*) Sir Isak Newton's Mathematische Principien der Naturlehre. Mit Bemerkungen und Erläuterungen von Prof. Dr. Ph. Wolfers S. 508—511.

**) Hätte man Spinoza gefragt, ob denn auch das unendliche Denken der Natura naturata begreife, wie die unendliche Substanz als Natura naturans sich in jener zur Vorstellung, zum Bewusstsein bringe, so würde er — gleich den Materialisten — keine Antwort zu geben vermocht haben.

***) Die christliche Philosophie etc. von Heinrich Ritter II, 482, 494 bis 495.

sich weder die Vernunft noch das Gefühl rauben; er ist der Gedanke, dem allein alle Herzen schlagen." Allein es ist doch noch ein Unterschied, ob alles Sein Gott ist oder ob alles endliche Sein Gottes, des absolut Seienden, ist, weil es durch ihn geschaffen, gegründet und daher in dem Sinne in ihm ist, dass es sich seiner Macht nie entziehen kann.*) Im allgemeinsten Sinne ist daher alles Geschaffene, Bedingte in Gott als in seiner Macht, darum ist es aber nicht Theil, Moment, Position seines Seins, auch nicht Edukt, sondern Produkt, sonst wäre Gott nicht der überweltliche, weltfreie, sondern verflochten in die Welt und ihre Prozesse, ewig und zeitlich zugleich, vollendet und anfangs-endlos unvollendet, einig und zugleich zersplittert, zerrissen. Seine Vollkommenheit müsste, was doch widerspruchsvoll, im Zugleichsein seiner Vollkommenheit und Unvollkommenheit, seiner Harmonie, seines Friedens, seiner Seligkeit, und der Disharmonie, seines Unfriedens und Widerstreits, und der Unseligkeit bestehen. Wenn die Welt anfangslos wäre, so müsste auch die Zeit anfangslos sein so wie der Raum absolut unendlich und erfüllt mit absolut unendlich vielen Wesen, was nicht bloss über alle Begriffe hinausgeht, sondern auch begrifflos ist, und diess selbst für einen unendlichen Verstand sein müsste, der sich noch irgendwie von dieser Unendlichkeit von Zeit, Raum und Wesen zu unterscheiden vermöchte. Eine anfangslose Zeit wäre auch endlose Zeit und das Zeitlich-Räumliche wäre und bliebe in unendliche Zeit hin gebrochen, widerstreitend, zerrissen.**) Alle Entwickelung wäre wie anfangslos — grundlos — so auch ziellos, und wirkliche, wahrhafte Geschichte, wie auch Schopenhauer bei jener Voraussetzung einräumt, unmöglich, weil nur ziellose — gleichgültige — Veränderung übrig bleiben würde. Nach unendlicher Zeit wäre die Welt nicht weiter geschritten als sie vor unendlicher Zeit schon geschritten gewesen wäre — nicht weiter als sie vor jedem noch so weit zurückliegenden Zeitpunkt schon gewesen wäre und als sie nach jedem noch so weit in der Zukunft liegenden Zeitpunkt sein würde. Alle Veränderungen wären nur gleichgültig, da sie ein Ziel nicht haben könnten und ein solches weder in irgend einer

---

*) Mag es nun nach Baader's Terminologie von Gott durchwohnt oder auch in seine Beiwohnung (im Zeitleben) oder selbst in seine Inwohnung aufgenommen sein.

**) Auch Teichmüller verwirft das Ins-Unendliche-Gehen nach Rückwärts und nach Vorwärts, wenn auch aus einem andern Grunde als wir. Wenn ihm (l. c. S. 78) die Welt ein absolutes System und überall abgeschlossen ist, so kann man das Letztere ontologisch einräumen, aber nicht ethisch, weil Fortschritt zur Vollendung stattfinden soll.

Zukunft erreichen könnten, noch in irgend einer Vergangenheit erreicht gehabt hätten.*) Ein Hauptmotiv des Deismus in seiner strengen Unterscheidung Gottes und des Weltalls war und ist die Reinerhaltung der Vollkommenheit, Heiligkeit, Seligkeit, Anbetungswürdigkeit Gottes, geleitet von den Ehrfurchtsgefühlen für das absolute geistige Wesen. Spricht der Deismus Gott die Macht der Weltschöpfung zu, so ist es wohl unrichtig, dass er mit der Schöpfung die Macht Gottes erlöschen lasse, sondern er behauptet nur, dass Gott die Ausübung seiner Macht freiwillig suspendire, weil die Welt bei der Schöpfung schon mit allen Kräften und Gesetzen, deren sie bedurft habe, von Gott ausgerüstet sei und nur durch freie Suspendirung der Wirksamkeit der göttlichen Macht durchaus selbstthätige Entwickelung der Welt möglich sei. Der Theismus aber, das Moment der Wahrheit im Deismus, die strenge Unterscheidung Gottes von der geschaffenen Wesenheit der Welt, festhaltend, behauptet die permanente Wirksamkeit Gottes, durch die göttliche Weisheit so geordnet, dass damit die Selbstthätigkeit der Weltwesen und die Selbstbestimmung der geistigen Wesen sehr wohl bestehen kann, weil ihm Gott freiwollendes und Freiheit wollendes Wesen ist.

Allein ist der Schöpfungsbegriff des Theismus nicht unlösbaren Schwierigkeiten unterworfen? Wir antworten auf diese Frage:

Das Weltall kann nicht Selbstauswirkung, Naturwirkung Gottes sein, auch nicht des Gottes, der sich aus seiner Natur zum Selbstbewusstsein erhoben haben soll. Es müsste dann die Vollkommenheit Gottes allseitig wiederspiegeln und alle Wesen müssten von Natur vollkommen, widerstandsfrei, harmonisch zu einem vollendeten Ganzen geeint sein. Diese Annahme widerspricht der Erfahrung

---

*) Der bedeutende Naturforscher Naegeli bekennt sich zum empirischen Materialismus und somit auch zu der begrifflosen Lehre von der Anfangs- und Endlosigkeit der Zeit und damit zu der Gleichgültigkeitslehre aller kosmischen Veränderungen. Da die Geschichte des Universums jedenfalls eine enorm riesige ist, so könnte immerhin seine Angabe, dass seit Entstehung der Organismen auf unserer Erde 500 Millionen Jahre verflossen seien, nicht unmöglich sein, aber erwiesen hat er sie nicht. Siehe Amtlicher Bericht der 50. Versammlung deutscher Naturforscher und Aerzte in München vom 17. bis 22. September 1877. (München, Straut, 1877.) S. 33. — Soll aus Naegeli's empirischem Materialismus ein philosophischer werden, so müsste doch philosophirt werden. Aber N. entschlägt sich dessen und erlaubt und überlässt es zugleich Anderen. Teichmüller sagt (l. c. S. 86): „Die (wahre) Wirklichkeit erschliesst sich nicht den Sinnen, sondern nur der Vernunft, die sich selbst erkennt." „Die Thatsachen (erklärt T. S. 57) für sich bilden noch keine Wissenschaft, sondern erst die Erklärung der Thatsachen nach (aus) Principien."

und ist schon darum hinfällig. Ist aber Gott nicht der im Weltall sich vollendend selbst auswirkende absolute Geist, das Weltall nicht von Natur die vollkommene Spiegelung der Vollkommenheiten Gottes, was es auch in einem anfangs-endlosen Prozess nicht werden könnte, so muss das Weltall, da es nicht ein zweites Absolutes oder ein Inbegriff dem Sein nach absoluter Wesen sein kann, da die Einzigkeit des Absoluten feststeht, irgendwie durch Gott hervorgebracht sein. Da Gott absolut unwandelbar und untheilbar ist, so kann die Welt nicht dadurch hervorgebracht sein, wie Mainländer unsinnigst meint, dass er sein Sein in die Welt aufgehoben hätte, so dass einzig und allein nur noch die Welt wäre, noch auch dadurch, dass er einen Theil seines Seins zur Welt entäussert hätte und mit dem andern Theil Gott geblieben wäre. Folglich kann das Weltall weder Selbstauswirkung Gottes, noch Gestaltung eines ohne ihn vorhandenen Stoffes, noch Entäusserung seiner Wesenheit oder von Theilen seiner Wesenheit, sondern es muss Schöpfung Gottes, Hervorbringung aus Nichts sein. Wie eine solche Schöpfung sich vollzieht, ist dem menschlichen Verstande unbegreiflich, aber sie selbst ist darum nicht unmöglich. Möglich muss sie sein, weil jede andere Erklärungsweise des Ursprungs der Welt auf unausweichliche und unlösbare Widersprüche stösst, die dargelegte aber allein nicht. Was den endlichen Wesen unmöglich ist, Schöpfung, Werden aus Nichts, das braucht darum nicht dem Unendlichen unmöglich zu sein, denn das dem Endlichen Mögliche ist nicht das Maass des dem Unendlichen Möglichen. Da uns das Unendliche seinem Begriffe nach unergründlich, unausgründbar ist, so können wir ihm das Vermögen der Schöpfung aus Nichts nicht absprechen, zumal jede andere Erklärungs-Annahme unausweichlich sich als widerspruchsvoll erweist. Aus dem Begriff Gottes als des Unendlichen, Unausforschbaren, folgt nothwendig, dass nur er sich selbst vollendet erkennen, durchschauen kann und alle endliche Intelligenz Schranken ihres Erkenntnissvermögens unterworfen ist und begriffsnothwendig sein muss, sonst müsste sie Gott sein oder — noch widersinniger — Gott werden können. Der aus der sichern Erkenntniss Gottes als des allein Absoluten, Unendlichen und Vollkommenen sich ergebenden Vernunftnothwendigkeit unserer Erkenntnissschranken unterworfen zu sein, ist selbst eine vernunftnothwendige Erkenntniss, und sich ihr erkennend zu unterwerfen, ist das echt Philosophische*) und nicht Gefühlsphilosophie oder unklare falsche

---

*) Kant fehlte nicht durch die Anerkenntniss von Schranken des menschlichen Erkenntnissvermögens, sondern nur durch eine zu enge Fassung derselben. Hegel fehlte nicht durch die Anerkenntniss der Erkenntnissmöglichkeit

Mystik, wie Liebmann, Caspari, v. Baerenbach und Andere unkundig wähnen. Ist denn die Anerkennung der Berechtigung des Gemüths als eines mitberücksichtigungswerthen Faktors im gesammten Geistesprozesse nicht ein Vorzug eines philosophischen Systems anstatt eines Mangels? Will man gegen Gefühlsphilosophie streiten (einseitige Gefühlsphilosophie), so muss man nicht gegen Baader, sondern gegen Rousseau, Jakobi und Schleiermacher zu den Waffen greifen. Dieses Ergebniss der Untersuchungen über den Schöpfungsbegriff wird im Wesentlichen bestätigt durch die Darlegungen der drei hervorragenden Denker: Franz Baader, Heinrich Ritter und Hermann Ulrici, bei aller Eigenthümlichkeit eines jeden von ihnen.

Wir führen zum Schluss Baader's, Ritter's und Ulrici's Schöpfungslehre in einer Zusammenfassung zerstreuter Stellen vor:

„Gott ist der Geist aller Geister und das Wesen aller Wesen. Alle Individualität (unendliche wie endliche, R.) ist Untheilbarkeit und zugleich Unvermischbarkeit (mit Anderem, R.). Darum ist Gott als absolutes Individuum auszeichnungsweise mit der geschaffenen Welt nicht vermischbar. Wesentlich, vollendet, leibhaft ist die Vollendung jedes Seins (auch des Unendlichen, R.), und wenn ein Wesen produciren will, so muss es bereits diese erlangt haben. Jedes emanente Produkt ist daher nicht aus dem Wesen des Producenten, sondern nur Bild des Producenten. Die Produktion darf nicht als Transposition oder Eduktion hinweg erklärt werden. Schöpfung aus Nichts ist Produktion und nicht Emanation. Gott ist Universalität aller Essenz, obschon die von ihm kommenden Essenzen von seiner Essenz unterschieden sind. Alle Essenzen kommen oder stammen von Gott, sind aber nicht seine Essenz. Es findet keine Homousie zwischen beiden statt.

Das unvermittelte Hervorgehenlassen der Creatur aus Gott macht die Vermengung beider unvermeidlich. Hat man nun aber die Nothwendigkeit der Vermittelung erkannt, so darf man auch nicht übersehen, dass die Vermittelung des Hervorgangs doppelt ist, nämlich vermittelt durch die Idee als Mitwirker und durch die exekutive schaffende Macht als Energie oder werkzeuglichen Mitwirker. Entbehrt man dieser Einsicht und fasst man alsdann den Ursprung der Creatur zu hoch in Gott, so muss man nachher über die Gebühr herabstimmen, um ihren Abfall von der Idee oder auch nur ihre natürliche Unangemessenheit zu der Idee zu erklären, und man fällt dem Irrthum der Gnostiker anheim, von welchem jener

---

des Uebersinnlichen, sondern durch die Behauptung absoluten (Gott gleichen) Wissens desselben.

der neuesten Philosophie doch nur eine Fortsetzung ist, wenn sie die Schöpfung selbst als einen Abfall der göttlichen Idee von sich, folglich als die erste Sünde vorstellt. So sagt Hegel, mit Recht sei die Natur überhaupt als Abfall der Idee von sich selbst bestimmt worden, womit er also Schelling's Behauptung adoptirt, vom Absoluten zum Wirklichen (Endlichen) gebe es keinen stetigen Uebergang, der Ursprung der Sinnenwelt sei nur als ein vollkommenes Abbrechen von der Absolutheit denkbar, ihr Grund könne nur in einem Abfall von dem Absoluten liegen. Die wahre Philosophie hat ebensowenig den Unterschied des schöpferischen und des geschöpflichen Thuns im Erkennen, Wollen und Wirken gegen beider Confundirung festzuhalten, als sie sich der Trennung beider zu widersetzen hat. Das schöpferische und das geschöpfliche Thun und Sein absolut trennen, anstatt es zu unterscheiden, und es zu vermengen, anstatt es zu einen, heisst beides leugnen. Hievon gibt uns Spinoza ein denkwürdiges Beispiel. Wie Hegel bemerkt, könnte man von Spinoza behaupten, dass er unmittelbar ein Weltleugner, nicht aber ein Gottesleugner gewesen sei. Aber eben weil er die Welt mit Gott vermengte, leugnete er mittelbar auch den Schöpfer. Diese Leugnung des Geschöpfs als eines von Gott Hervorgebrachten hat Schelling adoptirt mit den Worten: „Wie alle Dinge zuletzt aufgelöst sind in der Existenz der alleinigen Substanz, so nimmt jedes Höhere das Niedrigere in sich auf als ein zu seiner Existenz Gehöriges, wie denn Alles zuletzt zur Existenz des Einen Unendlichvollen gehört, aber eben darum wird jenes Niedrigere nicht von dem Einen Absoluten oder Gott hervorgebracht – geschaffen –, sondern ist mit ihm zumal." Desselben Irrthums macht sich Schelling schuldig, wenn er anderwärts den Grund der Existenz der Welt oder des Geschaffenen mit dem Grund der Selbstoffenbarung Gottes identisch setzt, und den Grund des Geschaffenen keineswegs aus jenem hervorgehen, von ihm also nicht unterschieden sein lässt. Schlimmer kann die Philosophie den die Grenzen des eigenthümlichen Daseins feststellenden und darüber wachenden Genius — den Horos — nicht beleidigen, als wenn sie die Grenzen des Schöpfers und des Geschöpfes aufhebt. Da Wissen und Sein nicht trennbar ist, so ist die Confundirung des schöpferischen mit dem geschöpflichen Wissen nicht minder pantheistisch-spinozistisch als jene des Seins des Absoluten mit dem Geschöpflichen, und der Irrthum, welcher dem Absoluten zwar Selbstbewusstsein gibt, jedoch dieses nur durch das Selbstbewusstsein der endlichen Geister (oder auch nur mit durch dasselbe, R.) sich verwirklichen lässt, ist nur eine Folge jenes Fichte'schen Irrthums, der . . . die absolute Freiheit des

Erkennens als ursprünglich im creatürlichen Geiste, nicht im absoluten sich dachte.

Gegen die Confundirung des geschöpflichen Wesens mit dem des Schöpfers drückt sich Meister Eckart bestimmt mit den Worten aus: „Gottes Wesen mag (kann) nicht unser Wesen werden, sondern soll unser Leben (unsere Begeistung) sein. Wir empfingen als geschaffen ein fremd Wesen, das vom göttlichen Wesen geursprunget ist. Wir werden mit Gott geeint in Schauung, nicht in Wesung.

Die Vollendung des sich selbst bewussten göttlichen Geistes, welcher als Subjekt-Objekt ein Erfülltes, Ganzes, Sichselbstgenügendes ist, wird nur durch eine natürliche (darum ewige, R.) Eingeburt vermittelt. Aber die Fülle oder Totalität des göttlichen Geistes verschliesst sich nicht neidisch, sondern geht in der Schöpfung (Factio) über und aus, sich frei ausbreitend, gemeinsammend, ihr Sein über Anderes ausbreitend und dieses Andere in sich befassend. Der Begriff des absoluten Geistes schliesst daher jenen der absoluten (einzig absoluten, R.) Causalität ein. Nur der Geist ist absolut ursachend. Dieses Aussersichhervorbringen des absoluten Geistes ist ein freies, keine immanente Geburt und keine äussere Zeugung aus Instinkt und Noth. Der absolute Geist theilt sich nicht mit diesem Hervorbringen in seiner Substanz und lässt von seiner Ganzheit nicht ab. Zugleich geht aber auch dem absoluten Geist durch sein Hervorbringen einer Welt nichts zu und er bedarf dieser Aeusserung nicht zu seiner Vollendung. Schöpfend erschöpft er sich nicht in seinem Geschöpf, geht nicht in ihm auf, sondern erhebt sich über die Welt. Weil der absolute Geist bereits (ewig) vollendet und in sich sich genügend ist, so bringt er nichts Höheres oder Vollendeteres als er selbst ist hervor, und nichts Gleiches, keinen zweiten Gott, weil ein Hervorgebrachtes kein Gott, kein ursprünglich Hervorbringendes mehr wäre. Die emanente Hervorbringung Gottes, die Schöpfung, kann daher nur die seines (emanenten) Abbildes oder Gleichnisses sein, weil sein immanentes Bild die ewige Idee (Weisheit) ist. Wenn (und da) der Schöpfer Geist ist, so vermögen die creatürlichen Geister sich nur durch Theilhaftsein des Urgeistes in ihrer Sphäre als freie Causalitäten zu äussern. Der für sich seiende, insofern auf sich beschlossene Geist ist und bleibt ohne seine selbstische (frei gewollte, R.) Offenbarung allem Andern ein Geheimniss, und unterscheidet sich von der selbstlosen (endlichen) Natur (auch) dadurch, dass er nicht wie diese ohne eigenes Zuthun dem Erkennen eines Andern sich ausgesetzt und unterworfen befindet. Alle Dinge haben ihr Bestehen und ihre Wahrheit nicht in sich, sondern in ihm, und Gott erkennt sie darum in ihrer Wahrheit nicht in ihnen, sondern in sich als Autor. Ebenso vermögen die sich selber erkennenden Creaturen sich in ihrer Wahrheit nicht in sich, sondern nur in Gott zu erkennen.

Jeder dualistischen Zerreissung steht die richtig gefasste Lehre der Immanenz entgegen, welche weder ein Hinzukommen eines Andern (in Gottes Wesen), noch ein Hinwegkommen (aus dem Wesen Gottes heraus) gestattet. Nur aus diesem Standpunkt der Immanenz muss Hegel's Begriff eines objektiven Gedankens gefasst werden, welcher über sein System hinausführt. Wie nämlich das Geschöpf beständig und trotz aller seiner Verirrungen und Abweichungen doch in der Macht seines Schöpfers bleibt, so bleibt der Gedanke des geschöpflichen Geistes immer in der Macht des schöpferischen Gedankens, und Hegel wollte (sollte, R.) also hier, recht verstanden, für die Bewegung der Geister nur denselben grossen Gedanken aussprechen, welchen Newton für die Bewegung aller Gestirne aussprach. Gleichwie alle Gestirne sich nur auf einmal bewegen, weil alle ihre einzelnen Bewegungen in einer allgemeinen befasst sind und bleiben, so wird durch Hegel's Behauptung dasselbe von den Intelligenzen und deren Denken gesagt, dass sie nämlich alle nur zugleich denken, wenngleich hiemit die verschiedenen Weisen der Immanenz des Einzelnen in dem Einen keineswegs bestimmt ist, so wenig Newton durch seine Behauptung des Befasstseins aller Bewegungen der Gestirne in einer Centralbewegung die Weise der Immanenz der Einzelbewegungen in der Universalbewegung bestimmt hatte.

Die intelligente Creatur steht in einem dreifachen Verhältniss zu ihrem Schöpfer und Erhalter: in jener des blossen Gewirktseins von Gott, in jener ihres Wirkens mit Gott, und in jener ihres Alleinwirkens für Gott. Was in Gott, dem in seinem ewigen trinitarischen Lebensprozess Vollendeten nicht möglich ist, das Aufkommen einer negativen Vermittelung als eines aktuosen Widerspruchs, das ist allerdings im geistigen Geschöpfe möglich. Sieht man das Unwesen einer solchen im Geschöpfe (faktisch) aufgekommenen Negativität nicht ein, so muss man dieselbe, da man sie als am Geschöpfe haftend nicht leugnen kann, in Gott selber legen, wie diess von Grüblern im Orient und neuerlich von Schelling, Hegel, Daumer versucht wurde.

Spinoza's Gott gleicht einem Centaur, dessen Haupt göttlich und dessen Leib und Gliedmaassen geschöpflich sind. Nach dieser vielgerühmten aber flachen Vorstellung finden sich der Schöpfer und das Geschöpf nicht durch das Band der freien Liebe im Entstehen wie im Bestehen zusammen im Bunde, sondern durch die Noth der Existenz aneinander gekettet und gebunden, weil ja das Centrum seiner Peripherie, die Peripherie ihres Centrums bedarf, um zur vollen freien Existenz zu gelangen. Schöpfer und Geschöpf liegen sich nach dieser monströsen Vorstellung um ihre beiderseitige Existenz, jeder um seiner selbst willen und aus Noth, in den Haaren. Der in seinem Dasein völlig freie und unabhängige Gott verbirgt gleichsam selbst der Creatur ihre Abhängigkeit von ihm, damit ihr Dienst gegen ihn ein freier und kein serviler, durch Noth gezwungener Dienst sein möchte. Aber dieses freie Verhältniss zwischen Geschöpf und Schöpfer fände nicht statt, wenn nur die Noth und das Bedürfniss der Integrität ihrer Existenz beide aneinander kettete. Dann wäre aber auch keine freie Liebe Gottes zur Creatur möglich, weil nur das reiche, ganze, sich genügende Gemüth liebt, das arme, halbe, unganze und bedürftige Gemüth nicht zu lieben, sondern nur zu begehren vermag. Den Urstand und Bestand der Creatur einer andern Ursache zuschreiben, als der Liebe Gottes, heisst Gott leugnen. Auch für Gott — die absolute Monas — gilt, dass jede Hervorbringung nur der Effect der Selbstpotenzirung des Hervorbringenden ist. Aber diese Selbstpotenzirung der absoluten Einheit ist als absolut immanent zu fassen, indem 1 als 1^1, 1^2 und 1^3 erhoben doch nur Eins — alleinig — bleibt, somit in und bei sich selber. Von der Hervorbringung ihrer Abbilder aber — von der Creation — muss gesagt werden, dass die intelligente Creatur nie die Art und Weise wissen und begreifen kann, auf welche Gott sie hervorbringt und erhält, so dass also eine Theorie der Schöpfung in diesem Sinne ein vermessener Ausdruck ist. Das ewige Geheimniss des Wie unseres Entstehens und Fortbestehens ist die Basis unserer Bewunderung Gottes und unserer ehrfurchtvollen Unterwerfung unter ihn als unsern Schöpfer und Erhalter. Der Begriff einer in ihrer Vollendung gehemmten, der Zeit unterworfenen Produktion ist von dem Begriffe der (immanenten) Produktion Gottes ferne zu halten. Es darf daher der Begriff eines successiven, abtheiligen Geschehens, einer Geschichte, auf keine Weise in Gott hineingetragen werden. In diesem Sinne die Zeit in den ewigen Gott bringen wollen, heisst den Dualismus in ihn bringen wollen, und dieser Irrthum spricht sich auch damit aus, dass man von einem dunkeln Grunde in Gott als der Voraussetzung seiner als absoluten Geistes spricht. Nur für den geschaffenen Geist ist die Natur die Voraussetzung seines Seins. Allein es ist nicht minder ein Irrthum, den Begriff einer Genesis überhaupt, nämlich einer nichtzeitlichen, aus Gott hinausweisen zu wollen und zu behaupten, dass Gott in sich und abgesehen von ihm als Schöpfer nur ein bewegungsloses und lebloses, unfruchtbares Sein habe und dass er nothwendig habe schaffen müssen, um sich eine Motion zu machen. Unter einem solchen Sein Gottes könnte man sich nur ein Wirkloses, Unaktives denken, welches nur erst im Geschöpfe sich verwirklichte, so dass Gott folglich als der in sich Vollendete seine Vollendetheit im Geschöpfe nicht bloss abspiegelte, sondern, durch Noth getrieben, um seine Vollendetheit zu erlangen, sein Geschöpf in sich und aus sich hervortriebe. Wie aber das Geschöpf (die Welt) mit Gott nicht zu vereinerleien ist, so darf auch keine deistische Trennung zwischen beiden statuirt werden. Es ist die ungeschaffene, der Creatur eingesprochene und ihr inwohnende Idee, welche sie mit Gott in effektivem Bezug erhält, sowie sie selber die Mitte in der intelligenten Creatur ist und ihre nichtintelligente Natur mit ihr vermittelt.

Da das produktive Vermögen des Schöpfers sich nicht unmittelbar äussert, sondern mittelst des vorgesetzten Gedankens und des produktiven Vermögens, so bringt der machtlose Gedanke so wenig hervor als die gedankenlose Macht und sie bringen also nur in ihrer Vereinigung hervor. Daher kommt nicht, wie Leibniz meinte, die Creatur als Monade (die gesammte Monadenwelt, R.) unmittelbar aus der Einheit — der göttlichen Monas — durch eine Coruscation (Fulguration) oder Emanation hervor, welche keine Schöpfung und womit die Creatur, wie der Pantheist will, einswesig mit Gott wäre, sondern aus dem, was man die Aeusserlichkeit Gottes nennen muss, aus seiner Herrlichkeit, deren Begriff die obschon unauflösbare Mehrheit von Potenzen, Prinzipien und Kräften in sich schliesst. Diesen Inbegriff göttlicher Kräfte oder Potenzen nennt J. Böhme die ewige Natur in Gott, welche ewig dem göttlichen Geiste actu aeterno unterworfen der Manifestation desselben dient. Die Natur in Gott ist seine Macht, und Gott wäre nicht der Absolut-Mächtige, wenn er naturlos, seiner Natur nicht mächtig, nicht absolut naturfrei wäre.

Es widerspricht sich nicht, einen absoluten Anfang der Creation zu denken, ohne dass man desshalb sagen müsste, dass Gott diesen Anfang der Zeit in der Zeit gemacht habe oder dass in Gott eine Zeit verflossen sei, bis er die Schöpfung begonnen habe."*)

Heinrich Ritter hat vorzüglich in zwei Werken sich über den Schöpfungsbegriff ausgesprochen, in seinem „System der Logik und Metaphysik" (2 Bände, 1856) und in seiner „Encyclopädie der

---

*) Die Weltalter. Lichtstrahlen aus Baader's Werken von Fr. Hoffmann (Erlangen, Besold, 1868) S. 149—174.

philosophischen Wissenschaften" (3 Bände, 1862—1864). Im ersteren Werke sind die Darlegungen von S. 437—484, dann von S. 503—591 des zweiten Bandes, im zweiten Werke jene des ganzen dritten Capitels: „Das Transscendentale und die Erkenntniss desselben" (S. 322—431), vorzüglich aber von S. 348—379 des ersten Bandes zu vergleichen. Ritter verfährt streng methodisch, Baader nicht, gleichwohl geht die Uebereinstimmung in der Gottes- und der Schöpfungslehre (nicht ebenso in secundären Fragen) so weit, dass auch von Ritter die überweltliche Vollkommenheit Gottes, der immanente trinitarische Prozess in Gott, die Einheit der Vernunft und Natur in Gott, die Schöpfung als Hervorbringung Gottes aus Nichts, Anfang und Ziel der Welt, unvergängliche Individualität der Weltwesen, Freiheit des Willens der Intelligenzen anerkannt wird. Indem das Weltall nach Ritter nicht anfangslos und nicht ziellos ist, ist ihm (wie Baader) das Weltall einer wahrhaften, wirklichen Geschichte, Entwickelung aus seinem Anfang heraus zum Ziele der Vollendung, nicht gleichgültige Veränderung ihrer Theile, die, gleichwie in der Umwälzung eines Tretrades, nie von der Stelle kommt, vor unendlicher Zeit nicht weiter war als sie nach unendlicher Zeit sein wird, ihrem Gottverliehenen Wesen und Begriffe nach unterworfen. Sogar die Behauptung Ritter's, dass der vollkommene Gott nur Vollkommenes (in seiner Art, nicht einen zweiten Gott) schaffe und die Vollkommenheit der Welt (weil sie nicht die des einzig aus und durch sich seienden — absoluten — Gottes sein kann) in dem ihr ertheilten vollkommenen Vermögen zur Selbstauswirkung (wenn auch unter permanenter Assistenz des erhaltenden Schöpfers) ihrer Allvollkommenheit gründe, ist im Einklang mit Baader's Lehre, da sie die unausweichliche Voraussetzung seiner Weltvollendungslehre ist. Denn Weltvollendung ist nur möglich, wenn der Welt, dem Inbegriff der Weltwesen, das Vermögen zur Vollkommenheit innewohnt, und innewohnen kann es ihr nur durch Verleihung des ewig vollkommenen Gottes.*) Die Geschichte des Weltalls hat also riesige, für den Menschen unmessbare Dimensionen, aber sicher eingeschlossen in den Gottgesetzten Anfang und das zuletzt erreichte Ziel und Ende.

---

*) Schade, dass der zugemessene Raum uns verbietet, die Hauptstellen aus den beiden Werken Ritter's hier wörtlich vorzuführen. Es könnte aber in einem besonderen Artikel nachgeholt werden. Es ist schwer begreiflich, wie ein so tiefsinniger und scharfsinniger, zugleich eminent gelehrter Denker so unverhältnissmässig geringe Beachtung in der laufenden philosophischen Literatur finden konnte. Diess erinnert recht an das geflügelte Wort: Das Gewichtvolle sinkt unter im Strome, das Leichte schwimmt oben auf.

Hermann Ulrici hat in seinem umfassenden, in dritter neu bearbeiteter Auflage erschienenen Werke: Gott und die Natur, den regressiven, induktiven Weg der philosophischen Forschung in einem Umfang kritischer Berücksichtigung der wichtigsten und gediegensten Erscheinungen und Ergebnisse neuerer Naturwissenschaft wie kein anderer Philosoph vor ihm eingeschlagen.*) Eine trefflich orientirende Einleitung ist dem Werke vorausgeschickt. Das Werk selbst gliedert sich in fünf reich ausgestattete Abschnitte: 1. Die naturwissenschaftliche Lehre vom Sein und Geschehen in der Natur oder die naturwissenschaftliche Ontologie, 2. Die naturwissenschaftliche Lehre vom Bau und Bildungsprozess der Welt oder die naturwissenschaftliche Kosmologie, 3. Gott als nothwendige Forderung und Voraussetzung der naturwissenschaftlichen Ontologie und Kosmologie, 4. Gott als die nothwendige Voraussetzung der Naturwissenschaft selbst, 5. Spekulative Erörterung der Idee Gottes und seines Verhältnisses zur Natur und Menschheit: a. Das Wesen Gottes an und für sich, b. Gott in seinem Verhältniss zur Welt, c. Gott in seinem Verhältniss zum menschlichen Wesen, d. Gott als Grund und Quell unseres Glaubens an ihn. Aus den früheren Abschnitten machen wir nur als bedeutsam bemerklich, dass Ulrici in streng logischem, umsichtigen Fortschritt der Gedankenbewegung die Nothwendigkeit des Aufsteigens von den scharf gefassten Thatsachen der Erfahrung zur spekulativen, metaphysischen Forschung und hiemit von der Welt, als Inbegriff beschränkter und darum bedingter Individualwesen, zum allbegründenden Unbedingten nachgewiesen hat. Für unseren Zweck haben wir hier nur auf den fünften Abschnitt einzugehen und auch da nur soweit, als es der Gottes- und der Schöpfungsbegriff erfordert. Zuvörderst stellt Ulrici aus wohlerwogenen Gründen fest, dass der Mensch von Gott und Welt weder ein absolutes noch gar kein Wissen haben könne. Daher schreibt er dem denkenden Menschen nur ein bedingtes, begrenztes Wissen zu, das er als wissenschaftlichen Glauben bezeichnet, der eine wissenschaftliche Geltung beanspruchen dürfe. Ein begrenztes Wissen ist immer noch ein Wissen, aber ein solches, welches an sich selbst das Nichtwissen als seine Grenze oder Schranke hat. Wir stossen daher überall auf Grenzbegriffe oder bewegen uns nur in solchen. In allem Forschen stossen wir auf Vorstellungen von der Eigenthümlichkeit, dass sie von der einen Seite vollkommen

---

*) Sein zweites Werk (zugleich Fortsetzung des erstgenannten): „Gott und der Mensch" bleibt in Rücksicht der Reichhaltigkeit gründlichster Untersuchungen und fruchtbarer Ergebnisse mindestens hinter dem ersten nicht zurück.

denkbar, ja denknothwendig sind, von der andern dagegen als Postulat eines unvollziehbaren (unvollendbaren, R.) Gedankens, als die blosse Bezeichnung eines unerkannten und doch nothwendig vorauszusetzenden Etwas erscheinen. Der Verf. zeigt diess zunächst an naturwissenschaftlichen Fragen, dann aber auch an den sich nothwendig einstellenden Vorstellungen und Begriffen des Bewusstseins, wie sie einerseits sich in der Sinnesempfindung und Gefühlsaffektion, andererseits im Begriffe (Ideal) des Wissens, der Wissenschaft als allumfassender, gewisser, adäquater Erkenntniss darstellen. Näher betrachtet ist nach Ulrici das Bewusstsein die Aeusserung einer Kraft, der Erfolg einer Thätigkeit der Seele, und zwar der bestimmten Thätigkeit des Sich-unterscheidens. Gleichwie die Seele nur durch ihr sich in sich Unterscheiden zum Bewusstsein ihrer Zustände, Bestimmtheiten, Wahrnehmungen, Anschauungen, Vorstellungen gelangt, so gewinnt sie auch die Vorstellung des Bedingten nur durch Unterscheidung desselben vom Unbedingten. Dasselbe gilt vom Relativen und Absoluten, vom Endlichen und Unendlichen, vom Zeitlichen und Ewigen. Wir können auch das Relative als Relatives, das Endliche als Endliches, das Zeitliche als Zeitliches nur vorstellen und zur Vorstellung desselben nur gelangen im Unterschiede und durch Unterscheidung desselben vom Absoluten, Unendlichen, Ewigen. So gewiss wir also die Vorstellung des Bedingten und Relativen, Endlichen und Zeitlichen thatsächlich haben, so gewiss müssen wir auch der Vorstellung des Unbedingten, Absoluten, Unendlichen, Ewigen fähig sein und muss dasselbe in irgend einem Sinne Objekt unseres Bewusstseins werden können. Die Idee Gottes, des absoluten Seins und Wesens, der unbedingten geistigen Urkraft und Grundursache ist zugleich auch eine nothwendige Vorstellung, die sich uns aus der denkenden Betrachtung der Natur und unseres eigenen Wesens unabweislich aufdrängt und deren Inhalt wir Realität beimessen müssen. Die unbedingte geistige Urkraft und Grundursache muss aber auch die Alles schaffende Urkraft sein, weil sie als die einzig absolute weder eine Materie (ein zweites, ungeschaffenes Absolute) schon vorfinden kann, die sie nur zu gestalten hätte, noch, da sie unwandelbar ist, sich ganz oder theilweise zur Welt entäussern, in sie sich aufheben kann. Wir können den Begriff einer schöpferischen, zugleich Form und Beschaffenheit der Dinge setzenden Urkraft nicht vermeiden und nicht umgehen. Schöpfung aber ist eo ipso identisch mit Schaffung aus Nichts, denn die sogenannte Emanation wäre nur Versetzung, Transplantation, hiemit aber Theilung, Spaltung des Einen Unendlichen, Verwandlung des Unwandelbaren in Wandelbares, des Ewigen in Zeitliches etc., und die blosse Formung eines Stoffes (eines unmöglichen zweiten Absoluten, welches aus und durch sich — blinder Weise — doch von einem Andern von Aussen und äusserlich gestaltbar und zwingbar wäre) würde eine bloss oberflächliche, gehemmte, nur Unvollkommenes ergebende Thätigkeit sein. Ist es aber voll Widerspruch, Gott als blossen Weltbildner vorzustellen und ebenso widerspruchsvoll, Gott als sich selbst durch die Welt und in der Welt erzeugend oder verwirklichend, vollendend, vorzustellen, den Vollkommnen durch das und in dem Unvollkommnen, den Absoluten im Bedingten, den Selbstbewussten im wenigstens theilweise Bewusstlosen etc. und ist ebenso die Emanation der Welt aus Gott unmöglich, da Gott nichts von sich selbst weggibt und nichts zu sich hinzunimmt, so ist nur die Schöpfung aus Nichts annehmbar, wenn auch das Wie für uns unbegreiflich. Diess ist die Anschauung Ulrici's, dem Sinn nach genau, wenn auch nicht überall genau den Worten nach angegeben. Ulrici beleuchtet nun die Einwendungen, welche Carriere schon in früheren Schriften gegen die Lehre von der Schöpfung aus Nichts vorgetragen hatte und zu denen er nichts wesentlich Neues in seiner jüngsten Schrift, der hier besprochenen über die sittliche Weltanschauung, hinzugefügt hat. Es scheint nicht nöthig auf diese Beleuchtung näher einzugehen, da sie doch nur mit andern Worten und Wendungen wiederholen könnte, was im Obigen gegen die Ansicht Carriere's vorgetragen ist, die nachgewiesenermaassen, wie auch Ulrici bemerkt, dem Pantheismus verfallen ist, wenn auch dem Höheren, als er zu erreichen vermag, zustrebenden Persönlichkeitspantheismus.

Etwas später (S. 646) kommt Ulrici noch einmal auf Carriere zurück als „den Vertheidiger einer halb theistischen, halb pantheistischen Weltanschauung" und stellt dessen schon früher geäusserten Behauptung, dass in der Natur nur spontane, selbstständige und von innen heraus lebende Kräfte walteten, mit Recht die Nachweisung entgegen, dass alle physischen und psychischen Kräfte — wenn auch den letzten in ihren höchsten Formen relative Freiheit zukomme — nur bedingte, der Anregung, Ein- oder Mitwirkung anderer Kräfte bedürftige seien. Eine bedingte Kraft sei aber keine selbstständige, keine von innen heraus lebende Kraft. Nur das Unbedingte sei wahrhaft spontan, selbstständig, von innen heraus lebend. Wir pflichten bei, wenn unter dem Selbstständigen das absolut Selbstständige verstanden wird, und das von diesem ertheilte Vermögen relativer Eigenthätigkeit, auf jede Anregung, Einwirkung von Aussen, von Andern, von Innen heraus rückwirkende (reagirende) Thätigkeitsweise aufrecht erhalten wird, was Ulrici nicht entgegen sein kann, da er sehr wohl weiss, dass wenigstens in allem bedingten Daseienden Aktion und Reaktion unzertrennlich sind; daher jedem Seienden Innerlichkeit und Aeusserlichkeit, Spontaneität und Receptivität in irgend welcher Weise zukommen muss. Wenn Carriere gleichfalls schon früher Schaffen aus Nichts mit Machen gleichgesetzt hat — so dass nach ihm für den strengen Theisten das Weltall ein Machwerk wäre —, so entgegnet ihm Ulrici mit gutem Grunde, dass gerade weil die Natur nicht die Natur des Gemachten zeige, sie von Gott nicht aus gegebenen Stoffen oder Kräften gebildet sein könne. Denn Machen sei eine Thätigkeit, die einen bereits vorhandenen Stoff nur forme, verändere, umbilde. Soll aber nach Carriere die Welt die Selbstauswirkung Gottes selbst sein, so könnte man in seiner Art der Verwendung des Wortes Machen sagen, nach ihm mache Gott sich selbst zum Stoffe der Welt, mache die Welt aus sich und mache zugleich sich aus der Welt. In welche Formen man auch den persönlichkeitspantheistischen Standpunkt einkleide, so bleibt er doch immer widerspruchvoll, und nur einem minder scharfen Denken als dem Ulrici's können diese Widersprüche unbemerkt bleiben und vor lauter Lebhaftigkeit beweglicher Phantasie und Enthusiasmus dem geistigen Blicke entgehen. Dichtern — Carriere ist auch anerkennungswerther Dichter — wohnt nicht selten ein unverstandener Zug und Hang zum Pantheismus oder zum Pantheistisiren ein, wohl weil die Phantasie da in ungebundenster Freiheit sich bewegen zu können glaubt. Sie kann da auch die Miene philosophischen Tiefsinns annehmen, während sie doch im Grunde nur mit Gedanken spielt. Den Gedanken des Persönlichkeits-Pantheismus hat in seiner Weise der unstreitig geniale, von Schelling angeregte Dichterphilosoph oder philosophische Dichter Graf Platen in einer seiner wohllauttriefenden Gaselen also ausgesprochen:

„Was forscht ihr früh und spat dem Quell des Uebels nach,
Das doch kein andres ist, als Kreatur zu sein?
Sich selbst zu schau'n, erschuf der Schöpfer einst das All,
Das ist der Schmerz des Alls, ein Spiegel nur zu sein."

Diese Gedanken vertragen sich in der Phantasie des Dichters trefflich mit den folgenden einer andern Platen'schen Gasele:

„Es liegt an eines Menschen Schmerz, an eines Menschen Wunde nichts,
Es kehrt an das, was Kranke quält, sich ewig der Gesunde nichts!
Und wäre nicht das Leben kurz, das stets der Mensch vom Menschen erbt,
So gäb's Beklagenswertheres auf diesem weiten Runde nichts! . . .
Vergesst, dass euch die Welt betrügt, und dass ihr Wunsch nur Wünsche zeugt,
Lasst eurer Liebe nichts entgehn, entschlüpfen eurer Kunde nichts!
Es hoffe Jeder, dass die Zeit ihm gebe, was sie Keinem gab,
Denn Jeder sucht ein All zu sein, und Jeder ist im Grunde nichts."

Dem Dichterphilosophen ist also das Creatursein schon vom Uebel, nicht erst das verkehrte Creatursein, und der Grundschmerz ist, nicht Gott selbst zu sein. Um diesen Schmerz, so viel es anzugehen scheint, zu mildern, macht er sich zu einem Moment, Theil, Glied Gottes, in dem sich der Schöpfer als in einem Bruchtheil selbst schaut, und zwar erst nachdem er ihn ohne Selbstschauen, unbewusst, blind mit den andern Bruchtheilen zusammen geschaffen hat. Da kann denn der Bruchtheil der weltgewordenen Substanz Gottes nur verschwindendes Moment sein, und so wie er können verschwindende Momente alle andern auch nur sein, so dass, wie anfanglos so endlos, immer neue Momente erscheinen und wieder sich auflösend verschwinden und Gottes Sichselbstschauen in solchen aus seinem dunklen Naturgrund emportauchenden und in ihn sich wieder auflösenden Momenten, Gestaltungen, sich permanent erhält, in lauter Nichtigem seine Unendlichkeit spiegelnd. Da ist denn schon das Moment- (Creatur-) Sein — Nicht-Gott-Sein-Können — von Hause aus, aus dem Gottesquell heraus, Elend, Schmerz, Jammer und kein Entrinnen aus ihm als im Untergang. Diese Weltanschauung mag allenfalls an die Nachtwachen von Bonaventura erinnern, aber mit der späteren Gestalt der Schelling'schen Philosophie ist sie nicht einstimmend, sowie Carriere der letzteren ungleich näher steht, als der Platen'schen Verzeichnung der Schelling'schen Lehre. Denn Schelling wie Carriere haben die Tendenz, die Unvergänglichkeit der göttlichen Selbstgestaltungen als individuelle Wesen aufrecht zu erhalten, und meinen ganz aufrichtig die Einheit der göttlichen Substanz mit der Vielheit unvergänglicher innerlichst göttlicher Individualgestaltungen vermittelt, versöhnt, ausgeglichen zu haben, jeder in seiner Weise. Von Schopenhauer und Hartmann unterscheidet sich der Platen'sche Pessimismus, von dem wir hier nicht untersuchen, ob er bloss vorübergehende Stimmung war oder nicht, unter Anderem auch darin, dass bei jenem das Eingehen in Nirvana nicht durch qualvolle Abtödtung des von Haus aus egoistischen Willens, des Willens zum Leben, erst errungen werden muss (gleich als ob er ohne diese absichtliche Abtödtung unvergänglich sein würde!), sondern dass es ganz von selbst nothwendig eintritt, mag sich das Individuum ethisch verhalten wie es wolle, ganz so wie der monistische Naturalismus lehrt. Aber der „unerbittliche" Ulrici zeigt Platen, Schelling und Carriere entgegen (S. 648), dass der Bildungsprozess der Natur überall das Walten einer bewussten, intelligenten, nach Plan und Zweck, Ordnung und Gesetz wirkenden (ewig vollendeten, R.) Urkraft voraussetzt. „Die Urkraft kann also unmöglich Weltseele, sondern nur schöpferischer **Urgeist** von selbstständiger, absoluter Substantialität, die Welt nur die Schöpfung dieses Urgeistes sein."*) Aber Ulrici behauptet diess nicht bloss, sondern er beweist es auch auf so durchschlagende Weise, dass kein gegründeter Einspruch dagegen aufkommen kann. Wegen überaus grosser Wichtigkeit der Sache können wir hier diese strenge Beweisführung nicht entbehren. Sie lautet (S. 648—650):

„Es gewährt . . . keinen irgend nennenswerthen Vortheil für das Verständniss von Natur und Welt, das Substantialitäts-Verhältniss an die Stelle des Causalitäts-Verhältnisses zu setzen. Eine erste, unbedingte, absolute Ursache .... anzunehmen, ist eine logische Nothwendigkeit. Das Denkgesetz der Causalität fordert es, weil es sonst lauter Wirkungen ohne Ursache geben würde. Dem Begriff der Einen absoluten Substanz dagegen steht **kein** solches Gesetz zur Seite. Im Gegentheil, so gewiss die Wirkungen der absoluten Ursache von ihr selbst verschieden sein müssen, wenn es überhaupt eine Wirkung geben soll, so gewiss müssen sie auch **substantiell** von einander wie von der Ursache verschieden sein: so gewiss es **viele** mannichfaltige Dinge gibt, so gewiss muss es auch mehrere **unterschiedliche** Substanzen geben. Denn fiele der Unterschied der Dinge **nur** in die Form der Erscheinung, so wäre die Verschiedenheit der Formen blosser **Schein**, dem kein Inhalt entspräche, und mithin gäbe es Formen ohne Inhalt, Erscheinungen, in denen nichts erschiene. Ja, wäre Alles nur Eine Substanz, so wäre jede Unterschiedenheit der Form **unmöglich**. Aus Einem und demselben Stoffe, z. B. Thon, lassen sich zwar die verschiedensten Figuren bilden; aber gäbe es **nur** Thon und wäre Thon die schlechthin Eine und alleinige Substanz, so leuchtet ein, dass er unmöglich in verschiedene Formen gebracht werden könnte, weil es schlechthin nichts gäbe, das die verschiedenen Figuren auseinanderhielte, schiede, begrenzte. Ausserdem ist es ein offenbarer Widerspruch, dass die Substanz der Dinge die Eine, selbige, absolute sein und doch die vielen Dinge sehr verschiedene, bedingte und beschränkte Eigenschaften (Kräfte) haben sollen. Es gewährt auch keine Hülfe, die Eine Ursubstanz in **verschiedene** Attribute oder **Modifikationen** eingehen zu lassen. Denn die Substanz, die hier unter diesem, dort unter einem ganz andern Attribute oder Modus auftritt, — vorausgesetzt, dass die Modifikationen nicht durch Vermittelung anderer Substanzen hervorgerufen werden, — kann unmöglich Eine und dieselbe Substanz sein: die Modifikation trifft nothwendig die Substanz selbst, sonst wäre sie wiederum eine

---
*) Vergl.: Gott und die Natur von H. Ulrici, S. 491.

Form ohne Inhalt, oder eine Erscheinung, in der nichts und die Niemanden erschiene; die Modifikation der Substanz aber, welche die Einheit und Absolutheit aufhöbe und an deren Stelle die Vielheit, Bedingtheit und Beschränktheit setzte, höbe die Eine absolute Substanz selbst auf. Es bleibt mithin nur übrig, die Eine Substanz sich in verschiedene Substanzen scheiden und sondern zu lassen. Diess aber widerspricht dem Begriffe der Substanz, zu dem es nothwendig gehört, dass sie entweder eine einfache sei oder die wesentlichen Bestimmtheiten und Elemente eines Dinges zur Einheit vermittele und in Einheit zuhammenhalte. Wie Eine und dieselbe Substanz sich selbst in **substanziell** verschiedene Substanzen scheiden und sondern könne, ist jedenfalls ebenso unbegreiflich wie eine Schöpfung aus Nichts, da ja die substanzielle Verschiedenheit der Substanzen aus ihrer reinen Einheit, also aus der Negation aller Verschiedenheit, mithin ebenfalls aus Nichts hervorginge. Inwiefern also macht es einen Unterschied, ob wir annehmen, dass die verschiedenen Substanzen **aus** der absoluten Einheit Gottes, oder dass sie **von** ihr gesetzt werden? Und sollen sie **zugleich aus** und **von** ihr gesetzt werden, das Substantialitätsverhältniss **zugleich** Causalitätsverhältniss sein, so bringt dieses Zugleich nur einen neuen Widerspruch hinzu. Denn was **aus** der absoluten Substanz hervorgeht, also bereits in ihr enthalten, bereits vorhanden ist, kann nicht **von** ihr gesetzt werden. Soll es aber etwa nur stofflich, substantiell in ihr enthalten sein, seine Bestimmtheiten, Eigenschaften, Kräfte dagegen erst durch einen besonderen Akt Gottes erhalten, so ist dieser Akt – abgesehen davon, ob sich Kräfte, Eigenschaften etc. einem Stoffe äusserlich anheften oder einflössen lassen, — sicherlich ein Schaffen aus Nichts, da ja von diesen Kräften und Eigenschaften nichts vorhanden war, sie also aus Nichts zum Sein emporgehoben werden."

So richtig es nun ist, dass wir nicht zu begreifen vermögen (und doch als für Gott möglich annehmen müssen, R.), wie aus Nichts Etwas werden kann, so ist doch mit Ulrici zu sagen, dass der Satz: aus Nichts wird nichts, fälschlich dem Begriffe der Schöpfung entgegengestellt werde, als seien beide **logisch** unverträglich mit einander. „Der Schöpfungsbegriff involvirt ja keineswegs, dass aus Nichts Etwas **hervorgehe** oder dass Nichts **von selbst** in Etwas übergehe, sondern dass durch Etwas, Gott, das Nichts aufgehoben und dadurch die Welt **gesetzt** sei." Der Schöpfungsbegriff ist vom Begriffe des Absoluten gefordert. Nur eine absolute unbedingte Kraft kann schaffen. In dem Weiteren und besonders in der zweiten Unterabtheilung dieses Abschnittes:

Gott in seinem Verhältniss zur Welt, entfaltet Ulrici von dem bezeichneten wahren Standpunkte aus eine so reiche Fülle ebenso tiefsinniger als scharfsinniger Gedanken, dass wir sagen müssen, die hier in Grundzügen wissenschaftlich entworfene Weltanschauung sei von keinem andern Philosophen übertroffen worden und müsse daher als der Höhepunkt der Entwickelung der deutschen Philosophie bezeichnet werden. Wir heben daraus nur noch andeutend hervor, dass Ulrici die Atomenlehre der Kosmologie in einer Weise begründet, welche allein die Möglichkeit eröffnet, die Entwickelungs- und Abstammungslehre auf echt philosophische Gründe zu stützen, wenn auch die empirischen Data noch ausserordentlich mangelhaft beigebracht erscheinen. Nur würden wir lieber die unvergänglichen Individualwesen der Welt nicht Atome, sondern Monaden nennen, nicht weil die Bezeichnung an sich falsch genannt werden könnte, sondern um sie von den widerspruchvollen materiellen Atomen der Corpuscularisten auf das Schärfste zu trennen. Denn die Atome Ulrici's sind nicht die Stoffe der Materialisten, sondern Kräfte, deren Wirkungen und Erscheinungen mit dem Namen des Materiellen belegt werden. Kraftatome sind aber spirituelle, weil zur Geistigkeit beanlagte Wesenheiten und, wenn auch weder Leibnizische, noch Herbart'sche Monaden, doch immerhin passend Monaden zu nennen. Gibt es keine todte Materie, so wird man es mit Teichmüller verkehrt finden müssen, todte und belebte Materie zu unterscheiden. Bilden die Monaden zusammen die Welt, so kann die Welt nicht leblos genannt werden. Da sie aus lauter lebendigen Elementen besteht, so ist das scheinbar Todte nicht todt und Thales behält Recht, wenn er sagt: Alles in der Welt ist beseelt oder belebt. Dasselbe folgerte Baader (1792) in seinen Ideen über Festigkeit und Flüssigkeit aus den dynamischen Grundsätzen der Naturphilosophie Kant's, indem er von ihm rühmt, er vernichte, wie durch einen wohlthätigen Lebenshauch, alle todte Materie (Matière brute) in der Natur und nach ihm sei nur lebendige Materie (Matière vive) vorhanden.*) Unter lebendiger Materie konnte aber Baader nicht eine Einheit, sondern nur eine Vielheit denken, und da die corpuscularen Atome von ihm verworfen waren, so konnte diese Vielheit nur aus Monaden bestehen, deren Annahme er ausdrücklich in Schutz nahm.**)

---

*) S. Werke Baader's III, 185.
**) Loco citato III, 334.

11.

Sendschreiben an den Kais. Russ. wirklichen Herrn Staatsrath Alexander Aksákow.
Hauptmomente der Geschichte des Lebensmagnetismus von Mesmer bis Reichenbach.

I.

Der Spiritualismus steht nicht bloss dem Naturalismus, der sich, er sei Hylozoismus oder Dynamismus, als Monismus im strengen Sinne darstellt, und dem Materialismus, der, obgleich er genau nichts Anderes als Pluralismus ist, doch wegen Aufhebung des Wesensunterschiedes des Geistes und der Natur sich Monismus zu nennen liebt, sondern auch allen jenen Formen des sogenannten Pantheismus entgegen, welche, die Ueberweltlichkeit (Transscendenz) Gottes leugnend, nicht erwägen und nicht inne werden, dass sie mit der Behauptung der Nurinnerweltlichkeit Gottes auch nur, Gott in der Welt aufgehen lassend, weiter nichts als die ihre einige Wesenheit auseinanderlegende Welt übrig behalten. Der sogenannte Pantheismus ist also nichts weiter als Pankosmismus und verdient streng genommen den Namen Pantheismus gar nicht, da in ihm von Theismus gar nichts anzutreffen ist. Denn die Annahme, dass die Welt die Entfaltung einer einigen Wesenheit sei, macht eine philosophische Lehre noch nicht zu irgend einer Form des Theismus, sonst müsste auch der monistische Naturalismus eine Form des Theismus sein. Pantheismus muss aber doch irgend eine Form des Theismus sein, wenn die Bezeichnung einen Sinn haben soll. Im strengsten Verstande kann also nur diejenige Form des Theismus Pan-Theismus genannt werden, welche die Ueberweltlichkeit und die Innerweltlichkeit Gottes zugleich in dem Sinne behauptet, dass der überweltliche Gott sich ewig innerweltlich auswirke, sich ewig zur Welt gestalte, ewig die Welt selber werde und sei in der Auswirkung seines ewigen überweltlichen und im ewigen Uebergang oder Herausgang zur ewigen Welt zugleich überweltlich bleibenden Wesens. Nach dieser Theorie, die allein den Namen des Pantheismus verdient, sind Gott und Welt formell unterschieden, der Wesenheit nach Eins. Es ist Eine und dieselbe Wesenheit, welche ewig in ihrer Ueberweltlichkeit besteht und bestehen bleibt und ewig zugleich zur Innerweltlichkeit und Weltlichkeit selbst sich gestaltet. Sind Gott und Welt, wenn gleich letztere nur durch und aus Gott, ewig zugleich, so sind sie auch in Ewigkeit beide zugleich und so wenig Gott jemals ohne die Welt war, so wenig kann Gott je ohne die Welt sein. Die überweltliche Seite Gottes würde aber sinnlos sein, wenn Gott die blosse Potenz der Welt, der ewige Begriff oder die ewige Idee der Welt oder eine blinde Naturmacht wäre. Als überweltlich kann er nicht anders denn als die Macht der Welt, das gestaltende Prinzip der Welt und da nur Intelligenz und Wille die höchste, die absolute, die einzig wahrhafte Macht sind, so kann Gott in seiner überweltlichen Sphäre nur Intelligenz und Wille in Einem, hiemit nur Geist und somit der absolute Geist sein. Dieser eigentliche Pantheismus kann daher auch als Persönlichkeitspantheismus ausgesprochen werden. Dieser Persönlichkeitspantheismus kann wieder in vier verschiedenen Gestaltungen auftreten, je nachdem er alle Weltgestaltungen der Vergänglichkeit unterwirft und aus der Gestaltungsmacht Gottes ins Endlose hin immer wieder neue Gestaltungen hervorgehen lässt, oder je nachdem er die natürlichen Gestaltungen untergehen und durch andere ersetzen lässt, die geistigen aber für unvergänglich erklärt oder umgekehrt die geistigen als vergänglich und die natürlichen (als Atome) als unvergänglich annimmt oder je nachdem er endlich die Gesammtheit der Weltgestaltungen als Inbegriff individueller Wesen (als Monaden) der Unvergänglichkeit zuweist. Wenn nun aber Gott und Welt, nur unterschieden wie Involution und Evolution, ein und dasselbe Wesen wären, so müssten alle Weltgestaltungen, Weltprozesse, Weltvorgänge, Weltereignisse der adäquate Ausdruck des Wesens, der Intelligenz und des Willens Gottes sein. Dem widerspricht der Thatbestand der Welt, in die wir uns gestellt finden. Wäre auch die Natur frei von Uebeln, von Schmerz und Qual bereitenden Widerstreiten ihrer Kräfte, was nicht der Fall ist, so könnten doch die moralischen Schwächen, Sünden, Verbrechen, Laster der Menschen nicht Ausdruck des Willens Gottes sein. Schon darum können Gott und Welt nicht eine und dieselbe Wesenheit sein. Die Welt kann nicht die Selbstauswirkung und Selbstdarstellung Gottes sein und da sie doch weder aus Zufall, noch durch sich selbst sein kann, so ist sie unausweichlich als Schöpfung Gottes zu erkennen. Als Schöpfung ist die Welt aus und durch Gott und doch nicht er selbst in Selbstdarstellung, sondern von ihm unterschiedene Wesenheit, die ewig in Gottes Macht und von ihm virtuell durchwirkt ist. Alles, was die Welt ihrer Wesenheit nach ist, hat sie von Gott empfangen und ist von ihm befähigt worden, durch Selbstentwickelung im natürlichen wie im geistigen Leben vom Ausgangspunkte ihres Seins zum Zielpunkte ihrer Vollendung fortzuschreiten. Nur wenn die Welt Schöpfung Gottes ist, kann der Natur Selbstentwickelung und dem geistigen Wesen Freiheit des Willens und Zurechnungsfähigkeit zukommen. Nur wenn Gott als Schöpfer der Welt erkannt ist, ist die Ueberweltlichkeit Gottes volle Wahrheit und seine Innerweltlichkeit ist nicht Einerleiheit mit der Welt, sondern seine geistige Durchwirkung und Allgegenwart in der Welt. Diese höchste und allein wahre Gestaltung des Theismus, die den Deismus und Pantheismus gleicherweise überwindet, kann auch mit Recht P a n e n t h e i s m u s genannt werden. Sofern derselbe Gott als den absoluten, den Urgeist erkennt, ist er Spiritualismus, sofern er Gott nicht als naturlos, sondern naturmächtig und naturfrei (nicht los) erkannt, ist er im Unterschiede vom abstrakten der concrete Spiritualismus. Der Spiritualismus kann bestehen ohne die Annahme eines Wechselverkehrs verschiedener Regionen der Geisterwelt oder der irdisch lebenden mit den abgeschiedenen Geistern. Aber die Erwägung, dass alle Regionen des Welt-Naturalls in näherer oder entfernterer Wechselwirkung mit einander stehen, führt zu der Frage, ob nicht zwischen den verschiedenen Regionen der Geisterwelt, der Welt der irdisch lebenden Geister mit den abgeschiedenen ein der Naturwelt analoges Verhältniss bestehen möchte. Wird ein solches Verhältniss angenommen, so gestaltet sich der Spiritualismus zum Spiritismus. Der Glaube der Völker hat ein solches Verhältniss zu allen uns bekannten Zeiten angenommen. Die Wissenschaft hat zu untersuchen, ob dieser Glaube auf beweisbaren Thatsachen beruht und also ob er als wohlbegründet zu erachten ist. Die Entscheidung über diese Frage ist begreiflicherweise ungemein schwieriger als die Entscheidung über Fragen, die durch den verständig geleiteten Gebrauch unserer fünf Sinne gelöst werden können — wenigstens zumeist nach den allgemeinsten Erscheinungen und in einem weiten Bereiche. Die M ö g l i c h k e i t des Geisterverkehrs kann von keinem Spiritualisten bestritten werden und ist z. B. auch von Kant, einem der grössten Philosophen, nicht bestritten worden, wie er denn sogar in seiner berühmten Schrift: „Träume eines Geistersehers" sich nicht zu unterstehen erklärt, alle Wahrheit an den mancherlei Geistererzählungen zu leugnen. Es kann sich also für den Spiritualisten nicht um die Möglichkeit, sondern um die Wirklichkeit des Geisterverkehrs handeln. Hier fragt sich nun, ob wir uns nicht vielleicht in einem ähnlichen Falle befinden, wie Chladni, als er der ungläubigen Welt den Beweis für die Thatsache des Falls von Aërolithen vorzulegen unternahm. Als Chladni im Jahre 1794 mit seiner Schrift: „Ueber den Ursprung der von Pallas entdeckten Eisenmasse und einige damit in Verbindung stehende Naturerscheinungen" hervortrat, stiess er auf weitverbreiteten Unglauben bezüglich seiner Behauptung von Meteorfällen und erst als eine Anzahl in den folgenden Jahren genau constatirter Thatsachen bekannt wurde und als man in den Schriften aller Jahrhunderte rückwärts bis zu den Chinesen des Alterthums hinauf zahlreiche Meteorfälle verzeichnet fand, verstummte das ungläubige Gelächter und der Widerspruch der Unwissenheit.*) Die geweckte Achtsamkeit auf dergleichen Naturerscheinungen liess die Meteorfälle bald in allen Welttheilen als sehr zahlreich erscheinen und wie unzählig viele mussten erst in den vergangenen Jahrhunderten und Jahrtausenden stattgefunden haben, wenn fast alle Jahrhunderte der geschichtlich bekannten Zeit einzelne Fälle aufgezeichnet hatten! Der Glaube an den Geisterverkehr reicht nun in der Geschichte jedenfalls noch viel weiter zurück als die Nachrichten von Meteorfällen und wenn auch dieser Glaube noch nicht ohne Weiteres als Beweis seiner Wahrheit gelten kann, so nimmt doch die Allgemeinheit desselben den vollen Ernst der Untersuchung in Anspruch. So gross und tiefgehend nun auch der Unterschied sein mag, der zwischen den Mittheilungen der h. Schrift alten und neuen Testamentes und jenen der Schriften der heidnischen Völker des Alterthums sein mag, wenn es sich um die Geisterverkehr-Frage handelt, so können wir uns doch auch nicht auf jene berufen, da es uns hier um eine rationale, streng wissenschaftliche Untersuchung zu thun ist. Ebensowenig können wir festen Fuss fassen in der Kenntnissnahme von den tausendfältigen Erzählungen über Geisterverkehr seit dem Beginn des christlichen Zeitalters. Mag der eigentliche Mythenbildungsprozess schon vor oder seit dem Auftreten Christi in der Weltgeschichte (Menschheitsgeschichte) erloschen sein, so hat doch auch unter christlichgewordenen Völkern eine gewisse Nachblüthe desselben fortgedauert, wenn man jene reiche Wucherung von Volksphantasiegebilden, welche durch das ganze Mittelalter hindurch sich fortzog und in den niedern Volksschichten auch heute nicht erloschen, nur zurückgedrängt ist, also benennen darf. Selbst bei den nachreformatorischen Gestalten eines Jakob Böhme, eines Emanuel Swedenborg, eines Oetinger können wir einen Ansatzpunkt für die wissenschaftliche Untersuchung der aufgeworfenen Frage zunächst nicht suchen wollen. Wohl sagt Ennemoser sehr anerkennend: „Durch ein fleissiges Studium der Böhme'schen Schriften und durch das Eingehen in den Geist, der darin wohnt, halte ich mich für überzeugt, dass kein Forscher, welches Fachs er sei,

---

*) Handbuch der allgemeinen Himmelsbeschreibung von H. J. Klein I, 263—344, bes. S. 296 ff. — Durch die Sternenwelt von F. Siegmund S. 371.

tiefere Blicke in das Leben und den Geist der Menschheit gethan habe, und keiner der Wahrheit näher gekommen sei, als der wahrhaft christliche Philosoph, der mystische Magier Jakob Böhme." Allein wenn Böhme wirklich ein mystischer Magier ist oder gar, wie Schelling wollte, ein Rückfall in den mythologischen Prozess, ein Rückfall, der von Andern übrigens Schelling selbst zugeschrieben worden ist, so können wir ihn nicht, so bedeutend in seiner Art er sei, zum Ausgangspunkt unserer wissenschaftlichen Untersuchung gebrauchen. Eher noch weniger ist Swedenborg dazu geeignet, von dem Ennemoser sagt: „Wenn auch in Swedenborgs Schriften die Geisterseherei als Spiele der Phantasie, wenn Schwärmerei und Exaltation nicht wohl in Abrede zu stellen sein werden, so ist gleichwohl soviel Tiefes und Herrliches über Gott, den Menschen und über die Erscheinungen der Natur und ihre Harmonie mit dem Geistigen, dass er den grössten Geistern der Geschichte ohne Widerrede beigezählt zu werden verdient." Auch wenn man diese Beurtheilung als begründet einräumt, eignet sich Swedenborg nicht zum Ausgangspunkt unserer Untersuchung. Von Oetinger wird in der Hauptsache das Gleiche gelten.

Dagegen empfiehlt sich augenscheinlich ein Mann, der eine gute Zeit lang gleichzeitig mit Swedenborg und Oetinger lebte, aber, jünger als sie, beide überlebte, zum Ausgangspunkt unserer Untersuchung, der Entdecker oder eigentlich nur Wiederentdecker des sogenannten thierischen Magnetismus und des Somnambulismus, Franz Anton Mesmer. Dieser merkwürdige Mann ist nämlich wider Willen und Absicht eine Art Vorläufer des neueren Spiritualismus geworden und man muss auf seine Entdeckungen zurückgehen, um die späteren Entdeckungen und Entwickelungen besser verstehen zu lernen. Das wichtigste Mittelglied zwischen ihm und dem eigentlichen Spiritualismus, wenigstens in Deutschland, ist dann Karl von Reichenbach, der Entdecker des Odes. Die Schriften Mesmers sind nicht gesammelt, es fehlt eine erschöpfende Monographie seines Lebens und Wirkens, mühsam muss man sich zusammensuchen, was einigermassen genügende Auskunft über seine Lehre und sein Wirken gewähren kann. Seine früheste Schrift: De influxu Planetarum in corpus humanum (1766) ist mir aufzutreiben bis jetzt nicht gelungen, ihr Inhalt ist mir nur bekannt aus Wolfart's kurzem Bericht in seinen „Betrachtungen über die Entdeckung des lebensmagnetischen Verhältnisses durch Anton Mesmer" in seiner Zeitschrift: Asklepieion (1812, zweiter Jahrgang, dritter Band. S. 1 ff.) und aus Justinus Kerner's Mittheilung (nach einer Aufzeichnung Mesmers selbst vom J. 1780) in seiner lehrreichen Schrift: „Franz

Anton Mesmer aus Schwaben, Entdecker des thierischen Magnetismus" etc. (1856), S. 12—13. Die wichtigsten Schriften zur Kenntniss Mesmers, seines Lebens und Wirkens wie seiner Lehren sind: Mesmerismus: System der Wechselwirkungen, Theorie und Anwendung des thierischen Magnetismus als die allgemeine Heilkunde zur Erhaltung des Menschen von Dr. Fr. Anton Mesmer. Herausgegeben von Dr. K. Chr. Wolfart (Berlin, Nikolai 1814), Erläuterungen zum Mesmerismus von Dr. Wolfart (daselbst 1815), Abhandlungen desselben über Mesmerismus und dessen Geschichte im Asklepieion, die oben bemerkte Schrift Justinus Kerner's, Kluge's Versuch einer Darstellung des animalischen Magnetismus (Berlin 1811), und Kieser's System des Tellurismus oder thierischen Magnetismus (Neue Ausgabe 1815) II, 512 ff. und 525. Von den eigenen Schriften Mesmer's sind noch zu erwähnen: Schreiben über die Magnetkur von Herrn Dr. A. Mesmer 1776, und Herrn Mesmer's Abhandlung über die Entdeckung des thierischen Magnetismus. Aus dem Französ. übersetzt. Carlsruhe, Macklot, 1781. Kieser (II, 541) gibt noch an: Caullet de Veaumorel Aphorismes de Mr. Mesmer. Paris 1784. Deutsch: Lehrsätze des Herrn Mesmer, herausgegeben von Herrn Caullet de Veaumorel. Strassburg 1785. (Enthält in 344 Paragraphen Mesmer's Lehre, welche aber von Mesmer im Journal de Paris, 4. Jan. 1785 für entstellt erklärt wurden.)

Das philosophische System Mesmer's scheint nur Wenigen genau bekannt zu sein und selbst diejenigen, welche es zu einem besonderen Studium gemacht haben, wie Wolfart, scheinen mir in Hauptpunkten seinen wahren Charakter zu verkennen. Wolfart deutet es in seinen Erläuterungen zur wesentlichen Uebereinstimmung mit jener Phase der Schelling'schen (pantheistischen) Philosophie, welche Identitätsphilosophie genannt worden ist. Allein mit dieser Deutung stimmen die Erklärungen Mesmer's keineswegs überein. In seiner Hauptschrift: Mesmerismus, von Wolfart aus dem in französischer Sprache geschriebenen Original in die deutsche übertragen, beginnt Mesmer nach vorausgeschickter Einleitung mit folgenden Sätzen:

„Es ist ein unerschaffenes Grundwesen — Gott. Es gibt im Weltall zwei Grundwesen — Materie und Bewegung. Die Materie ist nur Eine. Die Bewegung bewirkt in der Materie die Entwickelung aller Möglichkeiten. Jedes physisch vorhandene Sein (Ding) ist Materie; diese hat gar keine Eigenschaft, die Undurchdringlichkeit setzt ihr Wesen. Durch die Undurchdringlichkeit geschieht es, dass die Materie den Raum erfüllt. Das Gesammte der Materie im Raum macht das Weltall aus. Die Harmonie der

Wechselverhältnisse, worin die Stoffe miteinander beisammen bestehen und die Bewegungen sich folgen, ist dasjenige, was man unter der Natur verstehen muss."

Von Gott ist in der ganzen Schrift nicht mehr die Rede ausser an zwei Stellen des zweiten Theils des Mesmerismus, der die Moral, eigentlich die gesammte Gesellschaftswissenschaft, behandelt. Da wird S. 223 nach dem Vorschlag eines öffentlichen, allen Nationen gemeinsamen Cultus gesagt: „Dieser Gottesdienst muss darauf hingehen: die Seele zu erhabenen Gefühlen der Anbetung und des Dankes gegen den Urheber der Natur zu erheben, indem die Betrachtung auf den Attributen und Vollkommenheiten verweilt, wie solche sich auf unser Glück beziehen; muss darauf hingehen: Einigkeit und Freundschaft unter den Individuen zu stiften." Im 8. Cap. dieses zweiten Theils des Mesmerismus: „Ueber die Feste und den volksthümlichen Gottesdienst", heisst es dann noch (S. 290): „Unter den lebenden Wesen ist der Mensch einzig und allein des Begriffs vom Weltall fähig, allein fähig die darin herrschende Ordnung und Harmonie zu fühlen. Durch die Betrachtung der All-Harmonie geschieht es, dass er sich zur Idee seines Schöpfers emporschwingen und die erhabenen Empfindungen der Bewunderung und des Dankes in sich zu erzeugen vermag; im Ausdruck dieser Empfindungen besteht der dem höchsten Wesen geweihte Gottesdienst." Aus der allgemeinen theoretischen Grundlegung war nicht zu ersehen, dass Mesmer Gott als Urheber, Schöpfer des Weltalls angesehen wissen wolle, es schien vielmehr ein Dualismus von Gott und Weltall als gleich absoluten und ewigen Wesenheiten eingeführt zu sein. Befremdenderweise erfahren wir erst aus der praktischen Philosophie Mesmer's, seiner Moral- oder Gesellschaftswissenschaft, dass Gott Weltschöpfer sei und als solcher verehrt werden solle.[*]) In der theoretischen Philosophie Mesmer's ist weiter von Gott nicht die Rede und das Weltall ganz so als unverbrüchlich nothwendigen Gesetzen unterworfen dargestellt, als ob ein Gott nicht wäre oder wenigstens keinerlei Einfluss auf dasselbe übe. Mesmer kennt im Weltall nichts als zwei Grundwesen: Materie und Bewegung, die doch keine zwei Grundwesen sein können, da er in der Einleitung (S. 10) ausdrücklich erklärt: „Die Bewegung gehört der bewegten Materie zu", was nichts Anderes heissen kann als: die Bewegung ist Eigenschaft der Materie und Jene mit dieser also untrennbar Eins, was mit der

---

[*]) Vergl. Allgemeine Erläuterungen über den Magnetismus und den Somnambulismus von Dr. F. A. Mesmer. Aus dem Asklepieion (Wolfart's, 2. Jahrgang, Oktoberheft 1812) abgedruckt. — Halle und Berlin, Waisenhausbuchhandlung 1812, S. 28.

Behauptung der Materialisten zusammenfällt, die Kraft (deren Aeusserung die Bewegung) sei Eigenschaft der Materie.*) Kennt aber Mesmer im Weltall nichts als Materie und Bewegung, so kann er auch keine von der bewegungsfähigen Materie unterschiedenen geistigen Wesen kennen und der Mensch kann ihm nur als Naturprodukt, als die entwickeltste Gestaltungsform des Organischen, also des Thieres, gelten, welcher der gleichen Auflösung, der gleichen Vergänglichkeit wie die Thiere unterworfen ist. Dem sogenannten Pantheismus ist diese Lehre nicht einzureihen, da sie ein unerschaffenes Grundwesen, Gott, anerkennt, welches, da es als Urheber der Welt bezeichnet wird, nur als überweltliches Wesen verstanden werden kann. Ich kann diese Lehre daher nur einen Deismus nennen, welcher in der Kosmologie in Materialismus verfällt, nicht unähnlich wie in der Gegenwart Carl Darwin, mit dem er auch die Grundsätze der Entwickelungs- und Abstammungstheorie in den allgemeinsten Andeutungen theilt, und von dem er sich — abgesehen von dessen ungemein reicheren Detailkenntnissen — hauptsächlich und abgesehen von der spezifischen Selektionstheorie durch seine Allfluththeorie, seinen Allmagnetismus, unterscheidet. Es ist nicht bekannt, ob Darwin mit Mesmer's Theorie Bekanntschaft gemacht hat. Es wäre möglich, dass er, wenn er Kenntniss von ihr hätte oder nähme, sie unter Modifikationen aufnehmen würde. Mesmer wird als Einer der Vorläufer der Abstammungstheorie zu gelten haben.

Da Mesmer sichtlich die Atomenlehre seiner Kosmologie zu Grunde legt, so kann sie schon darum nicht mit der antiatomistischen, anticorpuscularistischen, dynamischen Theorie der Schelling'schen Identitätslehre vereinerleit werden. Mesmer hatte schon früh seine Lehre in 27 Lehrsätze zusammengefasst, die er im Jahre 1775 an alle wissenschaftlichen Akademien überschickt haben soll.**) So

---

*) Ist es wohl glaublich, dass Mesmer das im Jahre 1770 erschienene „Systeme de la Nature" nicht gekannt haben sollte? Man mag nun den Deismus Mesmer's (im Unterschiede oder Gegensatz zu Holbach's Atheismus) noch so ernstgemeint nehmen, so ist doch offenbar, dass Mesmer's Kosmologie ganz so materialistisch ist, wie jene Holbach's. „Die Welt, sagt Letzterer, dieser grosse Inbegriff alles dessen, was ist, zeigt uns allenthalben nichts als Materie und Bewegung. Sie ist eine unendliche, ununterbrochene Kette von Ursachen und Wirkungen." System der Natur. Deutsch bearbeitet etc. (Leipzig, Wigand, 1841) S. 17, 32, 36. Der Mensch ist nach Mesmer ein Naturprodukt, wie nach Holbach (System der Natur, S. 78).

**) Nach Mesmer's eigener Aussage wenigstens sicher an die Berliner Akademie der Wissenschaften.

kurz und klar Justinus Kerner diese Sätze finden mochte, so
enthalten sie doch nichts von der atomistischen Grundlage des
Systems und können daher keine ganz genügende Einsicht in die
Eigenthümlichkeit des Mesmerismus gewähren.*) Wir müssen daher
aus der späteren Hauptschrift Mesmer's die Grundzüge seiner ziemlich ausgeführten Lehre ausheben. Hier sollen die Hauptsätze in
ihrer fortschreitenden Entwickelung, möglichst abgekürzt und
zusammengedrängt vorgetragen werden:

Die Materie ist entweder in Bewegung oder in Ruhe. Die Bewegung
ist bewegte Materie, sie bewegt in einer Folgenreihe den Ort. Die untereinander sich in Bewegung befindenden Theile machen die Flutbarkeit
(Flüssigkeit), die Ruhe macht die Festigkeit aus. **Der Zustand der
vollkommenen Flutbarkeit und Feinheit ist der ursprüngliche Zustand der Materie.** Zusammensetzung (Combination) entsteht, wenn zwei oder mehrere zusammenstossende Theile
der Elementarmaterie sich untereinander in Ruhe befinden. Da die
Materie eine einige ist, so ist sie bloss fähig, mehr oder minder
zusammengesetzt zu werden. Betrachtet man die Urtheilchen der
Elementarmaterie als Einheiten, so lässt sich leicht einsehen, dass
die Einheiten durch zwei, durch drei, durch vier, durch fünf u. s. w.
zusammengesetzt seien und die Zusammensetzungen bis ins Unendliche gehen können. Betrachtet man diese ersten Zusammensetzungen
von Einheiten als neue Einheiten, so kann jede dieser Ansamm-
lungen bis ins Unendliche fortschreiten. Diess gewährt die Vorstellung von der Unermesslichkeit der Entwickelung der Möglichkeiten in der Natur. Die Einheiten gleicher Gattung werden homogene
(gleichartige), die Einheiten verschiedener Gattung heterogene (ungleichartige) Materie genannt. Wenn zwei Theilchen in geradlinig-
entgegengesetzter Richtung aufeinander stiessen, ursprüngliche Zusammensetzung bewirkend, so glichen sich ihre Bewegungen aus und
traten zusammen in verhältnissmässige Ruhe. Die Fortschreitung
der Zusammensetzung musste verschiedene und zahlreiche Reihen
(Serien) homogener Flutstoffe hervorbringen. Die aufeinanderfolgende
Fortschreitung der Reihen der Flutstoffe lässt sich begreifen, wenn
man von dem Elementarzustand der bewegten Materie ausgeht und
bis zu den drei uns durch die Sinne bekannten Ordnungen homogener Flutstoffe gelangt: Aether, Luft und Wasser, jenseits welchen
sodann die gegenseitig verhältnissmässige und empfindbare Festigkeit beginnt und bis ins Unendliche fortgeht. Bei aller Bewegung
der Materie ist zu unterscheiden: die Richtung, die Geschwindigkeit

---

*) J. Kerner theilt sie in seiner Schrift über Mesmer S. 50—54 mit.

und der Ton. Es gibt zwei Arten entgegengesetzter Richtungen, durch deren eine die Theile sich einander nähern, durch deren andere sie sich von einander entfernen: Zusammenfügung und Auflösung. Anziehung als Ursache findet sich gar nicht in der Natur.*) Je flutbarer die Materie ist, um so beweglicher ist sie. Alle Eigenschaften der Körper hängen von der Art ab, wie ihre Theile verbunden sind. Die Ursache aller möglichen Formen und Eigenschaften besteht in den gegenseitigen Verhältnissen zwischen Ruhe und Bewegung. In allen Richtungen und nach allen Graden der Geschwindigkeit stellen sich Ströme zwischen den festen Körpern fest, durch deren Zwischenräume sie durchzugehen gezwungen sind. Das Uebergewicht der ein- und ausgehenden Ströme gibt den Grund der Verwandtschaften und Feindschaften der Stoffe. In der unendlichen Zahl von zufälligen oder versuchten Zusammenfügungen der Materie mittelst Tausenden von Bewegungen während eines unbestimmten Zeitraums haben sich diejenigen erhalten, welche vollkommene, den Gesetzen der Bewegung und des Gleichgewichts gemässe waren, wovon uns die Gährungen, Krystallisationen und Vegetationen Beispiele geben. Eben diese Operation der Natur hat zur stufenweisen Vervollkommnung der Organisationen bis zu dem Grade hinreichend sein können, dass Musterformen, Samen zur Fortpflanzung der Gattungen gebildet wurden. Es ist ein unveränderliches Gesetz in der Natur, dass alle Körper, Himmelskörper (Sonnen, Planeten, Kometen etc.) als Wirkung der Consolidation wechselseitig aufeinander Einfluss haben, dass also zwischen allen Körpern Verhältnisse von ein- und ausgehenden Strömen irgend einer Flut vorhanden sind. Diese Gesetze erstrecken sich auf alle Reihenfolgen des Stoffes in einer den Zusammenfügungen derselben entsprechenden Weise. Die Allflut stellt ein unermessliches Gewühl von Wirbeln dar. Dieser gegenseitige Einfluss und die Wechselverhältnisse zwischen allen zusammenbestehenden Körpern ist dasjenige, was man All-Magnetismus — Universal- oder Welt-Magnetismus — nennen kann.

Ein Körper, welcher die Eigenschaft der sichtbaren Anziehung — oder der Abstossung — die Richtung oder das überwiegende

---

*) Dieselbe Behauptung stellte jüngst Alex. Wiessner in seiner Schrift: das Atom oder das Kraftelement der Richtung, als letzter Wirklichkeitsfaktor auf, S. VI, 93 ff. Wiessner sank zum radikalsten Atheismus herab und wähnte Alles gethan zu haben, wenn er die Materie auf die Kraft zurückführte. Im Uebrigen verläuft Alles wie beim Materialismus. Todtgeborene Weisheit! — Etwas später indess verliess A. Wiessner diesen Standpunkt in den Schriften: Vom Punkt zum Geist und in einer andern über den mit Gott identificirten Raum.

Streben gegen den Norden oder Süden unserer Erdkugel zeigt, wird Magnet genannt. Unter den festen Körpern ist es das Eisen oder der Stahl oder das Eisenerz, welches diese Eigenschaft in sich aufnehmen kann. Sie wird der Mineral-Magnetismus genannt. Auch die Erde stellt einen Magnet vor, dessen Eigenschaften vollkommen dieselben sind, welche man an Magneten beobachtet. Jenes allumfassende Gesetz, wonach alles, was ist, sich im Verhältniss allgemeinen und gegenseitigen Einflusses befindet, ist der natürliche Magnetismus. Indem die Himmelskörper wechselweise durch ihre Lage, Bewegung, Verfestigung auf einander Einfluss haben und sich beherrschen, tragen sie dazu bei auf ihre Bestandtheile zu wirken. Diese modificiren sich gegenseitig und dehnen ihre Verhältnisse der Wechselwirkung bis auf die geringste Klasse der Körpertheilchen aus. In dem thierischen Körper hängt ein allgemeines Zusammentreffen aller Theile, deren Einklang in den Wechselwirkungen das Leben und die Gesundheit setzt, unmittelbar mit der Kette der gesammten Natur zusammen. Der Mensch als wesentlicher — integrirender — Theil der Natur nimmt auf eine noch offenbarere Weise an dem Natur-Magnetismus Theil. Sein Dasein, seine Erhaltung und alles was man der Natur zuschreibt, hängt davon ab. Wie es nun möglich ist, die Bewegung und die Merkmale, welche wir im Magnete erblicken, auch in das Eisen auf künstliche Weise zu setzen, so ist es ebensogut möglich, in dem menschlichen Körper einen Ton der Bewegung von einer Reihe des feinen Stoffs aufzuregen und darin einzusetzen, welcher Erscheinungen darbietet, die denen des Magnets analog sind. Diese Weise oder dieser Ton der Bewegung kann bis zu dem Punkte erhöht und geeigenschaftet werden, dass er ebenso vom Natur-Magnetismus sich unterscheidet wie das Feuer von der blossen Wärme verschieden ist. Das in einem magnetisirten Körper beobachtete wirksame Grundwesen kann als ein unsichtbares Feuer bezeichnet werden, da es keinem der äusseren Sinne fühlbar wird. Dieses Grundwesen ist keineswegs eine Substanz, sondern eine Bewegung, gleich dem Ton in der Luft, gleich dem Licht im Aether, in einer gewissen Reihe der Gesammtflut modificirt. Diese Flut ist nicht die des gewöhnlichen Feuers, noch die des Lichtes, noch die im Magnet und in der Elektricität beobachtete, sondern von einer Ordnung, welche sie alle an Feinheit und Beweglichkeit übertrifft. Wahrscheinlich ist sie eine und dieselbe mit derjenigen, welche die Nervensubstanz durchdringt und deren Gleichartigkeit sie mit der gesammten Natur in Wechselverhältniss bringen kann. Diese tonische Bewegung kann sich mittheilen und alle beseelten und unbeseelten Körper, so zu sagen, entflammen. Indem sich die

Bewegung bis zu den innersten Theilen der Körper mittheilt, bringt sie Wirkungen hervor, die ihrer Organisation analog sind. Einmal in einer Substanz erregt, erhält sie sich darin. Wie im Magnet setzen sich auch in den magnetisirten Körpern, besonders in den Gliedmaassen des menschlichen Körpers Pole fest. Indem die Richtungen mit den grossen magnetischen Strömen der Welt zusammenfallen, zeigen sich die Erscheinungen der Neigung und Abweichung. Dieser Ton der Bewegung kann allen organisirten Substanzen **mitgetheilt** werden: den Thieren, den Bäumen, den Pflanzen, den Steinen, dem Sand, dem Wasser und andern flüssigen und festen Substanzen, auf alle Entfernungen und auf alle Grössen hin, selbst der Sonne und dem Monde etc. Die Mittheilung bewirkt sich durch die unmittelbare oder mittelbare Berührung mit einem magnetisirten Körper, so dass durch die blosse Richtung der Hand und mittelst Leitern — Conduktoren — jeder Art, selbst durch den Blick, der blosse Wille dazu hinreichend sein kann. Durch Erschütterung kann die magnetische Flut durch alle festen und flüssigen Körper hindurch **fortgepflanzt** werden. Ebenso wie die Luft und der Aether Leiter und Vehikel des Gedankens und des Willens mit Hülfe der Organe, welche für die Eindrücke des einen oder des andern dieser Mittelkörper empfänglich sind, zu werden vermögen und wie der Gedanke und Wille in einer modificirten Bewegung von einer der Flutreihen in der Nervensubstanz oder des Gehirns besteht, so können auch Gedanke wie Wille jenes unsichtbare Feuer übertragen und die Leiter seiner Richtungen werden. Einmal erregt kann der Magnetismus auf mancherlei Weise **verstärkt** werden auf physischem und auf psychischem Wege. Die Anwendung des Magnetismus bei der Behandlung von Krankheiten kann nach verschiedenen Methoden und Verfahrungsweisen gemacht werden: mit der Hand, mit dem magnetischen Becken, mit dem magnetisirten Baum. Magnetisiren heisst also dieses Feuer durch eine Art Erguss oder Entladung dieser Bewegung erregen oder mittheilen. Dieser Erguss wird bewirkt durch unmittelbare Berührung oder durch die Richtung der Extremitäten oder der Pole eines Individuums, welches dieses Vermögen oder dieses unsichtbare Feuer besitzt, oder auch sogar durch die Absicht und den Gedanken. Da jede organisirte Substanz von dieser Flutreihe durchdrungen ist, so ist sie auch fähig, dieses Feuer anzunehmen und magnetisirt zu werden, gerade so wie jede mit Luft durchdrungene Substanz Leiter des Schalls werden kann. Da diese Wirkungen alle bloss durch Empfindungen erkannt werden, so ist es gewiss, dass der Magnetismus unmittelbar auf die Nerven wirkt. Beobachtungen beweisen, dass diese Flut dieselbe ist, durch welche die Nerven beseelt werden. Den Einfluss dieser Flut, welche man die thierisch-magnetische nennt, kann man mit den gewöhnlichen (äusseren) Sinnen nicht fühlen. Die Empfindungen setzen gewisse Bedingungen und Anlagen im empfindenden Individuum voraus. Da Empfinden nichts ist, als einen Unterschied und die Veränderung im Zustand der Nerven gewahr werden, so ist dieser Unterschied vorhanden, wenn durch die Anwendung dieses Wirkungsmittels die Verhältnisse bis zu einem gewissen Grade im Nervensystem abweichend werden. Die Empfindungen sind demnach auf dem Grund der Veränderung der Verhältnisse vorhanden, welche lediglich im Zustand irgend einer Krankheit stattfindet, so dass der Theil des menschlichen Körpers, der im gesunden Zustand ist, die Wirkung des thierischen Magnetismus wohl erfahren, keineswegs aber dieselben empfinden kann. Jede angezeigte Wirkung der Anwendung dieses Agens auf den thierischen Körper ist: in der Muskelfiber die Reizbarkeit wiederzubeleben, woraus Krisen entstehen, Anstrengungen der Natur des lebenden Körpers gegen die Ursache jeder Krankheit, welche sich durch alle Gattungen von Empfindungen und Bewegungen, deren die angegriffenen Theile fähig sind, offenbaren können. Magnetisiren ist also nichts Anderes, als mittelbar oder unmittelbar die tonische Bewegung der feinen Flut, mit der die Nervensubstanz geschwängert ist, mittheilen. Dieses Agens kann also heilsame Krisen aller Art, als die wahren Mittel zur Heilung, bestimmen. Die Verfahrungsarten sind die Mittel, die Weisen, den Richtungen zur Einwirkung jener Flut auf die Ursache der Krankheit, oder auf denjenigen Theil, in welchem man die Reizbarkeit wieder herstellen will.

Diese Hauptgrundsätze entwickelt nun Mesmer in der dritten Abtheilung des ersten Theils des Mesmerismus, worin er vom Menschen handelt und eingehend von den Nerven, der Muskelfiber, der Reizbarkeit, den Sinnen, dem innern Sinn, der Empfindung und dem Gedanken, dem Instinkt und dem Vorgefühl, vom Wachen und Schlaf, von Gesundheit, Leben und Krankheit handelt und mit einem praktischen Beitrag zu der Anwendung des thierischen Magnetismus schliesst. In einem Anhang spricht sich Mesmer noch über den Somnambulismus aus, und diese Auslassungen sind für unseren Zweck zu wichtig, um die Hauptgedanken dem Leser vorzuenthalten.

Es ist von jeher beobachtet worden, dass gewisse Personen im Schlafe umhergehen, die verwickeltsten Handlungen mit eben derselben Ueberlegung, mit der gleichen Aufmerksamkeit, und mit noch grösserer Pünktlichkeit als im Zustande des Wachens unternehmen und ausführen. Man wird in noch grössere Verlegenheit gesetzt, diejenigen Fähigkeiten, welche die intellektuellen genannt werden, auf einer solchen Stufe zu sehen, dass die ausgebildetsten im gewöhnlichen Zustande dieselben nicht erreichen. In diesem Zustande können solche Menchen Zukünftiges voraussehen und sich entfernteste Vergangenheiten vergegenwärtigen. Ihre Sinne können sich nach allen Fernen und nach allen Richtungen ausdehnen, ohne dass ein Hinderniss sie hemmt. Die ganze Natur scheint ihnen gegenwärtig zu sein. Der Wille sogar kann ihnen, unabhängig von den durch die Convention dafür angenommenen Mitteln, mitgetheilt werden. Diese Eigenschaften sind aber je nach der Beschaffenheit eines jeden Individuums verschieden. Die gewöhnlichste Erscheinung ist, dass sie in das Innere ihrer und selbst der Körper Anderer sehen und mit der grössten Genauigkeit die Krankheiten, den Gang derselben, die nöthigen Mittel dafür und ihre Wirkungen angeben können. Nur selten jedoch vereinigen sich alle diese Vermögensarten in dem nämlichen Individuum. Wenn man erwägt, wie fein und beweglich die Materie ist, wie genau sie zusammenhängt und den Raum erfüllt, so lässt sich einsehen, dass keine Bewegung oder Verrückung in ihren kleinsten Theilen möglich ist, ohne sich, bis auf einen gewissen Grad, durch das ganze Universum auszudehnen. Hieraus geht hervor, dass so wie es kein Dasein und keine Combination der Materie gibt, die nicht durch ihr Verhältniss mit dem Ganzen auch auf diejenige Materie wirkt, in welcher wir uns befinden, auch Alles, was existirt, gefühlt werden kann und dass die belebten Körper, die sich mit der ganzen Natur in Berührung befinden, fähig sind, entferntere Wesen und Ereignisse, wie sie sich einander folgen, zu empfinden. Der Instinkt ist das Mittel, wodurch der schlafende Mensch von Krankheiten Ahnung haben und alle Dinge unterscheiden kann, welche zu seiner Erhaltung und Wiedergenesung dienen. Eine noch wunderbarer scheinende Thatsache ist die Mittheilung des Willens. Sie geschieht durch den innern Sinn, indem sich die Gedanken eines Menschen unmittelbar auf den innern Sinn eines andern Menschen beziehen können, wobei zwei Willen in Beziehung oder Rapport treten. Da der Mensch, mittelst seines inneren Sinnes mit der ganzen Natur in Berührung, im somnambulen Zustand im Stande ist, die Verkettung der Ursachen und Wirkungen zu empfinden, so wird begreiflich, dass: die Vergangenheit kennen heisst: die Ursachen in der Wirkung erkennen, die Zukunft aber voraussehen, heisst: die Wirkungen in den Ursachen empfinden. — Der natürliche Schlaf des Menschen ist derjenige Zustand, in welchem die Verrichtungen der Sinne aufgehoben sind, d. h. worin der Zusammenhang des Sensorii communis mit den äusseren Sinnesorganen aufhört. Eine Folge davon ist, dass alle jene Verrichtungen aufgehoben sind, welche mittelbar oder unmittelbar von den äusseren Sinnen abhängen, wie die Einbildungskraft, das Gedächtniss, die willkürlichen Bewegungen der Muskeln, Gliedmaassen, die Sprache u. s. w. Im Zustande der Gesundheit ist der Schlaf des Menschen regelmässig und periodisch. Durch eine gewisse Unregelmässigkeit in der thierischen Oekonomie aber und durch verschiedene innere Strömungen kann es geschehen, dass die sogenannten thierischen Verrichtungen nicht ganz aufgehoben sind, und dass gewisse Muskelbewegungen und der Gebrauch der Sprache noch im Schlafe stattfinden. In beiden Fällen, bei beiden Arten des Schlafes, wirken die umgebenden Materien nicht durch die äusseren Organe, sondern unmittelbar auf die Substanz der Nerven selbst ein. **Der innere Sinn wird also zu dem einzigen Organ der Empfindungen**: die von den äusseren Sinnen nun unabhängigen Eindrücke werden dadurch, dass sie allein vorhanden sind, auch nur durch sich und an sich selbst empfunden. Zufolge des Gesetzes, dass immer der schwächere Eindruck dem stärkeren weichen muss, werden also auch die inneren schwächeren Eindrücke nur bei Abwesenheit der stärkeren empfunden. So sind die Sterne am Tage für uns unsichtbar, weil ihr Eindruck, den unsere Augen von ihrem Lichte erhalten, zu schwach ist, um nicht von dem stärkeren Sonnenlichte verdrängt zu werden. Im Schlafe aber fühlt der Mensch seine Berührung mit der ganzen Natur. Wie die Kenntnisse des gelehrtesten Mannes ohne Mittheilung uns unbekannt bleiben würden, so würden wir nur schwer uns von der Existenz dieser Phänomene überzeugen können, wenn es nicht Individuen gäbe, die während ihres Schlafes die Fähigkeit behalten, uns durch Reden und Handlungen zu offenbaren, was in ihnen vorgeht. Gäbe es ein Volk, welches beim Untergang der Sonne einschliefe und vor ihrem Aufgange nicht erwachte, so würde demselben nur das Dasein der am Tage sichtbaren Gegenstände begreiflich sein. Würde dasselbe nun benachrichtigt, dass einige Menschen, die, in jener Ordnung des Schlafs durch Krankheit gestört, des Nachts aufgewacht wären, und in einer unendlichen Entfernung unzählige leuchtende Körper gesehen hätten, so würde es diese ohne Zweifel, ihrer so wunderbar abweichenden Ideen wegen, für Träumer halten. Und dieses ist jetzt genau in den Augen der Menge der Fall in Bezug auf diejenigen, welche behaupten, dass der Mensch im Schlafe die Fähigkeit besitze, seine Empfindungen weiter auszudehnen. Der bemerkte kritische Zustand ist ein Zwischenzustand von Wachen und Schlafen. Ist er dem Wachen näher, so haben Gedächtniss und Einbildungskraft noch einigen Antheil. Die Wirkungen der äusseren Sinne werden empfunden. Da sich diese Empfindungen mit jenen des inneren Sinnes verwirren, zuweilen dieselben überwältigen, so können sie nur in die Kategorie der Träumereien gesetzt werden. Ist aber dieser Zustand dem Schlafe näher, so sind die Aeusserungen der Somnambulen als Resultat der Empfindungen des inneren Sinnes selbst mit Ausschluss der äusseren Sinne, in dem Verhältniss dieses Zusammenrückens gegründet. Obgleich im kritischen Schlafe die Substanz der Nerven unmittelbar erregt ist, so dass die ganze Thätigkeit des Menschen nur vom innern Sinn geleitet wird, so werden doch die Wirkungen der verschiedenen Stoffe auf die Organe der äusseren Sinne, welche besonders für sie bestimmt sind, bezogen. Sagt der Somnambule: er sehe, so sind es nicht die Augen, welche die Eindrücke des Aethers erhalten, sondern er bezieht auf das Gesicht die Eindrücke, welche die Bewegungen des Lichtes von den verschiedenen Umrissen, Gestalten und Farben in ihm erwecken. Sagt er, er höre, so nimmt darum nicht sein Ohr die Modulationen der Luft auf, sondern er bezieht bloss die Bewegungen darauf, deren Eindrücke er empfängt. Das Gleiche gilt von den übrigen Organen. Das Organ des inneren Sinnes besteht in der Vereinigung und Durchflechtung des Nervensystems im Ganzen: des Gehirns, des Rückenmarkes, der Nervengeflechte und der Ganglien. Diese verschiedenen Theile des Nervensystems können bezüglich ihrer Verrichtungen, einzeln wie zusammen, wie verschiedene Saiten in einem musikalischen Instrumente angesehen werden, welchen nur ihr vollständiger Einklang die Harmonie gibt. Die Phänomene des Somnambulismus sind zu allen Zeiten bemerkt und nach den jedesmaligen Vorurtheilen der Jahrhunderte mit mehr oder weniger Aberglauben betrachtet worden. Die Meinungen der Alten sind darum nicht (überhaupt) zu verachten, weil sich einige Irrthümer an sie anschlossen. Die Beobachter dieses Zustandes laufen — bei der Vielseitigkeit und Verwickeltheit der Sache Gefahr, an vielen Klippen von Irrthümern und Missbräuchen anzustossen, sobald sie demselben einen zu weit ausgedehnten Glauben beimessen und z. B. verkennen, dass die in ihm sich zeigenden Fähigkeiten nur als Ausdehnungen der Empfindungen und des Instinkts des Menschen anzusehen sind. —

Da ich in so vielen Schriften über den Lebensmagnetismus und Somnambulismus den spezifischen Charakter der Lehre Mesmer's bald verschwiegen, bald verwischt, bald ganz entstellt gefunden habe, so hielt ich für dringend nöthig, diese Lehre, so wie sie ist, aus den Quellen in gedrängter Zusammenfassung vorzulegen. Wenn aber noch ein Zweifel darüber zurückbleiben sollte, dass Mesmer's Lehre, wenn man von seinem blassen Deismus absieht, keine andere Kosmologie und keine andere Erklärung des Menschen als die materialistische kennt, der möge zu dem oben Dargelegten hinzunehmen, dass Mesmer den Somnambulismus schlechtweg für eine Entwickelung gewisser Krankheiten durch einen krampfhaften Schlaf und Traum erklärt, also eigentlich für eine Geisteskrankheit, sowie alle Geisteskrankheitsformen ihm nur Schattirungen des Somnambulismus sind, und dass ihm daher jene wunderbaren Erscheinungen im Somnambulismus wie Ekstasen, Visionen, Geisterlehren ihren Ursprung in einer Geistes-, d. h. eigentlich in einer Nervenstörung haben.*) Die physische und moralische Ordnung der Welt wird zwar von Mesmer unterschieden, aber jene völlig einer blinden Nothwendigkeit unterworfen, diese lediglich von der „Vorstellung" (des Thieres: Mensch genannt) des Guten und Bösen bestimmt vorgestellt. Die Verschiedenheit der Talente des Geistes wird von ihm dem Zufall des ersten Unterrichts zugeschrieben. (Tabula rasa.) Geister, Genien, Dämonen, Gottheiten (die Gottheit des Monotheismus, wenigstens der Deismus, ist stillschweigend ausgenommen) sind ihm unterschiedslos Abstraktionen der Sprache. Die Quelle aller möglichen Organisationen (den Menschen einbegriffen, der nur das entwickeltste Thier ist) setzt er in den „Zufall" der Zusammenfügung. Die abwechselnde Bewegung gibt der Welt (dem Gesammtstoff) ihr Wesen, beseelt und belebt sie. Die ursprünglich (zu Anfang der Zeit?) im Raum verbreitete ungleichartige Materie hat sich nach Mesmer gegen einen vom Zufall hervorgebrachten Mittelpunkt der Schwere niedergeschlagen. „Der erste Zustand der Erde stellte eine schlammige Masse dar, worin die Wasser mit der Erde gemischt und untereinander gemengt waren."**) Die festeren Theile zogen sich untereinander mit fort, die Wasser trennten sich und nahmen die Oberfläche ein. Von da an fingen die erdigen Theile an zusammenzugerinnen und sich in verschiedene Gestaltungen (Krystalle, Pflanzen, Thiere, Menschen) zu organisiren." Den Menschen soll man im Zustand des Schlafs, des Wachens, der Gesundheit und der Krankheit kennen lernen. „Der Schlafzustand kann der dem Menschen natürliche sein, dem Zweck seines Daseins, welcher der zu Vegetiren ist, am unmittelbarsten entsprechend! In diesem Zustand beginnt er sein Dasein, vollbringt er seine Bildung,

---

*) Siehe: Mesmerismus von Mesmer, herausgegeben von Wolfart, S. 7, 25, 141—142, 198, 211.

**) Man wird hier an den Urschlamm des späteren Oken erinnert.

endet er seine Laufbahn" (von einer fernern Laufbahn nach dem Tode weiss Mesmer nichts). Als Zweck und Bestimmung der Natur aller organischen und lebenden Wesen (zu denen auch der Mensch gehört) gilt Mesmer das Vegetiren, das Fortsetzen des Daseins (so lang es geht) und Entwickeln der Fähigkeiten (nach Maassgabe der unaufheblichen Bewegungen alles Materiellen, Daseienden). Und in diesem Zusammenhang versteigt sich Mesmer zu der Frage: „Könnte man nicht behaupten, dass wir nur wachen, um zu schlafen?" Diese Frage scheint Mesmer offenbar nur darum nicht sinnlos, weil er einen traumlosen Schlaf nicht zugibt, da er behauptet, der Schlaf sei nichts weniger als ein negativer Zustand oder die blosse Abwesenheit des Wachens. Denn es lässt sich, fügt er hinzu, die Beobachtung machen, dass der Mensch im Schlaf alle seine Fähigkeiten, sowohl die geistigen als die der körperlichen Bewegungen gar oft mit grösserer Vollkommenheit selbst als im Wachen ausüben kann. Und im vollen Einklang mit seinem Begriff des Lebens als eines Vegetirens fährt er fort: „Dieser Zustand (der Schlaf) stellt den Menschen so dar, wie er von Natur aus ist, ohne durch den Gebrauch der Sinne oder durch einen fremden Einfluss anders geartet zu sein. Diesen Betrachtungen setzt Mesmer die Krone auf, die seinen Materialismus zu einer Evidenz bringt, welche absolut nichts mehr zu wünschen übrig lässt. Seine Worte lauten: „Die Beobachtung dieses Zustandes (des kritischen Schlafes, des Schlafwachens oder Somnambulismus) kann uns insbesondere unterrichten, dass man ausser den äusseren Hülfsmitteln der Sinne bei dem Menschen und den Thieren noch ein inneres Triebwerk (Mechanismus) des Nervensystems unterscheidet, mittelst dessen er auf gewisse Weise mit der ganzen Natur in ununterbrochenem Zusammenhang oder in direkter Berührung sich befindet, ohne durch die Schranken, welche der Bau der äusseren Sinneswerkzeuge ihrem Gebrauch setzt, aufgehalten zu werden. Dieses Organ, dieser innere Sinn, ist das köstlichste Vermögen, man nennt es Instinkt. Das Vorhandensein dieses inneren, allen beseelten oder empfindenden Wesen gemeinen Sinnes ist uns durch die bei den Thieren anzustellenden Beobachtungen auf das Strengste erwiesen, durch die periodischen Reisen der Fische, der Vögel, durch die Sorgfalt, die Vorsicht und die Betriebsamkeit für die Fortpflanzung und Erhaltung ihrer Gattung, für die Erziehung ihrer Jungen, durch den Scharfsinn und die Schlauheit sich ihrer Beute zu bemächtigen, so wie bis zu einem gewissen Grade die Gefahr zu vermeiden, dieselbe zu errathen, immer im Allgemeinen zu ihrer Erhaltung. Unter allen Thieren scheint der Mensch allein den Gebrauch dieses Sinnes vernachlässigt und nicht gekannt zu haben. Zu Allem bedient er sich dessen, was er die Vernunft nennt. Die Vernunft ist (nur) ein Resultat des vereinigten und ungewissen Gebrauchs der äusseren Sinne, deren Organe eines durch das andere berichtigt werden müssen. Hieraus sieht man wohl leichtlich, dass dieselbe uns wohl der Wahrheit nahe bringen kann, ohne sie jedoch vollkommen zu erreichen; dass es vielmehr der Instinkt sei, welcher zu diesem Ende allen empfindenden Wesen gegeben worden. Der kranke, in einen krampfhaften Schlaf oder in den Zustand der Geistesverwirrung verfallene Mensch zeigt dem Beobachter durch Beibehaltung des Gebrauchs der Sprache die Existenz und die Natur des inneren Sinnes. Dieser gemeiniglich Somnambulismus genannte Zustand kann übrigens verschiedene Grade der Vollkommenheit annehmen. Manchmal kann der Somnambule Zukunft und Vergangenheit deutlich durch den inneren Sinn sehen, mit der ganzen Natur steht er in Berührung, oder er ist fähig Alles zu empfinden, sei's nun als Ursache, sei's als Wirkung, gerade so wie die Gegenwart. Seine Sinne scheinen sich auf jeden Abstand ohne alles Hinderniss zu erweitern. Der Wille selbst stellt ein physisches Agens des Menschen unabhängig von den gewöhnlichen Hülfsmitteln dar. Die unveränderliche und fast allgemeine Beobachtung dieser Erscheinung so wie die der Träume und der Einbildungskraft erzeugte und nährte für immer bei allen Völkern die Meinung an die Existenz von übersinnlichen oder geistigen, dem Menschen sonst fremden Substanzen, von welchen diese Fähigkeiten bei gewissen Umständen besessen und regiert werden könnten. Diese Meinung gab den Stoff zu dem Glauben an Zwischengeister, an das Besessensein von Dämonen, an Inspirationen, Sybillen, Orakeln und Prophezeihungen u. s. w., sowie denn auch an alle Arten von Magie, Zauberei, von Erscheinungen von Auferstandenen, von Gespenstern. Dieses bisher ungelöste Räthsel diente gar oft dem politischen, religiösen Scharlatanismus, und der Missbrauch, welchen eigendünkelige Unwissenheit damit trieb, wurde stets den Menschen verderblich."

Vor dieser Seuche des Aberglaubens und des Fanatismus will nun Mesmer die Menschheit für die Zukunft bewahren, durch die Belehrung über den ganzen Umfang der eigenthümlichen Fähigkeiten des Menschen, wozu er die Nachweisung rechnet, dass derselbe durch die Gesammtheit des Nervensystems mit der ganzen Natur sich im Wechselverhältniss befinde. Damit werde sich zugleich enthüllen, was an den angeführten Erscheinungen etwa Wahres sein könnte und der Erkenntniss diejenigen Fälle und Bedingungen erschliessen, unter welchen sich jene Erscheinungen verwirklichen können.

Mesmer huldigt also ganz der sogenannten Aufklärung des 18. Jahrhunderts, indem er einen blassen Deismus mit einem kosmologischen Materialismus verbindet. Den Magnetismus kennt er nur von der animalischen (thierischen) Seite und Somnambulismus setzt er zu einer blossen Thierinstinktlehre herab. Sein Verdienst besteht in der Wiederentdeckung der Erscheinungen des Lebensmagnetismus und des Somnambulismus, wovon er aus ältern Schriften Kenntniss erhalten hatte, die er durch eigene Beobachtungen bestätigt fand und auf eine halb deistische, halb materialistische Theorie zu bauen versuchte. Seine Theorie von der Allflut und dem Allmagnetismus ist darum keineswegs unbedingt zu verwerfen, sondern nur einschränkend zu modificiren und aus ihrer Nebelhaftigkeit heraus auf exaktere Beobachtungen und festere Grundlagen zurückzuführen und über den Materialismus durch tiefere Forschungen über Seele und Geist emporzuheben. Ich kann hier nicht auf die Bewegungen eingehen, die Mesmer in Frankreich hervorrief, die zum Theil schon zu seinem Verdruss über seinen Materialismus, zum Theil in ein anderes Extrem (Püysegure, Barbarin) hinausgingen. In Deutschland aber bemächtigten sich nach einer ersten durch Lavater eingeleiteten Phase des Mesmerismus vorzüglich Anhänger der Schelling'schen Identitätsphilosophie der Lehren Mesmer's, deuteten sie in ihren sogenannten Pantheismus um, schieden sich aber doch in einen rechten und in einen linken Flügel, wovon jener (Schubert, Kluge, Eschenmayer etc.) mehr oder minder einer persönlichkeitspantheistischen, zum Theil selbst theistischen Richtung zustrebte, während dieser (Wolfart, Kieser etc.) einer naturalistischen Auffassung und Behandlung sich zuwendete. Die Geschichte dieser Bewegung, die an mannigfaltigen Erscheinungen reich ist, harrt noch ihrer Darstellung. Es ist hier nicht der Ort, auf die ausgedehnte Literatur dieser Bewegung einzugehen, in welcher die Strebungen des rechten Flügels durch Schelling's erfolgte Erhebung über sein Identitätssystem mehr und mehr in den Vordergrund traten, bis der Einbruch des Materialismus in Deutschland sie zurückdrängte.

II.

Inmitten der Ueberflutung des neueren deutschen Materialismus trat Karl Freiherr von Reichenbach mit seiner Lehre vom Od und der Sensitivität hervor, welche die Hauptthatsachen der Mesmerischen Erscheinungen bestätigte, jedoch eine verschiedene

Erklärung derselben und damit eine andere Theorie aufstellte. Reichenbach sucht nicht wie Mesmer eine neue Heilkunde zu begründen, sondern sein Zweck ist reine Naturwissenschaft nach naturwissenschaftlicher Methode in einem bisher, wie er glaubt, noch unbetretenen Gebiete derselben. Während er mit Mesmer Gott als unerschaffene, ewige Geistwesenheit anerkennt, ist er doch weit entfernt mit Mesmer, ganz wie Holbach (Systeme de la Nature), in der Welt nichts als Materie und Bewegung zu erblicken und den Geist also als Naturprodukt zu betrachten, sondern er hält, wie es sich auch mit seinem Ursprung verhalten möge, an der höheren Natur des menschlichen Geistes fest, räumt wenigstens die Möglichkeit seiner Unsterblichkeit, also auch die Möglichkeit eines Verkehrs abgeschiedener Geister mit irdisch lebenden ein und wie er einerseits gegen Mysticismus sich verwahrt, so verwirft er andererseits mit aller Bestimmtheit den Materialismus. Seine Od- und Sensitivitätstheorie, die Reichenbach in einer Reihe von Schriften in grosser Ausdehnung dargelegt hat, kann hier nur in den allgemeinsten Grundzügen vorgeführt werden:

Die tausendjährige Beobachtung, lehrt R., dass der Magnet auf den menschlichen Organismus fühlbar reagire, ist eine wohlbegründete Thatsache, ein physikalisch-physiologisches Gesetz in der Natur. Der Beweis liegt in der Erfahrung, dass fast alle Menschen, deren Schlaf durch den Mond mehr oder weniger beunruhigt wird oder die an nervösen Verstimmungen leiden, stark genug die eigenthümlichen Reizwirkungen des Magnets empfinden, wenn er streichend vom Kopfe über den Leib herabgeführt wird. Zahlreicher noch finden sich gesunde und rüstige Menschen allenthalben, welche den Magnet ganz lebhaft empfinden. Viele fühlen ihn schwächer; Manche erkennen ihn kaum noch leise; die grosse Menge endlich nimmt ihn gar nicht wahr. Alle diejenigen, welche diese Reaktion erkennen (vielleicht der vierte oder dritte Theil der Menschen), sind als Sensitive zu bezeichnen. Die Wahrnehmungen jener Einwirkung bekunden sich allen Sinnen, drängen sich aber hauptsächlich den beiden Sinnen des Gefühls und des Gesichts auf: des Gefühls, durch eine Empfindung von scheinbarer Kühle und Lauwärme; des Gesichts, durch Lichterscheinungen bei lang anhaltendem Aufenthalt in tiefer Dunkelheit, welche von den Polen und Seiten der Magnete ausströmen. Die Fähigkeit, solche Wirksamkeit auszuüben, kommt nicht bloss dem Stahlmagnete oder dem natürlichen Magneteisensteine zu, sondern die Natur gewährt sie in einer unendlich mannigfaltigen Zahl von Fällen. Zunächst ist es der gesammte Erdball, welcher mittelst des Erdmagnetismus auf sensitive

Menschen stärker oder schwächer einwirkt. Dann ist es der Mond, ferner sind es alle Krystalle, ebenso die Wärme, die Reibung, die Elektricität, das Licht, die Strahlen der Sonne und der Gestirne, insbesondere der Chemismus, dann die organische Lebensthätigkeit der Pflanzen, der Thiere, des Menschen, endlich die gesammte Körperwelt. Die Ursache dieser Erscheinung ist eine eigenthümliche Kraft in der Natur, welche das ganze Weltall umspannt, verschieden von allen bis jetzt bekannten Kräften, welche am Besten Od genannt werden kann.*) Die Od-Kraft tritt, obgleich verschieden von Magnetismus, überall auf, wo dieser erscheint. Umgekehrt aber tritt Magnetismus bei Weitem nicht überall auf, wo das Od erscheint. Dieses hat also vom Magnetismus unabhängigen Bestand; der Magnetismus dagegen ist immer an die Gemeinschaft mit Od gebunden. Die odische Kraft besitzt Polarität: am gen Nordpol erzeugt sie Empfindung von Kühle, im Finstern blaue und blaugraue Leuchte; am gen Südpol Empfindung wie Lauwärme und rothe, rothgelbe, rothgraue Leuchte: ersteres mit Wohlbehagen, letzteres mit Missbehagen verbunden. Sie ist für Sensitive bemerkbar ausser an Magneten an Krystallen, Pflanzen und Thieren. Am Menschen steht die ganze linke Seite in odischem Gegensatze gegen die ganze rechte. Sie tritt polarisch in den Extremitäten, den Händen und Fingern, dann in den Füssen, dort stärker, hier schwächer, auf. Innerhalb dieser allgemeinen Polaritäten finden sich unzählige kleinere untergeordnete Polaritäten der einzelnen Organe gegen einander und in sich. Männer und Weiber sind qualitativ odisch nicht verschieden. Die odische Kraft lässt sich an den Körpern fortleiten bis auf ungemessene Entfernungen. Es lässt sich verladen, von einem Körper auf den andern bringen, durch Berührung, ja — schwächer — schon durch blosse Annäherung. Die Verladung bedarf zu ihrer Erfüllung einiger Zeit, mehrere Minuten. Die Andauer des odischen Zustandes der Körper nach Verladung ist nur kurz, verschieden nach Beschaffenheit der Materie. Geodete Körper liefern an ihrem entgegengesetzten Ende fühlbare Odströmungen, lau oder kühl, positiv oder negativ. Das von odisch erregten Körpern ausgesendete Licht ist überaus schwach und nur Sensitiven sichtbar. Nichtstarke Sensitive müssen über eine ganze, wohl auch zwei Stunden lang in absoluter Finsterniss verweilt haben, ehe ihr Auge hinlänglich vorbereitet ist, um für die Wahr-

---

*) „Dieses Agens habe ich (Dynamide a § 215) Od genannt, abgeleitet aus der Wurzel Vâ im Sanskrit, wo es „wehen" bedeutet, und im Lateinischen Vado, im Altgermanischen Wuodon, Wodan, Odan, Odin bildet (siehe odischmagnetische Briefe, S. 198)." Der sensitive Mensch von v. Reichenbach, I, 16.

nehmung des Odlichtes geeignet zu sein. Die Ursache hievon kann nicht in einer besonderen Schärfe des Auges liegen, weil Odlicht-Sehende auch mit der eigenthümlichen Reizbarkeit begabt sind, die odischen Eindrücke durch das Gefühl wahrzunehmen, sie nach scheinbarer Lauwärme oder Kühle, nach angenehmen oder widrigen Empfindungen zu unterscheiden. Da diese verschiedenen Fähigkeiten in bestimmten Personen alle gleichzeitig vorhanden oder alle gleichzeitig abwesend sind, so müssen sie als verbunden betrachtet werden und scheinen von einer eigenthümlichen Disposition des ganzen Nervensystems herzurühren, die wir nicht kennen, nicht aber von einer besonderen Beschaffenheit einzelner Sinneswerkzeuge. Das Odlicht der amorphen Körper ist eine Art von schwachem äusseren und inneren Erglühen anscheinend durch die ganze Masse hindurch, ähnlich der Phosphorescenz; ein feiner leuchtender Schleier wie zarte flaumige Flamme umhüllt sie. Bei verschiedenen Körpern tritt dieses Licht in verschiedenen Farben auf: blau, roth, gelb, grün, purpurn, meist weiss und grau. Einfache Körper, namentlich Metalle, leuchten am hellsten; zusammengesetzte wie Oxyde, Sulphide, Jodide, Kohlenwasserstoffe, Silicate, Salze aller Art, Gläser, ja die Mauern der Zimmerwände, Alles leuchtet. Wo das Odlicht auftritt, wie im Magnete und den Krystallen, bildet es einen von den Polen ausgehenden flammenartigen Strom, der in der Richtung der Magnetarme und Krystallaxen fast geradlinig fortgeht, und mit der Entfernung vom Pole sich etwas erweitert, während er an Lichtintensität abnimmt. Er ist bunt in allen Regenbogenfarben, bleibt jedoch am positiven Pole vorherrschend roth, am negativen vorherrschend blau. Nebenbei bleiben Magnete, Krystalle, Hände, ähnlich den amorphen Körpern, durch ihre Masse hindurch leuchtend, odglühend, und ebenso mit einem feinen leuchtenden dunstigen Schleier allenthalben umfangen. Die Menschen leuchten fast überall auf ihrer Leibesoberfläche, vorzüglich aber an den Händen, dem Handteller, den Fingerspitzen, den Augen, verschiedenen Stellen am Kopfe, der Magengrube, den Fusszehen u. a. O. (für Sensitive). Von allen Fingerspitzen aus, in gerader Richtung der verlängerten Finger, strömen flammenähnliche Lichtergüsse von verhältnissmässig grosser Intensivität. Die Elektricität, selbst schon die blosse elektrische Atmosphäre, erzeugt und verstärkt in hohem Grade die odischen Lichterscheinungen, jedoch nicht augenblicklich, sondern nach einer kleinen Pause von ein paar Minuten. Der Elektromagnet, Sonnenstrahlen und Mondlicht, Wärme, Reibung, Feuerlicht; alle chemischen Aktionen bringen an ins Finstere geleiteten Drähten und ihren Spitzen sichtbare Leuchten hervor. Aber auch für sich strömen die Zersetzungsprozesse Odflamme aus und verbreiten Odglut. Der positive Pol gibt die kleinere aber leuchtendere, der negative die grössere aber lichtärmere Flamme. Die Odflamme strahlt Licht von sich aus, das andere Körper in der Nähe beleuchtet. Alle odpositiven Körper strömen warme, alle odnegativen kalte Odflammen aus. Im thierischen Organismus stimmen Nacht, Schlaf und Hunger die odischen Einflüsse herab; Nahrung, Tageslicht und Thätigkeit steigern und erheben sie. Im Schlafe versetzt sich der Herd der odischen Thätigkeit auf andere Stellen im Nervengebäude. Innerhalb der 24 Stunden des Tages und der Nacht findet eine periodische Fluktuation, ein Ab- und Zunehmen derselben im menschlichen Leibe statt. *)

Noch ist nicht entschieden, ob Magnetismus, Diamagnetismus und Od in Eins zusammenfallen oder nicht, **) jedenfalls aber stellt sich Od in eine Art von Mitte zwischen Elektricität und Magnetismus. ***) Die Odflamme ist materiell. †) Die Menschen üben eine starke gegenseitige odische Einwirkung aufeinander aus. ††)

Reichenbach fand sich selbst nicht sensitiv und machte seine Beobachtungen daher an Anderen. Er hatte im vierzehnjährigen Verfolge von Versuchen Hunderte von Menschen kennen gelernt, welche die odischen Lichterscheinungen sahen, und Hunderte, welche sie nicht sahen. †††) Seine Beobachtungen hatten schon einen weiten Umfang der Ausbildung erlangt, als durch H. Dr. André mittelst der Bremer Zeitung 1853 das Tischrücken von Amerika nach Europa gebracht wurde. Reichenbach äusserte hierüber: „Gleich von vornherein ist der Thatsache als solcher die Wahrhaftigkeit abgestritten worden. Der nächste Grund hievon lag in nichts, als in ihrer Unbegreiflichkeit, weil man sie nicht verstand, sollte sie auch nicht sein. Dieser übereilten Behauptung stand aber eine sehr nahe liegende Erscheinung gegenüber, die unbegreiflicher Weise nicht benutzt wurde. Tausende von Menschen, die am Tischrücken Theil nahmen, fühlten sich dabei im Wohlbefinden so heftig angegriffen und von Kopfschmerzen, Uebelkeit, Ohnmacht, Krämpfen

---

*) Physikalisch-physiologische Untersuchungen über die Dynamide des Magnetismus, der Elektricität, der Wärme, des Lichtes etc. in ihren Beziehungen zur Lebenskraft von Frhrn. v. Reichenbach, 1, 209 ff.
**) Loco cit. II, 7.
***) L. c. II, 125-126.
†) L. c. II, 139.
††) L. c. II, 151.
†††) Die Pflanzenwelt in ihren Beziehungen zur Sensitivität und zum Ode. Von Frhrn. v. Reichenbach, S. 4.

befallen, dass sie sich schnell vom Tische zurückziehen mussten. Diese unbestreitbaren, überall gleichen Gesundheitsstörungen mussten doch wohl überall eine Ursache haben? Und da diese Ursache im Tischrücken liegt, so muss doch wohl das Tischrücken selbst einen innern reellen Bestand haben? Was körperliche Wirkungen hervorbringt, hat ja doch wohl einen körperlichen Grund und ist somit eine Wirklichkeit in der naturwissenschaftlichen und philosophischen Welt? Während die ruhig dreinblickende Menschheit zu Staunen aufgeregt wurde über eine Erscheinung, die an Klarheit mit dem hellen Tage wetteiferte, machten die Physiker, die Physiologen, die Mechaniker und die ganze Naturforschung Chorus, um aus Einem Munde sie als Irrthum, Täuschung, Unsinn und Betrug zu erklären, und als gar einer ihrer Altmeister, der hochverdiente Faraday, sich an ihre Spitze stellte, hielten sie sich für berechtigt, sie als Wahnwitz unserer Zeit der Lächerlichkeit preiszugeben. Eine gleich unwissenschaftliche Gewaltthätigkeit ist in der Welt noch kaum vorgekommen. Unsere Enkel werden eine solche Geschichte einer naturwissenschaftlichen Entdeckung, in dem Zeitalter, in welchem man die chemischen Bestandtheile der Sonne auszumitteln und unbekannte Planeten durch Rechnung zu entdecken vermochte, ganz unfasslich finden."

Reichenbach nahm nun Untersuchungen vor, welche das Tischrücken als bewiesene Thatsache ausser Zweifel stellen. Er setzte dann eingehend die Bedingungen, Förderungen und Hindernisse des Rückens auseinander und fand, dass die Sensitivität eine Grundbedingung des Tischrückens (und des Rückens von materiellen Gegenständen überhaupt) ausmacht, dass es bis zum tollsten Rennen, Toben und Umstürzen gebracht werden kann, aber auch, besonders bei Hochsensitiven, gesundheitstörende Wirkungen üben, sogar Einzelne in somnambulen Zustand versetzen kann. Die Richtung der Bewegung ist eine complexe, zusammengesetzt aus mehreren oder vielen einfachen Richtungen, deren jede für sich von Haus aus geradlinig ist. Die tanzenden Tische drehen sich also nicht im Kreise, sondern sie werden ruckweise in allen Richtungen umhergetrieben und scheinen dann nur sich zu drehen. Das ist es auch, was man an ihren Bewegungen immer wahrnimmt, die nicht stetig, sondern ruckweise in kurzen Absätzen vor sich gehen, besonders im Anfang der Bewegung sichtbar sind, und erst, wenn die Stösse schneller nacheinander eintreten, in der Geschwindigkeit der Aufeinanderfolge dem Auge verschwinden und ineinander fliessen. Je weniger Leute an einem Tisch sitzen, desto mehr und öfter wird er geradlinige Rücke durcheilen; je mehr es der Theilnehmer sind und je gleicher ihr relatives Kraftmaass, desto mehr wird sich der Tisch einem Rundgange nähern. Sein Gaugeln, sein Drehen auf Einem Fusse, seine Neigungen und sein Umstürzen rührt zum Theil von diesen sich widerstrebenden Impulsen her, häufiger wohl von Unebenheiten des Bodens, auf welchen die aufliegenden Hände ihn gewöhnlich niederdrücken. Die Drehungen der ringsumsessenen Tische sind also das konfuse Erzeugniss regellosen Herumgestossenwerdens. Aus Allem geht hervor, dass eine Kraft von den Händen und besonders den Fingerspitzen aus hervorgeht, welche, repulsiv, die Tische forttreibt, ungleich stark in verschiedenen sensitiven Menschen ist, sich n i c h t allzuschnell in den ihr vorgehaltenen Gegenständen verbreitet, s o n d e r n von ihrem Eingusspunkte aus so auf einen Hebelarm wirkt, wie eine jede andere Triebkraft von ihrem Anhaltungspunkte aus. In den Versuchen Reichenbach's war es nicht sowohl die Anzahl der Hände, als vielmehr die sensitive Stärke, welche die leichteren oder schwierigeren Bewegungen hervorbrachte. Höhere Sensitive brachten nicht bloss einen Hut, sondern oft genug ganz allein einen ganzen Tisch in Bewegung. Diess ging besonders dann leicht von Statten, wenn solche Hochsensitive soeben in Gesellschaft Tische bewegt hatten. Dann war nicht selten ein einziger Finger hinreichend, einen im Laufe begriffenen Tisch in dauernder Bewegung zu erhalten. Auch die odische Lohe wurde über den Tischen von den Sensitiven wahrgenommen und die Grösse der Lohe gab den Maassstab für die Nähe des Rückens. Je mehr sie wuchs, desto näher war der Eintritt des Bewegungsanfangs.

Zur Sicherstellung dieser Erscheinungen nahm Reichenbach auch Tischrückversuche in absoluter Finsterniss — in der Dunkelkammer — vor und fand die vollständigste Bestätigung, die nur verlangt werden konnte. Das Nöthigste hievon theilt Reichenbach in folgenden Worten mit:

„Eine Gesellschaft von acht Sensitiven hatte die Geduld, erst zwei Stunden lang im Finstern zu beharren, bis alle Mitglieder zureichend deutlich Odlicht sahen, dann aber sich von mir an einen bereit gehaltenen runden grossen Drehtisch führen zu lassen. Sie legten die Hände in üblicher Weise darauf und waren nun der Dinge gewärtig, die da aus der Stockfinsterniss leuchtend auftauchen sollten. Die lichtausströmenden Finger auf den Tisch gelegt, verbreiteten über ihm hin lange, gerade, leuchtende Streifen, jeder Finger einen eigenen. Am Rande herum entstand ein breiter leuchtender Ring, so breit als die Hände lang. Es bildete sich in der Mitte des Tischblattes ein leuchtender, runder, grosser Fleck, in welchem sich die Fingerstreifen vereinigten. Dieser und der Ring

nahmen an Leuchte zu, beide wurden grösser, wuchsen einander
entgegen, erreichten sich und nun leuchtete die ganze Tischplatte
im Aussehen, als ob sie mit einem weissen Tischtuche bedeckt wäre.
Jetzt war die Zeit gekommen, wo der Tisch anfing zu knistern, zu
krachen, zu wanken und nunmehr seinen Lauf zu beginnen. Im
Augenblicke, in welchem er ins Laufen gerieth, war seine Leuchte
am hellsten: der Tischfuss wurde leuchtend und seine Pratzen, wie
sie auf dem Boden fortglitten, hinterliessen auf demselben breite
leuchtende Streifen, auf welchen die Leute, dem Tische folgend,
herumtraten. Während dessen wurden auch die Personen stufenweise
leuchtender, sie bekamen das Aussehen, als ob sie alle in schnee-
weisse Leinwand gekleidet wären, ihre Hände und Gesichter marmor-
weiss, sahen lebendigen Bildsäulen gleich und dabei so deutlich,
dass die Leute die Gesichter nach ihren Zügen gewahren und
einander erkennen konnten."*) Das Weitere kann in der bezüglichen Schrift Reichenbach's selbst nachgesehen werden. Und so
hält sich R. am Schlusse seiner Schrift vollkommen zu der Behauptung berechtigt, das Tischrücken nach den Gesetzen der
heutigen Naturforschung exakt als eine feststehende physikalische
Thatsache nachgewiesen zu haben und zwar als eine solche, die
durch die Bewegungskraft des Odes sich erkläre. „Somit, schliesst
er diese Nachweisungen und Betrachtungen, kommt dem Ode Bewegungskraft zu, und es reiht sich demzufolge den Dynamiden der
Wärme, der Electricität, des Magnetismus, des Lichtes unmittelbar
an, ja es stellt sich mitten unter sie hinein. Und wie das Od dem
Leben näher verwandt ist und tiefer in sein Wesen, dem es Dualismus verleiht, eingreift, so steht es auch höher in der Natur, die es
in der Gänze umfasst, als irgend eines der andern uns bekannten
Dynamide. Es gewinnt nicht ohne tiefe Gründe das Ansehen, als
ob es das höchste und letzte Glied zwischen der körperlichen und
geistigen Welt auszumachen berufen sei." Es ist hier zu betonen,
dass Reichenbach bei allen diesen Untersuchungen nicht die entfernteste Spur eines Einflusses jenseitiger Geister wahrgenommen
hat, dass sich ihm vielmehr Alles physikalisch erklärbar darstellte.
Die Odwirkungen schienen ihm sogar geeignet, ein erklärendes
Licht auf Erscheinungen zu werfen, welche nicht selten auf Einwirkung eines Uebersinnlichen, auf Geister- oder Gespenster-
erscheinungen unrichtig gedeutet worden seien, wie z. B. der
Heiligenschein um die Köpfe im besondern Ansehen von Frömmigkeit

---

*) Die odische Lohe und einige Bewegungserscheinungen als neuent-
deckte Formen des odischen Prinzips in der Natur. Von Frhrn. v. Reichenbach.
S. 108 ff. ff.

stehender Personen, feurige Gestalten auf den Gräbern der Kirchhöfe,*) selbst die Bewegungen der Wünschelruthe der Quellenfinder.**)

In bedeutender Ausdehnung verbreitet sich Reichenbach in seinem zweibändigen Hauptwerke: **Der sensitive Mensch und sein Verhalten zum Ode**, über die Ergebnisse seiner ein volles Jahrzehnt hindurch fortgesetzten Odforschungen und widmet einen nicht geringen Theil des zweiten Bandes im fünften Hauptstück den Untersuchungen über die Sensitivität, über den Somnambulismus und die Krämpfe und zuletzt über die geistigen Zustände der Sensitiven. Die vorgeführten Thatsachen legen nach Reichenbach klar vor Augen, dass die Sensitivität keine den Menschen zufällig angeflogene oder zeitweilig sie befallende abnorme Beschaffenheit ist, sondern dass sie eine durch Vererbung überkommene Beschaffenheit ausmacht, die von Geschlecht zu Geschlecht sich fortzeugt, die sowohl der Vater als die Mutter den Kindern und Enkeln in der Zeugung einimpft, die somit in unsere tiefste und innerste Grundlage eingewoben ist und die darum ebenso wenig als irgend eine andere uns angeborene physische Fundamentalbeschaffenheit von unserer leiblichen Constitution willkürlich abgestreift oder ausgemerzt werden kann. Indem aber Reichenbach nicht von allen Menschen, sondern nur von einem Theil derselben, der nach ihm dem andern so ziemlich die Waage halten mag, die Eigenschaft der Sensitivität behauptet, will er doch nicht in Abrede stellen, dass sie gleichwohl den faktisch nicht sensitiven Menschen latent innewohnen könne.***)

Die Untersuchungen über den Somnambulismus leitet Reichenbach mit der Bemerkung ein, dass wenn die Sensitivität in hohen Graden einem Menschen natürlich und angeboren sei, sie auch den Schlaf ergreife und die gewöhnlichen und gesunden Erscheinungen ihres Verlaufs in unordentliche und gestörte abändere. Zwar, behauptet er, unterscheide sich der erste Akt, das Einschlafen im somnambulen Schlafe, nicht sichtlich vom gewöhnlichen gesunden Einschlafen, aber schon im Traumreden zeigten sich die ersten Spuren von Störungen bei Sensitiven. Sie redeten nicht nur für sich allein im Traume mit eingebildeten Personen, sondern sie führten auch Gespräche mit wirklich gegenwärtigen Personen, denen

---

*) Odisch-magnetische Briefe von Frhrn. v. Reichenbach. Zweite Ausgabe, S. 98 ff.

**) L. c. S. 108 ff., 132 ff. Vergl. Der sensitive Mensch von Freiherrn v. Reichenbach, I, 642 ff.

***) Der sensitive Mensch I, 1, 15.

sie Rede und Antwort bereitwillig gäben. Die nächste sich daran anreihende Erscheinung ist nach Reichenbach, dass solche Personen sich auf ihrem Lager aufrichten und ihre Worte mit Gebärden und Händebewegungen begleiten. Im weitern Verlaufe erheben sich die Sensitiven, steigen aus dem Bette, gehen herum und verrichten allerlei Arbeiten, mechanische und mehr oder minder geistige, schreiben Briefe, Aufsätze, Gedichte in Versen und Reimen. Viele Sensitive haben derlei als Kinder schon gethan, besonders Knaben zur Zeit der Pubertätsentwicklungsphasen. Bei den meisten von diesen hat dieser Nachtwandel der Jugendjahre mit dem erwachsenen Alter aufgehört. Aber selbst erwachsene Mittelsensitive, die für gesund zu erachten sind, können unter Umständen in Somnambulismus verfallen, und zwar in so ganz vollständigen, dass sie über ihre körperlichen Zustände Vorhersagungen zu machen im Stande sind, welcher keine menschliche Kenntniss, keine andere menschliche Begabung, jemals fähig ist. Bei Männern kommen solche Erscheinungen ebenso wie bei Frauen vor. Aber es gibt auch Krankheitserscheinungen, die zum Somnambulismus führen. Alle Einwirkungen, die Sensitive zu Krämpfen und Katalepsie führen, führen auch zu Somnambulismus, oder dieser tritt als Folge jener ein. Der Uebergang tritt fast mit einem Sprunge, plötzlich, ein. Reichenbach bestätigt den in der Regel stattfindenden Gebrauch des „Du" der Traumredner bezüglich aller Personen ohne Unterschied, mit welchen sie in Verkehr kommen. Der Unterschied zwischen einer gewöhnlich schlafenden und einer somnambulen Person besteht in der Regel darin, dass die erstere ohne klares Bewusstsein und zum Theil fast ganz bewusstlos, die letztere aber ihrer selbst und der Aussenwelt mehr oder minder und zum Theil so vollkommen bewusst ist, dass man sie öfter kaum von der ersten unterscheiden kann. Sich selbst überlassen dauert der Zustand der somnambulen Person eine halbe, eine ganze Stunde, einen Tag oder eine Nacht lang fort und endigt dann von selbst. Es kommt aber auch vor, dass der Somnambulismus Wochen und Monate lang fortdauert, ja in einem Falle verharrte eine Somnambule ein halbes Jahr über im Somnambulismus. Das Erwachen geschieht meist ziemlich schnell, anfangs mit etwas dumpfem Eintritt in das tagwache Leben. Oefter äussert die erwachte Somnambule Verwunderung über die trübe dunkle Tageswelt im Gegensatze zu dem heiteren sorgenfreien Traumleben, aus dem sie eben zurückkam. Es kommt auch Selbsterweckung durch Rückstriche vor. Die Erwachte fühlt sich meist erquickt und gestärkt, wenn ihr Schlaf unbeunruhigt gelassen war.

Aus den reichen Untersuchungen Reichenbach's über die **Besonderheiten** des Verlaufs des Somnambulismus können nur die Hauptpunkte hervorgehoben werden. Als sicher ermittelte Thatsachen hebt Reichenbach in diesen Ausführungen hervor, dass die Hochsensitiven im somnambulen Zustande in der Regel 1. die Augen geschlossen haben, 2. dessenungeachtet die Aussenwelt um sich her nach Gestalt und Farbe erkennen, also wahrnehmen, 3. dass im Finstern dieses Wahrnehmen besser und schärfer zu Stande kommt, als wenn Licht zugegen ist, 4. dass die Körper in gewisser Weise wie durchscheinend und durcheinander wahrgenommen werden, 5. dass auf diesem Wege auch in einen menschlichen Leib Einblick statt hat, 6. dass dieses Wahrnehmen unserem gewöhnlichen gesunden Tagessehen an Deutlichkeit nachsteht, 7. dass diese Erscheinungen in der Diodaneität, in der Durchgängigkeit der Odstrahlen durch alle Körper, durch Metalle, Gläser, menschlichen Leib und Nervengebäude einen Anfang von Erklärung finden, der ganze Nervencomplex wie Ein Odauge anzusehen ist. Unter verschiedenen Umständen bleiben im Somnambulismus die Sinne ganz unverändert thätig, bald lassen sie theilweise in ihrer Thätigkeit nach, bald stellen sie ihre Funktionen ganz ein. Bald ersterben einzelne Sinne, während andere fortfungiren. Die Umstände sind aber noch lange nicht gehörig ermittelt, welche diese verschiedenen Grade von Sinnabstumpfung bedingen. Für ausser Thätigkeit gerathene Sinnwerkzeuge vikariren bisweilen andere Organe und erzeugen anschauliche Vorstellungen, die denen ähnlich sind, welche jene in der Regel liefern. Diess gewährt jedoch keine Gleichheit, sondern nur eine Aehnlichkeit mit der anschaulichen Perception, welche uns durch die gewöhnlichen Sinne zu Theil wird. Diese neue Art von sinnlicher Auffassung ist auch mit Eigenschaften versehen, die wir bis jetzt nicht kannten, nämlich mit einer Durchblickung durch die undurchsichtige Materie hindurch ähnlich einer durchsichtigen. Endlich wird auf diesem Wege zu einem Einblick in das Innere organischer Gebilde und somit in der That in den menschlichen Leib selbst gelangt.

Reichenbach berührt auch die psychologische Entstehung des Somnambulismus und der Krämpfe. Er will sich aber geflissentlich alles **tieferen** Eingehens in die Mysterien des Hellsehens, des Vorhersehens, der Sympathie, der Ekstase etc. enthalten, indem er die Untersuchungen hierüber für verfrüht ansieht, solange nicht die physikalischen Gesetze des Odes und die physiologische Grundlage der Sensitivität festgestellt seien. Aus den kurzen Andeutungen, auf die er sich beschränken will, ist hier Folgendes auszuheben.

Steigerung der Sensitivität überhaupt, dauernde oder nur zeitweilige, so wie alle gemässigt angenehmen Gefühle bewirken und vermehren den somnambulen Schlaf. Von den schwächeren Wirkungen beginnend und zu den stärkeren fortschreitend hebt er zunächst hervor, dass nach seinen Beobachtungen die Sensitiven von einer eigenthümlichen Abneigung beherrscht seien gegen Alles, was mit einer gewissen Gleichförmigkeit oder in gleichförmiger Wiederholung längere Zeit fortdauere. So gegen ausgedehnte Ebenen, ein wogendes Kornfeld, umlaufende Wagenräder, Wasserfälle etc. Gleicherweise sei bei den Sensitiven das dringende Verlangen nach Arbeitswechsel und die brennende Scheu vor Allem, was länger andauert, ganz allgemein und gehe bei den Höhersensitiven in eine gänzliche Unfähigkeit zu steter Beschäftigung über. Daher fühlten sich denn auch Sensitive durch Anstrengungen des Denkens schmerzlich ergriffen. Schon das Lesen von Schriften und Büchern sei für Hochsensitive eine Geistesanstrengung, die sie nicht vertrügen. Alle Wirkungen, welche die Gemüthsbewegungen der Liebe, der Kümmerniss, des Verdrusses, des Aergers, des Schreckens, der Eifersucht, des Lachens, der Freude, der Ueberraschung, der Rührung, der Einbildungsvorstellungen von Gefühlen hervorbringen, stimmen nach Reichenbach in merkwürdigem Grade darin überein, dass sie bei niedern, bei mittleren und bei höheren Sensitiven ganz dieselben Erfolge hervorbringen, welche soretisch-odische Behandlung, Striche gegen den Kopf, Lagerung mit dem Kopfe gegen West und Süd, Erfassung odpositiver Körper mit der linken Hand u. s. w. erzeugen, nämlich Magen- und Kopfweh, Ohnmachten, Krämpfe und alle hieher gehörigen Erscheinungen, und dass sie diess in der Weise thun, wie die Träger von positivem Ode. Der Gesammtschluss aus der Betrachtung der Wirkungen der sinnlichen Anschauungen, der Denkthätigkeiten und Geistesanstrengungen und der des Gefühls, der Affekte und der Begehrungen auf die Sensitiven stellt sich nun für Reichenbach in Folgendem dar: Alle psychischen Bewegungen, die vom Nervencentrum ausgehen, gehen, von odischer Seite betrachtet, ganz in eben der Weise vor sich und prägen sich in Auffassungen und Handlungen der Sensitiven aus, wie diess geschieht, wenn soretisch auf das Gehirn eingewirkt wird, und zwar besonders in odpositivem Sinne. Zurückschliessend also von der Gleichheit der Wirkung unter gleichen Umständen auf die Gleichheit der Ursache haben wir allen Grund, anzunehmen, dass alle die aufgezählten Geistesbewegungen odpositive Steigerungen im Gehirne mit sich geführt haben, vielleicht zumeist, soweit ihnen materielle Betheiligung zukommt, gerade daraus bestehen. Allen den besprochenen

Gemüthsbewegungen zur Seite geht demnach im Gehirne positive Odentwickelung, die durch jene erzeugt wurde, und die menschliche Geistesthätigkeit erscheint sonach unmittelbar mit odischen Bewegungen verbunden. Das Od, das wir bisher nur in der physischen Welt wirksam sahen, tritt nun auch als Mitarbeiter in der Werkstätte des Gedankens auf.

Reichenbach versichert, es habe sich ihm durch Tausende von Thatsachen erwiesen, dass die Sensitiven in ihren Sinneswerkzeugen mit Fähigkeiten ausgerüstet seien, die den Nichtsensitiven durchaus mangelten. Er sagt auf sehr bemerkenswerthe Weise: „Sie sehen, fühlen, hören, schmecken, riechen, percipiren durch Muskel- und Vital-Sinne und empfangen auf diesem Wege sinnliche Anschauungen, die den Andern gerade so versagt sind, wie den Blinden Licht und Farben. Ich habe ferner dargethan, dass diese Befähigung mit der Sensitivität steigt, und dass je höher die sensitive Reizbarkeit bei einem Menschen steht, desto mehr und desto deutlichere Anschauungen von odischen Erscheinungen ihm auch zu Theil werden, so dass ein Niedersensitiver mit einem Kurzsichtigen, ein Hochsensitiver mit einem Fernsichtigen verglichen werden kann, dass wo der Eine nur graue Nebel oder lichten Rauch wahrnimmt, der Andere helles Licht, Odflamme und endlich Regenbogenfarben unterscheidet. Sollte nun mit der weiteren Steigerung der Sensitivität diese Wahrnehmungsfähigkeit nicht ebenfalls höher hinaufreichen? Sollte der Zustand des Somnambulismus oder der Krämpfe nicht noch mehr erhöhte Sinnenkräfte entwickeln? Wunderbar wäre diess nach dem, was wir von vornherein wissen, jetzt nicht nur nicht mehr, sondern im Gegentheil, es wäre vielmehr auffallend und regelrechter Schlussfolge widersprechend, wenn diess nicht der Fall wäre. Wer demnach die physischen und psychischen Wirkungen des Odes auf die Sensitiven studirt hat, muss mit ziemlicher Zuverlässigkeit voraussehen, er muss darauf rechnen, dass die Erscheinungen des Somnambulismus nicht bloss physisch, sondern dass sie auch psychisch höher gehen, als im gewöhnlichen tagwachen Leben der Sensitiven. Wenn es also im Somnambulismus Erscheinungen gibt, die man Wunder zu nennen sich gefallen mag, desswegen weil noch nicht überall Ursache und Wirkung derselben unserer Einsicht deutlich vorliegen, so darf und kann man nicht eben sehr überrascht oder gar entrüstet sein, wenn man ein nüchterner und kaltblütiger, aber dabei besonnener und nachdenkender Forscher ist. „Die Kette unseres Wissens endigt zuletzt überall in etwas Unbegreiflichem, sagt Berzelius . . . Es handelt sich nur dabei darum, dass man die **Grenzmarken des Begreiflichen und des Unbegreiflichen** nicht in einander vermenge, sondern genau die Thatsachen feststelle, bei denen das Eine aufhört und das Andere anfängt."

Diesen Weg will nun Reichenbach in dem Weiteren gehen. In seinen Beobachtungen hat sich ihm vielfältig bestätigt, dass Somnambule unter uns unbekannten Verhältnissen die Fähigkeit besitzen, gewisse Dinge, in welche Nichtsensitive durchaus keine Einsicht besitzen, voraus zu berechnen, und zwar auf viele Wochen voraus und mit einer Präcision, die sich bis zur Bestimmung von Minuten hinauswagt. Aber es kommen daneben auch Fälle vor, wo eine Somnambule, unwahren Angaben einer Person Glauben schenkend, daran Voraussagungen knüpft, die ganz gegenstandlos sind. Wir haben also nebeneinander: staunenswürdige höchstgenaue Vorhersagungen und lächerliche leere Faseleien, beide im somnambulen Schlafe. Reichenbach folgert daraus, dass der somnambule Schlaf an und für sich durchaus kein Zustand sei, in welchem der menschliche Geist überhaupt vorwärts in die Zukunft zu schauen befähigt wäre; dennoch aber gäbe es innerhalb des Somnambulismus Zustände, in welchen dem menschlichen Geiste eine Vorausberechnung beigegeben sei, die dem Nichtsomnambulen schlechterdings abgehe. Reichenbach hatte ferner Gelegenheit durch eigene Beobachtungen sich davon zu überzeugen, dass durch den blossen einfachen geistigen Willen, ohne ihn durch Sprache oder Geberde kund zu geben, ein Mensch im Stande ist, auf einen ihm warm befreundeten Sensitiven im somnambulen Schlafe bestimmend einzuwirken, ja aus dem somnambulen Schlafe, wo er für Verwundungen und andere heftige Reize fühllos ist, ins tagwache Bewusstsein ihn zurückzurufen. Die Erklärung davon, sagt Reichenbach, könne bis jetzt nicht gegeben werden, müsse aber jedenfalls in etwas Anderem als im Od selber gesucht werden. Die Visionen in der Ekstase der Somnambulen hält Reichenbach für Träumereien, wie z. B. die vermeinten Reisen in die Planeten, die Sterne, die Sonne (wo Eine die Gewänder der Priester der Sonne beschrieb, „wie von katholischen Schneidern zugerichtet"). Solche Dinge erklärt Reichenbach noch viele gesehen und gehört zu haben, versichert aber, dass er unter 31 mehr und minder somnambulen Personen auch nicht von einer Einzigen Vorhersagungen über ausser ihr gelegene Gegenstände vernommen habe, welche eingetroffen wären. Indem er sie ohne Ausnahme für Spiele im Traume sich ergehender Einbildungskraft erklärt, will er es doch als möglich zugeben, dass anderwärts Höheres vorgekommen sei. Indem aber Reichenbach für die Erklärung der Bewegungen und Voraussagungen der Somnambulen bezüglich ihrer eigenen leiblichen Zustände noch ein anderes Etwas als Od, ein höheres geistiges Etwas in Anspruch nimmt, verwahrt er sich zugleich ausdrücklich gegen den „groben Realismus", den Materialismus C. Vogt's, dem er Liebig doch viel zu nahe stellt, wie gegen die materialistische Phrenologie Elliotson's mit dem entschiedenen Schlusswort: „Für den Materialismus der Hylozoisten (?) ist auf diesem Felde nicht die allergeringste Ernte zu erbeuten." Aus einer Reihe höchst interessanter Beobachtungen, die er mittheilt, folgert Reichenbach, dass die Somnambulen nicht wie die gesund Schlafenden in einem Traume von blossen Einbildungsvorstellungen sich befinden, sondern Begriffe bilden, urtheilen, schliessen, mit einem Worte, ihre Vorstellungen denkend verarbeiten und danach handeln. Eine Somnambule sagte ihm im somnambulen Zustande, das Schöne im Somnambulismus sei, dass man sich so vollkommen wahr gegen Andere äussere, wie man innerlich denke und empfinde; alle Absichtlichkeit und Berechnung falle da hinweg; der Mensch sei da erhöhter und veredelter. Reichenbach überzeugte sich, dass wie im gemeinen Leben, so auch und noch mehr im Somnambulismus Aufmerksamkeit unerlässlich sei, um zu Wahrnehmungen zu gelangen. Aber mit dieser Aufmerksamkeit drängen sie auch nicht selten in eine Tiefe und Ferne, die Erstaunen abnöthige. Reichenbach machte die sichere Erfahrung, dass der Somnambulismus eine hohe Geistesklarheit, ein so vollständiges Bewusstsein seiner eigenen Zustände zulässt, wie nur immer das Tagwachen selbst und er brachte die merkwürdige neue psychologische Thatsache an das Licht, dass im Somnambulismus eine Art von Ausbildung möglich ist und statt hat, ungefähr wie vom Kinde zum Erwachsenen. Ein Neuling, sagt er, im Somnambulismus kennt sich in seinem Verhältnisse zu sich und zur Welt noch nicht recht aus. Aber wenn der Zustand oft wiederkehrt, dieselben Vorstellungen sich wiederholen, durch Zusammenfliessen des Gleichartigen sich verstärken, in der Seele Raum gewinnen und im Bewusstsein Höhe erlangen, so werden sie immer klarer, es werden Begriffe abstrahirt, Urtheile gefällt, Schlüsse gezogen und der Somnambule ist kein Träumer mehr, sondern ein besonnener Mensch im Zustande des Schlafes. Die alte Psychologie hat also Unrecht zu behaupten, der Schlaf, als psychologische Abänderung unseres allgemeinen Lebens, schliesse den vollen Gebrauch unserer Denkkräfte aus. Wenn diess im gewöhnlichen gesunden Schlaf nicht eben so ist, so liegt der Grund wohl darin, dass dieser weniger tief ist als der somnambule. Sorgfältigste Beobachtungen führten nun Reichenbach zu folgenden wichtigen Ergebnissen:

1. Im somnambulen Schlafe besitzt man Erinnerung für Alles, was sowohl im Tagwachen als in früheren somnambulen Zuständen

geschehen ist, 2. die Erinnerungsfähigkeit ist dann geschärft und gesteigert, so sehr, dass man sich geschehener Dinge, ganzer Sprachen u. s. w. genau entsinnt, die man im tagwachen Leben vergessen hat, 3. nach dem Erwachen ist alle diese Erinnerung in der Regel wieder gänzlich verloren, ja das im Somnambulismus selbst Vorgegangene ist fast gänzlich vergessen. In den nächsten Minuten nach dem Erwachen findet sich bisweilen ein kurz dauernder Nachhalt, einer Traumerinnerung gleich; bisweilen wohl auch eine dunkele Nachdämmerung später, jedoch nur eine sehr trübe, 4. der Somnambulismus in sich ist nicht gleich, sondern besitzt verschiedene (noch unerforschte) unter sich abweichende Zustände; einer von diesen, im seltenen Falle, lässt vollständige Erinnerung aus dem somnambulen Schlafe ins tagwache Leben hinüber zu, 5. der somnambule und der gewöhnliche Schlaf haben gewisse bezeichnende Eigenschaften mit einander gemein, nämlich dass man im Traume Erinnerungen, und genauere Erinnerungen für geschehene Dinge hat, die im Tagwachen ganz oder theilweise längst vergessen sind, dass man im Traume Erinnerung auch für den Inhalt früherer Träume hat, und denselben weiter fortspinnt, während er im Tagwachen gar nie ins Bewusstsein kam, 6. der somnambule Schlaf stellt sich auch von dieser Seite heraus als ein wirklicher, aber **tieferer** Schlaf als der gewöhnliche gesunde.

Die Somnambulen sind sehr empfindlich gegen Misstrauen in ihre Aufrichtigkeit und gegen Zweifel in die Wahrhaftigkeit ihrer Aussagen. Nach seinen Erfahrungen fühlt sich indess Reichenbach gedrungen, zu sagen, dass der Somnambulismus, obgleich auf der einen Seite höherer Redlichkeit huldigend, doch auf der anderen darum nicht durchaus frei sei von menschlichen Schwächen des Eigennutzes und der Unwahrheit.

Nach den Erörterungen Reichenbach's lässt sich nun der Somnambulismus zergliedern und auflösen in zwei formell verschiedene, aber combinirte gleichzeitige Zustände. Es ist kein einfaches Leiden; es ist keine für sich bestehende Krankheit, auf welche man ein unmittelbares Heilverfahren anwenden kann; sondern es ist eine zusammengesetzte, dann mannigfach complicirte, abnorme Erscheinung; ihre tiefste Grundlage ist die Sensitivität, ohne welche es keinen Somnambulismus gibt. Er ist aus diesem Grunde eine angeborene Anlage und wird geweckt und gesteigert durch anderweitige und zufällige physische und moralische Störungen der Gesundheit. Seinem eigentlichen Wesen nach ist er odnegativer Natur, combinirt mehr oder weniger mit odpositiv-soretischen äusseren oder inneren Einflüssen; er ist ein odnegativer und odpositiver Mengzustand des Nervengebäudes, des Gehirns. Das Leben, überhaupt genommen, ist eine vorwaltend odische Unipolarität und zwar eine negative. Je kräftiger, voller das Leben ist, desto höher hebt sich in ihm die odische Negativität. Alles, was uns in der Richtung der Gesundheit führt, Schlaf, Fortstriche, Somnambulismus, steht auf der Seite der Negativität. Die Gesundheit überhaupt ist ein vorwaltend odnegativer Zustand. So sind Leben und Gesundheit die Zustände der Thätigkeit, des Erschaffens, Bewirkens u. s. w. Die Krankheit dagegen ist überall ein vorwaltend odpositiver Zustand. Auch die Sensitivität ist daher ein vorwaltend odpositiver Zustand des Menschen. Trägt aber die Sensitivität ein vorwaltend odpositives Gepräge, so folgt, dass sie einen Mangel an natürlichem Gleichgewicht seiner Pole begründet. Ein Mensch, bei welchem dieses Gleichgewicht seiner Pole normal sich vorfindet, ist ein Nichtsensitiver. Jeder dagegen, bei dem es mehr oder minder gestört, und odpositiv überwichtig ist, ist ein Sensitiver. Die Frage, wie ein solcher Mangel an odischem Gleichgewichte im Menschen entstehen könne, kann nur die fortschreitende Wissenschaft beantworten. Hier nun sieht sich Reichenbach zu einer tiefeingreifenden Betrachtung geführt, welche eine lichtvolle Perspektive eröffnet:

„Ich habe gezeigt, wie die vegetativen Systeme in den lebendigen Geschöpfen den Einwirkungen des Odes und seinen Gesetzen strenge unterthan sind. Wir sind aufgestiegen zu den animalen Systemen und haben hier das Gleiche gefunden; unsere Organe freiwilliger Bewegung wurden durch odische Striche willkürlich gelähmt oder höher belebt. In wie unzertrennlichem Zusammenhange und in wie unauflöslicher Verflechtung diese Systeme mit unserer geistigen Organisation stehen, darüber geben uns Physiologie und Psychologie jeden Tag stärkere und überraschendere Beweise. Aber auch wir, hier auf odischem Gebiete, sahen vielfältig, wie soretische und nemetische Einflüsse den Geist gefangen hielten in Lebhaftigkeit, Thätigkeit, mehr oder minder starken Aufregungen aller Art, und in Beruhigung, Milde, Stille, Schlaf. Wo immerhin wir im Leibe den Bewegungen des Odes forschend nachgingen, nie und nirgends haben wir es, neben seiner mächtigen Einwirkung auf die sensoriellen Systeme, gleichzeitig einflusslos auf unser höheres geistiges Leben gefunden. Ich habe des Besonderen und der Thatsachen hierüber an zahlreichen Orten Erwähnung gethan. Hier muss nun die Frage auftauchen, welchen Antheil das Od, das so stark auf Krystalle, auf Pflanzen, auf thierisches Leben, endlich auf unsere Seele einwirkt, an diesem unseren geistigen Prinzipe vielleicht selbst habe? Wo nicht die Seele, so doch die geistige Kraft in uns kann schon darum nicht einfach sein, weil sie das Ergebniss körperlicher und geistiger Kräftezusammenwirkung ist. In dieser Zusammenwirkung handelt das Od sichtlich und greifbar mit; es muss also erlaubt sein, dasselbe als eine Composante von jener anzusehen. Alle andern Dynamide wirken nur spezifisch auf den Leib, die Nerven, das Hirn; die Wärme macht heiss und kalt, die Electricität erschüttert, das Licht hilft zum Sehen, der Magnetismus als solcher scheint fast wirkungslos auf's Leben — ganz anders aber das Od. Zuerst wirkt es auf alle sensoriellen Nerven mächtig ein; es steigert oder es schwächt besonders die Nerven der Raumsinne bis zur temporären Lähmung, zur Fühllosigkeit und Blindheit; die Vitalsinne, ferner der Geruch, Geschmack und das Gehör werden bis an die Grenze der zeitweiligen Ertödtung unterjocht. Uebt auf solche Weise das Od schon Gewalt über unser sinnliches Wahrnehmungsvermögen, um wie viel mehr ist diess der Fall bei unsern innern Geistesfähigkeiten. Die Einbildungsvorstellungen werden durch soretische Behandlung bis zum Irrsinne gesteigert; die Folgen sind die Anrichtung der schrecklichsten Verwirrungen in den Nerven- und Muskelfunktionen, in denen Grausen erregende Krämpfe ausbrechen; der Verstand, die Gefühle und Begehrungen gerathen in verrückten Aufruhr; man hat Beispiele, dass Somnambule in heftigen Anfällen von Geistesverwirrung andere Menschen packten und mit ihrer momentan übermässigen Stärke durch die Fenster hinaus auf die Strasse schleuderten. Umgekehrt machen die friedfertigen Somnambulen halsbrechende Unternehmungen, in denen sie oft genug schauderhaft verunglücken, ertrinken und sich zerschmettern; alles dieses bloss in Folge odischer Einwirkung auf das sensitive Nervengebäude. Wenn also das Od so tief in die körperliche und geistige Sphäre der Menschen eingreift, wenn es an Seelenfunktionen sichtlich und durchgreifend participirt, so steht es dem lebenden Prinzip in uns, im Vergleiche mit jeder andern Dynamide, sichtlich um eine hohe Rangstufe näher. Und dieses Näherstehen ist so gross, dass es schwer, ja unmöglich wird, die Grenzlinie zwischen dem Geistigen und Odischen mehr zu erkennen. In dieser innigen Verwebung ist es dann, dass wir die Frage zulassen müssen, ob das Od ein Agens auf das geistige Prinzip in uns sei, oder ob es wirklichen Theil an demselben habe, ob es eine Componente unseres mentalen Elementes überhaupt bilde, ob es einen konstitutiven Bestandtheil unseres Seelenwesens ausmache?*)

Diese sehr gedrängte Darstellung der Untersuchungen und Nachweisungen Reichenbach's bestätigen nun keineswegs die ge-

---
*) Der sensitive Mensch, II, 706—708.

sammte Theorie Mesmer's, wohl aber den Hauptstamm seiner erfahrungsmässigen Wiederentdeckungen. Wiederentdeckungen muss gesagt werden, denn jene Erfahrungen waren (ob in noch grösserer oder in geringerer oder gleicher Ausdehnung und ob vermischt oder nicht mit unhaltbaren Zeitvorstellungen, ist untergeordnet) um nicht weiter zurückzugehen, schon Paracelsus, R. Fludd, Maxwell, Athanasius Kircher, Helmont und Andern bekannt und nur später aus dem allgemeinen Bewusstsein verschwunden. Dass Mesmer von diesen älteren Forschern Kenntniss hatte oder doch von einem derselben, lässt sich stark vermuthen, wenn auch nicht streng beweisen. Jedenfalls hätte diese Kenntniss ihn kaum weiter gefördert, als den Entschluss in ihm zu befestigen, ihre Angaben durch eigene Experimente zu erproben, wenn nöthig, zu berichtigen und die Sache weiter zu verfolgen. Wiederentdecker kann und muss Mesmer genannt werden, weil er seine Aufstellungen nicht auf irgend welche ältere oder neuere Autoritäten, sondern auf eigene Experimente, Beobachtungen und Untersuchungen gründete, wobei er schrittweise von geringen Anfängen zu immer reicheren Entdeckungen aufstieg. Die Wirkung seiner Aufstellungen und Nachweisungen war trotz verschiedener Schwächen seiner Theorie und trotz mancher Fehler seines praktischen Verhaltens und seiner Ausübung der magnetischen Behandlung*) so gross, dass er Hunderten von Aerzten, vorzüglich in Deutschland, Frankreich und England, den Anstoss zu eigenen Untersuchungen gab und dass der sogenannte Heilmagnetismus ungeachtet aller Gegnerschaft der Mehrheit der Aerzte nicht mehr aus dem allgemeinen Bewusstsein verdrängt werden konnte. Diess bezeugt auch im Wesentlichen Reichenbach, wenn er sagt: „Jetzt hört man wieder viel von dem wunderlichen Dinge, das schon vor mehr als 80 Jahren Mesmer thierischen Magnetismus genannt hat. Unsere Väter, unsere Gross- und Urgrossväter haben es mit Haut und Haaren weggeworfen (bei Weitem nicht alle, muss ich beifügen), und dennoch steht es immer wieder auf und will nicht sterben. Worauf beruht denn dieses zähe Leben? Auf „Lug und Trug und Aberglauben", als welche es ein berühmter Berliner Physiolog (Joh. Müller ist gemeint) kurzweg abgefertigt hat? . . . Wir wollen einmal sehen, ob diejenigen wohlgethan, die nichts Besseres wussten, als solchen Reden nachzubeten." Nun führt Reichenbach seine Beobachtungen an Sensitiven in der Dunkelkammer vor und fährt dann fort: „Alles also, die ganze organisch lebendige Natur leuchtet und überfliesst von

---
*) Versuch einer Darstellung des animalischen Magnetismus als Heilmittel von C. A. F. Kluge, S. 30 ff., bes. 51 ff.

strömendem Reichthum an odischem Dynamide und wenn Sie diese weitumfassende Thatsache in ihrer unermesslichen Tragweite durch das All der Schöpfung überschauen wollen, so wird Ihnen ein neuer Tag anbrechen für das, wovon man einen kleinen Bruchtheil bis jetzt ebenso uneigentlich' als unpassend thierischen Magnetismus genannt hat.*) Weiterhin fährt Reichenbach fort: „Sie werden mich nun fragen, was denn — von unserem Gesichtspunkte aus — das sogenannte Magnetisiren sei, und werden dasselbe vielleicht als den Angelpunkt ansehen, um den sich meine Briefe drehen. Diess ist nun zwar auf keine Weise der Fall, dennoch ist es eine sehr beachtenswerthe Seite der odischen Erscheinungen. Es hat eine weite praktische Bedeutung gewonnen, und zu dem geführt, was man Mesmerismus nennt, d. i. zu einer von Dr. Mesmer in die Medicin eingeführten Methode, das odische Dynamid zum Heilverfahren in Krankheiten zu benützen. Mesmer, nach dem Stande der Naturwissenschaft seiner Zeit, hielt es für Magnetismus und nannte es thierischen Magnetismus. Die Ausdrücke Od und Magnetismus werden einander nicht im Wege stehen: der eine gehört in die Physik und bezeichnet eine Weltkraft; der andere gilt einer speziellen Anwendung dieser Kraft in der Therapie und gehört der Heilkunde." **) Etwas weiter unten fügt Reichenbach noch hinzu: „Der Einfluss also, den fremde, ungleichnamige Odemanationen auf die Seiten eines Sensitiven nehmen, macht das Wesen des sogenannten Magnetisirens aus . . . . . Da der menschliche Leib ein starker Träger von Od ist, odisches Wesen mithin mächtigen Antheil an seinem Tiefinnersten hat, so begreift es sich, dass odische Striche tief in die physische und geistige Oekonomie des Menschen eingreifen können. Erzeugung von Schlaf oder von Unruhe; Einflüsse auf krankhafte Störungen im Leibe, nützliche und schädliche; Einwirkungen durch „Händeauflegen, Bestreichen und dergleichen" sind daher nicht ein „bedauernswerthes Irrsal von Lug und Trug und Aberglauben", wie man anderwärts behaupten zu können meint, sondern sehr naturgesetzliche und in der Erfahrung wohlbegründete, physiologische Thatsachen.***) . . . Fragen Sie mich aber nach dem wirklichen Gewinne, den die Heilkunde aus

---

*) Odisch-magnetische Briefe von Frhrn. v. Reichenbach, S. 55 u. 62.

**) L. c. S. 77—78. Vergl. Der sensitive Mensch I, XXIX.

***) Vergl. Der sensitive Mensch I, 512, 532. „Damit ist eine Frage von der Heilfähigkeit des Odes (oder des thierischen Magnetismus, wer es so nennen will) erledigt und bewiesen, dass durch Streichen, Händeauflegen u. s. w. in That und Wahrheit Heilungen bewirkt werden können."

dem odischen Streichverfahren zieht, so hege ich zwar die Ueberzeugung, dass er unermesslich gross werden kann, wenn die Physik und Physiologie des Odes erst entwickelt sein wird, verberge jedoch nicht das Bekenntniss, dass er mir bis jetzt noch ziemlich eingeschränkt und unsicher erscheint."*) Hätte Reichenbach genauere Kenntniss von den Schriften und Heilwirkungen Mesmer's gehabt, wie sie z. B. Justinus Kerner in seiner Schrift über Mesmer zeigt, wäre er vertrauter mit den Schriften Mesmerischer Aerzte und mit deren Heilerfolgen — trotz abweichender Theorien — gewesen, als der Fall war, so würde er den ärztlichen Leistungen Mesmer's und seiner Nachfolger sicher mehr eingeräumt haben, wenn auch nicht Alles. Es liegt keinerlei Grund zu der Annahme vor, dass Mesmer, wenn er sie erlebt hätte, die Odtheorie bestritten haben würde. Er würde sie vielmehr als Bestätigung seiner Erfahrungen und Entdeckungen und Fortbildung oder Erweiterung seiner Theorie angesehen haben unter Hinweisung auf seine Bestimmung des natürlichen Magnetismus als jenes allumfassenden Gesetzes, nach welchem alles, was da ist, sich in Verhältniss gegenseitigen und allgemeinen Einflusses befinde**) und auf seine Nachweisung, dass die Gesammtheit der Reihen von Verbindungen der bewegten Materie die Allflut ausmache und seien von jenen Reihen unsern gewöhnlichen (äusseren) Sinnen nur die drei: Wasser, Luft und Aether bekannt, so werde man doch deren noch mehrere entdecken, welche sich in der Freiheit und Beweglichkeit stufenweise folgten.***) Stimmt Reichenbach nicht genau damit überein, wenn er in seiner Streitschrift gegen Karl Vogt die Annahme für den grössten Irrthum erklärt, dass unsere Sinne uns (allen Menschen gleicher Weise) alles Materielle gäben (erschlössen); denn es sei erwiesen, dass viele Menschen die odischen Erscheinungen fühlen, sehen, gewahren durch alle Sinne, während viele andere sie gar nicht gewahren? Wer, fährt Reichenbach fort, möchte nach dieser Erfahrung zweifeln, dass es solcher Medien (wie das Od) nicht noch manche gebe, die wir zur Stunde noch nicht an das Licht zu bringen im Stande waren, die wir aber später nacheinander finden werden. Ja, Reichenbach geht so weit, ähnlicher Dynamide noch viele zu vermuthen, die wir niemals gewahren und erfassen werden.†)

---

*) Odisch-magnetische Briefe, S. 81, 83. Vergl. Der sensitive Mensch I, 513.

**) Mesmerismus von Wolfart, S. 106.

***) L. c. S. 12.

†) Köhlerglauben und Afterweisheit von Frhrn. v. Reichenbach, S. 33—34.

III.

Unterdessen waren aber Forscher hervorgetreten, welche unter Anerkennung der Ergebnisse der Untersuchungen Mesmer's und Reichenbach's in ihrer Sphäre, Beobachtungen und Erscheinungen an das Licht zogen, welche, zu nicht geringem Theile noch von anderer Art, auch noch andere Erklärungen zu fordern schienen. Unter den Aerzten in Deutschland könnte hier eine ganze Reihe namhafter Magnetisirer genannt werden. Es wird aber genügen, aus ihrer Mitte zwei: Passavant und Ennemoser, hervorzuheben, die hier einer kurzen Betrachtung zu unterstellen sind.

Wenn Mesmer's Weltanschauung bezüglich der Gotteslehre bei einem abstrakten, kahlen und frostigen Deismus stehen blieb und in der Kosmologie einem Materialismus verfiel, in welchem die Unsterblichkeitsidee keine Stelle fand, wenn die nächsten deutschen Nachfolger Mesmer's seine Weltanschauung in Schelling'schen Pantheismus umdeuteten, wie besonders Wolfart und Kieser, während andere Schellingianer, wie Schubert, Steffens, dem Umschwung Schelling's zum Theismus hin auch in der Auffassung der magnetischen und somnambulistischen Erscheinungen folgten, wenn Reichenbach, vom Pantheismus der Fichte-Schelling-Hegel'schen Schule sich fern haltend und stark der Erfahrungsphilosophie Beneke's zugeneigt, die Gottesidee unangefochten lässt und die Möglichkeit der Unsterblichkeit und des Geisterverkehrs einräumt, so erblicken wir Passavant, über Deismus wie Pantheismus hinausgehoben, einer theistischen Philosophie huldigen, die, unter allen Philosophen mit Baader am Meisten in freiem Einklang, ihre freierrungene Zusammenstimmung mit den biblischen Grundlehren des Christenthums nachweist und freimüthig hervorhebt. In seinem klassischen Werke über Lebensmagnetismus und Hellsehen*) führt uns der berühmte Arzt und edle, geistvolle Schriftsteller Passavant in grundlegenden Andeutungen eine tiefsinnige Natur- und Geistesphilosophie vor Augen, in deren Rahmen die lebensmagnetischen und hellscherischen Erscheinungen, auch historisch, eine gründlichere Beleuchtung erfahren, als sie bis dahin in Werken dieser Gattung hervorgetreten war. Passavant hatte in seiner ärztlichen Praxis reichliche Gelegenheit gefunden, die merkwürdigsten Erfahrungen in dem fraglichen Gebiete zu machen und er äussert hierüber in geistreicher Weise: „Die Art, wie die

---

*) Untersuchungen über den Lebensmagnetismus und das Hellsehen von Dr. Johann Carl Passavant. Zweite umgearbeitete Auflage, Frankfurt, Brönner 1837.

Erscheinungen des Lebensmagnetismus oft theoretisch und praktisch behandelt wurden, wie sie, statt ein Gegenstand ernster Untersuchung für Physiologen und Psychologen zu sein, als eine Nahrung der Neugierde und einer sentimentalen oder frömmelnden Geistesrichtung missbraucht wurden, hätte mich dem Studium dieses Gegenstandes ganz entfremdet, wäre ich nicht wiederholt Zeuge der reinsten Formen des Hellsehens gewesen."*) Um uns gleich den Standpunkt erkennen zu lassen, den er einnimmt, macht er sofort bemerklich: „Wer Gelegenheit hatte, diese Thatsachen genau und öfter zu beobachten, dem drängt sich wohl die Ueberzeugung auf, dass dieselben mit den höchsten Kräften der menschlichen Seele im innigsten Zusammenhange stehen, und dass der Mensch in der reinen Ekstase Künftiges mit Bestimmtheit vorherzusehen und Entferntes mit Genauigkeit zu erkennen vermag, gibt offenbar ein entscheidendes Zeugniss von der immateriellen Natur der menschlichen Seele, die schon in diesem Leben zuweilen nicht mehr an die gewöhnliche, durch materielle Organe vermittelte, Anschauungs- und Wirkungsweise gebunden ist. .... Bei den Erscheinungen des ekstatischen Hellsehens haben manche Erklärer das unmittelbare Wahrnehmen als ein niederes, **unter** der Reflexion stehendes, andere als ein **höheres** Vermögen des Geistes betrachtet. Aus der Natur der menschlichen Seelenkräfte ergibt sich aber wohl, dass es zwei Arten dieses unmittelbaren Wahrnehmens gibt, ein niederes, das der Natur des Instinkts entspricht, als ein Attribut der thierischen Seele, und ein höheres, das in einer freieren Thätigkeit des Geistes besteht. Das instinktartige Fernfühlen und Vernehmen, das ja die Thiere in höherem Grade haben als der Mensch, ist offenbar ein niederes Vermögen als der reflektirende Verstand. Dagegen ist der lichte Geistesblick, mit welchem der geniale und begeisterte Denker, Dichter, Tonsetzer sein Werk plötzlich überblickt und durchschaut, ein gewiss über dem reflektirenden Verstande stehendes, höheres unmittelbares Erkennen."**)

Um die Bedeutung dieser Erklärung Passavant's richtig zu fassen, muss man sich erinnern, dass schon Mesmer die Erscheinungen des Somnambulismus für nichts Anderes als die Entwickelung gewisser Krankheiten durch einen krampfhaften Schlaf und Traum ansah und dass er die eingeräumte ungemeine Steigerung der intellektuellen Fähigkeiten im somnambulen Zustand gleichwohl aus der Ausdehnung der sinnlichen Empfindungen und des thierischen Instinkts erklären

---

*) Untersuchungen etc. III.
**) L. c. p. IV, VI.

wollte, und dass dann besonders Kieser alles Intuitive im Hellsehen für nichtintelligent und nichtvernünftig, für tellurischinstinktiv und nur scheinbar frei ausgab.*) Dem gegenüber hebt Passavant gleich von vornherein hervor, dass es im Menschen über dem thierischen Instinkt ein höheres Intuitonsvermögen gebe, eine freiere intellektuelle Thätigkeitsform, weil er nicht bloss Thier, sondern Geist sei.

Passavant stellt sich auf die Höhe einer Natur- und Geistesphilosophie, welche sich über Reichenbach's, mit Beneke sympathisirende, Weltanschauung und noch weit mehr über jene Mesmer's erhebt. Das Ursprüngliche erkennt P. als Geist und alles real Seiende als ein Gedachtes und Gewolltes, wesshalb die Materie nur im Verhältnisse zum Geist zu begreifen ist. Daher kann die Materie nur als Produkt von Kräften angesehen werden und die Vielheit der Kräfte ist nur umwandlungsfähige Differenzirung Einer Urkraft. Daher gibt es keine todte Materie, d. h. keine, die nur von aussen, durch Einwirkung nicht in ihr liegender Kräfte bestimmbar wäre. Es gibt nichts in der Welt ohne innere Thätigkeit, ohne Leben im weiteren Sinne des Wortes. Alles, was ist, ist Geist oder Leben.

Die Gravitation ist die allumfassende kosmische Kraft. Durch die Gravitation (Schwere) ziehen sich alle Körper gegenseitig an und sie verbindet alle Körper als Theile eines Ganzen. Wo die Körper der Schwere nicht folgen, da hat sie nicht aufgehört, in denselben zu wirken, sondern ist nur von einer mächtigeren Kraft überwunden, beherrscht, wie bei der elektrischen und magnetischen Anziehung, beim chemischen Prozesse und bei den organischen Kräften. Da alle Körper Masse haben, so ist die Schwere die allgemeinste, in allen Körpern wirkende Kraft. Da aber die Körper unter sich verschieden sind, so kann es keinen Körper geben, der nur schwer wäre. Es müssen in allen noch andere Kräfte wirksam sein, welche ihre Verschiedenheit, ihre Qualitäten bedingen. Die Ursachen der körperlichen Qualitäten liegen in den allgemeinen Naturpotenzen, die sich unseren Sinnen als Licht, Wärme, Elektricität und Magnetismus offenbaren. Diese sind nicht Stoffe, sondern Thätigkeiten, Bewegungen der Körper. Sie können daher ineinander übergehen. Feuer als leuchtende Wärme ist ihre ursprüngliche Einheit und die sogenannten Imponderabilien sind nur dessen Modifikationen. Die dynamische Wirkung ist überall die primäre, die materielle nur die sekundäre. Alle Körper, unter sich als Theile

---

*) System des Tellurismus von Kieser I, 27, 42, II, 226, 258, 306. Dennoch soll nach Kieser die intelligente Thätigkeit des Somnambulen auf der höchsten Potenz als gläubiges Wissen auftreten können.

eines Ganzen durch die Gravitation vereint, werden auf unendliche Weise modificirt, indem das Feuer als die erste qualitative Kraft sich als Licht und Wärme offenbart und, polar geworden, sich zu Elektricität und Magnetismus gestaltet. Diese Hauptmanifestationen des Feuers sind wieder unendlicher Modifikationen und Verbindungen fähig, und begründen dadurch die Metamorphose der Körperwelt. Die organischen Körper unterscheiden sich hauptsächlich dadurch von den unorganischen, dass sie durch ein selbstständiges, zweckmässig wirkendes Prinzip bestimmt werden. Durch dieses selbstständige Prinzip haben sie die Fähigkeit, sich zu entwickeln. Aber dieser Unterschied ist kein absoluter. Auch die Natur im Grossen, auch unser Sonnensystem hat solche Selbstständigkeit. Ihre Kräfte stammen nicht von Aussen. Die Assimilationskraft der organischen Körper erweist ihre Selbstthätigkeit. In den elektrischen Erscheinungen, welche manche Thiere äussern, gehen physische und organische Kräfte ineinander über und beweisen, wie die höhere Kraft des Lebens die niedere Kraft nicht aufhebt, sondern diese beherrscht und sich aneignet, ein Verhältniss, das durch alle Regionen der Natur und des Geistes sich wiederholt. Wie durch den Lebensakt Elektricität, so wird auch Wärme durch ihn entwickelt und ebenso Licht, besonders bei niederen Thieren. Diese Erscheinungen beweisen den innigen Zusammenhang zwischen der Lebenskraft und den genannten Naturpotenzen und dass sie jene Potenzen nach ihren Zwecken beherrscht und umändert. Eine dynamische Wirkung findet im Organismus entweder durch bestimmte dazu organisirte Leiter statt, wie durch die Nerven, oder sie geschieht auch ohne diese Leiter, wie bei den häufig beobachteten Sympathien zwischen einzelnen Organen. Die letztere Art des Einflusses einer organischen Thätigkeit zeigt sich in der Einwirkung der Mutter auf den Fötus, nicht minder beim Bebrüten der Eier, die sich sogar auf fremde Eier umbildend erstreckt. Das Lebensprinzip zieht unter Umständen auch den fremden Organismus in seine Wirkungssphäre, auf ihn wie auf den eigenen Leib wirkend. Die dynamische Wirkung wird hiebei zuletzt zu einer materiellen, plastischen, die Einbildungskraft wird zur Bildungskraft. Diese Erscheinungen zeigen, wie das Lebensprinzip fremde Körper, die in seinen Wirkungskreis kommen, umändert und so zu seinem Organe macht. Solche Wechselwirkung findet bisweilen selbst bei ganz getrennter Individualität statt, wie bei manchen Zwillingsgeschwistern.

Das Verständniss solcher Wirkungsweise der Seele, namentlich ihrer Einbildungskraft kann die ganze Region jener Kräfte, wozu der Lebensmagnetismus gehört, erklären. Die organische Kraft erhebt sich im Thierreiche zur Nervenkraft, durch welche als Organ das Thier empfindet und auf Reize reagirt. Empfindung ist schon in den niederen Thieren vorhanden, wenn auch undeutlich, ehe noch das eigene Nervensystem besteht. Wo es aber einmal sich herausgebildet hat, ist es im gesunden Zustand das alleinige Substrat für die Empfindung und der alleinige Erreger der animalischen Bewegungen. Allein die Nerventhätigkeit vermag über ihr Organ hinauszuwirken und das Nervenende überschreitend übt sie unmittelbar einen Einfluss auf nähere und fernere Gegenstände aus. Hier liegt die natürlichste Erklärung aller lebensmagnetischen Erscheinungen. Da die lebensmagnetische Wirkung wesentlich in dem Nervenagens beruht, welches weiter als die Nervensubstanz wirkt, so ist leicht einzusehen, wie gross der psychische Einfluss bei dieser ganzen Wirkungsweise sein müsse. Wenn die Seele durch das Nervenagens selbst die festen Theile des Organismus so umändern kann, dass sich z. B. in den Gesichtszügen der Adel oder die Rohheit der Gesinnung bleibend ausprägen, so lässt sich begreifen, dass dieser psychische Einfluss eben so gross und noch grösser sein könne, wo das von der Seele modificirte Nervenagens nicht mehr an das körperliche Organ gebunden ist. Je empfänglicher ein Mensch für magnetische Einflüsse ist, desto mehr wird er wohl auch jene psychische Einwirkung dabei empfinden können. Die lebensmagnetischen Wirkungen haben demnach einen sehr grossen Umkreis. Sie erstrecken sich von den tiefsten animalischen Aeusserungen bis zu den höchsten Seelenwirkungen, welche sich durch die Nervenkraft äussern. Daher ist die Dignität dieser Wirkungen so äusserst verschieden. Viele Lebensäusserungen der niedern Thierwelt lassen sich durch dieselbe erklären. Das organische Prinzip dient hier dem Triebe, dem Instinkt. Die höchsten Momente geistiger Thätigkeit, der unmittelbare Einfluss, den begeisterte oder energische Menschen ausüben, finden eben hier ihre Erklärung. Das organische Prinzip dient hier dem freien Willen. Da es das Ziel des Menschen ist, immer freier zu werden, und eine immer grössere Macht über die Natur zu erringen, so lässt sich einsehen, wie Menschen, die durch sittliche Grösse und Energie des Willens sich auszeichneten, eine ungewöhnlich grosse Herrschaft über die Natur durch diese unmittelbare Wirkung ausübten.

 Das Ziel der erschaffenen Geister ist, wie nach unten die Natur zu bestimmen, so nach oben vom absoluten Geist sich frei bestimmen zu lassen. Diese Durchdringung des Niedern durch das Höhere ist der normale Zustand, dessen Erreichung das Ziel aller Entwickelungsstufen des Menschen ist: wie der geschaffene Geist das organische Prinzip beherrschen soll, so der absolute Geist diesen. So wird der Mensch das freie Organ des göttlichen Willens und dadurch der göttlichen Macht. Wenn die beschränkte menschliche Macht der unbeschränkten, göttlichen als lebendiger Leiter dient, und dadurch erhöht und potencirt wird, so begreift sich, dass der Mensch alsdann die Schranken seiner jetzigen Natur weit zu überschreiten vermag. Die Gesetze der Weltordnung werden dadurch nicht aufgehoben, sondern eine niedere Sphäre wird nur einer höheren untergeordnet. Das höchste Wunder ist eigentlich die freieste That. Es ist der nicht mehr beschränkte Akt des freien Willens auf die Naturkräfte. Endlich sind alle Kräfte der Natur wie des Geistes die That und das Produkt eines absolut freien Willens. Die Herrschaft des Geistes über die Natur hängt mit der endlichen Bestimmung des Geistes auf's innigste zusammen. Diese Aeusserungen höherer Kräfte des Geistes über die Natur sind daher, wie alles Grosse, die zeitlich gesetzten Grenzen seines jetzigen Daseins Ueberragende, im Menschen, nicht als etwas seiner Natur Fremdes anzusehen, sondern als das Hervorleuchten seiner wahren höheren Natur, deren Bestimmung es ist, selbst Gott dienend, die Natur dienstbar zu machen und sie so zu seinem Organ zu erheben und dadurch zu verherrlichen. So haben wir wesentlich drei verschiedene Stufen der lebensmagnetischen Thätigkeit: eine rein organische, der eigentlich thierische Magnetismus, die nicht durch Organe vermittelte Wirkungsweise, wie wir sie bei allen lebenden Wesen beobachten; eine geistige, wo diese organische Thätigkeit der Intelligenz und dem Willen gehorcht; und endlich eine höhere geistige, wo der Mensch zum freien Leiter göttlicher Kräfte wird, und dadurch eine höhere Weltordnung anticipirt.

Nach diesen allgemeinen Aufstellungen geht Passavant zu der Erörterung des Lebensmagnetismus als Heilmittel über. Er hebt hier als am wirksamsten die Kraft der Hand und des Auges hervor, dann den Odem, kennt aber auch die indirekten Mittel der Anwendung organischer und unorganischer Substanzen, denen der Magnetiseur seine Nervenkraft mittheilt, sie gleichsam mit denselben ladet. Als solche Mittel dienen Seide, Wasser (magnetisirtes), Glas, Metalle, namentlich Eisen (das Baguet). Die Erfahrung, dass die magnetische Kraft, d. h. die Nervenkraft oder der Nervenäther, sich den organischen und unorganischen Körpern mittheilen lässt und diese dadurch eine neue Wirkung erhalten, mag nach ihm die Wirkung mancher Amulete und die sympathetischen Kuren erklären. Die weiteren Darlegungen Passavant's führen in ebenso geistreichen, tiefsinnigen Gedankenbezügen als reichen Erfahrungsnachweisen seinen grossen Grundgedanken der drei unterschiedenen Stufen der lebensmagnetischen Thätigkeit: der organischen, der geistigen und der höhern geistigen (göttlichen), durch. Es könnte genügen, auf die einzelnen Betrachtungen hinzuweisen, welche folgende sind: 1. Allgemeine Betrachtungen über das Wesen der Ekstase, 2. Hellsehen im magnetischen Schlafe, 3. Hellsehen im Traume, 4. Hellsehen in Krankheiten, 5. Hellsehen in der Nähe des Todes, 6. Hellsehen in der Contemplation, 7. Hellsehen der Propheten. Zur Kennzeichnung des tiefblickenden Geistes des Verfassers in Behandlung seines Thema's sollen hier nur einige Sätze hervorgehoben werden: Das Lebensprinzip der thierischen Organismen bildet sich wie alle Organe, so auch diejenigen, durch welche die Seele die Aussenwelt wahrnimmt, sie empfindet, es bilden sich die Sinnesorgane. Nicht das Vorhandensein des Auges und des Ohres ist die letzte Ursache des Sehens und Hörens, sondern der im lebendigen Keime des Thieres wirkende Trieb, mit der leuchtenden und tönenden Welt in Bezug zu kommen, welcher zwar unbewusst, aber nach Zwecken thätig, sich Auge und Ohr bildet. Dieser Trieb, die Welt zu empfinden, der Trieb zum Weltbewusstsein, ist selbst nur eine Aeusserung des allgemeinsten Triebes, des Ergänzungstriebes. — Gewöhnlich nimmt man an, dass der innere Sinn nur fähig sei, äussere Empfindungen zu reproduziren, und diese entweder unfrei, wie im Traume, oder frei durch die produktive Phantasie zu combiniren. Allein eine Reihe von Thatsachen spricht auch dafür, dass durch die innere Lebensthätigkeit des Menschen und der Thiere wenigstens dunkle Vorstellungen selbst von äussern Gegenständen erzeugt werden können. Ohne die Annahme solcher Vorstellungen, die noch der äusseren Sinneswahrnehmungen entbehren, und die wir daher nur Ahnung nennen können, sind die Erscheinungen des Instinkts nicht zu erklären. — Die partielle Lösung der Seele vom Leibe beim Menschen ward öfter mit einem Zustande nach dem Tode verglichen und ist wirklich als ein partielles Sterben zu betrachten, wenn wir dieses nämlich als das Abstreifen des materiellen Leibes, als ein Absterben der irdischen Eihäute ansehen, womit eine völlige Concentration des innern Menschen verbunden sein muss. Im Christenthume findet jener allgemeine Glaube der Völker an einen inneren Leib einen bestimmteren Begriff durch die Annahme eines geistigen Leibes ($\sigma\tilde{\omega}\mu\alpha$ $\pi\nu\varepsilon\tilde{\upsilon}\mu\alpha\tau\iota\varkappa\grave{o}\nu$), der in dem irdischen als Keim verborgen ist, und durch die Freiheit des Geistes zur letzten und vollendetsten Form des Lebens entwickelt werden soll. Denn die höchste Entwickelung des Menschen ist nicht als ein Loswerden von der Natur, sondern vielmehr als eine Beherrschung, eine Verherrlichung derselben zu denken. Ein geschaffener Geist lässt sich auch gar nicht raumlos und naturlos, wohl aber raumfrei und naturfrei vorstellen. — Der Geist entwickelt sich nicht aus der Natur, aber er vermittelt sich durch die Natur. Wie alle Entwickelungsstufen eines Wesens nur durch seine vollendete Bildung erklärlich sind, so sind auch die verschiedenen Formen des erhöhten Gemeingefühls nur als Stufen zu dem rein geistigen, d. h. vom Geiste beherrschten Hellsehen zu erklären. Nur in diesem können wir auch einen wirklich höheren, raum-, zeit- und naturfreien Zustand der Seele anerkennen, nicht aber in jenem partiellen, oft getrübten inneren Wahrnehmen der meisten Somnambulen, das von anderen Menschen bedingt und von Natureinflüssen aller Art abhängig ist. Dieses allein dürfen wir auch als Analogon eines höheren, freieren Daseins ansehen, als Analogon eines Zustandes, wo die Seele, befreit von der materiellen Abhängigkeit, in völliger Concentration ihrer wesentlichen Kräfte, zur freiesten Intuition ihrer selbst und alles ihr geistig Verwandten gelangen muss. Wie frei sich auch die Seele in solchen Zuständen des höheren Hellsehens auf Erden bewegen mag, immer bleiben dieselben doch nur Stufen. Ein vollendetes Schauen kann es im materiellen Leibe nicht geben, eben weil jenes nur Anticipation einer höheren geistigen Entwicklung, nur Morgenröthe eines neuen ewigen Tages ist. Durch eine Reihe von Jahren hatte ich Gelegenheit, die Erscheinungen jenes raumfreien Hellsehens zu beobachten. Die Sehende unterschied ein niederes und höheres Hellsehen, und nannte jenes ein Sehen in der Seele, dieses ein Sehen im Geiste. Sie kam Anfangs durch den Magnetismus, später auch durch ihren Willen allein in diesen Zustand des Schauens, und sah in demselben die Personen und Sachen, auf welche ihr Wille sich fixirte. Sie beschrieb oft Menschen, die sie nie gesehen hatte, ganz genau den körperlichen und geistigen Zustand, gab oft Heilmittel an, selbst solche, die ihr im Wachen völlig unbekannt waren, oder erkannte, dass z. B. bei organischen Fehlern, die sie genau beschrieb, kein Mittel helfen würde. Von ihrem Willen hing es ab, sich ihrer inneren Anschauungen im wachen Leben zu erinnern oder nicht.

Die verschiedenen Erklärungsweisen der Divination lassen sich auf drei zurückführen: auf ein Voraussehen aus dem Gegebenen als Keim einer künftigen Entwickelung, auf Inspiration als Eingeben eines höheren intelligenten Wesens und endlich auf ein höheres Ueberschauen und Durchschauen der Dinge.

Passavant findet — der Wechselwirkung alles Natürlichen im Weltall analog — die Möglichkeit einer Wechselwirkung aller intelligenten Wesen im Weltall an sich schon wahrscheinlich, sicher begründet aber durch die Einsicht, dass die Welt ein Organismus ist, in welchem alle Theile aufeinander Bezug haben. Diess schliesst ihm nicht aus, dass solche geistige Einwirkung für die gewöhnliche Form unseres Daseins nicht zum Bewusstsein gelange, wohl aber in den ungewöhnlichen Zuständen der somnambulem Ekstase. Der Wechselverkehr der Hellsehenden mit jenseitigen intelligenten Wesen ist nicht wunderbarer, als dass diese Hellsehenden die Gedanken anderer irdisch lebenden Menschen erkennen. Wenn man, erklärt Passavant, nicht durch einen erzwungenen Unglauben die Fortdauer der menschlichen Persönlichkeit leugnet, so muss man dieses Leben nothwendig als eine Stufe zu einem höheren ansehen. Jede Entwickelungsstufe des Geistes wie der Natur bewahrt einen höheren Inhalt in sich, welcher sich häufig, wenn auch nur momentan und unvollkommen offenbaren kann. Aber eben darin, dass dieses Anticipiren einer zukünftigen Lebensform meist noch so unvollkommen ist, liegt nun auch der Grund, warum so oft bei den Angaben über einen Verkehr mit der Geisterwelt grosse Täuschungen stattfinden. Nur bei den reinsten Formen des Hellsehens, besonders bei der Ekstase, sind Täuschungen jeder Art weniger zu fürchten. Die Annahme der Möglichkeit eines Geisterverkehrs verlangt daher für das einzelne Faktum eine desto schärfere Beurtheilung. Dass eine Thätigkeit des Menschen, ein Wirken und Wahrnehmen ohne materielle Vermittelung stattfindet, lehren uns alle magnetischen Erscheinungen, und dass geistige Wesen ausser diesem materiellen Körper doch nicht ganz ohne Leiblichkeit zu denken seien, dafür spricht die Natur des geschaffenen Geistes, der nie völlig schrankenlos gedacht werden kann.

An die Betrachtungen Passavant's knüpft sich ein gedrängter, sehr lehrreicher Ueberblick der Geschichte der magnetischen Erscheinungen von der Urzeit her an, welcher bezeichnend mit den Worten schliesst: „Da der geschaffene Geist den Grund des Seins nicht in sich hat und also nicht durch sich ist, so kann er weder in seinem Anfang, noch in seiner Entwickelung, noch in seiner Vollendung mit dem Schöpfer gedacht werden. Je freier und inniger diese Verbindung ist, je mehr nähert sich der Mensch seinem Endziele, in gottinniger Freiheit das ewige Leben zu haben. Das Wunder ist nur das Durchschauen eines höheren Daseins in die zeitliche, aber darum vergängliche Weltordnung. Für diese ist es eine übernatürliche That, aber für eine höhere Ordnung, wo der Geist die Natur völlig beherrscht, die natürliche und normale.

IV.

Einen im **Wesentlichen** gleichen Standpunkt nimmt Ennemoser ein. Aber er hat das Gebiet des Menschenmagnetismus und des Somnambulismus in ungleich grösserer Ausdehnung als Passavant bearbeitet, in grösserer als jeder andere deutsche Forscher. In gründlicher und geistvoller Behandlung steht er selbst gegen Passavant nicht zurück, während er ihn an Fülle und Reichthum der theoretischen und praktischen Nachweisungen weit übertrifft. Da in einer näheren Darlegung seiner Grundlehren wir nur in anderen Worten und Wendungen im Wesentlichen Passavant's Standpunkt wieder finden würden, so kann ich gleich zur Betrachtung der hauptsächlichsten Besonderheiten Ennemoser's übergehen, wie sie uns in zweien seiner wichtigsten Schriften entgegentreten. Beide Schriften: 1. Der Magnetismus im Verhältnisse zur Natur und Religion, 2. Anleitung zur Mesmerischen Praxis, sind Muster der Wohlordnung des Stoffes, der Organisation des vorgetragenen Gedankenkreises. Die erstgenannte Schrift trägt in vier Abtheilungen eine erstaunliche Fülle von Nachweisungen, Erklärungen und Anweisungen vor. Ich greife nur besonders Wichtiges, Einsichterweiterndes zur Besprechung heraus, nur bemerkend, dass E. eine Phänomenologie des Menschen-Magnetismus gibt, wie sie gleich einfach und übersichtlich sonst nirgends angetroffen wird und dass er die geschichtlichen Erscheinungen und Zustände, welche mit jenen des Magnetismus Aehnlichkeit und Verwandtschaft haben, einer umsichtigen kritischen Beurtheilung unterzieht. In den kritischen Untersuchungen über die Wahrheit der magnetischen Erscheinungen und den Werth des Schlafwachens und Hellsehens geht Ennemoser von der aus seinen Erfahrungen geschöpften Behauptung aus, dass der Magnetismus eine allgemeinwirkende Kraft sei, die jeder Mensch besitze, nur nach seiner Individualität verschieden. „Die magnetische Kraftwirkung des Menschen erstreckt sich auf alle Menschen, auf die Thiere und Pflanzen und ebenso auf das unorganische Reich. ... Bei Thieren hat man vielfältig schon in früheren Zeiten Versuche gemacht und immer die auffallendsten Heilwirkungen beobachtet, ja nirgends könnte der Magnetismus passender als eine Universalarznei benutzt werden als bei den Thieren." Selbstangestellte Versuche haben Ennemoser ergeben, dass das Magnetisiren den Vegetationsprozess der Pflanzen intensiv verstärkt und die Samenbildung befördert und zu einem bessern und reichern Ertrag gebracht werde. Anorganische Substanzen erlangten durch Magnetisiren veränderte Wirkungskräfte. „Das magnetisirte Wasser wirkt auf das organische Leben anders und wohlthätiger ein als das gewöhnliche (rohe) Wasser ... Erden, Metalle und Salze bringen bei sehr empfindlichen Kranken und besonders bei Hellsehenden verschiedene Wirkungen hervor, wenn sie magnetisirt werden, und manche derselben haben angegeben, dass die Arzneien magnetisirt eine heilsamere Wirkung haben. Nicht immer ganz verwerflich dürfte daher die Meinung derjenigen sein, vermöge welcher die kleinen Gaben homöopathischer Mittel oft so heilsame Wirkungen hervorbringen, was **vielleicht nur magnetische Wirkung sei**.

Nach der durch vielfältige Beweise gewonnenen, feststehenden Erfahrung, dass vom Magnetismus als Heilmittel bereits Tausende Linderung und Hülfe erfahren haben, welche sie ohne ihn vergeblich suchten, gibt Ennemoser seiner Ueberzeugung den prägnanten Ausdruck, der **gute Mensch** würde, auf das Pflanzenreich einwirkend, die Erde in einen Paradiesgarten umwandeln, alle wilden Thiere zähmen und die Krankheiten seiner Nebenmenschen wie der Thiere heilen können. Hier geht nun E. auf die vielumstrittene Frage ein, ob das magnetische Hellsehen ein erhöhter geistiger Zustand oder ein erniedrigter, Gesundheit oder Krankheit sei. Hegel, Kieser und Andere behaupten, der Mensch trete im somnambulen Zustand von der Stufe des wachen Bewusstseins in ein unbestimmtes passives Schlaf- und Traumleben herab, gerathe in einen gebundenen, sehr abhängigen Zustand und verliere seine geistige Selbstständigkeit, das tellurische Nachtleben herrsche über das solare Wachen des Tages, die Freiheit des Geistes gehe verloren, das Hellsehen sei eine Krankheit und eigentlich ein Wahnsinn. Dieser Ansicht, welche schon Baader bekämpft hat, tritt Ennemoser entschieden entgegen, indem er hervorhebt, dass der Somnambule erhöhte Sittlichkeit der Gefühle und der Urtheile, grössere Nächstenliebe und Hülfsbereitwilligkeit zeigt, sein inneres geschlossenes Auge und Ohr besser sieht und hört als das offene, seine Sinnessphäre sich erweitert, er Wahrheit und Irrthum schärfer unterscheidet, wirksame Heilmittel angibt, Maschinen erfindet, mit gewandter Fertigkeit nie gelungene Dinge ausführt, reiner, veredelter, poetischer spricht als im Wachen, gesammelteres Bewusstsein offenbart, mit dem Ernst der Betrachtungen Milde und Sanftmuth, mit Lebendigkeit der Phantasie Reichthum der Erfindung und Reinheit des Geschmacks paart, ungekannte und ungeahnte Aufschlüsse ertheilt, verborgene Beziehungen und Verhältnisse Anderer unmittelbar in Gedanken erfährt, die höchsten Interessen des Geistes häufig zu Gegenständen der Betrachtung macht. Aus allem diesem schliesst Ennemoser, dass das Hellsehen eine höhere Stufe des Geistes bekunde als das gewöhnliche wache Leben. Diese höhere Stufe als die seltnere unterscheidet er aber von der niedrigeren und häufigeren des Schlafwachens. Das Hellsehen, eine bewusste freithätige Beschäftigung des inneren Sinnes, ist also keine Krankheit, wenn es auch in einem kranken Subjekte stattfindet. Ist es keine Krankheit, so ist es auch nicht Wahnsinn, obgleich es eine in Rücksicht des irdischen Lebens anomale Erscheinung ist. Auch kann zuweilen etwas eigentlich Krankhaftes hineinspielen. Auf den höheren Stufen des Hellsehens schwebt der Geist ganz in der übersinnlichen Region. Aber auch den höchsten Graden des magnetischen Hellsehens übergeordnet ist die göttliche Begeisterung des von Gott berufenen Propheten. Ueber die Wunder spricht sich Ennemoser mit andern Worten und Wendungen in wesentlicher Uebereinstimmung mit Passavant aus, der selbst in der Hauptsache auf Baader's Auffassung sich gründet.

Geht nun E. an die Erklärung der magnetischen Erscheinungen, so weist er sowohl die einseitig physischen als die einseitig psychologischen Erklärungsversuche zurück und erklärt nur eine solche für genügend, welche, den Menschen als eine Vereinigung von Geist und Körper betrachtend, sowohl psychologisch als auch physiologisch ist. Indem E. bei dieser Gelegenheit von versuchten Erklärungen spricht, die sich dem Materialismus, und von anderen, die sich dem Spiritualismus annähern, kann er doch nicht umhin, einzugestehen, dass Mesmer selbst zu den ersteren hinneige. Diese Hinneigung zu einer materialistischen Erklärung will E. darin finden, dass Mesmer alle Wechselwirkung aus ätherischen Flutreihen, aus Urtheilchen der Elementar-Materie und den Wechselströmungen eines feinen Flutstoffs, der den Weltraum erfülle und zwischen die Elemente der Körper eindringe, zu erklären versuche. E. meint aber offenbar, dass sich Mesmer wieder vom Materialismus entferne, wenn er an mehreren anderen Stellen seines Systems der Wechselwirkung unter Flut die reine Thätigkeit als Bewegung und dem Feuer verwandt verstehe. Hierin liegt aber durchaus nicht eine Wegwendung vom Materialismus, sonst müsste überall die gedankliche Unterscheidung der Bewegung, der Thätigkeit der Materie von der Materie selbst, trotz ihrer Untrennbarkeit, schon eine Wegwendung vom Materialismus sein. Diess ist sie aber nicht, sondern nur die Enthüllung der Unmacht des Materialismus die Welterscheinungen aus purer Materie und ohne ein Etwas, das nicht wieder Materie sein kann, zu erklären. E. würde die Sache schärfer und richtiger gefasst haben, wenn er gesagt hätte, Mesmer verknüpfe einen religiös gemeinten Deismus mit einem kosmologischen

Materialismus, weil er im geschaffenen Weltall nichts als Materie und Bewegung kennt und anerkennt und also den Geist materialistisch erklären muss, wesshalb Baader (in einer Randglosse zu Mesmer's Hauptwerk) ihm Schuld gab, den Geistmenschen und den Geist Gottes geleugnet zu haben. Es würde zu weit führen, E. in das reiche Detail seiner physiologischen Erklärung zu folgen. Es muss die Angabe genügen, dass er sie in den Polaritätsverhältnissen alles Natürlichen vom Niedersten bis zum Höchsten sucht und diese Ansicht mit den Worten verficht: „Da nun das positive und negative Leben der Naturwesen aus Thätigkeiten und Kraftverhältnissen besteht, die aus der wechselweisen Bewegung aller Dinge, aus der Bewegung im Vollen hervorgehen, vermöge welcher die Bewegung eines jeden Einzelnen die Bewegung der Andern bedingt, ohne dass aus diesen in jenes etwas überströmt; da Kraft und Materie nicht eines ist und sich zueinander nicht wie Objekt zu Objekt, sondern wie Subjekt zu Objekt verhalten; da die Kraft auch nicht das Erzeugte (Produkt) der Materie, und überhaupt keine Materie ohne Kraft ist, die Kräfte aber offenbar ohne Stoffverbreitung in die Ferne wirken, wie das Licht, die Elektricität, der Magnetismus, die Anziehung und Abstossung etc., so folgt hieraus wiederum: dass die Wirkungen auch ohne materiellen Uebergang, folglich ohne Flutstoffe oder einen verbindenden Aether aus reinen Polaritätsgesetzen erklärt werden können: wie man denn die höheren geistigen Wechselwirkungen der Instinkte und Ahnungen etc. insbesondere durch den Aether wohl schwerlich je annehmbar erklären wird, indem es neben der physischen, den Raum erfüllenden Körperwelt auch eine von dieser unabhängige Geisterwelt gibt, welche frei und ungebunden über die Materie hinauswirkt, die aber auch in die Körperwelt eingreift und mit ihr zur eigenen Offenbarung in nothwendige Wechselbeziehungen tritt."

Die psychologische Erklärung Ennemoser's ist noch weit ausgedehnter, umfassender, erschöpfender durchgeführt als die physiologische. Man muss erstaunen, diese Darlegungen und Begründungsversuche von Philosophen und Naturforschern so wenig gewürdigt zu finden und wenn man ausnahmsweise einmal auf eine Berücksichtigung trifft, so zeigt sie sich entweder oberflächlich oder entstellt, oder als beides zugleich. Da hier auf das reiche Detail unmöglich eingegangen werden kann, so müssen einige hauptsächliche Punkte andeutungsweise genügen. Der Focus der Betrachtung, von dem alle Nachweisungen ausgehen und in welchen sie zurückgehen, ist aus folgender Stelle (S. 333) in lichter Klarheit zu erkennen:

„So ist die Natur das Feld und das Reich, der Mensch aber der Herr dieses Reiches; jene ist zwar eine Welt mit eigenthümlichen Kräften, selbstständig, aber nicht für sich, sondern für den Geist. Der Mensch ist in der Welt und in sich und für sich; die Natur ist nie ausser sich, der Mensch aber ist in sich und auch ausser sich selbst. Demnach ist der Mikrokosmos der Alten gerechtfertigt; denn der Mensch ist eine Welt im Kleinen, in ihm ist Göttliches und Natürliches, Alles bezieht sich auf ihn und er sich auf Alles ... Als centrale Kleinwelt steht er mit allem in Verbindung; er hat durch seinen Vernunftgeist göttlichen Antheil und durch Glauben und Liebe unmittelbare Gemeinschaft mit Gott; durch seine psychischen Kräfte der Sinne und der Selbstbestimmung hat er Gemeinschaft mit andern Geistern und mit seinem Leibe hat er Gemeinschaft mit der ganzen Natur. Seine Lebenssphäre ist daher auch eine unendliche, er steht in Gemeinschaft mit dem Göttlichen, Geistigen und Natürlichen; die Sympathien der Einflüsse sind ebenso allgemein und unbeschränkt — natürlich, geistig und göttlich, und ebenso erstreckt sich seine Wirksamkeit — je nach der Lebendigkeit seiner Individualität — auf das Natürliche, auf das Geistige und auf das Göttliche. Ist der Mensch die Welt im Kleinen und Mittelpunkt des Alls, so ist er ebensosehr allen Einflüssen ausgesetzt und steht mit allen in einem negativen Rapportverhältnisse, wie er positiv als vollkommenste Selbstständigkeit auf Alles zurückwirkt. Denn als Letztes und Vollkommenstes auf der Leiter der Naturstufen enthält er alles Unvollkommnere, Niedrere und Frühere als ein Allgemeines in sich. ... Wie der Mensch auf dem Boden der Vergangenheit steht und in dem Mittelpunkt der Gegenwart, so hat auch das Zukünftige seine Wurzel in des Menschen irdischer Lebenszeit... Der Mensch ist ein Geschöpf für eine ewige Zukunft... Das gegenwärtige Leben ist nur der Keim des zukünftigen, denn die Zukunft wird die Entwickelung dieses gegenwärtigen Keiminhaltes sein. Jeder nimmt den Erwerb der Zeit mit sich, um ihn in der Ewigkeit (in der jenseitigen Zeit) auszureifen und wie er hier aufhört, so wird er dort anfangen."

Damit sind im Sinne Ennemoser's die Grundbedingungen und Anhaltspunkte angegeben, worauf die psychischen Erscheinungen des Magnetismus beruhen, und wodurch das geistige Vor- und Fernsehen in psychologischer Hinsicht ihre Erklärung finden. Von da aus entwirft nun Ennemoser in reicher Ausbreitung die Naturgeschichte des Traums, des Nachtwandelns, des magnetischen Schlafwachens, der Visionen, der nach aussen wirkenden Geisteskraft der Phantasie, des Selbsterleuchtens, des Wahrnehmens der Gedanken

Anderer, des Uebertragens der Gesichte und der eigenen leiblichen Gestalt auf Andere, der Macht des Willens in die Ferne und auf Andere, der besonderen Erscheinungen des magnetischen Hellsehens im Gebrauche der Sprache und der Sprachen, des Sehens von Gegenständen mit verschlossenen Augen und das Sehen der innern Theile des eigenen Leibes, der Angabe des Zeitmaasses bei Krankheiten, der Heilmittel etc. Zuletzt schildert Ennemoser die höchste Stufe des Hellsehens als eine selten erscheinende Blume des magnetischen Schlafes, welche er von der göttlichen Begeisterung der Propheten, der Sprecher im Geiste Gottes als einer noch höher stehenden Erscheinung unterscheidet, wie Baader, Passavant, Eschenmayer, Schubert etc. Den Schluss der besprochenen Schrift Ennemoser's bildet eine Belehrung über die Anwendung des Magnetismus als Heilmittel, worauf einzugehen ausser meiner Aufgabe liegt. Doch muss bemerkt werden, dass unsere deutsche Literatur ausser einem noch zu besprechenden Ennemoser's selbst kein Werk besitzt, welches mit gleicher Umsicht das gleiche Thema behandelt hätte. Aber noch umfassender behandelte Ennemoser dieses für den Arzt so wichtige Thema in einem besonderen Werke: Anleitung zur Mesmerischen Praxis (Stuttgart, Cotta, 1852). Einige theoretisch wichtige Punkte sind daraus hervorzuheben. E. behauptet hier mit Recht, dass der Mesmerismus (Heilmagnetismus) nicht auf unbekannten, eingebildeten oder zweifelhaften Erscheinungen, sondern auf Thatsachen der Erfahrung beruhe, und beruft sich mit gleich gutem Rechte auf A. Humboldt's Aeusserung, dass vornehm thuende Zweifelsucht, welche Thatsachen verwerfen ohne sie ergründen zu wollen, fast noch verderblicher als unkritische Leichtgläubigkeit sei (oder doch ebenso verderblich). Nicht ohne Grund sagt E. (S. 4): „Neben den übereinstimmenden Erfahrungen aus allen Ländern über den Nutzen des Magnetismus zur Heilung der Krankheiten durch Mesmer's Entdeckung ist auch der allgemeine von ihm behauptete Zusammenhang aller Naturerscheinungen jetzt sogar durch physikalische Beobachtungen wissenschaftlich anerkannt." Aber es ist auffallend, dass er in der folgenden Lobpreisung Mesmer's die Schranke seines Verdienstes nicht kennzeichnet, seinen kosmologischen Materialismus, den er doch verwirft, nicht rügt. Haften auch Paracelsus aus den herrschenden Vorstellungen seiner Zeit manche Flecken an, so waren er und seine Schüler doch in den obersten Principien tiefere Denker als Mesmer und wenn er aus Paracelsus oder aus einem seiner Jünger (Robert Fludd, Maxwell, Helmont etc.) geschöpft haben sollte, so hat er gerade das Tiefste, die Gottes- und Geisteslehre sich nicht angeeignet. Dass aber

Mesmer überhaupt aus älteren Schriftstellern Anregungen empfing, darauf scheint seine Doktor-Dissertation: De influxu planetarum in corpus humanum, und noch bestimmter das Motto dieser Dissertation: „multa renascentur, quae jam cecidere, cadentque, quae nunc sunt in honore", hinzudeuten. Seltsamerweise vergreift sich hier Ennemoser mit allerlei anzüglichen Redensarten an den Philosophen — in Bausch und Bogen — als an Vernachlässigern oder auch Verächtern des Magnetismus, ohne auch nur einen einzigen Namen zu nennen, als ob nicht jeder Philosoph für sich zu beurtheilen wäre und nicht gerade die Philosophen am Wenigsten sich dazu eigneten, schockweise vor ein wissenschaftliches Gericht gezogen zu werden. Wie konnte Ennemoser vergessen haben, dass der Mesmerismus Anerkennung und Verbreitung in Deutschland ganz vorzüglich der Philosophie Schelling's zu danken hatte? Wie konnte ihm unbekannt sein, dass selbst J. G. Fichte, Schleiermacher, Steffens, Oken, Krause, Nees v. Esenbeck, der Naturphilosoph, etc. lebhaftes Interesse für den Magnetismus an den Tag legten?*) Waren Eschenmayer und Windischmann, die E. so oft anerkennend heranzieht, etwa nicht Philosophen? Hat etwa Hegel die Hauptthatsachen des Magnetismus geleugnet, wenn er auch wie Andere, z. B. Oken, eine unzureichende Theorie ersann? Wäre es nicht seine Schuldigkeit gewesen, Baader's zu gedenken statt des zwar geistreichen, aber verschrobenen Schopenhauer, den er indess doch wohl von den Philosophen nicht ausschliessen konnte? Baader's, sage ich, der unter allen genannten Philosophen den Magnetismus am tiefsten erforscht hatte und dessen Hauptgedanken, mit nicht ganz passenden Reminiscenzen aus der Schelling'schen Philosophie untermischt, E. in seinen Schriften wiederholt, so dass, wenn man Alles, was E. Schelling und Baader verdankt, ausscheiden wollte, nur wenig erhebliches Prinzipielles übrig bleiben würde. Wenn E. dann zuletzt doch bekennen muss, „zur Ehre der philosophischen Fakultät", dass jetzt ein grosser Theil derselben sich für die Sache des Magnetismus erkläre, so erfährt man wieder nicht, wer denn diese Philosophen sind und es bleibt daher verhüllt, dass ein guter und der wichtigste Theil derselben nicht erst „jetzt" (1852) sich für die Sache des Magnetismus erklärte, sondern guten Theils schon früher als Ennemoser's Schriften das Licht der Welt erblickt hatten. Den Akademien der Wissenschaften gegenüber ist

---

*) Wie konnte Ennemoser z. B. die geistreiche Entwickelungsgeschichte des magnetischen Schlafs und Traums von Nees v. Esenbeck im 7. Bande des Archivs für thierischen Magnetismus (1820) unbekannt sein? Vergl. „der Arzt" etc. von Davis, S. LXIII.

die Sprache Ennemoser's nahezu berechtigt, den namhaften Philosophen in Deutschland gegenüber ganz unberechtigt und dazu noch unbegreiflich. Glücklicher zeigt sich E. in der Schilderung des Verhaltens besonders der katholischen Geistlichkeit zum Magnetismus. Er sah indess, dass er dieses negative Verhalten nicht verallgemeinern dürfe, wie er denn selber nachweist, dass der Papst und die römische Congregation auf Anfragen über die Erlaubtheit des Magnetismus vorsichtig und nicht unbedingt und positiv verneinend sich geäussert haben. Man muss wohl annehmen, dass man in Rom entweder zwischen Mesmerismus (nach seinen theoretischen Grundlagen) und Magnetismus überhaupt nicht zu unterscheiden wusste, oder dass man die theoretischen Grundlagen des Mesmerismus gar nicht kannte, sondern bloss einen Theil der von Mesmer entdeckten magnetischen Erscheinungen und vielleicht Einiges von seiner Heilmethode — was bei der geringen Bekanntschaft der römischen Curie mit der deutschen Sprache und Literatur sehr wohl möglich ist —. Denn die Theorie Mesmer's würde Rom, wenn es eine Entscheidung über sie einmal geben wollte, nur entschieden haben verwerfen können, und zwar, wenn ihm das Richteramt eingeräumt wird, mit dem allervollkommensten Rechte. Wenn E. (S. 27) anführt, dass der Bischof von Mecheln (1826) den Mesmerismus in Rom in heftigen Ausdrücken verklagt habe und ähnliche Anklagen auch von andern Bischöfen nach Rom gelangt seien, so hätte er eine Belehrung darüber geben sollen, dass Mesmer's Theorie streng zu unterscheiden sei von den von ihm wieder an's Licht gezogenen magnetischen Erscheinungen und dass alle heutigen nennenswerthen Vertreter des Magnetismus, himmelweit entfernt von Mesmer's rationalistischem Deismus und seinem kosmologischen Materialismus, zu ungleich tieferen Anschauungen sich erhoben hätten, ein guter Theil von ihnen geradezu durch ihre Forschungen dem Einklang mit den biblischen Lehren zugeführt worden seien. Diese Belehrung, wie gesagt, hätte nicht fehlen sollen, gleichviel ob der Papst, die Bischöfe, die Mehrheit der Geistlichen damit zufriedengestellt worden wären oder nicht. E. hätte dann mit Grund sagen können, dass die Wissenschaft darum sich nicht zu kümmern habe, sondern ruhig ihren Gang fortwandele. Wie E. nicht die gesammte Geistlichkeit als Gegner des Mesmerismus (sollte entweder heissen: der durch Mesmer nachgewiesenen magnetischen Erscheinungen oder besser noch des Magnetismus überhaupt) anklagen will, so auch nicht die ganze ärztliche Körperschaft. Allein es wäre doch wirksamer gewesen, wenn er ein annähernd vollständiges Verzeichniss der nennenswerthesten Aerzte, welche dem Magnetismus zugethan sind, mitgetheilt hätte, als sich in bittern Bemerkungen gegen die dem Magnetismus feindseligen Aerzte zu ergehen. In der dann folgenden Darlegung der Erscheinungen des Mesmerismus (Magnetismus und Hellsehen) bewegt er sich in einem Gebiete, welches er mit Meisterschaft beherrscht. Er unterscheidet die physischen und die psychischen Erscheinungen (Schlafwachen, Wachschlafen oder Hellsehen) und setzt den (ärztlichen) Nutzen des Wachschlafens auseinander. Man sollte meinen, dass die hier vorgeführten Thatsachen, da sie nicht auf Täuschung oder Betrug zurückgeführt werden können, Physiologen und Aerzte veranlassen müssten, zu eigenen Beobachtungen zu schreiten, umsomehr als Ennemoser die Beobachtungen Reichenbach's an sensitiven Personen aus eigenen Erfahrungen bestätigt. Bei Besprechung des Hellsehens erwähnt er eines Falles (S. 59), der in hohem Grade geeignet ist, die Aufmerksamkeit der Forscher auf sich zu lenken. „Als eine interessante Merkwürdigkeit wollen wir ... anführen, dass im magnetischen Schlafe halbblödsinnige Menschen, so wie ganz irrsinnige wie umgewandelt sehr verständig sprechen und die Umstehenden sowohl rücksichtlich ihres Zustandes als anderer Dinge in Erstaunen setzen. Dr. Choron (bei Gauthier und Bibliotèque du magn. animal. P. I, 148 etc.) erzählt: „„Ich habe zu Landau eine 30 Jahre alte Demoiselle magnetisirt, die von Geburt an schwachsinnig war — imbecille de naissance; — sie gehörte einer reichen ausgezeichneten Familie an, welche nichts versäumte ihren Verstand zu bilden, aber alles ohne den geringsten Erfolg. Von dem Augenblick an, als ich sie in Krise — in Somnambulismus — versetzt hatte, liess ich sie über Dinge sprechen, worüber man wollte, sie verlegte sich angelegentlich darauf, sie war nicht mehr dasselbe Wesen, Niemand würde sie für imbecille gehalten haben."

Gleich — wenn nicht noch mehr — merkwürdig ist der folgende Fall aus der Erfahrung Ennemoser's selbst:

„Ich habe eine 3½ Jahre lang im Irrenhause gewesene Person gesehen, welche, durch das Elektrisiren das erstemal schlafwach geworden, sogleich die Ursache ihrer Krankheit und das Heilverfahren angab, wodurch sie nach zwei Monaten geheilt entlassen wurde. Ich selbst habe die auffallendsten Wirkungen bei Irren erfahren und halte den Magnetismus für ein Heilmittel, ja für das alle Methoden bei weitem übertreffende in Seelenkrankheiten." Bei der näheren Schilderung des Hellsehens berührt Ennemoser bereits nach Sandby die merkwürdigen ersten hellseherischen Leistungen des nachher so berühmt gewordenen amerikanischen Sehers A. Jackson Davis, als er noch Knabe war. Nach den angedeuteten vorbereitenden Auseinandersetzungen geht Ennemoser zur Darlegung der mesmerischen Praxis über und beginnt mit der Behauptung: „Das Hauptverdienst Mesmer's liegt unstreitig darin, dass er die planmässige Anwendung gewisser Bewegungen der Hände zur Heilung der Krankheiten lehrte, wie es vorher nie gekannt war. Seine in den Grundzügen vorgetragene Lehre der Methode hat sich praktisch so bewährt, dass sie über alle Widersprüche siegreich dasteht und im Wesentlichen bis auf den heutigen Tag keine Verbesserung erfahren hat, wenn auch seine umfassende Theorie, auf welche er sie stützte, die wissenschaftliche Anerkennung nicht ganz gefunden hat."*) Später (S. 131) erwähnt E., dass die Berührung mit den Händen zum Zwecke heilsamer oder schädlicher Wirkungen, und namentlich auch zur Heilung von Krankheiten schon in den ältesten Zeiten gekannt, auch im Mittelalter und später angewendet worden sei, dass aber auch Zwischenkörper gebraucht worden seien, die eine den Händen ähnliche Wirkung gehabt hätten. Namentlich habe Paracelsus den Gebrauch des Magnets gelehrt, wie er seit ihm kaum wieder in gleichem Maasse bekannt geworden sei, und mit sehr starken Magneten Krämpfe zu stillen und Blutflüsse zu hemmen und zu erzeugen vermocht. Erinnert man sich nun, dass Mesmer's erste Versuche mit Magneten unternommen waren, so scheint diess stark darauf hinzudeuten, dass er Kunde von der Theorie und Praxis des Paracelsus hatte. In die umfassende Anleitung zur mesmerischen (magnetischen) Praxis kann dem vorgesetzten Zwecke gemäss hier nicht weiter eingegangen werden. Nur eine Stelle aus diesem Werke soll hier nicht übergangen werden, besonders da sie für den Standpunkt und Beobachtungskreis Ennemoser's im Unterschiede von Mesmer sehr bezeichnend ist. Bei Gelegenheit der Anweisungen der richtigen Behandlung der Zustände des magnetischen Hellsehens äussert Ennemoser (S. 463): Es ist eine bekannte allgemeine Erfahrung, dass Schlafwache, so wie sie in das hellere Leben einblicken, oder sobald ihr Inneres hell wird, meist in eine religiöse Begeisterung ausbrechen. Eine völlige Gleichgültigkeit in dieser Richtung ist wohl noch nie vorgekommen, aber die Offenbarungsweise ist bei den Meisten sehr nach konfessioneller Erziehung verschieden, so dass nur in den höchsten Graden der Ekstase das niedere, gleichsam das alltäglich getragene Gewand abgelegt, und in reinem Schmucke die unverhüllte Sonne der Wahrheit beinahe bei allen fast gleichartig aufgeht. So fand ich Reformirte, Lutheraner, Katholiken nur wenig verschieden in ihren Aeusserungen

---

*) Bei den Theisten vielmehr in den wichtigsten Punkten gar nicht.

über das höchste Wesen der Gottheit, und Selma, die jüdische Seherin, würde man für eine wahre Christin halten müssen, wenn man sie nach ihren Aussprüchen im Hellsehen beurtheilt. Derselbe fromme Sinn offenbart sich auch bei Idiosomnambulen, aber strenge nach den Gebräuchen der gewöhnlich sie umgebenden Gläubigen. Wie den Sehern alle Gegenstände des Lebens, der freien Natur, die Pflanzenwelt, die Thiere, der Mensch in einem helleren Lichte und in einer prangenden Fülle erscheinen, wie soll ihnen nicht noch viel mehr das Wogen ihrer Gefühle in der religiösen Begeisterung in Schaubilder der höchsten Entzückung aufgehen, in der alle Leiden des geplagten und kranken Lebens verschwinden. Für den ruhigen und unparteiischen Menschenbeobachter ist es tröstlich, bei solchen unverstellten Naturen, wo die Vorurtheile, das menschliche Machwerk und die Gewohnheit schweigen, die ungeschminkte Wahrheit im Glanze der Gerechtigkeit und wahren Liebe, welche die allein wahren Zeichen des Göttlichen sind, anzutreffen. Bei allen höheren Zuständen des ekstatischen Hellsehens finden sich folgende Wahrheiten ohne Abweichung: 1. die Weisheit, Allmacht, Liebe und Gerechtigkeit eines ewigen Schöpfers; 2. die Unsterblichkeit des Menschen für ein Leben der Zukunft nach dem guten oder schlechten Betragen auf Erden; 3. eine göttliche Vorsehung und Leitung des Menschengeschlechtes; 4. die Nothwendigkeit der Liebe und des Gebetes, um mit Gott in Verbindung zu bleiben; 5. die Gemeinschaft verwandter Geister, und das Wiedersehen derselben. In allen diesen Dingen weicht kein wahrer Hellseher von dem andern ab."

In den allgemeinen Grundanschauungen, abgesehen von einigen Unterschieden in den Erklärungsversuchen der Erscheinungen, findet man den gleichen, oder doch sehr nahe verwandten Standpunkt Passavant's und Ennemoser's bei andern deutschen, bei französischen und englischen Aerzten und sonstigen Forschern, wie z. B. bei H. v. Schubert, Steffens, Kluge, J. Kerner, Gerber, Werner; bei Puységur, Deleuze, Dupotet; bei Haddock, G. Barth u. A.

V.

Hier ist nun der Ort, einen Blick auf das Verhalten der einflussreichsten deutschen Philosophen zu den magnetischen und hellscherischen Erscheinungen seit dem Auftreten Mesmer's zu werfen. In Kant's Werken findet sich keine Spur einer Kenntniss von Mesmer's magnetischen Entdeckungen. Wo er in seiner Anthropologie und anderwärts Traum, Somnambulismus, zweites Gesicht, Divination, Ahnung, inneren Sinn, Wunder, Gebet und Verwandtes berührt, da geschieht es nach abgezogenen Begriffen eines dürren Rationalismus, der bei nicht alltäglichen und ungewöhnlichen Vorkommnissen sofort geneigt ist, Selbstbetrug, Betrug durch Andere, täuschenden Schein, Exaltation, Schwärmerei u. s. w. vorauszusetzen. Da er indessen an die individuelle Unsterblichkeit glaubte, so wagte er auch nicht die Möglichkeit eines in die irdische Welt Hereinwirkens der jenseitigen Geisterwelt, eines Verkehrs der irdisch lebenden mit den abgeschiedenen Geistern, zu leugnen, wie ich anderwärts gezeigt habe.*) J. G. Fichte war, wenn nicht schon früher, jedenfalls durch Wolfart mit dem Mesmerismus bekannt geworden und interessirte sich lebhaft für ihn. Die hauptsächlichsten Thatsachen des Magnetismus und Hellsehens wurden von ihm entschieden anerkannt, da er sich bei Wolfart's Somnambulen durch Selbstbeobachtung davon überzeugt hatte.

Im 3. Bande seiner nachgelassenen Werke (S. 295–344) findet sich ein von ihm geführtes Tagebuch über den animalischen Magnetismus aus dem J. 1813 mitgetheilt, in welchem er sich mit den Schriften Mesmer's, Petetin's, Tardy's, Puységur's und Anderer in seiner, freilich etwas absonderlichen Art, auseinanderzusetzen sucht und sich Merkpunkte zu beabsichtigten künftigen Ausführungen fixirt.

Schelling wirkte schon durch die Natur seines Identitätssystems selbst auf die Anerkennung und Förderung des sogenannten thierischen Magnetismus, aber er bezeugte auch seine Sympathie mit ihm durch die Aufnahme von Abhandlungen seines Bruders K. E. Schelling über Magnetismus und Somnambulismus in die von ihm und Markus herausgegebenen Jahrbücher der Medicin als Wissenschaft (1807) und eine Reihe von ärztlichen Anhängern seiner pantheistischen Identitätsphilosophie, Wolfart voran, wandten sich dem Mesmerismus zu, indem sie ihn entweder pantheistisch umdeuteten (Wolfart) oder auch einer theistischen Grundlage zuzuführen versuchten (Schubert).

Diese Schellingisirende Fraktion, berührt von Baader's Ideen, setzte nur fort, was gegen Ende der achtziger Jahre des vorigen Jahrhunderts durch Anregung Lavater's mehrere deutsche Aerzte begonnen hatten. Hierüber sagt Kluge: „Im J. 1787 überbrachte Lavater den durch Puységur verbesserten animalischen Magnetismus den Aerzten Bicker, Olbers und Wienholt in Bremen, und zu

---

*) Imanuel Kant und Emanuel Swedenborg's Visionen, im Allgemeinen Anzeiger von Zöckler etc. (Jahrgang 1874, Juli- und Augustheft). Dieser Artikel enthält eine Kritik der berühmten Schrift Kant's: Träume eines Geistersehers erläutert durch Träume der Metaphysik.

gleicher Zeit erhielten ihn auch Böckmann und Gmelin von Strassburg aus. Diese Männer nahmen nun den geächteten und unstät umherirrenden Fremdling gegen die Angriffe seiner Feinde zuerst in Schutz, suchten ihn von allem fremdartigen Charlatanismus zu säubern und so,..., weit edler gestaltet, als einen würdigen Gegenstand in die Heilkunst einzuführen."*) Der etwas später (1809) eingetretene Umschwung Schelling's zu einer Weltanschauung, die trotz pantheistisirender Färbung die Annahme der Unpersönlichkeit Gottes und der Vergänglichkeit der geistigen Wesen fallen liess und überwand, gab begreiflicherweise dem Menschenmagnetismus und den hellseherischen Zuständen eine ungleich höhere Bedeutung als früher und gewann hiemit auch die Anerkennung des Wirkens abgeschiedener Geister in die irdisch lebenden zurück. In dem Bruchstück aus dem handschriftlichen Nachlass: Die Weltalter, **) präludirt Schelling bereits den Ideen, welche er in dem Gespräch: Ueber den Zusammenhang der Natur mit der Geisterwelt ausführt. ***) Mit Bedauern muss ich hier der Versuchung widerstehen, näher auf Schelling's Lehre von den drei Welt-Stufen alles menschlichen Lebens näher einzugehen. Hegel war mit allen oder doch den meisten Erscheinungen des sogenannt animalischen Magnetismus und dem Hellsehen vertraut, betrachtete sie aber nur als Zustände des zur einfachen, in sich ununterschiedenen Natürlichkeit des Seelenlebens heruntergesetzten Bewusstseins und huldigte daher der Reil'schen irrigen Ansicht, dass während des magnetischen Somnambulismus die Wirksamkeit der Seele in das Gehirn des reproduktiven Systems, nämlich in das Ganglionsystem herabgefallen sei. Er widmete in dem 3. Theile seiner Encyclopädie der ph. Wissenschaften: der Philosophie des Geistes, dem animalischen Magnetismus eine eingehende Betrachtung, die manche beachtenswerthe Momente enthält, in der Hauptsache aber darum ungenügend ist, weil sie die Seele nur als vergängliche Erscheinung kennt und nimmt und also auch selbst die höchsten und geistigsten Grade des Hellsehens aus einem Herabsinken in den Thier- oder Naturinstinkt erklären zu

---

*) Versuch einer Darstellung des animalischen Magnetismus als Heilmittel von C. A. F. Kluge, S. 76.

**) Schelling's Werke I, 8, S. 194—344, bes. S. 248 ff., 276 ff., 284 ff., 288 ff., 293 ff.

***) Schelling's Werke I, 9, S. 3-110, bes. S. 32 ff., 39 ff., 46 ff., 65 ff., 77 ff., 93 ff. Dieses Gespräch ist auch in besonderem Abdruck erschienen unter dem Titel: Clara oder etc. von Schelling. 2. Auflage, Stuttgart, Cotta 1865. Vergl. Das Reich des Wundersamen und Geheimnissvollen von Daumer, S. 60—64.

können meint.*) Schleiermacher, Krause, J. J. Wagner**), Eschenmayer, Oken, Weisse, J. H. Fichte, C. Ph. Fischer und andere Philosophen erkennen die Erscheinungen des Menschenmagnetismus und Hellsehens an und bemühen sich in verschiedenen Graden des Gelingens um tiefer gehende Erklärungen. Mit Krause und Eschenmayer sind hier besonders C. Ph. Fischer und J. H. Fichte hervorzuheben. Die Thatsachen dieses Gebietes haben sich, wie auch Schopenhauer sagt, für Jeden, der wirklich belehrt sein will, so evident herausgestellt, dass es sogar idealistische und materialistische Atheisten gibt, welche deren Wirklichkeit nicht anzutasten wagen. Unter jenen nimmt Schopenhauer die hervorragendste Stelle ein. Besonders in zwei Partien seiner Schriften hat sich Sch. geistreich eingehend mit der Erklärung der Thatsachen des Magnetismus und des Hellsehens beschäftigt: in der Schrift: Ueber den Willen in der Natur und zwar in dem Abschnitt: Animalischer Magnetismus und Magie,***) und in der Abhandlung: Versuch über das Geistersehen und was damit zusammenhängt.†) Die Erscheinungen des Magnetismus meint er allein durch die Macht des Willens erklären zu können. Das Geistersehen ist ihm ein Wahrträumen von den abgeschiedenen menschlichen Willenswesen, die sonderbarer Weise nicht als bewusste Individuen aber wegen Unzerstörbarkeit des Wesens des Willens, man weiss nicht wie, doch fortdauern und nicht untergegangen sein sollen. Der Durchführungsversuch dieser Gedanken ist bei Sch. ungemein geistreich und die Schönheit seiner Darstellung wirkt so bestechend, dass Viele nur zu leicht über die verdeckten Widersprüche hinweggleiten. Obgleich Baader's Ansicht, geschichtlich betrachtet, eine frühere Stelle einzunehmen gehabt hätte, so habe ich doch ihre Darlegung bis hieher verschoben, weil sie mir gerade hier am Besten gewürdigt werden zu können scheint.

Um Baader's Ansicht richtig zu verstehen, ist daran zu erinnern, dass er weder im Deismus, noch im Pantheismus, noch im Pankosmismus, mag dieser idealistisch oder realistisch gefasst werden,

---

*) Hegel's Werke VII, 2. Abth. S. 185—198. Selbst Schopenhauer bestreitet, hierin im Einklang mit Baader, die von Hegel angenommene Ansicht Reil's, mit triftigen Gründen.

**) Ueber Wagner's mit jenen der Schelling'schen Identitätsphilosophie am Nächsten verwandte mehr phantasie- als geistreiche Ansichten vergleiche man ausser seiner Schrift: „Religion, Wissenschaft, Kunst und Staat" etc. Wagner's Kleine Schriften (1. u. 2. Theil).

***) Schopenhauer's Werke IV, 99—127.

†) Schopenhauer's Werke V, 239—328.

Befriedigung finden kann. Sein Standpunkt ist der **Theismus**, aber nicht der abstrakt, sondern der concret spriritualistische Theismus, d. h. derjenige, welcher Gott nicht als naturlosen, sondern als naturmächtigen und darum naturfreien absoluten Geist auffasst. Als der absolute Geist ist Gott selbstbewusster Wille, freiwollendes Selbstbewusstsein. Gott kann unmöglich blinder Wille (Schopenhauer), unmöglich willenloses Wissen (Aristoteles) sein. Die Welt kann nicht das Durchsichseiende sein, setzt also das Durchsichseiende voraus, aus dem allein ihr Sein stammen kann. Die Welt kann nur Schöpfung Gottes, des Durchsichseienden, sein und darum ist sie nicht Selbstverwirklichung, Selbstdarstellung, Selbsterscheinung Gottes, sondern Verwirklichung der ewigen Weltidee Gottes. Sie ist nicht mehr in dem Urzustand, in den sie geschaffen wurde und von dem sie zur Vollendung hätte fortschreiten sollen, und so befindet sie sich in einem durch die geistigen Wesen gewirkten Hemmungszustand, der wieder aufgehoben werden soll. Nach diesen Grundsätzen wird man verstehen, dass Baader das Verdienst Mesmer's einschränken musste auf die Wiederentdeckung hauptsächlich der niedrigeren Erscheinungen des Menschenmagnetismus und des Hellsehens. Zwar stiess Mesmer schon vor Puységur in seinen Beobachtungen auch auf die höheren Erscheinungen des Hellsehens, aber er konnte sie nur nach ihrer Aussenseite oder Phänomenologie erfassen, da er den Geist nur materialistisch zu erklären versuchte und die höhere Natur und Bestimmung des Geistes wie seine Unsterblichkeit ignorirte, weil sie in seinem System keine Stelle finden konnte. Baader musste Mesmer's Deismus wie seinen kosmologischen Materialismus verwerfen und ganz unzureichend finden, die Erscheinungen des Magnetismus und Hellsehens nach ihren tieferen Bezügen zu erklären. Aus andern Gründen konnte ihm die aus der Identitätsphilosophie Schelling's und aus dem Panlogismus Hegel's erwachsenen Auffassungen nicht genügen, wie sie sich z. B. in Oken's, Blasche's, Wolfart's, Kieser's Lehren darstellten, und wiewohl er der geistreichen Art der Erklärungsversuche **Schopenhauer's**, hätte er sie noch kennen gelernt, nicht geringe Anerkennung gezollt haben würde, so würde er doch von seinen Lehren nur dasjenige brauchbar gefunden haben, was sich davon dem tieferen Standpunkt des theistischen concreten Spiritualismus unterordnend oder in Umbildung hätte eineignen lassen. Weit näher seinem Standpunkt sind die bezüglichen Anschauungen der späteren Philosophie **Schelling's** getreten, welche den Einfluss Baader's deutlich genug verrathen. Ob ihm **Krause** gleich nahe oder zum Theil noch näher steht, kann hier nicht untersucht werden, aber es würde eine interessante und lehrreiche Untersuchung sein.*) Die Grundgedanken Baader's über Magnetismus, Somnambulismus, Geisterwelt etc. wurden in der Meurer'schen spirit. ration. Zeitschrift (2. Jahrgang 1873) im 6., 7. und 8. Heft dargelegt, und ich muss darauf verweisen, indem hier nur die Hauptpunkte berührt werden können.

Da Baader die Unsterblichkeitslehre als wesentliche Consequenz des Theismus erkannte, so stund ihm auch die Möglichkeit des Wechselverkehrs abgeschiedener Geister mit irdisch lebenden fest, wie sogar D. Fr. Strauss äusserte, dass unter der Voraussetzung der Unsterblichkeit des menschlichen Geistes kein Grund vorhanden sei, jene Möglichkeit zu leugnen. Die Wirklichkeit desselben ergab sich ihm aus einer Reihe nachweisbarer Thatsachen, deren er mehrfach in seinen Schriften gedenkt. Der Magnetismus galt ihm als universelle Weltkraft, die er geradezu die magische nannte, anders im Natürlichen (Unorganischen und Organischen), anders im Seelischen, anders im Geistigen sich gestaltend und offenbarend. Er unterschied mit allen magnetisirenden Aerzten niedere und höhere Stufen und Grade des magnetischen Hellsehens und kannte die Erscheinungen des Fernschauens wie Fernwirkens in ekstatischen und verwandten Zuständen. Ebenso unterschied er reale und ideale Visionen von subjektiven Täuschungen (Illusionen und Hallucinationen) und wies die von Innen herauswirkende Sinnlichkeit der irdisch lebenden Menschen nach, welche er als unabtrennbar vom Geist des Menschen und also als ihn in das jenseitige Leben begleitend erkannte. Diese innere Sinnlichkeit war ihm auch das Medium des sensiblen Geisterwechselverkehrs. Die Zustände der Geister im jenseitigen Mittelreich, welches er in einem viel weiteren Sinn als das katholische Dogma nahm, können sich nach ihm nur als in ausserordentlich verschiedenen Graden **unvollkommen** darstellen. Den Hellsehenden der höheren Grade können Blicke in höhere vollkommnere Regionen vergönnt sein, wovon sie aber meist, vielleicht nie anders, nur Mittheilungen zu machen vermögen, die sich wie Uebersetzungen zur Originalschrift verhalten. Gleicherweise sind sie aber auch bei unrichtiger Leitung des Magnetiseurs der Gefahr der Berührung und Einwirkung tiefer und tiefst stehender Regionen des Jenseits ausgesetzt. Der Somnambulismus gibt uns einen deutlichen Fingerzeig auf die Möglichkeit der Befreiung von der faktischen Unfreiheit und Gebundenheit unserer irdischen Leib-

---

*) Vergl. besonders: Vorlesungen über die psychische Anthropologie von **Krause**, h. von **Ahrens**, S. 377—384.

lichkeit und des Gewinns einer den Geist befreienden höheren Leiblichkeit.

Zur Charakteristik des mit wenigen Ausnahmen die grössten Denker in Schatten stellenden Tiefsinns des Geistes, in welchem Baader den Magnetismus und insbesondere den Geistesmagnetismus aufgefasst hat, können folgende Aeusserungen aus seinen Werken hier nicht entbehrt werden:

„Das absolut Undurchdringbare nur ist das absolut Durchdringende: der absolute Geist. Was wir äusserlich nicht berühren und was selbst uns nicht berührt, beweist nichts desto weniger seine Gegenwart und von uns unterschiedene Existenz dadurch, dass es uns — innerlich — rührt oder afficirt. Wenn daher auch eine Creatur immer tiefer in eine andere Creatur einzudringen und sie hiemit zu besitzen im Stande ist, so vermag doch nur der Schöpfer einzig und allein im Allerinwendigsten einer Creatur gegenwärtig zu sein und nur von ihrem Allerinwendigsten — ihrer absoluten Mitte — heraus dieselbe zu rühren, zu afficiren, zu bestimmen, zu erfüllen oder zu leeren. Die absolute Abhängigkeit von ihrem Autor, somit ihre erste und letzte Autorität, wird dieselbe nur durch ihr Ergriffensein und Bestimmtsein vom Innersten heraus inne und ihrer gewiss. Wer nun der Creatur diese ihre innere Orientirung nähme oder trübte, der würde sie wahrhaft ohne Gott, gottlos, machen. Diess geschieht denn auch einerseits von den **Autonomisten**, andererseits von **Denjenigen**, welche dem Menschen durch das Surrogat einer andern — äusseren — Autorität jene innere entbehrlich machen wollen, anstatt letztere nur zu schirmen und frei zu machen.*) Weil nun der Rationalismus, indem er das Prinzip der Vernunft mit dem Menschen identisch nimmt, ihn ebensosehr verdummt, als derjenige, welcher dieses Prinzip mit einem andern Menschen (z. B. dem Papst, hat hier B. im Sinn) identificirt, so sieht man, dass hier (im Religiösen), wie im Politischen, kein eigentlicher Gegensatz zwischen Liberalismus und Servilismus stattfindet, weil zwischen der Selbstverknechtung des Menschen und seiner Knechtschaft gegen einen Andern kein solcher (Gegensatz) vorhanden ist. Aeltere Theologen wie Eckhart und Tauler erkannten dieses Kriterium des Göttlichen, indem sie sagten, dass jede intelligente Creatur eine Stelle in sich wisse, bis in welche keine Creatur eindringen, wenn auch dieselbe zeitlich verdecken, könne. Wie nun der unverständige Unglaube dem das Subjekt Rührenden, dasselbe

---

*) Deutlich genug zielt hier Baader auf die Hierarchen und vor allen auf den römischen Papst und die Päpstlichen.

sich Subjicirenden, weil es nicht zugleich äusserlich berührt, die Objektivität und Realität für sich ableugnet, so fingirt sich der Aberglaube eine beliebige Weise und Natur desselben, wie z. B. der mechanische Aberglaube der Corpuscularphilosophen die die Materie innerlich rührenden Potenzen sich als mechanisch wirkende Körper vorstellt, somit, der Natur ihre Intus-Susceptio und Ab-intus-Productio ableugnend, diese durch ihr Gegentheil, durch eine blosse Juxta-Positio oder Ablatio erklären will. Was von der physischen Intus-Susceptio und von der Relativität der materiellen Wesen gilt, das gilt suo sensu auch von den geistigen Naturen. Wenn daher der Mensch einmal in den Wahn verfällt, sich als Geist gegen jeden und von jedem Andern für absolut undurchdringlich zu erachten, so ist er nahe daran, den absoluten Geist, Gott, zu leugnen. Dazu wird er leicht durch Philosophen geleitet, welche ihn glauben machen, dass Alles, was sich ihm nur subjektiv, in ihm als Subjekt, kund gibt, auch nur von ihm komme und sei. Wohleingeschult wird ein Solcher sogar in jenen selteneren Fällen, in welchen sich mehr oder minder deutlich ein Zusammenhang einer äusseren Objektivirung oder Berührung mit seiner inneren Rührung merklich macht, wenigstens so lange er kann, ihre Objektivität ableugnen und sie als blosse Selbstspiegelung seiner Subjektivität sich demonstriren oder, so gut es geht, anlügen. Bei derlei von einer nichtirdischen Region kommenden Erscheinungen und Ereignissen pflegt aber nicht selten noch ein tieferer Grund der Widersetzlichkeit gegen die Anerkenntniss ihrer nichtirdischen Abkunft einzutreten, welcher in dem Streben des Dämons der Selbstsucht liegt, sich mit aller Macht in der Distraktion und Abstraktion eines bloss irdischen, ihn am wenigsten genirenden, Selbstbewusstseins festzuhalten. Aus solchem Widerstreben stammen denn Ansichten wie die, dass der ganze mehrtausendjährige „Spuk" der sämmtlichen ekstatisch-somnambulistischen Erscheinungen, worunter dann auch die göttlichen Inspirationen begriffen werden, durch ein blosses verstecktes Duodram des Geistes jedes einzelnen Menschen mit seinem Leibe völlig immanent zu begreifen sei. Ansichten dieser Art finden sich nicht selten bei Jüngern von Philosophen, welche lehren, dass die Intelligenz nur im Menschen wohne und sonst weder über noch unter ihm in irgend einem Wesen anzutreffen sei. Solche Philosophen, welchen Gott wie der Dämon nur eine Phantasie des Menschen ist, verstehen sehr begreiflicherweise nichts von dem wahren Wesen der Ekstase in ihren himmel- und höllenweit distanten Verschiedenheiten. Dazu kommt nun noch, dass die meisten Philosophen und Naturforscher sehr falsche Begriffe von der Materie hegen. Die Materie in allgemeiner Bedeutung kann nur richtig als die Aeusserlichkeit der nichtdenkenden (wohl aber von Gott gedachten) Natur in jeder Region begriffen werden, womit schon ihre Nichtsubstantivität in Bezug auf ihr entsprechendes Innere erkannt ist. Diesen richtigen Begriff der Materie, entgegen der sie zur Substanz erhebenden Vorstellung, gibt schon die Sprache zur Hand, indem sie die Materie mit den Worten: Werkzeug, Zeug, Geschirr und Gefäss bezeichnet, somit auf ein von ihr unterschiedenes Nichtmaterielles hinweist, und ihren Bestand und ihre Wirkung nur als eine Fortsetzung einer ihr innerlichen Aktion darstellt. Haben aber unsere Physiker diese Identität des Begriffs des Materiellen und Werkzeuglichen nicht klar eingesehen, so haben sie eben so wenig die zweifache Weise unterschieden, auf welche die Materie in Wirksamkeit gesetzt und in dieser erhalten wird; nämlich: die materiell vermittelte, mechanische, Weise — indem eine Materie auf eine andere durch Druck und Stoss, durch ihre äussere Figur, wirkt — und die nicht materiell vermittelte. Die Nichtunterscheidung dieser zwei Einwirkungsweisen auf die Materie hat jene maschinistischen Phantastereien hervorgebracht, die unter dem Namen der Corpuscular- und Molekular-Physik noch jetzt allgemein ihren Spuk treiben. Nach dieser Physik nahm und nimmt man physische und mechanische Wirkungsweise für identisch und erklärte und erklärt alles Metamaterielle sofort für metaphysisch, und von diesem Irrthum ging dann jener schlechte Spiritualismus zugleich mit dem ebenso schlechten Materialismus aus, welcher die Natur geistlos, den Geist naturlos, beide gottlos fasst. Denn wer in der Natur die Natur und nicht den Geist, im Geist nur den Geist und nicht Gott, den Geist ausser und ohne die Natur, Gott ohne den Geist sucht, der wird weder Natur noch Geist noch Gott finden, wohl aber Gott, Geist und Natur verlieren."

Während der Ausbildung der Baader'schen Anschauungen waren mehr oder minder verwandte Ansichten hervorgetreten, von denen ausser dem Magnetismus befreundeten Aerzten besonders jene von G. H. Schubert, Eschenmayer, Justinus Kerner, Joh. Friedr. v. Meyer, Windischmann, J. Görres, Heinrich Werner und N. Gerber zu erwähnen sind. Man darf wohl sagen, dass Baader in allen bezüglichen Hauptfragen die ausgleichende Mitte zwischen den im Einzelnen mitunter weitabweichenden Ansichten der genannten Forscher darstellt.

Die einschlägigen Schriften Schubert's sind: 1. Ansichten von der Nachtseite der Naturwissenschaften, 1808, 4. Aufl. 1840. 2. Symbolik des Traumes, 1814, 4. Aufl. 1837. Eschenmayer's: 1. Versuch die scheinbare Magie des thierischen Magnetismus aus physiologischen und psychologischen Gesetzen zu erklären, 1816, 2. Die Mysterien des inneren Lebens, 1830, 3. Die Hegel'sche Religionsphilosophie, 1834, 4. Der Ischariotismus unserer Tage, 1835, 5. Der Conflikt zwischen Himmel und Hölle, 6. Charakteristik des Unglaubens, 1838; Just. Kerner's: 1. Geschichte zweier Somnambulen, 1824, 2. Die Seherin von Prevorst, 1829, 4. Aufl. 1846, 3. Blätter aus Prevorst, 1831—34, 4. Geschichte Besessener neuerer Zeit, 1834, 5. Eine Erscheinung aus dem Nachtgebiete der Natur, 1836, 6. Nachricht von dem Vorkommen des Besessenseins, 1836 (später erschienen noch die Schriften: (7) Die somnambulen Tische, 1853, und (8) Fr. A. Mesmer aus Schwaben, Entdecker des thierischen Magnetismus, 1856); J. Fr. v. Meyer's: 1. Blätter für höhere Wahrheit, 1820—32, 2. Die Wahrnehmungen einer Seherin, 1827; Windischmann's: 1. Die Philosophie im Fortgang der Weltgeschichte (Hellsehen bei den Indern) 1827—34, 2. Ueber etwas, was der Heilkunst noth thut, 1824; Die christliche Mystik von J. Görres 1836—42; Die Schutzgeister von Heinrich Werner 1839; Das Nachtgebiet der Natur von N. Gerber, 1840. — Zur einschlägigen Literatur mögen noch folgende Schriften aufgeführt werden: Heilungen durch animalischen Magnetismus bewirkt. Herausgegeben von Dr. J. Bork. Würzburg, Stahel, 1837. — Beobachtungen und Betrachtungen auf dem Gebiete des Lebens-Magnetismus oder Vitalismus gesammelt von Dr. Nees v. Esenbeck. Bremen, Schünemann 1853. — Der Magnetismus des Menschen von Dr. Gustav Widenmann. — Das magische Geistesleben von Dr. H. Bruno Schindler. Breslau, M. 9, Korn 1857. — Psych. deutsche Zeitschrift für Odwissenschaft und Geisterkunde. Redigirt von Dr. K. A. Berthelen. Grossenhain, Haffner 1865. — Die magnetische Heilwirkung und deren Geheimnisse etc. von Ch. Huppert. Grossenhain, Haffner 1867. — Die mystischen Erscheinungen der menschlichen Natur von Max. Perty. Zweite vermehrte und verbesserte Auflage. 2 Bände. Leipzig und Heidelberg, Winter, 1872.

Nachträglich kann jetzt (1879) noch hingewiesen werden auf die Schriften von drei noch jetzt thätigen Magnetiscuren:
Der Heilmagnetismus. Seine Theorie und Praxis. Von Philipp Walburg Kramer (in München). Zweite vermehrte Auflage. Landshut (Wölfle) Krüll'sche Universitäts-Buchhandlung. 1874.
Neuere magnetische Kuren von Heilmagnetiseur Kramer. 1879. Selbstverlag, München, Müllerstrasse 42.
Die Heilkraft der menschlichen Hand von Julius Neuberth.

Originalbeiträge zur Geschichte des Somnambulismus von Julius Neuberth. Leipzig, O. Wigand, 1841.
Die Heilkraft des Lebensmagnetismus und dessen Beweiskraft für die Unsterblichkeit der Seele von Dr. Julius Eduard Timmler. Zweite vermehrte Auflage. Altenburg. Im Selbstverlage des Verfassers. 1873.

Von einem hervorragenden Magnetiseur erfuhr die gebildete Welt erst nach seinem Tode — Dank der Unterdrückungssucht der Presse — durch einen Artikel in der Wiener Neuen freien Presse (1878, Nr. 5036, Feuilleton vom 4. September) von der Hand des geistreichen Schriftstellers Robert Waldmüller (Eduard Duboc), überschrieben: Eduard Czippick. Dieser Eduard Czippick war in oder in der Nähe Wien's um das Jahr 1804 geboren und gewahrte erst nach mehr als 40 Jahren seine bedeutende magnetische Kraft, mit der er dann nach R. Waldmüller's Bemerkung — ein Mann der uneigennützigsten humansten Art — einer der erfolgreichsten und verdienstvollsten Bahnbrecher auf dem Gebiete des lebensmagnetischen Heilverfahrens wurde. Er kann als ein wahres Phänomen gelten. Der gründliche und geistreiche Artikel R. Waldmüller's über ihn sollte in besonderem Abdruck erscheinen. Aber ein Mann von noch bedeutenderer magnetischer Kraftanlage wurde ganz vor Kurzem von dem Herrn Herausgeber der Psychischen Studien den Lesern dieser Zeitschrift bekannt gegeben. Es ist H. Donato aus Lüttich, der schon seit länger als zwei Jahren Frankreich, Belgien und Holland durchreiste und überall öffentliche und Privatvorstellungen — unentgeltlich — gab. Sein Erfolg war in Paris guten Theils unter den Augen des scharf beobachtenden Herausgebers der Ps. St. ein vollständiger. Diesen Erfolg schreibt der Herr Staatsrath Alexander Aksákow der klugen Reserve zu, mit welcher Herr Donato sich bei seinen öffentlichen Experimenten auf die Elementar-Phänomene des Magnetismus beschränkte, — „Phänomene, deren er immer sicher ist, weil er sie durch die blosse Wirkung seines Willens erzeugen kann." Der Herr Staatsrath A. A. theilt in seiner Zeitschrift drei Artikel der Französischen Presse mit: 1. Aus dem Journal: „Le Mathieu-Laensberg, 2. der Union Liberale zu Verviers in Belgien (11. Februar 1876) und 3. aus: L' Estaffete (Paris, 11. Febr. 1877), welche von überaus grosser Wichtigkeit sind.*)

---

*) Psychische Studien. Monatliche Zeitschrift, vorzüglich der Untersuchung der wenig. gekannten Phänomene des Seelenlebens gewidmet. Herausgegeben und redigirt von Alexander Aksákow, Kaiserl. Russ. Wirklichem

Herr Donato hat sofort nach seinen grossen evidenten Erfolgen, besonders bei einem Unfall, der seine Magnetisirte, Fräulein Lucile traf, einen Allgemeinen Bund der Gesellschaften des Magnetismus und der Magnetiseure gegründet, dessen Statuten in der von ihm und Herrn Durville redigirten Revue Magnetique veröffentlicht worden sind. Mit Recht sagt der Herr Staatsrath am Schlusse seines Berichtes Nr. I: „Ich bin der Ansicht, dass das Studium dieser Wissenschaft Hand in Hand gehen muss mit demjenigen des Mediumismus; sie bieten in vielen Beziehungen dieselben Phänomene dar und leihen sich gegenseitig Unterstützung zu ihrem Verständniss."

Im Märzheft der Psych. Studien (S. 102—106) folgte Nr. II jenes Artikels des Herausgebers unter der Aufschrift: Der menschliche Magnetismus: Experimente über Gedankenlesen oder Fernwirkung des Willens. Darin sagt der H. Herausgeber: „Ich spreche von der grossen Thatsache der Gedankenübertragung von einem Menschen auf einen andern ohne ein anderes Vehikel der Uebertragung als den Willen. Es ist bekannt, wie einer der gelobtesten Lehrsprüche der modernen Physiologie dahin lautet, **dass die psychische Thätigkeit die Peripherie der Nerven nicht überschreite.** Wenn man daher beweisen könnte, dass der menschliche Gedanke nicht vom Bereiche des Körpers begrenzt sei, sondern dass er dasselbe überschreiten, auf einen andern menschlichen Körper in die Ferne wirken, sich auf sein Gehirn durch keinen sichtbaren oder anerkannten Vorgang übertragen und durch das Wort, die Bewegung oder jedes andere Mittel wiedergegeben werden könne, — so würde das eine Thatsache von unermesslicher Bedeutung sein, vor welcher die materialistische Physiologie sich beugen müsste." Hierauf theilt der Herr Herausgeber sechs Experimente des H. Donato mit Mlle. Lucile mit, welche sich ihm als vollkommen überzeugend ergaben — und die er als Vorläufer des Hauptphänomens des Hellsehens betrachten zu dürfen glaubt.

Staatsrath, unter Mitwirkung mehrerer deutscher und ausländischer Gelehrten. (Leipzig, Oswald Mutze) Jahrgang 1879, Januarheft, S. 3—9: Herr Donato und der thierische Magnetismus in Paris.

12.

Arthur Schopenhauer und Franz Baader. Mit besondrer Beziehung auf „Schopenhauer's Leben" von Wilhelm Gwinner.*) Von Professor Dr. Franz Hoffmann.

Die vorliegende Biographie des berühmten Philosophen ist eine in mehrfacher Beziehung merkwürdige Erscheinung; merkwürdig sowohl in Bezug auf den Verfasser als in Bezug auf den Mann, dessen Leben hier beschrieben wird. Der Verfasser stand nämlich viele Jahre lang in vertrautem Umgang mit Schopenhauer und obwohl er von seiner markirten Persönlichkeit und geistsprühenden Lebendigkeit starke Eindrücke empfing, so unterlag er denselben doch nicht in dem Grade, dass er sein Anhänger geworden wäre. Er bewahrte sich vielmehr seine christliche Lebensanschauung und stand und steht der Philosophie Baader's ungleich näher als jener seines älteren Freundes. Die erste bald nach dem Tode Schopenhauer's erschienene Auflage seines Werkes trug begreiflicherweise die Spuren der persönlichen Einflüsse Schopenhauer's in stärkerem Maasse an sich als diese in der zweiten hervortreten. Diese ist zum Theil verbessernd umgearbeitet und mindestens um das Dreifache erweitert. Es ist bewunderungswerth, mit welcher Sorgfalt und Ausdauer der Verfasser bei der Selbstständigkeit seiner Ueberzeugungen sich der Ausführung und Vollendung seines Werkes hingegeben hat. Man darf es als eines der gelungensten biographischen Werke anerkennen. Es würde aber für diese Blätter nicht passend sein, in das reiche Detail dieser Biographie des merkwürdigen Mannes näher einzugehen. Wir begnügen uns, Einiges aus der interessanten Vorrede des Verfassers hervorzuheben und die im Texte des Werkes zerstreuten Bezugnahmen auf Lehren Baader's zu besprechen. Wenn das, was der Verfasser gleich zu Anfang in seiner Weise vorträgt, nur beweisen soll, dass Schopenhauer als namhafter Philosoph für immer sich einen Platz in der Geschichte der Philosophie errungen habe, so pflichten wir bei. Denn es wäre unzulänglich in Anerkennung seiner ausgezeichneten Darstellungskunst ihn lediglich als Schriftsteller hochzustellen, aber die ihm eigene geniale Begabung, aus welcher seine Schriften entsprangen, nicht anerkennen zu wollen. Nicht die Anerkennung seines Genies ist zu

---

*) Zweite, umgearbeitete und vielfach vermehrte Auflage der Schrift: Arthur Schopenhauer aus persönlichem Umgange dargestellt. Mit zwei Stahlstichen Schopenhauer's im 21. und 70. Lebensjahre. Leipzig, Brockhaus. 1878.

beanstanden, wohl aber der Gebrauch, den er in seinen Forschungen von ihm gemacht hat, welcher ihn zu Ergebnissen führte, die ebenso widerspruchsvoll als widerwärtig erscheinen. Widerwärtig wären diese Ergebnisse, auch wenn wir nach des Verfassers Andeutung (p. XIII) bei ihm nicht den grellsten Widerspruch zwischen Leben und Lehre finden müssten. Aber wir wollen der Anerkennung seines Genies nichts entziehen, weil sein Leben nicht im Einklang mit seiner Lehre stand; nur die Ueberzeugung können wir uns nicht rauben lassen, dass ein solches Leben nicht ohne nachtheiligsten Einfluss auf seine Philosophie sein konnte, so sehr es sich ihm auch verbergen mochte. Ein solcher Mann konnte sich, wenn auch vielleicht mit Unterbrechung durch lichtere Lebensmomente, nur unglücklich fühlen und der tief Unglückliche ist sicherlich nicht geeignet, so begabt er sei, zu freier unbefangener Wahrheitsforschung. Haben wir es mit philosophischen Werken eines solchen Forschers zu thun, so können wir schon im Voraus wissen, dass wir bei ihm eine schwermüthige, düstere, finstere, zur Verzweiflung neigende, wenn nicht ganz verzweifelnde, Weltanschauung begegnen werden. Und doch wird es nöthig sein, davon abzusehen und die Philosophie Schopenhauer's unbefangen lediglich nach der Stärke ihrer Gründe für ihre pessimistische Anschauung zu prüfen, also einzuräumen, dass sie ein Recht auf unsere Zustimmung haben würde, wenn sie aus Vernunft- und Erfahrungsgründen unwiderleglich zu erweisen sein sollte. Eine solche Prüfung ist nun aber hier in umfassender Weise nicht am Platze. Sie ist jedoch längst vorgenommen in unseren Philosophischen Schriften, worauf wir hier zu verweisen uns erlauben müssen.*) Das Ergebniss jener Prüfung ist weder dem Gehalte der Lehre selbst, noch der Wissenschaftlichkeit des Philosophen günstig, wiewohl seiner Genialität, seiner ausgezeichneten Darstellungsart und der eminenten Anregungskraft seiner Schriften nicht geringe Anerkennung gezollt wird. Diejenigen würden den meisten Gewinn aus dem Studium seiner Schriften ziehen, welche die Bezüge und Anklänge weiter verfolgen wollten, die sich in denselben im Hinblick auf die sogenannten Theosophen wie Scotus Erigena, Meister Eckhart, die deutsche Theologie, Jakob Böhme etc. vorfinden.

Freilich streift Schopenhauer ihre Ideen nur und dringt nirgends in deren eigentlichen Gehalt ein, aber er regt doch vielfältig dazu an, tiefer in den Geist ihrer Lehren einzugehen. Insofern hat er unwillkürlich dem christlich gesinnten Prof. Dr. Preger vorgearbeitet,

---

*) Philosophische Schriften von Franz Hoffmann II. Bd. S. 103—149.

der mit entschiedenem Beruf die Geschichte der mittelalterlichen Mystik in Angriff genommen hat, wiewohl der Impuls zu dieser wichtigen Arbeit nicht Schopenhauer zu danken ist, sondern vielmehr von Baader wenn nicht ausgegangen, so doch verstärkt worden sein dürfte. Eine so intensive Geisteskraft wie Schopenhauer, wie verfehlt in der Hauptsache ihre Richtung auch war, konnte nicht in jeder Beziehung unwirksam bleiben und diese Wirksamkeit konnte auch nicht eine in jeder Beziehung nur negative sein. Es ist soviel richtig an der Behauptung des Verfassers (V. p. XII), dass Schopenhauer Einfluss auf Physiologen, Psychologen und Physiker gewann, und von ihm war der stärkste Antrieb des Zurückgehens nicht weniger Forscher auf das erneuerte Studium Kant's ausgegangen. Gleichviel ob eine andere Wirkung des Einflusses Schopenhauer's mehr wohlthätig oder mehr nachtheilig gewesen, Thatsache ist wohl, dass der ungewöhnliche Erfolg der Hartmann'schen Philosophie des Unbewussten ohne den Vorgang Schopenhauer's nicht möglich gewesen wäre. Nicht recht verständlich will es uns scheinen, wenn der Verfasser einerseits behaupten zu dürfen meint, Schopenhauer's Lehre werde aus der Mode bleiben, andererseits aber von dem Vorhandensein eines ungesunden, unreifen Schopenhauer-Cultus spricht, dem er durch ungeschminkte Darstellung Abbruch zu thun hoffe. Wir sehen nicht gut, wodurch sich der unreife Schopenhauer-Cultus von Modephilosophie unterscheiden soll.*) Wie dem grossen Haufen der Verehrer zugemuthet werden kann, aus den Werken Schopenhauer's sein Urbild herauszufinden, ist uns ebenfalls nicht deutlich. Hat Schopenhauer in seinen Werken sein Urbild nicht herausgearbeitet, sondern nur ein Zerrbild davon gegeben, so ist es doch unbillig, es lediglich oder hauptsächlich auf den überreizten Gaumen der Verehrer zu schieben, dass sie lauteres Gift aus seinen Schriften saugen. Wir verstehen wohl, was den Verf. veranlasst, Schopenhauer eine über den gemeinen Empirismus, Naturalismus und Materialismus weit hinausgehende Bedeutung beizumessen. Die Frage ist nur, ob Schopenhauer wider seine metaphysischen und

---

*) Spricht doch der Verf. selbst (v. p. XV) von dem „zur Modefratze entstellten Pessimismus" Schopenhauer's. Freilich will er damit nicht den von Schopenhauer gelehrten Pessimismus selbst, sondern wohl nur die Umbildung desselben durch E. v. Hartmann, die ihm Entstellung ist, treffen. Allein mag Hartmann's Umbildung Entstellung sein oder nicht, so hat doch Schopenhauer Pessimismus in einer Beziehung noch schroffer gelehrt als Hartmann, und es ist nicht einzusehen, wie Schopenhauer's Pessimismus „dem in naturalistischer Selbstverblendung tief herabgekommenen innern Leben der Menschheit zum heilsamen Gegengift" soll dienen können.

ethischen Antriebe nicht dennoch in eine Art Naturalismus zurückfällt? Zunächst dürfen wir fragen, was von einem jungen Manne von 16 bis 17 Jahren, wenn er sich auf Philosophie warf, für eine zu erwarten war, der seiner Mutter (S. 51) schreiben konnte: „Gewiss, es soll so sein, nichts soll standhalten im vergänglichen Leben: kein unendlicher Schmerz, keine ewige Freude, kein bleibender Eindruck, kein dauernder Enthusiasmus, kein hoher Entschluss, der gelten könnte für's Leben! Alles löst sich auf im Strome der Zeit. Die Minuten, die zahllosen Atome von Kleinigkeiten, in die jede Handlung zerfällt, sind die Würmer, die an allem Grossen und Kleinen zehren und es zerstören. Das Ungeheuer Alltäglichkeit drückt Alles nieder was emporstrebt. Es wird mit Nichts Ernst im menschlichen Leben, weil der Staub es nicht werth ist. „„Das Leben ist ein Possen und alle Dinge zeigen es: so kam es mir ehedem vor und nun weiss ich es sicher"" (Verse Gay's, die Schopenhauer unter dessen Büste in der Westminster-Abtei zu London gelesen hatte). Und der Verf. fügt überraschender Weise hinzu: „So früh schon hatte sich der Kern seiner Weltanschauung in ihm festgesetzt." Wenn aber diess der Kern der spätern Philosophie Schopenhauer's sein soll, welchen Anspruch auf hohen Idealismus und tief ethischen Werth soll sie dann erheben können? So war es also auch ihm (denn er spricht allgemein) mit nichts Ernst im menschlichen Leben, weil der Staub es nicht werth war? Doch, legen wir nicht allzuviel Gewicht auf diese schwermüthigen Aeusserungen des Jünglings. Es folgen auch wieder andere von besserem Klange, wie in den schönen Versen, die er auf den Abgang des Humanisten Friedrich Jakobs von Gotha nach München dichtete, in denen die Stelle vorkommt:

„Denn du strebst auf zu einem höhern Ziele,
Dort, wo dem Zug der Wissenschaft zu fröhnen,
Ein neuer Bund des Guten und des Schönen
Vereinigt hat der Edelsten schon Viele."

Diese ideale Geistesrichtung, genährt durch das Studium der Griechen, verstärkte sich noch als er bald darauf zu Göttingen, angeregt durch G. E. Schulze, der Philosophie sich zu widmen begann und nach dem Rathe des Verfassers des Aenesidemus, Platon und Kant kennen lernte. Der Eindruck, den er von Platon empfing, war so gross, dass der Verf. (S. 83) sagen kann: „Platon ist ihm von Anfang der göttliche, der „durchweg nach Einheit und ergründender Tiefe strebt und dem alle Dinge nur Buchstaben sind, in denen er die göttlichen Ideen liest." Kant aber war ihm Anfangs so antipathisch, dass er seine Kritik der reinen Vernunft den Selbstmord des Verstandes (in der Philosophie) nannte. Die Ideen Platon's erkannte er richtig als Gott (dem *Νοῦς*) immanent, und war also mit Platon einverstanden, dass Gott der selbstbewusste Urgeist sei.*) Wie konnte nun Schopenhauer vom Platonischen (wenn auch noch dualistischen) Theismus zum Atheismus abfallen? Von Innen her bewirkte es wohl die Schwermuth, welche ihn die Uebel der Welt für alles Leben als unüberwindbar erscheinen liessen, wonach ihm die einzig mögliche Rettung im Aufgeben des Lebens durch Willensertödtung nur übrig blieb, und von Aussen her hauptsächlich der Einfluss der indischen Philosophie, die ihm zuerst durch die Schrift: „Brahma oder die Religion der Inder" von Friedrich Mayer (1814) – bekannt wurde. Der Empirismus befriedigte sein philosophisches Bedürfniss nicht, der philosophische Naturalismus wie der Materialismus waren ihm zu trivial, der Pantheismus schien zu widerspruchvoll und so liess er sich zu einem Atheismus treiben, dem er eine Grundlage geben zu können meinte, die ihn hoch über die gemein atheistischen Lehren der Naturalisten und Materialisten wie der Pantheisten erheben sollte. Was war nun die alles Bisherige überflügeln sollende Grundlage dieses Atheismus, der ein tiefethischer sein sollte? Diese Grundlage, dies Prinzip wurde von Schopenhauer Wille genannt, schon weil ohne etwas wie Wille von einer Ethik gar nicht die Rede sein konnte. Wohl, hätte Schopenhauer das Weltprinzip, das er Wille nannte, wirklich als **Wille** beweisen können, so hätte er zwar keine im Prinzip neue (denn J. Böhme's, Baader's, Fichte's und Schelling's Weltprinzip war Wille), aber doch eine tiefe Philosophie ausbilden können. Aber sein Wille als Weltprinzip war und ist nicht in Wahrheit Wille, sondern blinder bewusstloser Trieb, dem er nur den Namen Wille leiht. Bewusstloser Wille ist nicht Wille, sondern blinde Naturkraft und Schopenhauer's Weltprinzip enthüllt sich als ein mystisch eingekleideter Naturalismus.**) Insofern der Eine blinde Wille sich in die Welt vergänglicher Individuationen ergiesst und

---

*) Auch Kant verstand die Ideen Platons nicht anders, wie er vorübergehend in der Kritik der reinen Vernunft andeutet. Unter den Philologen folgen dieser richtigen Auffassung besonders Stallbaum und Rettig.

**) Ist nicht auch der Buddhismus mystisch! Und doch ist er nicht etwa bloss Atheismus, sondern sogar ein Naturalismus, der bis zum Nihilismus fortschreitet. Wer sich davon überzeugen will und auch davon, dass Schopenhauer in der Richtung auf Nihilismus noch weit hinter Buddha zurückbleibt, der greife zu dem lehrreichen Werke von Karl Friedrich Koeppen: Die Religion des Buddha und ihre Entstehung (1857), bes. S. 219 ff., 238 ff., 266 ff., 289 ff., 596 ff.

somit Eins und Alles ist — Ἐν καὶ πᾶν — wie Schopenhauer sagt, anfangslos und endlos blind sich in die Erscheinungsformen der Welt stürzend, nur in den Schranken der Endlichkeit auf unbegreifliche Weise sich aus seiner Blindheit heraus wie in einem Funkenausschlag zum endlichen Intellekt oder Bewusstsein erhebend und in allen wieder erlöschend, wenn auch erst durch völlige Willensertödtung, insofern fällt Schopenhauer in den perhorrescirten Pantheismus zurück. Daran ändert sich auch nichts durch seine von Kant und Schelling entlehnte Annahme einer intelligiblen Freiheit des Willens gegenüber der angeblichen strengen Determinirtheit alles Willens in den Schranken von Zeit und Raum. Solche intelligible — zurechnungsfähige — Freiheit des Willens ist gar nicht begründbar in einem System, dessen Prinzip blinder „Wille", d. h. blinde Naturkraft ist und in welchem der endliche Intellekt aus der blinden Natur entsprungen sein soll. Was er als den Idealismus seines Systems vorträgt, verstärkt nur die Widersprüche seiner Lehre. Subjektiver kann ein Idealismus nicht sein als der seinige und von diesem haltungslosen Idealismus springt Schopenhauer unvermittelt hinüber in einen Realismus, der sich unschwer als Naturalismus enthüllt. Indem aber Schopenhauer beständig vom Willen spricht, verleitet er den unbedachten Leser zu glauben, dass er es bei Schopenhauer richtig mit einem wirklichen und wahren Willen zu thun habe und indem er leicht zeigen kann, dass der menschliche Wille im Zeitlichen und Irdischen niemals Genüge finden könne, vielmehr um so unseliger werde, je mehr er in ihm Genüge, Frieden, Glück, Beseligung suche, so meint er Edles, Erhabenes, Tiefsinniges zu lehren, wenn er Ueberwindung alles Wollens, Willenlosigkeit, Willensertödtung anpreist und versichert, dass diese, vollkommen errungen, von allen Leiden, Schmerzen und Qualen für immer befreie, weil sie mit der Auflösung, Auslöschung, Vernichtigung zusammenfalle. Diese Scheintiefe hat Viele verblendet. Und doch ist sie, beim Lichte betrachtet, reiner Unverstand. Denn Tugend verlangt nicht Ertödtung des Willens, Willenlosigkeit, sondern Ueberwindung der Versuchung zum Bösen, Ablassung vom bösen Willen und Hingabe an den guten Willen, Aufnahme und Einerzeugung desselben in das Wollen. Vollkommene Willenlosigkeit kann gar nicht erzielt werden, denn um sie zu erstreben, müsste gewollt werden. So lange sie erstrebt, gewollt würde, wäre sie nicht erreicht und könnte also durch Wollen niemals erreicht werden. Angenommen, aber nicht zugegeben, vollkommene Willenlosigkeit wäre erzielbar und erreichbar, so wäre die Vollendung des Willens und Wollens sein Untergang, seine Vernichtung, die

Tugend würde sich durch ihre eigene Vortrefflichkeit tödten oder der Mensch würde sich durch seine Tugend vernichten. Wenn Schopenhauer da und dort noch eine Möglichkeit stehen lässt, dass die durch Willensverneinung erreichte Auflösung in Nirwana doch keine absolute Vernichtung sein möge, so ist nach andern Stellen und nach dem eigentlichen Sinn seiner Lehre diese Nichtvernichtung insofern sogar ganz gewiss, als der Wille (von ihm Seele genannt) an sich ganz unvernichtbar ist, **nur verliert er durch den irdischen Tod den Intellekt, das Bewusstsein, womit die Unsterblichkeit aufgehoben ist und nur jene Unvergänglichkeit übrig bleibt**, welche auch der Materialist jeder Kraft, jedem Atom, zuschreibt. Wenn aber vollends jeder individuelle Wille eins sein soll mit dem Einen blinden Allwillen, so lässt sich nicht einmal eine individuelle Fortdauer des angeblichen intellektlos, bewusstlos gewordenen Willens aufrecht erhalten, indem jeder Wille im Tode in den Allwillen aufgeht, wie der Wassertropfen im Weltmeer. Der Verfasser schreibt (S. 164 ff.) der Lehre Schopenhauer's eine hohe, wiewohl doch nur relative Bedeutung zu, in der Erwartung, dass seine Behauptung der Nothwendigkeit einer Metaphysik, seine Annahme der intelligiblen Freiheit des Willens, seine Hinweisung darauf, dass wir nicht zum Geniessen da seien, dass unser Leben und die Welt nur einen moralischen Zweck habe, dass alles Uebel in der Welt unsere Schuld sei, die wir durch Leiden und Tod zu büssen hätten etc., den platten Naturalismus sammt Pantheismus erschüttern und Hinwendung zu einem tieferen Verständniss des Christenthums herbeiführen werde. Eine solche Wendung wäre an sich nicht unmöglich. Möchte der Verf. sie sich zur Aufgabe machen. Aber aus der Schule Schopenhauer's ist sie nicht zu erwarten. Sie sinkt vielmehr eher noch tiefer in Atheismus und Antichristenthum als Schopenhauer selber gesunken war. Schopenhauer hatte wenigstens vorübergehend die Aeusserung fallen lassen, der Pantheismus (worunter er Spinozismus und dessen Variationen verstand) sei absurd, der Theismus wenigstens möglich. Nach andern Stellen ist ihm aber auch der Theismus unmöglich, widersinnig, sogar der Moral und Religion nachtheilig. Die letztere Auffassung ist in Schopenhauer's Schule so gut wie allein herrschend, auch E. v. Hartmann macht mit seiner Einführung eines pseudotheistischen Momentes in seinen wunderlichen Pantheismus*) keine

---

*) Wunderlich ist Hartmann's Pantheismus schon darum, weil nach ihm die Welt Anfang und Ende hat, letzteres wenigstens haben kann und höchst wahrscheinlich einmal haben wird. Die Annahme eines unwandelbaren Absoluten

Ausnahme und seine Religionsphilosophie ist so antichristlich wie die Schopenhauer's selbst und die seiner andern Anhänger. Man vergleiche nur die Schriften von Frauenstädt, Bahnsen, Nietzsche, Deussen, Lindwurm und Anderer aus dieser Schule.

Der Verfasser steht nicht und stand nie auf dem Standpunkt Schopenhauer's. Um so bewundernswerther ist die Hingabe und Ausdauer, mit welcher er sich der bedeutenden Erweiterung und theilweisen Umgestaltung seiner Biographie Schopenhauer's unterzog. Wenn ein Mann von solcher Selbstständigkeit des Charakters und des Forschens wie der Verf. in viele Jahre langem vertrauten Verkehre mit Schopenhauer lebte und aushielt, so müssen wir annehmen, dass derselbe auch Charakterzüge offenbaren musste, die eine dauernde Anziehungskraft übten und wohl mit Manchem versöhnen konnten, was dem Verf. gewiss nicht ansprechend war. Derselbe erklärt ausdrücklich (S. 168), dass nach seiner Ansicht Schopenhauer's Lehre mit fundamentalen und unheilbaren Fehlern behaftet sei.

Welche die Hauptfehler (Irrthümer) seien, welcher der Verf. der Lehre des „tristen" Philosophen schuld gibt, werden wir am Leichtesten an das Licht ziehen können, wenn wir die Bezugnahmen auf Baader in's Auge fassen, die sich durch das Werk hinziehen. Zuerst begegnen wir (S. 72) der Mittheilung einiger Reflexionen Schopenhauer's aus seinem 20. Lebensjahre, welche also lauten: „Alle Philosophie und aller Trost, den sie gewährt, läuft darauf hinaus zu zeigen, dass eine Geisterwelt ist und dass wir in derselben von allen Erscheinungen der Aussenwelt getrennt, ihnen von einem erhabenen Sitze mit grösster Ruhe und ohne Theilnahme zusehen können, wenn unser der Körperwelt gehörender Theil auch noch so sehr darin herumgerissen wird. . . . Tief im Menschen liegt das Vertrauen, dass etwas ausser ihm sich seiner bewusst ist wie er selbst; das Gegentheil lebhaft vorgestellt, neben der Unermesslichkeit, ist ein schrecklicher Gedanke." Dazu bemerkt der Verfasser: „Und diesen schrecklichen Gedanken sollte er, in anderm Sinne, ausdenken, indem er im Vertrauen auf jene innere Stimme das cogito ergo cogitor seinem älteren Zeitgenossen, dem von ihm so ungerecht geschmähten Baader überliess. Denn nachdem ihm die Strahlenbrechung des Bewusstseins mit der Individuation zum blossen Scheine herabgesunken war und er von einem höheren Bewusstsein als dem menschlichen nichts mehr wissen wollte, lag für ihn in

---

(eines ewigen Gottes) ohne Weltall würde doch nicht Pantheismus genannt werden können.

letzter Instanz jener Fall offen am Tage und musste ihn zur Verneinung des in seiner absoluten Isolirung trostlosen Lebens der Menschheit führen." *)

Nicht darauf kann es doch hier im Grunde ankommen, ob Schopenhauer auch später dem Vertrauen sich hingegeben hat, dass etwas ausser ihm sich seiner bewusst sei wie er sich selbst; denn auch im bejahenden Falle würde es doch nur zur Anerkenntniss der Existenz anderer endlicher geistiger Wesen ausser ihm führen, nicht aber auch zur Erkenntniss und Anerkenntniss Gottes als des selbstbewussten Urgeistes und Welt- und Geist-Begründers oder Schöpfers. Wenn Baader dem Cogito ergo sum das cogitor a Deo cogitante, ergo sum entgegenstellte, so wollte er damit nicht leugnen, dass nur das Selbstbewusste von Anderem, sei es unendlich, sei es endlich, sei es geistig, sei es natürlich, wissen könne; denn ein bewusstloses Wesen würde überhaupt nichts wissen können**), sondern er wollte nur nicht einräumen, dass das Erkennen (nicht das Vorstellen überhaupt, denn Vorstellen muss der Mensch von der Geburt an Vieles, ehe er zum Erkennen kommt) mit dem eignen (bedingten) Ich **als einem absolut Primitiven** anzufangen habe und ebenso wenig mit einem selbstlosen Nichtich, weil sowohl Ich als Nichtich sich als sekundär im Bewusstsein erweisen und primitiv nur die Ueberzeugung eines Ersten, Unbedingten, Allbedingenden, des selbstbewusstwollenden Gottes. Es ist daher nach Baader Grundüberzeugung des zum Vernunftgebrauch gereiften Menschen, dass er, als schauend und erkennend, sich in einem ihn Schauenden und Erkennenden, als wollend in einem ihn Wollenden, als wirkend in einem ihn Wirkenden vom absoluten Geist begriffen weiss. Anstatt daher mit Cartesius zu sagen: Ich denke, also bin ich, sollte man sagen: Ich werde gedacht, darum denke ich; ich

---

*) S. 141 kommt der Verf. nochmals auf Baader's Cogitor ergo cogito zurück. „Die Welt wäre nur, weil und wie du sie siehst? Nein, du bist, wirkst und erkennst nur als theilhaft des Wesen- und Sonnenhaften, als gewollt, gewirkt und durchschaut."

**) Das Cogito ergo sum beweist nicht, dass ich unvergängliches, seiendes Wesen bin, sondern nur, dass ich nicht Nichts bin, sondern wenigstens vorstellend. Es sagt aber nichts darüber aus, ob ich ein Seiendes oder Thätigkeit und Erscheinung eines Seienden bin. Erst wenn ich mich vom selbstbewussten und mich (wie Alles) wissenden Wesen (Gott) gewusst (gewollt und gewirkt) weiss, kann ich mich als bedingt seiendes, unvergängliches Wesen wissen, weil der Unvergängliche nur Unvergängliches schafft. Wohl würde ich, wenn ich mich nicht als wissend wüsste, nichts von Gott wissen können, aber da ich mich nur als bedingtes Wesen wissen kann, so muss ich das Unbedingte als mich Bedingendes, somit als Primitives denken.

werde gewollt, darum bin ich; ich werde gewirkt, darum bin ich. Diess lässt sich auch so ausdrücken: Ich begreife mich als denkend, wollend und wirkend, und damit als seiend nur dadurch, dass ich mich vom Urdenkenden (Urbewussten) gedacht (gewusst), vom Urwollenden gewollt, vom Urwirkenden gewirkt weiss und erkenne, wissend, dass das Urdenkende, Urwollende, Urwirkende Eines und dasselbe, der absolute, unendliche Geist und Schöpfer des Weltalls ist. In der That, bemerkt Baader hiebei, ruht der forschende Geist (sobald er zur Vernunftreife gelangt ist) nicht, bis er zu solchem Erkennen eines Erkennenden (Wollenden, Wirkenden), d. h. zum Erkennen seines Erkanntseins (Gewolltseins, Gewirktseins) durchgedrungen ist, oder, wie Plato sagt (oder wer sonst der Verfasser des Dialogs Alkibiades sein mag), bis sein Auge einem sein Sehen sehenden Auge begegnet.*) Sei wahr, sagt Baader, und du wirst Wahres (zuhöchst Gott) erkennen. Er will damit zugleich sagen: Leugne nicht deine Bedingtheit, erlüge dir nicht Absolutheit, aber lüge dir auch nicht vor, du könntest dich als Erscheinung, Produkt, Blüthe der blinden, taubstummen Natur begreifen. Blickst du aufrichtig in dein eignes Innere, so kannst du dich nur als Geist aus Geist, als Bedingtes aus Unbedingtem begreifen. Aufrichtigkeit vor dir selbst führt dich zur Wahrheit.

Weiterhin (S. 127) spricht der Verf. — der Herbart'schen Kritik Schopenhauer's gegenüber — von dem Unterschied und Zusammenhang des Prinzips der Verursachung und des Grundes und verweist auf Baader (Werke VIII, 131), der hierüber helleres Licht verbreitet habe. Wir können hier nur auf die bezüglichen tiefsinnigen Erörterungen Baader's verweisen in seinen Vorlesungen über spekulative Dogmatik (Werke VIII, 131—136), weil uns der zugemessene Raum verbietet, ganze Sciten daraus mitzutheilen.**)

Bei Gelegenheit der Rüge der Schopenhauer'schen Ueberschätzung des intellektuellen Unterschiedes zwischen den Menschen, eigentlich nur zwischen seiner und anderer Intelligenz streift der

---

*) Sämmtliche Werke Baader's VIII, 339. Vergl. I, 10, IV, 240, IX, 112, 259, X, 43—44, XII, 84. Baader kann nur die Stelle im Dialog Alkibiades I gemeint haben, die als 133 bezeichnet ist. Platon's Werke von Hieronymus Müller I, 201. Ganz genau ist in dieser Stelle zwar nicht gesagt, was Baader darin finden will, aber wir zweifeln darum doch nicht daran, dass es ganz im Geiste Platon's gedacht ist.

**) Wir wollen nur bemerken, dass B. a. a. Ort eine philosophische Erläuterung der Schriftstelle gibt: „Setzet einen guten Baum, so wird die Frucht gut sein, setzet aber einen bösen Baum, so wird auch seine Frucht böse sein."

Verf. ohne Namensnennung (S. 564) einen tiefen Gedanken Baader's, wenn er von dem Leben spricht, das als motus in loco natali placidus, d. h. wenn es seinen Grund in einem höheren gefunden hat, sonst aber, zum motus turbidus alterirt, disharmonisch „den eignen Werth in ungenügender Selbstsucht aufzehrt."

Ebenso berührt er (S. 578) — Schopenhauer's falschen Weg vom Realen zum Idealen (eigentlich umgekehrt) gegenüber — mit vorausgeschickter Beziehung auf die platonische Androgyne Baader's Idee der Androgyne und seine Berichtigung der Farbenlehre Göthe's und der sogenannten Naturphilosophie in der Hinweisung darauf, dass eine Theorie des Lichtes und der Finsterniss nicht ohne eine Theorie des Feuers zu Stande gebracht werden könne.*)

Wenn der Verf. S. 580 von Schopenhauer's „schöner" Abhandlung: „Ueber das Geistersehen und was damit zusammenhängt" spricht, welche zeige, wie weit er in der tieferen Würdigung der magischen und ekstatischen Erscheinungen mit Schelling und dessen Schule zusammengegangen sei, so ist auffällig, dass er dabei Baader's nicht gedenkt, der auf diesem Gebiete unter allen Zeitgenossen mit Einschluss Schelling's bei Weitem am Tiefsten eingedrungen ist und das Meiste anticipirt hat, was von verwandten Erscheinungen in der zweiten Hälfte des 19. Jahrhunderts zu Tag getreten ist.**) So weit war Schopenhauer allerdings orientirt, dass er behaupten konnte, „dass wer heutzutage die Thatsachen des animalischen Magnetismus und seines Hellsehens bezweifle, nicht ungläubig, sondern unwissend zu nennen sei, und dass der thierische Magnetismus, wenn er auch einstweilen mehr Räthsel aufgebe als löse, vom philosophischen Standpunkte aus die inhaltschwerste***) aller jemals gemachten Entdeckungen bilde; denn er sei wirklich die praktische Metaphysik, wie schon Baco von Verulam die Magie definire, gewissermassen eine Experimentalphysik." Und doch konnte Schopenhauer in seiner vorurtheilsvollen Voreingenommenheit es über sich gewinnen, von Baader's bezüglichen Schriften nicht die geringste Kenntniss zu nehmen. Aber die Zeit ist nahezu zu Ende, wo solche ignorirende Ignoranz sich breit machen konnte und schon

---

*) S. Baader's Werke IX, 317.

**) Vergl. den ganzen 4. Band der s. Werke Baader's.

***) Warum die angedeutete Entdeckung die inhaltschwerste sein soll, ist am Wenigsten vom Schopenhauer'schen Standpunkt aus zu begreifen, welche den selbstbewussten Menschen nur als vergängliches, im Grunde nichtiges Wesen kennt, d. h. nur als verschwindende Erscheinungsweise des Einen blinden Willens, im Grunde der blinden Naturkraft.

jetzt mehrt sich die Zahl der Leser des 4. Bandes der Werke Baader's, der die wichtigsten in jenes Gebiet von Untersuchungen einschlägigen Schriften umfasst, die auch der Verf. kennt, aber auffälliger Weise hier nicht berührt hat.

Wie tief übrigens der Verfasser sich den Lehren Baader's zugewendet hat, das zeigt besonders was S. 606 und 607 s. W. von ihm gesagt worden ist. Er geht hier auf Anlass der Aeusserung Göthe's von einer Tücke der Natur, vor welcher der Mensch sich in Acht zu nehmen habe, während doch seines Glaubens Regel Vertrauen und zwar unbedingtes Vertrauen zu dieser Natur war, ein auf die tiefsten Lehren Baader's über das Verhältniss des Geistes zur Natur, über den Gebrauch des Natürlichen, der je nach Willens-richtung des Geistes zum Segen oder zum Verderbniss führen kann. Indem dem Verf. der erste Theil des Göthe'schen Faust nichts wesentlich Anderes ist als die von Schopenhauer so einleuchtend demonstrirte Lebens- und Leidens-Geschichte des natürlichen Menschen, fügt er (ganz im Geiste Baader's) hinzu: „Nur dass bei Schopenhauer die Einsicht in die Quelle des Uebels fehlt, indem er statt des verkehrten creatürlichen Willens den ewigen Willen mit sich selbst in Widerspruch gesetzt und, als dessen Erscheinung, die materielle Welt an sich schon vom Uebel sein lässt, anstatt dieselbe als Schutzhülle wider dasselbe zu begreifen, da denn freilich sein ganzes System eine andere Gestalt hätte gewinnen müssen." Und, setzen wir hinzu, welch' eine andere Gestalt! Baader hätte ihm die Grundzüge solcher anderen Gestalt besser geben können, als jeder andere Philosoph und hätte Schopenhauer Baader's Werke gründlich studirt, so würde er J. Böhme's Lehre besser verstanden und nicht so gräulich verzerrt haben als er gethan.*) Zum Schluss unserer Betrachtung theilen wir noch die Aeusserungen Baader's über Schopenhauer mit, wozu uns eine Stelle des vorliegenden Werkes Anlass gibt, in welcher der Verf. (S. 163) sich also vernehmen lässt: „Wer das metaphysische Bedürf-niss des Menschen mit Novalis als Heimweh, als Trieb überall zu Hause zu sein, in sich empfindet, wird dem Autor der „Welt als Wille und Vorstellung" das Zeugniss nicht versagen können, dass dieser der Befriedigung des Bedürfnisses mit einer Innigkeit obge-

---

*) Gerade die Schattenseite Böhme's, von welcher Harless sprach, ist es nicht, von welcher Schopenhauer abgestossen wird. Er tadelt fast nur das ungeregelte Durcheinanderwogen der Böhme'schen Ideen in einem allerdings brillanten Vergleiche. Böhme's Schriften erscheinen ihm wie die unsteten Spiegelungen in den bewegten Wellen eines strömenden Flusses.

legen, welche sein Werk — ganz abgesehen von dem Mehr oder Weniger seines Wahrheitsgehaltes — zu einer unvergleichlichen Gedankenanregung macht. Als solche, als die klarste und zeitgemässeste, weil dem Zeitgeist widersprechendste Paränese, war mir das Werk erschienen, als ich Schopenhauer vor Jahren näher trat, ohne weder die Grundlagen noch die Resultate seiner Philosophie anzuerkennen. Dass man, auf entgegengesetzten Seiten, diess unverständlich gefunden und nicht gelten lassen will, obwohl bereits Herbart, Jean Paul und Baader „Die Welt als Wille und Vorstellung" mit denselben Augen betrachtet, beweist eben nur die Unfähigkeit intra und extra muros, zur Vermittelung so weit klaffender Gegensätze, wie sie in Schopenhauer's Ideengängen sich aufthun, die rechte Formel zu finden, ja nur das rechte Bedürfniss zu fühlen. Ich kann mich hierüber nicht besser deutlich machen, als indem ich, der ich gewissermaassen selbst für Schopenhauer in die Posaune gestossen und seinen Erfolg natürlich gefunden habe, diesen auf seine eigentliche Bedeutung und seinen wahren Werth zurückzuführen suche."

Auf Herbart und Jean Paul können wir uns hier nicht einlassen; was aber Baader betrifft, so mag man aus den nachfolgend mitgetheilten Aeusserungen desselben über Schopenhauer genauer ersehen, wie Jener zu Diesem sich gestellt hat. In der zweiten seiner Vorlesungen über Jakob Böhme's Theologumena und Philosopheme sagt Baader, nachdem er von der falschen Identificirung des Unterschiedes des Idealen und Realen mit dem Unterschied von Form und Wesen und von der Nothwendigkeit der Anerkennung der durchdringenden Gegenwart eines kräftigeren, subtileren Realen innerhalb eines niedrigeren Realen, einer Form innerhalb einer andern Form gesprochen hat, Folgendes: „Seit Locke haben sich unsere Philosophen schier ohne Ausnahme das Wort gegeben, an keine andere reale Form zu glauben als an die materielle, und alle immateriellen Formen (also alles nicht materiell Wägbare und Sperrbare und nicht auf Löffeln und Tellern Präsentirbare) für weiter nichts als für katoptrische Lichtspiegelungen oder, wie ein trister Philosophus aus dieser Schule — Arthur Schopenhauer in seiner Schrift: „Die Welt als Wille und Vorstellung" — sich ausdrückt, für blosse Windbeuteleien auszugeben, so dass nach ihm der Mensch nur darum vernünftig ist, weil er ein abstrahirendes, abstraktes Thier oder Vieh, und hiemit freilich schlechter als letzteres in seiner Concretheit ist. Uebrigens hat der Verfasser dieser Schrift durch dieselbe und durch seine Consequenz und Aufrichtigkeit ein ungleich grösseres Verdienst sich erworben, als eine Unzahl anderer, in demselben Esprit schreibender Philosophen unserer Zeit, welche den heissen Brei im Munde behalten."*)

Baader beschuldigt hier Schopenhauer unverkennbar des Naturalismus, ja beziehungsweise selbst des Materialismus, und nimmt ihn deutlich genug für einen Ausläufer der Identitätsphilosophie Schelling's. Diese Auffassung wird von Kuno Fischer nur bestätigt, wenn er (Geschichte der neuern Philosophie VI, 2, 427—428) zeigt, wie Schelling schon früh den Grundgedanken Schopenhauer's: Wille als innerster Grund des Geistes und der Welt, ausgesprochen hat, Schopenhauer also ohne Grund für seine Willenslehre die Originalität in Anspruch nimmt. Noch an nicht wenigen andern Stellen zeigt Kuno Fischer, dass die bemerkenswerthesten Gedanken Schopenhauer's schon in den Werken Schelling's vorhanden waren, nur dass Schopenhauer sie zu einem pessimistischen Atheismus herabzog, während Schelling sie zu einem Persönlichkeits-Pantheismus, einer Art Verschmelzung des Theismus und Pantheismus, ausgestaltete, wie er, wenn er auch nicht das letzte Wort der Philosophie sein kann, geistvoller und tiefsinniger nie hervorgetreten war.

In der zwölften der bemerkten Vorlesungen Baader's über J. Böhme erklärt er, Böhme's Schrift: Die Gnadenwahl, sei gegen Calvin's Prädestinationslehre gerichtet gewesen, Rationalisten aber hätten in neuerer Zeit vollends die Lehre aufgebracht, die Creatürlichkeit, die sie auch das Anderssein (im Verhältniss zum Absoluten als solchem), die Aeusserlichkeit nannten, als solche, nämlich als Endlichkeit (Nichtunendlichkeit) sei schon an sich — also ohne gewollten Abfall — für schlecht und verdammlich zu erklären. Dann fährt Baader fort: „So z. B. sagt Schopenhauer in seiner Schrift: „Die Welt als Wille und Vorstellung": „„Es ist eine ursprünglich evangelische Lehre, welche von Irrthümern wieder hervorzuheben Luther — in seinem Buche: de servo arbitrio — sich zum Ziele machte, nämlich die Lehre, dass unser Wille ab origine nicht frei, sondern dem Zwange zum Bösen unterthan sei, wesswegen auch nicht diese Werke, sondern nur der Glaube selig mache."" Dieser Glaube aber wird vom Verfasser ausdrücklich als eine bloss veränderte Erkenntnissweise, welche mit dem Willen nichts zu thun habe, declarirt, und von ihm behauptet, dass die entgegengesetzte Meinung — für welche doch, wie man weiss, Luther als pro aris et focis focht — eine rohe, platte, dummjüdische Meinung sei. Schopenhauer, der sich übrigens für unparteiisch in Bezug auf das Christenthum erklärt und so wenig

---

*) Sämmtliche Werke Baader's III, 365—366.

für dasselbe eingenommen ist, dass er bedauert, dass wir Europäer unsere sittliche Bildung anstatt durch das Christenthum, nicht durch die „heiligen" Lehren der Hindus empfingen *) —, spricht indess hiemit keine andere Meinung aus, als welche später Hegel aussprach, nämlich jene der Identität der Endlichkeit (Creatürlichkeit) und Schlechtigkeit, wonach also jener Text: „sie sind alle abgewichen von Gott" etc. gestrichen werden müsste, indem sie ja nach dieser Ansicht alle nicht erst, nachdem sie geschaffen waren, abgewichen wären, sondern als Creaturen eben nur durch einen Abfall von der Idee in die Existenz hätten kommen können. Da nun aber hieraus folgt, dass die Aufhebung oder Vernichtung der Creatürlichkeit als Endlichkeit das alleinige und Radikalmittel zur Tilgung ihrer Sündhaftigkeit ist, so kann man es nur als Ironie oder als eine Doktrin $\varkappa\alpha\tau'$ $o\iota\varkappa o\nu o\mu\iota\alpha\nu$ erklären, wenn gesagt wird, dass diese behauptete Identität der Endlichkeit und Schlechtigkeit mit der christlichen Versöhnungslehre allerdings vereinbar, ja, recht verstanden, diese selber sei, indem sodann nicht abzusehen ist, zu was der ganze Apparat der christlichen Erlösung mehr nützen soll, da ja die auch ohne diese sterbende Creatur ihre Endlichkeit, mit ihr aber auch ihre Sündhaftigkeit ablegt, welche überdiess nicht ihr, sondern Gott, der sie schuf, zur Last fällt." **)

Hier tritt als bemerkenswerth hervor, dass Baader die Schopenhauer'sche Philosophie wie nicht von Schelling's Identitätsphilosophie, so auch nicht von Hegel's Panlogismus in Betracht der Lehre vom Endlichen zum Unendlichen zu trennen Veranlassung findet. Der Streit dieser Philosophen unter einander und hauptsächlich die heftigen Ausfälle Schopenhauer's gegen Hegel, etwas gedämpfter gegen Schelling, konnten Baader nur als Familienzwistigkeiten erscheinen. ***)

Endlich in der zehnten Vorlesung über spekulative Dogmatik erwähnt Baader der Schopenhauer'schen Philosophie als eines Versuchs, die Kantische Weltansicht mit der indischen in Verbindung zu bringen und rühmt von Schopenhauer's Hauptwerk, dass es sich

---

*) Auch in der Hinwendung zu den Lehren der Hindu's ist Schopenhauer nicht original, indem ihm auch da Schelling schon zuvorgekommen war, ohne doch zu der gleichen Apotheosirung wie Schopenhauer sich fortreissen zu lassen. Vergl. K. Fischer's Gesch. d. n. Philosophie VI, 2, 826—827, 830.

**) S. W. Baader's III, 428—429.

***) Was hier von der früheren Gestalt der Schelling'schen Philosophie gesagt wird, gilt indess nicht von der letzten Gestalt derselben, welche sich einer tiefern Auffassung des Verhältnisses des Endlichen zum Unendlichen (Unsterblichkeitslehre) zugewendet hat.

durch Klarheit und Consequenz vor vielen andern Schriften dieser Art auszeichne. Baader findet diese Lehre in nuce in der Behauptung Schopenhauer's ausgesprochen, „dass der Urwille (welcher ihm als Gott gilt) als das Ding an sich, welches der Welt (der Materie) als Erscheinung zum Grunde liegt, ewig nur diese und nichts Besseres hervorzubringen vermag, dass er ewig diese seine misslungene schlechte Hervorbringung wieder tilgt, dass aber eben dieses Nie- und Nimmer-Gelingen seiner Erscheinung (als Selbstgeburt oder Selbstformation Gottes und immer wiederkehrende Faussecouche) die Perpetuität dieser Welt und das Immer-wieder-Zumvorscheinkommen neuer Creaturen in ihr sichert." Uebrigens, schliesst Baader die 10. Vorlesung, hat der Verfasser das Eitle und Nichtige jedes Zeitwerks, insofern man in ihm, für sich genommen, die Verwirklichung der Idee zu haben meint, richtig und treffend geschildert.*)

Die ganze Lehre Schopenhauer's vom blinden Urwillen und seinen unendlichen Individuationen in Raum und Zeit erinnert zu auffällig an Schelling's Lehre von der Welt als Abfall der Idee, der Seelen oder Geister vom Absoluten, als dass sie vom Kenner der Geschichte der neuern Philosophie übersehen werden könnte. Obgleich Schelling die Möglichkeit des Bösen von der Wirklichwerdung desselben unterscheidet und die letztere in den Willen der Geister setzt, so sieht man doch, weshalb Baader diese Abfallslehre bestritt, wenn man die Aeusserung Schelling's ins Auge fasst: „die Ideen, die Geister mussten von ihrem Centrum abfallen, sich in der Natur, der allgemeinen Sphäre des Abfalls, in die Besonderheit einführen, damit sie nachher, als besondere, in die Indifferenz zurückkehren und, ihr versöhnt, in ihr sein könnten, ohne sie zu stören." **) Niemand wird leugnen, dass die Philosophie Schopenhauer's eine bedeutende und vielseitige Anregungskraft besitzt, auch mit brillanten Lichtern ausgestattet ist, aber eine unvergleichliche ist sie nicht zu nennen. Sie reicht an jene Schelling's im ganzen, trotz deren Unzureichenheit, bei Weitem nicht heran und verdankt ihre Verbreitung weit mehr der glänzenden Form ihrer Darstellung als ihrem Gehalte, ist weniger original als sie scheint und dem pan-

---

*) S. Werke Baader's IX, 82.

**) Schelling's sämmtliche Werke I, 6, S. 57. Baader bestreitet, dass die Seelen, die Geister fallen mussten und er bestreitet ebenso die Identificirung der Seelen oder der Geister mit den Ideen Gottes. Nach dieser Lehre Schelling's wären die Seelen oder Geister nicht Geschöpfe Gottes, sondern (als Ideen) Momente der Wesenheit Gottes selbst.

theistischen Zeitgeist ganz und gar nicht widersprechend, sondern nur der direkt und platt naturalistischen und materialistischen Phase desselben und auch dieser nur halb und halb und zwar so, dass er dem Materialismus nur eine angebliche Ergänzung, die ihm nicht widersprechen und doch ihn aufheben soll, zu Theil werden lässt, eine Ergänzung, die in Wahrheit nur eine idealistische Extravaganz ist. Vergl. Paul Deussen's: Die Elemente der Metaphysik, S. 12, 30, 31 etc.

13.

Geschichte der neuern Philosophie von Kuno Fischer. Sechster Band: Friedrich Wilhelm Joseph Schelling. Zweites Buch: Schelling's Lehre. Heidelberg, Bassermann 1877.

Die Schulen Schleiermacher's und Hegel's haben sich hervorragende Verdienste um die Geschichte der Philosophie erworben.

Aus jener leuchten Brandis und H. Ritter hervor, aus dieser E. Zeller, E. Erdmann und K. Fischer. Zeller, Geschichte der Philosophie der Griechen hat sich hohen Ruhm erworben. Nachdem Erdmann früher die Geschichte der neuern Philosophie umfassend bearbeitet hatte, stellte er in zwei starken Bänden die gesammte Geschichte der Philosophie an's Licht, welche kürzlich in erheblich verbesserter dritter Auflage erschienen ist. Kein anderer Philosoph hat die Philosophie Baader's in gleichem Umfang dargestellt und relativ besser gewürdigt als Erdmann. Kuno Fischer hat seine bedeutende Geisteskraft der Geschichte der neuern Philosophie zugewendet und sein hervorragendes Werk ist in 6 Bänden von Cartesius bis Schelling vorgerückt. Die ersten Bände haben bereits die zweite Auflage erlebt und die dritte soll in naher Aussicht stehen. Kant's Philosophie wurde umfassender als je in zwei Bänden dargestellt. Der ganze sechste Band 1. Abth. wurde dem Leben Schelling's gewidmet. Die zweite Abtheilung, die uns vorliegt, bringt die Darstellung der Lehre Schelling's bis zu der letzten Gestalt derselben, welche letzte dem folgenden Bande vorbehalten ist. Der Verf. theilt die Aufgabe dieses Bandes in vier Abschnitte mit zweckmässigen Unterabtheilungen: I. Von der Wissenschaftslehre zur Naturphilosophie (1794–97), II. Naturphilosophie (1797 bis 1807), III. Das Identitätssystem, IV. Theosophie. Der Verf.

hat mit bewunderungswürdiger Vertiefung und Ausdauer die ausserordentlichen Schwierigkeiten überwunden, welche die Eigenthümlichkeit der Schelling'schen Darstellungen einer allgemeineren Verständlichkeit entgegenstellten und die philosophischen Strebungen Schelling's nahezu, so weit es nur immer möglich war, dem Verständniss erschlossen. Er hat ungleich andern Jüngern Hegel's, z. B. Michelet's, die Bedeutung Schelling's nicht im Mindesten herabzudrücken gesucht, sondern diese, soweit es nur immer anging, hervorgehoben.

Indem der Verf. die Abhängigkeit der ersten philosophischen Schriften Schelling's von J. G. Fichte's Philosophie nachweist, weiss er doch schon in denselben den Punkt aufzuzeigen, der Schelling zur Naturphilosophie überleitete. Es ist der Gedanke der Natur als Geschichte des Geistes, der ihm schon hier an sich Wille ist; womit er Schopenhauer's Lehre anticipirte, inwieweit man Schopenhauer's Realprinzip als Wille gelten lassen will, während es im Grunde doch nur blinder Naturtrieb ist. Ursprünglich wollte Schelling, wie mit Recht gesagt wird, nur eine von Fichte offen gelassene Lücke ausfüllen. Die Naturphilosophie sollte nur die Bedeutung der Anwendung der Fichte'schen Wissenschaftslehre auf die Physik haben.

Indem der Verf. zur Betrachtung der Naturphilosophie Schelling's übergeht, stellt er sich mit Recht den Herabwürdigungen so vieler Neueren entgegen. Er zeigt, dass wie die kritische Philosophie Kant's durch Fichte in eine kritische Entwickelungslehre des Geistes sich umwandeln musste, welche Mängel dieser Umwandlung auch noch ankleben mochten, so diese durch Schelling zu einer Entwickelungslehre der Natur und der Welt sich erweitern musste. Mit vollem Rechte sagt K. Fischer: „Kein Mensch wird erwarten, dass ein solches Werk von der Hand, die es begonnen, vollendet werden konnte. Wie unvollkommen es unter Schelling's Händen geblieben, ja wie entartet es selbst sein mag, der Typus, in dem es auftrat und fortwirkt, ist der Gedanke der Weltentwickelung, umfassender und tiefer, als er je vor ihm gedacht worden."

Wir können hier nicht in die reichen und wohlgeordneten Darlegungen der Naturphilosophie Schelling's in einer zahlreichen Folge von Capiteln näher eingehen und müssen uns begnügen zu bemerken, dass uns darin eine reiche Fülle von Ideen entgegentritt, die zum Theil tief in die Entwickelungsgeschichte der Naturwissenschaft eingegriffen haben, zum Theil berichtigt, zum Theil umgebildet, zum Theil fallen gelassen werden mussten. Aber in dieser Naturphilosophie bereitet sich bereits bis zum Uebergang in denselben der Standpunkt des Identitätssystems vor, dessen Darstellung der dritte Abschnitt gewidmet ist. Die Naturphilosophie Schelling's wurde damals als eine epochemachende Leistung aufgefasst und wirkte in grösserem oder geringerem Maasse auf eine grosse Zahl der begabtesten und strebsamsten Naturforscher, aus deren Mitte wir nur nennen wollen: Oken, Steffens, Schubert, Eschenmayer, Carus, Burdach, v. Baer, Döllinger, Oersted, Authenrieth, Treviranus, Walther, Nees von Esenbeck, J. J. Wagner, Troxler, Hillebrand, Wilbrand etc. Selbst Alexander v. Humboldt brachte Schelling's Leistungen in einem geistvollen Briefe aus Paris seine Huldigung dar. Das Identitätssystem Schelling's fällt nun weder mit der Wissenschaftslehre, noch mit der Naturphilosophie zusammen, sondern umfasst beide, indem es sich die Aufgabe stellt, Natur und Intelligenz aus dem Absoluten zu begreifen. In sechs Capiteln stellt der Verf. die reiche und vielseitige Gestaltung dieses ausgesprochenen Pantheismus mit tief eindringendem Verständniss dar. Wir begnügen uns den Charakter dieses alle früheren pantheistischen Versuche überflügelnden Systems mit den Worten Schelling's selber zu zeichnen. Er erläutert seinen Grundgedanken, die absolute Totalität des Seins sei gleich der absoluten Indifferenz des Subjektiven und Objektiven, d. h. gleich dem Sein der absoluten Identität selbst, wörtlich also: „Unsere Behauptung ist aufs deutlichste ausgedrückt die, dass, könnten wir alles, was ist, in der Totalität erblicken, wir im Ganzen ein vollkommenes quantitatives Gleichgewicht von Subjektivität und Objektivität, also nichts als die reine Identität, in welcher nichts unterscheidbar ist, gewahr würden, so sehr auch in Ansehung des Einzelnen das Uebergewicht auf die eine oder die andere Seite fallen mag, dass also doch auch jene quantitative Differenz keineswegs an sich, sondern nur in der Erscheinung gesetzt ist. Denn da die absolute Identität, — das, was schlechthin und in allen ist, — durch den Gegensatz von Subjektivität und Objektivität gar nicht afficirt wird, so kann auch die quantitative Differenz jener beiden nicht in Bezug auf die absolute Identität oder an sich stattfinden, und die Dinge oder Erscheinungen, welche uns als verschieden erscheinen, sind nicht wahrhaft verschieden, sondern realiter Eins, so dass zwar keines für sich, aber alle in der Totalität, in welcher die entgegengesetzten Potenzen ursprünglich sich gegeneinander aufheben, die reine ungetrübte Identität darstellen. Diese Identität ist nicht das Producirte, sondern das Ursprüngliche und sie wird nur producirt, weil sie ist. Sie ist schon in Allem, was ist. Die Kraft, die sich in die Masse der Natur ergiesst, ist dem Wesen nach dieselbe mit der, die sich in der geistigen Welt darstellt, nur dass sie dort mit dem Uebergewicht des Reellen, wie hier mit dem des Ideellen zu kämpfen hat; aber auch dieser Gegensatz, welcher nicht ein Gegensatz im Wesen, sondern der blossen Potenz nach ist, erscheint als Gegensatz nur dem, welcher sich ausser der Indifferenz befindet und die absolute Identität nicht selbst als das Ursprüngliche erblickt."

Die Grundanschauung dieses Systems ruht, wie der Verfasser (S. 784) richtig sagt, in der Gleichsetzung der absoluten Identität mit dem Weltall. „Die absolute Identität, sagt Schelling, ist nicht Ursache des Universums, sondern das Universum selbst. Denn Alles, was ist, ist die absolute Identität selbst, das Universum aber ist Alles was ist." Allein Schelling bleibt auch bei diesem Standpunkt nicht stehen. Mitten in der Ausführung dieses persönlichkeitslosen Pantheismus bereitet sich der Uebergang zu einem höheren Standpunkt vor. Die Stadien dieses Uebergangs sind vorzüglich durch das Gespräch: „Bruno" und die Schrift: „Philosophie und Religion" bezeichnet. In jenem Gespräch fasst Schelling bereits die absolute Identität des Idealen und Realen als absolutes Bewusstsein, Erkennen, Selbstanschauen. Das absolute Subjekt-Objekt lässt sich als Ichheit bezeichnen: nicht als relativ, sondern absolut, als absolute Ichheit.

In der Schrift: Philosophie und Religion wird von Schelling die Einheit des Absoluten und des Universums bereits nicht mehr in dem Sinne genommen, der den Unterschied Gottes und der Welt aufhebt. Vielmehr, wird jetzt gesagt, besteht zwischen Gott und Welt nicht bloss ein Unterschied, sondern ein Gegensatz, ein Widerstreit, den der Gottesbegriff sogar zu seiner eigenen Geltung fordert. Ist das Absolute gleich der Welt, sind beide in ungetrennter und untrennbarer Einheit, so ist auch zwischen Gott und Mensch kein Zwiespalt, so ist im Menschen wie kein Gefühl einer Trennung, so kein Bedürfniss nach Versöhnung und Wiederherstellung der Einheit mit Gott, so ist in der Welt kein Böses möglich, von dem eine Erlösung nothwendig wäre und ohne die Möglichkeit des Bösen keine Freiheit. Ist der Unterschied, der Gegensatz, die Trennung, der Widerstand, der Zwiespalt faktisch vorhanden, so muss ein Abfall stattgefunden haben. Wie erklärt sich seine Möglichkeit und wie seine Wirklichkeit? Schelling glaubt die Frage gelöst zu haben durch die „Entdeckung", dass zum Absoluten, welches sich in seiner Ideenwelt zur zeitlosen Selbstobjektivirung und damit zum Selbsterkennen entfalte, nothwendig sein Gegenbild gehöre, welches ohne selbst absolut zu sein, nie das wirkliche Gegenbild des Absoluten wäre, und darum nothwendig den Charakter der Selbstständigkeit und Freiheit besitzt. Das ausschliessend Eigenthümliche der Absolutheit ist, dass sie ihrem Gegenbild mit dem Wesen von ihr selbst auch die Selbstständigkeit verleiht, das Insichselbstsein, welches Freiheit ist. Mit der Aufhebung der Freiheit des Gegenbildes wäre das Absolute selbst aufgehoben. Das Gegenbild wäre nur scheinbar, nicht frei, selbstständig, wenn es sich nicht in seiner Selbstheit erweisen und von dem Absoluten losreissen könnte. Es wäre nicht ein „anderes Absolutes, wenn es sich als dieses Andere nicht zu bethätigen, d. h. aus eigener Kraft von Gott zu trennen vermöchte. Diese Trennung ist der Abfall, möglich nur durch die Freiheit des Gegenbildes, wirklich nur durch dessen eigenste That. Der Grund seiner Möglichkeit liegt in Gott, der Grund seiner Wirklichkeit in ihm selbst. Nicht der Abfall selbst, sagt Schelling, nur seine Möglichkeit kann und soll aus dem Absoluten begründet werden. Jede Theilnahme Gottes an diesem Abfall ist ausgeschlossen; der Zusammenhang reicht bis zur Möglichkeit des Abfalls und zerreisst mit der That selbst. Wird die Einheit mit Gott getrennt, so ist die nothwendige Folge ein Dasein ausser Gott, die Wirklichkeit in Zeit und Raum, die sinnlich bedingte und materielle, die endliche Natur. Das Endliche kann nur entstehen durch den Abfall von Gott und durch diesen kann nichts Anderes entstehen als das Endliche. Das sinnliche Universum ist die Folge des Abfalls, der Grund desselben ist „die Idee, von Seite ihrer Selbstheit betrachtet." Zeitlichkeit und Endlichkeit fallen zusammen, der Grund derselben ist zeitlos, der Abfall daher eine ewige (intelligible) That ausser aller Zeit und unerklärlich, ändert auch nichts an dem Wesen Gottes und seines Gegenbildes, ist daher in Rücksicht auf das Absolute ausserwesentlich oder accidentell. Damit hat Schelling den Schwerpunkt der Welt in das Absolute jenseits aller Weltentwickelung gelegt. Aber die Rückkehr zu Gott konnte dann nur in die Befreiung von der Endlichkeit gelegt werden. Die Befreiung von der Endlichkeit ist ihm daher nun das innerste Thema der Natur und der Entwickelung der Welt. Die (endliche) Natur, dieses verworrene Scheinbild gefallener Geister ist ihm nichts Anderes, als ein Durchgeborenwerden der Ideen durch alle Stufen der Endlichkeit, bis die Selbstheit an ihnen, nach Ablegung aller Differenz, zur Identität mit dem Unendlichen sich läutert und als reale zugleich in ihre höchste Idealität eingeht.*) Der Wunsch nach Unsterblichkeit

---

*) Erdmann (Grundriss der Geschichte der Philosophie 2. Aufl. I. Band. S. 493 etc.) drückt diese damalige Lehre Schelling's in anderer Wortfassung also aus: „Da die sinnliche, so wie die endliche Existenz überhaupt, das Gegentheil des wahren Seins ist, so ist die Sehnsucht nach einer individuellen

in der Bedeutung individueller Fortdauer stammt ihm unmittelbar
aus der Endlichkeit, aus der Selbstsucht. Individuelle Fortdauer
wäre fortgesetzte Sterblichkeit, fortwährende Gefangenschaft und
Strafe. Die Endlichkeit an sich selbst ist Strafe, bedingt durch
Schuld. Die Strafe der Nichtläuterung ist Fortsetzung des endlichen Daseins, Palingenesie, deren Art und Ort von der Natur und
dem Grade der ungeläuterten Begierden abhängt. Aber auch dabei
bleibt Schelling nicht stehen. Die Gotteserkenntniss, ohne welche
das Problem der Religion nicht aufzulösen ist, wird nun vollends
das Centrum seines Forschens und seiner Ideen. Seine Philosophie
wird Theosophie. Ihrer Darstellung widmet der Verfasser den vierten
Abschnitt seiner „Philosophie Schelling's". Die Freiheit des menschlichen Willens war in „Philosophie und Religion" zu begründen
versucht worden. Aber die Darstellung genügte Schelling bald
nicht mehr. Er fand eine erneuerte und umfassende Untersuchung
nöthig und legte sie 1809 im ersten Bande seiner philosophischen
Schriften (dem kein weiterer folgte) unter der Aufschrift: „Philosophische Untersuchungen über das Wesen der menschlichen Freiheit
und die damit zusammenhängenden Gegenstände" der philosophischen
Welt vor. Der Fortschritt in dieser Abhandlung, welcher andere
folgen sollten, die aber nicht folgten, kann wohl am besten damit
bezeichnet werden, dass Schelling das schon in den letztvorher-
gegangenen Schriften hervorgetretene Selbsterkennen Gottes, welches
früher noch fehlte, ausdrücklich als Persönlichkeit Gottes bezeichnete,
womit der frühere persönlichkeitslose Pantheismus auf prägnante
Weise sich zum Persönlichkeitspantheismus erhob. Pantheismus
blieb Schelling's Philosophie auch in dieser Gestalt, wie denn nach
seiner ausdrücklichen Erklärung „wohl nicht zu leugnen sei, dass,
wenn Pantheismus weiter nichts als die Lehre von der Immanenz
der Dinge in Gott bezeichnete, jede Vernunftansicht in irgend
einem Sinne zu dieser Lehre hingezogen werden müsse." Wenn
er hinzufügt: aber der Sinn mache hier den Unterschied, so will
er damit sagen, dass so wie er die Immanenz aller Dinge in Gott
und somit den Pantheismus — als Persönlichkeitspantheismus —
lehre, diese Lehre sich wesentlich von der spinozistischen und überhaupt fatalistischen Lehre unterscheide, da dieselbe mit der Immanenz

---

Unsterblichkeit ein Verlangen nach dem, was der Weise schon jetzt los zu
werden sucht. Man könnte demgemäss sagen, je nichtiger ein Mensch, desto
mehr verdiene er die Fortexistenz; je vollendeter er ist, desto früher werde
er als reine Idee ohne jedes andere Beiwerk ewig sein." Demnach wäre nicht
der Mensch, sondern, wenn man so will, sein Kern, sein rein ideales Wesen
unvergänglich, ohne Bewusstsein auch nur seiner Idealität.

die Freiheit zu vereinen wisse und somit nicht blinde Nothwendigkeitslehre, sondern Freiheitslehre sei. Sehen wir zu, wie Schelling diese Vereinbarung der Freiheit mit der Immanenz zu Stande zu bringen glaubt.

Die Freiheit ist nach Schelling entweder unbedingt oder überhaupt nicht. Unbedingt ist aber nur das Absolute oder Gott. Frei sein heisst unbedingt oder in Gott sein. Was aus ihm folgt — und aus ihm folgt Alles — ist Ausdruck des göttlichen Wesens, Selbstoffenbarung oder Repräsentation Gottes, also göttlicher, selbstständiger Natur: ein abgeleitetes Absolute, dessen Begriff nicht widersprechend ist. Immanenz in Gott und Freiheit widerspricht sich nicht. Gerade nur das Freie und soweit es frei ist, ist in Gott, das Unfreie nothwendig ausser Gott. Der Wille ist Weltprinzip. Wille ist darum das intelligible Wesen aller Dinge. Alles ist Freiheit, Wille. Das Böse ist nur durch Freiheit möglich und fordert eine von Gott unabhängige Wurzel. Die Freiheit kann nur in Gott sein, ist nur in Gott gegründet, das Vermögen zum Bösen ist nicht in Gott gegründet, sondern in etwas, das nicht Gott ist. Das Böse ist daher nur dann möglich, wenn es in Gott etwas gibt, das nicht Gott selbst ist. In der göttlichen Selbstoffenbarung ist der Grund der Existenz und die Existenz selbst zu unterscheiden. Der Grund seiner Existenz kann nur in ihm selbst sein, ein von ihm unabtrennliches und doch unterschiedenes Wesen. Dieses Wesen ist die Natur in Gott. Fest steht, dass alle Dinge in und aus Gott sind, d. h. dass sie aus einem Grunde, der in Gott ist, sind. Ebenso ist gewiss, dass alle Dinge von Gott unendlich verschieden und geschieden sind, daher müssen sie aus einem von Gott verschiedenen Grunde sein. Zusammengefasst heisst diess: Die Dinge haben ihren Grund in dem, was in Gott nicht er selbst ist, d. h. in dem, was Grund seiner Existenz ist. Was allem Bewusstsein vorausgeht, ist an und für sich dunkel. Die Natur in Gott ist das Unbewusste in Gott, der dunkle Grund, aus dem Gott sich selbst, d. h. seine Selbstoffenbarung oder Wirklichkeit hervorbringt. Dieser dunkle Grund ist der göttliche Werde- oder Offenbarungsdrang, der vom Verstand noch unerleuchtete dunkle Wille, der seinem Ziele ahnend zustrebt. Dieses Ziel ist die Erleuchtung, der Verstand. Alle Offenbarung und alle Entwickelung ist ein Durchbrechen zum Licht, ein Hervorgehen aus der Verborgenheit und dem Dunkel. Gott will sich offenbaren. Das Ziel ist die Selbstoffenbarung. Die Sehnsucht nach diesem Ziel ist der dunkle Grund (Wille), die erste Regung göttlichen Daseins. Dieser Sehnsucht entsprechend erzeugt sich in Gott selbst eine innere reflexive

Vorstellung — (Idee), durch welche Gott sich selbst in seinem Ebenbilde erblickt und worin Gott, absolut betrachtet, verwirklicht ist, obgleich nur in ihm selbst. So sind Grund und Ziel dem Wesen nach Eins; nur ist im Grunde unentwickelt, was im Ziele entwickelt ist, daher die Selbstoffenbarung Gottes gleich einer Entwickelung. Die Entfaltung geschieht durch die Scheidung der Kräfte, denn sie betrifft die Natur in Gott, den dunkeln Willen. Die Scheidung und Ordnung der Kräfte ist zugleich eine Ueberwindung des widerstrebenden dunkeln Willens, eine Unterwerfung der Natur in Gott. Das innerste Band der Kräfte löst sich nur in einer stufenweisen Entfaltung und bei jedem Grade der Scheidung entsteht ein neues Wesen der Natur, dessen Seele um so vollkommener sein muss, je mehr es das, was noch ungeschieden ist, geschieden enthält. Jedes natürliche Wesen stammt aus dem dunkeln, von Gott verschiedenen Grunde und strebt empor zur lichten Höhe; jedes ist eine noch dunkle, aber schon in gewissem Grade erhellte Natur. Der höchste Grad ist die vollkommene Verklärung, das alles durchdringende Licht, der alles erleuchtende und beherrschende göttliche Universalwille, in welchem die innerste Einheit, das Centrum aller Kräfte zum völligen Durchbruch und zur absoluten Herrschaft gelangt ist. Ihm entgegengesetzt ist der dunkle, blinde Wille, wurzelnd in dem dunkeln, von Gott verschiedenen Grunde, in seinem Widerstreben gegen den Universalwillen, der Particular- oder Eigenwille der Creatur.

Das Böse besteht in der Herrschaft des Eigenwillens über den Universalwillen, in dieser Umkehrung ihres nothwendigen Verhältnisses, und ist desshalb nur da möglich, wo die Einheit beider getrennt, das Band, das sie zusammenhält, zerrissen werden kann. Diese Möglichkeit wird erreicht und tritt hervor unter den uns sichtbaren Creaturen im Menschen, dem Gipfelpunkt der in der fortschreitenden Stufenfolge der Natur hervortretenden Wesen. Erst im Menschen wird das in allen andern Dingen noch zurückgehaltene und unvollständige Wort völlig ausgesprochen, er erhebt sich aus der Natur über die Natur, aus dem Creatürlichen ins Uebercreatürliche. Als natürliches Individuum ist der Mensch selbstich, als selbstbewusstes Wesen ist er geistig, als geistige Selbstheit persönlich. Kraft seiner Persönlichkeit ist der Mensch ein für sich seiendes, von Gott geschiedenes Wesen, kann sich darum vom Universalwillen losreissen, an dessen Stelle setzen, dadurch die Ordnung der Centra umkehren. Diese Erhebung des Grundes über die Ursache, des Eigenwillens über den Urwillen, diese Setzung des falschen Centrums ist das Böse. Mit ihr entsteht das falsche Leben, ein

Leben der Lüge, ein Gewächs der Unruhe und Verderbniss. Nicht im Mangel des Guten besteht das Böse, sondern im aktiven Gegensatz, in der Erhebung des Eigenwillens gegen den Universalwillen. Daraus allein, dass im Menschen das Band der Prinzipien kein nothwendiges ist, sondern ein freies, erklärt sich die Möglichkeit des Bösen, die aber noch nicht die Wirklichkeit einschliesst. Die Möglichkeit des Bösen geht in Wirklichkeit über nicht durch Prädestination Gottes, nicht durch eine Nöthigung der Natur, sondern durch Unterliegen der an den Menschen herantretenden Versuchung zur Selbsterhebung. Dieses Unterliegen ist eine That, die weder indeterministisch, noch deterministisch erklärt werden kann, weder aus Willkür noch aus Nöthigung. Es gibt eine Freiheit, die nichts gemein hat mit dem Zufall, so wie nichts mit dem Zwang, in der Freiheit und Nothwendigkeit vollkommen eins sind: eine innere, aus dem Wesen des Handelnden selbst quellende Nothwendigkeit, nicht zeitlicher und empirischer, sondern intelligibler Natur, das intelligible Wesen des Handelnden selbst. Der intelligible Charakter ist frei, denn er ist die That des Individuums selbst, darum sind alle Handlungen, die aus ihm folgen, frei, weil sie folgen, nothwendig. Der intelligible Charakter ist eine der Natur nach ewige That, die durch die Zeit, unergriffen von ihr, hindurchgeht. Jeder Einzelne ist kraft seiner Selbstentscheidung dieser bestimmte Charakter, diese durchgängig bestimmte Individualität von Ewigkeit her; seine Selbstentscheidung fällt zusammen mit der ersten Schöpfung, er wird nicht erst dieser Charakter, sondern ist es. „So hat der Mensch, der hier entschieden und bestimmt erscheint, in der ersten Schöpfung sich in bestimmter Gestalt ergriffen und wird als solcher, der er von Ewigkeit ist, geboren, indem durch jene That sogar die Art und Beschaffenheit seiner Corporisation bestimmt ist." Die Möglichkeit der Besserung und des Guten im Menschen ist darum nicht ausgeschlossen. Denn das Böse ist Freiheitsthat, die Freiheit ist unzerstörbar, sie kann die Grundrichtung des Willens bestimmen, verkehren, darum auch ändern, weil das Böse Verkehrung ist, eben darum schliesst er die Umkehr nicht aus, vielmehr bleibt diese durch die Freiheit nicht bloss möglich, sondern fortwährend gefordert.

Ohne Persönlichkeit Gottes könnte die göttliche Selbstoffenbarung, die seine bewusste That ist, nie sein. Die beiden nothwendigen Bedingungen sind das reale und ideale Prinzip, Basis und Existenz, Natur und Geist. Die Persönlichkeit besteht in der Vereinigung beider, darin, dass sie sich beide ganz durchdringen und ein Wesen ausmachen. Da das Band derselben absolut ist, so ist Gott die höchste Persönlichkeit, Geist im eminenten oder absoluten

Verstande. Die göttliche Persönlichkeit ist der alleinige Inhalt der ewigen Selbstoffenbarung Gottes. Gott offenbart sich zugleich als Erstes und Letztes, als Grund und Zweck, als Natur und Geist, als Kraft und Einheit aller Kräfte. Alle Kraft ist Wille: Wille des Grundes und Wille der Liebe. Der Wille des Grundes ist Offenbarungsdrang, Sehnsucht des Einen sich zu gebären. Der Wille der Liebe ist schlechthin frei und bewusst, seine Offenbarung Handlung und That. Was Gott ist, offenbart er sich selbst von Ewigkeit her. Gottes Selbstoffenbarung — Wirken und Erkennen — sind ewige, zeitlose, ungetrennte Akte. In der in seinem Verstande ewig gegenwärtigen urbildlichen Welt verwirklicht sich Gott ideal, erkennt er sich zuvor in seiner Verwirklichung. So ist die Nothwendigkeit in Gott eine von Ewigkeit her erleuchtete, erkannte, darum sittliche. Da alle Nothwendigkeit aus der Persönlichkeit Gottes stammt, so kann es keine andere geben als diese, die mit der Freiheit Gottes zusammenfällt. Mit der Persönlichkeit Gottes ist auch die Einheit und sittliche Nothwendigkeit der Welt gesetzt. In dem göttlichen Verstande ist ein System, aber Gott selbst ist ein Leben. Da Gott seine Natur, alle Natur, unter sich hat, sein Eigenwille mit seinem Universalwillen vollkommen eins ist, so gibt es in Gott weder eine Möglichkeit noch eine Wirklichkeit des Bösen. Das Böse ist nur möglich in einer endlichen Persönlichkeit, mit deren Macht nothwendig zugleich die Ohnmacht gesetzt ist. Das Böse innerhalb der Schöpfung folgt nur begleitungsweise aus der Selbstoffenbarung Gottes. Das alleinige Ziel aller Entwickelung in der Welt ist das Gute. Aber das Gute kann nicht sein ohne die höchste Willensenergie, die Anspannung des Eigenwillens und der ihm dienenden Kräfte. Diese Erregung der Selbstheit ist das Werk der Natur. Dass sie im menschlichen Eigenwillen zum Bösen verkehrt wird, ist nicht Werk der Natur und nicht Wille Gottes, sondern des Menschen eigenste That. Weil aber das Böse als Verkehrung nur von den Mitteln und der Kraft zum Guten lebt, so ist es keine selbstständige Gegenmacht, kein Krieg, sondern Rebellion. Die Ohnmacht unterliegt der Allmacht, das Ende ist die Ausstossung des Bösen vom Guten, nicht Wiederherstellung des Bösen zum Guten, nicht Wiederbringung aller Dinge, sondern Vernichtung des Bösen. Die letzte Krisis entscheidet mit der Rückkehr des Bösen in das Nichtsein zugleich die Verklärung und Vergeistigung der Welt, die Erhebung des geläuterten Eigenwillens in den Universalwillen, die absolute Gemeinschaft mit Gott, das ewige Sein und Leben. Dieses Ziel und Ende der Dinge fällt zusammen mit dem der göttlichen Selbstoffenbarung. Jene letzte Scheidung bewirkt die vollkommene Aktualisirung Gottes, den Zustand der Weltverklärung, jenes Ziel der Zeiten, wo Gott Alles in Allem, d. h. wo er ganz verwirklicht sein wird. So ist das ewige Sein Gottes mit dem ewigen Werden, der Pantheismus mit dem Theismus vereinigt, die göttliche Alleinheit mit der göttlichen Persönlichkeit.

Der Fortschritt, den die Philosophie Schelling's in der Schrift über die Freiheit des menschlichen Willens machte, liegt vor Allem in der Erkenntniss der Persönlichkeit Gottes und der daraus folgenden Persönlichkeit des Menschen, womit die individuelle Unsterblichkeit gesetzt war. Wenn nach Schelling jeder Einzelne (jeder Mensch) kraft seiner Selbstentscheidung von Ewigkeit her dieser bestimmte Charakter, diese bestimmte Individualität ist, wenn er als solcher, der er von Ewigkeit ist, geboren wird, „wenn der Gute aus der Finsterniss zur Aktualität erhoben werden soll, um mit Gott unvergänglich zu leben, wenn die aus der Finsterniss an's Licht Geborenen sich dem idealen Prinzip als Glieder seines Leibes anschliessen," so können diese Bestimmungen nur im Sinne der Behauptung der individuellen Unsterblichkeit aller Menschen verstanden werden, jedoch mit Ausnahme der Grundbösen, die zuletzt vernichtet werden. Die Idee einer ewigen Natur in Gott erkennen wir an, wenn man sie als den Inbegriff göttlicher Kräfte fasst. Sie aber als dunkeln Grund, als bewusstlosen, doch ahnenden Willen zeitlich der Erhebung Gottes in das Selbstbewusstsein vorausgehen zu lassen, heisst in Gott die Zeit einführen, Gott einer zeitlichen Entwickelung, wenn auch zu einem ewigen Ziele, unterwerfen. Da eine solche Entwickelung anfangslos gewesen sein müsste, weil Gott sonst irgend wann nicht gewesen wäre, so könnte sie auch nur am Ende ein Ziel erreichen, und so könnte Gott nie vollendet sein, würde nur endlos in der Entwickelung begriffen sein. Die Natur in Gott ist vielmehr ewig dem göttlichen Geiste unterworfen, in's göttliche Licht verklärt, die Unterwerfung der ewigen Natur unter Gottes Geist ist ein göttlicher Prozess, aber ein ewiger, der keinen zeitlichen Anfang sowie kein zeitliches Ende haben kann. Gott ist nicht nach einem Zeitverlauf, nach Aeonen des Zeitverlaufs, sondern ewig vollendet. Nur als ewig vollendet, kann Gott Schöpfer sein. Ist er nicht ewig vollendet, so ist er nicht Gott und nicht Schöpfer; dann könnte nur die Welt sein und sonst nichts und weil dann nichts als die Welt wäre, so müsste sie aus und durch sich selbst sein, gleichviel ob man die Welt, den Kosmos, monistisch oder pluralistisch fassen wollte oder müsste. Leugnete also Schelling die ewige Vollendetheit Gottes, so würde er, bei consequentem Denken, dem Atheismus zugetrieben worden sein, den er doch gerade überwinden wollte. Der Persönlichkeitspantheismus ist wohl die höchste, ja edelste Form, welche der Pantheismus ersteigen kann, aber je näher er durch die Anerkennung der Persönlichkeit Gottes dem Theismus tritt, um so greller tritt der Widerspruch hervor, der in der Annahme liegt, dass Gott, wiewohl das absolute Wesen, sich aus Unvollkommenheit zur Vollkommenheit emporringen soll. Wenn nach Schelling Gott dereinst in die Vollendung eintreten und dann ewig darin bestehen wird, warum soll er nicht von Ewigkeit her darin bestehen können, da er doch kein endliches, sondern das absolute Wesen ist? Warum wurde Schelling nicht gewahr, dass er im Grunde Gott zu einem nicht zwar geradezu endlichen, aber doch mit der Endlichkeit behafteten Wesen machte? Und doch soll er nicht ewig damit behaftet sein, denn dereinst soll er ja in die Vollendung eintreten können und nothwendig eintreten, um ewig darin zu beharren, so dass man auch nicht sagen kann, Schelling habe sich ein ewiges, vollendetes Leben gar nicht denken können. Er konnte es sich nur nicht anders denken, als dass es eben erst errungen werden müsse. Ein errungenes ewiges Leben kann aber nur für ein bedingtes, geschaffenes, endliches Wesen gedacht werden. Wenn nach Schelling die Welt denn doch die Selbstentfaltung, Selbstverwirklichung Gottes sein sollte, so lag es in der Consequenz, einen universellen Determinismus aufzustellen. Denn das Entfaltete kann nur durch und durch vom Entfaltenden bestimmt sein. Aber wie war dann das faktisch vorhandene, nicht zu leugnende Böse zu erklären? Consequent hätte es geleugnet, nur als Schein erklärt werden müssen. Dazu konnte sich der ethische Sinn Schelling's nicht verstehen. So nahm er Zuflucht zu dem Begriff einer derivirten, abgeleiteten, Absolutheit, welche er doch nicht allen, sondern nur den geistigen Wesen, obgleich diese wenn auch nur für die Erscheinung sich aus den natürlichen Wesen erheben sollten, zuschreiben konnte. Aber eine abgeleitete Absolutheit ist schon an sich selbst ein Widerspruch in sich, um so mehr in einer schliesslich denn doch monistischen Lehre. Wenn Gott Freiheit des Willens verleihen kann, so setzt diess von ihm verschiedene, wenn auch durch ihn geschaffene Wesen voraus, aber in Entfaltungsmomenten seines eigenen Seins kann er nur seine eigene allbestimmende Absolutheit walten lassen, nicht aber ihnen eine von seiner eigenen verschiedene, getrennte zweite Absolutheit verleihen. Diese abgeleitete Absolutheit soll einem jeden geistigen Wesen zukommen, also einer für uns unbestimmbar grossen Anzahl geistiger Wesen und diesen wird geradezu Ewigkeit (Gleichewigkeit mit Gott, also Nichtgeschaffenheit, wenn gleich nicht sowohl Gewordenheit als vielmehr Entfaltetheit) zugeschrieben und aus ihrer abgeleiteten, also doch bedingten Absolutheit heraus sollen sie ewig frei und doch nothwendig, nothwendig und doch frei mannigfaltigst sich den Charakter bestimmt haben, mit dem sie in das zeitliche Leben eintreten; und wie sich herausstellt, hätten sie sich sämmtlich — auch die noch nicht zeitlich erschienenen — wie es scheint in verschiedenen Graden böse bestimmt und obgleich sie sich bei der Leugnung auch des begrenztesten Indeterminismus doch nicht zum Guten, wenn auch vielleicht anders böse hätten bestimmen können*), so soll ihnen doch ihre Entscheidung zugerechnet werden können und zugerechnet werden und trotz ihrer überzeitlichen Entscheidung zum Bösen in dieser oder jener Weise, in diesem oder jenem Grade soll ihnen doch im zeitlichen Leben eine Umkehr vom Bösen, Besserung möglich sein, die Unverbesserlichen aber sollen trotz dem, dass sie als ewige Wesen vorgeführt wurden, vernichtet werden. Sie müssten also danach doch die in die Zeitlichkeit mitgebrachte Besserungsfähigkeit haben verlieren können, da nicht anzunehmen ist, dass Gott besserungsfähige Wesen vernichten würde. Auch müsste Gott, da nach Schelling alle Weltwesen Entfaltungen Gottes selbst sind, Momente, Entfaltungsformen, Theile seiner selbst vernichten können. Die versuchte Aushülfe, dass in Gott etwas sei (die Natur), was nicht Gott selbst sei, reicht nicht aus, und ist nichtig. Denn in Gott, d. h. in dem was Gott ist, kann Nichts sein, was nicht Gott ist. Ist in Gott Geist, so ist er sein Geist, ist in Gott Natur, so ist er seine Natur. Ist Gott Einheit von Geist und Natur, so ist er sowohl Geist als Natur, Geist und Natur in ungetrennter und untrennbarer Einheit. Nicht der naturlose, sondern der naturbeherrschende und als solcher naturfreie göttliche Geist ist der absolute Geist.

---

*) Friedrich Harms (Die Philosophie seit Kant, S. 409—410) sagt, nach Schelling sei der Abfall eine Nothwendigkeit a priori, welche aus dem Begriff der Offenbarung Gottes hervorgehen solle und fährt dann fort: „Damit weiss man aber nicht mehr, ob der Abfall böse oder gut, ob die That der Entscheidung frei oder nicht vielmehr unfreiwillig war ... Die Freiheit ist, wie man sieht, bei Schelling nur eine Freiheit zum Bösen. Die energische Bestreitung dieser Abfallslehre von Seiten Baader's hätte Harms allein schon genügen können, Unwissenden nachzusprechen, dass Baader der Schelling'schen Schule angehöre. Es ist unerhört, diese Geschichtsverfälschung immer auf's Neue von Geschichtsschreibern der Philosophie wiederholt finden zu müssen, während sie längst widerlegt ist. Diejenigen, die sie noch immer sich zu Schulden kommen lassen, können nicht zehn Blätter in Baader's Werken gelesen haben. Wie lange wird man noch so seicht, ungründlich und leichtfertig Geschichte der Philosophie schreiben? v. Hartmann lerne Baader's Werke erst kennen.

Die Unendlichkeit des absoluten Geistes verendlicht sich nicht und theilt sich nicht auseinander in endliche Wesen, sondern Gott bleibt einzig in seiner Unendlichkeit beschlossen. Wenn alle Dinge aus einem Grunde, der in Gott ist, sind, so sind sie alle aus Gott, da in Gott oder als Gott nichts sein kann, was er nicht selber ist. Denn nicht bloss sein Geist, sondern auch seine Natur, da beide in Einheit sind, ist er selbst. Es fragt sich nur, welche Begriffe man mit den Ausdrücken des In-Gott-Seins und des Aus-Gott-Seins verbindet. Im eigentlichsten und strengsten Sinne kann in Gott nichts sein als was er selbst ist und liesse sich was er selbst ist, in unendlichen Theilbestimmungen ausdrücken, so würde von allen das In-Gott-Sein gelten müssen. Wenn etwas ist, was er nicht selbst ist, so kann es, da nicht mehrere Absolute sein können, nur durch ihn sein, nur von ihm geschaffen sein. Die Welt ist nicht Gott und nicht ein anderes Absolutes, dergleichen unmöglich ist, also ist sie von Gott geschaffen. Wer nicht Gott selbst ist, wenn gleich durch ihn, ist ausser ihm, weil verschieden von ihm. Weil aber alles ausser ihm Seiende durch ihn ist, so ist und bleibt es in seiner Macht und das In-seiner-Machtsein ist nur in anderer und secundärer Weise ein In-Gott-Sein und total unterschieden von dem In-Gott-Sein alles dessen, was Gott selbst ist. Von dieser und jener Weise des In-Gott-Seins ist unterschieden eine dritte Weise des In-Gott-Seins, welche eintritt, wenn das geschaffene, in diesem Sinne ausser Gott seiende Wesen in Gottes Willen eingehend sich in ihm vollendet, womit es nicht Moment oder Theil Gottes selbst wird, aber über das blosse In-der-Macht Gottes-Sein in die innigste Gemeinschaft mit Gott erhoben wird. Man darf also nicht mit Schelling die verschiedenen Weisen des In-Gott-Seins mit einander verwechseln und vermengen.

Pantheismus ist die Lehre, dass Alles, was ist und erscheint, Gott sei, Gott in seiner Einheit wie in seiner Entfaltung, in seiner Wesenheit wie in seinen Erscheinungsformen. Gott und Welt sind ihm daher Ein und dasselbe Wesen — Ἐν καὶ πᾶν — Unendliches und Endliches, Inneres und Aeusseres, Hohes und Niederes, Geistiges und Natürliches sind ihm ein und dasselbe göttliche Wesen. Der Persönlichkeits-Pantheismus wäre nicht mehr Pantheismus, wenn er diesen Grundgedanken verleugnete oder aufhöbe. Er ist aber in vollem Einklang mit demselben und unterscheidet sich von dem gemeinen Pantheismus nur dadurch, dass er den stabilen Pantheismus, nach welchem das Gottseiende Weltall sich ewig nur wie in einem Tretrade bewegt, in einen geschichtlichen zu verwandeln sucht. Damit wird der Pantheismus allerdings ungleich interessanter für Phantasie und Gemüth und nimmt sich geistreicher, geweckter, auch wegen Einverwebung theistischer Gedankenelemente religiöser aus, als der starre, monotone, leblose Spinozismus. Aber er belastet sich in seiner philosophischen Romantik, wie wir bereits gesehen haben, mit einer schwer auszurechnenden Summe von Widersprüchen, wenn wir auch die Fülle von Anklängen an das Tiefste, den Reichthum von Ahnungen der herrlichsten Wahrheiten bewundern müssen. Der erste Widerspruch liegt in der Annahme nicht eines Gottes, der ewig wird, was er ewig ist, sich ewig verjüngt, nicht ein bewegungsloses, todtes, starres Sein ist, sondern ewiges Leben, aber ewig dasselbe Leben, sondern in der Annahme eines zeitlich werdenden, aus eigner Unvollkommenheit zur Vollkommenheit sich erhebenden, aus bewusstlosem Willen (Natur) zum selbstbewussten Willen, aus Bewusstlosigkeit zum Bewusstsein sich herausarbeitenden Gottes. Dieser werdende Gott soll, man weiss nicht von wann an, Centralwille gegenüber den Particularwillen sein und gleichwohl erst mit der durch die freinothwendige Unterwerfung und Eingliederung der ihm zugewendeten Particularwillen vermittelten Weltvollendung sich vollenden, um dann als in sich und in seiner Welt, die er selbst ist, ewig vollendet zu leben. Daran reihen sich die weiteren Widersprüche der Annahme abgeleiteter Absolutheit aus der schlechthinnigen Absolutheit des Einen, welches Alles ist und doch Anderes ausser sich haben soll, der Freiheit der Particularwillen, die doch mit der Nothwendigkeit eins sein soll, der Annahme der Willens- und Charakterentscheidung der Particularwillen in einem intelligiblen überzeitlichen Sein, welches doch nur ein ideales sein könnte, in dem sich das Vorhandensein der Bedingungen einer Selbstentscheidung gar nicht denken lässt, der Annahme, dass jeder in die Zeitlichkeit eingetretene Mensch seine in der intelligiblen Region oder Seinsweise „von Ewigkeit her" getroffene Selbstentscheidung ändern, sich bessern (auch wohl wieder verschlechtern und wieder verbessern) könne, endlich sogar für immer die Besserungsfähigkeit verschlechtern, verlieren könne, obgleich früher gesagt war, dass die Freiheit, d. h. die Bestimmbarkeit des Willens jetzt auch zum Guten unzerstörbar sei. Der kühne, geniale Versuch Schelling's, durch Steigerung des gemeinen Pantheismus zu einem geschichtlichen Persönlichkeits-Pantheismus, durch Verschmelzung des Theismus mit dem Pantheismus, in welchem der Theismus das dominirende, der Pantheismus das untergeordnete, eingegliederte Moment bilden sollte, zu einer befriedigenden Philosophie, welche nicht Nothwendigkeits- sondern Freiheits-System wäre, zu gelangen, kann nicht als gelungen gelten. Er konnte schon darum nicht gelingen, weil keinerlei Form des Pantheismus, mag sie sich noch so sehr mit theistischen Momenten verschmelzen, ein Freiheits-System begründen kann. Der Pantheismus besteht eben in dem Grundgedanken, dass es nur ein einziges und einiges wahrhaft Seiendes geben könne, folglich das Weltall nur die Entfaltung, die Auseinanderbreitung, die Selbstauswirkung und Selbstverwirklichung des Absoluten als des allein wahrhaft Seienden sein könne und sei. Dieser Grundgedanke ist und bleibt derselbe in allen Systemen, welche sich pantheistisch nennen, sie mögen das alleinige Absolute als bewusstlose Urnatur, oder als Uridee oder Urbegriff und Inbegriff aller Ideen oder Begriffe, oder als blinden Willen oder auch als sich aus Natur oder blindem Willen aufringendes Selbstbewusstsein (Persönlichkeit) auffassen und bezeichnen. Aber die letztere Gestalt des Pantheismus steht dem Uebergang zum Theismus am Nächsten und bereitet ihn geistreicher und genialer vor, als alle frühern pantheistischen Systeme. Durch Schelling ist der gemeine Pantheismus stark in den Hintergrund zurückgedrängt und der Persönlichkeits-Pantheismus zu hohem Ansehen erhoben und zu nicht geringer Verbreitung gebracht worden. Unsere namhaftesten Philosophen in Deutschland huldigen dem Persönlichkeits-Pantheismus, wenn auch in mehr oder minder umgebildeten Formen, und da ein Rückfall zum gemeinen Pantheismus allenfalls bei Naturforschern stattfinden mag oder wird, kaum aber bei begabten geschichtsphilosophiekundigen Philosophen, so darf das Hervortreten und die Ausbildung eines tieferen Theismus mit gutem Grunde erwartet werden. In Baader's genialen Werken ist er schon in grundlegenden Hauptzügen enthalten.*)

Kehren wir zu des Verfassers Darlegung der Philosophie Schelling's zurück, so lässt er im letzten Capitel des Vorliegenden noch die Schilderung der Controversen Schelling's mit Eschenmayer und Jakobi folgen, in welchen sich Schelling seinen beiden Gegnern an Geisteskraft weit überlegen gezeigt hat, wenn wir auch nicht sagen können, dass er alle Einwendungen befriedigend erledigt habe. Zum Abschluss bemerkt der Verf., dass die dargelegte Gestalt der Lehre Schelling's die letzte sei, die er selbst öffentlich beurkundet habe, aber nicht die letzte in seiner eigenen Entwickelung. Er erwähnt noch der Schelling'schen Stuttgarter Privatvorlesungen aus dem Jahre 1810, des Gesprächs: Ueber den Zusammenhang der Natur mit der Geisterwelt und der „Weltalter" vom Jahre 1811,

---

*) 1. Die Weltalter: Lichtstrahlen aus Baader's Werken. Erlangen, Besold 1868. 2. Grundzüge der Societätsphilosophie Baader's. 2. Auflage. Würzburg, Stuber, 1865.

welche sich an seine Schrift über die menschliche Willens-Freiheit anschliessen, und zum Theil modificirt und vertieft sie weiter ausführen. Wir halten diese drei Schriften, wohl die zugleich gemüthreichsten und edelsten aller seiner Schriften, für besonders bemerkenswerth wegen der bestimmteren Ausführungen über die in der Freiheitslehre errungene Form der Unsterblichkeitslehre und der Beziehungen der Natur und der Menschheit zur Geisterwelt. Indem der Verf. noch darauf hinweist, dass in der neueren Philosophie kein Objekt der Durchdringung und Darstellung grössere Schwierigkeiten bereitet als Schelling's Philosophie, schliesst er den vorliegenden Band, die Darlegung der letzten Gestalt der Schelling'schen Philosophie dem nächsten Bande vorbehaltend. Wir haben nur noch hinzuzufügen, dass unseres Erachtens kein Vorgänger des Verfassers gleich viel für das Verständniss dieser Philosophie geleistet hat und dass er sie mehr als jeder Andere der gebildeten Welt nahe zu bringen verstanden hat.

14.

Kant's Theorie der Erfahrung von Dr. Hermann Cohen. Berlin, Dümmler (Harrwitz und Gossmann 1871), J. H. Fichte's Charakteristik der neueren Philosophie und Harms' die deutsche Philosophie seit Kant.

Herr Prof. Cohen schickte seiner oben bemerkten Schrift eine Vorrede voraus, in welcher er die Tendenz seines Unternehmens darlegt. Er hat es unternommen, die Kantische Apriolitätslehre von Neuem zu begründen. Er will den historischen Kant wieder darstellen und ihn in seiner eigenen Gestalt, so weit er ihm erfassbar wurde, seinen Widersachern gegenüber behaupten. Nach ihm steht es mit der historischen Kenntniss der Kantischen Philosophie in Deutschland nicht gut. Berühmte Forscher zeihen einander der Unwissenheit in Bezug auf die wichtigsten und gemeinsten Sätze des Kantischen Systems. Da erwächst ihm denn die Pflicht einer Metakritik. Gelänge ihm Metakritik, positive exakte Darlegung und Begründung, so würde er durch die Wiederaufrichtung der Kantischen Autorität für die philosophischen Studien unabsehliche Förderung erwarten. Wenn, eifert er weiter, nach dem Ausspruch Vieler der Philosophie nur durch Kant wieder aufgeholfen werden kann, so thut vor Allem die Einsicht Noth, dass dieser ein **Genius** sei. „Dann wird alles kluge Besserwissen füglich schweigen, die eigene Weisheit sich gedulden, bis man mit Ernst und Eifer durch die schwierigen Sätze sich hindurchgearbeitet hat, bis man das Kantische Gebäude vom Einzelnen zum Ganzen und abwärts sicher durchschreiten kann." Als höchsten Gewinn aber seines Unternehmens erwartet der Verf. das daraus erfolgende Hervorleuchten der durch verschiedene Angriffe getrübten Erkenntniss der sittlichen Reinheit des „alten ehrlichen Kant" in seinem Philosophiren. — Die Tendenz des Verfassers ist klar genug. Aber sie erscheint uns von vorn herein überspannt. Es wird ihm zweifellos gelingen, uns Kant als grossen genialen Philosophen zu beweisen, aber wir werden damit wenigstens nicht mehr erfahren als wir schon wissen. Es käme jedoch darauf an, dass er Kant uns als den klassischen Philosophen zeigte, der mit Recht auf den Thron der Philosophie erhoben werden könnte und fortan für alle Zeiten als unanfechtbare Autorität zu gelten hätte. Wir verhehlen nicht, dass wir solche Leistung von seiner Schrift nicht erwarten können, und sollte sie ausbleiben, so würde die vorgeschlagene Erhebung Kant's zur massgebenden Autorität, wenn sie erfolgen könnte, wie sie nicht erfolgen kann, nur zum grössten Nachtheil der Philosophie ausschlagen, indem sie eine entgeistende Nachtreterei und Nachbeterei und eine enorme Schädigung und Hemmung, ja fast völlige Unterdrückung der Produktivität und fortschrittlichen Bewegung des Geistes zur Folge haben müsste. Es ist übrigens aus tausend Gründen nicht im Geringsten zu besorgen, dass solche Calamität über die Philosophie kommen werde.

Man hätte erwarten sollen, dass der Verf., um Kant als in allen Grundfragen entscheidende Autorität auf den Thron der Philosophie zu erheben, mit einer Gesammtdarlegung der Kant'schen Philosophie — nach seiner Auffassung — hervortreten werde oder wenigstens mit einer erläuternden Darstellung der Kant'schen Erkenntnisslehre als demjenigen Theil seines Systems, der für den Charakter aller übrigen von so einschneidender Bedeutung ist. Statt dessen erhalten wir in der vorliegenden Schrift in 15 Rubriken zertheilte, wenn nicht zersplitterte, Studien, Vorstudien zur Systemsdarstellung, die man wenigstens stark vorwiegend zur Erkenntnisslehre rechnen muss, während es dem Verfasser beliebt, sie Theorie der Erfahrung zu nennen, als ob die Erfahrungslehre mit der Erkenntnisslehre identisch gesetzt werden könnte, da doch die Erfahrungslehre in der Erkenntnisslehre eingeschlossen sein muss. Diess ist um so auffälliger als der Verf. gleich in der Vorrede sein

Buch als ein Unternehmen bezeichnet, die Kantische Aprioritätslehre von Neuem zu begründen. Die ersten Capitel sind gleich den Aufstellungen Kant's über Raum und Zeit mit kritischer Berücksichtigung der Trendelenburg'schen Einwürfe gewidmet. Es wird dann der Zusammenhang der transscendentalen Aesthetik und der transscendentalen Logik betrachtet. Es folgen die formalen Bedingungen der Erfahrung, die Kategorien als Formen des Denkens. Bei Betrachtung der transscendentalen Deduktion der Kategorien wird ihr Unterschied von den empirischen und metaphysischen erörtert und die Darstellung nach der ersten und nach der zweiten Ausgabe der Kritik der reinen Vernunft auseinandergesetzt. Nach Hervorhebung der Bedeutung des Ich für die Kant'sche Lehre wird zur Lehre vom innern Sinn übergegangen und es werden Schopenhauer's Einwürfe untersucht. Daran knüpft sich die Bedeutung des Schematismus der reinen Verstandesbegriffe, die Untersuchung über den Unterschied des Analytischen und des Synthetischen und folgt in ziemlich ausgedehnter Darlegung die Aufstellung der synthetischen Grundsätze. Mit den Rubriken: Der transscendentale Idealismus als empirischer Realismus: das Ding an sich, und: der indirekte Beweis der Antinomie: der Weltangriff, schliesst die Schrift.

In der Untersuchung über Raum und Zeit, womit der Verf. seine Schrift beginnt, gibt er zu, dass bereits Cartesius und ebenso Leibniz die Lehre von den angeborenen Ideen in einem nüchternen Sinne verstanden haben, d. h. dass sie nicht eigentlich angeborene Ideen als fertige Gedanken, sondern als Anlagen zur Bildung von Gedanken und Ideen lehrten. Wenn nun der Verf. sich auf den Ausspruch Kant's beruft, dass zwar alle unsere Erkenntniss mit der Erfahrung anhebe, aber darum doch nicht eben alle aus der Erfahrung entspringe, so konnte er doch nicht zeigen, dass Kant damit etwas Anderes und mehr — ein Weiterführendes — gelehrt habe als Cartesius und Leibniz. Er konnte nicht, wenigstens damit nicht, beweisen, wie er gethan zu haben meint, dass Kant einen neuen Begriff der Erfahrung entdeckt habe. Wie Kant so haben auch Cartesius und Leibniz das Apriorische nicht aus der Erfahrung entspringen lassen, sondern aus der durch von Aussen kommenden Anregung der Spontaneität des Geistes, des Ich. In die Frage, wie es komme, dass das Apriorische im Geiste erwache, da es doch zwar potentia, aber nicht actu der Erfahrung vorausgehe, wenn gleich auch zwar logisch, aber nicht zeitlich nachfolge, hat Kant nicht mehr Licht gebracht als schon Cartesius und Leibniz gebracht hatten. Vermöge ihres Apriorischen hätten beide Philosophen, wenn sie diesen Ausdruck passend gefunden hätten, mit gleichem Rechte wie Kant sagen können, die Dinge müssten sich um den Geist, die apriorischen Begriffe drehen, wie sich die Erde um die Sonne dreht, und nicht umgekehrt. Aber sie vermieden solche schiefen Ausdrucksweisen wohl schon darum, weil sie nicht auf sensationelle Wirkungen ausgingen, sondern auf wissenschaftliche Ueberzeugungen, und begnügten sich mit Erweckung der Einsicht, dass nie und nimmer Erfahrungen dem echten und unzweifelhaften Apriorischen widersprechen könnten, sondern ihm entsprechen müssten, wovon sie den letzten Grund nicht in sich und nicht in den Dingen, sondern in Gott als Schöpfer und Begründer des Subjekts und des Objekts, des Geistes und der Natur suchten und fanden. Wenn das Apriorische, losgelöst von seinem Grunde, seinem Begründenden, nach Kant mit dem Verf. so verstanden wird, dass die Vernunft nur einsehe, was sie selbst nach ihrem Entwurfe hervorbringe, was sie selbst in die Sache gelegt habe, wenn die Vernunft ihre Erfahrung produciren soll, so wird das Apriorische sammt der Erfahrung subjektivirt und aus dem Zirkel des Subjektiven ist nicht mehr herauszukommen zu einer objektiven Erkenntniss. Diess zeigt sich sofort an der Kantischen Raum- und Zeit-Theorie. Der Verfasser führt uns nach Kant vier Behauptungen vom Raume vor: 1. Der Raum ist kein empirischer Begriff, der von äusseren Erfahrungen abgezogen worden. 2. Der Raum ist eine nothwendige Vorstellung a priori, die allen äusseren Anschauungen zum Grunde liegt. 3. Der Raum ist kein diskursiver oder allgemeiner Begriff von Verhältnissen der Dinge überhaupt, sondern eine reine Anschauung. 4. Die ursprüngliche Vorstellung vom Raume ist Anschauung a priori und nicht Begriff. Allein die Beweisversuche des Verfassers sind nicht genügend. Der Raum ist kein empirischer Begriff, wie der Begriff eines Baumes, eines Thieres, eines Weltkörpers, er braucht überhaupt kein empirischer Begriff zu sein, er kann ein apriorischer sein, ohne dass er doch der Erfahrung zeitlich vorausgegangen sein, ohne dass er ohne Erfahrungsanregung entstanden sein muss. Er kann der Erfahrung wie ein Vorausgegangenes nicht zu Grunde liegen, sondern nur zugleich mit der Erfahrung überhaupt entstanden sein, ohne darum schon seine volle Ausbildung erlangt zu haben, wie man, um nicht weiter zurückzugehen, nicht dem neugeborenen Kinde die gleiche Vorstellung vom Raume wie dem zur Vernunftreife Erwachsenen zuschreiben kann. Eine reine Anschauung des Raumes gibt es nicht, weil die Vorstellung, die Anschauung, der Begriff des Raumes nicht zeitlich der Erfahrung vorausgehen, also auch nie von ihr getrennt sein kann. Alle Anschauung setzt ein Anschauendes und ein Angeschautes voraus. Ist also die ursprüngliche Vorstellung vom Raume Anschauung a priori, so muss ihr auch so ein Angeschautes entsprechen und der Raum ist nicht bloss subjektiv. Das Analoge mutatis mutandis gilt von der Zeit.

Nachdem vom Verf. die Kant'sche Theorie von Raum und Zeit als apriorische Anschauungsformen auf- und festgestellt ist, soll doch noch (im 6. Cap.) die Frage erhoben werden, ob von Raum und Zeit eine apriorische Erkenntnissart möglich ist. Als ob, wenn Obiges gültig sein soll, diese Frage nicht zu spät käme. Nach dem Verf. geht die Frage Kant's noch weiter, nämlich zu der der Möglichkeit eines a priori überhaupt. Wäre diese Frage aufzuwerfen und zu beantworten, so könnte sie doch wahrlich nicht a posteriori, sondern nur durch ein a priori gelöst werden. Man würde also eines a priori das a priori bedürfen und da man dann ebenso berechtigt wäre, nach dem a priori des das a priori begründenden a priori zu fragen, so geriethe man unausweichlich in eine sinnlose regressio in infinitum. Diess ist die verhängnissvolle Folge der Leugnung der Vitalprinzipien des menschlichen Erkenntnissvermögens, wie Baader sagt, also des tantalischen Versuchs, das Begründende selbst wieder begründen zu wollen. Nach dem Verf. soll sogar von der Möglichkeit apriorischer Erfahrung (eines hölzernen Eisens) die Rede sein können. Die Erfahrung ist ihm nach Kant (Prolegomena) des Produkt des Verstandes aus Materialien der Sinnlichkeit. Neben der Sinnlichkeit ist der Verstand Quelle der Erfahrung. Wenn der Verstand Quelle der Erfahrung (nicht Quelle des Verständnisses der Erfahrung) wäre, so müsste er das Producirende der Erfahrung (des Erfahrenen) sein und der subjektive Idealismus wäre fertig. Sagt Kant, dass es zwei Stämme der menschlichen Erkenntniss gebe, die vielleicht aus einer gemeinschaftlichen, aber uns unbekannten Wurzel entspringen, nämlich Sinnlichkeit und Verstand, durch deren erstere uns Gegenstände gegeben, durch deren zweiten aber gedacht werden, so blieben also Sinnlichkeit und Verstand vielleicht für immer getrennt, wenn nämlich die gemeinschaftliche Wurzel unbekannt bliebe und ihre Verbindung bliebe also insolange und wahrscheinlicher als nicht für immer ein unbegreifliches Räthsel. Würde aber Kant die gemeinschaftliche Wurzel noch gefunden haben, so würde er sie entweder in dem Innern des Geistes selbst gefunden haben und dann würde er doch nicht über den Subjektivismus hinausgekommen sein, oder er würde sie in einem über dem Geist hinausliegenden Absoluten gefunden haben, dann würde sein ganzes künstliches System über den Haufen gefallen sein.

Im VII. Cap. kommt der Verfasser nochmals auf die Frage zurück, ob Raum und Zeit (reine Anschauung derselben) nach Kant angeboren sind. Nach vielen Wendungen und Windungen wird eingeräumt, dass sich in dieser Frage ein Schwanken verrathe, über das Kant nicht hinausgekommen sei. Ist nun wenigstens der Verf. darüber hinausgekommen, wenn er schliesslich sagt: „Es kümmert uns (nunmehr) gar nicht, ob angeboren oder nicht: wir construiren nach den transscendentalen Prinzipien einen Begriff der Erfahrung; und was wir zur Herstellung dieser synthetischen Einheit nothwendig brauchen, diese nothwendigen Construktionsstücke nennen wir a priori." Welche Einsicht ist nun damit gewonnen? So scharfsinnig der Verf. im VIII. Cap.: die Kategorien als Formen des Denkens, Kant gegen Einwendungen und Ausdeutungen verschiedener Forscher in Schutz nimmt, so muss er doch einräumen, dass über die einzelnen Kategorien Streit sein kann. Mit gleichem Scharfsinn nimmt der Verf. Kants transscendentale Deduktion der Kategorien (IX. Cap.) in Schutz, besonders gegen J. Fries, und er bemüht sich die vermisste Verbesserung in der Darlegung der Kantischen Gedanken selbst, in den beiden Bearbeitungen (der ersten und der zweiten Ausgabe der Kritik der reinen Vernunft) aufzuzeigen. Das Ergebniss der langen und verwickelten Auseinandersetzung ist, dass der transscendentale Idealismus in der ersten wie in der zweiten Bearbeitung gelehrt und gewahrt werde. Nur das Verhältniss der transscendentalen Apperception zum innern Sinne sei in der zweiten Bearbeitung ausführlicher behandelt. Es wird nun (im X. Cap.) daran erinnert, dass Kant Sinnlichkeit und Verstand unterscheide und dass es nach der transscendentalen Aesthetik zwei Sinne gebe, den äussern (mit seinen fünf Modifikationen) und den innern. Die Vorstellungen, die innern Vorgänge unseres Selbsts, seien die Erscheinungen des innern Sinnes und da Alles, was durch einen Sinn vorgestellt werde, Erscheinung sei, so sei auch das Subjekt, welches der innere Sinn vorstellt, nur Erscheinung. Das Gemüth (das Selbst) schaue sich also selbst an, wie es sich von innen afficire, wie es sich erscheine, nicht wie es sei. Somit mache Kant das afficirende Subjekt zu einem transscendentalen Etwas. Danach ist also unser Selbst ein unerkennbares Ding an sich, wie hinter den äusseren Erscheinungen sich lauter Dinge an sich verbergen. Wie doch Kant nur wissen kann, dass er ein Selbst ist, wenn er in sich von nichts als lauter Erscheinungen weiss und ihr verborgenes Wesen unerkennbar ist. Und wie er doch nur von jenen äusseren Erscheinungen, die er Menschen nennt, das Gleiche wissen kann, dass ihnen äussere und innere Erscheinungen vorschweben, deren

Ding an sich (Wesen) ihnen unerkennbar ist." Auch für ihn sind sie nur äussere Erscheinungen in seinen innern Erscheinungen, so wie er für sie nur äussere Erscheinung ist, die auf ein Ding an sich hinweist, das ihnen wie ihm unerkennbar und doch als ein Selbst und noch dazu als ein geniales bekannt ist oder doch gedacht wird. Dennoch muss, man weiss nicht soll man sagen dem Selbst, dem Ich, dem Bewusstsein oder dem Inbegriff der innern Erscheinungen (das Ding an sich der innern Erscheinungen soll ja aus dem Spiel bleiben) eine reine Apperception neben dem innern Sinn zukommen. Der innere Sinn kann nämlich (S. 154) in dem Mannichfaltigen seiner Wahrnehmungen nur ein wechselndes Bewusstsein und demzufolge nur subjektive Wahrnehmungsurtheile geben. Die transscendentale Einheit der Apperception aber gewährt eine objektive Einheit des Selbstbewusstseins, insofern durch sie alles in einer Anschauung gegebene Mannichfaltige in einen Begriff vom Objekt vereinigt wird. Die Synthesis unterscheidet die Apperception von dem Sinne. Das sinnliche Ich fällt mit dem denkenden zusammen. Das Ich, das sich denkt und das Ich, das sich selbst anschaut, sind unterschieden und doch als dasselbe Subjekt einerlei. Wie aber die Raumesanschauungen nur Erscheinungen sind, so kann auch die Objektivirung unserer innern Zustände nur Erscheinung sein. Die Erscheinung aber setzt ein afficirendes Etwas voraus, im innern wie im äussern Sinne. Wie der räumliche Sinn von einem transscendentalen Objekt = X afficirt wird zur äussern Anschauung, so der innere Sinn von einem transscendentalen Subjekt = X zur innern. Daran spinnen sich nun die weiteren Erläuterungen des Verfassers fort, münden aber zuletzt in eine Bemängelung der Kantischen „Seelenvermögen" und in eine Hinweisung auf Herbart aus. Hatte der Verfasser schon in allen früheren Capiteln Kritisches gegen abweichende Auffassungen des Faktischen der Kantischen Lehre mit gründlicher Kenntniss und grossem, fast durchgängig treffenden Scharfsinn eingeflochten — nur auf Trendelenburg und Lambert können wir es nicht durchaus beziehen —, so widmet er nun (im XI. Cap.) den Einwürfen Schopenhauer's gegen die transscendentale Deduktion Kant's eine eingehende Untersuchung. Die Richtigstellung des Faktischen der Kantischen Lehre und dessen, wie Kant verstanden sein wollte, ist dem Verfasser in hohem Grade gelungen und sein Scharfsinn bewährt sich hier in glänzender Weise. Das Gleiche gilt von den Erörterungen über den Schematismus der reinen Verstandesbegriffe und die Auseinandersetzung des Unterschiedes der analytischen und synthetischen Begriffe (XII. Cap.). Nach den von Kant gemachten Voraussetzungen kann man das Meiste consequent gedacht finden, was der Verf. über die synthetischen Grundsätze Kant's (XIII. Cap.) vorträgt, aber es fragt sich, wie es mit der Gültigkeit der Voraussetzungen steht und über diese hat uns der Verf. keineswegs beruhigen können. In den zwei letzten Capiteln seiner Schrift (c. XIV. und XV.): Der transscendentale Idealismus als empirischer Realismus: Das Ding an sich; der indirekte Beweis der Antinomie: der Weltbegriff, macht der Verf. den angespanntesten Versuch, die Wahrheit der Grundlagen des Kantischen Kriticismus zu erweisen und wir müssen einräumen, dass er auch hier mit ausgezeichnetem Scharfsinn und mit grosser Consequenz verfährt. Aber von der Gültigkeit der Voraussetzungen Kant's kann er uns nicht überzeugen. Innerhalb seiner Voraussetzungen bewegt sich Kant, abgesehen von untergeordneten Fehlern, Incongruenzen, Nachlässigkeiten, mit so bewunderungswürdiger Geisteskraft und Consequenz, dass sich in der gesammten Geschichte der Philosophie nichts Gleiches auffinden lässt. Man gewinnt wenig über ihn, wenn man in einzelne Partien seiner Kritik der reinen Vernunft Bresche zu schiessen versucht. Einzelne Mängel corrigiren sich aus den Fugen des Ganzen. Erstaunlich ist, dass gerade derjenige Philosoph, der die Grenzen des menschlichen Erkennens so sehr eingeschränkt hat, von Vielen, ja der Mehrheit, als der grösste aller Philosophen gepriesen wird; bei welcher Erscheinung sich die Frage aufdrängt, ob solche Hochstellung der Ueberlegenheit der Geisteskräfte an sich, oder den Ergebnissen gilt. Die eminente Begabung Kant's steht ausser allem Zweifel, die Ergebnisse aber können nie allgemeine Ueberzeugung werden. Das Häuflein derer, die sich für überzeugt erklären, ist und bleibt verschwindend klein und ob einige mehr zur vermeintlichen Ueberzeugung überredet werden, fällt gar nicht ins Gewicht. Die Kantische Theorie der Erkenntniss oder, wozu sie der Verf. zuspitzt, der Erfahrung ist ein ungemein scharfsinniges, aber in der Grundlage falsches, künstliches System, das einen sonderbaren Idealismus und noch sonderbareren Realismus zusammenpappt, dessen Momente unvermeidlich auseinanderfallen in einen extremen Idealismus und einen extremen Realismus (Fichte, Herbart), die sich solange aneinander reiben, bis sie zusammen in Naturalismus und Materialismus zusammensinken.

Kant's Erkenntnisstheorie ist ein Versuch, zwischen Locke's Empirismus und Hume's Skepticismus durchzuschlüpfen. Diess erweist sich aus seiner Erklärung: „Der erste dieser beiden berühmten Männer (L. u. H.) öffnete der Schwärmerei (?) Thür und Thor. weil die Vernunft, wenn sie einmal Befugniss auf ihrer Seite hat, sich nicht mehr durch unbestimmte Anpreisungen der Mässigung in Schranken halten lässt; der zweite ergab sich gänzlich (?) dem Skepticismus, da er einmal eine so allgemeine für Vernunft gehaltene Täuschung unseres Erkenntnissvermögens glaubte entdeckt zu haben. Wir sind jetzt im Begriffe einen Versuch zu machen, ob man nicht die Vernunft zwischen diesen beiden Klippen glücklich durchbringen, ihr bestimmte Grenzen anweisen und dennoch das ganze Feld ihrer zweckmässigen Thätigkeit für sie geöffnet erhalten könne."*) Was konnte aus solchem Versuche anders als ein Mittelding herauskommen? Der Subjektivismus wurde damit nicht überschritten, auch nicht mit den hinzugenommenen Apriorität en der Anschauungen und der Begriffe. Denn sie sind nur subjektive und aus der Pistole geschossene Formen und gewähren nicht die mindeste objektive Erkenntniss. Ebensowenig die Vernunftideen von Gott, Seele, Welt. Denn sie lassen nur regulativen Gebrauch zu. Schon in der Fassung von Raum und Zeit als nur subjektiver Formen, apriorischer Anschauungen findet J. H. Fichte mit Recht den Ursprung des Kantischen Idealismus. „Er ergab sich nothwendig, sobald nur das Prinzip, das Allgemeine, welches ein Apriorisches sei, zugleich zum Subjektiven im Erkennen zu machen, mit Consequenz durchgesetzt wurde".**) Dem formalen Apriorischen wird das Aposteriorische entgegengesetzt, womit der Idealismus ein formaler, nicht materialer werden soll, aber es gewährt nur nothwendig subjektiv gefärbte Erscheinungen, denen zwar Wesen (Dinge an sich) zu Grunde liegen mögen, die uns aber absolut unerkennbar, ja ganz problematisch bleiben als „**die Vorstellung eines Dinges, von dem wir weder sagen können, dass es möglich, noch dass es unmöglich sei**".***) So ist das Erkennen (J. H. Fichte, S. 227) entblösst von aller Realität — es ist Nichtwissen des Wahren, das sich ihm stets verbirgt in der Hülle der Erscheinungen. — Und diess Erscheinende ist nur problematisch vom Schein zu unterscheiden. Denn wenn die Dinge an sich problematisch sind, wie sollten es die Erscheinungen nicht sein, wie sollte es nicht problematisch sein, dass sie mehr als Schein sind? Der nie abgeschlossene Begriff der Erscheinungen wird von Kant als ob er Natur sei betrachtet und nach ihm soll der Philosoph „**verbunden sein, sich seiner Vernunft so zu bedienen, als ob Alles blos**

---

*) Kritik der reinen Vernunft, herausgegeben von Hartenstein (als Separatausgabe) S. 120—121.
**) J. H. Fichte's Beiträge zur Charakteristik der neuern Philosophie, 2. Ausgabe, S. 188.
***) Kritik der r. Vernunft von Hartenstein, S. 257. Anderwärts spricht Kant nicht so problematisch von den Dingen an sich.

Natur sei."*) Alles, also auch der Geist? Die theoretische Vernunft käme also über den Naturalismus nicht hinaus? In der That nach Kant nicht, da sie Gott, Seele, Freiheit, Unsterblichkeit nicht beweisen kann. Sie hat nur dem moralischen Glauben eine Thüre offen gelassen, weil sie auch nicht beweisen kann, dass sie nicht seien. Ueber die ungelösten Räthsel des Verhältnisses des Verstandes zur Sinnlichkeit, der Verstandesbegriffe zu den Erscheinungen, des Dazwischenschiebens der Schemate der Einbildungskraft, der widerspruchvollen Fassung der an den Verstand angelehnten Vernunftideen verdienen J. H. Fichte's Untersuchungen und Darlegungen verglichen zu werden. Auch Harms findet den Subjektivismus Kant's schon in seiner Gleichstellung der Objektivität mit der Allgemeingültigkeit der formalen Begriffe ausgesprochen. Da der letzte Grund der Erkenntniss a priori der Formen des Denkens auf nichts als auf einer gegebenen Einrichtung unseres Verstandes beruht, einer unbegreiflichen Thatsache, so endet Kant's Erkenntnisstheorie mit einem Räthsel, der Mensch wird, sich selbst ein Wunder, von Allem isolirt, zum einzig centralen Wesen gemacht, während die praktische Vernunft diesen Anthropologismus wieder aufhebt, wenn gleich nicht theoretisch, was nach Kant unmöglich ist.**) Wer Harms weiter in seinen tiefeindringenden Darlegungen und Beleuchtungen folgen will, wird begreifen, nicht bloss warum es heute nicht einen einzigen orthodoxen Kantianer gibt, sondern auch warum, so berechtigt das erneute gründliche Studium Kant's ist, doch der noch so sehr bereinigte Kant nicht zur Grundlage der sich weiter entwickelnden Philosophie erhoben werden kann. So ausserordentlich und mächtig seine Anregungen waren, sind und sein werden, so wird doch nicht sein System, sondern nur sein grosser Reichthum von ihm ablösbarer Gedanken aufgenommen und weiter entwickelt werden. Auf welche Grundlage aber die philosophische Erkenntnisslehre zu stellen sei, hat Harms in seiner Abhandlung: Ueber den Begriff der Wahrheit (1576) ebenso scharfsinnig und tiefsinnig als klar dargelegt. Er stürzt die Kantische Theorie durch folgende Nachweisungen: Der Grundbegriff der Wissenschaften ist der Begriff der Wahrheit. Die Wahrheit ist wie der Grund der Existenz aller Wissenschaften, so das Ziel und der Zweck von allem Denken. Die Wahrheit ist das Sein, welches der Gegenstand des Denkens ist und mit dem Gedanken übereinstimmt und sie ist der Gedanke, welcher den Gegenstand darstellt wie er ist.

---

*) Daselbst S. 586.
**) Vergl. die Philosophie seit Kant von Harms, S. 184.

Das Sein hat keine Wahrheit, welches nicht von dem Gedanken erkannt werden kann und mit ihm übereinstimmt, und der Gedanke ist nicht wahr, der den Gegenstand anders darstellt als er ist. In diesem Begriffe liegt der Lehrbegriff eines Idealismus und eines Realismus der Vernunft. Denn der Gedanke ist ein Element der Wahrheit und das Sein ist ein Element der Wahrheit. Die Idee der Wahrheit stammt nicht aus der Erfahrung, sondern ist als Begriff a priori der Grundbegriff, Prinzip aller Wissenschaften. Das Ideal im Denken ist selbst der Grund des Strebens nach seiner Verwirklichung durch die Kräfte des Denkens. Könnten wir nach Kant die reale Wahrheit nicht finden, so bliebe nur formale Wahrheit nach. Es gibt allerdings formale (und ideale) Wahrheiten, aber sie sind nur wahr unter der Bedingung der realen Wahrheit. Sollte nach Kant gelten: Wie ich denken muss, so ist es nicht, sondern so erscheint nur der Gegenstand im Denken, so würde, dass ich nur Erscheinungen erkenne, keine Wahrheit haben, sondern es nur eine Erscheinung sein, dass ich nur Erscheinungen erkenne. Kant muss, um ein Erkennen der Erscheinung zu behaupten, den Grundsatz anwenden, den er bestreitet. Der Kriticismus Kant's ist Formalismus, der aber nicht durchgeführt ist und auch nicht durchgeführt werden kann. Diess beweist schon die Kritik der praktischen Vernunft, welche eine der Ausnahmen von seiner eigenen Lehre ist. Kant erkennt wohl die Grundsätze der Identität und des Widerspruchs im formalen Denken an, aber nicht in der Erkenntniss des Realen, womit das formale Denken sich bloss in Possibilitäten und Probabilitäten bewegt und er lehren musste, dass aus der Anwendung der formalen Wahrheiten des Denkens in Erkenntniss des Realen nothwendige Widersprüche, Antinomien, Täuschungen, Sophistereien, Peralogismen und Scheinbeweise entstünden. Damit hebt er die (Allgemein-) Gültigkeit der Grundsätze des Denkens für die Erkenntniss auf, worin ihm in verschiedener Weise Herbart und Hegel gefolgt sind.

15.

Die Freiheit der Wissenschaft im modernen Staat. Rede, gehalten in der dritten allgemeinen Sitzung der fünfzigsten Versammlung deutscher Naturforscher und Aerzte zu München am 22. September 1877 von Rudolf Virchow. Berlin, Wiegandt, Hempel und Paray, 1877.

Diese Rede des berühmten Naturforschers darf schon darum in dieser philosophischen Zeitschrift zur Sprache kommen, weil der

von ihr hervorgehobene Grundsatz der Freiheit der Wissenschaft
gerade so stark die Philosophie als die Naturwissenschaft angeht.
Die Eleganz und einfache Klarheit der Rede bedarf bei einem Meister
wie Virchow keiner besonderen Hervorhebung. Der Herr Redner
spricht sich erfreut über den dermaligen Besitz der Freiheit der
Wissenschaft, auch in München, aus und will diesen Besitz erhalten
und gesichert wissen durch Mässigung und Verzichtleisten der Naturforscher auf Liebhabereien und persönliche Meinungen. Darunter
versteht er nun das Festhalten des methodologischen Grundsatzes,
nur Dasjenige als gesichertes Ergebniss der Naturwissenschaft zu
behaupten, was streng erwiesen ist, also auch alles bloss Hypothetische scharf von dem Erwiesenen zu unterscheiden. — Ob nun
aber die Befolgung dieses wohlbegründeten Grundsatzes als Mässigung
zu bezeichnen sei, dürfte doch fraglich sein; wenigstens sollte eine
solchartige „Mässigung" bei den Naturforschern sich ganz von selbst
verstehen.*) Wo bliebe denn die so vielfach urgirte Exaktheit der
Naturwissenschaften, wenn Hypothesen, Möglichkeiten, subjektiv
beliebte Annahmen in gleichem Rang mit erwiesenen Thatsachen
der Erfahrung erhoben würden? Der von Virchow proklamirte
Grundsatz ist so alt als die Naturwissenschaft, wurde seit Jahrhunderten von hervorragenden Naturforschern hochgehalten und
befolgt und noch jüngsthin von A. Wigand in seinem dreibändigen
Werke: „Der Darwinismus" mit besonderem Nachdruck in Erinnerung
gebracht. Wäre nicht seit Jahrzehnten vielfach von Naturforschern
gegen jenen Grundsatz gefehlt worden, so hätte der Redner keinen
Anlass gehabt, ihn in Form einer Rüge und Warnung zum Vortrag
zu bringen. Es steht zu erwarten, dass das hohe Ansehen, in
welchem er steht, seiner Erinnerung Beachtung und auch bei Unbefangenen Befolgung sichern wird. Sie war jedenfalls zeitgemäss
und kann nur wohlthätig für den Fortgang der Wissenschaft wirken.
Aber die gestellte Forderung ist an sich gültig, ganz unabhängig
von der möglichen Gefährdung, welche der Freiheit der Wissenschaft
drohen könnte durch zu weite Benutzung derselben, wie sich der
Redner ausdrückt, wofür wir lieber gesagt hätten durch Missbrauch
derselben. Denn die Nichtbefolgung dieses Grundsatzes würde die
Wissenschaft in sich selbst verderben, da sie nur durch Befolgung
jenes Grundsatzes wirkliche, exakte Wissenschaft sein kann. Schwieriger ist die Beurtheilung der Aeusserung des Redners: „Es ist selbstverständlich, dass wir für das, was wir als gesicherte, wissenschaft-

---

*) Gegen Ende der Rede wird der Mangel solcher Mässigung wirklich
als Missbrauch bezeichnet.

liche Wahrheit betrachten, auch die vollkommene Aufnahme in den Wissensschatz der Nation verlangen müssen. Das muss die Nation in sich aufnehmen, das muss sie verzehren und verdauen, daran muss sie nachher weiter arbeiten." Dieses Verlangen liegt allerdings in der logischen Consequenz des Naturforschers. Aber auch der irrende Naturforscher wird das Gleiche verlangen. Wie und wodurch kann die Nation den irrenden von dem nicht-irrenden Naturforscher unterscheiden? Oder gibt es keine über Thatsächliches irrende Naturforscher? Wir kennen Schriften lebender Naturforscher, welche behaupten, der Materialismus sei Thatsache der Erfahrung, wir kennen andere, die dieser Behauptung entschieden widersprechen, sogar den Materialismus überhaupt verwerfen. Wer macht aus, wie viele Naturforscher auf der einen und wie viele auf der andern stehen? Und wäre es ermittelt, könnte die Majorität auf der einen oder auf der andern endgültig darüber entscheiden? Wer sind die „wir" (Naturforscher), von denen der Redner spricht? Doch nicht wohl die des gesammten Erdkreises. Also etwa die europäischen oder nur die deutschen? Gewiss sind sie bezüglich einer sehr grossen Zahl von Lehren einig darüber, dass sie streng erwiesene Thatsachen sind; aber dass sie alle über alle aufgestellten naturwissenschaftlichen Lehren einig wären, wird sich nicht beweisen und folglich mit Grund nicht behaupten lassen.*) Die Nation wird daher von naturwissenschaftlichen Lehren nur soviel aufnehmen, als man ihr annehmbar machen kann, und diess hängt von so Vielem ab, dass es kaum zu übersehen ist. Dabei ist gar keine Sicherheit darüber vorhanden, dass ihr unter Umständen auch Unrichtiges annehmbar gemacht werden kann. Im Grossen und Ganzen wird aber immer der Einfluss der Naturwissenschaft auf die Nation um so grösser sein und werden, je mehr die Naturforscher durch strenge Exaktheit sich Vertrauen erwerben. Selbst die Abstammung von irgend einem affenartigen Thiere**) würde keinen dauernden Widerstand in der Nation finden, wenn sie wirklich exakt und evident erwiesen werden könnte; nur wäre nichts gewisser, als dass alsdann keineswegs der Materialismus siegen würde, sondern

---

*) Nicht einmal die Atomenlehre ist dem Streite unter den Naturforschern entrückt. Auffälligstes Auseinandergehen der Ansichten findet sich, wenn man z. B. Spiller's und Radenhausen's Werke vergleicht, Forscher, die beide Materialisten sind und doch ungemein weit auseinandergehen, z. B. in der Lehre von der Entstehung der Weltsysteme und Weltkörper, der Eiszeiten und Anderem.

**) Sein und Werden der organischen Welt von F. Ratzel. Neue Ausgabe S. 580 ff.

dass die Weltanschauung der Naturforscher wie der Philosophen um so entschiedener sich panpsychistisch und damit spiritualistisch gestalten würde, und zwar auf theistischer Grundlage.

Zur Begründung dieser Behauptung müssen wir auf das näher eingehen, was der H. Redner über die generatio aequivoca vorbringt. Hören wir ihn: „Auch die generatio aequivoca, die so oft bekämpft und so oft widerlegt ist, tritt nichts desto weniger immer wieder uns gegenüber. Freilich kennt man keine einzige positive Thatsache, welche darthäte, dass je eine generatio aequivoca stattgefunden hat, dass je eine Urzeugung in der Weise geschehen ist, dass unorganische Massen, also die Gesellschaft Kohlenstoff und Comp., jemals freiwillig sich zu organischen Massen entwickelt hätten. Nichts desto weniger gestehe ich zu, dass, wenn man sich eine **Vorstellung** machen **will**, wie das erste organische Wesen von selbst hätte entstehen **können**, nichts weiter übrig bleibt, als auf Urzeugung zurückzugehen. Das ist klar: wenn ich eine Schöpfungstheorie nicht annehmen will, wenn ich nicht glauben will, dass es einen besonderen Schöpfer gegeben hat, der den Erdenklos genommen und ihm den lebendigen Odem eingeblasen hat, wenn ich mir einen Vers machen will auf meine Weise, so muss ich ihn machen im Sinne der generatio aequivoca. Tertium non datur. Da bleibt nichts Anderes übrig, wenn man einmal sagt: „ich nehme die Schöpfung nicht an, aber ich will eine Erklärung haben". Ist das die erste These, dann muss man zur zweiten These schreiten und sagen: ergo nehme ich die generatio aequivoca an. Aber einen thatsächlichen Beweis dafür besitzen wir nicht. Kein Mensch hat je eine generatio aequivoca sich wirklich vollziehen sehen, und jeder, der behauptet hat, dass er sie gesehen hat, ist widerlegt worden von den Naturforschern, nicht etwa von den Theologen .... Ich sage also, die theoretische Berechtigung einer solchen Formel muss ich anerkennen. Wer eine Formel haben will, wer sagt, ich brauche absolut eine Formel, ich muss mit mir ins Reine kommen, ich will eine zusammenhängende Weltanschauung haben, der muss entweder eine generatio aequivoca oder die Schöpfung annehmen; daneben gibt es nichts Weiteres mehr. Wenn wir uns offen aussprechen, so kann man ja zugestehen, die Naturforscher könnten eine kleine Sympathie für die generatio aequivoca haben. Wenn sie zu beweisen wäre, so wäre es sehr schön. Aber wir müssen anerkennen, dass sie noch nicht bewiesen ist. Beweise fehlen noch. Wenn jedoch irgend ein Beweis gelingen sollte, so würden wir uns fügen." Wir müssen hier gleich noch eine im weiteren Verlauf der Rede gefallene Aeusserung hinzunehmen, worin gesagt wird: „Es wird im Augenblick wenige Naturforscher geben, die nicht der Meinung sind, dass der Mensch mit dem übrigen Thierreiche im Zusammenhange steht, und dass, wenn auch nicht mit dem Affen, so vielleicht doch an anderer Stelle, wie auch Herr Vogt jetzt annimmt, ein Zusammenhang möglicher Weise sich finden lassen werde. Ich erkenne offen an, es ist das ein Desiderat der Wissenschaft. Ich bin ganz vorbereitet darauf, und ich würde mich keinen Augenblick weder wundern noch entsetzen, wenn der Nachweis geliefert würde, dass der Mensch Vorfahren unter anderen Wirbelthieren hat." Aber keine Thatsache, äussert der H. Redner weiterhin, beweist einen solchen Zusammenhang; auch die Schädel der Pfahlbauten beweisen nicht entfernt etwas dieser Art. „Thatsächlich, positiv müssen wir anerkennen, dass noch immer eine scharfe Grenzlinie zwischen dem Menschen und dem Affen besteht.*) **Wir können nicht lehren, wir können es nicht als eine Errungenschaft der Wissenschaft bezeichnen, dass der Mensch vom Affen oder von irgend einem andern Thiere abstamme.** Wir können das nur als ein Problem bezeichnen, es mag noch so wahrscheinlich erscheinen und noch so nahe liegen."

In diesen Aeusserungen ist uns nun vor Allem auffällig, dass der Hr. Redner von Vorstellung und von Formel spricht, wo er von Erklärung oder Erklärungsversuch sprechen sollte, dass er vom Glaubenwollen oder Nichtglaubenwollen, überhaupt vom Wollen spricht, wo es allein sich um wissenschaftliche Begründungen oder, wenn solche nicht erlangbar sein sollten, um den Mangel von Beweisen handeln kann. Dem Naturforscher ist es nicht gestattet, sich mit einer **Vorstellung** vom Ursprung des Lebens zu begnügen, sondern er hat nach einer **Erklärung** zu forschen. Es ist ihm nicht gestattet, nach Belieben den Schöpfer und die Schöpfung zu leugnen oder anzunehmen, sondern er hat hierüber, da er sich unausweichlich, absolut darüber entscheiden muss, wenn seine Forschung einen festen, unerschütterlichen Grund gewinnen soll, aus wissenschaftlichen Gründen sich zu entscheiden. Reicht er nicht an diese Fragen heran, so bleiben ihm auch die Antworten auf sie aus, und er bleibt über die letzten und höchsten Fragen der Naturwissenschaft in einem undurchdringlichen Dunkel und unauflöslichen Nebel

---

*) Unseres Wissens behauptet kein namhafter Naturforscher die Abstammung des Menschen von einem der heute noch lebenden Affen, sondern meist hypothetisch von einem gemeinschaftlichen Stammvater, der freilich ein affenartiges Wirbelthier höherer Stufe als die noch lebenden menschenähnlichen Affen gewesen sein müsste. Vgl. Ratzel am angeführten Orte. Spiller's Populäre Kosmogenie, S. 339 ff. 337 ff.

befangen. Der Hr. Redner setzt sich dem Verdacht aus, von der Ansicht eingenommen zu sein, dass Theismus und Spiritualismus widerlegt sein würden, sobald die generatio aequivoca und die Abstammung des Menschen von einem Wirbelthiere durch Thatsachen erwiesen wären. Diese gesuchten Thatsachen fehlen nach ihm zwar noch, aber nach seinen Voraussetzungen ist es unmöglich, dass er ihre Auffindung nicht erwarten sollte, worauf er sich für ganz gut vorbereitet erklärt. Und dann würde die Wahrheit des Materialismus erwiesen sein? Ist diess wirklich seine Ansicht? Geht seine ganze Absicht bei Warnung vor voreiligen Behauptungen nur darauf aus, die Welt darauf vorzubereiten, dass eines schönen Tages der Materialismus als unwiderlegliche Thatsache dastehen könnte, dastehen würde? Oder schwebt ihm nicht gerade der Materialismus, aber doch ein Pankosmismus überhaupt im Gegensatze zum Theismus und Pantheismus vor? Es ist auffällig, dass der Hr. Redner die Fragen nach der generatio aequivoca und nach der Thierabstammung des Menschen zu der Bedeutung hinaufzuschrauben scheint, als ob von deren Entscheidung die Entscheidung über Theismus oder Materialismus abhinge. Die höhere und höchste Frage ist vielmehr: ob Theismus und dann Spiritualismus und Panpsychismus, oder Pankosmismus und dann Naturalismus oder Materialismus. Wäre das Organische aus dem Unorganischen, das Geistige aus dem Organischen entsprungen, so bliebe noch **immer die Frage zurück: woher das Unorganische? Der Naturalismus** sucht es aus der Voraussetzung einer einigen und einzigen bewusstlosen und ungeistigen Natura naturans zu erklären, die sich in unendliche oder doch unzählige Naturgestaltungen theile und auseinanderbreite, alle wieder in ihren Schooss auflöse, umgeschmolzen wieder hervortreten lasse und in anfangs- und endlosem Wechsel des Entstehens und Vergehens beharre. Diese Lehre als strenger Monismus sucht dem Vernunftbedürfniss der Einheit des Weltprinzips gerecht zu werden, vermag aber wegen innerer Unterschiedslosigkeit und Blindheit ihres Prinzips keinerlei Erklärung der Vernunftgesetzlichkeit der Dinge, Wesen, Erscheinungen und ihrer Vorgänge zu leisten und löst Alles in vernunftlose Zufälligkeiten auf. Der Monismus löst sich auf oder schlägt um in den ungeheuerlichen Pluralismus des Materialismus. Dieser nimmt als letzte oder erste und höchste Elemente alles Daseienden eine unendliche oder doch unzählbare, unermessliche Zahl kleinster Körperchen, materieller Atome, an, deren jedes dem Sein nach absolut ist, und die sich von unendlicher Zeit her und in unendliche Zeit hin im unendlichen oder doch unausmessbaren Raum durch wechselnde Aneinanderlagerungen zu kleineren, grösseren und grössten Gruppen gestalten und in den Wirkungen ihrer Wechselbezüge als Unorganisches und Organisches, als Pflanzliches, Thierisches und Thierisch-Geistiges erscheinen. Diese Lehre hat mit dem naturalistischen Monismus die Blindheit des Prinzips gemein, erweist sich daher schon darum zur Erklärung der Welt und der Weltprozesse unfähig, und schlägt überdiess durch Annahme einer Mehrheit, einer Vielheit, einer mindestens unzählbaren Zahl von essentiell absoluten, durch sich selbst seienden, vollends materiellen Wesenheiten, der Vernunftforderung der Einheit des Weltprinzips ins Angesicht. Es gehört geradezu in das Bereich der Ungeheuerlichkeiten, wie die Lehrer der absoluten corpuscularen Atomistik thun, der Gesammtheit der Weltprozesse eine Unzahl von starren, todten, unveränderlichen Wesenheiten vorauszusetzen, die gleich abenteuerlich sind, man mag sie als Selbstursachen oder als Ursachlosigkeiten bezeichnen. Naturalismus und Materialismus (man mag sie auch als monistischen Materialismus oder pluralistischen Naturalismus bezeichnen) sind nur verwandte Formen des Pankosmismus im Gegensatze zum Theismus, und wer den Theismus nicht annimmt, stellt sich unausweichlich auf die Seite des Pankosmismus und wer innerhalb des letzteren die absolute corp. Atomistik annimmt, fällt unausweichlich dem Materialismus anheim. Der Streit, der in der Gegenwart die Geister bewegt, dreht sich weit weniger um den Unterschied des Theismus und des Pantheismus, als vielmehr um den scharfen Gegensatz des Theismus und des Atheismus, der mit dem Pankosmismus zusammenfällt. Wer sich auf die Seite des Pankosmismus stellt, der wird durch die Consequenz seiner Annahme nolens volens zur Annahme des Ursprungs des Organischen aus dem Unorganischen, des Geistes aus der Natur, des Menschen aus dem Thiergeschlecht hingetrieben, er mag die Zusammenhänge in Thatsachen der Erfahrung in der Hand haben oder nicht. Hat er sie noch nicht, so wird er sie mit Zuversicht erwarten, und er könnte sie nur dann nicht erwarten, wenn er die Wissenschaft für unfähig hielte, die Zusammenhänge der Naturerscheinungen jemals zu erklären. Stünde er wirklich fest auf dem Grunde des atheistischen Pankosmismus, so würde er von jenen Zusammenhängen überzeugt sein, auch wenn er sie nicht durch Thatsachen erweisen könnte. Wer dagegen mit dem Hrn. Redner sich also vernehmen lässt: „Darum, meine Herren, mässigen wir uns, üben wir die Resignation, dass wir auch die theuersten Probleme, die wir aufstellen, doch immer nur als Probleme geben, dass wir es hundert und hundertmal sagen: haltet das nicht für feststehende Wahrheit, seid darauf vorbereitet, dass es vielleicht anders werde; nur für den Augenblick haben wir die Meinung, es könnte so sein;" der steht noch nicht fest im Pankosmismus und lässt die Erwartung noch offen, dass er sich noch von der Wahrheit des Theismus überzeugen könnte. Denn über den Pforten des Pankosmismus steht die Inschrift zu lesen: Ihr, die ihr hier eintretet, lasset alle Hoffnung fahren, die Welt und ihre Prozesse und Erscheinungen anders als naturalistisch oder materialistisch erklären und verstehen zu können. Hält der Herr Redner diese deutlich zu lesende Inschrift nicht für zutreffend, so muss ihm noch die Möglichkeit des Theismus, des Schöpfers und der Schöpfung vorschweben, sonst hätte die von ihm zugelassene Möglichkeit, dass es auch anders werden, d. h. sich anders herausstellen könnte, als es der Erwartung nicht weniger Naturforscher entsprechen würde, keinen Sinn. Es ist dem Herrn Redner nicht unbekannt, dass die Schaar der entschiedenen, sagen wir der dogmatischen, Materialisten definitiv die Urzeugung des Organischen aus dem Unorganischen und die Abstammung der Menschen aus dem Wirbelthiergeschlecht behauptet und lehrt. Sagt doch Radenhausen geradezu, dass die Urzeugung anerkannt werden müsse, auch wenn (da) Versuche nicht gelingen.*) Dühring, Moleschott, Büchner, Recht etc. lehren sie eben so. Spiller will die Urzeugung sogar als noch heute empirisch nachweisbar bestehend und nachgewiesen behaupten.**) Sogar Schopenhauer sagt bestimmt: „Der zeitliche Ursprung der Formen, der Gestalten oder Species aus der Materie ist nicht zu bezweifeln", und sie wäre es nach ihm auch dann nicht, wenn sie heute nicht mehr bestünde oder doch nicht nachweisbar sein sollte. Doch gilt sie ihm auch heute noch für sehr wahrscheinlich bestehend.***) Wenn nun der Herr Redner diesen Behauptungen der Materialisten und Naturalisten (Schopenhauer ist im Grunde, weil nicht Pluralist, sondern Monist, Naturalist; sein blindes Willensprinzip ist von der Natura naturans nicht wesentlich zu unterscheiden) nicht beipflichtet, so kann sich diess nur dadurch erklären, dass er den Pankosmismus, um so mehr den Materialismus nicht für streng erwiesen erachtet, also wenigstens die Möglichkeit des Theismus nicht verneint, d. h. zugibt, dass die Naturwissenschaft in weiterer Forschung aus wissenschaftlichen Gründen den Theismus

---

*) Zum neuen Glauben von Radenhausen, S. 10. Etwas weniger definitiv spricht sich Ratzel (l. c. S. 19) aus.

**) Die Entstehung der Welt und die Einheit der Naturkräfte von Ph. Spiller, S. 231 ff. Er mag widerlegt worden sein, aber uns ist keine solche Widerlegung bekannt geworden.

***) Schopenhauer-Lexikon von Frauenstädt I, 244.

zum Ergebniss haben könne. Wir unsererseits räumen indess keineswegs ein, dass die theoretische Annahme oder der etwaige empirische Beweis der generatio aequivoca und der Wirbelthier-Abstammung des Menschen mit dem Theismus unvereinbar sei und unausweichlich dem Pankosmismus (Atheismus) oder vollends dem Materialismus in die Arme führe. Weder Kant, noch im Grunde Darwin huldigten mit ihren Abstammungs-Lehrversuchen solcher Ansicht, und die idealistischen Pantheisten huldigten ihr selbstverständlich ebenfalls nicht. Nicht dem Theismus könnte die Beweisführung für die Wahrheit der generatio aequivoca und der Thierabstammung des Menschen gefährlich werden, sondern sie würde gerade den Pankosmismus, Naturalismus und Materialismus von Grund aus zerstören. Diese Behauptung kann nur so lange als exorbitant erscheinen, als man die Gründe für sie nicht ins Auge fasst. In dem gegebenen Falle, bei so ausserordentlicher Leistung, müsste nämlich die Materie (das, was man Materie nennt) ihrem innersten Wesen nach etwas Anderes und Bedeutsameres sein, als die Naturforschung es bisher zumeist angesehen hat. Mit der Annahme todter Corpuskeln, corpuscularer Atome, würde es zu Ende sein, und die Monadologie, wenn auch in anderer Gestalt als sie Leibniz behauptete, würde ihren siegreichen Einzug in die Naturwissenschaft halten. Die Atome, wiefern sie die Anlage zur Geistigkeit und in gewissem Grade die Wirklichkeit der Geistigkeit in sich tragen müssten, würden als Monaden gefasst werden müssen, und da ihnen wegen der Vernunftnothwendigkeit der Einheit des Weltprinzips nicht Absolutheit zugeschrieben werden könnte, müssten sie als bedingte und darum geschaffene und schon wegen ihrer Anlage zur Geistigkeit vom Urgeist geschaffene Wesenheiten erkannt werden. Aus dem niederen und zuletzt niedrigsten Geistigen könnten sehr wohl höhere und höchste Stufen des Geistigen entspringen; es bleibt aber ewig absurd, aus dem als absolut ungeistig und geistlos Vorausgesetzten, den todten, dummen, absolut geistlosen materiellen oder corpuscularen Atomen das Organische und Geistige ableiten — hervorzaubern — zu wollen. Wenn der Herr Redner die panpsychistische Theorie Naegeli's (welcher indess der bei voller Consequenz unausweichliche Schluss, die Begründung des Panpsychismus aus dem und durch den Urgeist, wie bei Preyer, zu fehlen scheint) für möglicherweise wahr erachtet, wenn er von dessen Auseinandersetzungen sagt: „Das ist Alles sehr schön und vortrefflich, und mag schliesslich auch wahr sein; es kann sein"; aber dann fortfährt: „Haben wir denn wirklich das Bedürfniss, liegt irgend ein positives, wissenschaftliches Bedürfniss vor, das Gebiet der geistigen

Vorgänge über den Kreis derjenigen Körper hinaus auszudehnen, in und an denen wir sie sich wirklich darstellen sehen?" so ist zu sagen, dass jenes vermisste Bedürfniss sich ihm sofort einstellen würde, sobald ihm die generatio aequivoca und die Thierabstammung des Menschen fest stünde, deren Erweis, wenn und da er ihn nicht als bereits erbracht ansieht, von ihm doch nicht anders als erwartet werden kann, widrigenfalls er die Naturwissenschaft dazu verurtheilen müsste, ewig im unbegreiflichen Dualismus des Unorganischen und Organischen, des Materiellen und Geistigen stehen zu bleiben. Sobald er aber erkannt hätte, dass es absurd ist, das Geistige aus dem absolut Ungeistigen abzuleiten, entspringen lassen zu wollen, würde ihm auch einleuchten, dass es in der Consequenz der Abstammungslehre überhaupt liegt, das, was er Naegeli gegenüber als möglich, möglicherweise wahr, einräumt, als wirklich angenommen werden müsste. Zöge er, was wir nicht annehmen, dem Gesagten gegenüber die offene Absurdität vor, das Geistige aus dem absolut Ungeistigen hervorgezaubert sich gefallen zu lassen, so würde freilich alle Discussion zu Ende sein. Auf die Beweise für das Dasein Gottes, des überweltlichen absoluten Urgeistes hier einzugehen, würde zu weit führen. Sie können in Ulrici's Werken eingesehen werden, womit die Fassungen verglichen zu werden verdienen, die sich bei J. H. Fichte, Lotze, Fechner, Fortlage, K. Ph. Fischer, Sengler, Carriere, Huber, A. E. Biedermann und Andern vorfinden.

16.

1) **Der Materialismus der Gegenwart vom Standpunkt des Rationalismus betrachtet.** Frankfurt, Auffahrt 1875.

In einem Vorwort bezeichnet der Verfasser den Inhalt seines Schriftchens mit den Worten:

„Die grossen Errungenschaften der materialistischen Richtung der Naturwissenschaften in unserem Jahrhundert zu skizziren, — die Anmassung des Materialismus, das Uebersinnliche in sein Bereich zu ziehen, als solche darzulegen, und die Folgen der bezüglichen sich als Resultate exakter Forschung dem grossen Publikum anpreisenden Lehren des Materialismus kurz anzudeuten, ist der Zweck dieser Blätter."

In dieser Erklärung ist nur zu tadeln, dass die empirische Richtung mit der materialistischen ganz und gar vereinerleit wird.

Nicht der materialistischen, sondern der empirischen Richtung sind die grossen Errungenschaften der Naturwissenschaften zu danken. Was Materialisten dazu beigetragen haben, haben sie als Empiriker beigetragen, ihre materialistischen Zuthaten waren Entstellungen und sind vergänglich, sogar nach dem Verf. selbst. Das Schriftchen gliedert sich in drei Abschnitte: 1) von den Leistungen und Fortschritten des neunzehnten Jahrhunderts; 2) von der Berechtigung des Materialismus gegenüber dem Theismus; 3) von den Folgen des Materialismus für den Staat und die Gesellschaft.

Der erste Abschnitt stellt die Fortschritte des 19. Jahrhunderts in den Naturwissenschaften auf interessante Weise übersichtlich kurz zusammen. Der zweite Abschnitt untersucht, ob die Geistesthätigkeit blos materiell genügend erklärt werden könne und kommt zu dem Ergebniss, dass diess nicht der Fall sei. Der Verf. sagt: „das Gehirn ist allerdings das Organ des Denkens ... aber die oberen Seelenvermögen wenigstens können nicht materieller Natur sein. Ist dies aber der Fall, so sind wir auch einzuräumen gezwungen, dass unserem Körper ein immaterielles, ein geistiges Prinzip inne wohnt. Dass dieses an die Materie so festgebunden sei, dass es mit ihr stehe und falle, ist bei der wesentlichen Verschiedenheit beider nicht anzunehmen." Das Weltall kann nach dem Verf. nicht aus sich bestehen, nicht aus sich erklärt werden, folglich muss es durch eine Urkraft erschaffen sein. Wenn diese Urkraft eine unendlich grosse, göttliche sein muss, so dürfen wir auch annehmen, dass ihr Selbstbewusstsein und freier Wille nicht fehlen, und dass sie die geschaffenen geistigen Wesen zu ewiger Fortdauer bestimmt habe. Im dritten Abschnitt bespricht der Verf. flüchtig die Gefahren der Verbreitung des Giftes des Materialismus in populären Zeitschriften und öffentlichen Vorträgen und missbilligt, dass diess gestattet werde, da die Freiheit der wissenschaftlichen Forschung nicht verlange, dass die Staaten widerstandslos ihr Fundament unterwühlen lassen. Er will daher auch die Kirche als Trägerin der Religion und Moral nicht aus der Schule verdrängt wissen. So scheint er dann auch unter Rationalismus nichts Anderes als die Rationalität der Wissenschaft zu verstehen.

2) **Der Haeckelismus in der Zoologie von Carl Semper. Ein Vortrag.** Hamburg, Mauke's Söhne 1876.

Der Verfasser bezeichnet eine Reihe von Vorstellungen des Zoologen E. Haeckel gegen die strenge Methode der Erfahrungswissenschaften, die man nicht ohne Grund Phantasien nennen kann. Sie sind dem Verfasser Uebertreibungen des Darwinismus, wodurch dieser in Misscredit zu gerathen in Gefahr gesetzt ist. Der Darwinismus selbst aber gilt ihm für wohlbegründet und die Angriffe auf Haeckel sollen sichtlich eine Art Schutzwehr für Darwin sein. Indessen haben namhafte Forscher nachgewiesen, dass der Darwinismus auf analogen, der Qualität nach gleichen Verfehlungen gegen die streng naturwissenschaftliche, inductive Methode beruht. Hievon kann man sich überzeugen, wenn man die hauptsächlichsten Schriften gegen Darwin vergleichen will, von welchen wir nur auf jene von Agasiz, Wigand, von Baer und Bastian hindeuten wollen. Der Verf. nennt selbst den Gedanken Darwin's eine Hypothese und verräth schon damit, dass er gültige zwingende Beweise für die Annahme der genealogischen Verwandtschaft aller Thiere (sammt dem Menschen) nicht zur Hand hat, also selber in den Fehler fällt, die Lücken seiner Kenntniss der Thatsachen durch Hypothesen ausfüllen zu wollen. Wenn es wahr ist, was der Verfasser sagt, dass Hypothesen der befeuchtende Thau für urbar zu machende Gebiete sind, so sind sie selbst doch noch nicht diese Urbarmachung und der Fehler Darwin's besteht eben darin, jene bereits für diese auszugeben. Sagt der Verf.: „Hypothesen aufstellen, wissenschaftlichen Streit erregen, ist Salz und Sauerteig der Wissenschaft, so kann man zugeben, dass Darwin durch eine Fülle von Hypothesen weitgreifende Impulse zu neuen Untersuchungen gegeben hat, aber seine Haupthypothese ist Hypothese geblieben und nur durch Scheingründe als erwiesen hingestellt worden. Sie ist nicht einmal für das organische Naturreich, nicht einmal für das Pflanzenreich für sich und das Thierreich für sich, geschweige für den Menschen erwiesen worden. Uebrigens gehört der Verf. in der Hauptsache so gut wie Haeckel zu den Uebertreibern des Darwinismus. Denn Darwin hat nirgends direkt und ausdrücklich Gott und Gott als Schöpfer geleugnet, während der Verf. sich zu dem Atheismus des David Strauss und noch mehr wie dieser, der einiger Hegel'scher Reminiscenzen nicht losgeworden ist, zum Materialismus, also, da dieser nicht Erfahrungsthatsache ist und nicht sein kann, ohne es zu merken, zu einer Philosophie, wenn gleich zu einer falschen, der falschesten von allen möglichen bekennt.

3) **Philosophie und Naturwissenschaft in ihrer Bedeutung für die Erkenntniss der Welt.** Von Dr. G. Hartung. Leipzig. Krüger 1875.

Der Verf. spricht von unserer Zeit als einer Uebergangszeit. Aber welche Zeit wäre nicht eine Uebergangszeit gewesen? Man sollte vielmehr sagen, unsere Zeist ist die Uebergangszeit zu einer neuen Welt-Aera. Dies kündigt sich nicht blos in den gewaltigen Fortschritten der Naturwissenschaften an (denn in fast allen andern Fächern der Wissenschaft ist ein gleich reges, nur nicht so in die Erscheinung hervortretendes, Streben der Umgestaltung und Neubildung zu gewahren und auch nicht am Wenigsten in der wieder mehr beachteten und erwachten Philosophie), sondern auch in den einer ausgleichenden höhern Gemeinschaft immer mehr entgegengehenden Verhältnissen der europäischen Staaten, diesem Salz des Erdkreises, und am Meisten in der sichtlichen Auflösung der päpstlichen Hierarchie, die sich durch das Infallibilitätsdogma nebst Zubehör den Todesstoss gegeben hat, dessen vernichtende Wirkung nur mehr eine Frage der Zeit ist. Wenn der Verfasser meint, der Königsmantel des Idealismus der deutschen Philosophie sei ihr durch das Hervortreten der Naturwissenschaft und des Materialismus vieler seiner Vertreter zum Nessushemd geworden, so ist daran so viel wahr, dass der deutsche Idealismus sich selbst den Materialismus dadurch zugezogen hat, dass er nicht mit Baader sich zum Spiritualismus und zwar zum concreten Spiritualismus erhoben hat. Denn aller Idealismus, der nicht im Spiritualismus mündet, ist nur ein halber und schon auf dem Sprung, in den Materialismus umzuschlagen, wie sich besonders deutlich am Hegelianismus gezeigt hat, der in seinen eifrigsten Verfechtern, L. Feuerbach und D. Strauss den Sprung in den Materialismus vollzogen hat. Der Spiritualismus ist die uneinnehmbare Citadelle des Idealismus und ohne jenen ist dieser nur eine edle Velleität, die nur zu leicht ermüdet und von sich selber abfällt. Hätte Fichte mit dem absoluten Ich, Schelling mit der absoluten Identität (Untrennbarkeit) des Geistes und der Natur, Hegel mit dem absoluten Subjekt Ernst gemacht, hätten sie den absoluten Geist als Herrn seiner ewigen Natur und als überweltlichen Schöpfer des Weltalls verkündigt, so würden sie den wahren und standhaltenden Idealismus erreicht und dem Materialismus einen undurchbrechbaren Damm entgegengeworfen haben. Baader hatte zwar diesen Standpunkt eingenommen, konnte aber damit trotz aller Anerkennung seines Genius, besonders von Seiten gerade der zeitgenössischen Koryphäen der Philosophie, nicht durchdringen, weil seine Lebenslage ihm nicht gestattete, seine Lehre in systematischer Gestalt darzulegen. Der Verf. verbreitet sich nun sehr geistreich über die apriorischen Erkenntnisselemente im Zusammenwirken mit der Welt der Erfahrungswissenschaften zur Lösung der Welträthsel. Er zeigt, dass Vieles über alle sinnliche Wahrnehmung hinaus liegt und dass dies durch die Erfahrung weder negirt noch bestätigt werden kann. Dahin gehört z. B. die Frage der ersten

Entstehung des organischen Lebens auf der Erde (und überhaupt in der Welt), die Frage, ob Atome sind oder nicht, ob die Erhaltung der Kraft stattfinde, ob eine Entwicklungstheorie durchgeführt werden könne. Mit Recht behauptet der Verf., dass diese Fragen nicht ohne Metaphysik gelöst werden könnten und weist treffend nach, dass die Naturforschung (zum Theil unbewusst), täglich und stündlich mit Begriffen arbeitet, die ihr als scharfgeschliffene Werkzeuge von der Philosophie gereicht werden müssen.

Es folgt auch hieraus, dass die Induktion der Naturwissenschaft ausser Stand ist, die letzte abschliessende Erkenntnissarbeit zu übernehmen. Nun aber lebt in uns noch eine andere Welt, die geistige, die von der natürlichen gänzlich verschieden ist, die uns zur Aesthetik und Ethik führt, und es fragt sich, wie sich die Welt des Geistigen in die allgemeine Welt einfügt. Weder der Materialismus (Pluralismus der Atomistik) noch der Monismus (sogen. Pantheismus) kann hier genügende Auskunft geben, beide erweisen sich vielmehr als absurd und bestätigen nur den Satz, dass man das absurdeste Zeug nur recht zuversichtlich zu behaupten braucht, um sofort einen Schwarm von Anbetern hinter sich zu haben (wie sich bei C. Vogt, Büchner, Dühring und dann bei Strauss und A. Schopenhauer wie E. v. Hartmann zeigt). Die näheren Nachweisungen des Verfassers verdienen in der Schrift selbst nachgelesen zu werden. Die ganze geistreiche Schrift zielt darauf ab, durch Widerlegung des Materialismus und des Pantheismus der Begründung des philosophischen Theismus Bahn zu brechen und verdient die allgemeinste Beachtung.

17.

Immanuel Kant und Emanuel Swedenborg's Visionen.

Als I. Kant in den fünfziger Jahren des vorigen Jahrhunderts von den Visionen Swedenborg's vernahm, schien er Anfangs nicht abgeneigt, wenigstens einem Theil derselben Glauben zu schenken. In einem Briefe an Fräulein Charlotte von Knobloch (später Frau von Klingspor) zwischen den Jahren 1761—1763, wahrscheinlich 1763,*) erklärte Kant, dieser Dame gegenüber sein Verfahren recht-

---

*) Die Hartenstein'sche Ausgabe der Werke Kant's gibt sogar noch in der 2. Auflage (II, 26) dem Briefe Kant's an Ch. v. K. das Datum 1758,

fertigen zu wollen, da „es scheinen könnte, dass ein gemeiner Wahn mich etwa möchte vorbereitet haben, die dahin einschlagenden Erzählungen aufzusuchen und ohne sorgfältige Prüfung gerne aufzunehmen." Dann fährt er fort: „Ich weiss nicht, ob Jemand an mir eine Spur von einer zum Wunderbaren geneigten Gemüthsart oder von einer Schwäche, die leicht zum Glauben bewogen wird, sollte jemals haben wahrnehmen können. Soviel ist gewiss, dass ungeachtet aller Geschichten von Erscheinungen und Handlungen des Geisterreichs, davon mir eine grosse Menge der wahrscheinlichsten bekannt ist, ich doch jederzeit der Regel der gesunden Vernunft am gemässesten zu sein erachtet habe, sich auf die verneinende Seite zu lenken; nicht als ob ich vermeinet, die Unmöglichkeit davon eingesehen zu haben (denn wie wenig ist uns doch von der Natur eines Geistes bekannt?), sondern weil sie insgesammt nicht genugsam bewiesen sind; übrigens auch was die Unbegreiflichkeit dieser Art Erscheinungen, ingleichem ihre Unnützlichkeit anlangt, der Schwierigkeiten so viele sind, dagegen aber des entdeckten Betruges und auch der Leichtigkeit, betrogen zu werden, so mancherlei, dass ich, der ich mir überhaupt nicht gerne Ungelegenheit mache, nicht für rathsam hielt, mir desswegen auf Kirchhöfen oder in einer Finsterniss bange werden zu lassen. Dies ist die Stellung, in welcher sich mein Gemüth von langer Zeit her befand, bis die Geschichte des Herrn Swedenborg mir bekannt gemacht wurde." Hierauf erzählte Kant, dass die erste Nachricht von jenem bekannten Vorgang zwischen Swedenborg und der Königin von Schweden, die von allen Zeichen der Glaubwürdigkeit begleitet gewesen, ihn stützig gemacht und veranlasst habe, um die Sache nicht blindlings zu verwerfen, sich näher zu erkundigen. Er habe daher an einen dänischen Offizier nach Kopenhagen geschrieben, der den Vorgang bestätigt habe, und dann auf dessen Rath an Swedenborg selbst, der zwar Antwort versprochen, aber nach Mittheilung eines englischen Freundes sie zu geben unterlassen habe,

---

während K. Fischer (Gesch. der neuen Philosophie III, 237 ff.) nachwies, dass der Brief nicht vor 1761 und nicht nach 1763 geschrieben sein konnte, weil in diesem Jahre Fräulein von Knobloch sich an den Hauptmann von Klingspor verheirathete. Imm. Tafel erkannte zwar richtig, dass der fragliche Brief Kant's nicht im J. 1758 und jedenfalls später geschrieben sein musste, vergriff sich aber völlig und recht kritiklos tendenziös, wenn er ihn in das Jahr 1768 verlegte. Vergl. Supplement zu Kant's Biographie und zu den Gesammtausgaben seiner Werke etc. von J. Tafel; Abriss des Lebens und Wirkens E. Swedenborg's etc. S. 230 ff. (1840) und: Swedenborg und der Aberglaube von J. Tafel (1856) S. 105 ff.

weil er den Entschluss gefasst, „die ganze sonderbare Sache vor den Augen der Welt öffentlich bekannt zu machen." Dann will Kant dem Fräulein v. K. ein paar Beweisthümer geben, wovon das ganze noch lebende Publikum Zeuge sei und steht nicht an von einer der bezeugten Begebenheiten (dem geistigen Schauen des Brandes in Stockholm, welches Swedenborg 1759*) zu Gothenburg zu Theil wurde) zu sagen, sie scheine ihm unter allen die grösste Beweiskraft zu haben und benehme wirklich allem erdenklichen Zweifel die Ausflucht. Nachdem Kant diese Begebenheit in seinem Briefe vollständig und klar erzählt hat, ruft er aus: „Was kann man wider die Glaubwürdigkeit dieser Begebenheit anführen? der Freund, der mir dieses schreibt, hat alles das nicht allein in Stockholm, sondern vor ungefähr zwei Monaten in Gothenburg selbst untersucht, wo er die ansehnlichsten Häuser sehr wohl kennt und wo er sich von einer ganzen Stadt, in der seit der kurzen Zeit von 1756 (vielmehr 1759) die meisten Augenzeugen noch leben, hat vollständig belehren können." Wer kann hier verkennen, dass diese Nachrichten auf Kant einen starken Eindruck gemacht hatten? Dann fährt Kant bemerkenswerth fort: „Er (der Freund, welcher die Nachricht gegeben hatte) hat mir zugleich einigen Bericht von der Art gegeben, wie nach der Aussage des Herrn von Swedenborg, diese seine Gemeinschaft mit andern Geistern zugehe, imgleichen seine Ideen, die er vom Zustande abgeschiedener Seelen gibt. Dieses Porträt ist seltsam; aber es gebricht mir die Zeit, davon einige Beschreibung zu geben. Wie sehr wünsche ich, dass ich diesen sonderbaren Mann selbst hätte fragen können; denn mein Freund ist der Methoden nicht so wohl kundig, dasjenige abzufragen, was in einer solchen Sache das meiste Licht geben kann. Ich warte mit Sehnsucht auf das Buch, das Swedenborg in London herausgeben will. Es sind alle Anstalten gemacht, dass ich es sobald bekomme, als es die Presse verlassen haben wird."**) Der Brief schliesst

---

*) In Hartenstein's Ausgaben der Werke Kant's ist sogar noch in der 2. Auflage (B. II, S. 32) die Jahreszahl 1756 angegeben, während in den Träumen eines Geistersehers etc. (B. II, 363) die richtige Jahreszahl 1759 nicht fehlt.

**) Dieses „Buch" kann nicht das 8bändige Werk: „Arcana coelestia" gewesen sein, welches schon 1749—1756 zu London erschienen war. Allerdings erschienen 1763 und 1764 einige Schriften Swedenborg's (Abriss des Lebens und Wirkens S. 6, S. 27 und 246). Kant empfing aber jedenfalls keine dieser Schriften, sondern nur die Arcana coelestia, ein Werk, welches schon viele früher erschienen war, als Swedenborg die Absicht kund gab, „die ganze sonderbare Sache (nach welcher der Freund und Kant selbst in seinem Brief mit der seine skeptische Gemüthsart durchblicken lassenden Wendung: Ich weiss nicht, ob Sie das Urtheil zu wissen verlangen möchten, was ich mich unterfangen dürfte, über diese schlüpfrige Sache zu fällen. Viel grössere Talente, als der kleine Grad, der mir zu Theil geworden ist, werden hierüber wenig Zuverlässiges ausmachen können." Der Ton dieses Briefes kann kaum auf den heutigen Leser einen ganz befriedigenden Eindruck machen. Diese vorausgeschickte Skepsis, dann dieses Einräumen des Vorhandenseins von Zeugnissen, welche allen erdenklichen Zweifeln die Ausflucht benehmen und zuletzt wieder die Andeutung, dass schliesslich sein Urtheil sich doch auf die verneinende Seite schlagen dürfte, macht nicht den Eindruck einer offenen männlichen Sprache. Ebenso wenig kann uns Heutigen, wohl nicht allein, weil wir ihn als Denker so hoch zu stellen gewöhnt sind, die Ueberbescheidenheit, womit er von sich selbst spricht, gefallen. Nachdem Kant das grosse Werk Swedenborg's, die Arcana Coelestia (8 Quartbände), erhalten und gelesen hatte (wohl zwischen 1763 und 1764) schrieb er die berühmt gewordene Schrift: Träume eines Geistersehers erläutert durch Träume der Metaphysik, welche er indess anonym, ohne die Anonymität ängstlich zu wahren, 1766 erscheinen liess. Gleich das erste Wort des Vorberichtes der Schrift, der, wie es im Beisatze heisst, sehr wenig für die Ausführung verspricht, sagt mit einer Art verhaltenen Unmuths: „Das Schattenreich ist das Paradies der Phantasten." Es ist schon damit klar, welches Urtheil über Swedenborg zu erwarten steht und wir sind nur noch gespannt darauf, ob es auch so wohl begründet sein wird, dass wir ihm zustimmen können. Man merkt ihm den bitteren Verdruss an, den er darüber hegt: sich gestehen zu müssen, dass er sich selber für einen Augenblick oder für eine kurze Zeit in der Lage befand, welche er noch im Vorbericht mit den Worten schildert: „Welcher Philosoph hat nicht einmal zwischen den Betheuerungen eines vernünftigen und fest-

---

gefragt hatten) vor den Augen der Welt öffentlich bekannt zu machen." Wie kam es, dass statt des von Sw. in Aussicht gestellten und von Kant erwarteten Werkes ihm von London die Arcana coelestia zugeschickt wurden und dass Kant dieses hingenommen zu haben scheint, als ob es das erwartete Werk wäre? Fast will uns scheinen, als ob Swedenborg den Brief Kant's an ihn nicht beantwortete, weil er in ihm einen strengen Kritiker und Gegner zu finden besorgte und dass er aus dem gleichen Grunde ihm nicht Kenntniss von seinen z. Th. schon längst erschienenen Schriften zu geben geneigt war. Der Brief Kant's an Swedenborg kann nicht vor 1761 geschrieben worden sein. Die genaue Kenntniss des Datums desselben wäre wünschenswerth und noch mehr die Kenntniss des Briefes selbst, der nie veröffentlicht worden zu sein scheint.

überredeten Augenzeugen und der inneren Gegenwehr eines unüberwindlichen Zweifels die einfältigste Figur gemacht, die man sich vorstellen kann? Soll er die Richtigkeit aller solcher Geistererscheinungen gänzlich ableugnen? Was kann er für Gründe anführen, sie zu widerlegen?" Kant konnte sich nämlich unmöglich der angeblichen Gründe der Leugner der Unsterblichkeit bedienen, da er den Glauben an die Unsterblichkeit aufrecht erhielt und es hätte sich daher ihm die ganze Untersuchung hauptsächlich auf die zwei Fragen concentriren können: 1. Ist die Möglichkeit von Geistererscheinungen einzuräumen? 2. Sollte sich die Unmöglichkeit von solchen nicht streng erweisen lassen, können mehrere Fälle dieser Art oder auch nur ein einziger Fall zweifellos festgestellt werden und insbesondere können die Visionen Swedenborg's — alle, oder einige und dann welche? — als erwiesene Geistererscheinungen gelten? Allein Kant war weit davon entfernt, über diese Fragen allein eine eigene Schrift zu schreiben. Er fasste ein ihm höher scheinendes Ziel ins Auge und gestaltete sein Manifest gegen Swedenborg zugleich zu einem Manifest gegen die dogmatische Metaphysik. Darüber sagt Kuno Fischer: „Dazu (zur Nothwendigkeit einer öffentlichen Erklärung über Swedenborg) kam noch eine höhere philosophische Absicht, die es ihm nahe legte, über Swedenborg zu schreiben. Er entdeckte nämlich zwischen dem Visionär und den Metaphysikern seines Zeitalters eine sehr überraschende Parallele, und gerade jetzt konnte ihm nichts gelegener kommen, als diese Vergleichung auszuführen. Swedenborg und die Metaphysik waren, um mit dem Sprichwort zu reden, für Kant zwei Fliegen, die er mit einer Kappe schlagen konnte."*) So zerfällt denn Kant's Schrift in zwei Theile, deren erster „dogmatisch", deren zweiter „historisch" überschrieben ist. In dem ersten bespricht er im ersten Hauptstück einen verwickelten Knoten, den man nach Belieben auflösen oder abhauen könne. Dieser Knoten liegt ihm in der Schwierigkeit der Erklärung des Wechselverhältnisses des Immateriellen und des Materiellen. Man könnte, meint er, die Möglichkeit immaterieller Wesen annehmen, ohne Besorgniss widerlegt zu werden, wiewohl auch ohne Hoffnung, diese Möglichkeit durch Vernunftgründe beweisen zu können. Er gesteht geneigt zu sein, das Dasein immaterieller Naturen in der Welt zu behaupten und seine Seele selbst in die Klasse dieser Wesen zu versetzen. Allein alsdann erscheine ihm die Gemeinschaft zwischen einem Geiste und einem Körper so geheimnissvoll, dass

---

*) Geschichte der neuern Philosophie von Kuno Fischer, 2. Aufl. III, 231—232.

die Beantwortung der hier auftauchenden Fragen seine Einsicht sehr weit übersteige, wiewohl er sich getraue, alle dogmatischen Behauptungen über diese Gemeinschaft zu widerlegen. Im zweiten Hauptstück folgt „ein Fragment der geheimen Philosophie, die Gemeinschaft mit der Geisterwelt zu eröffnen." In diesem Fragment entwirft Kant hypothetisch oder versuchsweise eine Weltanschauung, welche zum Theil die Monadologie des Leibniz, zum Theil Swedenborg's Lehren im Auge zu haben scheint, nur dass sie auffälligerweise die Materie oder das Materielle nicht monadologisch, aber auch nicht ausdrücklich atomistisch, zu erklären scheint. Nach dieser Anschauung würde die menschliche Seele schon in dem gegenwärtigen Leben als verknüpft mit zweien Welten zugleich müssen angesehen werden, von welchen sie, sofern sie zur persönlichen Einheit mit einem Körper verbunden ist, die materielle allein klar empfindet, dagegen als ein Glied der Geisterwelt die reinen Einflüsse immaterieller Naturen empfängt und ertheilt, so dass, sobald jene Verbindung aufgehört hat, darin sie jederzeit mit geistigen Naturen steht, allein übrig bleibt, und sich ihrem Bewusstsein zum klaren Anschauen eröffnen müsste. Es könnte vielleicht einmal bewiesen werden, dass die menschliche Seele auch in diesem Leben in einer unauflöslich verknüpften Gemeinschaft mit allen immateriellen Naturen der Geisterwelt stehe, dass sie wechselweise in diese wirke und von ihnen Eindrücke empfange, deren sie sich aber als Mensch nicht bewusst ist, so lange alles wohl steht. Andererseits ist es auch wahrscheinlich, dass die geistigen Naturen unmittelbar keine sinnliche Empfindung von der Körperwelt mit Bewusstsein haben können, weil sie mit keinem Theil der Materie zu einer Person verbunden sind, um sich vermittelst desselben ihres Orts in dem materiellen Welt-Ganzen, und durch künstliche Organe des Verhältnisses der ausgedehnten Wesen gegen sich und gegen einander bewusst zu werden, dass sie aber wohl in die Seelen der Menschen als Wesen von einerlei Natur einfliessen können, und auch wirklich jederzeit mit ihr in wechselseitiger Gemeinschaft stehen, doch so, dass in der Mittheilung der Vorstellungen diejenigen, welche die Seele als ein von der Körperwelt abhängendes Wesen in sich enthält, nicht in andere geistige Wesen, und die Begriffe der letzteren, als anschauende Vorstellungen von immateriellen Dingen, nicht in das klare Bewusstsein des Menschen übergehen können, wenigstens nicht in ihrer eigentlichen Beschaffenheit, weil die Materialien zu beiderlei Ideen von verschiedener Art sind. Man kann sagen, dass wir uns gedrungen fühlen, eine empfundene Abhängigkeit unserer eigenen Urtheile vom allgemeinen menschlichen Verstande einzuräumen und ebenso das sittliche Gefühl als empfundene Abhängigkeit des Privatwillens vom allgemeinen Willen anzunehmen. „Wenn man diesen Gedanken so viel Scheinbarkeit zugesteht, als erforderlich ist, um die Mühe zu verdienen, sie an ihren Folgen zu messen, so wird man vielleicht durch den Reiz derselben unvermerkt zu einer Parteilichkeit gegen (d. h. für) sie verflochten werden. Denn es scheinen in diesem Falle die Unregelmässigkeiten mehrentheils zu verschwinden, die sonst bei dem Widerspruch der moralischen und physischen Verhältnisse der Menschen hier auf der Erde so befremdlich in die Augen fallen. Alle Moralität der Handlungen kann nach der Ordnung der Natur niemals ihre vollständige Wirkung in dem leiblichen Leben des Menschen haben, wohl aber in der Geisterwelt nach pneumatischen Gesetzen. Die wahren Absichten, die geheimen Beweggründe vieler aus Ohnmacht fruchtlosen Bestrebungen, der Sieg über sich selbst oder auch bisweilen die verborgene Tücke bei scheinbarlich guten Handlungen sind mehrentheils für den physischen Erfolg in dem körperlichen Zustande verloren, sie würden aber auf solche Weise in der immateriellen Welt als fruchtbare Gründe angesehen werden müssen, und in Ansehung ihrer nach pneumatischen Gesetzen zufolge der Verknüpfung des Privatwillens und des allgemeinen Willens, d. i. der Einheit und des Ganzen der Geisterwelt eine der sittlichen Beschaffenheit der freien Willkür angemessene Wirkung ausüben oder auch gegenseitig empfangen. Denn weil das Sittliche der That den innern Zustand des Geistes betrifft, so kann es auch natürlicher Weise nur in der unmittelbaren Gemeinschaft der Geister die der ganzen Moralität adäquate Wirkung nach sich ziehen. Dadurch würde es nun geschehen, dass die Seele des Menschen schon in diesem Leben, dem sittlichen Zustande zufolge, ihre Stelle unter den geistigen Substanzen des Universums einnehmen müsste, so wie nach den Gesetzen der Bewegung die Materien des Weltraums sich in solche Ordnung gegeneinander setzen, die ihren Körperkräften gemäss ist. Wenn dann endlich durch den Tod die Gemeinschaft der Seele mit der Körperwelt aufgehoben worden, so würde das Leben in der andern Welt nur eine natürliche Fortsetzung derjenigen Verknüpfung sein, darin sie mit ihr schon in diesem Leben gestanden war, und die gesammten Folgen der hier ausgeübten Sittlichkeit würden sich dort in den Wirkungen wieder finden, die ein mit der ganzen Geisterwelt in unauflöslicher Gemeinschaft stehendes Wesen schon vorher daselbst nach pneumatischen Gesetzen ausgeübt hat. Die Gegenwart und die Zukunft würden also gleichsam aus einem Stücke sein, und ein stetiges Ganzes ausmachen, selbst nach der Ordnung der Natur."

In dieser an identische oder verwandte Vorstellungen nicht weniger heutiger sogenannter Spiritisten erinnernden Weise fährt Kant noch eine Weile fort, sich hypothetisch den Verkehr der Abgeschiedenen mit den irdisch Lebenden etc. auszumalen. Aber schliesslich erklärt er das Alles doch nur für scheinbare Vernunftgründe und bemerkt, dass die anschauende Kenntniss der **andern** Welt allhier nur erlangt werden zu können **scheine**, indem man etwas von demjenigen Verstande einbüsse, welchen man für die **gegenwärtige** nöthig habe.

Das dritte Hauptstück ist nun vollends dazu bestimmt, die Scheinbarkeit der Vernunftgründe für den Geisterverkehr aufzudecken. Um seine Absicht gleich recht kräftig erkennen zu lassen, überschreibt Kant dieses Hauptstück: „Antikabbala: Ein Fragment der gemeinen Philosophie, die Gemeinschaft mit der Geisterwelt aufzuheben." Warum Antikabbala? War denn im zweiten Hauptstück die Kabbala (hypothetisch) vorgetragen? Jene hypothetische Anschauung, die wohl nicht wenige Züge Swedenborg, aber keine der Kabbala entnommen hatte, durch den Gegensatz als kabbalistisch erscheinen zu lassen, nimmt sich aus wie eine captatio benevolentiae bezüglich der Aufklärungsmänner des 18. Jahrhunderts. Allein, davon abgesehen, hält denn nun Kant auch wirklich Wort mit der Ankündigung, die Gemeinschaft mit der Geisterwelt aufzuheben? So ganz und durchaus wenigstens nicht. Die Gründe, die Kant zunächst gegen jene Gemeinschaft vorbringt, laufen auf die Behauptung hinaus, dass sich die meisten Geistererscheinungen als Blendwerke der Einbildungskraft (als Hallucinationen) erklären liessen. Die von ihm darüber angestellten Betrachtungen machten, meint er, „die tiefen Vermuthungen" des vorigen Hauptstücks ganz entbehrlich. Er wagt nicht zu sagen, sie widerlegten von Grund aus die Möglichkeit und Wirklichkeit jeder Art des Geisterverkehrs. Er muss die Möglichkeit einräumen, dass ein solcher Verkehr bestehe und dass sich nicht mit Sicherheit behaupten lasse, **alle** Geistererscheinungen seien nichts weiter als Blendwerke der Einbildungskraft. Indessen genügt ihm die angebliche Entbehrlichkeit jener „tiefen Vermuthungen" des zweiten Hauptstücks, um sich, die Tragkraft seiner Prämissen überschreitend, in herben Worten über die „eingebildete" Geistergemeinschaft zu ergehen und eben nicht zu seinem Ruhme das dritte Hauptstück mit den auf die Aufklärungsmänner berechneten Worten zu schliessen: „Daher verdenke ich es dem Leser keineswegs, wenn er, anstatt die Geisterseher für Halbbürger der andern Welt anzusehen, sie kurz und gut als Candidaten des Hospitals abfertigt und sich dadurch alles weiteren Nachforschens überhebt. Wenn nun aber alles auf solchen Fuss genommen wird, so muss auch die Art, dergleichen Adepten des Geisterreichs zu behandeln, von denjenigen nach den obigen Begriffen sehr verschieden sein, und da man es sonst nöthig fand, bisweilen einige derselben zu **brennen**, so wird es jetzt genug sein, sie nur zu **purgiren**. Auch wäre es bei dieser Lage der Sachen eben nicht nöthig gewesen, so weit auszuholen und in dem fieberhaften Gehirne betrogener Schwärmer durch Hülfe der Metaphysik Geheimnisse aufzusuchen. Der scharfsinnige Hudibras hätte uns allein das Räthsel auflösen können, denn" — doch da wir das Weitere der citirten Stelle aus Hudibras zu gemein finden, um es dessen würdig zu achten, dass es ein Kant in den Mund genommen, so wollen wir diese Blätter damit nicht verunreinigen.

Das vierte Hauptstück zieht nun den theoretischen Schluss aus den gesammten Betrachtungen des ersten Theils. Kant will hier mit der möglichsten Unparteilichkeit urtheilen. Nach einigen Versicherungen, dass er seine Seele von Vorurtheilen gereinigt, jede blinde Ergebenheit vertilgt habe und dass ihm „jetzo" nichts angelegen, nichts ehrwürdig sei, als was durch den Weg der Aufrichtigkeit in einem ruhigen und für alle Gründe zugänglichen Gemüthe Platz nehme, Versicherungen, welche doch ein wenig mit den vorhergehenden Ausfällen und der gleich angehängten Aeusserung contrastiren, dass eine so gleichgültige Aufgabe, als er abhandle, eine so ernsthafte Sprache kaum erfordere, als welche mehr ein Spielwerk denn eine ernstliche Beschäftigung genannt zu werden verdiene, fährt er fort: „Ich finde nicht, dass irgend eine Anhänglichkeit oder sonst eine vor der Prüfung eingeschlichene Neigung meinem Gemüthe die Lenksamkeit nach allerlei Gründen für oder wider benehme, eine einzige ausgenommen. Die Verstandeswage ist doch nicht ganz unparteiisch und ein Arm derselben, der die Aufschrift führt: Hoffnung der Zukunft, hat einen mechanischen Vortheil, welcher macht, dass auch leichte Gründe, welche in die ihm angehörige Schale fallen, die Spekulationen von an sich grösserem Gewichte auf der andern Seite in die Höhe ziehen. Dieses ist die einzige Unrichtigkeit, die ich nicht wohl heben kann und die ich in der That auch niemals heben will. Nun gestehe ich, dass alle Erzählungen vom Erscheinen abgeschiedener Seelen oder von Geistereinflüssen und alle Theorien von der muthmasslichen Natur geistiger Wesen und ihrer Verknüpfung mit uns, nur in der Schale der Hoffnung merklich wiegen; dagegen in der Spekulation aus lauter Luft zu bestehen scheinen. Wenn die Ausmittelung der aufgegebenen Frage nicht mit einer vorher schon entschiedenen Neigung in Sympathie stände, welcher Vernünftige würde wohl unschlüssig sein, ob er mehr Möglichkeit darin finden sollte, eine Art Wesen anzunehmen, die mit allem, was ihm die Sinne lehren, gar nichts Aehnliches haben, als einige angebliche Erfahrungen dem Selbstbetruge und der Erdichtung beizumessen, die in mehreren Fällen nicht ungewöhnlich sind." Also Kant hält sich und Andere, die mit ihm die Hoffnung der Zukunft, der Fortdauer im Jenseits, festhalten, in der vorliegenden Frage für parteiisch und würde, wenn er sich unparteiisch machen könnte, was er aber niemals will, schlüssig sein, alle Erzählungen von Geistererscheinungen für Selbstbetrug oder Erdichtung zu halten. Womit hat denn nun aber Kant bewiesen, dass er, wenn ungläubig, hoffnungslos, dann unparteiisch gewesen oder geworden sein würde? Als ungläubig, hoffnungslos würde er doch nicht unparteiisch, sondern nur parteiisch für die Verneinung geworden sein. Womit denn der Standpunkt der Unparteilichkeit in dieser Frage eingenommen würde, hat Kant nicht gezeigt. Eine Nothwendigkeit der Parteilichkeit ist aber weder für die Bejahung noch für die Verneinung einzuräumen und ein Parteilichseinwollen ist unerlaubt, weil unvernünftig. Die Unparteilichkeit besteht nur darin, den Gründen der Vernunft und der Erfahrung streng Rechnung zu tragen und was diese lehren, kann nicht der Parteilichkeit beschuldigt werden. Schlügen sich die Gründe nach aller sorgfältigster, gewissenhaftester Prüfung auf die Seite der Verneinung, so müsste man sich eben in diese ergeben; schlügen sie sich aber auf die Seite der Bejahung, so müsste man trotz aller Leugnung Unverständiger für die Bejahung eintreten. Es fällt Kant auch gar nicht ein, sich in Rücksicht seines Unsterblichkeitsglaubens selbst, den er auf moralische Glaubensgründe stützt, der Parteilichkeit für schuldig zu erachten. Er meint nur, dass dieser wohlbegründete Glaube leicht den Glauben an den Geisterverkehr begünstige, der doch noch eine andere Frage sei. Darin ist ihm auch gar nicht zu widersprechen. Denn der Glaube an die Unsterblichkeit kann bestehen ohne den Glauben an den Geisterverkehr. Der letztere kann einem Unsterblichkeitsgläubigen scheinen von der Vorsehung versagt zu sein aus Gründen einer Weltordnung, mit deren Gesetzen sich der Verkehr von Geistern verschiedener Regionen nicht vertragen würde. Die Annahme des Geisterverkehrs irdisch Lebender mit Abgeschiedenen müsste sich also, um haltbar zu sein, noch auf andere Gründe als auf den Glauben an die Fortdauer nach dem Tode stützen. Solche Gründe, wenn es derselben geben sollte, könnten nur entweder spekulative (apriorische) oder empirische sein. Die ersteren scheinen Kant aus lauter Luft zu bestehen, d. h. jeder Haltbarkeit zu ent-

behren. Schon damals (1766) hielt er nichts für erkennbar als
Formal-Apriorisches und durch den inneren Sinn und die äusseren
Sinne Gegebenes, Empirisches. Uebersinnlich-Apriorisches, eigentlich
Metaphysisches war von ihm ausgeschlossen. Weil so viele Philosophen in dem Gebiete des Metaphysischen nichts ihn Befriedigendes
geboten hatten,*) so sollte nach ihm auf diesem Gebiete wenigstens
ausser dem Gebiete der Erkenntnisslehre, nichts Befriedigendes,
Gewisses, Sicheres zu gewinnen sein und was ihm die Vergangenheit nicht geleistet zu haben schien, das sollte nun auch in alle
Zukunft unmöglich sein, die vermeinte Ausmessung seines Vernunftvermögens sollte zugleich die Ausmessung des Vernunftvermögens
der gesammten Menschheit und also auch aller künftigen Menschen
sein. Aber nach dieser Ansicht, die wir nicht theilen, muss Kant
wenigstens einräumen, dass er dann auch a priori nicht wissen
kann, dass der Geisterverkehr unmöglich ist und dass die Geister
verschiedener Regionen absolut gegen einander abgeschlossen sein
müssen. In der physischen Welt gewahren wir nirgends eine absolute
Abgeschlossenheit einer Weltregion von irgend einer andern, ja eine
solche ist sogar geradezu für unmöglich zu halten. Alles Physische
im Universum wirkt, wenn auch durch unzählige Vermittelungen,
aufeinander. Die Gravitationsverhältnisse des ganzen Universums
greifen in einander, die Lichtwirkungen aller leuchtenden Weltkörper reichen durch das ganze Universum und, werden sie auch
mit dem Wachsen der Entfernungen schwächer, dass sie irgendwo,
so weit das Universum sich ausbreitet, absolut erlöschten, ist nicht
anzunehmen. Die Geisterwelt kann sehr wohl zwar nicht dem
gleichen, aber einem analogen Weltgesetz unterstellt sein, so dass
sie nicht verschlossen, nicht absolut abgeschlossen die eine Geisterregion von den andern sein muss und also auch nicht die Welt der
Abgeschiedenen von der Welt der irdisch Lebenden. Aber der
Geisterverkehr kann, wo er aus seinem verborgenen Wirken heraustritt, Bedingungen unterworfen sein, welche nicht allgemein, alltäglich und allstündlich, erfüllt werden und er ist solchen unterworfen,
sonst würde er ganz allgemein offenkundig hervortreten. Aus der
Eigenthümlichkeit der Complikationen dieser Bedingungen folgt,
dass Jemand vollgültige Beweisgründe für seinen Verkehr mit der
Geisterwelt haben kann, ohne Andere von der Gültigkeit derselben

---

*) Hier könnte man fragen, ob Kant denn die philosophischen Systeme
vor ihm, die gesammte Geschichte der Philosophie, bis zu ihm, genugsam
kannte und ob er sie, soweit er sie kannte, auch richtig beurtheilte und nicht
unterschätzte. Die Behauptung, dass Kant's Stärke die gründliche Kenntniss
der Geschichte der Philosophie nicht gewesen sei, zählt nicht wenige Verfechter.

evident überzeugen zu können. Kant aber geht auf diese Untersuchungen nicht ein und zieht sich auf seine kritische Unwissenheit über das Wesen des Geistes zurück mit der Erklärung, gerade diese Unwissenheit mache, dass er sich nicht unterstehe, so gänzlich alle Wahrheit an den gewöhnlichen Geistererzählungen abzuleugnen, „doch mit dem gewöhnlichen, obgleich wunderlichen Vorbehalt, eine jede einzelne derselben in Zweifel zu ziehen, allen zusammengenommen aber einigen Glauben beizumessen." Der erste Theil der Schrift endigt daher mit der Erklärung der Unentschiedenheit bezüglich aller Erzählungen von Geistererscheinungen und Geisterverkehr irgend einer Art und mit der Behauptung erwiesen zu haben, dass man künftighin von diesen Dingen zwar noch allerlei **meinen**, niemals aber etwas **wissen** könne. So lege er denn die ganze Materie von Geistern als abgemacht und vollendet bei Seite.

Aber wozu bemühte sich denn Kant noch, in einem zweiten Theile der Schrift, die Visionen Swedenborg's zu untersuchen? War denn nicht schon am Schlusse des ersten Theils klar, dass Kant sie entweder ganz verwerfen oder im besten Falle sich unentschieden über sie aussprechen werde? Hätte die Unparteilichkeit der Untersuchung nicht verlangt, dass der historische Theil der Schrift dem wissenschaftlichen, den Kant auffälligerweise den dogmatischen nennt, vorangestellt worden wäre? Allein vom kritischen Standpunkt aus war eine unparteiische Untersuchung des Historischen gar nicht mehr möglich. Kant hätte seinen kritischen Standpunkt in Frage stellen müssen, um einer unparteiischen Untersuchung fähig zu sein. Denn war und blieb der kritische Standpunkt gültig, so waren im voraus Swedenborg's Visionen und Lehren verworfen. Es konnte höchstens über Das und Jenes Unentschiedenheit erklärt werden, weil es unerweisbar sei. Daran hätte sich freilich im Wesentlichen nichts geändert, wenn der historische Theil dem „dogmatischen" vorausgeschickt worden wäre. Dass es nicht geschah, verrieth aber doch deutlich, dass Kant's Ansicht schon im Voraus entschieden war. So aber nimmt der zweite Theil der Schrift so ziemlich die Bedeutung eines blossen Anhangs an, der zur Bestätigung des kritischen Standpunkts verwendet wird.

Kant behandelt die ganze Untersuchung mit einem gewissen Unmuth und gibt gleich, ehe er noch die Swedenborg zugeschriebenen Visionen berichtet, eine Schilderung seiner Persönlichkeit, in welcher er als Erzphantast bezeichnet wird. Kaum hat er den bekannten Vorfall mit einer Fürstin (der Königin von Schweden), den andern mit der Madame Marteville und das Schauen des Brandes in Stockholm zu Gothenburg erzählt, so eilt er, sie ohne alle Untersuchung ihrer Glaubwürdigkeit für Märchen zu erklären. Nach allerlei witzigen Anspielungen findet er, es sei zu allen Zeiten so gewesen und werde auch wohl künftig so bleiben, dass gewisse widersinnige Dinge selbst bei Vernünftigen Eingang fänden, blos darum, weil allgemein davon gesprochen werde.*) Dahin gehören nach ihm die Sympathie, die Wünschelruthe, die Ahnungen, die Wirkung der Einbildungskraft schwangerer Frauen, die Einflüsse der Mondwechsel auf Thiere und Pflanzen u. dgl. und er steht nicht an, diese Dinge in eine Linie mit dem Vorkommniss in Frankreich zu setzen, dass Kinder und Weiber in Frankreich es einmal dahin gebracht hätten, dass ein grosser Theil kluger Männer einen gemeinen Wolf für eine Hyäne hielten. Was nun aber z. B. die Wirkung der Einbildungskraft schwangerer Frauen betrifft, so ist sie von wohlbewährten Aerzten und Physiologen vollkommen gut konstatirt**) und der Gedanke liegt nahe, dass wenn Kant sich hierin geirrt hat, er sich wohl auch bezüglich der andern Punkte und bezüglich Swedenborg's wenigstens im Einen und Andern, geirrt haben könnte. Das zweite Hauptstück, welches schon im Titel Swedenborg als Schwärmer ankündigt, beginnt mit einer Reihe spottender Aeusserungen, die zum Theil witzig genug sind, aber nichts zur Aufklärung über Swedenborg beitragen. Kant kommt nun zu den Schriften Swedenborg's („seines Helden") und sagt von seinem grossen Werke: Arcana coelestia, es enthalte acht Quartbände voll Unsinn. Er gibt aber eine sonderbare Beschreibung dieses „Unsinns", wenn er, in seiner Art gewiss recht geistreich, von dem grossen Werke sagt: „Nichts desto weniger herrscht darin eine so wundersame Uebereinkunft mit demjenigen, was die feinste Ergrübelung der Vernunft über den ähnlichen Gegenstand herausbringen kann, dass der Leser mir es verzeihen wird, wenn ich hier diejenige Seltenheit in den Spielen der Einbildung finde, die so viel andere Sammler in den Spielen der Natur angetroffen haben, als wenn sie etwa in fleckigem Marmor die heilige Familie, oder in Bildungen von Tropfstein Mönche, Taufstein und Orgeln, oder sogar wie der Spötter Liscov auf einer gefrorenen Fensterscheibe die Zahl des Thiers und die dreifache Krone entdeckten; lauter

---

*) In der Beurtheilung dieser „widersinnigen" Dinge hat er aber kurz zuvor eingestanden, sich selber widersinnig zu verhalten.

**) Anthropologie von M. Perty I, 114—116, wo sicher beobachtete Fälle aus Steinhäuser's Buch über das Versehen, aus Kerner's Magikon, Froriep's Notizen, eines ungenannten Arztes Schrift: Das Naturleben des Weibes, angeführt werden. Es sind dies aber doch nur wenige Fälle von vielen, die von Aerzten und Physiologen mitgetheilt worden sind.

Dinge, die Niemand sonsten sieht, als dessen Kopf schon vorher davon angefüllt ist." Kant verschweigt nicht, dass sich die Arcana Coelestia als eine neue wenn auch nur mittelbare Offenbarung einführen. Er will aber nur die audita et visa, d. h. was seine (Swedenborg's) eigene Augen gesehen und eigene Ohren gehört haben, auszugsweise und in kurzer Uebersicht zur Mittheilung bringen, „weil sie allen übrigen Träumereien zu Grunde liegen, und auch ziemlich in das Abenteuer einschlagen, das wir oben auf dem Luftschiffe der Metaphysik gewagt haben." Seine Erzählungen und ihre Zusammenordnung scheinen Kant aus fanatischem Anschauen entsprungen zu sein und die Absonderung des Wahnsinns vom Wahnwitze zuzulassen und er will mit Weglassung vieler wilden Chimären die Quintessenz des Buchs auf wenig Tropfen bringen, wofür (nämlich für die bedeutende Abkürzung) er sich viel Dank verspricht. Auf den nun folgenden Auszug aus dem Werke: Arcana Coelestia, hat nun Kant offenbar nicht wenige Sorgfalt verwendet. Der Leser möge den Auszug in Kant's Schrift selbst nachlesen. Nur die Anfangsstelle und dann einige Hauptzüge wollen wir mittheilen zur Orientirung des Lesers über das, was hier des Näheren ausgeführt wird. Kant sagt: „Herr Swedenborg theilte seine Erscheinungen in drei Arten ein, davon die **erste** ist, vom Körper befreit zu werden; ein mittlerer Zustand zwischen Schlafen und Wachen, worin er Geister gesehen, gehört, ja gefühlt hat. Dergleichen ist ihm nun drei- oder viermal begegnet. Die **zweite** ist, vom Geiste weggeführt zu werden, da er etwa auf der Strasse geht, ohne sich zu verirren, indessen dass er im Geiste in ganz anderen Gegenden ist und anderwärts Häuser, Menschen, Wälder u. dgl. deutlich sieht, und dieses wohl einige Stunden lang, bis er sich plötzlich wiederum an seinem rechten Orte gewahr wird. Dieses ist ihm zwei- oder dreimal zugestossen. Die **dritte** Art der Erscheinungen ist die gewöhnliche, welche er täglich im vollen Wachen hat, und davon auch hauptsächlich diese seine Erzählungen hergenommen sind. Alle Menschen stehen seiner Aussage nach in gleich inniglicher Verbindung mit der Geisterwelt; nur sie empfinden es nicht, und der Unterschied zwischen ihm und den Andern besteht nur darin, **dass sein Innerstes aufgethan ist**, von welchem Geschenke er jederzeit mit Ehrerbietigkeit redet (datum mihi est ex divina domini misericordia). Man sieht aus dem Zusammenhange, dass diese Gabe darin bestehen soll, sich derer dunklen Vorstellungen bewusst zu werden, welche die Seele durch ihre beständige Verknüpfung mit der Geisterwelt empfängt." Swedenborg sieht sich schon in diesem Leben als eine Person in der

Gesellschaft der Geister. Die Gegenwart der Geister trifft zwar nur seinen inneren Sinn. Dieses erregt ihm aber die Apparenz derselben als ausser ihm, und zwar als einer menschlichen Figur. Die Geistersprache ist eine unmittelbare Mittheilung der Ideen, sie ist aber jederzeit mit der Apparenz derjenigen Sprache verbunden, die er sonst spricht und wird vorgestellt als ausser ihm. Ein Geist liest in eines andern Geistes Gedächtniss die Vorstellungen, die dieser darin mit Klarheit enthält. Die Geister sind ebenso neugierig, in Swedenborg den gegenwärtigen Zustand der Welt zu beschauen, als er es ist, in ihrem Gedächtniss wie in einem Spiegel die Wunder der Geisterwelt zu betrachten. Die Geister meinen dasjenige, was aus dem Einflusse der Menschenseelen in ihnen gewirkt worden, allein gedacht zu haben, wie die Menschen glauben, dass alle ihre Gedanken und Willensregungen aus ihnen selbst entspringen, ob sie gleich oftmals aus der unsichtbaren Welt in sie übergehen. Jede menschliche Seele hat schon in diesem Leben ihre Stelle in der Geisterwelt, obgleich nicht räumlich. Das Verhältniss der Geister zu einander ist kein wahrer Raum, aber doch die Apparenz desselben. Daher die Entfernungen für nichts zu achten sind. Die körperlichen Wesen haben keine eigene Subsistenz, sondern bestehen lediglich durch die Geisterwelt, nicht jeder Körper durch einen Geist allein, sondern durch alle zusammengenommen. Alle Geister stellen sich einander jederzeit unter dem Anschein ausgedehnter Gestalten vor und die Einflüsse aller dieser geistigen Wesen unter einander erregen ihnen zugleich die Apparenz von noch andern ausgedehnten Wesen und gleichsam von einer materialen Welt, deren Bilder doch nur Symbole ihres inneren Zustandes sind, aber gleichwohl eine so klare und dauerhafte Täuschung des Sinnes verursachen, dass solche der wirklichen Empfindung solcher Gegenstände gleich ist. Swedenborg redet also von Gärten, weitläufigen Gegenden, Wohnplätzen, Gallerien und Arkaden der Geister und versichert, dass kürzlich gestorbene Freunde sich dort kaum hätten überreden können, gestorben zu sein, weil sie eine ähnliche Welt um sich gesehen hätten. Nach Sw. correspondirt der ganze äussere Mensch mit dem ganzen inneren Menschen und was den innern von Jenseits her in geistigen Einflüssen trifft, wird in den entsprechenden Gliedmassen des äussern Menschen empfunden. Jede Geistersocietät zeigt die Apparenz eines grossen Menschen an sich und alle Geistersocietäten zusammen erscheinen zuletzt in der Apparenz des grössesten Menschen. — Hatte Kant schon im Verlauf seines Auszugs den Vorwurf der Phantasterei etc. nicht zurückhalten können, so bricht er am Schlusse desselben in die Worte aus: „Ich bin es müde, die wilden Hirngespinnste des ärgsten Schwärmers unter allen zu copiren oder solche bis zu seinen Beschreibungen nach dem Tode fortzusetzen, und ergeht sich des Weiteren in unmuthigen Aeusserungen, unter andern auch über die Undankbarkeit des ihm von Freunden unterlegten bearbeiteten Stoffes, wobei er jedoch zu seinem Trost den geheimgehaltenen Zweck erreicht zu haben meine, die Metaphysik, in welche er trotz seltener Gunstbezeigungen das Schicksal habe verliebt zu sein, als die Wissenschaft **von den Grenzen der menschlichen Vernunft** angezeigt zu haben.

Das dritte Hauptstück zieht nun den praktischen Schluss aus der ganzen Abhandlung, und zwar dahin, dass, weil Erkenntniss des Uebersinnlichen die Grenzen des menschlichen Erkenntnissvermögens überschreite, also unmöglich und also auch im Erdenleben entbehrlich und unnöthig sei, wir warten sollen, bis uns vielleicht in der künftigen Welt durch neue Erfahrungen neue Begriffe von den uns noch verborgenen Kräften würden gelehrt werden. „Da Vernunftgründe, meint Kant, in übersinnlichen Fragen von keiner Erheblichkeit seien, so könne man nur den Erfahrungen das Recht der Entscheidung einräumen. Wenn aber gewisse angebliche Erfahrungen sich in kein unter den meisten Menschen einstimmiges Gesetz der Empfindung bringen liessen und also nur eine Regellosigkeit in den Zeugnissen der Sinne beweisen würden, wie es in der That mit den herumgehenden Geistererzählungen bewandt sei, so erscheine rathsam, sie nur abzubrechen, weil der Mangel der Einstimmung und Gleichförmigkeit alsdann der historischen Erkenntniss alle Beweiskraft nehme und sie untauglich mache, als Fundament zu irgend einem Gesetze der Erfahrung zu dienen, worüber der Verstand urtheilen könnte. Die Eitelkeit der Wissenschaft entschuldige gern ihre Beschäftigung mit dem Vorwande der Wichtigkeit und gebe vor, dass die Vernunfteinsicht von der geistigen Natur der Seele zu der Ueberzeugung von dem Dasein nach dem Tode, diese aber zu dem Beweggrunde eines tugendhaften Lebens sehr nöthig sei und die Wahrhaftigkeit der Erscheinungen abgeschiedener Seelen sogar einen Beweis aus der Erfahrung abgeben könne. Allein die wahre Weisheit bedürfe nicht solcher Mittel, die nimmermehr in aller Menschen Gewalt sein könnten. Wie, ruft Kant aus, ist es denn nur darum gut, tugendhaft zu sein, weil es eine andere Welt gibt, oder werden die Handlungen nicht vielmehr dereinst belohnt werden, weil sie an sich selbst gut und tugendhaft waren? Enthält das Herz des Menschen nicht unmittelbare sittliche Vorschriften, und muss man, um ihn allhier seiner Bestimmung gemäss zu bewegen, durchaus die Maschine an eine andere Welt ansetzen? Kann derjenige wohl redlich, kann er wohl tugendhaft heissen, welcher sich gern seinen Lieblingslastern ergeben würde, wenn ihn nur keine künftige Strafe schreckte, und wird man nicht vielmehr sagen müssen, dass er zwar die Ausübung der Bosheit scheue, die lasterhafte Gesinnung aber in seiner Seele nähre, dass er den Vortheil der tugendähnlichen Handlungen liebe, die Tugend selbst aber hasse? Und in der That lehrt die Erfahrung auch, dass so viele, welche von der künftigen Welt belehrt und überzeugt sind, gleichwohl, dem Laster und der Niederträchtigkeit ergeben, nur auf Mittel sinnen, den drohenden Folgen der Zukunft arglistig auszuweichen; aber es hat wohl niemals eine rechtschaffene Seele gelebt, welche den Gedanken hätte ertragen können, dass mit dem Tode alles zu Ende sei, und deren edle Gesinnung sich nicht zur Hoffnung der Zukunft erhoben hätte. Daher scheint es der menschlichen Natur und der Reinigkeit der Sitten gemässer zu sein, die Erwartung der künftigen Welt auf die Empfindungen einer wohlgearteten Seele, als umgekehrt ihr Wohlverhalten auf die Hoffnung der andern Welt zu gründen." So sei auch der moralische Glaube bewandt, dessen Einfalt den Menschen ohne Umschweif zu seinen wahren Zwecken führe. „Lasst uns, so äussert noch Kant zum Schluss, demnach alle lärmende Lehrverfassungen von so entfernten Gegenständen der Spekulation und der Sorge müssiger Köpfe überlassen. Sie sind uns in der That gleichgültig, und der augenblickliche Schein der Gründe für oder dawider mag vielleicht über den Beifall der Schulen, schwerlich aber etwas über das künftige Schicksal der Redlichen entscheiden. — Es war auch die menschliche Vernunft nicht genugsam dazu beflügelt, dass sie so hohe Wolken theilen sollte, die uns die Geheimnisse der andern Welt aus den Augen ziehen, und den Wissbegierigen, die sich nach derselben so angelegentlich erkundigen, kann man den einfältigen aber sehr natürlichen Bescheid geben, dass es wohl rathsam sei, wenn sie sich zu gedulden beliebten, bis sie werden dahin kommen. Da aber unser Schicksal in der künftigen Welt vermuthlich sehr darauf ankommen mag, wie wir unsern Posten in der gegenwärtigen verwaltet haben, so schliesse ich mit demjenigen, was Voltaire seinen ehrlichen Candide, nach so viel unnützen Streitigkeiten, zum Beschlusse sagen lässt: Lasst uns unser Glück besorgen, in den Garten gehen, und arbeiten."

Zur Vervollständigung unseres Referats sind noch die Aeusserungen heranzuziehen, welche sich in zwei Briefen Kant's an Moses Mendelsohn vorfinden. Unter dem 7. Februar 1766 bezeichnet Kant die „Träume eines Geistersehers etc." als eine gleichsam abgedrungene

Schrift, die mehr einen flüchtigen Entwurf von der Art, wie man über dergleichen Fragen urtheilen solle, als die Ausführung selber enthalte. Eingehender äussert sich Kant in einem Briefe an Mendelsohn vom 8. April 1766, wo er erzählt, dass er sich durch die genannte Schrift vor der unablässigen Nachfrage über alle jene „Anekdoten" habe Ruhe verschaffen wollen und in dem absichtlich eingestreuten Spott über sich selbst ganz aufrichtig verfahren sei, „indem wirklich der Zustand meines Gemüths hiebei widersinnig ist, und, sowohl was die Erzählung anlangt, ich mich nicht entbrechen kann, eine kleine Anhänglichkeit an die Geschichte von dieser Art, als auch, was die Vernunftgründe betrifft, einige Vermuthung von ihrer Richtigkeit zu nähren, ungeachtet der Ungereimtheiten, welche die erstere, und der Hirngespinnste und unverständlichen Begriffe, welche die letzteren um ihren Werth bringen". Bei Untersuchungen der beregten Art kommt nach Kant's Meinung Alles darauf an, die Data zu dem Problem aufzusuchen: wie ist die Seele in der Welt gegenwärtig sowohl den materiellen Naturen, als den andern von ihrer Art? Eine längere Auseinandersetzung läuft daraus hinaus, dass wir diese Frage weder aus Vernunftgründen, noch aus Erfahrungsgründen zu beantworten vermöchten.*)

Werfen wir nun einen Rückblick auf das Vorgetragene, so hat sich gezeigt, dass die frühsten Nachrichten über einige Visionen Swedenborg's Kant nicht aller Glaubwürdigkeit zu entbehren schienen. Aber völlige standhaltende Ueberzeugung war doch damit nicht gewonnen. Nur der Antrieb ging daraus hervor, die Sache näher und wo möglich bis auf den Grund zu untersuchen. Das Interesse an der Sache greift offenbar tiefer als bloss sich in den Stand zu setzen, die an ihn gelangten Anfragen über die Aufsehen erregenden Erzählungen beantworten zu können. Wollte er sich nicht mit der Sache befassen, so konnte er leicht jedes Eingehen auf die Sache ablehnen. Statt dessen verlangte er nähere Auskunft von entfernten Freunden, gab bezügliche Aufträge, schrieb sogar selbst an Swedenborg und erwartete mit Spannung das von diesem in nahe Aussicht gestellte Werk. Als ihm statt dessen die längst erschienenen Arcana coelestia, welche ihm die bedeutende Ausgabe von 7 Pfund Sterling verursachten, zugekommen waren, scheint er auf das eigentlich erwartete Werk verzichtet zu haben, dessen von ihm mit keiner Silbe mehr gedacht wird, das also auch nicht weiter vermisst worden

---

*) S. Werke Kant's von Hartenstein B. VIII, S. 671 und 673—675.

zu sein scheint. Dass er die acht Quartbände des Werkes nicht bloss flüchtig durchlas, bezeugt der sorgfältige Auszug eines nicht geringen Theils desselben, welchen er seiner beregten Schrift einverleibte. Aber Wasser und Feuer können nicht feindlicher aufeinander stossen, als der schon damals feststehende Kriticismus Kant's und die Grundlagen der Lehren Swedenborg's wider einander waren. Kant hielt zwar fest an dem Glauben an Gott, der intelligiblen Freiheit und der Unsterblichkeit, aber nicht auf Grund einer theoretischen Begründung oder einer geschichtlichen göttlichen Offenbarung, sondern auf Grund moralischer Postulate. Swedenborg aber war als Philosoph rationaler Dogmatist und als Religioser Offenbarungsgläubiger mit dem Anspruch, durch eine Erscheinung des Herrn (zwischen 1743 und 1745) berufen worden zu sein, den geistigen Sinn der heil. Schrift und die Lehren des Neuen Jerusalems, d. h. der Neuen Kirche, die in der Apokalypse verheissen worden sei, bekannt zu machen. Da sich Kant's Kriticismus von diesem Glaubensstandpunkt, der sich mit einer seltsamen Art halb mystischer, halb rationalistischer Auslegungsart d. h. Schrift verquickte, in hohem Maasse abgestossen fand, so schien ihm Swedenborg's Lehre Phantasterei und sein Geisterverkehr Schwärmerei, und jene ihm früher nicht unglaublichen, zum Theil sehr glaublichen Visionen mussten in seinen Augen nun das Schicksal alles anderen Verworfenen theilen und auch diejenige Begebenheit (Fernschauen des Brandes am Südermalm in Stockholm von dem 50 Meilen entfernten Gothenburg aus), welche früher von Kant als wirklich allem erdenklichen Zweifel die Ausflucht benehmend bezeichnet wurde, konnte jetzt dem Schicksal nicht entgehen, mit allem Anderen unter die Märchen geworfen zu werden.

Der praktische Schluss Kant's aus seiner ganzen Abhandlung im dritten Hauptstück des zweiten Theils argumentirt so ganz nach den Ergebnissen des Kriticismus, dass wir uns einer Untersuchung desselben hier nicht entschlagen können. Um so weniger kann solche Untersuchung unterlassen werden, als Kant bei seiner Schrift einen wichtigeren Zweck als die Nachweisung der Phantasterei Swedenborg's vor Augen gehabt zu haben versichert, nämlich den Beweis der Unmöglichkeit einer dogmatischen Metaphysik. Müsste man unter dogmatischer Metaphysik das System absoluten Wissens verstehen, wären dogmatische Metaphysik und System absoluten Wissens identisch, so wäre deren Unmöglichkeit leicht zu erweisen. Denn absolutes Wissen kann nur dem absoluten Wesen eignen. Der Mensch aber ist nicht das absolute Wesen. Wenn für den Menschen Wissen möglich ist, so kann es nur dem absoluten Wissen des

Absoluten gegenüber ein secundäres, somit bedingtes und folglich begrenztes sein. Kant ist also im Rechte, ein absolutes Wissen für den Menschen nicht einzuräumen. Wäre aber auch ein secundäres, bedingtes, begrenztes Wissen für den Menschen unmöglich, so wäre jedes Wissen für ihn unmöglich, folglich auch ein Wissen von seinem Erkenntnissvermögen, dessen Gesetzen und dessen Wirkungs- oder Bethätigungsbereich und damit wäre auch die Erkenntnisslehre Kant's unmöglich. Seinen Kriticismus kann also Kant nur dadurch retten, dass er die Möglichkeit eines bedingten Wissens überhaupt nicht verneint, sonst würde er dem Manne gleichen, der den Ast, auf dem er sass, durchsägte. Aber er lässt das bedingte Wissen nur zu bezüglich des menschlichen Erkenntnissvermögens, welches er dermassen ausgemessen haben will, dass in aller Zukunft nicht daran soll gerüttelt werden können, dass es weder um das Geringste enger, noch weiter soll gefasst werden können; nur formelle Verbesserungen schliesst er nicht aus. Dagegen besteht er streng auf der Unmöglichkeit eines strengen Wissens, einer wahren und wirklichen Erkenntniss des Wesens Gottes, des Geistes oder der Seele und der Welt (Natur). Diese Behauptung geht nicht bloss auf die Vergangenheit (die gesammte Philosophie bis auf ihn) und die damalige Gegenwart (gleichzeitige Philosophie), sondern auch auf alle, wenigstens alle irdische, Zukunft. Die Erfahrungswissenschaften mögen ins Unermessliche wachsen, die Philosophie in seinem Sinn als Kriticismus mag zur grösseren oder grössten Vollkommenheit des Systems ausgebildet werden, aber ihrem Prinzip und dessen gegebenen Grundbestimmungen nach soll die Philosophie für alle Zeit auf dem Standpunkt des Kriticismus stehen bleiben, weil er inhaltlich das Non-plus-ultra möglicher menschlicher Erkenntniss erreicht habe. Allein Kant's Erkenntnisslehre leidet nicht bloss an formellen Mängeln, sondern auch an tiefgreifenden sachlichen. Schon dass er Behauptungen des Dogmatismus zu Ausgangspunkten seiner Untersuchungen machen musste, verrieth den inneren Widerspruch seines Unternehmens und wenn Kant im Verlauf seiner Kritik die Vernunft mit sich selbst in Widerspruch setzt mit der Behauptung der Fortdauer von Illusionen des Erkenntnissvermögens auch nach Aufdeckung ihrer Nichtigkeit, so genügt diess allein schon, um einzusehen, dass der Kriticismus Kant's nicht das letzte Wort der Philosophie sein kann. Sein Skepticismus bezüglich der Erkenntniss des Uebersinnlichen treibt ihn über diesen hinaus zum negativen Dogmatismus, denn es ist mehr als skeptisch, es ist negativ dogmatisch, die absolute Unerkennbarkeit des Uebersinnlichen zu behaupten. Diese Behauptung fällt mit der Einsicht, dass wenn sie wahr wäre, nicht einmal etwas von der Existenz des Uebersinnlichen gewusst werden könnte, ein unausdenklicher Widersinn, da die von Kant statuirten Erkenntnissvermögen und Erkenntnissgesetze selbst übersinnlich sind und als geistiger Art nicht anders als übersinnlich sein können. Weder hat Kant erwiesen, dass die Philosophie bis auf ihn absolut nichts vom Uebersinnlichen erkannt habe, noch konnte er erweisen, dass die Vernunft unfähig sei, weiterhin Fortschritte in der Erkenntniss des Uebersinnlichen zu machen. Er selbst musste in der praktischen Philosophie in Postulaten Ersatz für die Einbusse in der theoretischen aufsuchen, konnte aber nicht verhindern, dass von Nachfolgern Folgerungen aus seiner Leugnung der Erkennbarkeit des Uebersinnlichen gezogen wurden, welche wider seine Absicht zum Atheismus, Naturalismus und Materialismus geführt haben. Der praktische Schluss, den Kant aus seiner besprochenen Abhandlung zog, kann daher nicht als völlig gültig eingeräumt werden. Vernunftgründe müssen in übersinnlichen Dingen von grösster Erheblichkeit sein. Erfahrungen sind nicht darum sofort als Täuschungen zu verwerfen, weil sie vielleicht nicht sogleich unter ein Gesetz gebracht werden können. Sie fordern in diesem Falle erneute Prüfung und beanspruchen, wenn bestätigt, als Erfahrungen ihre Geltung, auch wenn das Gesetz, unter welchem sie stehen, erst noch gefunden werden soll. Es kann aber auch nur gefunden werden auf Grund der Erfahrung, deren Fortsetzung und Erweiterung in Verbindung mit Vergleichen und Aufeinanderbeziehen des Erfahrenen. Erscheinungen, die nicht bei allen beobachtbaren Menschen, vielleicht bei nur verhältnissmässig wenigen, sich zeigen, sind doch darum nicht unwirkliche, so wenig geniale Begabung darum unwirklich ist, weil sie nicht bei allen (vielmehr nur bei verhältnissmässig wenigen) Menschen angetroffen wird. Es kann doch physische und psycho-physische Organisationen geben, die ungewöhnliche Erscheinungen darbieten und Niemand hat noch ausgemessen, wie tief der Geist ungewöhnlicher Menschen auf das ihm verbundene Psychophysische zu wirken vermag. Sollten alle oder ein Theil der ungewöhnlichen Erscheinungen mehr oder minder krankhafte sein, so könnte dies doch nur durch deren Erforschung erkannt werden. Das von Kant empfohlene Abbrechen aller in das fragliche Gebiet einschlägiger Untersuchungen würde zur Beengung und Verarmung der Erkenntniss führen, während deren Erweiterung und Bereicherung Aufgabe ist. Voreiliges Aufgeben wäre jedenfalls nachtheiliger, als Irrungen sein würden, die sich einschleichen könnten. Der Fortgang der Untersuchungen wird diese enthüllen und das Wahre an deren Stelle setzen, während das Einstellen der Untersuchungen unfruchtbar bleibt und zur Verkümmerung führt.

Es darf nicht Eitelkeit genannt werden, nichts für unwichtig zu erachten. Wie vieles zuvor unwichtig Erschienene ist nicht bei weiterem Eingehen als sehr wichtig erkannt worden! Die Wissenschaft wie das Streben nach Wissenschaft kann niemals eitel sein. Gründlichkeit und Tiefe des Wissens ist die beste Schutzwehr gegen die Eitelkeit, die nicht aus dem Wissen, sondern aus dem noch anhaftenden Mangel an Wissen entspringt, der noch verkehrtem Wollen Zugang verstattet. Tugendhaft, gut, sollte der Mensch sein wollen, auch wenn er nicht unsterblich wäre oder sich nicht dafür hielte, aber dass die Tugendhaftigkeit durch den Glauben an die Unsterblichkeit beeinträchtigt werde, wäre doch grundfalsch und wurde auch von Kant direkt nicht behauptet. Die Vernunfteinsicht von seiner Unsterblichkeit, wäre oder würde sie erreicht, kann daher mindestens ebenso wenig sein Tugendleben gefährden, vielmehr wird sie dasselbe bekräftigen, weil sie ihn darüber belehrt, dass die Vernachlässigung des Tugendlebens hienieden ihm dereinst im Jenseits Hemmungen des Fortschreitens in demselben bereiten muss. Erfahrungsbeweise für die Fortdauer nach dem Tode, sollten sie evident durch Geistererscheinungen, Geisterwirkungen, Geistermittheilungen an irdisch Lebende gegeben werden können, würden die Vernunftbeweise der Einen, die Glaubensgründe der Anderen bestätigen und bekräftigen, die Zweifler in Gläubige verwandeln, die Leugner widerlegen. Es kommt eben darauf an, ob solche Erfahrungsbeweise evident gegeben werden können. An ihren guten Wirkungen im Grossen und Ganzen wäre doch nicht zu zweifeln, wenn sie auch nicht auf alle von ihrer Wahrheit Ueberzeugte in gleichem Maasse sich erstrecken würden, wie ja auch aus Vernunft oder aus Religionsgründen Unsterblichkeitsgläubige häufig genug ihre Leidenschaften wenig oder nicht bezähmen und sogar die ärgsten Verbrecher unter ihnen angetroffen werden. Eine Nothwendigkeit, nicht zu sündigen, hat der Unsterblichkeitsglaube nicht und soll er nicht zur Folge haben, aber es ist vergeblich, zu leugnen, dass er eine ernste nachdrückliche Aufforderung zum Unterlassen des Bösen und zum Vollbringen des Guten enthält. Werden die guten Handlungen nach Kant dereinst belohnt, weil sie an sich selbst gut und tugendhaft waren, so werden sie nach ihm doch belohnt und wenn er daran glaubt, so darf und kann er auch Niemand diesen Glauben verwehren wollen, vollends gar als Selbstsucht, Sünde, geheimen Tugendhass auslegen und anrechnen. Nur der Leugner der Unsterblichkeit kann sich der Meinung hingeben, dass der Glaube an dereinstige Belohnung des

Guten sittlich nachtheilig sei und da Kant sich zu diesen Leugnern nicht gesellen will, so sollte er auch nichts behaupten, was doch nur in deren Fahrwasser führen müsste. Der Unglaube an die Belohnung des Guten und die Bestrafung des Bösen wäre darum der Unglaube an Gott selber, weil der Glaube an Gott nicht ohne den Glauben an eine moralische Weltordnung gedacht werden kann und eine moralische Weltordnung keinen Sinn hat, wenn sie nicht eine solche wäre, in welcher das Gute gute und das Böse schlimme Folgen hat, das Eine wie das Andere auch für den Vollbringer selbst. Auf der anderen Seite geht nun Kant doch so weit, zu behaupten, dass wohl niemals eine rechtschaffene Seele gelebt habe, welche sich nicht zur Hoffnung der Zukunft, der Fortdauer nach dem Tode erhoben hätte. Kant's Nachfolger und Vertheidiger mögen diese Behauptung mit den Pantheisten, Naturalisten und Materialisten ausmachen. Uns erscheint sie nur als ein Zeugniss, wie tief die Unsterblichkeitshoffnung, die wir doch nicht ohne ihr zu Grund liegenden Glauben denken können, in Kant's Gedankenkreis wurzelte und wie fern seine Weltanschauung dem Pantheismus und vollends dem Materialismus stand, von welchem er in der besprochenen Schrift sagt, dass er, genau erwogen, Alles tödte. Wenn nun aber nach Kant die rechtschaffenen Seelen wohl immer sich zur Hoffnung der Fortdauer im Jenseits erhoben, wie sollen es diese rechtschaffenen Seelen anfangen, ihre Hoffnung ganz isolirt zu halten von allen ihren Gedanken und Erwägungen über ihre Pflichten und ihre gesammte Lebenshaltung? Wird diess von ihnen verlangt und erwartet werden können? Weil allerdings jeder Einzelne für seine moralischen Ueberzeugungen der Erfahrungsbeweise der Fortdauer der Seele nach dem Tode nicht bedarf, ziemt es darum auch der Wissenschaft, nicht darnach zu forschen, ob solche Erfahrungsbeweise gefunden werden können oder nicht. Dass solche Auffindung unmöglich sei, dürfte doch die Wissenschaft nicht blindlings annehmen, sondern müsste es erweisen, und um diess zu können, müsste sie auf die Untersuchung darüber eingehen. Auch Kant hat ja die Erzählungen über die Visionen Swedenborg's nicht gleich blindlings verwerfen wollen und sie ernstlich in Untersuchung gezogen. Gesetzt, das Ergebniss seiner Untersuchungen wäre mit wirklich entscheidenden Gründen völlig zu Ungunsten Swedenborg's ausgefallen, die Visionen Swedenborg's also sämmtlich mit Recht als Täuschungen verworfen worden, woran doch noch etwas fehlt,*) so würde doch damit noch

---

*) Es fehlt nämlich der Beweis, dass die Fernschauungen Swedenborg's sämmtlich Hallucinationen oder andersartige Täuschungen gewesen seien, so wie auch der Beweis, dass sein Geisterverkehr aller wesenhaften Realität

lange nicht erwiesen sein, dass an allen Berichten von Visionen seit Jahrtausenden, von Geistererscheinungen, Geisterwirkungen und Geistermittheilungen nichts sei und dass die Wissenschaft von diesem ganzen weitschichtigen Gebiete sich ganz zurückzuziehen habe. Die Untersuchungen in diesem Bereiche müssen doch nicht nothwendig „lärmende" und schwärmende sein, sollen es vielmehr gar nicht sein, sondern mit derselben Vorsicht und Umsicht geführt werden, wie alle anderen im Gebiete der Erfahrungswissenschaften, und wenn ihre Gegenstände wirklich so entfernt wären (doch wohl nicht räumlich), als Kant vorgibt, so wäre diess so wenig ein Grund, sie von der Untersuchung auszuschliessen, als die Astronomie sich beigehen lässt, wegen der grossen räumlichen Entfernung die Milchstrasse, die Welt der Fixsterne, die Nebelflecke etc. von ihren Forschungen auszuschliessen. Sind Kant Untersuchungen der beregten Art gleichgültig geworden, so lag diess wohl zum Theil in seiner geistigen Eigenart, zum Theil in den Einflüssen seiner in einer einseitigen Verstandes- und Aufklärungsrichtung befangenen Zeit etc. und konnte nicht maassgebend für andere Geister und andere Zeiten sein, wie denn bald andere hochbegabte Männer in Deutschland hervortraten, die wie besonders Baader, Schelling, Schleiermacher, Krause etc. sogar zum Theil Oken und selbst Kant's bewundernder Verehrer Schopenhauer mehr oder minder in Untersuchungen des von Kant verpönten Bereiches des sogenannten Geheimnissvollen sich einliessen. Diese und andere Männer waren nichts weniger als müssige Köpfe, wenn sie auch nicht ganz davon freizusprechen sein mögen, in

entbehrt habe, wenn auch die Formen desselben eine subjektive Einkleidung durch seine Phantasie erhalten haben sollten. Diese Frage bedarf einer gesonderten Untersuchung. Der Anspruch Swedenborg's, vom Herrn selbst seine Lehren empfangen und beauftragt worden zu sein, dieselben als Erklärung der h. Schrift zu verkündigen, entbehrt jeder Beglaubigung und widerlegt sich auch durch eine Reihe der h. Schrift, die er doch selber, wiewohl willkürlich nicht wenige Stücke aus ihr ausscheidend, für das Wort Gottes erklärt, geradezu widersprechender Lehren. Dieser Glaube mochte sich ihm gebildet und zur Vision gestaltet haben durch die Ahnung, dass die Gestaltung der Kirche grossen Veränderungen entgegengehe. Aber diese Vision kann nur subjektiv gewesen sein und, verhielt es sich also, so können wir seinen Engel- und Geistervisionen nicht diejenige objektive Bedeutung zuschreiben, welche Swedenborg selbst ihnen zuschreibt. Dagegen sind mehrere Thatsachen des Fernblickens aus dem Leben Swedenborg's berichtet, welche so gut beglaubigt sind, dass wenn wir ihre Wahrheit leugnen wollten, eben so gut den allerbeglaubigtesten Thatsachen der Geschichte Zweifel entgegengestellt werden könnten. Wahnsinn kann sein Zustand nicht gewesen sein, aber auch nicht ein gewöhnlicher, völlig normaler, sondern ein Zustand magnetischen Hellsehens und der Ekstase, in welchem die Phantasie ihre subjektiven Formgebilde einmischte.

andere z. Th. entgegengesetzte Einseitigkeiten gefallen zu sein. Sollten durch diese und andere Untersuchungen einige Geheimnisse der andern Welt enthüllt worden sein und noch mehrere enthüllt werden, so ist dafür gesorgt, dass übergenug der Enthüllung noch harren, andere im irdischen Leben nie völlig mögen enthüllt werden können, aber die Wissenschaft muss sich stets dehnen und strecken und der Strebende erträgt nicht den wohlgemeinten Rath, sich in Allem und Jedem bis zum Eintritt des Jenseits zu gedulden, von der Ansicht geleitet, dass, was wir hienieden nicht nach Möglichkeit vorbereiten, im Jenseits nicht so leicht oder nur erschwert fortwachsen werde. Denn gilt es im Moralischen, dass unser Schicksal im Jenseits von unserem Verhalten im diesseitigen Leben abhängen wird, so muss es wohl auch im Intellektuellen um so mehr gelten, als das Moralische und das Intellektuelle keinesfalls so ganz von einander getrennt sein können.

18.

Johann Gottlieb Fichte's Unsterblichkeitslehre.

Der absolute Real-Idealismus oder Ideal-Realismus Fichte's, wie F. selbst sein System genannt wissen will, gründet in der kritisch errungenen Erkenntniss des einigen und ewigen Unbedingten oder Absoluten als von, aus und durch sich selbst seiender Geistigkeit.*) Das Absolute ist Fichte das Eine Allbedingende und Allbegründende und — im Gegensatz zum Naturalismus — geistiger Wesenheit.**) Als Persönlichkeit will er das Absolute, Gott, nur darum nicht bezeichnet wissen, weil Persönlichkeit nicht ohne Schranken, die doch für Gott nicht gelten könnten, gedacht werden könne. In seiner Vertheidigung gegen die Anklage, Atheismus zu lehren, sagte Fichte: „Man übersehe ja nicht den Grund, aus welchem ich die Möglichkeit, Gott Persönlichkeit und Bewusstsein zuzuschreiben, leugnete. Ich rede von unserem eigenen begreiflichen Bewusstsein, zeige, dass der Begriff desselben nothwendig Schranken bei sich führt, und sonach dieser Begriff des Bewusstseins nicht für Gott gelten kann. Nur in dieser Rücksicht, nur in Rücksicht der Schranken und der dadurch bedingten Begreiflichkeit habe ich das Bewusstsein

---

*) J. G. Fichte's S. Werke, V, 439.
**) Fichte's Werke VII, 242.

geleugnet. Der Materie nach ist die Gottheit lauter Bewusstsein, sie ist Intelligenz, reine Intelligenz, geistiges Leben und Thätigkeit (Wille — Ref.). Dieses Intelligente aber in einen Begriff zu fassen und zu beschreiben, wie es von sich selbst und Anderen wisse, ist schlechthin unmöglich.*) Hätte Fichte damit nichts Anderes sagen wollen, als die menschliche (bedingte) Intelligenz kann nicht das Maass der unbedingten Intelligenz sein, von den Schranken der menschlichen Persönlichkeit kann in der göttlichen Intelligenz keine Rede sein, so würde er vollkommen im Rechte gewesen sein. Wenn aber Gott inhaltlich lauter Bewusstsein, Intelligenz, geistiges Leben, Thätigkeit (Wille) ist, so ist unmöglich, dass diesem geistigen Inhalt die geistige Form fehlen könnte,**) wenn auch Gehalt und Form der göttlichen Geistigkeit nur von Gott selbst, nicht aber von endlichen Intelligenzen, absolut durchdrungen, durchschaut und begriffen werden kann.***) Es mag paradox lauten, ist aber genau wahr, dass es eben im Begriffe Gottes liegt, absolut nur von sich selbst begriffen werden zu können, woraus folgt, dass endlichen Intelligenzen zwar nicht gar keine, aber doch nur eine bedingte, begrenzte, wenn auch eine ins Unbestimmte hin vertiefbare und erweiterbare Erkenntniss Gottes möglich ist. Gegen Ende seines verhältnissmässig kurzen Lebens (1762—1814) — die erstaunliche Fülle seiner genialen Arbeiten vollbrachte er in einem Zeitraum von zwanzig Jahren (1794—1814) — scheint er davon etwas gefühlt zu haben, wenn er in den politischen Fragmenten vom Jahre 1813 sich äussert: „Aber ist in diesem Elemente des Unbegreiflichen, Unverstandenen, nicht zugleich ein Weltplan, darum allerdings eine Vorsehung und ein Verstand? ... Ich dürfte da allerdings (bei erneuerter Revision der gesammten Wissenschaftslehre, Ref.) **einen tieferen, eigentlich absoluten Verstand** bekommen."†) Was kann diess anders sagen wollen, als: dem Ver-

---

*) Fichte's Werke V, 260. Vergl. Hoffmann's Philosophische Schriften, I, 560.

**) Fichte's Werke V, 242.

***) Weil wir das Wie des Wissens Gottes von sich und Anderen nicht in einen Begriff fassen könnten, darum soll nach Fichte die absolute Intelligenz nicht als Selbstbewusstsein — als Persönlichkeit — zu fassen sein. Als ob wir das Wie durchschauen müssten, um das Dass behaupten zu können! Wir wissen auch das: Wie der Geist auf den Leib wirkt, nicht und wissen dennoch, dass er auf ihn wirkt.

†) Fichte's Werke VII, 586. Vergl. Hoffmann's Philosophische Schriften, I, 573. — Der geistreiche Fortbildner der Fichte'schen Philosophie, Karl Fortlage, bezeichnet (Beiträge zur Psychologie, S. 343) die Gottheit als Ursеele, Urselbst, Urgeist oder Urbewusstsein.

stande Gottes der Materie nach, den ich von Anfang an erkannte und anerkannte, werde ich mich genöthigt sehen, auch die immanente göttliche Form zuzugestehen? Ein anderer Sinn ist in diesen Worten nicht erfindlich. So nahe scheint Fichte zuletzt wieder dem Theismus gestanden zu haben. Wir dürften uns dieser auch nach ihrem Hervortreten nicht beachteten Entdeckung rühmen, wenn sie nicht gar so leicht zu machen gewesen wäre.

In der Trübung und Verkennung der Wahrheit, dass das „absolute Ich", die Intelligenz Gottes, nicht ohne Selbst und also als selbstbewusster Geist, folglich als Persönlichkeit zu denken sei, behauptete Fichte, dass Gott nur von endlichen Intelligenzen gewusst werden könne, was damit zusammenfloss, dass Gott nur in den endlichen Intelligenzen zum Bewusstsein komme. Er stellte der absoluten (an sich bewusstlosen) Substanz Spinoza's das absolute Ich (Geistigkeit) entgegen, dem an sich naturalistisch gedachten Absoluten das idealistisch (spiritualistisch) gedachte Absolute, aber er blieb in der Halbheit stecken, Gott als Geist, Intelligenz und Wille, und doch nicht als Selbstbewusstsein, Persönlichkeit, zu fassen. Denn wenn man auch mit einigem Grunde sagen könnte, dass F. nur die Möglichkeit eines erschöpfenden Begriffs von der Intelligenz Gottes, nicht die Intelligenz Gottes selbst, nur die Erkenntniss des Wie des Vonsichselbstwissens Gottes, nicht das Vonsichselbstwissen Gottes selbst, leugne, so wird doch diese Unterscheidung von ihm nicht festgehalten und verliert sich, wie sich zeigt, wenn er constant Sein und Wissen so schroff trennt, dass er Gott das Sein und den Intelligenzen das Wissen zuschreibt, wonach Gott nicht an, in und für sich, sondern nur in seinen Intelligenzen wissend wäre. Gottes Sein ist ihm überweltlich, sein Dasein ist ihm weltlich. Gott ist transscendent und immanent zugleich. Gott und Welt sind Eines, nur unterschieden wie Sein und Dasein, wie Wesen und Erscheinung. Die Welt ist die Erscheinung Gottes, Gott ist das Wesen der Welt. Unter Welt versteht aber Fichte nicht die Naturwelt, sondern die Geisterwelt, und die Naturwelt nur insofern, als sie ihm gottgewirkte Erscheinung in den Geistern oder Intelligenzen ist.*) Gottes Dasein, Leben und Thätigkeit ist seine Offenbarung in der Unendlichkeit der unaufheblichen, endlosen Zerspaltung in endlichen Bewusstseinsformen oder geistigen Wesen (W. V, 439), obgleich das Wie dieser Spaltung und Offenbarung unbegreiflich bleibt (V, 442, 452). Fichte's Fassung Gottes als reinen Seins, welches doch der Materie nach

---

*) Berührt sich in diesem exorbitanten Gedanken Fichte nicht auffälligst mit dem als idealistischen Empiristen ziemlich gering geschätzten Berkeley?

Intelligenz, Wille, Thätigkeit, geistiges Leben, vollendete Seligkeit, Liebe (V. '248) von ihm genannt worden war, musste nun für ihn die Folge haben, dass ihm Gott an sich selbst zum in sich Bewusstlosen, Prozesslosen, und die gleichwohl aus ihm folgende Welt zum ewig ruhelosen und unvollendbaren Werden, Gott zum allein Seienden, Realen, Nothwendigen, die Welt zum Zufälligen, Nichtigen und doch wieder in den ethisch bewährten Intelligenzen Unvergänglichen wurde. Inwiefern der in sich selbst wandellose, bewegungslose Gott in der Unendlichkeit der ruhelosen Iche (Intelligenzen) und der in ihnen als Erscheinungen entstehender und vergehender Welten wird und lebt, wird auch Gottes Leben, das er nur in der Welt hat, nie vollendet, weil die Welt nie vollendet wird.*)

Alle Individuen, sagte Fichte schon 1794 in einem Vortrage über die Würde des Menschen, sind in der Einen grossen Einheit des reinen Geistes eingeschlossen.**) Darum wird ihnen die Unvergänglichkeit zugesprochen. Vorübergehend wird hier sogar die Reincarnationsidee berührt, welche offenbar in den Worten liegt: „wenn sein (des Menschen) Geist sich von seinem Körper losreisst — und dann wieder freiwillig, zur Verfolgung der Zwecke, die er durch ihn erst ausführen möchte, in denselben zurückkehrt." ***)

Im Jahre 1806, in der „Anweisung zum seligen Leben", wird ebenfalls die Unvergänglichkeit der geistigen Individuen gelehrt, ohne dass Ausnahmen angedeutet wären.†) Später im Jahre 1810 in den „Thatsachen des Bewusstseins" finden wir Fichte's Unsterblichkeitslehre in einer veränderten, von da an aber unverändert gebliebenen Form vor. Die wesentlichen dort vorgetragenen Gedanken können in Folgendem zusammengefasst werden:

Die Individuenwelt ist im Gebiete der Erscheinung niemals abgeschlossen, sondern es müssen immerfort neue Individuen entstehen. Es ist eine fortgehende, sich vermehrende und in der Erscheinung niemals abzuschliessende Reihe von Individuen nothwendig. Das Fortrücken der Erscheinung des Endzweckes zu höherer Klarheit ist bedingt durch die Erfüllung der früher sichtbar gewordenen Aufgabe. In der sittlichen Ordnung sind daher Weltalter durch

---

*) Fichte's Werke V, 443. Vergl. „Die Philosophie seit Kant" von Harms, S. 327.

**) Fichte's Werke, I, 416.

***) Ebendaselbst I, 414, 415. Später (1806) äussert Fichte sich anders. S. Werke V. 572.

†) Fichte's Werke, V, 408, 412, 413, 521, 530, 531, 541, 594.

Weltalter bedingt, und die fortrückende Offenbarung des Endzwecks zu höherer Klarheit bildet die Zeit in höherem Sinne, die Folge der Weltalter. Da aber der Endzweck des Lebens in seinem absoluten Sein nothwendig unendlich und folglich das Leben selbst unendlich ist, so muss der ersten Welt eine zweite, dieser eine dritte und so in's Unendliche fort folgen. Der Endzweck des Lebens muss sich also sichtbar machen als eine unendliche Reihe auf einander folgender Welten. Die geistigen Individuen bleiben dieselben und gehen durch die unendliche Reihe aller Welten. Nur die, welche den sittlichen Willen nicht in sich erzeugt haben, dauern nicht fort. Sie sind blosse Erscheinungen dieser ersten Welt, nach den Gesetzen derselben, und vergehen mit dieser Welt.*) Jede vorhergehende Welt ist die Bedingung der Möglichkeit des Seins der folgenden. Das Leben vermag nur durch seine vollendete Entwicklung auf der ersten Stufe fortzugehen zur zweiten, und jede vorhergehende ist, weil die ihr folgende sein soll. In die zweite Welt schon, vielmehr noch in die unendliche Reihe der folgenden Welten haben den Eintritt nur solche Individuen, die in der ersten von der unsittlichen (nichtsittlichen? R.) Natur sich losreissen und einen heiligen Willen in sich erzeugt haben. Was bei seinem hiesigen Leben blosse Erscheinung der Natur bleibt, vergeht mit derselben. Statt derer, die ihre Bestimmung nicht erfüllen, werden andere Individuen mit derselben individuellen Aufgabe erschaffen. Für die in die zweite Welt eingetretenen Individuen, weil ihr Wille zu einem festen und unwandelbaren Sein geworden ist, ist kein Untergang weiter möglich, obwohl die Welten selbst ohne Ausnahme nach dem Ablaufe einer bestimmten Dauer vergehen und aus sich neue gebären. In den künftigen Welten sind darum immerfort, ebenso wie hier, Aufgaben und Arbeiten; aber es ist in ihnen durchaus kein sinnlicher, sondern guter und heiliger Wille. Die Sphäre für das sich sittlich Machen des Lebens ist die gegenwärtige Welt: sie ist für alle künftigen Welten die Bildungsstätte des Willens. Darum ist diese unsere gegenwärtige Welt die durchaus erste in der Reihe und der Anfang derselben, und die in ihr erscheinenden Seelen sind durchaus nur alte, in der gegenwärtigen Welt schon dagewesene und in ihr zum sittlichen Willen gewordene Individuen. In ihnen werden darum keine neuen Individuen mehr hervorgebracht. Diejenige Welt, die schlechthin sein soll, würde die letzte sein. Eine solche aber giebt

---

*) Die geistigen Individuen entspringen also nach Fichte unmittelbar aus der Natur, obgleich alle Natur nur gottgewirkte Erscheinung in den Geistern ist??? Und die geistigen Wesen können wie Naturerscheinungen vergehen (wenn sie „zufällig" nicht das Gute, Göttliche wollen)?!

es nicht, denn die Reihe ist unendlich. Denn der absolute Endzweck wird nie sichtbar, sondern ewig fort werden nur Bedingungen desselben, weil Gott immer nur ist, sein Bild (das Leben als unendliches Streben) immer nur wird.*) J. G. Fichte's Philosophie ist eine Fort- und Umbildung der Kantischen Philosophie unter Einfluss Spinoza's, desselben Philosophen, dessen Nothwendigkeitssystem F. sein „Freiheitssystem" entgegensetzen will.**) Die Gestaltung dieses Einflusses ist um so auffälliger, je entschiedener der grosse Lehrmeister Fichte's, Kant,***) jede Form des Pantheismus zurückgewiesen hatte. Dieser fand sich aus moralischen Gründen genöthigt, das Dasein Gottes, welches ihm theoretisch weder für beweisbar noch für widerlegbar galt, zu postuliren und im moralischen Glauben anzunehmen. Der postulirte und moralisch geglaubte Gott konnte aber für Kant nicht eine Weltseele oder ein Weltgeist sein, sondern er musste als der überweltliche Geist und Urheber, Schöpfer, der Welt anerkannt werden. Kant sagt: „die oberste Ursache der Natur . . . ist ein Wesen, das durch Verstand und Willen die Ursache (folglich der Urheber) der Natur ist, d. i. Gott." Fichte dagegen bewies zwar theoretisch die Nothwendigkeit der Anerkenntniss des einigen und einzigen Absoluten, liess demselben auch Intelligenz der Materie nach, raubte sie ihm aber der Form nach oder verlegte vielmehr seine Form in die endlichen Intelligenzen. Darin sollte die **Unterscheidung** und die **Einheit** des Absoluten und des Bedingten, **Gottes** und der **Welt** zugleich liegen. Er meinte, nach Kuno Fischer's Ausdruck †) wie nach eigener Erklärung, Dualist und Unitist (Monist) zugleich sein zu können. Da aber Fichte's Dualismus nur die Unterscheidung von Materie (Inhalt) und Form, von Wesen (Sein) und Erscheinung ist, so ist er keiner, weil Wesen und Erscheinung keine zwei Dinge, sondern im Unterschied untrennbar **eins** sind. Seine Lehre ist also Unitismus oder

---

*) Fichte's Werke II, 666 ff. Vergl. Hoffmann's Philosophische Schriften, I, 566—569. Dann Fichte's nachgelassene Werke, I, 502—503, 526, 536, 558, 560.

**) Die umfassendste und geistvoll tief in ihr Verständniss einführendste Darstellung der Fichte'schen Philosophie findet sich in Kuno Fischer's Geschichte der neuern Philosophie (V. Band). Für die Kritik hat K. Fischer gleichfalls sehr Beachtenswerthes geleistet. Umfassender aber dürfte sich die Kritik Heinrich Ritter's herausstellen im 2. Bande seines Werkes: Die christliche Philosophie nach ihrem Begriff, ihren äusseren Verhältnissen und ihrer Geschichte bis auf die neuesten Zeiten.

***) Kritik der praktischen Vernunft: Kant's S. Werke von Hartenstein V, 131.

†) Geschichte der neueren Philosophie von Kuno Fischer, V, 1076, 1080.

Monismus, und damit verwandelte sich der Kantische moralische Theismus in einen theoretischen Pantheismus, den man zwar nicht Persönlichkeits-, aber wohl (materialen) Geistespantheismus nennen kann.

Die Annahme der individuellen Unvergänglichkeit als **ewiger Fortdauer des Identitätsbewusstseins***) widerstreitet im Grunde dem Pantheismus, wesshalb Kant sich von ihm in allen seinen Formen fern hielt. Nicht jeder Pantheist zieht aber die vollen Consequenzen des Pantheismus, und je edler sein Sinn ist, um so mehr flieht er die eigentlichen Consequenzen desselben und verbirgt sich im Enthusiasmus für die vermeintlich tiefsinnigste Weisheit die klaffenden Widersprüche der Verschmelzung Gottes und der Welt und des Menschen zu einer und derselben Wesenheit. Der idealistische oder Geistes-Pantheismus war die Begeisterung Fichte's, sein Enthusiasmus, ja seine Leidenschaft. So gewaltig er sich einerseits bemüht, besonnen, kritisch, beweisend, logisch zu sein, ebensosehr und noch mehr lässt er sich von seinem Enthusiasmus über eine Unzahl von Widersprüchen hinwegreissen, und der Kampf der Besonnenheit, der Reflexion, des Verstandes mit dem Enthusiasmus, der Intuition, der Vernunft in seinem genial und eminent energisch angelegten Geiste ist einzig in seiner Art und nicht ohne Grund titanisch zu nennen. Eine Unsterblichkeitslehre, die sich nicht metaphysisch begründen kann (metaphysische Begründung müsste für alle Intelligenzen gelten) und sich nur moralisch (wie die Willens-Wahl zufällig ausfällt) zu begründen sucht, und welche die zur Unvergänglichkeit Erhobenen ins Endlose hin immer vollkommener werden lässt, so dass sich zwar die Unvollkommenheit immer mehr vermindert, ohne doch je völlig überwunden zu werden, eine solche Unsterblichkeitslehre kann, so interessant sie ist, doch niemals befriedigen, weil sie die Unvollkommenheit, die Unruhe, den Kampf und Zwiespalt verewigt. Sie geht daher im Fortgang der Forschung entweder in ihr Gegentheil, die Leugnung der Unsterblichkeit (Schopenhauer, Hartmann), oder in die Vollendungslehre des Geistes und des Universums (Baader, Schelling) über. Ueber Schelling's hochinteressante Unsterblichkeitslehre gedenken wir uns nächstens zu verbreiten.

---

*) Auch nach Spinoza ist in jedem individuellen Geiste etwas Ewiges und Unvergängliches, aber die Fortdauer des Selbstbewusstseins über den irdischen Tod hinaus wird von ihm entschieden geleugnet, wie nicht weniger von Schopenhauer.

19.

Schelling's Unsterblichkeitslehre.

I.

Schelling hatte zuerst in voller Bestimmtheit in der Abhandlung: „Philosophische Untersuchungen über das Wesen der menschlichen Freiheit etc."*) (1809), Gott als die absolute Persönlichkeit ausgesprochen, nicht zwar im Sinne des reinen Theismus, aber doch im Gegensatze zu der realistischen, persönlichkeitslosen, geistleugnenden Alleinslehre Spinoza's wie zu der idealistischen ebenso persönlichkeitslosen Fassung des Absoluten (Gottes) als der moralischen Weltordnung. Den reinen Theismus lehnte also Schelling geradezu ab, wie er den persönlichkeitslosen realistischen und idealistischen Pantheismus ablehnte, damit aber nicht den Theismus überhaupt und nicht den Pantheismus überhaupt. Seine Lehre sollte theistisch sein, aber nicht den Pantheismus in jedem Sinne ausschliessen, sie sollte pantheistisch sein, aber den Theismus nicht ausschliessen. Diese Vereinigung und Verschmelzung des Theismus und Pantheismus ist als Persönlichkeitspantheismus zu bezeichnen. Nach ihm schafft Gott die Welt aus sich selbst, d. h. aus der ewigen Natur Gottes. Die Welt ist die Selbstausgestaltung Gottes seiner ewigen Naturseite nach, und die Vollendung der Welt fällt mit der Vollendung der göttlichen Persönlichkeit zusammen. Die Naturgestaltungen der Welt sind Stufen der Erhebung zum Geiste im Menschen, und die aus der Finsterniss der materiellen Welt an's Licht Geborenen schliessen sich dem idealen Prinzip (Gott) als Glieder seines Leibes an, in welchem jenes vollkommen verwirklicht und ein ganz persönliches Wesen ist.**)

So verknüpfte denn Schelling mit der Bestimmung Gottes als der ewigen, aber in der Geschichte sich auswirkenden absoluten Persönlichkeit zugleich die Unsterblichkeit des menschlichen Geistes. Aber in der Schrift über die menschliche Willensfreiheit führte er die Unsterblichkeitslehre nicht weiter aus, wohl aber bald darauf in den Stuttgarter Privatvorlesungen (1810) und etwas später (1816 bis 1817) in dem Gesprächsfragment: „Ueber den Zusammenhang der Natur mit der Geisterwelt", welches in einer Separat-Ausgabe

---

*) Schelling's S. Werke I, 7, 333—416.
**) Schelling's S. Werke I, 7, 405.

unter dem Titel: „Clara etc." erschienen ist.*) Zuletzt behandelte er dasselbe Thema in der 32. Vorlesung seiner „Philosophie der Offenbarung".

In den Stuttgarter Privatvorlesungen**) geht Schelling zunächst von dem Gedanken aus, dass das System der Welt nur als ein an sich, namentlich im göttlichen Verstande, bereits **vorhandenes** gefunden (nicht erfunden) werden könne. Das zu findende Weltsystem müsse als Weltsystem ein Prinzip haben, das sich selbst trage, das in sich und durch sich selbst bestehe, das nichts (z. B. die Natur) ausschliesse und eine Methode der Entwicklung und des nichts überspringenden Fortschreitens habe. Das Prinzip seines Systems sei in verschiedener Weise ausgedrückt worden: als Prinzip der absoluten Identität (nicht Einerleiheit), der organischen Einheit aller Dinge, bestimmter als absolute Identität des Realen und Idealen, als der untergeordneten Formen des eigentlichen Ur-Wesens, und endlich geradezu als das Absolute oder Gott. Die Philosophie beweist am Anfang nicht das Dasein Gottes, sondern bekennt, dass sie ohne ein Absolutes oder Gott gar nicht vorhanden wäre. Die ganze Philosophie vielmehr ist eigentlich der fortgehende Beweis des Absoluten. Das Urwesen muss aber nicht nur in sich, sondern auch ausser sich absolute Identität des Realen und Idealen sein, d. h. es muss als solche sich offenbaren, sich aktualisiren. Nun kann aber alles nur in seinem Gegentheil offenbar werden, also Identität in Nichtidentität, in Differenz, in Unterscheidbarkeit der Prinzipien. Gott ist nicht ein gleich von Anfang Fertiges und unveränderlich Vorhandenes. Er geht von sich selbst aus, um zuletzt wieder rein in sich selbst zu endigen. Ist er ein ganz lebendiges, persönliches Wesen, so muss in ihm neben dem ewigen Sein auch ein ewiges Werden sein.

Weiter können wir Schelling hier in der Entwickelung seiner persönlichkeitspantheistischen Ideen nicht folgen und setzen nur da wieder ein, wo er den Menschen aus seinem Gott-Welt-Prozess hervorgehen lässt. Die ganze (endlich gewordene, zeitlich-räumliche) Natur ist Schelling nämlich die Staffel, die Unterlage der geistigen Welt. Nach ihm ist es offenbar, dass das physische Leben bis zum Menschen fortschreitet, dass eine stetige Folge von Erhebungen und

---

*) Clara oder Zusammenhang der Natur mit der Geisterwelt. Ein Gespräch von Schelling. Separat-Ausgabe. Zweite Auflage. Stuttgart, Cotta, 1865. — Von nahe verwandtem Inhalt ist das geistreiche Gespräch: „Cäcilia oder von der Wahrheit des Uebersinnlichen" von Hugo Delff. Husum, C. H. Delff, 1867.

**) Schelling's S. Werke I, 7, 417—484.

Steigerungen bis zu ihm geht, dass er der Punkt ist, wo das geistige Leben eigentlich aufgeht, er das Geschöpf, in welchem das Leibliche als sanfte Unterlage sich dem Geistigen fügen und eben dadurch zur Beständigkeit erhoben werden sollte, nicht nur in ihm selber, sondern wegen des stetigen Zusammenhangs der Werke der Natur auch in der übrigen Natur. So wie aber der Mensch, anstatt sein natürliches Leben dem göttlichen unterzuordnen, vielmehr in sich selbst das zur relativen Unthätigkeit bestimmte — das natürliche, eigene — Prinzip aktivirte, zur Thätigkeit erweckte, war auch die Natur wegen des nun verfinsterten Verklärungsprinzips genöthigt, eben dieses Prinzip in sich zu erwecken, und nolens volens eine von der geistigen unabhängige Welt zu sein. Dass etwas der Art vorgegangen, davon überzeugt uns die jetzige Gestalt der Natur — die verwischte Gesetzmässigkeit, die Macht des hineingekommenen Zufalls, die Unruhe der Natur bei ihrer Geschlossenheit — und besonders die Gegenwart des Bösen, der Anblick der moralischen Welt. Die ganze Natur, wie sie jetzt ist, ist nun nur der Vorhof des höchsten Lebens geworden, der Prozess, der in der Natur begonnen hatte, fängt nun im Menschen als Geist aufs Neue an. Er muss sich wieder aus der Natur emporarbeiten, aus der Finsterniss des Bösen, des Irrigen, des Verkehrten das Licht des Guten, der Wahrheit und des Schönen hervorrufen. Da nun die Natur durch Schuld des Menschen die organische Einheit nicht erreichen konnte, so erhob jetzt der Anorganismus sein Haupt. Jetzt scheint, alles auf die Erhaltung der äussern Grundlage des Lebens gerichtet. Alles, auch das Edelste, was mit ihr in Collision kommt, geht zu Grunde, und das Beste muss gleichsam mit dieser äussern Gewalt in Bund treten, um tolerirt zu werden. Freilich, was durch diesen Kampf sich hindurchschlägt, was gegen diese Uebermacht des Aeussern sich dennoch als ein Göttliches behauptet, das ist wie durch das Feuer bewährt, in dem muss wirklich eine ganz göttliche Kraft sein. Nach einer Betrachtung der Menschheit in ihren äussern Schicksalen und Versuchen, nach Verlust der Einheit mit Gott, in Staat und Kirche die Einheit wiederzufinden, wendet sich Schelling der Beobachtung des menschlichen Geistes nach den in seinem inneren Wesen und nach den im Einzelnen liegenden Kräften und Potenzen zu. Er unterscheidet im menschlichen Geiste drei Potenzen oder Seiten: Gemüth, Geist und Seele. Das Gemüth ist eigentlich das Reale im Menschen, mit und in dem er Alles auswirken soll. Der Geist im engern Sinne ist das eigentlich Persönliche im Menschen, die eigentliche Potenz der Bewusstheit. Das Höchste, die dritte Potenz, ist die Seele, das eigentlich Göttliche im Menschen, das

Unpersönliche, dem das Persönliche unterworfen sein soll. Vom Gemüth, und zwar von seiner tiefsten Sehnsucht an, geht eine stetige Folge bis zur Seele. Die Gesundheit des Gemüths und des Geistes (die Seele erkrankt nicht) beruht darauf, dass jene Folge ununterbrochen sei, dass gleichsam eine stetige Leitung von der Seele aus bis in's Tiefste des Gemüthes stattfinde. Denn die Seele ist das, wodurch der Mensch in Rapport mit Gott ist, ohne welchen der Mensch keinen Augenblick existiren kann. Die Seele als die absolut göttliche hat eigentlich keine Stufen mehr in sich, ist der innere Himmel im Menschen. Aber sie ist verschiedener Beziehungen mit dem Untergeordneten und dadurch verschiedenartiger Aeusserungen fähig. Sie kann sich beziehen 1. auf das Reale in den untergeordneten Potenzen, also auf Sehnsucht und Selbstkraft oder Eigenwille, was der Fall ist in Kunst und Poesie; 2. auf Gefühl und Verstand, wodurch die Wissenschaft im höchsten Sinn, die Philosophie, entsteht (unmittelbar von der Seele eingegeben); 3. auf Willen und Begierde, wo dann, wenn diese ganz der Seele untergeordnet sind, die moralische Verfassung der Seele, die Tugend im höchsten Sinne, wird, als Reinheit, Trefflichkeit und Stärke des Willens. Lasse die Seele in dir handeln, ist das höchste Prinzip, worin das Wahre der verschiedenen Moralsysteme zusammenkommt. Wo die Seele handelt, ungestört durch die Einflüsse der Persönlichkeit, da ist alles Zeitliche und Subjektive abgestreift, und es entstehen göttliche Werke. Göttliches wird nur durch Göttliches geschaffen, erkannt, gewirkt. Das unbedingte Walten der Seele ist Religion, nicht als Wissenschaft, sondern als innere und höchste Seligkeit des Gemüths und Geistes. Tugend, Wissenschaft und Kunst sind nicht Eines, aber verwandt mit der Religion, und haben nur Eine Wurzel. Wie das Innerste der Natur das Band der Schöpfung, das Einigende des Endlichen und Unendlichen ist, so ist auch das Wesen der Seele Liebe, und Liebe auch das Prinzip alles dessen, was aus der Seele entsteht. Wir sagen von den schönsten Werken, sie seien mit Liebe gemacht, ja die Liebe selbst habe sie gemacht. Auch die Wissenschaft in ihrer höchsten Potenz ist ein Werk der Liebe und trägt den Namen Philosophie, d. h. Liebe der Weisheit. Der zum Philosophen geborene Mensch empfindet dieselbe Liebe, welche die göttliche empfindet, die verstossene Natur geistig wieder ins Göttliche zu verklären und das ganze Universum zu Einem grossen Werk der Liebe zu verschmelzen.

  Nachdem Schelling hiermit den Menschen auf den höchsten Gipfel, dessen er in diesem Leben fähig sei, geführt zu haben erklärt, wendet er sich einer gedrängten Betrachtung über das Schicksal des Menschen in einem künftigen Leben zu.

Die Nothwendigkeit des Todes folgt aus dem Widerstreit des Guten und Bösen, welcher durch Schuld des Menschen allgemein, in ihm und ausser ihm, erregt ist. Aus diesem Grunde kann der Mensch in diesem Leben nicht ganz erscheinen, wie er ist, nämlich seinem Geiste nach, und es entsteht eine Unterscheidung des äussern und innern Menschen. Der seiende Mensch ist der Mensch, wie er seinem Geiste nach ist, der erscheinende Mensch dagegen geht verstellt einher durch den unwillkürlichen und unvermeidlichen Gegensatz. Sein inneres Gute ist verdeckt durch das Böse, das ihm von der Natur her anhängt, sein inneres Böse verhüllt und noch gemildert durch das unwillkürliche Gute, was er von der Natur her hat. Einmal aber muss der Mensch in sein wahres Esse gelangen und von dem relativen non-Esse befreit werden. Diess geschieht durch den Tod, den Uebergang in die Geisterwelt, durch welchen er nicht zwar vom physischen Leben überhaupt, aber doch von diesem geschieden wird. Alles folgt ihm nun in die Geisterwelt, was auch hier schon Er selber war, und nur das bleibt zurück, was nicht Er selber war. Also geht der Mensch nicht bloss mit seinem Geiste (im engern Sinne des Wortes) in die Geisterwelt über, sondern auch mit dem, was in seinem Leib Er selber, was in seinem Leib Geistiges war. Denn auch der Leib an und für sich enthält schon ein geistiges Prinzip, der Geist inficirt den Leib, der Gute steckt den Leib mit dem Guten, der Böse mit dem Bösen seines Geistes an. Der Leib ist ein Boden, der jeden Samen annimmt, in welchen Gutes und Böses gesäet werden kann. Daher folgt das Gute, was der Mensch in seinem Leibe erzogen hat, so wie das Böse, das er in ihn gesäet hat, ihm im Tode. Der Tod ist also keine absolute Trennung des Geistes von dem Leib, sondern nur eine Trennung von dem dem Geist widersprechenden Element des Leibes, also des Guten vom Bösen und des Bösen vom Guten. So ist denn nicht ein blosser Theil des Menschen unsterblich, sondern der ganze Mensch seinem wahren Esse nach, der Tod eine reductio ad essentiam.*) Man mag das abgeschiedene Wesen, das weder bloss geistig noch physisch ist, das dämonische (im Unterschiede von dem rein Geistigen) nennen. Es ist als das Unsterbliche im Menschen ein höchst-wirkliches Wesen und das, was die Volkssprache einen Geist nennt. Wenn gesagt wird, es sei einem Menschen ein Geist erschienen, so wird darunter eben dieses höchst-wirkliche,

---

*) D. i. Zurückführung zum wahren Wesen.

essentificirte Wesen verstanden. Der Gute wird aber über die Natur erhoben, der Böse sinkt noch unter die Natur. Alle Schwäche kommt aus der Getheiltheit des Gemüths. Wäre ein einziger Mensch, in welchem sie ganz getilgt, der nur das Gute in sich hätte, er könnte Berge versetzen.*) Daher Menschen, die es hier schon zum Dämonischen bringen, etwas Unwiderstehliches an sich haben. Der Geist, vom Zufälligen befreit, ist lauter Leben und Kraft, das Böse noch viel böser, das Gute noch viel guter. Das Besondere des inneren Zustandes der Abgeschiedenen wird bekanntlich mit dem Schlaf verglichen, aber er ist vielmehr als ein schlafendes Wachen und ein wachendes Schlafen zu denken, als Clairvoyance, wobei ein unmittelbarer Verkehr mit den Gegenständen, nicht durch Organe vermittelt, stattfindet. Auch für den Bösen wird diess in gewisser Weise gelten, denn auch die Finsterniss hat ihr Licht, wie das Seiende ein Nichtseiendes in sich hat. Aber der höchste Gegensatz der Clairvoyance ist der (vollendete) Wahnsinn, der Zustand der Hölle. Erinnerungskraft wird sein, nur wird sie sich nicht auf alles Mögliche erstrecken. Die Guten werden Vergessenheit alles Bösen haben, alles Leids und aller Schmerzen, die Bösen dagegen die Vergessenheit alles Guten. Bei den Seligen wird die Seele als Subjektives eintreten, Physisches und Geistiges wird zusammen das Objektive sein. Durch die Seele wird der Selige mit Gott verbunden. Bei den Unseligen kann die Seele nicht als Subjekt eintreten wegen der Empörung des Geistes, daher sie von der Seele und von Gott getrennt sind.

Hier angelangt, unterscheidet Schelling von der Menschenwelt und der Naturwelt die Geisterwelt. Es gibt nach Schelling so gewiss eine von der Menschenwelt unterschiedene und unabhängige, aus dem göttlichen Gemüth geschaffene Geisterwelt, als es eine Naturwelt gibt, und auch sie ist der Freiheit, also auch des Guten und des Bösen fähig.

---

*) Grenzen der Macht ernstlichsten, tiefgläubigen Willens sind wohl nicht in Abrede zu stellen, aber nicht bestimmbar, weil nicht messbar. Es gibt ohne Zweifel staunenswürdige Willenswirkungen, diejenigen aber, deren Jones Barton Stay in der Broschüre: „Der Seelen-Telegraph" (5. Aufl., Naumburg, Fr. Regel) sich rühmt, entbehren für uns aller nöthigen Beglaubigung. In London müsste man über H. Stay sichere Auskunft geben können. A. J. Davis sagt (der Vorbote der Gesundheit von Besser, S. 294), dass kein intelligenter Physiologe es wagen dürfe, die Grenzen der Domäne des Geistes feststellen zu wollen, ohne Kenntniss der Seelenkunde, in welcher (freilich) unsere besten medicinischen Gelehrten nicht sehr heimisch seien. Unter den Philosophen verstand gerade der angebliche Willenslehrer Schopenhauer wenig oder nichts von der positiven Macht des Willens.

Wir wollen hier auch das dem Kreise der Gebildeten so Befremdende nicht übergehen, wäre es auch nur zum Beweise, dass, was Baader sehr ernst nahm, Schelling sich einmal wenigstens versucht fühlte, auch gelten zu lassen, nämlich die christlichen Traditionen über die Geisterwelt. Schelling äussert sich in den hier besprochenen Stuttgarter Privatvorlesungen (1810) darüber in folgender Weise: „Wie es nun in der Absicht Gottes war, dass durch den Menschen, das höchste Geschöpf der Naturwelt, die Natur eine Verbindung mit der Geisterwelt erhalte, so war es wahrscheinlich auch seine Absicht, dass durch das höchste Geschöpf der Geisterwelt diese die Verbindung mit der Natur erhalte. Wenn nun auch dieses Geschöpf manquirte, so trat nothwendig in die Geisterwelt derselbe Abfall ein, wie in der sichtbaren Welt, und ebenso eine Trennung der guten und der bösen Geister. Ohne Zweifel wollte jenes höchste Geschöpf der Geisterwelt, das, wie der Mensch von Seite der Natur, so von der andern Seite zum Herrn der Welt bestimmt war, der Herr dieser Welt sein ohne Gott, aus eigener Macht, und so fiel er. Natürlich musste es nun das höchste Interesse für diesen höchsten erschaffenen Geist sein, zu bewirken, dass diese Welt wirklich eine eigne von Gott getrennte werde, weil er nur alsdann hoffen konnte, sie zu beherrschen. Also angenommen, dass sein Fall dem des Menschen voranging, musste seine Bosheit sich gegen den Menschen richten, weil in diesem noch die einzige Möglichkeit vorhanden war, wie die Natur und die Geisterwelt zusammen kommen konnten, also die Möglichkeit, dass er ein eignes von Gott unabhängiges Reich erhielt, wie er doch suchte. Da nun der Mensch vor dem Fall noch wirklich in näherem Rapport mit der Geisterwelt stand, so konnte jener höhere Geist auch wirklich einen Einfluss auf den Menschen haben, unmittelbarer als jetzt; denn jetzt ist der Mensch, wie er gewöhnlich ist, selbst für den Teufel zu schlecht. Das Schlechte ist das Gemischte; das lautere Böse ist in seiner Art etwas Reines. So ungefähr liesse sich also die christliche Erklärung des Falls wahrscheinlich machen."*)

Die Wirklichkeit der Geisterwelt wird von Schelling alsdann damit hervorgehoben, dass er sie auch ein System von Gegenständen

---

*) Man sieht, dass Schelling, schon als er das Mitgetheilte niederschrieb, doch nicht allzufest in dieser Erklärung befestigt war. Späterhin gestaltete er denn auch die in den Stuttgarter Vorlesungen vorgetragene Erklärung sehr erheblich um, womit er aber weder einerseits Baader, noch andererseits die modernen theologischen und philosophischen Ausleger befriedigen konnte. Siehe Schelling's S. Werke II, 4, 228—293 (33.—35. Vorlesung der Philosophie der Offenbarung).

nennt, und zwar ganz ein solches wie die Natur. Natur und Geisterwelt sind ihm nicht verschiedener, als z. B. die Welt der Plastik und die Welt der Poesie. Die unmittelbare Verbindung der Natur mit der Geisterwelt ist zwar durch den Menschen unterbrochen; desswegen hören sie aber nicht auf, Eine Welt zu sein und sich aufeinander aus der Ferne wenigstens zu beziehen. Ein solcher Bezug der Geisterwelt mit der Natur ist unauflöslich, weil im Wesen des Universums selbst gegründet. Und wie die Geisterwelt im Ganzen mit der Natur durch einen nothwendigen consensus harmonicus verbunden ist, so sind es auch die einzelnen Gegenstände der Geister- und der Natur-Welt. So muss es in der Geisterwelt ebenfalls Gellschaften geben, die denen auf der Welt entsprechen, nur dass dort Gleiches zu Gleichem kommt, hier aber Gemischtes beisammen ist. Gleichwie die Naturen, je nachdem sie entweder das Böse oder das Gute am meisten von sich ausgeschlossen haben, mit dem Himmel und der guten Geisterwelt oder mit der Hölle in Rapport sind, ebenso steht jeder einzelne Mensch je nachdem entweder das Gute oder das Böse in ihm zu höherer Reinheit gekommen ist, in Bezug entweder mit der guten oder mit der bösen Geisterwelt. Der Mensch wird durch den fortgehenden Lebensprozess der Gattung abwechselnd empfänglich und unempfänglich für die Geisterwelt überhaupt. Der Mensch, der in sich das Gute rein vom Bösen geschieden, wäre ohne Zweifel des Rapports mit guten Geistern fähig, welche bloss die Mischung scheuen; ebenso wer das Böse in sich, rein geschieden von allem Guten, in sich hätte, würde mit bösen Geistern in Rapport sein. Es ist unbegreiflich, wie man an einem solchen Zusammenhang je hat zweifeln können. Wir leben unter beständigen Eingebungen. Wer auf sich achtet, der findet es. Besonders in schweren Fällen fehlen dem Menschen diese Eingebungen nie, und wenn er sie nicht hat, so ist es seine eigene Schuld. Der Mensch ist nie ganz verlassen, und bei dem vielen Traurigen, was ein jeder erfährt, kann er doch gewiss sein, dass er unsichtbare Freunde hat; ein heroischer Glaube, der fähig macht, Vieles zu thun und auch Vieles zu leiden. Wie jeder Mensch einen Bezug auf die Geisterwelt hat, so hat auch jedes Ding der Natur durch seine gute Seite einen Bezug auf den Himmel, durch seine böse auf die andere Seite der Geisterwelt. Daher der Mensch in nichts mehr Vorsicht haben muss als in seinem Umgang mit der Natur, besonders aber mit andern Menschen. Die Geisterwelt kann nur der Mischung wegen nicht in die jetzige eindringen. Allein Geisterwelt und Natur müssen doch endlich verbunden werden, die höhere Potenz des eigentlich ewigen und absoluten Lebens noch eintreten;

denn die höchste geistige Seligkeit (in dem auf das irdische — erste — folgenden — zweiten — Leben) ist doch noch nicht die absolute, die Natur — ohne Schuld dem jetzigen Zustand unterworfen — sehnt sich nach der Verbindung, so wie auch Gott sich wieder nach der Natur sehnt. Alle Potenzen müssen wirklich in Eins gebracht werden. Den zwei Perioden: der gegenwärtigen (irdischen), wo freilich alle Potenzen vorhanden sind, aber untergeordnet dem Realen, und der nächst folgenden des geistigen Lebens, wo auch alle Potenzen sind, aber untergeordnet dem Idealen, wird und muss eine dritte (letzte, vollendende) folgen, wo alle der absoluten Identität untergeordnet sind, wo also das Geistige oder Ideale nicht das Physische und Reale ausschliesst und beides gemeinschaftlich und als gleichgeltend dem Höheren untergeordnet ist.

Nach einer allzu gedrängten und unentwickelten Skizzirung der Momente der zweiten Lebensstufe will Schelling auch in der dritten Periode wieder drei Perioden oder Potenzen anerkannt wissen: 1. Regiment des Mensch gewordenen Gottes, 2. Regiment des Geistes, 3. endlich Alles dem Vater überantwortet. Den Schluss der Stuttgarter Vorträge bilden die Worte:

„Vielleicht diess (Ueberantwortung dem Vater) dann, wenn auch die Hölle nicht mehr ist; und in diese Perioden der Ewigkeit fällt also die Wiederbringung auch des Bösen noch, woran wir glauben müssen. Die Sünde ist nicht ewig, also auch ihre Folge nicht. Diese letzte Periode in den letzten ist die der ganz vollkommnen Verwirklichung — also der völligen Menschwerdung Gottes, wo das Unendliche ganz endlich geworden ohne Nachtheil seiner Unendlichkeit. Dann ist Gott wirklich Alles in Allem, der Pantheismus wahr."

Unter Pantheismus versteht Schelling den Persönlichkeits-Pantheismus, der jener Theismus ist, welcher das Weltall als Gottes Selbstausgestaltung auffasst.*)

II.

Schwerlich ist ein Versuch der Neuzeit im philosophischen Dialog dem Vorbilde Platon's, wenn auch nicht seinen vollendetsten Leistungen, doch dem Mittelschlag derselben, so nahe gekommen als Schelling's Gespräch über den Zusammenhang der Natur mit

---

*) Vergl. über den Theismus in dem bemerkten Sinne Schelling's Denkmal Jakobi's. Schelling's S. Werke I, 8, 62, 68, und verschiedene Stellen in den nachgelassenen Schriften.

der Geisterwelt.*) Es ist aber nicht möglich in der Kürze, die an diesem Orte geboten ist, den Gesammtinhalt dieses Dialogs hier zu entfalten. Wir müssen uns auf Vorführung der tiefen Hauptgedanken beschränken in Erwartung, dass unsere Leser, so viele ihrer zu tieferer Erkenntniss vorzudringen suchen, sich die Lektüre einer der Form nach vollendetsten und dem Inhalte nach tiefsinnigsten Entwürfe des genialen Philosophen nicht versagen werden. Nachdem Schelling in einer Einleitung zu erinnern nöthig fand, dass, nachdem die Philosophie sich zu einer einseitigen Geistigkeit und Idealistik (vorzüglich durch J. G. Fichte) verstiegen gehabt habe, es kein anderes Herstellungsmittel der Philosophie gegeben habe, als sie vorerst zur Erde zurückzurufen, was durch die (seine) Naturphilosophie geschehen sei. Doch sei gleich anfangs die Natur nur als die eine Seite des All erklärt und die Geisterwelt als die andere ihr entgegengesetzt worden. Im Gespräch selbst wird nun der Mensch als der Wendepunkt beider Welten angesehen. Die Natur sollte sich bis zum Menschen erheben, um in ihm den Vereinigungspunkt beider Welten zu finden. Hernach sollte durch den Menschen ein unmittelbarer Uebergang der einen in die andere geschehen, das Gewächs der äussern Welt ohne Unterbrechung fortwachsen in die innere oder die Geisterwelt. Gott wollte ein freies und lebendiges Band beider, der äusseren und der inneren Welt, und das Wort dieser Verbindung trug der Mensch in seinem Herzen. Von der Freiheit des Menschen hing auch die Erhebung der ganzen Natur ab. Es kam darauf an, dass er vergässe, was hinter ihm war, und nach dem griff, was vor ihm war. Aber der Mensch verlangte zurück in diese äussere Welt und verlor darüber die himmlische, indem er nicht allein seinen eigenen Fortschritt, sondern den der ganzen Natur aufhielt. Die Kräfte, die voll und mächtig hervorgetreten waren, bereit, in eine höhere Welt sich zu erheben und ihren Verklärungspunkt zu erreichen, schlugen in die gegenwärtige zurück und erstickten den innern Lebenstrieb, der nun als ein Feuer der Pein und Angst nach allen Seiten seinen Ausweg sucht. Jede Stufe, die aufwärts führt, ist lieblich, aber die nämliche, im Fall erreicht, ist schrecklich. Daher kündigt Alles auf Erden ein gesunkenes Leben an. Die ganze Erde ist eine grosse Ruine, worin viele verborgene Kräfte und Schätze wie durch unsichtbare Mächte festgehalten sind. Der Mensch ist mit ihnen verzaubert und verwandelt (dem Tode und einer katastrophenreichen Geschichte unterworfen). Darum sandte Gott von Zeit zu Zeit höhere Wesen, die

---

*) Schelling's S. Werke I, 9, 3—110.

ihm den Blick in die höhere Welt wieder öffnen sollten. Vermöge eines magischen Zusammenhangs des Menschen mit der Natur sind die Augen aller Geschöpfe auf ihn gerichtet, weil auf ihn Alles berechnet war. Alles scheint ihn mit stummem Seufzen anzuklagen oder stürzt sich auf ihn als den allgemeinen Feind. Darum fehlen aber doch nicht die vielen heiteren und wohlthätigen Kräfte der Natur. Noch hat sie es nicht vergessen, dass sie durch den Menschen weiter erhoben und befreit werden sollte, dass auch jetzt noch in ihm der Talisman liegt, durch den sie erlöst werden soll; darum kommt sie dem Menschen dankbar entgegen, wenn er den Samen in die Erde streut, und lohnt mit überschwenglicher Fülle. Alles drängt sich also feindselig oder freundlich zum Menschen, Alles sucht nur ihn und möchte sich seiner bemächtigen. Nachdem einmal diese Welt als eine äussere fixirt worden, kann alles Hohe und Göttliche zwar aus ihr sich emporheben, aber es bleibt ein Fremdes in ihr, von dem sie bloss der Träger ist, ohne es in sich selbst aufnehmen zu können. Das waltende Gesetz geht nur auf die Erhaltung dieser Unterlage; alles Andere ist ihm zufällig und muss es ihm sein, so auch der Mensch. Die heiligste Nothwendigkeit meines Innern ist kein Gesetz für die Natur. Es ist unsere Pflicht zu erkennen, dass das Schreckliche nicht nur geschieht und geschehen wird, sondern auch geschehen muss. Man darf den Blick davon nicht abwenden und die Augen zudrücken. Der Untergang des Schönsten, des Lieblichsten in der Welt enthält doch eine Hinweisung auf eine andere, höhere Welt. In dieser (gehemmten) Welt kann nicht schon Alles geistig sein, das höhere Geistige kann erst in der künftigen Welt kommen. Je mehr wir aber die Eingeschränktheit dieser Welt erkennen, desto heiliger wird uns jede Erscheinung einer höheren und besseren in ihr sein.

Aus den folgenden Unterredungen der Personen des Dialogs ist hervorzuheben, dass Schelling den Menschen als ein Ganzes aus Geist, Leib und Seele bestimmt und die Seele als das Vornehmste im Menschen auffasst. Jeder der drei bedarf der andern, keines kann der andern entbehren, daher sie durch ein unauflösliches Band an einander gekettet sind. Ihr Verkehr unter einander ist ein lebendiger Umlauf, und der Tod kann daher nicht als eine gänzliche Losreissung und Trennung des Geistes und der Seele von dem Leibe und des Leibes von jenen angesehen werden. Der Uebergang von dem jetzigen Zustand in den dem Tode nachfolgenden ist als ein geistiger vorzustellen, in dem aber der ganze Mensch erhalten bleibt. Zwar das Aeusserliche des Leibes wird vom Menschen getrennt und bleibt im Irdischen zurück, nicht aber das innere

Wesen des Leibes, welches als Keim des im Jenseits vergeistigt werdenden Leibes in uns ist. Diesen Keim können wir im irdischen Leben pflegen und erziehen. Was hienieden schon geistig gelebt hat, gewinnt im Tode die Vollkommenheit eben desjenigen, wonach er hier im Leben am meisten gestrebt hat, was nothwendig ein Höheres als dieses Gegenwärtige sein muss. Der Tod ist daher die Erhebung in eine höhere Potenz, in eine wirkliche andere und höhere Welt.

Die Seligwerdenden unter den Entschlafenen sind im Schlaf wieder dem Schlaf entgangen und zum Wachen hindurchgedrungen, ihr Zustand ist das höchste ununterbrochene Hellsehen. Der Zustand des Hellsehens der Somnambulen ist eine blosse Annäherung an den Zustand der seligen Abgeschiedenen oder Entschlafenen. Aus den Erscheinungen des Hellsehens der Somnambulen folgt, dass das geistige Wesen unserer Körperlichkeit, das im Tode uns folgt, schon vorher in uns gegenwärtig ist, dass es nicht dann erst entsteht, sondern bloss frei wird und in seiner Eigenthümlichkeit hervortritt, sobald nicht mehr die Sinne und andere Lebensbande es an die Aussenwelt fesseln. Wie die Hellsehende hienieden nicht die Erinnerung verliert, sondern ihr vielmehr die Vergangenheit zurück und die Zukunft oft in nicht unbeträchtlicher Ferne helle wird, so erlischt dem Abgeschiedenen nach dem Tode das Bewusstsein nicht. Der Tod ist sammelnd, nicht zerstreuend, vereinigend, nicht veräussernd. Im Grunde des Bewusstseins liegt etwas durch keinen Begriff Aufzulösendes, etwas Dunkles, gleichsam als Halt der Persönlichkeit. Es ist nicht hinwegzubringen, weil mit ihm zugleich die Persönlichkeit verschwände, aber es kann verwandelt werden, dass es selbst Licht wird, als stummer Träger des höheren Lichts. Wenn nun jeder Mensch jenen dunklen Keim, der etwas Physisches an sich hat, in sich trägt und dieser Keim zwar einer fortgehenden Verwandlung, aber keiner Zerstörung fähig ist, so muss, da er von der Natur kommt, uns etwas Physisches auch im Tode folgen. Der uns folgende Keim ist eben jenes geistige Wesen unserer Körperlichkeit, der aus dem Körperlichen selbst sich zur Geistigkeit entwickelt hat, aber immer die Beziehungen auf das Physische behält. In der vollkommensten Einigung mit Gott im Jenseits zerfliessen wir doch nicht in ihn, sondern bleiben unterschieden von ihm in ihm. Die ganz und vollkommen Bösen erwartet ein Zustand des äussersten Gegentheils. Wie aber in diesem Leben unzählige Mittelstufen zwischen Gut und Schlecht vorkommen, so wohl auch in jenem Leben zwischen Seligkeit und Unseligkeit, und wunderbar mannichfaltig muss es dort aussehen im unsichtbaren Reich, wenn der Spruch wahr ist: dass einem Jeden vergolten wird, je nachdem er gehandelt hat und gesinnt gewesen ist bei Leibesleben. Wer aber möchte die Wunder jener Innenwelt wagen zu ergründen und darzulegen? Jedenfalls müssen wir die obige Behauptung, der Tod sei überhaupt eine Versetzung in's Geistige, einigermassen einschränken. Denn von der gegenwärtigen Körperlichkeit eines Menschen aus bis zur Geistigkeit mögen so viele Zwischenstufen sein, dass er im Sterben wohl von ihm losgerissen werden könnte, ohne desshalb in's Geistige überzugehen und die äussere körperliche Welt ganz zu verlassen. Selbst jener, in welchem der gute Keim des Fortschreitens liegt, kann doch nur stufenweise vergeistigt werden; dem aber, welcher schon hier von zurückschreitendem oder bösem Willen beherrscht ward, wird, wenn er jetzt durch Verlust des Leibes im Fall ist, gezwungen fortzugehen, der lebhafteste Unwille erregt werden und ein heftiges Zurücksehnen nach dem Leibe, besonders in jenem geistig-körperlichen Wesen, das gewohnt war, alle Eindrücke von untenher oder von dem Körper zu erhalten, nicht aber der Seele untergeordnet zu sein und durch Einflüsse einer höheren Welt geleitet zu werden. Dieses also wird auch jetzt das Herrschende bleiben und gleichsam als ein Gewicht an der Seele sie immerfort zurückzuziehen streben in die Körperlichkeit. Auch kann es nicht unmöglich scheinen, dass das von seinem irdischen Leib entbundene Wesen mit grösserer Freiheit und auf ganz andere Art, als wir, auf andere Dinge wirken und Veränderungen hervorbringen könne, und vielleicht ist gerade der Schall, der jenen Wesen so verwandt scheint, das am leichtesten auf solche Art zu Entbindende. Es wäre auch denkbar, dass Menschen, die im Tode fast ganz der äussern Natur anheimfallen, eine Art von Schlaf festhält, worin sie von einem traumartigen Ideensturm umgetrieben werden. Wenn überhaupt die Imagination das Werkzeug ist, mit welchem am allermeisten gesündigt wird, sollte es nicht eben diese auch sein, durch welche am meisten gestraft wird, und die Qualen, welche die Sündhaften in der andern Welt erwarten, vorzüglich in Qualen der Phantasie bestehen, deren Gegenstand besonders die ehemalige Körperwelt wäre? Nur wenige gehen hinüber, so rein und befreit von aller Liebe zu dem Irdischen, dass sie sogleich losgesprochen werden können und in den obersten Ort gelangen. Selbst die aber, bei welchen nie ein böser Wille einwurzelte oder der Keim des Guten zwar gehemmt, aber doch nie verschrt oder ganz vernichtet worden, gehen mit noch so viel Eitelkeit, Einbildung und anderem Unlauteren beschwert hinüber, dass sie unmöglich gleich zur Gemeinschaft der Heiligen, vollkommen Seligen und

Gesunden gelangen können, sondern erst durch gar viele, die einen durch mehr, die andern durch weniger Läuterungen hindurchgehen und eine kürzere oder längere Zeit, je nachdem sie geartet sind, auf diesem Wege zubringen müssen. Und gewiss nicht ohne Schmerzen kann eine solche Reinigung vor sich gehen.*) Gar manches (was Schelling näher vorführt) sollte uns glauben lassen, dass in dem unsichtbaren Reich des Jenseits viele einzelne Reiche und ganz verschiedenartige Welten sich befinden können, deren Inwohner erst durch stufenweise Vergeistigung in das eigentlich Uebersinnliche gelangen können. Hindeutungen Schelling's auf Christi Sieg über die Macht und das Reich des Todes schliessen sich diesen Betrachtungen an. Die letzte Partie des Dialogs mit ihren vielen Vermuthungen kann füglich hier unberücksichtigt bleiben.

Auch aus der Entwickelung der Unsterblichkeitslehre in der 32. Vorlesung der Philosophie der Offenbarung**) können wir nur einige Hauptmomente herausheben, indem es uns zu weit führen würde, uns auf die Verknüpfung dieser Lehre mit Schelling's Christologie einzulassen. Vor Allem wiederholt in dieser Vorlesung Schelling das schon in den Stuttgarter Privatvorlesungen Gesagte, dass es schon dem natürlichen Gefühl zuwider sei, sich zu denken, dass der Mensch nur einem Theile nach, und dass nicht der ganze Mensch, nicht der Mensch seinem ganzen Esse nach, fortdauere. Die Wirkung des Todes sei etwa dem Prozess zu vergleichen, in welchem der Geist oder die Essenz einer Pflanze ausgezogen werde. Der Tod des Menschen möchte also nicht sowohl eine Scheidung, als eine Essentification sein, worin nur Zufälliges untergeht, aber das Wesen bewahrt wird. Nachdem der Mensch das Leben in sich von dem Leben in Gott getrennt hat, kann er nur durch drei Stufen zu der ihm bestimmten Einheit wieder gelangen. Die erste ist das gegenwärtige Leben, welches sein Leben in sich, und eben darum das Leben der freiesten Bewegung ist. Die andere ist das nächstkünftige Leben, das ein Leben der Unbeweglichkeit, des an sich Gebundenseins — des Seinmüssens — ist, wo auf das Können

---

*) Vergl. über den Zweck des Schmerzes (seine bessernde Macht) das Gedicht Owen Meredith's, das A. J. Davis in seinem Werke: „Der Vorbote der Gesundheit" (Herausg. von W. Besser S. 334) mittheilt, und welches mit den Versen beginnt:

„... Es ist Absicht im Schmerz;
Sonst wär' er ja teuflisch; doch mir soll den Glauben
An des Vaters der Welten Allliebe nichts rauben etc.

**) Schelling's Werke II, 4, 206—227.

das blosse Sein folgt, das Können erloschen, unwirksam geworden, und die Nacht eintritt, wo Niemand wirken kann. Hier wird es darauf ankommen, welchen Schatz der Mensch mit sich bringt; was er gesäet, wird er ernten. Aber es kommt eine dritte Zeit oder Periode, wo das geistige Sein wieder zur freiesten Beweglichkeit entbunden, das Moment des Könnens, der freien Bewegung, welches das des gegenwärtigen Lebens ist, wieder aufgenommen wird. Dieser dritte Moment ist, was eben darum als künftige allgemeine Auferstehung von den Todten und zwar als Auferstehung des Fleisches gelehrt wird. Dem natürlichen Leben folgt das geistige und diesem dasjenige, in welchem natürliches und geistiges Leben in uns gebracht sein wird.

Wir folgen Schelling nicht in die geistreichen Erläuterungen seiner Annahme dreier Lebensstufen, den Leser ermunternd, davon aus den Quellen Kenntniss nehmen zu wollen, und ziehen nur noch das Hochwichtige und Bedeutsame heran, welches (l. c. 221) in den Worten niedergelegt ist: „Darin unterscheidet sich die christliche Ansicht von allen bloss rationell-philosophischen, kahlen Unsterblichkeitslehren, dass diese, wenn sie auch eine Fortdauer und ein künftiges Dasein des Menschen zugeben oder behaupten, dass sie gleichwohl diesem Dasein kein wahres Ziel, kein eigentlich beruhigendes Ende wissen, besonders wenn sie dieses Dasein völlig von der Natur losgerissen denken, während es doch schlechterdings nothwendig ist, dass, nachdem die Natur sich für den Menschen getrübt hat und ihm undurchsichtig geworden, auch sie in einem künftigen Zustand ihm sich verkläre, Aeusseres und Inneres einst in Einklang gesetzt, das Physische so dem Geistigen untergeordnet werde, dass der Leib die Natur eines geistigen Leibes, eines $\sigma\omega\mu\alpha\tau\sigma\varsigma$ $\pi\nu\epsilon\upsilon\mu\alpha\tau\iota\kappa\sigma\upsilon$ annimmt, wie es vom Apostel (1. Cor. 15, 44) genannt wird, womit zugleich eine weit grössere und der menschlichen Natur, wie sie nun einmal ist, angemessenere Auseinandersetzung verbunden sein wird, als es in der ursprünglichen Einheit möglich gewesen wäre. Der Mensch, der die erste Prüfung bestanden, den Ort behauptet hätte, an dem er geschlossen war, wäre — verglichen mit dem, was wir jetzt Mensch nennen, — überschwenglich gewesen. Nachdem er aber einmal Mensch in dem jetzigen Sinne geworden ist, so ist es die göttliche Absicht, dass er als Mensch und ohne diesem, dem Menschlichen, an das er durch so viele und unzerreissbare Bande geknüpft ist, zu entsagen, aller der Wonnen und Seligkeiten theilhaftig werde, die ihm in seinem ursprünglichen Sein bestimmt waren.

Nur in einer solchen Zukunft, einem solchen Ende des menschlichen Seins, kann das menschliche Bewusstsein Ruhe finden. Auch diese Hoffnung verdanken wir Christo, dessen Verheissung uns berechtigt, nach der letzten Krisis (was gewöhnlich das letzte Gericht heisst), nach der letzten Krisis der Welt eines neuen Himmels und einer neuen Erde zu warten . . .

Es sollte jedem Spiritualisten von höchstem Interesse sein, diese Darlegungen Schelling's mit den inhaltlich nahe verwandten Ausführungen Baader's im vierten Bande seiner S. Werke zu vergleichen. Ein Auszug daraus findet sich in der „Spiritisch-rationalistischen Zeitschrift" von Meurer und Mutze II. Jahrgang, 5—8. Heft, 1873. Unbemerkt darf nicht bleiben, dass Schelling bei Lebzeiten weder die Stuttgarter Privatvorlesungen, noch den Dialog über den Zusammenhang der Natur mit der Geisterwelt veröffentlicht hatte und dass beide Entwürfe erst in der Gesammtausgabe seiner Werke — 14—20 Jahre nach dem Tode Baader's — bekannt geworden sind.

www.ingramcontent.com/pod-product-compliance
Lightning Source LLC
Chambersburg PA
CBHW051858300426
44117CB00006B/444